SME PRIVATE PLACEMENT BONDS

中小企业私募债券

中国式高收益债券

周沅帆◎著

中信出版社 · CHINA CITIC PRESS · 北京 ·

图书在版编目（CIP）数据

中小企业私募债券：中国式高收益债券／周沅帆著．—北京：中信出版社，2013.10（2017.6重印）

ISBN 978-7-5086-4132-4

Ⅰ.①中… Ⅱ.①周… Ⅲ.①中小企业－企业融资－研究－中国 Ⅳ.①F279.243

中国版本图书馆CIP数据核字（2013）第176811号

中小企业私募债券——中国式高收益债券

著　　者：周沅帆

策划推广：中信出版社（China CITIC Press）

出版发行：中信出版集团股份有限公司

（北京市朝阳区惠新东街甲4号富盛大厦2座　邮编　100029）

（CITIC Publishing Group）

承 印 者：三河市西华印务有限公司

开　　本：787mm×1092mm　1/16

印　　张：30.5　　字　　数：597千字

版　　次：2013年10月第1版　　印　　次：2017年6月第2次印刷

书　　号：ISBN 978-7-5086-4132-4/F·2986

定　　价：80.00元

版权所有·侵权必究

凡购本社图书，如有缺页、倒页、脱页，由发行公司负责退换。

服务热线：010-84849555　服务传真：010-84849000

投稿邮箱：author@citicpub.com

目 录

表目录

图目录

第1章 引 言

1.1 研究背景

1.1.1 我国金融市场结构不平衡

20世纪90年代以来，我国金融体制改革逐步深化，金融市场得到了快速发展，突出表现为：

（1）利率市场化取得了实质性进展。在货币市场、债券市场、股票市场、外汇市场、期权期货市场和黄金市场等各金融子市场建立和发展的同时，金融深化的改革也在逐步进行。目前本币存贷款利率虽仍存在管制，但已允许在一定区间内浮动，中国的一级、二级资本市场的价格已经基本放开，资本市场已基本实现了利率市场化确定机制。与此同时，银行的贴现利率、外币存贷款利率、银行间债券利率，以及国债的一级、二级市场利率也都基本实现利率的市场化。2012年6月和7月，中国人民银行连续两次放宽存贷款基准利率浮动范围①，同时在其发布的《2012年中国金融稳定报告》中称，还将探索进一步推进利率市场化的有效途径。

（2）市场规模迅速扩大，广度和深度不断拓展。在货币市场中，2012年，包含同业拆借、质押式回购和买断式回购在内的货币市场成交量为188.41万亿元；在债券市场中，2012年债券市场发行量为8.57万亿元，银行间债券市场累计成交75.20万亿元。截至2012年年末，中国债券市场托管总量达到25.44万亿元，其中，银行间债券市场总托管量达到24.19万亿元。2012年，期货市场累计单边成交14.45亿手，成交金额为171.12万亿元，其中，商品期货成交量为13.45亿手，成交金额为95.29万亿

① 2012年6月，允许金融机构存款利率浮动区间由基准利率的（0，1］倍调整为（0，1.1］倍。贷款利率下限由基准利率的0.9倍调整为0.8倍。个人住房贷款利率浮动区间的下限仍为基准利率的0.7倍。2012年7月，将金融机构贷款利率浮动区间的下限调整为基准利率的0.7倍。个人住房贷款利率浮动区间不做调整。

元；股指期货成交量为1.05亿手，成交金额为75.84万亿元。股票市场中，2012年沪深两市股票、基金和权证合计成交32.27万亿元，其中A、B股总成交31.47万亿元，基金累计成交8 123.61亿元。此外，其他金融子市场也得到了较快发展。

（3）参与主体多样化。以债券市场为例，目前中国债券市场的债券发行机构包括财政部、铁道部、政策性银行、商业银行、非银行金融机构、国际开发机构和非金融企业等各类市场参与主体，债券种类也日趋多样化，信用层次更加丰富。

（4）投资者结构不断优化，机构投资者队伍稳步扩大。机构投资者已经成为中国金融市场的主体。截至2012年4月，在中央国债登记结算有限责任公司开户的投资者共有12 853家。此外，合格境外机构投资者累计批准已超过200家，社保基金和企业年金等机构投资者也加快进入金融市场。

然而，由于中国的金融子市场都还处于发展初期，金融市场结构失衡的现象一直较为突出，制约了金融市场整体功能的充分发挥，导致金融市场的广度、深度和强度效应没有得到应有的体现。

1.1.1.1　直接融资和间接融资严重失衡

一定时期的金融市场结构，决定了直接融资市场和间接融资市场之间的结构关系。直接融资和间接融资是两种不同的融资方式，各有优缺点，各有自己独特的作用，不能相互替代。发展直接融资的最终目的不是取代间接融资，两者的关系是相互支持、相互补充和相互转化的。然而，由于历史和体制等多方面的原因，长期以来，中国直接融资市场和间接融资市场的发展存在不平衡的现象，主要表现为中国企业融资呈现以间接融资为主、直接融资为辅的格局。虽然经过十多年的金融体制改革，中国股票市场和债券市场的发展取得了长足的进步，企业直接融资额与银行贷款的比重不断提高（见图1－1），但融资结构不平衡的现象并未发生根本性转变，企业融资依然以间接融资为主导。从图1－2可以看出，即使是在直接融资力度较大的2011年，中国企业直接融资比重也仅为29.03%，依然远低于发达国家50%的平均水平，更低于美国80%的水平。

从金融功能的实现和整个金融体系的发展状况看，以间接融资为主的融资结构，导致企业融资对银行信贷的过度依赖，造成宏观经济波动风险在银行体系高度集中，金融体系缺少足够的弹性，容易受到外部因素的影响，是经济脆弱性的表现，同时也制约了经济持续协调健康的发展。

1.1.1.2　债券市场发展相对滞后

债券市场是一国金融市场的重要组成部分。一个统一、成熟的债券市场，可以为全社会的投资者和筹资者提供低风险的投融资工具；同时，债券的收益率曲线是社会经济中一切金融商品收益水平的基准，因此债券市场也是传导中央银行货币政策的重要载体。统一、成熟的债券市场，构成了一个国家金融市场的基础。目前，社会各界对债券市场的发展都极为关注，对债券市场发展的重要性、必要性和可行性取得了较

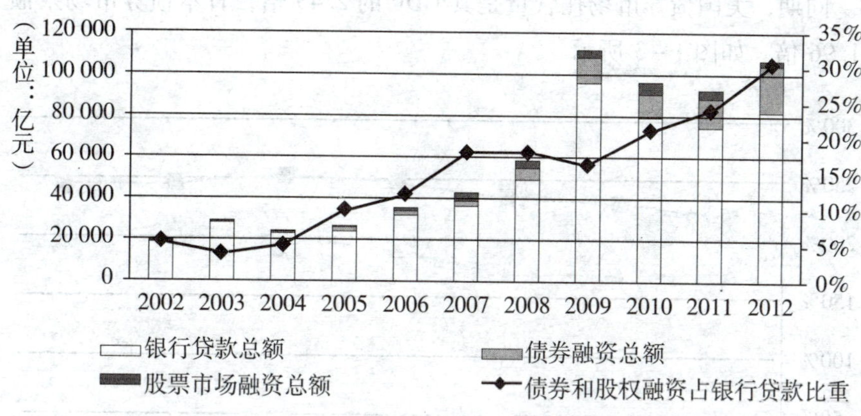

图1－1 2000～2012年我国企业贷款融资、股权融资和债券融资规模

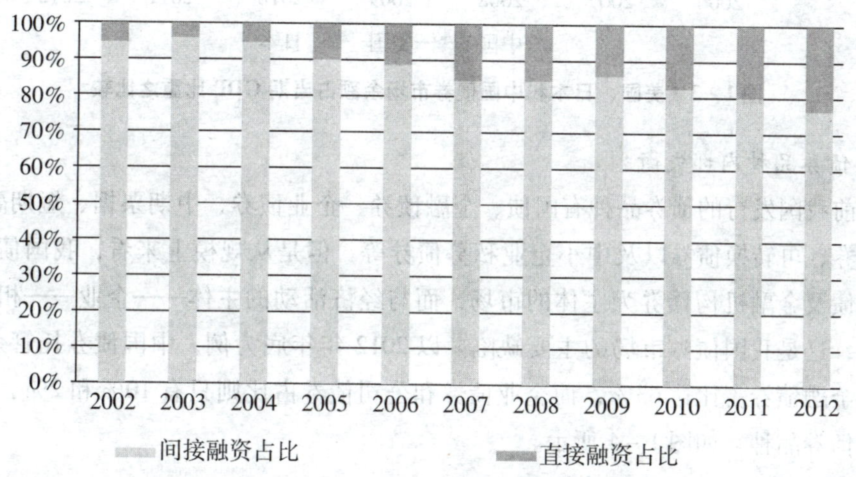

图1－2 2000～2012年中国企业融资结构情况

大共识。

1997年后，在中央银行的推动下，银行间债券市场获得了快速发展，成为债券发行、交易的首要场所，交易主体不断增加，交易规模迅速扩大，中国债券市场制度演变为以场外债券市场为主导的市场格局，债券市场的影响力大大提高，成为我国金融市场中重要的组成部分。银行间债券市场已开始承担基准利率形成和货币政策传导的重任，逐步成为参与主体有效分散资产经营风险、实现流动性管理、发掘新的利润来源的重要渠道。

但是，出于管理体制不完善和金融改革滞后等深层次的原因，目前中国债券市场发展严重滞后于美国和日本等发达国家，同时还存在债券市场人为分割和债券等级过于集中等一系列问题。

1. *债券市场总体规模相对较小*

截至2012年年底，我国债券市场总规模约为23.76万亿元，是当年GDP的

45.75%。同期，美国债券市场托管量是其GDP的2.43倍，日本债券市场余额为当期GDP的1.96倍。如图1-3所示。

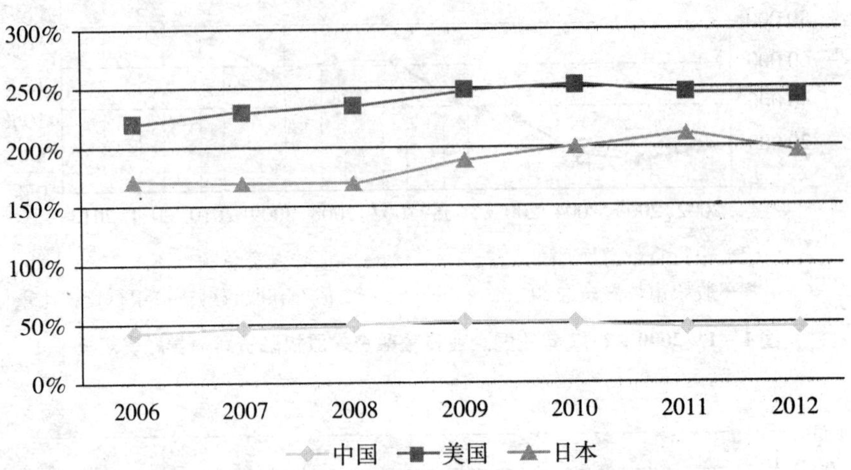

图1-3 美国、日本和中国债券市场余额占当期GDP比重之比较

2. 债券品种内部失衡

目前我国发行的债券品种有国债、金融债券、企业债券、中期票据、短期融资券、公司债券、可转换债券以及中小企业私募债券等。但是从规模上来看，我国债券市场是以国债及金融机构债券为主体的市场，而与经济活动的主体——企业——相关的债券较少，这是我国债券市场的主要缺陷。以2012年年底为例，中国债券托管余额中，国债和金融债券占比达63%，而企业债券和公司债券占比则只有10%和2%，远远低于其他债券品种。如图1-4所示。

3. 债券市场存在着多头监管

目前，中国在债券市场的监管方面存在着多头监管的局面。由表1-1可以看出，我国债券市场的主要券种在审批注册、发行流通和托管等方面存在着不同程度的监管分割。以债券发行为例，财政部负责国债的发行监管，发改委负责企业债的发行监管，证监会负责公司债和可转债的发行监管，银行间市场交易商协会负责短期融资券、中期票据、集合票据和定向融资工具的发行注册，人民银行除了与银监会共同负责金融债、金融企业次级债和非银行金融机构债的监管之外，还负责央行票据的发行监管。在债券交易市场中，人民银行和证监会分别负责银行间债券市场和交易所债券市场的监管。这种多头监管的局面，不仅增加了债市的监管成本和企业的沟通协调负担，间接提高了融资成本，同时，也不利于投资者的价值发现和风险识别，长远看来，不利于我国债券市场的统一与发展。

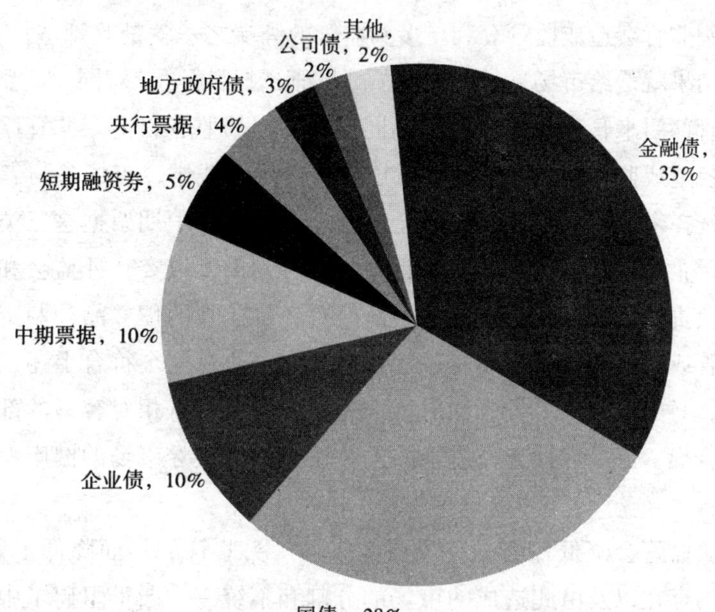

图1－4　截至2012年年底中国债券市场托管量结构分布

表1－1　我国主要券种的审批、发行流通和托管体系

	券种	审批/注册	发行流通市场	投资主体	托管
政府	国债	全国人大	银行间/交易所	机构/个人	中央国债公司/中证登
	央行票据	人行	银行间	机构	中央国债公司
金融机构	政策性金融债	人行、银监会	银行间	机构	中央国债公司
	次级债	人行、银监会、证监会	银行间	机构	中央国债公司
	普通金融债	人行、银监会、证监会	银行间	机构	中央国债公司
	非银行金融机构债	人行、银监会、证监会	银行间	机构	中央国债公司
企业（公司）	企业债	发改委	银行间/交易所	机构/个人	中央国债公司/中证登
	短期融资券	银行间市场交易商协会	银行间	机构	中央国债公司
	中期票据	银行间市场交易商协会	银行间	机构	中央国债公司
	集合票据	银行间市场交易商协会	银行间	机构	中央国债公司
	公司债	证监会	交易所	机构/个人	中证登
	可转债	证监会	交易所	机构/个人	中证登
	中小企业私募债券	交易所	交易所	合格机构/合格个人	中证登

第一，多头监管会造成监管套利。多头监管的弊端之一就是监管重复，政出多门，标准不一，其结果就是给市场参与者创造了“监管选择权”。针对同一类型的债券，如果由不同的监管部门来管理，那么由于不同监管部门的监管目的、监管原则或监管重点不同，很容易造成监管标准的不同。所以，在市场实践中，市场参与者就可以通过对监管标准的选择来选择被谁监管。以企业债、公司债和中期票据这三类债券品种为例，它们同属于企业发行的固定收益类证券，却分别由发改委、证监会和银行间市场交易商协会来负责发行审批或注册，三个部门对各自监管的债券品种制定的发行规则不尽相同，监管或注册的标准也不尽一致。此时，企业在完全符合上述三类债券发行条件的情况下，必然会选择审批或注册标准相对较低，发行相对容易的部门去申请发债，虽然合法合规，但是这种选择监管的发债模式对于债券市场的健康发展将造成不利影响。

第二，多头监管会降低监管效率。债券市场多头监管的局面降低了监管的效率。多个监管部门的存在以及由此造成的市场的分割和不统一，严重阻碍了中国债券市场作为一个整体的发展。举个例子，金融机构若要发行金融债券，不但需要监管机构对其发债资格进行审批，而且需要人民银行对债券发行进行审批，实质上形成了对金融债券发行的双重审批，不仅延长了审批的时间，而且审批的成本也相应增加。在具体操作过程中，像这样的例子还有很多。与多重监管相对应的是监管真空，特别是二级市场的监管缺失，主要是由于发行阶段的多头监管造成的。拥有庞大的监管体系却反而造成某些情况下监管的缺失，这本身就是监管效率低下的表现。另一方面，多头监管必然要求各监管部门进行繁杂的协调与沟通，包括政策协调、信息共享、重大问题沟通以及危机处理等。相较于一个统一的监管体系而言，这样的协调与沟通需要更多的人力和时间，从而导致监管效率低下。

第三，多头监管会增加企业融资成本。债券市场多头监管的局面也间接增加了企业的融资成本，在一定程度上加重了业已突出的企业融资难问题，阻碍了实体经济的发展。一方面，参与债券审批和发行的各类金融服务机构必须同时与各个监管部门保持密切的关系，并时刻跟踪各监管部门政策的变化。这必然造成金融服务机构的成本增加，而这些成本将转嫁给发行债券的企业。另一方面，多头监管也意味着相应的责任承担机制。各个监管部门泾渭分明，对于自己负责的部分往往会倾向于产生“监管责任太大承担不起，干脆一开始就不批”的心理，从而衍生出“重审批轻监管”或“以审批代监管”等行为。而有意发行债券的企业也必然因此承受更高的融资成本。

第四，多头监管会阻碍市场统一。在多头监管的情况下，同一发行主体在不同市场（银行间市场和交易所市场）发行债券的利率和信用等级存在明显的差异。同时，由于市场的分割，各市场债券品种的推出也存在某种重复竞争的局面。此外，各监管部门秉承“谁监管、谁负责”的思想，只对自身监管的部分市场负责，难免会产生希望自己监管的这一部分能够做大做强的想法。不可否认，这种竞争存在一定程度的合理性，但是如果因此而出现过度竞争或者不当竞争，甚至为了壮大自身监管的市场而争相钻法律的空子，将会严重影响市场的发展壮大和协调统一。

此外，不同监管部门在宏观调控面前的职责分工不同，对通过债券市场进行宏观调控的理念也不同，继而弱化了债券市场作为宏观调控重要传导机制的作用。同时，市场分割也削弱了我国债券市场作为统一整体的实力，极易出现某一分市场或者分券种的弱势，不利于我国资本市场对抗国际资本的侵蚀。因此，无论从自身发展壮大还是抵抗外部风险以及我国宏观调控的需要等角度来看，债券市场统一监管都势在必行。

1.1.2 中小企业融资难

中小企业是国民经济的重要组成部分，是富有活力的经济群体。中小企业作为企业中的绝大多数，其发展对促进我国经济增长、增加就业和推动创新等方面有着积极的作用。然而，由于中小企业发展前景不明朗，财务状况不稳定，资产规模和经营规模偏小，抗风险能力不强，中小企业融资难的问题一直未能得到根本性解决。

1.1.2.1 中小企业融资途径对比分析

1. 银行贷款

我国中小企业融资严重依赖国有商业银行贷款，然而事实上，国有商业银行主要为国有大中型企业服务，大部分中小企业很难从商业银行取得信贷支持。

根据银行监管部门发布的数据，虽然从2008年到2011年，中小企业贷款余额从10.3万亿元上升到21.8万亿元，增加了1倍有余，但是中小企业贷款余额占比分别为53%、55%、57%和40%，尤其是在2011年，中小企业贷款占比一度降到了40%的低点，如图1－5所示。考虑到中小企业数量在所有企业中的占比为99%以上，即使中小企业贷款余额一直呈上升趋势，但相对于我国商业银行企业贷款总额的增速，商业银行对中小企业的扶持力度仍然不足。

除了贷款总量不能满足中小企业的资金需求外，中小企业的长期资金需求与商业银行的短期贷款之间也存在矛盾。一方面，我国小型企业需要长期资金用于固定资产投资和产品技术改造，以调整产业结构，增加产品的技术含量，进而取得产品定价权。另一方面，几乎所有商业银行的长期贷款对象都是具有政府背景的大项目，而对中小企业，特别是小企业，则通常都是1年以内的流动资金贷款，基本上不会提供长期贷款或固定资产投资贷款。尽管从2009年开始，我国银行系统加强了对中小企业的扶持，但是由于中小企业本身的固定资产规模小，拥有的可抵押资产少，往往不能达到银行有效抵押和担保的要求，因而中小企业从银行获得长期资金比较困难，银行系统对中小企业的融资服务仍然有限。

2. 股权融资

我国中小企业板自2004年6月25日开板以来，截至2012年年底，已为我国中小企业提供了超过6 000亿元的融资支持，详见图1－6。中小企业每年IPO家数从2004

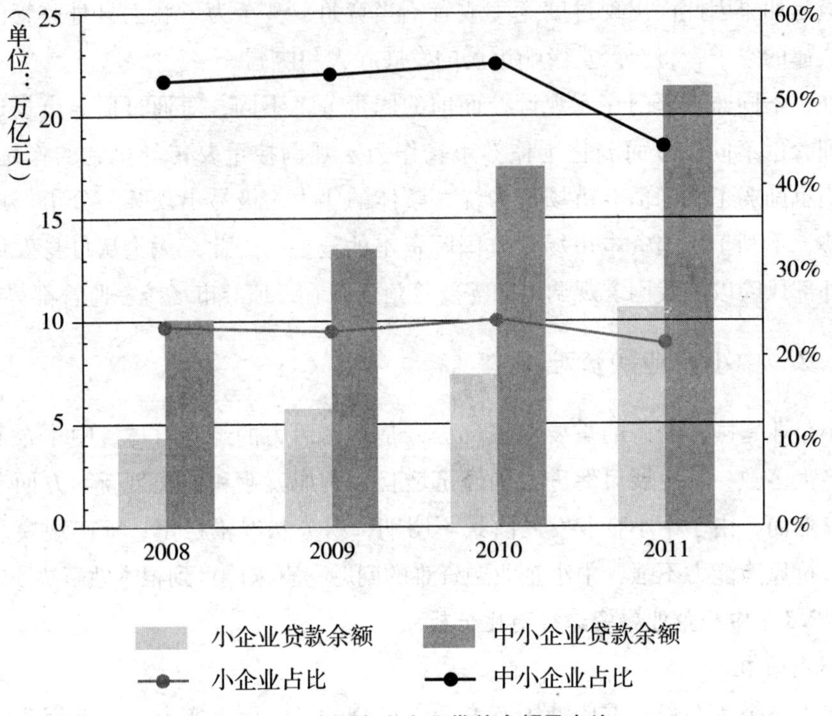

图1－5　我国中小企业贷款余额及占比

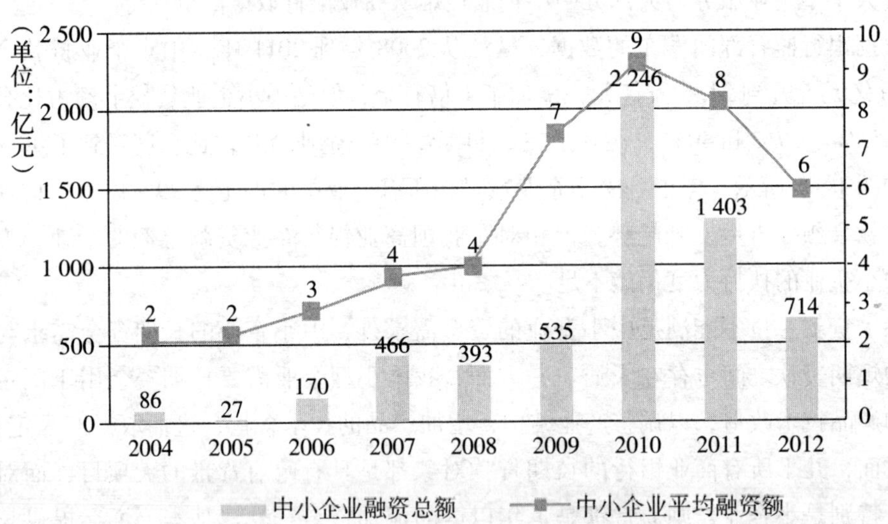

图1－6　中小企业股票市场融资情况

年的38家增加到2010年的321家，2011年和2012年受监管部门审批影响，中小企业板IPO数量有所下降，但依然为部分中小企业提供了稳定的资金支持。

与银行融资渠道相比，股票市场可以给每家上市中小企业提供长期且充足的资金支持，但是中小企业板上市门槛仍然偏高。首先，其对股本要求较高：发行前股本总额不少于人民币3 000万元；发行后股本总额不少于人民币5 000万元。其次，对公司的财务状况存在诸多限制：最近3个会计年度净利润均为正且累计超过人民币3 000万元；最近3个会计年度经营活动产生的现金流量净额累计超过人民币5 000万元；或者最近3个会计年度营业收入累计超过人民币3亿元；最近一期末无形资产占净资产的比例不高于20%；最近一期末不存在未弥补亏损。

就中小企业的现状来看，绝大多数中小企业的股本和营业收入不能达到上述条件，这也是中小企业板开闸以来发行数量并未呈现持续井喷的一个原因。

3. 债券融资

除了股票市场，债券市场也是中小企业的一条重要融资渠道。为了拓宽中小企业融资渠道，解决单一企业因规模较小不能独立发行债券的矛盾，国家发改委推出了中小企业集合债券；另外，银行间债券市场相继推出了中小企业集合票据和定向债务工具。

但是，截至2013年4月底，中小企业集合债券只发行了11只，募集资金59.14亿元；集合票据共发行109期，募集资金272.02亿元，发行期数和发行规模远远落后于其他债券品种。以银行间债券市场为例，如表1－2所示，2012年全年债券发行总计1 812期，募集资金2.71万亿元，而中小企业集合票据仅发行46期，募集资金106.02亿元，期数和规模占比只有2.54%和0.39%。

表1－2 2012年银行间债券市场融资情况

债券类别	发行期数（期）	融资额（亿元）
中小企业集合票据	46	106.02
短期融资券	1 013	15 375.47
中期票据（包含中小企业集合票据）	799	11 696.62
银行间债券市场发行总额	1 812	27 072.09
中小企业集合票据占比	2.54%	0.39%

资源来源：www.ourbond.cn

银行间债券市场于2011年年底推出了银行间定向债务融资工具，截至2013年4月30日，定向工具共发行461期，募集资金6 696.30亿元。但是在这461期债券中，主体级别AA级以上的企业共有396期，发行规模5 930.30亿元，剔除缺失信用评级信息的45期，主体级别AA级（含）以上的定向工具期数和规模占比分别为95.19%和97.59%。这也说明，目前银行间定向工具的发行主体多以高信用等级为主，而信用等级较低的中小微企业通过在银行间债券市场发行定向工具还比较困难。

由此可见，现有的融资工具在一定程度上不能完全解决中小企业，尤其是处于快速成长期的中小企业的融资需求。为了更好地发挥中小企业对社会经济的巨大作用，必须解决它们发展中的资金需求与现实经济生活中资金供给缺口之间的矛盾，因此，开拓和创新其他融资工具迫在眉睫。

1.1.2.2 中小企业融资存在的问题

近年来，中小企业的融资问题受到了人们的高度关注，政府和社会各界也付出了很多努力。自1998年央行提出要“改善对中小企业金融服务”之后，为扶持中小企业发展，国家陆续出台了促进中小企业发展的各项政策和措施，详见表1-3。

表1-3 近年来国家为解决中小企业融资难所采取的措施

时间	事件描述
2000年	国家经贸委发布《关于鼓励和促进中小企业发展的若干政策意见》，提出要“加快建立信用担保体系”，中小企业信用担保体系进入建设阶段。
2003年	国家出台《中小企业促进法》，为中小企业政策的推出提供了法律依据和保护。
2004年	深交所设立中小企业板，为部分具有实力和科技含量的中小企业提供了新的融资平台。
2007年	银监会发布《银行开展小企业贷款业务指导意见》，各商业银行开始加大对中小企业的信贷力度，有的还成立了中小企业融资服务中心。
2008年	财政部和工信部再次修改《中小企业发展专项资金管理办法》，进一步加大了政府对中小企业的财政支持范围和力度。
2009年9月	国务院发布《关于进一步促进中小企业发展的若干意见》，指出要落实针对中小企业的金融政策，改善对中小企业的金融服务，以“切实缓解中小企业融资困难”。
2009年10月	创业板在深交所推出，首批28家企业在创业板上市。
2011年3月	《中华人民共和国国民经济和社会发展第十二个五年规划》中明确指出，在“十二五”期间要大力发展中小企业，完善中小企业政策法规体系。促进中小企业加快转变发展方式，强化质量诚信建设，提高产品质量和竞争能力。推动中小企业调整结构，提升专业化分工协作水平。引导中小企业集群发展，提高创新能力和管理水平。创造良好环境，激发中小企业发展活力。建立健全中小企业金融服务和信用担保体系，提高中小企业贷款规模和比重，拓宽直接融资渠道。落实和完善税收等优惠政策，减轻中小企业社会负担。
2012年4月	国务院颁布《关于进一步支持小微型企业健康发展的意见》（国发〔2012〕14号），总结以及细化了各项扶持小微型企业的意见，重点提出将努力缓解小微型企业融资困难的问题。其中第九项意见指出，要搭建方便快捷的融资平台，支持符合条件的小企业上市融资、发行债券。发挥债券市场对微观主体的资金支持作用，加快统一监管的场外交易市场建设步伐，为尚不符合上市条件的小型微型企业提供资本市场配置资源的服务。积极稳妥发展私募股权投资和创业投资等融资工具，完善创业投资扶持机制，加快小型微型企业融资服务体系建设。
2012年9月	《金融业发展和改革“十二五”规划》发布，其中明确提出：着力解决小型微型企业融资困难。鼓励金融机构创新服务小微企业的金融产品和信贷模式；完善财税、担保、坏账核销、风险补偿、保险等政策支持体系和差异化监管措施，调动金融机构服务小微企业的积极性；完善资本市场体系，加大中小企业板、创业板、场外市场对小微企业的支持力度，鼓励创业投资机构和股权投资机构投资小微企业，发展中小企业集合债券、中小企业私募债券等融资工具，拓宽融资渠道。

资料来源：笔者整理

虽然在多方的努力下，我国中小企业的融资环境正在逐步改善，但是，从近年来高利贷、典当行和担保贷款等民间融资行为日益活跃，民间融资利率远高于银行贷款利率，并且中小企业纷纷求助于民间融资等现象可以看出，我国中小企业的融资环境依然不容乐观。中小企业融资存在的问题主要集中在以下几个方面：

1. 金融市场不能适应中小企业的融资需求

一是金融体制改革不到位。我国还未成立服务中小企业的专业性银行或基金组织，本应面向中小企业贷款的农村信用社和地方商业银行则片面求大求强，趋大避小，竞相支持大型企业，对中小企业资金需求置之不理。由于中小企业贷款成本高、工作量大、收益小，在国有银行贷款则更难。二是贷款权限过度集中。市县级银行机构对中小企业基本没有贷款权，严格的授权授信管理制度客观上削弱了基层商业银行对中小企业的信贷支持能力。三是银行抵押担保贷款的要求不适应中小企业的资产条件和经营状况。中小企业尤其是新办中小企业有效资产少，可供抵押的设备和厂房等资产往往不能被银行认可，许多中小企业的经营场地和设备依靠租赁获得，根本无法实现抵押。四是银行对中小企业贷款利率普遍较高。根据公开信息显示，商业银行对中小企业的贷款利率一般为基准利率上浮30%～50%，若中小企业使用固定资产抵押，则需支付资产评估费，若没有足额的抵押物，则需借助担保公司，一般需按贷款额支付最低2%的年担保费，再加上补偿性余额、存款回报，搭售相关理财产品，支付财务中介费用等，中小企业的贷款综合成本一般超过14%，接近甚至超过银行基准利率的两倍。

2. 担保公司不能有效发挥作用

政府出资设立担保公司的目的，是解决中小企业银行融资担保难的问题。但现实情况是，虽然大多数县区成立了由政府出资控股的担保公司，但出于银行和政府缺乏互信、担保公司资本金规模较小、担保公司担保条件较为苛刻等原因，担保公司业务开展不理想，企业银行融资担保难问题未得到明显缓解。

3. 民间融资普遍存在

民间融资主要有亲友借贷、企业借贷、民间票据贴现以及地下钱庄等形式，目前，我国中小企业的民间融资以民间借贷为主。中国国际金融有限公司2011年发布的《中国民间借贷分析》显示，在各类影子银行的贷款中，民间借贷占比达到33%，加上客户对象限定在中小微企业的小额贷款公司，共计占比达36%，如图1－7所示。这也直接说明民间借贷的活跃性以及广泛性。

如图1－8所示，就民间借贷的规模来看，2011年6月底我国民间贷款余额已达到3.8万亿元，同比增长约为38%。同时该报告还显示，温州民间信贷平均利率约为24%～25%。

综上所述，目前我国中小企业融资难现象较为普遍，迫切需要丰富中小企业的融资渠道。针对这种情况，我国证监会立足于加强对中小企业的金融服务，研究推出了中小企业私募债券。中小企业私募债券的推出，强化了直接融资与中小企业的有效对

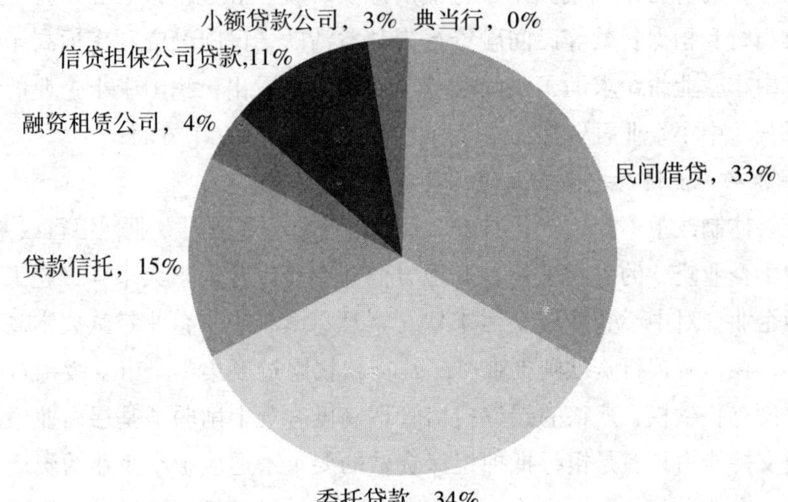

图1-7　各类影子银行贷款占比

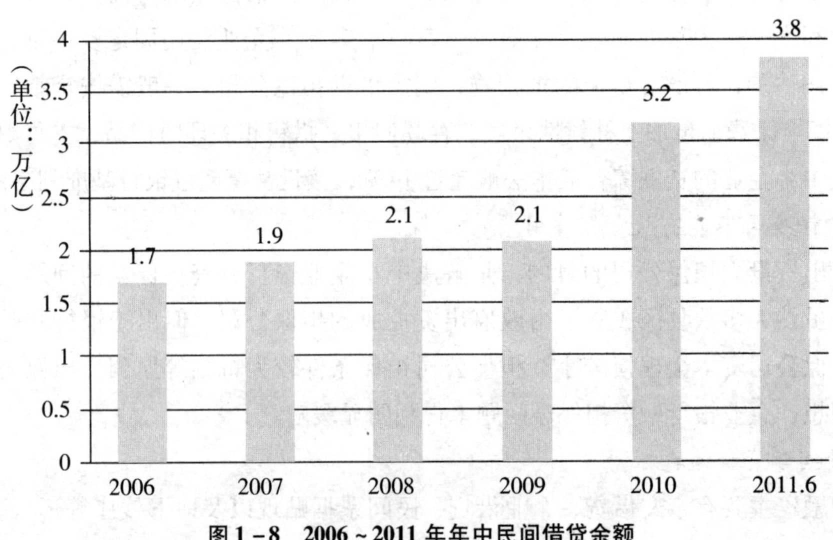

图1-8　2006~2011年年中民间借贷余额

接，将为解决中小企业融资问题提供新的有效途径，也有望为资本市场创新注入新的活力。

1.1.3　银行间定向工具和创业板私募债券相继推出

早在2009年，为了丰富企业融资方式，中国银行间市场交易商协会就已经在研究推出非金融企业非公开定向发行债务融资工具（Private Placement Note，简称PPN，下称“定向工具”）。定向工具是具有法人资格的非金融企业向银行间市场特定机构投资人发行，并限定在特定投资人范围内流通转让的债务融资工具。定向工具采取注册制发行，具有发行方式便利、信息披露要求简单和在有限范围内流通等特点。

中国银行间市场交易商协会在2011年4月29日推出了《银行间债券市场非金融企业债务融资工具非公开定向发行规则》（中国银行间市场交易商协会公告〔2011〕6号，下称“《发行规则》”）。《发行规则》的推出不仅是中国债券市场债券产品的创新，更是发行方式的创新，标志着我国定向工具的正式诞生，同时也成为我国私募债券的开端。2012年5月4日，中国五矿集团公司、中国国电集团公司以及中国航空工业集团公司在银行间债券市场成功发行130亿元定向债务融资工具，这是我国非金融企业首次在银行间债券市场以非公开定向方式发行债务融资工具。

自问世以来，定向工具迅速崛起，已经成为信用债券市场的重要组成部分。进入2012年，定向工具发行量已经超过公司债券，成为仅次于短期融资券、中期票据和企业债券的信用债券品种。截至2013年4月底，定向工具一共发行358只中期票据，103只短期融资券，总融资额达到6 696.30亿元。2012年全年，定向工具共发行249期，募集资金3 759.30亿元；2013年1～4月，定向工具发行177只，募集资金1 964.50亿元，已远超过2012年同期发行水平。

图1－9为定向工具2012～2013年4月的发行量月份统计，其发行规模由2012年1月的65亿元增加至2013年4月的672.5亿元，2012年8月达到历史峰值708.5亿元。

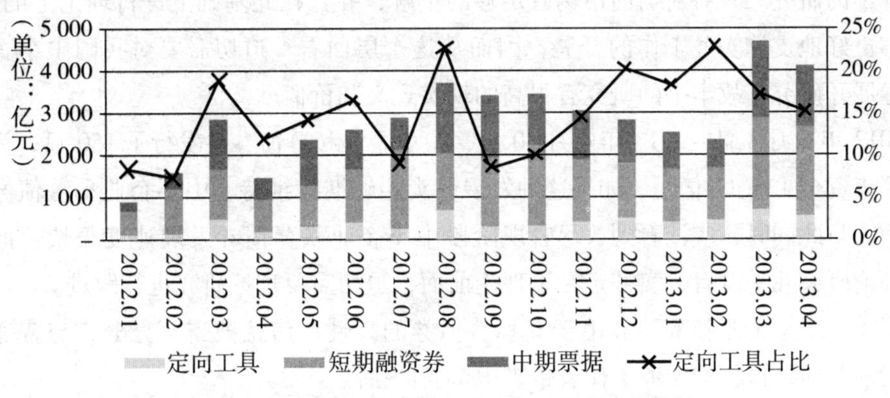

图1－9 2012～2013年3月定向工具发行量统计

另外，为了促进创业板上市公司持续规范发展，进一步支持自主创新和其他成长型创业企业利用资本市场做优做强，多渠道破解中小企业融资难题，中国证监会于2011年10月20日启动创业板上市公司非公开发行债券的工作。此外，创业板公司普遍存在“轻资产”① 和资产负债率偏低等特点。通过发行公司债券，可以在股东持股比例保持不变的前提下优化资产负债结构，实现公司良性发展。

① 所谓“轻资产”，主要是企业的无形资产，包括企业的经验、规范的流程管理、治理制度、与各方面的关系资源、资源获取和整合能力、企业的品牌、人力资源和企业文化等。轻资产占用的资金少，显得轻便灵活，所以“轻”。而厂房、设备和原材料等，往往需要占用大量的资金，属于“重资产”。

2012 年 5 月，首只创业板私募债券“12 乐视 01”发行成功，募集资金 2 亿元，期限为 3 年，发行利率为 9.99%。截至 2013 年 4 月底，共有 7 家创业板上市公司非公开发行了 8 只公司债券，合计募集资金 19.80 亿元。

虽然目前银行间定向工具的发行主体主要以信用等级较高的大型企业为主，但是其发行规则以及市场经验为中国债券市场非公开发行提供了可以借鉴的经验。另外，交易所基于“多渠道破解中小企业融资难题”而推出的创业板私募债券，也为交易所的私募债券，特别是中小企业私募债券的推出，提供了宝贵的经验。

1.2 研究意义

1.2.1 填补“中小企业私募债券”研究领域的空白

自中小企业私募债券推出后，从监管者到市场参与者都处于摸索试探的阶段，无论是理论上还是实务上都不够成熟，迫切需要对中小企业私募债券进行一个全方位、深入详细的研究。只有对当前市场有足够的了解，并且在此基础上进行理论上的突破，才能够更好地支撑实务工作的开展，因而从这个层面看，迫切需要对我国中小企业私募债券展开研究，故本书的研究有很高的现实意义和价值。

2012 年 6 月 8 日 ~2013 年 4 月 30 日，中小企业私募债券共发行了 150 只，为中小企业募集资金 175.11 亿元。如果这种发展势头能够继续维持，中小企业私募债券将大有可为。与此同时，应该看到，尽管现阶段中小企业私募债券发展速度很快，但这方面的理论研究几乎没有，实务走在了理论前面，迫切需要理论研究进行跟进。

同时，中小企业私募债券由于其私募债券的特性，信息披露不充分，与普通债券有很大的差异，这将给实务工作者带来很多新的挑战。

首先，由于中小企业私募债券是私募发行，采取备案制，将对承销商的风险控制能力形成挑战。

其次，《中小企业私募债券业务试点办法》要求发行人以非公开方式向投资者充分揭示风险，由交易所对信息披露和转让提供服务，并对信息披露内容和持续披露事项进行了规定，但是并没有明确具体披露方式。这种披露方式存在很大的信息不对称问题，对于合格投资者全面了解发行人的信息不利。

同时，虽然《中小企业私募债券业务试点办法》中要求发行人应向投资者充分揭示风险，制定偿债保障等投资者保护措施，加强投资者权益保护，但是我国投资者保护机制尚不健全，因而，如果真正对合格投资者的权益进行保护，也迫切需要对其进行研究。

此外，虽然《中小企业私募债券业务试点办法》明确中小企业私募债券在证券交易所上市交易，但是如何对其进行合理估值、估值应该注意的事项，以及交易过程除债券自身价值外应该关注的其他问题，并没有进行详细的披露，这不利于投资者恰当判断债券价值，进行有针对性的投资。

最后，中小企业私募债券的发行不强制要求发行人进行信用评级，但是一般承销商都会推荐企业进行评级。试点初期，中小企业私募债券的发行人资质相对较好，未来随着中小企业私募债券发行工作的进一步展开，势必会有低等级的中小企业加入到发行债券的行列。由于不强制要求评级，不免会有一些发行人因为自身评级不高而选择不进行评级，从而不利于向合格投资者披露风险。

这些新的问题带来的新的挑战，都给本书的研究提供了一个指引，为下一步的研究指明了方向。本书旨在尽最大的努力来弥补中小企业私募债券的研究空白，为中小企业私募债券的发展提供理论支撑，推动我国中小企业私募债券的发展。

1.2.2　全面理解“高收益债券”及“私募债券”

本书首先对国外的私募债券、高收益债券的发展经验进行了总结，这主要包括美国、日本、欧洲、韩国的中小企业融资模式，美国和欧洲的私募债券以及高收益债券的发展情况、市场监督和市场机制。国外的私募债券以及高收益债券的发展经验，可以为我国私募债券的发展提供一定的借鉴作用。

其次，本书还将中小企业私募债券与创业板私募债券、银行间市场定向工具、中小企业集合债券和国外高收益债券进行对比分析，以便市场相关人士能对这几种不同类别但存在关联性的券种进行全方位的了解。另外，本书详细介绍了中小企业私募债券的推出背景、推出时机分析、发展历程、发展现状和产生意义，对我国中小企业私募债券的产生和发展进行了一个整体的概述。

最后，本书还对中小企业私募债券的主要风险、信用评级以及估值进行了研究，这对于中小企业私募债券的分析是极其有必要的。这是因为中小企业信用等级较低，信息披露相对薄弱，财务和经营信息披露的及时性、准确性难以保证，中小企业私募债券的信用风险不断累加，因而，对于中小企业私募债券的风险防范尤为重要。此外，对于中小企业私募债券的准确定价，也是市场发展的必然要求。

无论是对国外高收益债券和私募债券的研究，还是对中小企业私募债券与国外高收益债券、银行间定向工具、中小企业集合债券的对比分析，以及对于中小企业私募债券的风险、评级和估值的研究，均将有助于我们对中小企业私募债券这一特殊债券进行了解。

1.2.3　为中国中小企业私募债券的健康发展提供政策性建议

1.2.3.1　中小企业私募债券面临的主要问题

首先，中小企业私募债券的信息披露明显不及公开发行债券，大部分缺少信用评级，相关财务数据也很难获得。根据深交所的规定，试点初期，私募债券信息披露通过深交所会员业务专区进行，由主承销商登录会员业务专区，以电子化方式发布。合格投资者可以委托会员查询中小企业私募债券相关公告信息，但对于信息披露的具体内容以及覆盖程度并没有具体的规定，主要依赖发行人和投资者的沟通以及承销商的尽职调查和协调。

其次，《中小企业私募债券业务试点办法》规定，私募债券不能在交易所上市交易，而是通过上交所固定收益证券综合电子平台及深交所综合协议交易平台，或证券公司进行转让。市场交易的参与者范围相对狭窄。将中小企业私募债券与股票比较，无论在企业质量、监管要求、信息披露、市场认知度和接受程度等各个方面，中小企业私募债券都难以与股票匹敌。因此，从作为流动性管理工具的角度看，利用中小企业私募债券进行流动性管理相比用股票劣势明显。私募债券交易频率比较低，小盘子私募债券难以按日计算净值，因此中小企业私募债券面临流动性差的问题。

最后，中小企业私募债券的信用风险未得到有效的揭示。健全的信用评级体系是债券市场正常运行和不断发展的基石，评级结果是否具有客观性、是否经得起市场的检验，评级机构能否获得投资者对其权威性和中立性的认可，对债券市场至关重要。但是，从目前深交所和上交所公布的《中小企业私募债券业务试点办法》来看，都没有将信用评级作为私募债券发行的必要条件。然而，中小企业私募债券作为一种创新型债券融资工具，在发展初期，无论是监管机构还是市场参与者，对其各方面的特性还不是十分熟悉，更多的属于试点摸索阶段。在这一阶段，信用风险的识别和防范则显得尤为重要，因此如何对中小企业私募债券进行评级，以及评级结果的适用性分析至关重要。

1.2.3.2 相关的政策建议

对国外的私募债券、高收益债券的研究，可以为我国发展私募债券以及中小企业私募债券的适当管理提供一定的借鉴。同时，针对中小企业私募债券建立相应的评级体系和估值方法，可以为中小企业私募债券的风险揭示以及市场交易提供理论指导。本书还将根据我国中小企业私募债券市场存在的不足给出政策建议，主要包括以下几个方面：从制度层面引入信用评级；完善相关制度建设，有选择性地扩大产业支持范围；实行适度性监管；丰富增信措施，健全偿付机制；适当放开个人投资者。

1.2.4 开启研究中国式“高收益债券”市场的新篇章

我国债券市场从无到有，发展了30年的时间。经历了起步之初的品种单一、鲜有关注，发展至今，交易品种日益丰富，关注度不断提高。目前，债券市场已出现包括国债、央行票据、普通公司债券、企业债券、可转换债券、短期融资券、中期票据、可交换债券等在内的十余个品种。随着上海证券交易所、深圳证券交易所的《中小企业私募债券业务试点办法》正式发布，我国债券市场的层次将进一步丰富。

中小企业私募债券的推出，是中国固定收益市场长足发展的一个标志性事件，对于债券市场的成熟有着很好的促进作用。一直以来，中国债券市场没有形成实质性的高收益债券市场，也没有出现过实质性的信用违约事件，而中小企业私募债券的发行有望打破这个局面，使得中国逐渐形成类似发达市场的垃圾债券市场。同时，中小企业私募债券给了债券市场投资者更多的选择，也给了投资者获得更高收益的机会，当然也需要承担更多的风险。

其次，由于中小企业私募债券特有的风险和收益性，参与该市场能迅速提升其债券市场风险和收益的甄别能力，这有利于壮大债券市场机构投资者的队伍，提高机构投资者的素质，继而为中国式“高收益债券”提供投资者基础。因此，研究和探讨机构投资者的参与意愿及其迫切关心的市场机制问题，就能为其顺利进入市场提供有利帮助。

最后，中小企业私募债券的运行经验，市场主体在参与过程中得到的操作经验，以及监管部门在监管这一市场过程中获得的宝贵实务经验，都将为中国式“高收益债券”的持续发展铺平道路。因此，有必要对市场当前已经发行的债券进行一个深入的剖析，对市场参与者在此过程中发现的问题进行总结，继而为中小企业私募债券的后续发展打下基础。

1.3 研究思路和方法

本书从理论方面和实务操作方面，从国外经验、国内现状以及相关建议三部分对中小企业私募债券进行了深入、细致的研究。首先对中小企业私募债券的发展背景、发展历程、发展现状、存在的必要性以及存在的问题进行梳理，并对中小企业私募债券的发行与流通、监管、信用风险的控制与防范、信用评级及其估值进行深入分析。其次，借鉴国外发达国家中小企业私募债券和高收益债券发展的成功经验，探索我国中小企业私募债券未来的发展方向。最后，在总结国外经验以及我国当前困境的基础上，提出了完善和发展中小企业私募债券的政策建议。

本书从我国中小企业融资难、债券市场发展滞后和中小企业私募债券研究几乎为空白的背景入手，通过理论研究与实践研究相结合、定性分析与定量分析相结合、规范分析与实证分析相结合、动态分析与静态分析相结合、一般研究和特殊研究相结合、历史研究和现实研究相结合，以及比较分析、案例分析和经验总结等研究方法，对我国中小企业私募债券发展的基本理论、产生背景、发展现状、现实意义及发达国家中小企业私募债券的发展经验等方面进行系统性研究，探索中小企业私募债券未来的发展思路。

1.4 研究内容

第 1 章为引言部分，主要从我国中小企业融资难、债券市场发展滞后、中小企业私募债券研究几乎为空白的背景出发，论述本书的研究意义，并提出本书的研究思路、方法、框架。

第 2 章为中小企业的融资问题研究，主要对国内和国际中小企业的相关定义、划分标准和融资渠道进行对比分析，介绍国际中小企业融资情况，并对美国、韩国、印度、欧洲和日本的中小企业融资模式进行对比。

第 3 章为私募债券市场介绍。主要对私募债券的基本情况，包括其定义、与公募债券的对比、私募债券的特征、发展历程和发展现状进行了介绍。同时，还就美国和欧洲的私募债券市场的发展情况、市场机制、市场监管进行了对比分析。最后，本章对国际私募债券发展经验进行了总结，就有助于发展私募债券的经验提出看法。

第 4 章为高收益债券市场介绍。主要对高收益债券的基本情况，包括其定义、特征、发展历程和发展现状进行了介绍。同时，还就美国和欧洲的高收益市场的发展情况、市场机制、市场监管进行了对比分析。最后，本章对国际高收益债券的发展经验进行了总结，为开辟中国中小企业高收益债券市场奠定基础。

第 5 章为中小企业私募债券概论。介绍了中小企业私募债券的定义和特征，并将中小企业私募债券和创业板私募债券、银行间市场定向工具、中小企业集合债券和国外高收益债券进行对比，以便读者对中小企业私募债券的特点有所了解。

第 6 章介绍中小企业私募债券的产生和发展历程。本章主要介绍中小企业私募债券的推出背景、推出时机分析、发展历程、发展现状和产生意义，对我国中小企业私募债券的产生和发展进行了一个整体的概述。

第 7 章为中小企业私募债券的市场机制分析。主要介绍中小企业私募债券的发行市场、交易市场、托管与结算以及监管，旨在为市场参与者提供一定的政策指南和操作指引。

第 8 章为中小企业私募债券的风险及评级。主要介绍中小企业私募债券面临的主要风险，包括信用风险、利率风险和其他风险，同时详细介绍了如何对中小企业私募债券进行评级，以及对中小企业私募债券的增信，使读者能对中小企业私募债券的主要风险有深入了解，并有助于形成自己的评判体系。

第 9 章为中小企业私募债券估值。主要对影响中小企业私募债券价格的因素进行分析，并对估值方法进行介绍，最后进行估值实证分析，并得出一些有价值的结论和建议。

第 10 章为中小企业私募债券的发展及展望。本章对中小企业私募债券发展存在的障碍以及发展前景进行了分析，并就我国中小企业私募债券的发展提出意见和建议。

第 11 章为本书的总结，对全书的研究内容、研究成果及未来的研究方向进行概括和总结。

第 2 章
中小企业融资研究

2.1 中小企业

2.1.1 相关定义

2.1.1.1 国际中小企业划分标准

各个国家和地区划分中小企业的标准虽然各不相同，但一般都是从“质”和“量”两个方面进行规定。“质”的指标主要有企业的组织形式、企业在行业中的地位以及企业的市场定位等，“量”的指标主要有企业的雇员人数、实收资本、总资产及年营业额等。

1. 发达国家的划分标准

发达国家对中小企业的划分主要是从量的方面制定标准，辅之质的规定。如美国、英国等国家，既有量的标准又有质的规定，目的在于使政府在实施中小企业扶持政策时有较大的回旋余地。美国 1953 年设立的小企业管理局（Small Business Administration）制定的小企业划分标准为：雇员人数在 1 500 人以下或雇员人数在 1 000 人以下、年营业额在 5 000 万美元以下的制造业；年营业额在 100 万美元以下的农业；年营业额在 100 万 ~950 万美元之间的零售企业及建筑业；以及年营业额在 950 万 ~2 200 万美元之间的批发业，该标准下的小企业几乎囊括了 99% 的工商企业。因此，美国的小企业标准实际上大都包含了中型企业的标准。

美国 1953 年颁布的《小企业法案》（Small Business Act）还在法律上对小企业做了更加宽泛的质的规定：凡是独立所有和经营，并在同行业中不占垄断地位的企业，均可视为小企业。这个规定甚至可以在某些特殊情况下，为实施某种政策目的而把某些一般意义上的大企业划归小企业。例如，1996 年，为了使美国汽车公司获得政府规定的一些只允许小企业投标项目的投标资格，小企业管理局竟以其在行业中不占统治地位为由，将当时拥有32 000名雇员、年销售额高达9 191亿美元的美国汽车公司归类为小企业。

与美国不同，英国并没有在法律上对中小企业进行界定，也是较晚重视发展中小企业的发达国家之一。自18世纪后半叶直到19世纪60年代，英国一直坚持大企业扩张论和中小企业淘汰论，直到70年代才注重中小企业的发展。1969年7月，为了解中小企业的状况和它们在国民经济中的作用，以使政策有针对性地对中小企业提供支持，英国政府成立了以J·E·Bolton为首的委员会。该委员会规定，凡制造业雇员不超过200人、建筑业雇员不超过25人、零售业年营业额在5万英镑以下的企业，均属于小企业。同时又在“质”上做了补充：凡所有者依靠个人的判断进行独立经营且市场占有率很低的企业均为小企业。按照这一规定，只要是经营者自主经营、没有定型的管理机构、市场占有率不高的独立企业，都可以归类为小企业。

法国、德国、意大利和日本等国，对中小企业在法律上只有量的标准而无质的规定，划分的指标主要是雇员人数。法国、意大利和德国规定，雇员人数500人以下为中型企业，而德国、法国则把50人作为中、小企业的分界线。丹麦和爱尔兰等国界定的小企业规模明显要小些。如丹麦规定，雇员不超过49人为小企业，雇员在50~99人之间为中型企业，而雇员在200人以上则是大企业。日本在战后重视发展大企业的同时，十分注意解决少数先进大企业与大量落后的中小企业并存的问题，即所谓“二重结构问题”，并于1963年制定了《中小企业基本法》。该法规定，划分中小企业可依据雇员人数和资本金额两个指标，凡具备其中之一的就属中小企业。雇佣人员在300人以下或资本金在1亿日元以下的制造业、采矿业、运输业和建筑业，雇佣人数在50人以下或资本金在1 000万日元以下的零售业和服务业，雇佣人数在100人以下或资本金不超过3 000万日元的从事批发业务的企业，均可视为中小企业。

2. *发展中国家的划分标准*

第二次世界大战以后，出现了众多的发展中国家，其共同特征是生产力水平低、工业落后、基础设施差、服务业不发达，人民生活贫困。因此，独立初期，各国政府规定中小企业的标准比较严格，划分的范围比较小。除了一般的“量”的标准外，还根据国民经济具体情况在某些方面进行限制。

随着经济发展水平的不断提高，企业的总体规模不断扩大，中小企业的界定标准也在不断演变并出现逐渐放宽的趋势。这在东南亚等新兴工业化国家和地区最为典型。例如，我国台湾地区，1967年9月当局颁布的《中小企业辅导准则》中，对中小企业的界定标准为：依法登记，独立经营、资本额在新台币500万元以下，常雇员工在100人以下，从事制造业的企业为中小企业。而1995年9月中小企业的界定标准已调整为实收资本额在新台币6 000万元以下，常雇员工在200人以下者。1996年，台湾经济部中型企业处委托中华经济研究所做的中小企业认定标准的研究报告中，提出了台湾中小企业界定的新标准。其中规定，实收资本在新台币1亿元以下或常雇人数在300人以下的从事制造、采掘的企业；前一年营业额在新台币15 000万元以下或常雇员工在100人以下的农业、金融保险及服务业企业，均属中小企业范围。

印度政府于1960年将小企业和辅助企业的固定资本投资限额，分别扩大到75万卢比和100万卢比；1985年3月又将这一限额分别提高到350万和450万卢比；1991年再次扩大到600万和750万卢比。

部分国家和地区的中小企业界定标准见表2－1。

表2－1　不同国家及地区的中小企业划分标准

国家及地区	最新中小企业界定标准
美国	雇员人数在1 500人以下或雇员人数在1 000人以下、年营业额在5 000万美元以下的制造业；年营业额在100万美元以下的农业；100万～950万美元的零售企业及建筑业，以及950万～2 200万美元的批发业。
欧盟	雇员人数在250人以下并且年产值不超过4 000万埃居，或者资产年度负债总额不超过2 700万埃居，并且不被一个或几个大企业持有25%以上的股权。 其中：雇员少于50人，年产值不超过700万埃居，或者资产年度负债总额不超过500万埃居，并且有独立法人地位的企业为小企业。
日本	制造业：从业人员300人以下或资本额3亿日元以下。 批发业：从业人员100人以下或资本额1亿日元以下。 零售业：从业人员50人以下或资本额5 000万日元以下。 服务业：从业人员100人以下或资本额5 000万日元以下。
中国台湾	制造业：经常雇员人数在200人以下或资本额在8 000万元新台币以下。 矿业与土石开采业：经常雇员在200人以下或资本额在8 000万元新台币以下。 服务业：经常雇员人数在50人以下或营业额在1亿元新台币以下。
韩国	中小企业：制造业、运输业：从业人数300人以下或资产总额5亿韩元以下。 建筑业：从业人数50人以下或资产总额5亿韩元以下。 服务业、商业：从业人数50人以下或资产总额5 000万韩元以下。 批发业：从业人数50人以下或资产总额2亿韩元以下。 零细企业：从业人数5人以下。
瑞士	小企业：制造业、商业、服务业雇佣人数50人以下。 中企业：制造业、商业、服务业雇佣人数50～499人。
澳大利亚	小企业：制造业雇佣人数100人以下。 矿业、建设业：雇佣人数20人以下。 零售、批发、服务业：年周转资金20万澳元以下。 小企业：所有者在拥有专业知识的同时，由1～2个所有者进行全部重要的经营决策，雇用人数100人以下的大部分企业。
巴西	中企业：雇佣人数50～249人。 小企业：雇佣人数5～49人。 家庭企业：雇佣人数4人以下。

（续表）

国家及地区	最新中小企业界定标准
墨西哥	小规模企业：雇佣人数25人以下。手工业另做规定。
哥伦比亚	中小企业：雇佣人数5～99人。
印度尼西亚	小企业：雇佣人数5～19人或资本金（土地、建筑物除外）7 000万卢比以下，人均资本金6 000万卢比以下。 中企业：雇佣人数20～99人。 手工业：雇佣人数5人以下。
马来西亚	中小企业：从业人员数250人以下，且固定资产额100万林吉特以下。 小企业：从业人员数50人以下，且固定资产额25万林吉特以下。
以色列	小企业：经营者行使几乎所有的经营职能，雇用人数50人以下。
印度	小企业：机械设备投资额200万卢比以下。 零细经营：投资额20万卢比以下。 协力企业：投资额250万卢比以下且生产经营活动的50%以上是为其他企业进行零部件生产、组装、设备修理等活动。
巴基斯坦	小企业：建筑物、机械设备投资额75万卢比以下。
尼泊尔	中小企业：从业人员数10人以下（使用动力）。从业人员数25人以下（无动力）。(同时又根据投资额进行细分)
菲律宾	中小企业：总资产额250万比索以上但不满1 000万比索。小企业：总资产额25万比索以上但不满250万比索。 小规模企业：所有者主导生产以外的一切活动且雇用人数在5人以上99人以下。资产额10万比索以上100万比索以下。 家庭企业：总资产额25万比索以下。
新加坡	小企业：固定资产额500万新元以下。 中企业：固定资产额500万新元以上1 000万新元以下。
斯里兰卡	小企业：投资总额200万卢比或机械设备投资总额100万卢比以下。
泰国	小企业：注册资本金200万泰铢未满，从业人员数50人以下。
土耳其	小企业：劳动者10人未满，且使用动力在10HP以下。

资料来源：彭从友，吴国蔚，《中小企业最新界定标准的国际比较》

2.1.1.2 对比分析

从表2－1可以看出，几乎所有的国家和地区都使用从业人员数、资产总额和销售额中的一个或几个指标来界定中小企业。有的只用一个指标简单划分，有的用两个指标复合界定，有的分行业复合界定，还有的加上定性的界定。具体说来，有以下几种：

（1）只使用从业人数这一指标的有：美国、瑞士、巴西、哥伦比亚、墨西哥、尼泊尔、以色列。

（2）只使用资产额这一指标的有：印度、新加坡、斯里兰卡、巴基斯坦。

（3）（a）只要从业人数和投资额中有一项在某一标准以下便为中小企业。比如，印度尼西亚：雇佣人数5～19人或资本金（土地、建筑物除外）7 000万卢比以下，人均资本金6 000万卢比以下；（b）从业人数和投资额同时满足标准方为中小企业。比如，马来西亚：从业人员数250人以下，且固定资产额100万林吉特以下；泰国：注册资本金25万泰铢未满，且从业人数50人以下。

（4）分行业使用从业人数和资产总额的有：日本、中国台湾（其中界定服务业用的是从业人数和营业额）、韩国，且都是使用“从业人数和资产总额”。

（5）用不同的指标界定不同的行业。比如澳大利亚，制造业、矿业、建设业用的是雇用人数，而零售、批发、服务业用的是年周转资金这一指标。

（6）用从业人数、资产总额、年产值等指标的复杂分类。比如欧盟，中小企业被界定为雇员人数在250人以下并且年产值不超过4 000万埃居，或者资产年度负债总额不超过2 700万埃居，并且不被一个或几个大企业持有25%以上的股权。其中，雇员少于50人，年产值不超过700万埃居，或者资产年度负债总额不超过500万埃居，并且有独立法人地位的企业为小企业。

（7）含有定性界定的有：欧盟，“不被一个或几个大企业持有25%以上的股权”、“有独立法人地位”。以色列，“经营者行使几乎所有的经营职能”。澳大利亚，“所有者在拥有专业知识的同时，由1～2个所有者进行全部重要的经营决策，雇用人数100人以下的大部分企业”。菲律宾，“所有者主导生产以外的一切活动。”

2.1.2　中小企业外部融资渠道及其选择

中小企业的资金来源结构不同，其融资方式也不相同。企业的资金来源有内源型和外源型两种，相应的融资方式也有两种。内源型融资的成本远低于外源型融资，是企业融资的首选。外源型融资是在企业发展到一定规模时企业获取资金的重要方式。外源型融资分为直接融资和间接融资两种方式。其中直接融资中最常见的形式是股权融资和债权融资。间接融资主要是通过金融媒介进行的融资，其中一种重要方式是银行信贷。影响中小企业融资方式的因素有很多，主要包括融资期限、融资成本、融资风险、资金到位率、资金使用的自由度等。不同类型的中小企业对融资方式的选择也不同，实际情况中，企业的融资方式是内源型与外源型的交叉以及直接和间接方式的结合。

就外部融资渠道而言，主要有银行借贷、债券融资、股权融资、政府支持、信托计划融资以及民间资本融资等。本章主要对几种典型的外部融资方式进行阐述。

2.1.2.1　银行借贷

1. 定义

银行借贷，是指银行根据国家政策，以一定的利率将资金贷放给资金需要者，并约定期限归还的一种经济行为。该方式是目前外部融资最常用的方式。

2. 分类

根据不同的划分标准，银行贷款具有各种不同的类型。如：按偿还期限不同，可分为短期贷款、中期贷款和长期贷款；按偿还方式不同，可分为活期贷款、定期贷款和透支；按利率约定方式不同，可分为固定利率贷款和浮动利率贷款等。

3. 特征

银行信贷的优点一是资金供应量大；二是相对债权、上市、信托等渠道，手续相对简明，资金筹集费用低。缺点一是抵押和担保，在金融监管严格、银行风险意识强的现实条件下，抵押和担保要求非常严格，一定程度上限定了企业的融资金额；二是风险大，信贷资金有较大还本付息的压力，短期借贷更为明显，对企业资金安排要求较高。

从以上分析可以看出，尽管银行贷款是企业外部融资的重要来源，但是，获得银行贷款对中小企业来说并非易事。首先，一般来说，银行贷款对资金的审批较为严格，大多用于收益有保障的经营性项目和资信良好的大中型企业，一定程度上限定了中小企业的融资金额，而中小企业要求资金灵活性较高，银行制约其财务灵活性，且中小企业偿债机制不健全，未来还贷不确定性较大。其次，商业银行贷款资金具有短期性，而一些处于初创期的中小企业，投资回收期很长，往往需要长期资金，因此银行贷款与中小企业的资金需求存在时间上的不匹配。最后，由于中小企业规模偏小，发展前景不明朗，本身的资信水平不高，且与银行的信息不对称，提高了银行在向中小企业提供信贷时的交易成本与风险。此外，中小企业需求信用额度较小，银行审贷成本较高。鉴于以上原因，导致中小企业获取银行贷款十分困难，中小企业要想获得融资，还需要开辟新的融资路径。

2.1.2.2　债券融资

1. 定义

债券是债券发行者为筹措资金而向债券的投资者出具的、承诺按一定利率定期支付利息和到期偿还本金的债权债务凭证。发债企业和投资人之间是一种债权债务关系。债券持有人不参与企业的经营管理，但有权按期收回约定的本息。在企业破产清算时，债权人优先于股东享有对企业剩余财产的索取权。债券与股票一样，同属有价证券，可以自由转让。

2. 债券的分类

根据不同的分类方式，债券存在不同的类型。常见的分类方式如下：

（1）按利息设定方式：分为零息债券和附息债券。

（2）按利息支付的方式：分为固定利率债和浮息债。

（3）按是否抵押：分为抵押债券、信用债券以及担保债券。

（4）按偿还期限：分为短期债券（1 年以内）、中期债券（1 年以上 5 年以下）以及长期债券（5 年以上）。

常见的债券种类见表 2－2。

表2-2　常见债券的类别与说明

分类标准	债券类别
按债券是否记名	记名债券和无记名债券
按债券是否能转换为股票	可转换债券和不可转换债券
按有无财产抵押	抵押债券和信用债券
按是否参加公司盈余分配	参加公司债券和不参加公司债券
按债券利率	固定利率债券和浮动利率债券
按能否上市	上市债券和非上市债券
按偿还方式	到期一次债券和分期债券
按其他特征	收益公司债券、附认股权债券、附属信用债券

3. 特征

（1）偿还性：债券一般都规定有偿还期限，发行人必须按约定条件偿还本金并支付利息。

（2）流通性：债券一般都可以在流通市场上自由转让。

（3）安全性：债券通常规定有固定的利率。与企业绩效没有直接联系，收益比较稳定，风险较小。此外，在企业破产时，债券持有者享有优先于股票持有者对企业剩余资产的索取权。

（4）收益性：债券的收益性主要表现在两个方面，一是投资债券可以给投资者定期或不定期地带来利息收入；二是投资者可以利用债券价格的变动，买卖债券赚取差额。

中小企业普遍经营规模小，固定资产少，土地、房产等资产不足，提供一定数量和质量的实物用于担保的难度较大，因此，其自身能提供的增信方式相对较低。与此同时，由于信息不对称以及对其偿债能力的担忧，外部增信也难以到位，这使得其即便进行债券融资，债券的发行利率也偏高。同时，发行债券的体制与中小企业资金需求不相适应，由于中小企业要求的发债金额通常比大型企业少，但相关的程序却一样多，因此市场参与者尤其是承销商和机构投资者，更倾向于资金规模较大的债券，其尽职调查的难度以及工作量大体相当，并且能实现资金的批量处理，而投资中小企业债券，则需要进行多企业调查，才能实现有意义的投资组合。在实际过程中，尤其是公开债券市场，各国监管部门都存在一定的准入门槛，这也人为地将中小企业排除在债券融资的门槛之外。因此，除非存在一定的政策支持，否则对于中小企业而言，债券融资比间接融资更难。此外，由于中小企业的运营与宏观经济环境紧密相关，因此在经济不明朗时期，即使企业有融资意愿，市场也会出于避险心理，不会对其所发行债券进行认购。

2.1.2.3 股权融资

1. 定义

股权融资，是公司向其股东筹措资金的一种模式。股权融资获取的资金形成公司的股本，股本代表着对公司的所有权，因而股权融资也称所有权融资。股权融资是公司创办以及增资扩股时所采用的融资方式，对于股权融资所获得的资金，企业无须还本付息，但新股东将与老股东同样分享企业的赢利与增长。

2. 特征

（1）股权融资筹集的资金形成公司的股本，股本是公司从事生产经营活动和承担民事责任的基础，也是股东对公司实施股权控制和取得收益分配权以及剩余财产索取权的基础。股权融资筹措的资金具有永久性，无到期日，不需归还。企业采用股权融资无须还本，投资人欲收回本金，需借助流通市场。股权融资没有固定的股利负担，股利的支付与否和支付多少视公司的经营需要而定。另外，股权融资不能被提前赎回。

（2）股权融资是决定公司对外举债的基础，即公司对外举债能力的大小最终取决于股权融资数额的大小。

（3）股权融资稀释公司股权，从而引起公司股权控制权、收益分配权和剩余财产索取权的分散。

3. 分类

股权融资按融资的渠道来划分，主要有两大类：公开发售和私募发售。

公开发售就是通过股票市场向公众投资者发行企业的股票来募集资金，企业的上市、上市企业的增发和配股，都是利用公开市场进行股权融资的具体形式。私募发售，是指企业自行寻找特定的投资人，吸引其通过增资入股企业的融资方式。

中小企业一般规模较小，发展历史有限，进入股票市场融资也存在一定的门槛。目前，绝大多数国家的股票市场对于申请公开发行股票的企业都有一定的条件要求，无论企业的上市条件还是上市后的监管要求，都十分严格，而对大多数中小企业来说，较难达到上市发行股票的门槛，所以公开发售股票这种方式不适合中小企业进行融资，私募成为民营中小企业进行股权融资的主要方式。

从私募股权的服务对象来看，其投资对象多为处于创业期的中小型企业，而且多为高新技术企业。因此，对于某些具有特殊专利技术以及项目盈利能力较为乐观的中小企业来说，私募股权是一个较为可靠的融资渠道。但由于私募股权的投资决策建立在高度专业化和程序化的基础之上，因此其投资相对较为谨慎，调查较为细致，那些无特殊专利技术以及项目无特殊吸引力的中小企业，吸收到的私募股权投资将非常有限。

2.1.2.4 信托计划融资

1. 定义

信托计划融资，是指委托人将自己合法拥有的资金委托给信托公司，由信托公司以自己的名义，按照委托人和受托人双方的约定实施信托计划的一种投融资模式。

2. 分类

由于划分信托业务种类的标准不同，信托业务的种类繁多，比如，以委托人为标准，信托可以分为个人信托和法人信托；以信托财产的性质为标准，信托可以分为金钱信托、动产信托、不动产信托以及金钱债权信托；以受益人为标准，信托又可以分为公益信托和私益信托等。

虽然信托基金的投资对象主要是非上市公司，但融资企业一般属于中型规模企业，缺乏对企业初创阶段的投资。这是因为，一方面小企业经营不稳定，发展前景不明朗，本身的资信水平不高，缺乏具有一定垄断收益的项目，且与信托等金融机构的信息不对称，提高了信托机构在向中小企业提供信托计划融资时的交易成本与风险，而信托基金的投资者风险承受能力又较弱，使得中小企业获得信托计划融资支持比较难；另一方面，对于大型企业进行股权融资不现实。由于信托贷款过程长，利率优惠并不明显，与银行贷款相比没有优势，且双方实力不对等，故有些大型企业目前没有意愿向信托公司融资。

2.1.2.5　民间资本融资

1. 定义

民间融资是相对于国家依法批准设立的金融机构融资而言的，泛指非金融机构的自然人、企业及其他经济主体（财政除外）之间以货币资金为标的的价值转移及本息支付。民间融资是游离于国家正规金融机构之外的、以资金筹借为主的非正规融资活动。据此定义，正常的企业间商业信用不在民间融资范畴之内。

2. 特征

借贷手续灵活、简便，备受急需资金者青睐。民间借贷双方一般为本乡本土或亲朋好友，当借方需要资金时，或通过中介人或按自己意向说明资金用途、借款金额、还款能力及日期、利息，以口头或协议形式取得资金。因此，一般不需要手续，有手续的也是简单载明借贷双方、日期、还款金额或利息的简要凭据。民间借贷中一半以上是私下达成的交易，对借方来说，手续简便，在急需资金时办理非常方便。

3. 分类

（1）民间借贷。民间借贷是民间融资的传统方式，主要有两种形式：一是互助形式的民间借贷。此种形式借贷的规模较小，但涉及面较大，少则几百元，多则几千元、上万元，融资主体主要为自然人，借贷双方关系较为密切，一般是亲朋好友之间相互借用，主要应付短期生活急需，有一定的预期还款来源，这种借贷多为口头协议，不计付利息或利息低微，没有明确的还款期限。二是“高利借贷”，这是民间借贷的主要形式，主要用于个体、民营等企业的生产周转需要。

（2）有价证券融资。民间融资除民间借贷外，又增加了存单、债券甚至房地产等不动产内容。这些存单、债券等，主要是借款人用于抵押、质押贷款，部分借贷人之间还要收取一定的差额利息或手续费。

（3）票据贴现融资。由于银行汇票风险系数较低，加之银行办理贴现需要增值税票、购销合同等，要求严格，手续烦琐，时效性差，一些银行对小面额银行承兑汇票不予办理贴现，使小面额银行承兑汇票持票人（多为民营企业）的票据无法变现，影响资金周转，所以持票人宁愿持票到经营规模较大的民营商贸行融资，既不需要税票，也不需要购销合同，仅凭中间人的介绍和银行承兑汇票查询书，持票人可直接从借款人处拿到现金。利率一般为面议，期限越长，利率越低，反之越高，利率的高低受金融机构贴现利率的直接影响。

4. 民间借贷存在的问题

在世界范围内，民间融资已经非常盛行，美国中小企业50%的股权融资来自自有资金和民间融资。民间融资可以减轻政府的财政负担，能够吸收社会闲散资金，发挥其最大效用，为中小企业解决资金周转的困难，活跃经济，带动投资，弥补正式金融机构缺口空白。但是，由于其非正式性和自发性，在发展过程中缺乏相应的法律约束和有效的社会监督，在促进社会经济发展的同时，也产生了很多的负面影响。

（1）运营不规范。有些融资机构市场准入很低，缺乏行业自律，监管乏力，现有的这些公司良莠不齐，整体运行基本处于混乱无序状态。除了经批准的融资机构外，还有不少未经批准进行融（投）资的机构，吸收不少民间资本，进行非法运营。

（2）非法集资。因为市场混乱、行业自身发展缺陷、监管不力，因此许多人抱着投机的心态，在自有发展资金不足的情况下加入民间融资行业。现有的民间融资大多依靠吸引民间资本来扩充资金数量，壮大自身发展规模，且不核实款项的性质，也有不少“黑钱”的不良资金来源，为整个资金链的良好健康发展留下阴影。

（3）标的大、利率高、时间短。一是标的都相对较大，贷款标的有几万元、几十万元的，有的甚至百万、千万元以上，贷款标的越大，回收风险也相应越大；二是普遍利率偏高，据统计，在交易中一半以上融资利息在3分左右，有少数利息甚至高达5分、6分，远远偏离了市场平均投资收益水平；三是贷款期限相对较短；大部分在1年以下，最短的还有10天、半个月。

由于民间融资存在上述这些问题，使得利用它解决中小企业融资难的问题存在着众多的风险，中小企业极可能陷入因运作不规范带来的合同或者法律纠纷，以及非法集资带来的法律风险，同时由于其融资成本过高，往往会给生产经营带来严重的经济负担。并且一旦民间融资资金链条断裂，会造成严重的社会影响，国家会出于金融风险的考虑进行各种层面的干预和管制，这也使得其存在较大的政策性风险。所以，不能把解决中小企业融资难这个问题过多地依赖于民间融资，应该尝试寻求别的出路。

2.1.3 国际中小企业融资概况

尽管中小企业在扩大就业、提高效率、加快创新、促进经济增长等方面发挥着不可或缺的作用，但长期以来，世界范围内普遍存在中小企业融资难问题，融资难已经成为制约中小企业发展的主要瓶颈之一。本章重点对全球一些国家中小企业融资状况进行比较。

从全球来看，中小企业的资本构成主要以自筹资金为主（自筹资金的比重相对大企业要高得多）。其中，以美国中小企业的自筹资金比重最高，一般要超过 60% 左右；欧洲国家，如法国、意大利等，自筹资金的比重在 50% 左右。在自筹资金中，又以业主（或合伙人、股东）自有资金的比重最大；亲戚朋友借用的资金次之。

在内源融资不足的情况下，中小企业也会进行直接融资或间接融资。美、英和德国等自由主义意识较重的国家一般是直接融资的比重高于间接融资的比重，而法国、意大利、日本和韩国等国则呈现间接融资比重高于直接融资比重的现象。

政府的扶持资金比重最小，一般仅占企业总资产的 5% ~10%。其中，中央集权制国家（如日本、韩国、法国等）政府扶持资金比重相对较高，德国、意大利、英国等国家居中，美国政府对中小企业的直接资金扶持比重最低。

就发展中国家来看，多数发展中国家的内源融资占比较高。从表 2 -3 和表 2 -4 可以看出，发展中国家中小企业投资与运营资本资金来源结构中，内源融资占比多在 50% 以上，部分国家甚至超过 80%。但有较大差异的是，我国内源融资占比相对较低。

表 2 -3　小型企业投资和运营资本融资来源结构（2006 ~2009 年）

国家	投资资本融资结构（%）					运营资本融资结构（%）				
	内源融资	银行融资	股权融资	应付与预付账款融资	其他融资渠道	内源融资	银行融资	应付与预付账款融资	其他融资渠道	外部融资总计
巴西（2009 年）	62.7	15.1	4	10.09	8.14	58.5	17.7	18.56	5.24	41.5
中国（2003 年）	13.9	11.2	16.9	0.09	57.91	12.9	12.65	0.74	73.7	87.1
德国（2005 年）	56.5	18.8	9.03	4.05	11.61	60	12.71	10.74	16.6	40
印度（2006 年）	62.1	19.9	0.76	4.72	12.54	70.7	9.38	8.04	11.9	29.3
印度尼西亚(2009 年)	89	6.11	2.57	0.94	1.44	86.7	4.92	3.06	5.36	13.3
韩国（2005 年）	62.5	15.6	8.29	0.14	13.42	71.4	11.27	0.52	16.8	28.6
马来西亚（2007 年）	34	35.9	3.9	7.08	19.17	42.1	26.98	8.64	22.3	57.9
墨西哥（2006 年）	62.1	5.59	0	21.62	10.71	75.7	1.2	15.37	7.77	24.3
俄罗斯（2009 年）	73.8	8.42	6.01	11.52	0.22					
土耳其（2008 年）	59.3	34.4	3.85	2.09	0.33					

资料来源：World Bank Enterprise Surveys

表 2－4　中型企业投资和运营资本融资来源结构（2006～2009 年）

国家	投资资本融资结构（%）					运营资本融资结构（%）				
	内源融资	银行融资	股权融资	应付与预付账款融资	其他融资渠道	内源融资	银行融资	应付与预付账款融资	其他融资渠道	外部融资总计
巴西（2009 年）	40.65	32.73	1.47	23.17	1.98	45.78	23.52	26.74	3.97	54.22
中国（2003 年）	17.54	15.19	12.97	1.45	52.85	14.70	20.11	2.09	63.10	85.30
德国（2005 年）	43.01	24.91	9.28	5.49	17.31	50.03	16.31	11.59	22.06	49.97
印度（2006 年）	55.70	32.18	0.78	4.13	7.21	49.62	33.23	6.98	10.17	50.38
印度尼西亚(2009 年)	87.38	6.81	5.14	0.14	0.53	76.47	15.36	4.79	3.38	23.53
韩国（2005 年）	63.2	23.30	8.75	0	4.75	72.15	15.92	0.17	11.75	27.85
马来西亚（2007 年）	43.73	36.32	3.27	5.41	11.27	45.72	28.27	9.95	16.06	54.28
墨西哥（2006 年）	80.60	4.24	0.05	11.98	3.12	86.06	2.00	10.02	1.92	13.94
俄罗斯（2009 年）	75.51	9.54	6.34	7.13	1.48					
土耳其（2008 年）	51.43	41.54	4.32	1.95	0.76					

资料来源：World Bank Enterprise Surveys

此外，债券融资、银行贷款等债权融资是发展中国家中小企业外部融资的主要来源，股权融资发展总体不足。据 2010 年世界银行企业调查统计，在小企业的固定资产投资中，只有 14% 可获得银行融资的支持，而大型企业该比例则高达 25%。此数据符合学术界关于“企业规模与外部融资呈正相关性”的研究结论。债权融资和股权融资在企业发展过程中将起到相辅相成的作用。

就获得金融机构贷款来看，低收入国家的中小企业从金融机构获得贷款的比例显著低于中高收入国家。2010 年世界银行对 129 个国家的企业调查结果（见表 2－5）显示，中小企业比大型企业面临更严峻的融资约束，低收入国家尤为显著。在中收入国家和低收入国家，分别只有 31.8% 和 16.7% 的小型企业可获得贷款或授信，而在高收入国家，该比例达到 47.7%。中型和大型企业获得贷款情况要明显好于小型企业，但获得贷款的企业比例在不同收入的国家情况有所不同。

表 2－5　从金融机构获得融资的中小企业比例　（单位：%）

	小型企业	中型企业	大型企业
低收入国家	16.7	35.7	47.8
中收入国家	31.8	45.6	59.3
高收入国家	47.7	62.2	68.9

（续表）

	小型企业	中型企业	大型企业
巴西	42.79	67.5	89.57
墨西哥	11.66	7.57	22.51
印度尼西亚	16.5	27.63	47.12
俄罗斯	17.2	25.27	64.24
南非	22.91	35	40.45
马来西亚	57.21	64.42	57.89

资料来源：World Bank Enterprise Surveys

相比之下，在低收入国家，各类企业获得贷款的比例相差较大，小型企业获得银行贷款的比例不到中型企业的一半，几乎只有大型企业的1/3。而在中等和高收入国家，这种差距相对较小。从国别比较看，在新兴市场国家，巴西、马来西亚的中小企业获得贷款的比例较高，甚至高于高收入国家。

就中小企业贷款占总贷款的比重来看，中低收入国家中小企业贷款占总贷款和全部企业贷款的比重普遍较低，面临较多的融资约束。2010年世界银行对全球142个国家的融资可得性的调查统计显示，从中小企业贷款余额占贷款总额的比重看，高收入国家为19%，而中低收入国家为15%（见图2－1）；从中小企业贷款余额占全部企业贷款的比重看，中低收入国家为34%，而高收入国家高达62%。这表明，与高收入国家相比，中低收入国家的银行贷款更多地发放给了大企业，中小企业获得银行贷款较难。

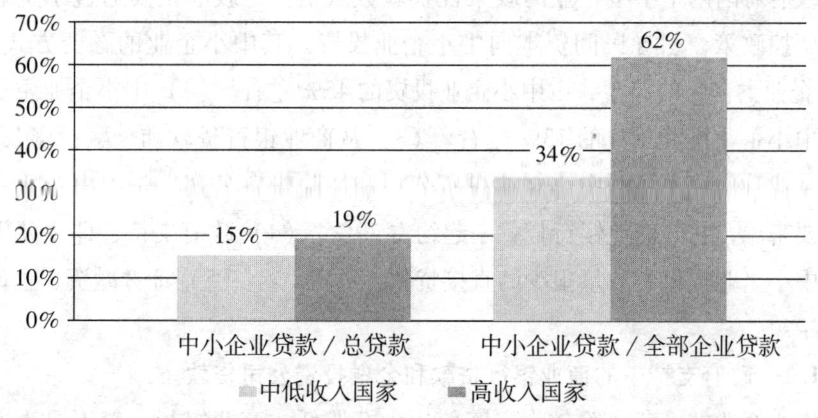

图2－1　不同收入国家中小企业贷款和企业贷款的比重

资料来源：World Bank Group/CGAP Financial Access 2010 Survey

2.2 国际中小企业融资模式对比

经济发展的主要目标之一是增加就业。很多研究证明，增加就业主要渠道是中小企业，只有改善中小企业生存环境，才能切实加强社会就业和稳定。鉴于中小企业在各国经济中都扮演着重要的角色，许多国家对中小企业也采取了相关扶持政策，但是至今中小企业融资难问题依然是困扰中小企业发展的绊脚石，这种情况在不同国家均不同程度地存在。为了克服这些障碍，各国在法律、制度、政策方面，逐渐形成了一套适应中小企业特点的金融体系。纵观各国经验，其中有代表性的包括美国的股权与债务融资并重融资体系，日本的银行贷款主导的融资体系，欧洲的多种融资渠道并存，以及韩国的资产证券化融资模式等。

2.2.1 美国中小企业融资概况

美国的市场金融体系比较发达，美国中小企业融资体系由美国中小企业局、纳斯达克市场高收益债券市场，以及美国社区银行等合作构成。

截至2011年，美国共有中小企业2 140多万家，占全美企业总数的99%，中小企业就业人数占总就业人数的60%，新增加的就业机会有66%是由中小企业创造的，中小企业的产值占国内生产总值的40%。更重要的是，中小企业有很强的创新能力，美国有一半以上的创新发明是在小企业实现的，小企业的人均发明创造是大企业的两倍。中小企业对科技进步也有很大的贡献，美国的高技术公司在起步阶段通常都是中小企业。

美国政府对国内中小型企业的政策性贷款数量很少，政府主要通过小企业管理局制定宏观调控政策，引导民间资本向中小企业投资。其中小企业的融资方式主要有：（1）中小企业主自身的储蓄，占中小企业投资的45%左右。（2）中小企业主从亲朋处借款，占中小企业投资总数的13%左右。（3）从商业银行贷款和金融投资公司筹资。由美国小企业管理局主导的中小企业投资公司和风险投资公司，是中小企业筹集资金的一个重要来源，它与商业银行贷款一起约占29%。（4）政府支持，即主要由小企业管理局向中小企业提供的数量很少的直接贷款，约占1%。（5）证券融资，这部分资金占4%左右。

2.2.1.1 政府支持下的商业银行贷款和金融投资公司贷款

由于中小企业的经营风险较大，资信比大企业低，商业银行一般不愿为中小企业提供贷款。为解决这一问题，美国小企业管理局应运而生。它通过向中小企业提供担保，使中小企业获得金融机构的贷款。当然，贷款利率会因为风险较大而比大企业贷款要高出2~5个百分点。

在具体操作上，美国中小企业首先向小企业管理局提出申请，小企业管理局对担保对象规定一定的前提条件，对符合条件的中小企业提供担保。一旦担保成立，即小企业管理局向金融机构承诺，当借款人逾期不能归还贷款时，保证支付其中一部分贷款余额。商业银行贷款中也有地区性的面向中小企业的少量贷款，但利率较高，且期限较短。

除以上商业贷款外，美国还经由中小企业局作为担保人，通过商业银行向中小企业提供政府担保贷款。美国中小企业政府担保贷款主要有以下几种：

（1）一般用途担保贷款（7a 计划）。鼓励金融机构贷款给中小企业的政府保证贷款计划，以提供符合条件但没有办法经过一般贷款渠道获得合理贷款的中小企业进行商业扩张，主要针对刚起步或需要扩张的中小企业。贷款金额可高达 200 万美元，期限最短为 5 ~7 年，最长可达 25 年。15 万美元及以下贷款，小企业管理局担保 85%；15 万美元以上贷款，小企业管理局担保 75%，但担保部分最高不得超过 150 万美元。

（2）固定资产贷款（504 计划）。此项计划主要针对小企业的固定资产投资，提供长期且利率固定的融资服务，目的是借企业扩张、维持营运资本来创造就业机会。贷款金额可高达固定资产价格或估值的 90%，银行融资部分提供 10 年贷款期，但采用 25 年摊还计划，有市场固定利率或浮动利率的选择；小企业管理局部分提供 20 年贷款期，并采用低于市场的固定利率计算。

（3）微型贷款。此为刚起步且快速成长的微型企业（年收入 100 万美元以内）的方便且快捷的融资途径。贷款金额 1 ~5 万美元，开放式循环信用额度，按月支付利息，本金到期一次清偿，按年续期，利率通常高于一般商业贷款。

此外，美国金融投资公司也发挥着重要的作用。美国金融投资公司主要包括两种形式，即中小企业投资公司与风险投资公司。

中小企业投资公司是为中小企业提供融资服务的创业投资公司。美国小企业管理局负责审查和许可成立中小企业投资公司。它可从联邦政府获得优惠的贷款支持，一般能得到不超过 9 000 万美元的优惠融资。具体的融资形式可以是低息贷款，也可以是购买和担保购买该公司的证券。但获得许可和融资支持的中小企业投资公司，只能投资于合格的中小企业，不能直接或间接地长期控制所投资的企业。投资方向主要是中小企业发展和技术改造。

风险投资公司亦属民间机构。在美国，以微电子技术、信息技术为代表的新技术产业发展迅速，这就促使许多科技型企业家从美国的大学、研究所、大企业、大公司中独立出来，成立开发型的中小企业。风险投资公司预期创新可能产生的高收益，对此类勇于创新投资的中小企业进行资金投入，为那些难以得到贷款的中小企业提供贷款，以促进中小企业的科技开发和创新。

2.2.1.2 美国纳斯达克市场

美国公司发行股票融资主要是在纳斯达克和美国证券交易所两个独立的市场上进行，在纳斯达克上市的要求往往比在美国证券交易所上市的要求低，这就解决了一些中小高科技企业的直接融资问题。

据2011年统计，美国高科技行业上市公司中的85%，软件行业上市公司中的93.6%，半导体行业上市公司中的84.8%，计算机及外围设备行业上市公司中的84.5%，通讯服务业上市公司中的82.6%，通讯设备业上市公司中的81.7%，都是在纳斯达克上市的。

但是，即使在美国这样一个资本市场高度发达的国家，资本市场为中小企业提供的资金也只是杯水车薪。主要原因如下：第一，科技股的泡沫破灭使监管当局谨慎对待中小企业融资；第二，小企业众多，但是资本市场容量不可能全部满足中小企业的要求；第三，企业上市成本高并且要满足监管当局的条件；第四，要求严格的信息披露，使企业产生了顾虑。所以，上市融资只能解决一部分有一定规模、技术实力满足监管当局要求的高科技企业的资金需求问题，完全依靠证券市场来解决中小企业的融资问题并不现实。

2.2.1.3 美国高收益债券市场

高收益债券（High Yield Bond）又称垃圾债券（Junk bond），是主要由非金融企业发行，不具有投资级别或投资级别被主要评级机构评为投资级以下的债券。这类债券具有较高的违约风险，但能支付比高信用等级债券更高的收益，从而吸引投资者。美国是高收益债券发展最早，也是最成功的国家。

最早的高收益债发行者主要为堕落天使（即曾经为投资级别的发行者，被降级至投机级别），现在高收益债券发行者的范围大大拓宽，包括新兴企业、堕落天使、高负债公司，以及偿债保障力度较小的资本密集企业等。

发行高收益债券的企业主要出自企业的经营性业务融资或杠杆收购的巨大融资需求。在公司发展的中前期，经营性风险比较大（通常是那些高速发展、缺乏现金流的公司，或者是资本结构偏重债券、资本金很少的公司）。大部分发行高收益债券的公司，并非不愿意发行高等级债券，而是因为自身评级无法达到投资等级要求，由此产生了众多的非投资等级债券。因此，对于资信等级不高，但有强烈资金需求的中小企业而言，高收益债券无疑是其重要的融资工具。

2.2.1.4 社区银行

根据美国独立社区银行家协会（Independent Community Bankers of America，简称ICBA）给出的定义，社区银行是本地所有、独立运营的机构，资产规模通常在几百万美元至数亿美元不等。

与大型银行相比，社区银行的主要特点有：

（1）从市场定位来看，社区银行主要面向当地家庭、中小企业和农户的金融服务需求，大型银行则主要面向大型企业。

（2）从资金运用来看，大银行通常将其在一个地区吸收的存款转移到另外一个地区使用，而社区银行则主要将一个地区吸收的存款继续投入到该地区，从而推动当地经济发展。

（3）从员工构成来看，社区银行的员工通常熟悉本地市场客户，同时这些员工本身也是融入到社区生活的成员，而大型银行的业务管理者通常是坐在远离日常客户的办公室里。

（4）从贷款审批来看，大型银行通常只是根据财务指标做结论，需要经过必要的内部审批程序，而社区银行信贷员还会考虑这些作为邻居的借款人的性格特征、家族历史和家庭构成、日常开支等个性化因素，且运作都在本地，审批手续简单，流程短。

2.2.2 欧洲中小企业融资概况

欧洲绝大部分企业为中小企业，并且中小企业里大多数是微型企业。在欧盟27个成员国中，91%的企业雇员人数低于10人。欧洲经济的成功，在很大程度上取决于中小企业的发展。过去5年，欧洲中小企业提供了80%的就业机会，贡献了一半以上的GDP。因此，如何给这些企业融资是欧洲各国面临的一个非常现实的问题。

2.2.2.1 欧洲中小企业的主要融资渠道

1. 银行借贷

银行借贷是欧盟中小企业主要的资金来源，其主要方式有：

（1）透支，即企业可在现金账户上进行超额提取。银行和企业达成协议，规定了透支的数量和时间，企业须对透支部分支付一定利息。该方式不需提供抵押，资金安排迅速，能在一定程度上解决企业对短期资金的需求。但囿于透支的数量和时间，企业不可能从中获得长期资金来源，不利于中小企业的长远发展。

（2）定期贷款。贷款条件（如抵押品、期限和利率）通常比较苛刻。由于中小企业的贷款规模较小，加之实力薄弱且风险较大，银行为中小企业提供定期贷款的积极性不高。鉴于此，政府通过提供中小企业贷款保证金计划等多种办法，着力推动定期贷款业务，收到一定成效，并成为中小企业主要的资金来源。例如，政府针对中小企业的特别需求制订了采取促进措施的一揽子计划。除了提供咨询服务、技术支持、销售促进和税收优惠等措施之外，一揽子计划强调要首先改善新建的中小企业的融资状况。

中小企业银行信贷的一般做法是：由往来结算银行向企业发放贷款。往来银行的贷款风险，经过谨慎的分析，可以由担保银行或者贷款担保基金承担。在特殊的前提条件下，可以由政策性银行向往来银行提供贷款，然后由往来银行向企业再贷款。政策性银行作为国家银行，具有很好的偿还能力，它们能够以有利的条件在市场上获得资金，并通过往来银行向企业继续提供这些资金。

欧洲中央银行2009～2010年的统计结果显示，在欧元区中小企业外部融资来源中，银行贷款的比重大约为32%～36%，如图2－2所示。与其他外部融资方式相比，银行贷款是一种比较稳定的、安全有效的融资方式。

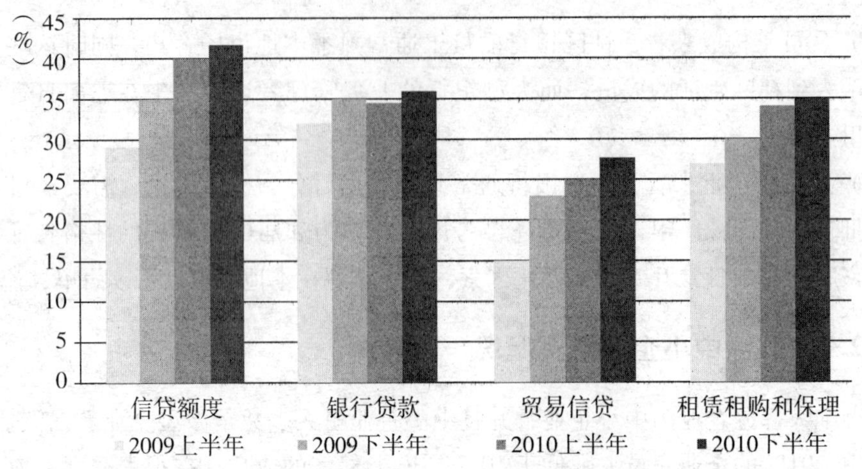

图2-2　欧元区的中小企业外部融资来源比例

资料来源：欧洲中央银行

2. 欧洲中小企业贷款证券化

过去10年，中小企业贷款证券化已经成为欧洲中小型企业融资的一个重要元素。然而目前，欧洲金融市场上结构性产品濒临崩溃，加之全球其他市场的影响，已经深刻地影响了欧洲中小企业贷款证券化的现状和前景。

毫无疑问的是，结构化的金融产品在很大程度上造成了全球经济危机，次级抵押贷款等领域都建立在资产价格膨胀的基础上，因此中小企业贷款证券化这个细分市场很大程度上受到了传染效应的影响，这种传染效应不仅体现在经济上，也体现在公众意识上。

欧洲的结构性金融市场的稳步增长从21世纪初一直持续到危机爆发，在2012年，抵押资产证券化产品发行总额是2 381亿欧元，较2008年最高峰7 111亿欧元减少了66.52%，该市场主要由住房抵押担保证券（Residential Mortgage Backed Securities，简称RMBS）构成。证券化产品发行量最大的国家为英国（639亿欧元），其次为意大利（581亿欧元）。2012年，约58%的证券化产品的信用评级是AAA级，只有3%被评为BBB级或以下。如图2-3所示。

就证券化产品流通余额来看，情况和发行量类似，英国排名第一（28%），其次是荷兰（17%）、西班牙（12%）和意大利（12%）。如图2-4所示。

数据显示，中小企业贷款证券化成为欧洲结构性金融市场的一个重要组成部分，在金融危机爆发之前的2007年，欧洲中小企业贷款证券化的金额已超过650亿欧元，在总证券化中占比15%。但受到金融危机的影响，该比例在2008年下降到7%，2009年短暂恢复到2008年的水平，但是到2010年，中小企业贷款证券化的数量下降到400亿欧元以下。2011年以来，虽然欧债危机继续蔓延，但中小企业贷款证券化的金额和占比均有所提升。如图2-5所示。

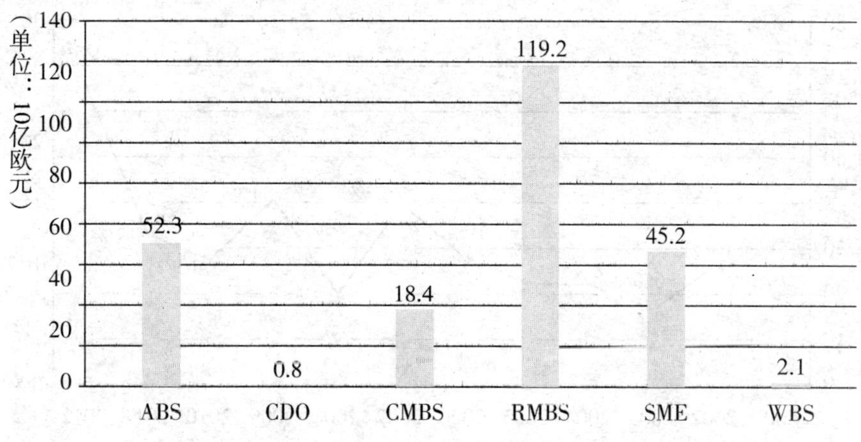

图2－3　欧洲证券化抵押品2012年发行量

资料来源：AFME Securitisation Data Report，Q4 2012

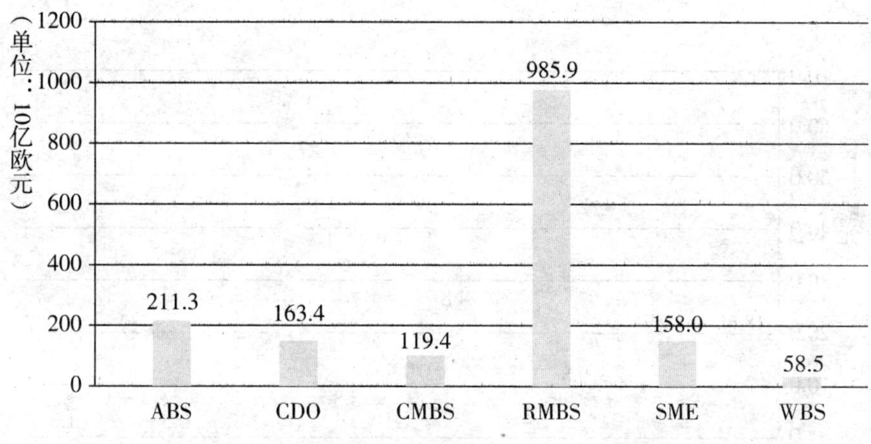

图2－4　欧洲证券化产品流通余额（2012年年底）

资料来源：AFME Securitisation Data Report，Q4 2012

截至2012年年底，欧元区中小企业通过贷款证券化融资的债券余额已经达到1 572亿欧元，其中西班牙一支独大，约占据市场39%的份额，如图2－6所示。因此，欧洲贷款证券化融资并未在欧元区全面成熟，未来仍存在较大的发展空间。

此外，从欧洲资产支持证券中小企业违约事件的原始余额来看，2006年的表现最为糟糕，但是2007年、2008年和2009年的数据也不容乐观。

与2009年类似，2010年穆迪几乎一半的评级下调都集中在中小企业贷款证券化交易。例如，2009年穆迪针对欧洲、中东和非洲（EMEA）地区的中小企业抵押贷款债券的评级下调比率为84.5%，2010年仍维持在57.7%的高位；而其历史平均值也高达28%。最新数据显示，降级的压力仍然存在于中小企业抵押贷款债券。表2－6显示了2010年4月29日～2011年4月29日为期1年的信用迁移矩阵。

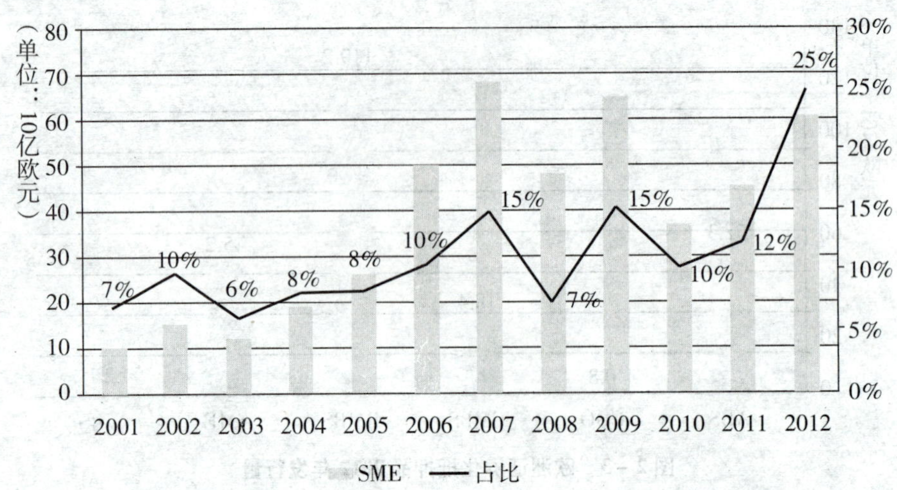

图 2－5　欧洲的中小企业贷款证券化金额和在总证券化中的占比

资料来源：AFME Securitisation Data Report

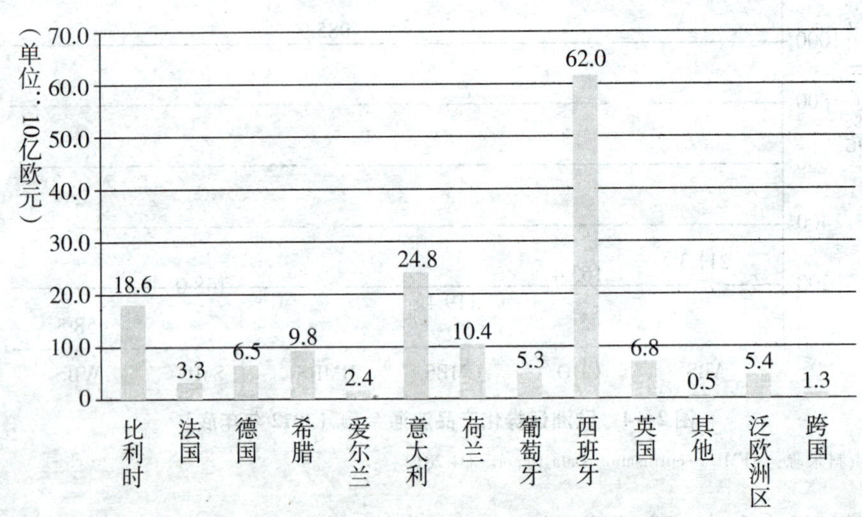

图 2－6　欧洲中小企业贷款证券化流通余额（截至 2012 年年底）

资料来源：AFME Securitisation Data Report，Q4 2012

综合上述分析可以看出，中小企业贷款证券化市场目前仍然困难重重。该市场的复苏不仅取决于欧洲结构化金融市场基本设施的建设和投资者信心的提升，而且与各国政府的监管措施直接相关。

3. 欧洲私募股权市场

私募股权是指未在股票市场上市交易的公司的股权。这种类型的股权与股票性质不同，投资回报周期也较长。拥有该股权的私人股权投资公司如果要出售该股权的话，必须在没有传统交易市场的情况下找到买家，所以其投资退出的方式一般是首次公开发售。目前，欧洲在建立私人股权投资交易市场方面已经有了一些尝试，以便利私人股权投资之间的清算。

表2－6　穆迪对EMEA地区中小企业抵押贷款债券的信用迁移矩阵

		最终评级								
		Aaa	**Aa**	**A**	**Baa**	**Ba**	**B**	**Caa**	**Ca/C**	**WR**
初始评级	Aaa	66.7%	22.2%	11.1%						
	Aa		25.0%	25.0%	25.0%	25.0%				
	A			21.4%	28.6%	21.4%	14.3%	7.1%		7.1%
	Baa				16.7%	33.3%	33.3%	16.7%		
	Ba					20.0%	40.0%	40.0%		
	B							60.0%	40.0%	
	Caa							42.1%	57.9%	
	Ca/C								100%	

资料来源：Moody’s Investors Service

欧洲风险投资协会（EVCA）2012年的数据显示，自2009年起，欧洲私募股权融资持续低迷，2012年筹集的资金数额仅占2008年的22%。如图2－7所示。

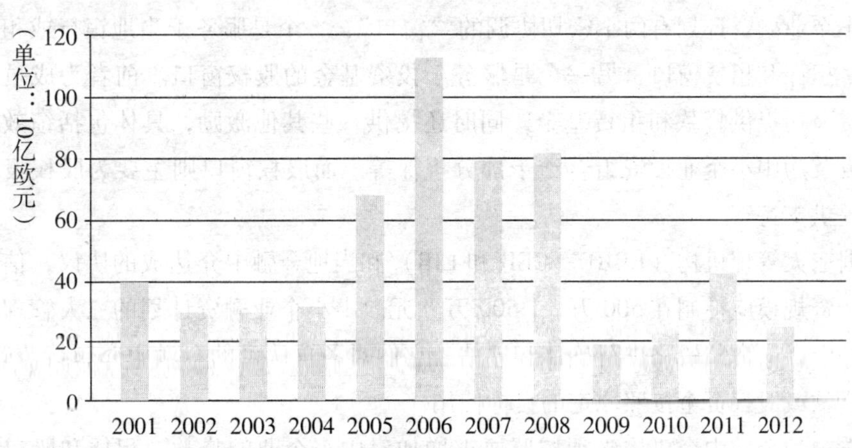

图2－7　2000～2012年欧洲私人股本所筹集的资金

资料来源：EVCA

私募股权市场的形成，对拓宽欧洲中小企业的融资渠道发挥了重要作用。虽然对于欧洲中小企业来说，通过私募股权市场筹集而来的资金总量远不及银行信贷，但是在过去20年中，私募股权在中小企业外部融资中的比重快速增长。换一个角度来说，中小企业是私募股权资本的主要投资方向，其2/3以上的项目都投资在人数为500人以下的中小企业。私募股权为中小企业带来的不仅是资金，也是宝贵的管理经验和管理手段，为促进中小企业的健康发展提供了极大的帮助，同时也推动了社会经济体系的进步。

2.2.2.2 欧洲的“中小企业融资计划”

根据法尔计划（Phare Programme），欧洲委员会于1999年4月推出了“中小企业融资计划”，旨在鼓励中小企业的发展，使它们在贷款、租赁或股权运作中获得更多的便利。通过该计划的实施，欧洲委员会认可了中小企业在市场经济中的重要作用。计划的总预算超过10亿欧元。

欧洲的“中小企业融资计划”由以下机构共同管理：欧洲复兴开发银行（European Bank for Reconstruction and Development，简称EBRD）、欧洲开发银行理事会（Council for European Development Bank，简称CEDB）和欧洲投资银行（European Investment Bank，简称EIB）。

中小企业融资计划的目的是引导成员国的银行、租赁公司和股权投资基金拓展并维持对中小企业的长期融资业务。目前，该计划已经在保加利亚、捷克共和国、爱沙尼亚、匈牙利、拉脱维亚、立陶宛、波兰、罗马尼亚、斯洛伐克、斯洛文尼亚和土耳其等国家运作。

为了实现其目标，中小企业融资计划向金融中介机构提供了一些与贷款、租赁和股权融资业务相关的激励措施，以鼓励它们快速、有效地完成计划。参与该计划的金融中介机构必须承诺将中小企业相关业务作为它们的重要业务。

中小企业融资计划有两个密切协调的“窗口”，一个是服务于当地银行或租赁公司的贷款、担保和租赁窗口，另一个是服务于投资基金的股权窗口。前者为成员国的银行或租赁公司提供贷款和租赁基金，同时还提供一些其他激励，具体包括绩效费、技术支持以及为中小企业投资组合给予部分担保等。而股权窗口则主要为股权投资和基金管理提供支持。

根据三大管理机构（EBRD、CEB和EIB）和当地金融中介达成的协议，信贷额度或股权融资规模应控制在500万～1 500万欧元。中小企业融资计划的三大管理机构各自对金融中介的参与资格进行确认和评估。它们对各自认可的金融中介履行监管职责，以确保贷款或股权资金按照原定的目标使用。

被选中的金融中介机构必须按照要求增加对中小企业的贷款、租赁和股权投资规模。融资协议由金融中介依据商业准则确立。向中小企业提供的单笔贷款或租赁额不应超过25万欧元，对单个企业提供的股权投资不应超过100万欧元。

有资格参与该计划的中小企业必须满足下列三个要求之一：（1）雇员人数低于250人；（2）年度营业额不超过4 000万欧元；（3）年度资产总额不超过2 700万欧元。此外，符合要求的中小企业必须是私有法人实体，并且不得经营或从事与赌博、房地产、银行、保险和金融中介等有关的业务。

2.2.3　韩国中小企业融资概况

2.2.3.1　韩国中小企业融资分析

韩国中小企业约占其企业总数的95%，提供着80%的就业岗位，是韩国经济和社会稳定的坚实根基。韩国中小企业所面临的问题与其他国家很相似，尤其是在1998年亚洲金融危机后。与美国和日本不同，韩国并不拥有发达的高收益债券市场，因而，低信用等级的中小企业因增信成本高昂而难以通过发行债券融资。在创业、成长、发展的过程中，中小企业被“融资难、研发难、销路难”等问题困扰。但韩国在扶持中小企业发展方面创造出了新的模式。

第一，适时改变政府扶持策略。当前，韩国政府根据企业面对的不是区域市场或本国市场，而是全球市场的经营环境，为强化本国中小企业国际竞争力，改变政府单边扶植政策，加大了民间机构的参与力度，充分发挥它们的资源和能力，使中小企业通过市场调节功能，自主提高自身竞争力。

第二，“官民合作”加大融资支持力度。韩国政府为了不影响民间机构的能力和自律性，不采取直接干涉的方式，而是扮演支持者和合作者的角色。截至2010年，已有3 000亿韩元来自民间金融机构的资金，以民间技术评价机构的评估报告为基础，向技术创新型企业进行了投资，大大加强了对中小企业尤其是技术能力优秀的中小企业的融资支持力度。

第三，鼓励大企业与中小企业开展技术研发合作。自2002年开始，韩国政府与三星、浦项制铁等大企业及公共机构签订了民官合作的计划，促进“以购买为前提的新技术开发事业”，即以中小企业的技术研发取得成功时，大企业就要购买该企业所研制的产品为条件，同时，政府向中小企业支持部分研发费用，推动了中小企业的技术创新。

韩国政府于1986年颁布实施了《中小企业支援法》。1995年，韩国政府将已有的各类中小企业的基本制度，综合为“中小企业创业振兴基金”和“中小企业共济事业基金”两个中小企业资金支持制度。这些法规条例对中小企业主管机构的设立和职能，及其服务辅导的范围方式、中小企业的融资与保证、税捐减免、公共工程的配合发展等方面，做出了具体而明确的规定。以中小企业共济制度为例，该制度按照相互保证、风险分担的原则，借助成员之间互助的力量，在无须动产及不动产担保下，取得银行贷款。

韩国企业债券在1997年金融危机的时候就有发行，不过真正进入成熟期是在2000年的下半年。但是只有少数大公司能够通过发行公司债券和商业票据筹集到资金。1998年9月，韩国政府出台《资产证券化法》（Asset Securitization Act），为基础债券抵押证券（Primary Collateralized Bond Obligation，简称P－CBO）的推出创造了先决条件。亚洲金融危机后，韩国资本市场几乎瘫痪，因为投资者对公司债券市场几乎失去信心，银行在接受政府重组的过程中也难以为企业部门提供新的贷款。因此，为缓解货币和资本市场紧缩，自1999年开始，韩国政府引进了P－CBO计划，以消除流动性约束和支持中小企业，投资者也偏好资产支持证券（Asset－Backed Security，简称ABS）这类附有信用增级的金融产品，因此韩国中小企业主要依靠银行贷款以及P－CBO的方式来融资，到2001年已经扩大到了所有风险企业。

2.2.3.2　P－CBO的基本交易结构

P－CBO是CBO（Collateralized Bond Obligation）的一种。所谓CBO，就是以一组垃圾债券为标的资产的ABS产品，其目的就是通过资产证券化，将一组高收益的垃圾债券重新打包成多组不同风险和收益的债券，以满足不同投资者的需求。尽管CBO的标的资产为垃圾债券，信用质量较差，但由于债券数量较多，信用风险能够足够分散，使得重新打包成的优先级别较高的债券达到投资级债券标准，因此从这个角度看，CBO实际上就是一种将垃圾债券转化为投资级债券的工具。CBO交易过程中设有破产隔离机制SPV，SPV通常表现为SPC（Special Purpose Company）或SPT（Special Purpose Trust）。在CBO交易中，SPV从资产原始权益人（即发起人）处购买债券组合，以自身名义发行资产支持证券进行融资，再将所募集到的资金用于偿还购买发起人债券组合的价款。通常CBO具有如图2－8所示的交易结构。

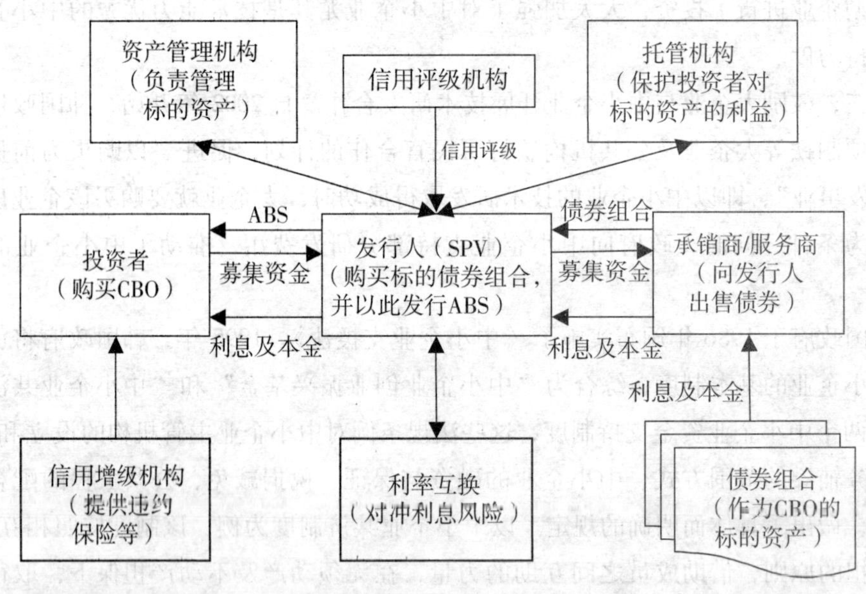

图2－8　CBO的基本交易结构

资料来源：S&P Global，“CBO/CLO Criteria”

根据CBO标的债券组合的交易特性，CBO通常可以分为S－CBO（Second Collateralized Bond Obligation）和P－CBO。S－CBO与P－CBO之间的差异在于，标的债券组合是一级市场债券还是二级市场债券。S－CBO的标的债券组合为已经在二级市场上交易的债券。由于S－CBO的各优先层债券的利率同标的债券组合利率之间存在一定的利差，因此，S－CBO更多地被用于套利目的。而P－CBO的标的债券组合则为一级市场上新发行的债券，P－CBO募集的资金直接用于购买一揽子即将发行债券，相对于S－CBO，P－CBO更多地作为融资工具而被使用。

韩国积极地利用了P－CBO的融资优势。在1999年年底，韩国政策性金融机构中小企业公司（Small Business Corporation，简称SBC）成功组织发行了第一个P－CBO。在该P－CBO交易中，23家中小企业在SBC的统一组织协调下，联合向SPC（专为该次交易设立的一家特殊目的公司）发行720亿韩元的债券。23家公司的平均信用等级为BB，所发行的债券均属于垃圾债券。随后，为了吸引投资者，SPC将这720亿韩元的债券组合重新打包成两大类不同优先级别的ABS，其中一部分为445亿韩元的优先层债券（2年期为80亿韩元，3年期为360亿韩元），该部分债券向广大投资者发售，余下的275亿韩元为次级层债券，由SBC自己持有。根据发行安排，23家中小企业的偿债资金首先用于偿还优先层债券，只有当优先层债券部分的本金完全清偿完毕后，偿债资金才开始用于偿付次级层债券，如此安排使得债券组合的违约损失首先由SBC全额承担，只有当违约损失超过275亿韩元时，优先层债券的投资者才开始承担超出的损失，因此，通过债券分层设计，优先层债券投资者承担的违约风险已经大为降低。与此同时，韩国的住房和商业银行（The Housing and Commercial Bank）为参与企业提供100亿韩元的流动性支持，在必要时，为中小企业提供一定的信贷资金，保障到期债券的偿付，进一步提升债券的信用质量。本次P－CBO的交易结构如图2－9所示。

2.2.3.3　P－CBO的其他交易结构

2000年7月，韩国政府引入了一个适用于P－CBO保险的特殊担保计划（如图2－10所示），并开始启用信用担保基金，分别命名为KODIT和KIBO。在两家信用担保基金的增信作用下，P－CBO交易中优先层债券占总金额的比重上升至93%～97%，实现了P－CBO效用的最大化。正是由于被担保债券的信用评级比未经担保债券的评级要稳定，所以机构投资者普遍倾向于选择被担保的债券。

2004年，韩国SBC与一家本国的证券公司合作，发起了跨境P－CBO项目，共有46家韩国中小企业参与了在日本的P－CBO发行，金额总计100亿日元。为这次发行提供信用担保的是韩国工业银行（Industry Bank of Korea，简称IBK）和日本国际协力银行（Japan Bank for International Cooperation，简称JBIC）。发行中使用了双层SPC结构，韩国SBC购买了国内SPC发行的次级层债券，进而提供了额外增信。日本SPC购买了优先层债券，再转售给日本市场的投资者。项目流程如图2－11所示。

2.2.3.4　P－CBO的优势

韩国证券化率从2002年的45.64%提升到2006年的108.6%用了4年时间。2000年8月，首个KODIT担保的P－CBO发行，金额为1.55万亿韩元。这次P－CBO发行汇聚了54个中小企业，它们的信用评级从“BBB＋”到“BB－”不等。AA级以上的

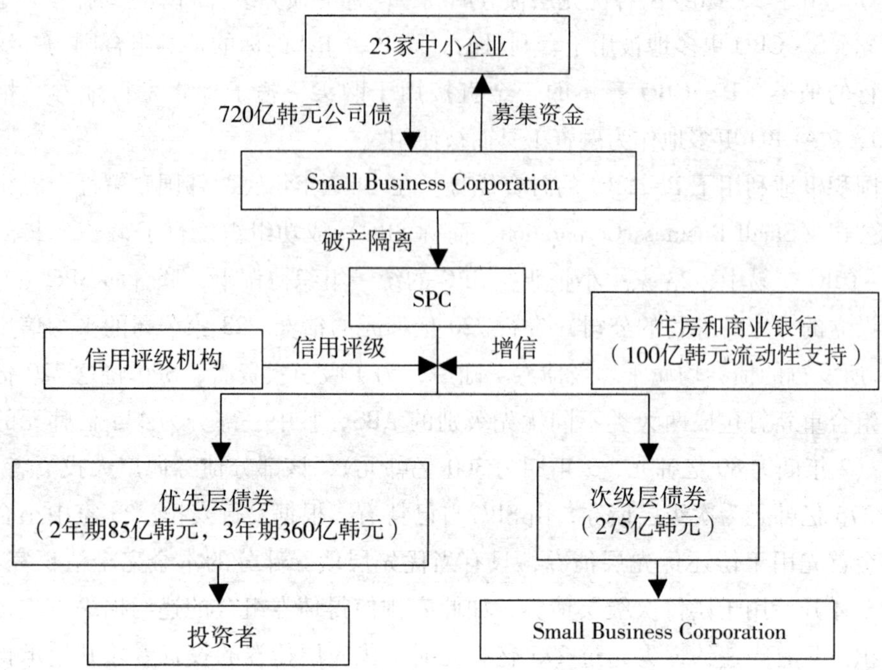

图2-9 SBC首次组织发行的P-CBO交易结构

资料来源：Gyutaeg Oh. Experience of Newly Industrialized Economies in Securitization：Korea［J］，Korea Fixed Income Research Institute，2005：1-58

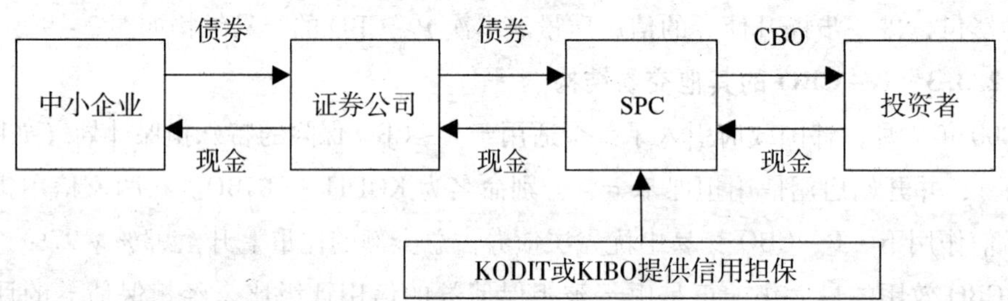

图2-10 获得信用担保的P-CBO项目

优先层债券占总发行量的97%，即1.5万亿韩元。为了稳定不断变宽的融资缺口，韩国2000年和2001年的P-CBO发行金额分别为7.22万亿韩元和7.16万亿韩元。

引入P-CBO项目后，信用评级不良（低于BBB-级）的公司可以借由资本市场发行公司债券。因此，这些公司能够大大降低融资成本，并暂时解决流动性问题。KODIT的一项研究表明，从信用评级的角度划分，P-CBO市场上低于投资级的公司和投资级公司的发行数量基本持平。

相对于银行借款和普通企业债券，P-CBO作为一种新型的中小企业融资工具，具有以下明显的优势：

（1）P-CBO以资产证券化技术将多家中小企业发行的公司债券重新打包分层，以优先层债券和次级层债券等多个不同风险水平的债券类型重新配置风险和收益，满

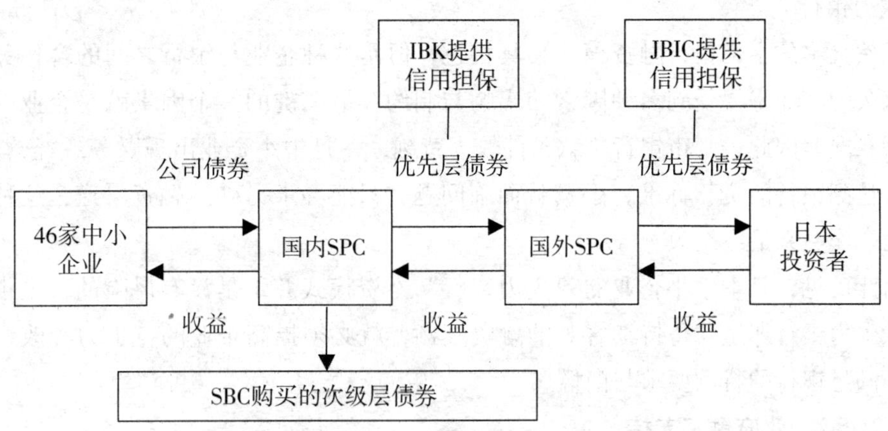

图2－11　具备双层SPC结构的P－CBO项目

足了投资者的风险偏好，解决了中小企业信用等级低而投资者要求高的信用不匹配矛盾，从而保证了中小企业在信用等级不高的情况下顺利实施债券融资。

（2）P－CBO降低了中小企业的发债成本，在上述案例中，23家中小企业的平均信用等级仅为BB，所发行的债券也只能属于垃圾债券，即使能直接向投资者发行，投资者也会要求较高的利率；而采用P－CBO后，这些债券的62%（发行金额）成了投资级债券，发行利率较垃圾债券低。

（3）从上述案例可以看到，SBC仅利用275亿韩元就为23家中小企业创造了720亿韩元的融资，杠杆效应高达2.6倍，P－CBO提升了政府机构支持中小企业融资的成效。由于上述优势，P－CBO的融资效果得到了韩国中小企业的广泛认可。

2.2.4　日本中小企业融资概况

日本是最早制定中小企业扶持政策的国家，在长期执行扶持中小企业政策的过程中，日本逐渐建立起了一套包括直接融资、间接融资、信用补充在内的比较完善的中小企业融资模式。

2.2.4.1　主力银行积极参与

主力银行融资模式是日本企业独具特色的融资方式，日本的多数企业对于主力银行十分依赖，而且这种依赖性与企业自身所拥有的员工数有密切的关系，一般而言，企业的员工数越少，对主力银行的依赖程度就越高。因此，主力银行融资模式在中小企业融资过程中发挥着十分重要的作用，占据着十分关键的地位，也成为中小企业在间接融资中选择的主要渠道。

在日本，为中小企业提供融资服务的银行种类很多，能够担当“主力银行”的银行种类也很多，比如都市银行、地区银行、二级银行等。一般而言，如果企业的员工数较多，那么都市银行充当“主力银行”角色的比例就相对较低；倘若企业的员工数较少，那么这些规模较小的中小企业就会倾向选择地方性银行和二级银行作为其融资的“主力银行”。

虽然日本的主力银行融资模式独具特色，但是这种企业与银行之间的合作关系并不是永久的，而是要受到多种因素的影响与制约。最关键的一个因素就是企业的规模和经营状况。因此，都市银行贷款条件较为苛刻，一旦中小企业出现财务或经营困境，就无法达到银行的贷款标准，融资就面临问题，只能寻求另外的融资渠道，这种银企之间的合作关系最终结束。

由此可见，日本中小企业的“主力银行”融资模式并不是没有风险的，中小企业要想从主力银行那里获得持续客观的融资金额，就必须提高企业的竞争力和改善经营状况，满足银行的贷款要求与门槛。

2.2.4.2 政府融资支持

对于中小企业而言，由于其自身经营的风险较高，且信用等级较低，融资需求又较大，如果按照市场经济的自我运行规律发展下去，中小企业融资难的问题很难得到有效的缓解与改善。如果政府部门能够在中小企业发展的过程中提供资金支持并建立政策性的金融机构，那么就能够纠正因市场失灵所带来的问题，并避免潜在的风险因素。

与此同时，日本长期信奉政府主导型的市场经济观念，因此，日本中小企业的融资体系也受到政府的强力干预。日本政府的融资支持对于中小企业的融资问题发挥了很重要的作用，对于不同的中小企业，日本政府建立了不同的金融机构。为扶持小企业发展，日本政府设立了中小企业金融公库、国民生活金融公库、商工组合中央金库3个专门为中小企业服务的金融机构。它们是由日本政府提供资金或由政府提供债务担保，资金来源主要靠政府，专门向缺乏资金但有市场和前途的中小企业提供低息融资，保证企业的正常运转。中小企业金融公库主要是对小企业贷放设备资金和长期周转资金，而国民生活金融公库则主要面向零星企业提供维持生产的小额周转资金贷款，很大一部分无须担保。两者提供的一般贷款利率比市场利率低，期限也较长。商工组合中央金库对企业采取“一站式”服务方式，即某个企业或某个项目的业务由专人负责。

2.2.4.3 信用担保融资模式

为了有效地解决中小企业担保难的问题，日本建立了双层担保融资模式。其一就是信用保证协会制度，这种制度主要是通过信用保证协会来充当中小企业的保证人，专门为中小企业的债务提供担保；其二是中小企业信用保险制度，这种制度主要是指在信用保证协会提供担保的前提下，由信用保证协会与中小企业保险公库之间签订一份合同，当中小企业无力偿还贷款时，由信用保证协会代为清偿，而协会也可以按照合同向中小企业信用保险金库要保险金。这两种做法很好地解决了中小企业和银行在融资问题上的后顾之忧。

2.2.4.4　其他融资渠道

1. 民间机构融资

民间融资在日本中小企业融资过程中同样发挥着十分重要的效力。在日本，当民间金融机构为中小企业提供贷款服务时，都能够从政策性金融机构那里获得多方面的支持。因此，日本民间金融机构的贷款积极性很高，贷款方式较为灵活，具有自身独有的融资优势。加之与政府政策的密切结合，日本已经形成了中小企业的融资网络。

2. JASDAQ 市场融资模式

目前日本的JASDAQ交易市场已经成为中小企业重要的融资模式与融资平台。总体来说，JASDAQ市场的交易类型有两种，其一是常规交易；其二就是预发行交易。这种融资模式是日本重视中小企业发展的充分体现，同时也是鼓励中小企业上市的积极表现。

简单来说，JASDAQ融资的做法主要有三种类型，都是通过电子交易系统完成的。一种是融资双方通过交易系统协议达成一致；另一种是金融机构根据资本市场上的价格确定贷款金额；还有一种是根据不同的货币、证券确定价格，其标准按照“一篮子货币”标准确定金额。

JASDAQ的最大特色在于制定了完善的实时监控系统、交易审查系统和信息披露机制，由此就能够很有效地防止可能出现的道德风险、逆向选择等信息不对称问题。扭转了外界对中小企业的传统观念，降低了投资者的信息不对称，提高了投资者的参与便利程度。

2.3　国际经验及借鉴

2.3.1　设立独立管理部门和政策性金融机构

根据对上述几个国家和地区的融资模式的分析可知，美国、日本、韩国和欧盟等在中小企业融资方面存在一个共性，就是均设立了独立的管理部门和政策性的金融机构，以帮助中小企业顺利实现融资需求。

美国政府对国内中小型企业的政策性贷款数量很少，政府主要通过对中小企业提供政策性担保基金，引导商业性金融机构对中小企业进行贷款。具体运作方式是：通过SBA（美国小企业管理局）制定宏观调控政策，引导民间资本向中小企业投资。小企业管理局通常提供优惠利率贷款，还与美国进出口银行和风险资本市场，以及纳斯达克合作，构成美国中小企业融资体系，为中小企业的创立发展提供资金支持，提供法律法规上的保障。

日本也成立了专门面向中小企业的金融机构，这样的民间机构主要有地方银行、第二地方银行、信用金库信用组合劳动金库等。政府性金融机构是由日本政府提供资金或由政府提供债务担保，原则上不接受存款的非营利性金融机构，个别金融机构也有少量私人资本参与，但资金来源主要依靠政府金融机构。它们向中小企业提供低于市场2~3个百分点的较长期的优惠贷款。此外，日本政府还设立"信用保证协会"和"中小企业信用公库"，以向中小企业从民间银行所借信贷提供担保。

韩国经济发展部设立中小企业署，专门负责指定和实施中小企业发展计划和政策，并设立"创业基金"；成立非营利性政府机构，专门为中小企业国际化提供有效支持。另外，韩国还成立了专门政策性银行机构和担保机构；成立小企业银行，专门为中小企业提供中长期信用，协助其改善生产设备及健全财务管理；建立信用担保基金，向缺乏担保品的中小企业提供信用担保服务。

我国并没有解决这一问题，只是《中小企业促进法》规定：国务院负责企业工作的部门组织实施国家中小企业政策，对全国中小企业工作进行综合协调，指导我国各地中小企业局、中小企业处等部门。但是并没有一个统一的机构来进行管理，导致中小企业局、中小企业处不能充分发挥作用，来扶持中小企业，所以，建议设立专门为中小企业服务的政府机构，借鉴国际经验，政府出面进行适度干预、支持，设立专门的机构，加强宏观指导，维护中小企业的合法权益，帮助中小企业解决发展过程中的资金、技术、信息和管理等方面的困难。

在实践过程中，该机构应起到如下作用：

（1）补充民间金融机构的功能，灵活应对金融形势的变化，以长期低息的条件稳定地提供资金，从而在金融紧缩时期起到缓冲作用，在紧急时刻发挥安全网的作用。

（2）通过特别贷款等中小企业政策进行政策诱导，吸引民间资金。

（3）作为专门面向中小企业的公共金融机构，通过积累贷款和审查，建立一个公正、客观有效的贷款制度。

（4）通过对中小企业进行客观的长期的信息支持和在经营上的指导来培育中小企业，发挥银行的交流窗口的作用。

（5）通过制定全国统一的贷款条件来提供资金，以帮助民间金融薄弱地区的中小企业的发展。

（6）包括民间银行融资信用担保风险投资资金在内，通过公共的金融机构的直接贷款，向中小企业提供多种类型的金融选择工具，发挥金融的杠杆效应。

2.3.2 完善政府信用担保支持

各国政府综合运用金融政策手段，加大对中小企业的扶持力度，为中小企业提供贷款担保。具体措施包括：建立为中小企业服务的银行和信用担保体系；发展中小金融机构；设立国家中小企业银行以及国家支持中小企业发展专项资金，为中小企业提供专项贷款。

以美国为例，美国小企业法授权小企业管理局作为难以通过正常渠道获得贷款的中小企业的贷款担保人，向中小企业提供各种形式的贷款担保，同时为中小企业提供政策性优惠利率贷款。美国小企业管理局可以应中小企业的申请，直接向符合条件的中小企业发放总金额不超过15万美元且贷款利率低于同期市场利率的政策性贷款，并针对小型成长型企业积极发展风险投资，为初创期的中小企业提供良好的融资渠道。

为了分散贷款风险，日本也建立了比较完善的“双层结构”的信用补充制度。在该结构中，信用担保协会首先对中小企业进行信用保证业务。设立信用担保协会的目的，在于使中小企业等的金融活动顺利进行。协会将贷款存入金融机构中，增加了金融机构的存款，导致金融机构对中小企业担保贷款的增加；同时，担保协会也利用这些存款，要求金融机构降低担保贷款的利率。另外，还设立中小企业综合事业团，其中的信用保险部门的主要业务，则是对担保协会的担保债务进行保险，并且向担保协会提供长期与低利的贷款。

我国目前没有诸如美国和日本那样发达的中小企业金融机构，但是政府可以从以下几个方面入手完善对中小企业的信用支持：第一，借鉴日本双重担保制度，鼓励金融机构向中小企业融资，帮助中小企业发展，解决目前融资体制上的不足。第二，通过相应政策扶助专业担保公司。目前我国的担保公司承担的风险过大，银行处于过于强势的地位，所以应该建立、健全担保公司和银行风险共担的担保体系。第三，借鉴美国风险投资公司的经验，扶持成立民间风险投资公司，为中小企业获得融资提供补充。

2.3.3　发展其他金融方式，优化全社会融资结构

针对中国目前的资本市场发展还不是很充分，相关的制度还不是很完善，但总体正在向正规、健康的方向发展的趋势，做出相关建议如下：

（1）目前中国的股票市场对于企业上市的要求基本适合大型企业，应在适当的时候发展地方性资本市场和促进中小企业的上市。这种途径对于中小企业筹资和监管都有积极的作用。像温州这种民营经济较为发达的、以中小企业为主的地区，应制定政策鼓励发展地方性资本市场。

（2）在传统民间信贷发展的同时，民间票据融资是值得提倡的直接融资方式，近年来温州民间还自发出现了票据融资市场，建议改进中小企业债券管理办法，在条件许可的地方设立小企业管理局，承担综合性债券管理与其他行政管理和服务职责，促进票据营业中心等中介机构的成长，规范民间直接融资，完善民间信用体系。

（3）发展高收益债券等中小企业债券市场。针对目前高收益率短期融资券需求不足，而集合债和集合票据审批时间长的问题，可考虑借鉴韩国的P-BOC模式，发行

高收益短期融资券资产证券化产品。从历史经验来看，中小企业贷款证券化在欧洲已经成为中小型企业融资的一个重要元素，在一些欧洲市场也越来越产生重大意义，如西班牙、德国、英国和意大利等国。因此，我国应探讨在会计、税收以及法律上的改革，以发展适宜中小企业资产证券化的土壤。

同时，小微型企业信息不对称问题特别严重，风险更高，不仅融资成本高，而且在市场上很难找到债券购买者。针对这些问题，可以利用PE投资者的高风险偏好，由中小企业向PE投资者发行非标准化的债券，具体债券条款由PE投资者和中小企业自己设定，例如中小企业可以向PE投资者发行具有转股条款的债券。

第 3 章

私募债券

3.1 私募债券基本情况

3.1.1 私募债券的定义

在国际资本市场上，私募（Private Placement）与公募（Public Placement）相对应，又称“非公开发行”，是指发行人或证券承销商通过自行安排，将股票、债券等证券产品销售给其熟悉的或联系较多的合格投资者，从而免于向证券监管部门注册的一种证券发行方式。因此，私募债券（Private Placement Bond）是指发行者将少数特定投资者作为募集对象而发行的，约定在一定期限内还本付息的债券，其发行手续简单，发行范围小，通常不需要向主管部门和社会公开资料信息，但转让时会受到限制，仅限于合格机构投资者之间的交易和转让。作为银行贷款的补充，私募债券对于某些融资主体而言是一种有效的融资方式。

不论是美国、日本、欧洲等发达国家或地区，还是韩国、中国台湾等新兴经济体，都存在私募债券市场，其中美国的私募债券市场最为成熟，也是其他国家私募债券市场制度建设的范本。

3.1.2 私募债券的特征

3.1.2.1 基本特征

1. 定向发行

私募债券区别于公募债券的一个根本特点在于它是定向发行，通过发行人与投资者达成定向发行协议，以直接销售的方式将债券卖给投资者。

由于没有中介机构进行信息的沟通和传达，以解决信息不对称问题，因此私募债券的发行相对于公募债券有一定的限制条件，其发行对象往往是特定数量的专业机构投资者，如商业银行、保险公司、投资基金、信托公司等，这些机构投资者一般都有投资经验丰富的专家，能够对发行主体进行充分调查和专业判断，对债券运作规则较为熟悉，具有相应的风险承受能力，属于合格投资者；而公募债券的发行对象则为广泛的和不特定的投资者。

由于合格投资者的基本属性，以及私募债券涉及的投资者范围较狭窄，因此，国际上一般采用市场化管理，即对发行人的资质不做具体规定，也无须严格的发行审批程序，通常采用备案制发行。

就信用评级来看，公募债券的发行往往需要强制评级，以满足社会公众对信用风险披露的要求；而私募债券由于其投资者为机构投资者，信用风险识别和风险管理能力较强，因此无须强制信用评级。

2. 有限转让

私募债券发行后只能在特定范围内转让、流通，具有有限转让的鲜明特点。有限转让通过限制交易流通来保障非公开定向工具始终在合格投资者范围内流通，严格禁止由于流通环节导致的变相公开发行行为，以此保护投资者利益。如果债券非公开定向发行后，投资人可以任意转售给其他投资者，则说明存在制度漏洞。因此，国际通行的做法是严格限制二级市场的转让参与主体。但是有限转让在一定程度上考验着私募债券二级市场的活跃度，进而影响债券的流动性。

3.1.2.2 具体特征

私募债券通常采取固定利率和中长期限设计，发行规模较为适中，发行条款中往往包含一些限定性条款。

1. 发行规模

通常而言，私募债券的发行规模介于银行贷款和公募债券之间，高于银行贷款而低于公募债券。就全球实际情况来看，私募债券的单期发行规模主要集中在 2 500 万 ~ 5 亿美元之间。

2. 到期期限和提前还款罚息

商业票据和银行贷款到期期限相对较短。私募债券的期限偏中长期，而公募债券则以长期债券为主。

私募债券几乎都以提前还款罚息的形式包含强有力的提前回购保护性条款，这也是投资者用以控制利率风险的重要策略。提前还款罚息通常规定发行人必须将未偿还现金流（本金加上合同规定的利率计算得到的利息）按照国债利率加上一定的利差进行折现得到的金额来支付。

3. 抵押和担保

由于抵押和担保不仅有利于控制违约风险，也有助于解决信息问题，债务抵押合同可以减少发行人损害投资者利益的可能性，因此，许多私募债券属于资产支持证券，如杠杆租赁、抵押信托凭证以及担保抵押债务。

4. 证券种类和条款

私募债券的种类多种多样，包括有担保债券、无担保债券、资产支持债券、优先债券以及次级债券。

存在信息问题的借款人通常为中期、小额借款人，其债券通常含有较为严格的保护性条款，旨在减少借款人不当使用资金的可能性。一般而言，信息障碍越严重的借款人，其债券的保护性条款就越严格。

5. 内部信息披露

私募债券属于定向发行，其最重要的特征之一便是简化了发行人的信息披露义务。就信息披露的范围来讲，只需要向特定投资者进行信息披露，因此属于对内披露，并且信息披露安排比较灵活，信息披露的具体内容、方式以及披露的频度和深度，均可以由发行人与投资人协商确定，因此相比公募债券简化了信息披露义务。

相对于公开发行债券通过信息披露制度来保护投资者利益而言，私募发行方式对投资者的保护一般是通过投资者的尽职调查、债券特定限制条款设计、限制交易流通、事后监督和再谈判（Renegotiation）等手段来完成的，投资者也可通过自身途径获取发行人相关信息，因此无须严格比照公募债券进行信息披露。

3.1.3　私募债券的发行主体

公开市场的投资者范围较广，多数为散户投资者，他们往往不愿意花费大量时间和资金来评估和监控公司的信用。因此，对信息存在障碍的企业，很难通过公开债券市场融资，或者融资成本较高。

就市场的实际情况来看，私募债券是那些无法公开募集资金的企业的重要融资渠道。这些企业一般信用状况并不非常乐观，无法达到公众投资者的预期，而信用状况往往通过公开市场信息获取。

但是完全的信息在资本市场并不存在。公司内部往往较外部投资者拥有更多的公司信息，对公司未来的前景也更加知情。这种信息不对称在小企业或不知名的企业尤为严重，大型企业和知名公司会公布其财务信息，并由信用评级机构评估其信用水平，因此，信息不对称问题相对不严重。由于公开信息的可获得程度不一样，投资者在评价和监控大型知名企业时，往往相对容易。

即使对于某些知名企业，在某些情况下也存在信息问题。比如，进行非常复杂的财务融资安排时，私募市场将是其筹资的最佳安排。公募债券并不具备评价复杂融资规划的功能。此外，大型知名企业有时也不愿意在筹资时公开某些信息。

除此之外，还存在其他原因使得发行人寻求私募债券作为其融资来源。由于私募债券并不需要注册，因此发行人可以避免冗长的审核程序和高昂的审核费用。公募债券发行人则必须按照监管部门的要求递交债券发行申请文件，并支付法律和其他费用。对于那些需要快速获取资金的公司，私募债券将是一个理想选择。

公司所募集的资金相对较少时，也可以使用私募债券市场。在公募债券市场，发行人所支付的发行费用相对固定，不能形成规模效应，因此，发行费用较为高昂，发行效率较低。因此，在小规模发行时，私募债券也是一个不错的选择。

私募债券的定向发行属性带来的额外优势也导致其吸引力的上升。这也使得较大范围的发行人会在融资时考虑这一方式。

私募债券通常包含更多内涵更加深入和细致的限制性条款。并且，私募债券相对于公募债券来说更是一个关系驱动的市场，在这个层面上，也赋予了发行人额外的灵活性。私募债券的持有人往往会持有债券至到期，因此，大多数为长期投资者。这使得发行人在定制和协商债券条款时具有更大的灵活性，并且投资者和发行人能形成长期的战略合作关系。相对而言，由于公募债券庞大的投资群体，债券条款再谈判的灵活性也就受到了限制，并且与投资者的合作关系也不易建立。

综合来说，私募债券对于以下类型的企业而言，是其寻求长期固定利率资金的理想方式：

（1）不能有效进入公募债券市场的存在信息问题的企业。

（2）实施复杂融资方案的大型知名企业。

（3）希望避免公开信息的大型知名企业。

（4）迅速募集资金并且避免高昂申请成本的企业。

（5）募集资金相对较少的企业。

（6）希望按照实际情况量身定制融资方案的企业。

（7）希望寻找长期合作对象的企业。

综合以上分析，表 3－1 列示的是私募债券和公募债券的主要属性。

表 3－1　债券募集方式比较

	公募债券	私募债券
监管	需要注册	无须注册
发行人	需遵循发行人资格要求	通常无规定
投资者	机构投资者以及个人投资者	合格机构投资者
信用评级	需要评级	不需要，但是许多发行人倾向于获取评级以降低融资成本
再售限制	允许在交易所向个人投资者出售及交易	在合格机构投资者之间进行交易
信息披露	公开披露信息	无须公开披露信息，但是需在债券持有者间披露信息
信用监控	出现违约时，投资者以债权人会议的形式参与，否则不直接参与，往往指定债券托管人监管	积极主动参与发行人的违约风险监控

3.1.4 私募债券与公募债券、银行贷款的比较

3.1.4.1 基本属性对比

就本质来看，私募债券包含了许多公募债券和银行借款的特征，从某种程度上说，它是两者的综合体。与公募债券类似，私募债券往往采用固定利率发行，并且期限偏向于中长期。但和银行借款类似，目前，全球范围内的私募债券都不需要向监管部门注册，也无须公开相关资料，并且往往包含许多协议条款。

综合来说，私募债券、公募债券和银行贷款在以下三个关键领域存在着显著差异：

1. 债券条款设计

一般而言，公募债券的风险最低，私募债券次之，银行贷款的风险最高。公募债券发行人往往是一些知名企业，私募债券次之，银行贷款的对象则是那些信息不被公众获知的企业。

由于公募债券往往是“持有—出售”的模式，投资者对债券合约的属性设计参与度并不高。但就私募债券来说，债权人通常会影响债券条款结构设计，特别是当投资者仅为单一实体时。因此，公募债券通常采用标准化条款，而私募债券往往根据客户来定制一些限定性条款，以符合借贷双方利益。

公募债券发行几乎不含担保条款，也鲜有限定性条款。而传统的私募债券，担保较为常见，通常也施加限定性条款。

限定性条款的类型大体可以分为三类：肯定性条款、否定性条款以及财务条款（往往是一系列否定条款的综合）。公募债券、私募债券以及银行贷款都会有选择性地采用肯定性条款，而否定性条款和财务性条款则普遍应用于私募债券和银行贷款。

肯定性条款旨在要求借款人满足一定的行为标准，如必须满足法律和契约条款。否定性条款限制借款人的行为，使其不得采取有害债权人的行动，包括对资本支出、出售资产、股利分配及其他支付、投资类型、举借其他债务的规模、对其他债权人的留置权、从事兼并和收购的限制。

财务性条款限定可衡量的财务变量，如最低资本金、资产负债率、营运资本、流动比率、收入/固定费用比率。财务性条款既可以是维持性条款，也可以是事件型条款。维持性条款的标准必须基于某一确定的基准，而事件型条款的标准则必须在发生设定事件时得到满足。

以1991年5月美国某高杠杆公司XYZ公司发行的私募债券为例，其主要的限定性条款见表3-2。

表3-2　私募债券限定性条款实例

金额	25 000 000 美元	期限	12 年
利率	15.85%，季付	久期	5 年
起息日	1991 年 5 月 14 日	债券平均期限	9 年
安全条款	通过应收账款及存货、公司 100% 的股权及对所有有形资产的留置权、对担保人 A（公司最大股东）的人身保险，以及 XYZ 的收益分配来保护债券持有人的利益，使其获得和银行贷款同等的权利。		
担保人	A 将为债券提供无条件连带责任担保。		
强制性赎回条款	公司将自 1997 年起，以 357.1 万美元进行 7 次回购，此举将使债券平均期限提前至 9 年。		
选择性赎回条款	不可赎回期为 4 年。之后，公司可以整体或者部分以面值或者债券未偿还本息的净现值（以与债券剩余平均加权期限相同的美国国库券收益率加上 50 个基点为贴现率）回购。		
条款	除以下情况外，公司不能发生任何借贷行为：（1）对银行的高级担保债务、长期贷款以及票据；（2）对×××的金额不超过 725 万美元的次级债务，并且债券的条款被投资者所接受；（3）在此后购买的债券总额不超过 50 万美元。 留置权和资产处分：除非通过额外的允许，否则公司不能产生任何额外的留置权和资产处分权。 限制性条款：公司不能有以下行为：（1）对公司股票宣布或者支付任何股利；（2）向股东或者子公司转移支付或者贷款；（3）购买或者兑换公司股票；（4）除非以普通股或者债券收益做交换，否则不得废除或者赎回任何次级债务（以上均归入限制支付条款）；（5）在任何财年以上限制性支付金额不得超过 50 万美元；（6）如果优先债务将导致债券违约，则优先债务对利息、折旧以及摊销和税收前利润（EBITD）比率低于 3.5；（7）如果支付任何或者次级债务将导致债券违约，则不得对其进行支付。 对次级债务的修正：公司不得在没有征求债权人的同意下，对任何次级债务的修正进行妥协。 资产出售：公司不得出售 10% 及以上的资产。 EBITD 优先利息支付比例：该比例不得低于以下值： 时期 / 最低比例 1992 年　1.75 1993 年　0.95 1994 年　2.25 1995 年　2.50 EBITD 对固定费用的比例，该比例必须低于： 至 1992 年年底　1.25 期后　1.35		

（续表）

<table>
<tr><td rowspan="4">条款</td><td>固定费用只能包含以下内容：（1）利息支出；（2）预定的本金还款额；（3）经营性租赁费用；（4）租金；（5）融资租赁费用。
优先债务占 EBITD 的比重，该比例基于季度滚动之上，不得高于：</td></tr>
<tr><td>
<table>
<tr><th>期间</th><th>最大值</th></tr>
<tr><td>截至 1991 年年底</td><td>6.25</td></tr>
<tr><td>1992 年年底</td><td>5.75</td></tr>
<tr><td>1993 年年底</td><td>5.10</td></tr>
<tr><td>1994 年年底</td><td>4.75</td></tr>
<tr><td>1995 年年底</td><td>4.30</td></tr>
<tr><td>期后</td><td>4.00</td></tr>
</table>
</td></tr>
<tr><td>贷款、投资者以及预付款：除以下情况，公司不得为任何个人提供借款或者购入证券：（1）对股东、管理人员以及职工的贷款和预付款不得超过 75 万美元；（2）对高信用等级的工具进行短期投资。
流动比率：不得低于 1 ~ 1.2。
股本协议：公司不得出售、分配、转移或者转让股权协议。
控制权变更（其定义为个人股权的 10% 变动，持股人可申请平价或者市价支付）：A 必须维持 51% 上的持股权。</td></tr>
</table>

2. 再谈判

对于公募债券来说，由于债券持有人数量众多，导致监控成本过高，因此，既可能出现重复监控，又可能出现无人监控的局面。在实务中，往往直接指派一个债券受托管理人，由第三方来监控发行人的偿还能力以及还本付息过程。

在债券还本付息期间，除非发行人出现违约或者宣告违约，投资者除以债权人会议的形式参与对发行人的监控外，基本不直接参与债权的信用监控。

与之对比，私募债券主要由债券持有人直接监控，并且由于私募债券的投资者数目较少，这种监控可减少“搭便车”的情况。由于私募债券投资者和发行人的关系更加紧密，利益关系也更加直接，因此投资者监督发行人的意愿也更强烈。同时，几乎所有私募债券的投资者都是机构投资者，他们拥有足够的投资经验。

如果发行人不能满足债券的合约条款，将导致技术性违约。除了陷入财务困境，发行人想通过对公募债券条款进行修改几乎不可能，因为需要所有债权人的一致同意。

就私募债券来说，技术性违约和债券条款的再谈判比较常见。在私募债券再谈判期间，债权债务人的信息交流是事后监控的一个组成部分。因此，限定性的合约条款、事后的再谈判以及直接信用监控，使得私募债券在防止债权人和债务人的纠纷上非常有效，这样的制度设计也意味着私募债券特别适合高风险的债务人。而银行贷款经常进行再谈判，其力度甚至高于私募债券。

公募债券通常具有一定的流动性，而多数私募债券和银行贷款几乎不具有流动性。投资者在公募债券市场上较少进行尽职调查和监控。银行贷款和私募债券则进行了大量的尽职调查和事后监控。大多数私募债券的借贷是由某类型的财务公司或人寿保险公司来完成，他们进行尽职调查和贷后监控的能力也比较强。

私募债券、公募债券和银行贷款这三种融资方式的比较如表 3 - 3 所示。

表 3 - 3　私募债券、公募债券和银行贷款特征对比

特征	融资方式		
	银行贷款	私募债券	公募债券
期限	短期	长期	长期
利率	浮动	固定	固定
信息问题的严重程度	高	中等	小
平均贷款规模	小	中等	小
平均风险水平	高	中等	小
条款	许多，严格	略少，较宽松	最少
担保	经常	略少	几乎没有
再谈判	经常	略少	较少
贷后监控	密集	显著	最少
贷款流动性	低	低	高
资金提供者	金融中介	金融中介	多样化
主要资金提供者	银行	寿险公司	多样化
贷款人声誉	某种程度上很重要	非常重要	无关紧要

3. 发行人

就资本市场的实际情况来看，市场参与者从事借贷行为有一个假设的进入等级。在这个金字塔里，无信息障碍、不存在复杂融资的企业，可以在任何市场里自由借贷，并且其选择的市场往往最适合自身情况。而存在信息障碍的企业进入公募债券市场则较为困难。对于信息障碍较为适度的企业，既可以通过银行也可以通过私募债券市场融资。信息障碍相当严重的企业，只能通过银行贷款来融资，或者说不能进行任何外部借贷。

综合来说，私募债券市场的参与者大多数为存在信息问题的企业，或者是融资情况相当复杂的企业，只有信息来源较广和能进行深入调查的投资者愿意参与。其他参与私募债券市场的发行人主要为满足特定要求，比如避免注册登记带来的信息披露。最后，那些发行规模很小，在公募债券市场上不具有成本效益的发行人，也是私募债券的参与主体。

那些不存在信息问题，并且发行金额较大的发行人，一般会寻求公募债券市场。而那些希望进行短期融资或者浮动利率融资的企业，一般会借助银行贷款或者商业票据。

三种融资方式发行人特征比较如表3－4所示。

表3－4 私募债券、公募债券以及银行贷款发行人特征分析

借款人类型	筹措资金类型	
	长期、固定贷款	短期、浮动贷款
信息障碍企业		
适度困难	私募	银行贷款
非常困难	银行贷款	银行贷款
不存在信息障碍的企业但融资复杂	私募	银行贷款
企业存在特定需求	私募或银行贷款	银行贷款
无信息困难并且小额简单发行	私募或银行贷款	银行贷款
无信息困难并且大额简单发行	公募	银行贷款或商业票据

3.1.4.2 私募债券的相对优势

通过上述对比分析可以看出，私募债券无论是对发行人还是投资者都具有一定的相对优势。

1. 对发行人的优势

（1）不要求公司向监管部门申请注册和公开财务报表等信息，适合于一些希望信息保密的私营公司。

（2）可以设定更加个性化的条款，如特殊的结构、期限和保护条款等，有利于满足发行人的不同融资需求。

（3）私募发行的资格认定标准低，发行成本低，操作周期短，且允许更小的发行额度。

（4）可以给发行人带来长期的战略合作关系投资者。

2. 对投资人的优势

（1）收益率高。与同等级和同期的公募债券相比，私募债券平均收益率要高15～35个基点，主要是为交易流通不便而提供的流动性溢价和为吸引长期投资而提供的刺激性收益。对某些高收益私募债券来说，更主要的是发行人提供的信用风险溢价。

（2）私募债券一般含有保护性条款。这些保护性条款可以为投资者提供更高的信贷保障，减少其信贷损失。全球私募债券近10年平均违约率为5.14%，在违约高发期如2008年金融危机时期，违约率超过11%，最低时期也有2%的违约率。因此，私募债券往往采用保护性条款来维护投资者利益。常用的保护性条款包括：最高杠杆比率、最低固定费用偿付比率、最低净资产控制、限制优先偿还债务、限制出售资产，以及

控制权变更准备金等。

（3）私募债券使用信用增级的比例比公募债券高。当出现可能违约的情况时，抵押与保护条款可以为投资者提供很好的下行风险保障，降低信贷损失，提高投资者的总收益率。绝大多数私募债券为吸引投资者，均采取不同程度的信用增级手段。

（4）更加多样化的投资组合。私募固定收益市场中拥有来自各种行业与不同地域的债券产品。传统上，公用事业、非周期性消费品和资本货物是私募市场中最大的板块，金融板块中的保险业份额则远低于公募市场。这种产品结构的多样性，为投资人提供了更好的分散投资机会。

当然，私募债券也有其自身缺陷，主要缺点是流动性低。私募债券的发行只能面向合格投资者，转让只能通过协议转让的方式在合格投资者之间进行，因此不适合中小投资者和对资金流动性要求较高的投资者。

3.1.5 国际私募债券市场现状

3.1.5.1 发行规模

私募债券市场是全球资本市场的重要组成部分，它的发展变动与经济形势有着紧密的联系。如图3-1所示，2008年金融危机前，私募债券市场保持着平稳增长的态势；2008年金融危机发生后，全球私募债券市场迅速萎缩，其规模由2007年的1.5万亿美元左右迅速下降到0.7万亿美元；2008年后，全球私募债券市场的规模逐步放大，增长速度较为稳定。因此，私募债券市场有着很强的顺周期性。

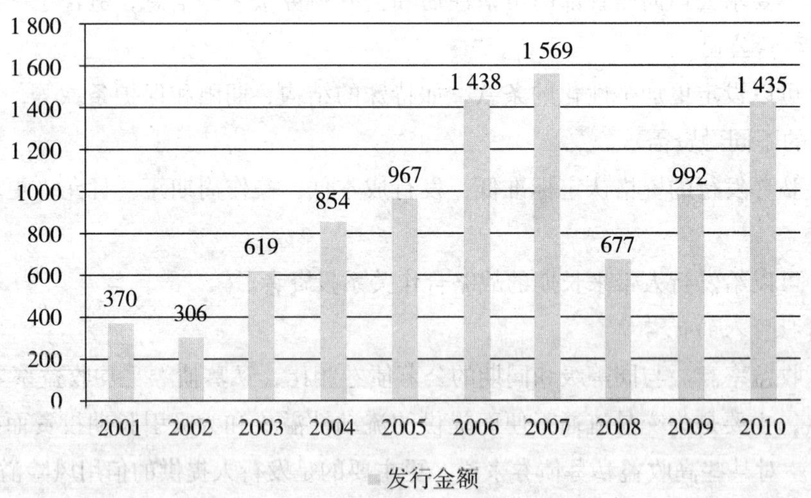

图3-1 海外私募债券市场的规模变动情况

资料来源：IMF

3.1.5.2 发行人类型

全球私募债券的主体以特殊目的实体和工业企业为主，此外还包含银行、政府及政府机构、公众设施管理者、非银行金融组织等。其中，特殊目的实体发行的私募债券主要存在两种情况，一种是定向发行的资产证券化产品，另一种是某些跨国企业利用其境外融资窗口定向发行的私募债券。特殊目的实体和工业企业的合计占比已经达到62.19%。详见图3-2。

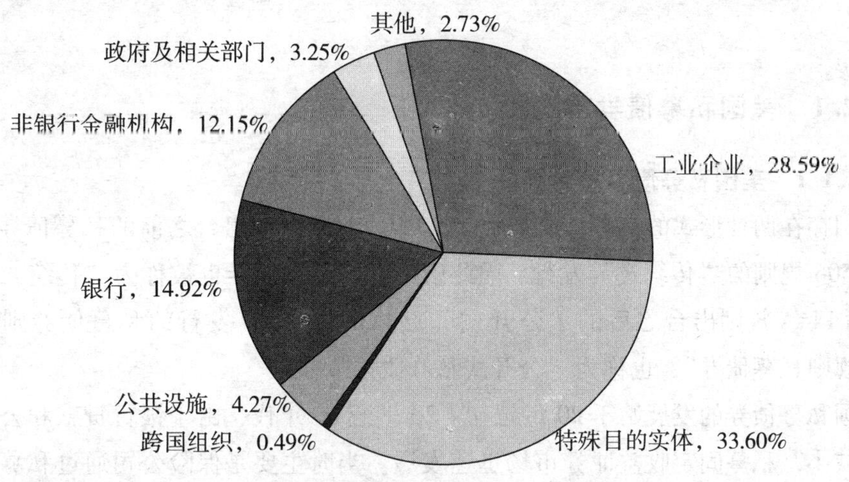

图3-2 私募债券海外发行人类型

资料来源：IMF

3.1.5.3 信用等级

在私募债券的发行过程中，发行主体的信用评级对私募债券的发行成本和收益具有至关重要的作用。总体而言，全球私募债券的主体评级级别不高，其中，投资级别（含）以上的仅占23%，绝大部分的发行主体甚至没有信用评级。如图3-3所示。

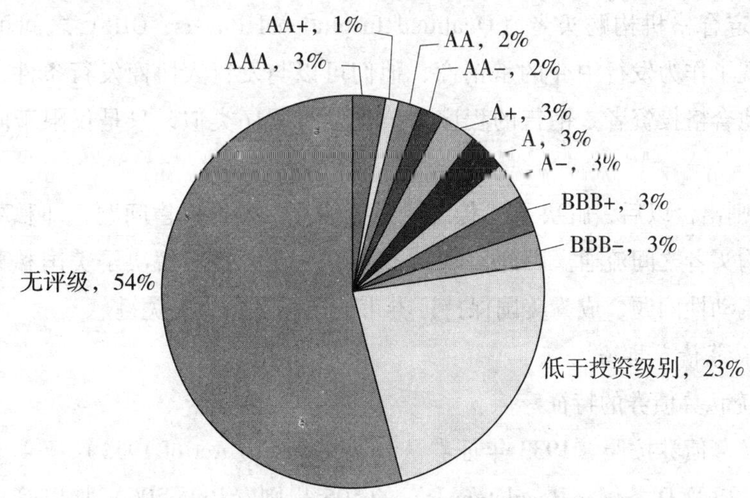

图3-3 海外私募债券信用等级分布

资料来源：IMF

3.2 国外主要私募债券市场

3.2.1 美国私募债券市场

3.2.1.1 美国私募债券发展历程

美国存在两种形式的私募债券。在 1990 年 144A 规则出台之前的私募债券，由于其基于 506 规则的“传统式”发行，因此该类型的私募债券也被称为“传统式私募债券”，而 144A 规则出台之后的“公开式”（Public style）发行的私募债券则被称为“144A 规则私募债券”，也称为“公开式私募债券”。

美国私募债券的发展始于 20 世纪初。20 世纪 30 年代，由于银行贷款和公募债券发行量减小，私募固定收益证券市场迅速发展。当时主要是保险公司通过私募债券形式为公用事业、铁路和工业公司等提供融资。之后由于公募债券的大量发行和 144A 规则的引入，传统私募固定收益债券的相对市场份额有所下降，而 144A 规则私募债券的发行则成为主导。

在“传统式”私募发行中，没有主承销商，发行人直接将证券卖给特定的投资者。证券必须停留在购买者手中，1 年内不得转让。因此，任何投资者购买证券都是以投资为目的。这大大降低了私募证券的流动性，增加了购买者的风险。

“公开式”的私募方式随着 144A 规则对私募债券转移限制的放松而产生。由于 144A 规则规定合格机构购买者（Qualified Institutional Buyers，QIB）之间可以转让证券，于是出现了作为发行中介的承销商，他们可以与发行人协商发行条件，买入债券并销售给其他合格投资者。销售的程序与公开发行程序类似，只是仅限于向合格机构购买者销售。

144A 规则出台以后，解决了“传统式私募债券”的再出售问题，即私募证券可以在合格机构购买者之间流通。因此，144A 规则在一定程度上解决了美国私募债券发行市场存在的流动性问题，成为美国保持证券市场国际竞争力的关键。

1. 传统私募债券市场

（1）传统私募债券的特征。

传统的私募债券按照《1933 年证券法》（Securities Act of 1933）第 4（2）节（4 section（2））以及 D 条例（Regulation D）的 506 规则（Rule 506）加以管理。在这些条款的规定下，企业可以向无人数限制的合格投资者（accredited investors）以及至多 35 人次的成熟投资者（sophisticated investors）发行无金额限定的债券。其中，合格投资者主要针对自然人，其净资产至少达到100万美元，收入至少达到20万美元，或者必须在交易中投入至少15万美元，并且这项投资在投资人财产中的占比不得超过20%；而成熟投资者是那些认为其在金融领域具有足够的技能和经验，能衡量所发售证券信用风险的机构。

企业通常向高资产净值的个人投资者、私募投资公司、保险公司以及银行发售私募债券。将发行人和投资者归集在一起的中介为私募代理机构。私募代理机构往往向银行或者私募投资公司承销债券。私募发行是基于尽力推销基础之上，而不是基于承诺包销基础之上。投资者必须接受限定性条款，在1年内不得转售给其他人。

（2）传统私募债券的发展史。

美国私募债券的发展史也是机构投资者的成长史，尤其是人寿保险公司。1900年，人寿保险公司仅持有美国金融机构11%的资产；到了1940年，这一比例已经跃居25%。这些机构的资产增长速度相当可观，与之对比，有吸引力的投资机会却增长缓慢。1947年，上市公司共募集40亿美元的证券（其中，28亿美元是债券），保险公司购买了其中的75%，尽管如此，仍存在未得到满足的资金需求。在某种程度上，私募债券提供了调剂这种资金供求余缺的工具。保险公司投资者需要新的投资品种来分散其剩余资金。

有意思的是，市场初期仅集中在那些知名的大型企业上。由于保险公司的投资管理人员大都是风险规避者，只愿意向较为成功的公司借贷。此外，许多投资者认为私募债券的调查和服务成本过高，根本不值得花费过多时间。

有利的外部条件也刺激了美国私募债券的发展。《1933年证券法》的颁布及1934年要求公募债券必须向美国证券交易委员会（Securities and Exchange Commission，简称SEC）注册，间接导致公募债券发行成本和发行时间的增加。此外，发行人也渐渐意识到私募债券市场的灵活性和客户定制的好处，此后，美国私募债券市场就以非常惊人的速度增长起来。

1900～1933年，仅有10亿美元私募债券发行。但是到了1944年，每年的发行规模就超过10亿美元，而且这一数字还在持续上升。随着投资者对私募市场的逐渐了解和接受，私募债券的发行主体开始从先前以知名企业为主，逐步转移到小企业发行人，最后过渡到存在信息问题的发行人。

2. 144A私募债券市场

（1）144A规则。

1990年，《144A规则》引入，赋予了证券公司承销私募债券的机会，也使得私募债券可以以公募债券的方式发售。因此可以说，《144A规则》弥补了私募债券市场和公募债券市场的缺口，使得大型的不存在信息困难的企业成为私募债券市场上典型的发行人，也使得私募债券变成一种有效的募集资金的方式。

尽管《144A规则》仅针对某些二级市场的交易，但它对私募债券的发售确实存在着影响。在其认定的合格机构投资者之间可以自由交易私募债券。在《144A 规则》之前，证券公司并不承销私募债券，因为可能会构成公募发行。但是《144A 规则》的出台将合格投资者与公众区别开来，因此，在合格投资者之间的交易并不构成公募。大多数证券公司属于合格投资者，因此可以从发行人处购得私募债券，再销售给其他合格投资者，而无须触犯私募发行的豁免注册条款。

在《144A 规则》中，合格机构投资者被定义为金融机构以及在证券市场上自由拥有或者投资至少 1 亿美元的企业或者合伙机构。该定义的范围非常广泛，将寿险公司、养老基金、投资银行、境内外商业银行、银行信托以及储蓄和贷款协会都涵盖在内。

除了满足持有证券的标准，银行和储蓄贷款机构的资本净值必须在 2 500 万美元以上。加入这一条件，是因为美国证券交易委员会认为，仅仅持有证券并不意味着投资者拥有参与市场的足够经验和背景。与其他机构投资者相比，证券经纪人只需要拥有 1 000万美元的证券即可被认定为合格投资者，这也是为了避免将活跃于私募市场的大量证券经纪人排除在外。

除了定义合格机构投资者外，《144A 规则》还规定了其他三个条件：第一，确保可获取信息的最低限度，发行人必须向投资者提供最近的财务报表以及有关其运营状况的基本信息，这是信息披露的最低限度；第二，发行时，私募债券不得和发行人已经在美国股票交易所或者纳斯达克交易所上市的证券属于同一类别，这一规定旨在避免公募债券市场成为机构投资者集中的市场，以影响公募债券的二级市场；第三，在销售 144A 规则证券时，必须以合理的方式告知投资者该销售是按照《144A 规则》进行的。

美国证券交易委员会采用《144A 规则》基于以下两个目的：一是为了扩大私募债券市场的流动性，继而降低私募债券和公募债券之间的价差。另一个是为了使私募债券市场对境外发行人而言更具吸引力。境外企业在公募市场上并不属于长期发行人，因为向美国证券交易委员会的注册申请成本较高并且手续繁冗，特别是必须确保财务报表符合美国的会计准则。尽管境外公司可以通过发行传统私募债券来规避这些障碍，但是通常情况下，它们并不愿意这么做，因为传统私募债券比公募债券的发行成本要高很多。对合约条款的再谈判以及包含各种限定性条款，也使得私募债券的吸引力大打折扣。因此，《144A 规则》为境外发行人在美国发行债券提供了便利。

(2)《144A 规则》私募债券特征。

与传统的私募债券相比，144A 私募债券可以在合格机构投资者之间自由交易而没有持有期的限制。美国证券交易委员会之所以取消了债券再售的限制，就是因为认为合格机构投资者可以独立获得和处理《144A 规则》规定的信息。144A 债券的另一独特性在于可以在发行 60 天后登记，以便在合格投资者中公开交易。毫无疑问，这一规则鼓舞了美国私募债券发行人参与私募债券的热情。因此，144A 私募债券既具有私募债券迅速发行的特征，又具有公开发行债券的流动性。

就企业的现状来看，优先考虑144A债券的企业与那些不适用144A格式发行私募债券的企业存在很大差异。适用《144A规则》发行私募债券的公司，往往是低信用等级、高信息不对称企业。就市场情况来看，在《144A规则》引入后，发行传统私募债券的企业，其信用等级比《144A规则》引入前发行传统私募债券的企业要高出许多。

(3)《144A规则》的影响。

《144A规则》出台后，美国私募债券市场发生了巨大的变化。私募债券的规模开始急剧扩张，而非《144A规则》债券的发行则受这一规则的影响出现了明显的下滑。

值得注意的是，在此之后，私募债券市场在境外发行人方面出现了显著增长。过去，美国私募债券市场只有美国公司的境外子公司以及一些知名境外企业参与。但在1990年以后，非美国公司开始逐渐占据主要地位，表3-5展示了这一趋势。美国保险公司也越来越追求收益和地域的分散化，并愿意承担境外发行人所带来的风险。此外，市场也采取了一系列措施来便利债券的交易，出台了一些标准化的国际规定，如采纳税收补偿和货币补偿协议，对于国际发行人而言，发行文件也更趋一致性。

表3-5　美国1989~1992年公募债券市场和私募债券市场的总发行额　（单位：10亿美元）

发行	1989年	1990年	1991年	1992年
144A私募债券		2.2	16.7	33.3
由境外发行人发行		0.4	5.5	10.5
非144A私募债券	134.8	101.0	75.8	52.4
由境外发行人发行	20.3	15.8	12.5	9.4
公募债券	188.9	203.6	307.1	401.8
由境外发行人发行	9.2	14.8	20.2	24.1

资料来源：IMF

(4)美国传统私募债券和144A规则私募债券对比。

由于法律约束不同以及发行主体和市场流通的巨大差异，美国传统私募债券和144A规则私募债券在发行规模、期限以及评级要求方面均有着各自鲜明的特征，特别是对于境外发行主体而言，两者的优劣势较为明显。详见表3-6。

表 3－6　境外发行人不同方式下私募债券对比

	传统私募债券	144A
规模	1～3 亿美元	3 亿美元以上
期限	5～20 年	3～30 年
优势	长期 发行文件精简 免于向 SEC 注册	长期 流动性高 合约较宽松
劣势	合约条款严格 将美元资金转换成其他货币成本较高 需要满足所有的条款 流动性较低	需要双评级 将美元资金转换成其他货币成本较高 需要满足所有的条款 按照 SEC 的要求披露
评级要求	仅限于 NAIC（美国保险监督官协会）	标普、穆迪和惠誉

资料来源：IMF

3.2.1.2　美国私募债券发展现状

1. 美国企业直接融资工具对比

对美国企业来说，债券市场是最大的直接融资工具，其融资规模远远超过股票市场。特别是 2007 年以前，股权融资规模占债务融资规模的比重一直相对较为稳定（见图 3－4），并且在 2001 年以后略有下降。近年来该比率有所攀升，但债务融资的规模仍是股权融资所不能企及的。

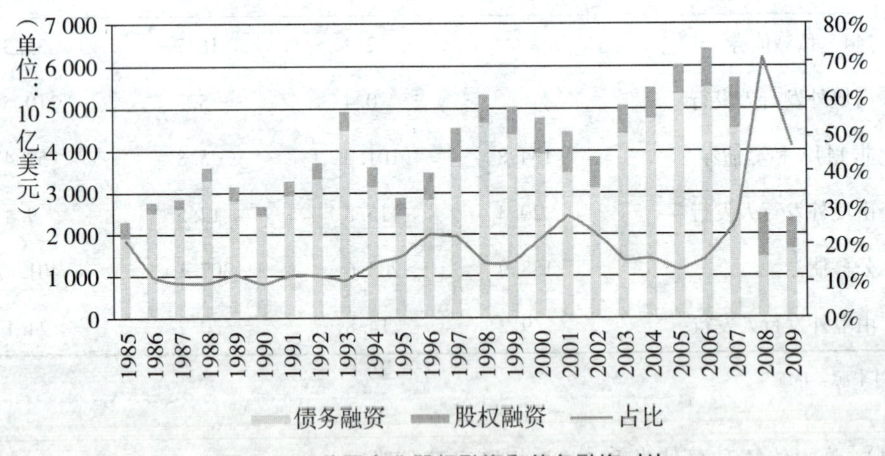

图 3－4　美国企业股权融资和债务融资对比

2. 美国企业直接融资方式对比

在股权融资中，私募股权融资占据绝对优势。约 50% 以上的股权以私募方式提供资金。而对于债券，2006 年以前，绝大多数债券融资均为私募债券，2006 年以后，情况发生了很大改观，公募债券开始占据优势地位，但私募债券仍在美国债券市场上占据重要地位，见图 3－5。1985～2009 年美国私募债券发行情况见表 3－7。

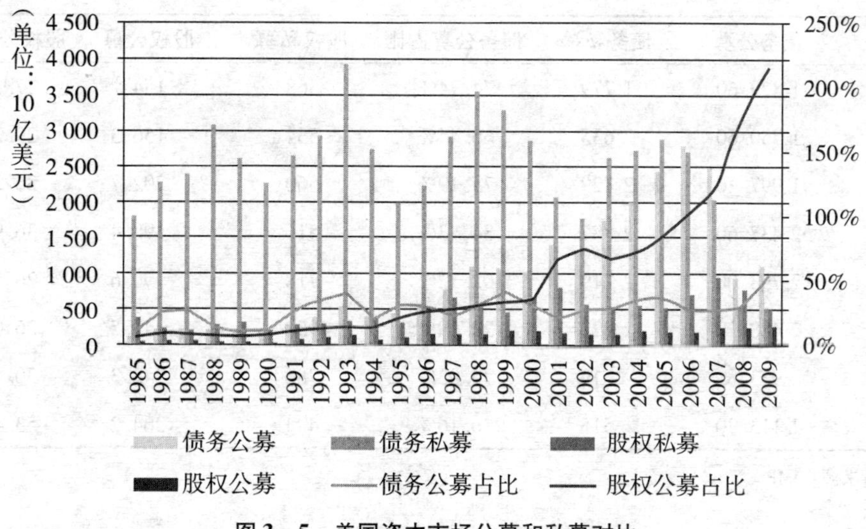

图3-5 美国资本市场公募和私募对比

表3-7 1985~2009年美国私募债券发行情况 （单位：10亿美元）

年份	债务公募	债务私募	债务公募占比	股权私募	股权公募	股权公募占比
1985	97.6	1 810	5.39%	375	33.3	8.88%
1986	216.9	2 280	9.51%	225	57.1	25.38%
1987	211	2 397	8.80%	196	52.9	26.99%
1988	201.1	3 081	6.53%	274	37.3	13.61%
1989	164.2	2 619	6.27%	308	30.6	9.94%
1990	168.8	2 267	7.45%	203	23.9	11.77%
1991	281.2	2 643	10.64%	277	75.9	27.40%
1992	386.3	2 934	13.17%	291	101.8	34.98%
1993	535.2	3 933	13.61%	324	130.8	40.37%
1994	389.8	2 751	14.17%	388	76.9	19.82%
1995	441.4	2 009	21.97%	315	97.1	30.83%
1996	584.3	2 230	26.20%	502	151.9	30.26%
1997	784.5	2 925	26.82%	670	153.4	22.90%
1998	1 107.30	3 555	31.15%	526	152.7	29.03%
1999	1 083.70	3 285	32.99%	462	191.7	41.49%
2000	1 020.30	2 879	35.44%	661	204.5	30.94%
2001	1 399.40	2 063	67.83%	809	169.7	20.98%

（续表）

年份	债务公募	债务私募	债务公募占比	股权私募	股权公募	股权公募占比
2002	1 329.60	1 779	74.74%	568	154	27.11%
2003	1 750.60	2 635	66.44%	534	156.3	29.27%
2004	1 997.40	2 729	73.19%	560	202.7	36.20%
2005	2 437.60	2 887	84.43%	516	190.4	36.90%
2006	2 793.00	2 719	102.72%	718	190.6	26.55%
2007	2 488.20	2 028	122.69%	951	247.5	26.03%
2008	933.8	519	179.92%	786	242.3	30.83%
2009	1 113.20	515	216.16%	494	264.2	53.48%

资料来源：IMF

3. 美国私募债券主要特征

（1）多采用固定利率，发行利率较公募债券高。

在美国，私募债券通常采用固定利率。投资者与发行人通过谈判确定发行价格、票面利率、到期日和保护条款等要素，其交易转让则通过协议转让的方式在合格机构投资者之间进行。

与公募发行相比，一般来讲，由于私募债券的二级市场流动性相对较低，投资人范围相对较小，以及不要求外部公开评级等因素，私募债券的发行人需要承担更高的价格，这同时也提供给投资者更高的收益。

（2）发行规模较小。

尽管私募债券市场的迅速发展使得发行规模与发行方式的相关度下降，但大规模的发行量（5 亿美元以上）一般更倾向于在公开市场发行，而小规模的发行量则更倾向于通过私募方式发行。

就美国的具体情况来看，尽管单期债券发行规模从 2 000 万美元至 10 亿美元以上不等，但大多数债券发行规模为 1.5 亿 ~2.5 亿美元。

（3）不强制评级，多为高收益债券。

在美国，私募债券并不要求强制评级，但一个明显的事实是，为了降低融资成本，发行人乐意接受外部评级，由于评级信息仅对投资者公布，因此，私募债券使用信用评级的比例要比公募债券高。

当出现可能违约的情况时，抵押与保护条款可以为投资者提供很好的下行风险保障，降低信贷损失，提高投资者的总收益率。一般来说，使用信用增级的私募债券平均收益率比公募债券高 40 个基点。

高收益债券是美国私募债券最主要的组成部分。私募发行契合了高收益债券的特点，更好地满足了发行人的需求，并提高了发行效率。同时，允许私募债券在合格机构投资者间转售的规定，有效解决了私募高收益债券市场的流动性，大力促进了高收益债券市场的发展。

图3-6给出了美国私募债券评级的大致分布。从图中可以看出，美国私募债券发行人的信用资质普遍较低。根据彭博的数据，2010年，发行人的信用评级达AAA级的占比不及1%，而投资级（BBB级及以上）的占比也仅为26.7%，投机级（BBB级以下）的占比超过半数，达到了53.5%，另外有19.8%的发行人并无对应评级。

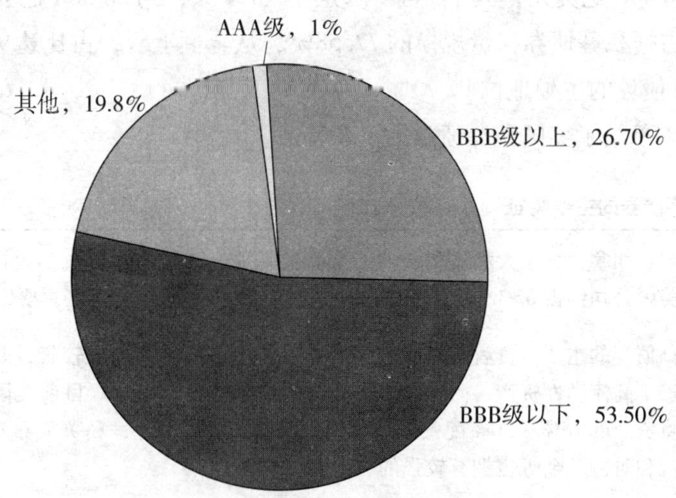

图3-6 美国私募债券评级情况

为了保护投资者的利益，减少投资于私募债券的损失，美国对私募债券的发行设定了保护条款。

（4）发行主体国际化。

国外企业在美国资本市场发行私募债券的速度加快。之前，只有实力雄厚的外国企业子公司才有资格在美国资本市场上发行私募债券。2000年之后，美国资本市场上的国外发行者开始增多，国别也逐渐开始分化。现在美国私募债券市场已经成为全球重要的融资平台。

（5）销售范围受限。

私募债券的发行人必须确保符合私募债券销售范围的规定。私募发行如果依照的是《144A规则》，发售对象必须是合格机构投资者；如果依照的是《D条例》，发售对象应是"合格投资者以及最多不超过35个的其他投资者"。

（6）通常在场外市场进行交易。

1990年，美国金融业管理局（Financial Industry Regulatory Authority，FINRA）设立了专门的交易平台——证券私募发行、再售和交易自动联接系统（Private Offerings，Resell and Trade Automated Link，PORTAL），便捷了合格机构投资者之间进行的144A规则债券的场外市场交易。

（7）信息披露要求相对宽松。

在《144A 规则》下，证券发行人没有主动披露信息的义务，不过有应证券持有人的要求，向持有人指定的受让人提供公司基本运营和财务信息的义务。

（8）144A 规则债券为主。

美国 144A 债券的融资规模迅速扩大，发行金额和存量余额占比达到 90% 以上，成为私募债券的主要形式。从 2011 年年底私募债券存量规模来看，未到期债券共计 9 827 只，金额达到 30 400 亿美元；其中 144A 债券有 7 624 只，约 28 580 亿美元。从数量上看，144A 债券占据私募债券存量规模的 77.58%；从金额上看，占比达 94.04%。144A 债券已占据私募债券的主导地位①。

表 3－8 简单总结了美国私募债券的主要特征。

表 3－8　美国私募债券的主要特征

发行人	美国、加拿大、澳大利亚和欧洲国家等主要发达国家的上市或私人控股公司，其中美国公司约占 65%，外国公司约占 35%。美国私募债券市场主要以美元结算。
投资者	私募债券的主要投资者是保险公司。保险公司一般负债期限较长，并不需要全部投资于高流动性资产，而倾向于长期的固定收益投资组合。目前美国保险公司通常将资产的 15% ~20% 配置于私募固定收益证券。另外，私募债券对养老基金、银行和对冲基金等也拥有较强的吸引力。
保护条款	私募债券一般含有保护条款。这些限制性条款可以为投资者提供更高的信贷保障，减少其信贷损失。

3.2.1.3　美国私募债券市场机制

1. 基本情况介绍

在 1990 年《144A 规则》出台以前，私募债券的二次出售受到了限制。《144A 规则》出台后，私募债券市场发生了巨大的变化。该规则引起了私募债券承销市场的发展，也使得 144A 私募债券相对于传统私募债券市场而言更接近于公募债券市场。

因此，144A 规则私募债券市场的发行绝大部分借助于中介机构。中介机构作为私募市场信息的链接桥梁，发挥着巨大的作用，其存在的主要目的在于解决信息不对称以及信息成本问题。中介机构为发行人提供各式各样的服务，包括对债券结构、定价以及融资时机的建议，协助实施收益在投资者中的分配和协调。具体来说，中介机构承担以下职责：

（1）根据投资者的偏好维护信息，并将不合格投资者排除在外，继而降低发行人和投资者的搜寻成本。

（2）拥有债券定价的专业知识和市场经验，协助发行人进行债券定价。发行人利

① 参考《借鉴美国 144A 规则，推动中小企业私募债发展》一文，该文发表于《中国证券报》。

用该信息可以寻找潜在投资者并与之进行协商。

(3) 为发行人在协商谈判期间提供技术性咨询和其他建议，以便为其争取有利条款。

此外，美国私募债券盛行的一个重要原因是，相对于公募债券而言，不必向美国证券交易委员会申报注册，发行者可以直接向机构投资者销售，发行手续比公募债券简单，无须正式的信用评级，也不需要遵循公募债券的报告标准。因此，其发行时间往往较公募债券短。通常从做出外部融资决定到实际获得资金，整个私募债券的发行流程大约只需要12周的时间。

2. 发行步骤

按照承销商的活动情况，美国私募债券的发行要经过五个主要步骤（如图3-7所示）。

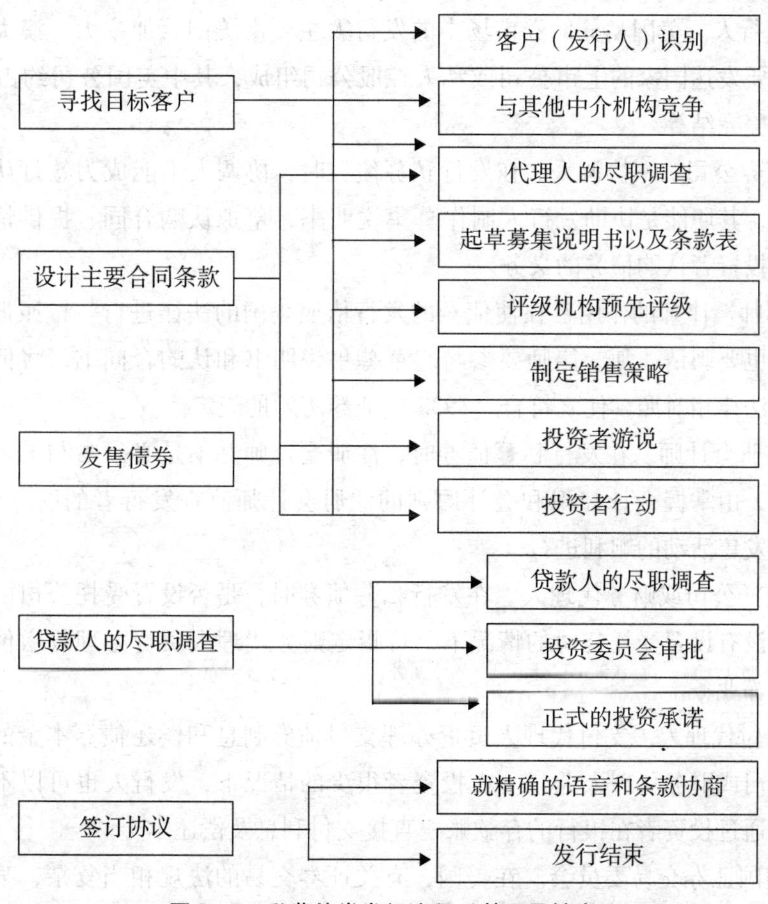

图3-7 私募债券发行流程（基于承销商）

在寻找潜在客户阶段，承销商识别潜在的发行人，并且通过和其他机构的竞争获得发行人的业务。发行人决定是否通过私募债券进行融资，以及决定是否雇佣该承销商来协助其融资。

在合同设计阶段，某些时候也出现在客户寻找阶段，承销商要详细分析发行人的外部条件、运营状况以及运营计划（尽职调查），并利用这些信息来设计债券合约条款。一般来说，承销商会起草一个条款表，上面附载债券合约的相关信息。

在债券销售阶段，许多细节可以和债券设计阶段同步进行，承销商开始寻找潜在投资者。通过协商对条款的更改时有发生，合同设计和债券销售阶段通常需要1～2个月。在此期间获得外部独立机构的评级也占据了一部分时间。

在第四个阶段，投资者开展尽职调查，始于认购开始阶段。在这一回合，投资者需要进行大量的信用分析，包括搜集在募集说明书中没有涵盖的信息。在尽职调查阶段，投资者需核实募集说明书的信息，如果对发行人较为满意，将提交认购承诺书。

在发行的最后阶段，律师起草并敲定债券合约，其中包含许多文件。投资者代表和发行人代表分别出席并签订相关文件。

3. 市场参与主体

（1）发行人。美国私募债券市场中的发行人主要由美国、加拿大、澳大利亚和欧洲国家等主要发达国家的上市公司或私人控股公司组成，其中美国公司约占65%。发行的债券以美元结算。

（2）证券公司——协调人。在发行私募债券时，协调人不能成为签订认购合同的直接当事人，其职能是协助发行人制作募集说明书，草拟认购合同、提供情报，另外还负有劝导投资者认购债券的义务。

（3）律师。律师的作用旨在使债券的发行依照美国的法律进行。按照惯例，发行私募债券时也要聘请律师，律师要参与起草募集说明书和认购合同书，将债券的发行与美国有关法律相对照，使之符合《1933年证券法》的规定。

（4）注册会计师。在发行私募债券时，注册会计师并不是必须参与的。但在美国一般都认为，由掌握会计知识和会计原则的注册会计师监查发行者的财务收支情况，有利于债券发售活动的顺利进行。

（5）受托公司或财务代理人。在发行私募债券时，是否设置受托公司由发行者自行决定。在没有设置受托公司的情况下，可指定财务代理人负责办理收缴债券款项以及签订债券等业务。

（6）支付代理人。支付代理人负责办理支付债券利息和偿还债券本金的业务，一般由受托公司或财务代理人兼任。在投资者很少的情况下，发行人也可以不指定支付代理人，而通过投资者在银行的存款账户直接支付利息及偿还本金。

（7）美国证券交易委员会。在美国，有关证券交易的法规相当复杂，某种债券的交易是属于私募还是属于公募，很难判断。因此，通常由发行人的法律顾问将该债券发行的实际情况，以书面形式向美国证券交易委员会说明，就其发行的合法性，听取美国证券交易委员会的意见。美国证券交易委员会经研究后，一般可给予书面答复。

（8）投资者。美国私募债券的主要投资者是保险公司。保险公司一般负债期限较长，并不需要全部投资于高流动性资产，而倾向于长期固定收益投资组合。目前美国保险公司通常将资产的15% ~20%配置于私募固定收益证券。另外，私募债券对养老基金、银行和对冲基金等也具有较强的吸引力。

4. 发行债券时需制定的有关文件

（1）募集说明书。私募债券募集说明书的内容大体包括：发行人名称；所筹集资金的用途；有无不履行债务的事实；最近两年的收入及支出情况；协调人的姓名及地址；美国国内代理机构的名称及住址；发行实收总金额；发行条件（利率、发行价格、期限和偿还方式）；协调人手续费及其他费用；律师的姓名及住址，以及律师为使发行合法化而提出的意见书及附件。

（2）信托合同或财务代理人合同。内容与公募债券相同。发行人聘请财务代理行的书面合约，财务代理行将在债券成功发行后，履行后续的付息、偿付本金等操作的管理职能，其文本内容包括但不限于发行人委托内容、债券发行内容、还款及付息规定、费用、违约条款和纠纷适用法律等。

（3）协调人合同。是发行者同协调人之间签订的合同，合同中要规定协调人的职责和手续费等内容。

（4）认购合同。认购合同通常由发行人以书面形式向认购者发出，经认购者签名后退还给发行人。内容大致包括：发行说明书；信托合同或财务代理人合同；认购者交款的日期、场所以及交款方式；向认购者交付债券的方法。

（5）支付代理人合同。在指定支付代理人的情况下，由发行人同支付代理人签订，内容与公募债券相同。

表3－9对私募债券发行所需文件进行了简单总结。

表3－9 私募债券发行所需文件

文件	目标
募集说明书	对发行人做出描述，类似于招股说明书，但包含的信息范围不受限定。
条款表	债券合约的详细列表。在初期，债券的利率并不涵盖在内。该文件主要基于早期的协商。通常和募集说明书一起打包装订。
证券购买协议	代理人、担保条款、合约以及其他条款的详细信息，用以规范借贷双方的法律关系。必须和每一个投资者签订证券购买协议。
证券	票据或者其他形式的债务凭证。
募集代理协议	明确发行人和其代理人义务的合约。可能限制代理人可以采取的行为，例如限制其向某种类型的投资者（比如个人投资者）询价。
发行结束后意见以及其他发行结束后文件	在发行结束后，发行人制定的各种类型的建议文件。

5. 私募债券托管和结算

和美国其他债券一样，美国私募债券采用中央集中托管模式。中央托管结算系统主要由两大机构组成：一个是联邦储备银行，另一个是证券存托与清算公司。依据不同的债券类型，债券托管在不同的托管机构，国债托管于联邦储备银行的“电子划付系统”，而公司债券和市政债券等则托管于证券托管与清算公司的旗下子公司——托管信托公司。在清算结算方面，交易所的债券通过证券存托与清算公司的全资子公司——全美证券清算公司进行清算，而场外政府债券的清算则通过另一个子公司——固定收益清算公司进行，并通过联储电子划付系统进行债券的划付。

3.2.1.4 美国私募债券市场监管

美国政府通过立法及设立全国性的金融监督管理机构，对其整个金融市场实施严格的制度监管。美国私募发行与公募发行的运作，必须在此框架内进行。

1. 监管法律框架

美国是私募法律制度的发源地，拥有世界上最发达和最完善的私募法律制度。美国证券私募发行制度的建设始于《1933 年证券法》，历经 70 余年的发展演进，已经形成了一个由国会立法、美国证券交易委员会行政立法、各州立法，以及法院判例等有机组成的规范体系。

如图 3－8 所示，1933 年颁布的《1933 年证券法》规定了私募发行可以豁免注册要求，从而为私募发行奠定了法律基础；1972 年美国证券交易委员会出台的《144A 规则》，解决了私募发行证券转售所涉及的注册登记、“安全港”（Safe Harbor）等问题；1982 年颁布的《D 条例》对证券私募发行做了进一步规定；此后为进一步解决私募债券流动性问题，美国证券交易委员会于 1990 年出台了《144A 规则》，允许依据该规则发行的债券在合格机构投资者之间自由流动，并于 2008 年对《144A 规则》进行了修订，解除了非关系人转售数量限制。

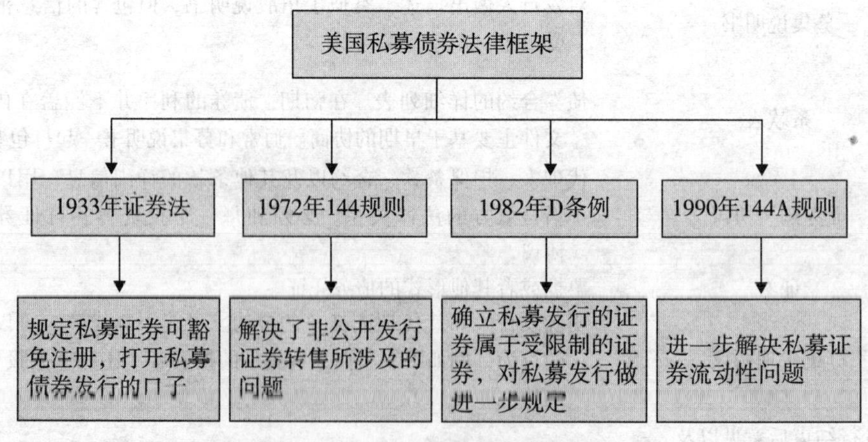

图 3－8 美国私募债法律发展框架

具体来说，私募发行的主要规定集中在《1933 年证券法》的第 4（2）节及 1982

年的《D条例》和1990年的《144A规则》中。在《1933年证券法》中设定了相应的免除条款。1935年美国证券交易委员会又公布了四项标准来界定私募的范围：对参与私募的投资者人数、募集证券的数量、募集的资金额和募集方式等进行了界定。1953年 Ralston Purina 一案作为私募相关案例中的唯一判例，否定了投资者人数等作为是否私募的判断依据。

由于证券的相关规定与判例的矛盾，使得进一步规范私募的法规《D条例》于1982年开始实施。其中的506规则专门针对私募进行了规定，明确规定了三种豁免或者称为安全港的情况，这三种豁免是豁免条例504、豁免条例505和豁免条例506，主要针对小额发行和私募发行的豁免注册。

与此同时，《D条例》还规定私募发行应满足如下条件：

（1）不得以一般的劝诱或广告方式销售证券。

（2）向不限制数量的获许投资者（accredited investor）以及最多不超过35个的其他投资者出售。

（3）在不违反联邦证券法反欺诈条例的前提下，发行人必须决定向合格投资者提供何种信息，但对于非合格投资者，必须提供和注册同样的文件，向合格投资者提供的信息也必须让非合格投资者获得。

（4）发行人必须回答投资者的问题。

（5）投资者购买的是“受限制”的证券，至少1年内不能出售。

此外，《D条例》也对私募发售过程中的各种行为及资格进行了限定，将合格投资者明确地分为八大类：

（1）机构投资者，主要包括银行、注册证券经纪商、保险公司、自营商、经《1940年投资公司法》注册的投资公司及企业发展公司、小企业投资公司、资产超过500万美元的退休基金等。

（2）经《1940年投资顾问法》注册的私人企业发展公司。

（3）根据所得税法享受免税待遇的机构：主要包括股份有限公司、信托及合伙机构，其总资产价值必须超过500万美元，且成立的目的不得为取得私募证券。

（4）发行的内部人员，包括董事或经理人及无限责任合伙人。

（5）拥有净资产超过100万美元的自然人。

（6）个人近2年年所得平均超过20万美元或与配偶合并所得近2年平均超过30万美元，且当年度所得可合理预期达到相同金额者。

（7）总资产超过500万美元的信托财产。该信托成立的目的不得为招募证券，且该信托的投资决策者的资格必须符合506规则（b）（2）（ii）条款的要求。信托除可符合第七类合格投资人外，其受托人必须为银行或其他机构投资人。

（8）任何全部由合格投资人作为权益所有人所组成的实体。

虽然《D条例》为小额发行与私募发行豁免注册提供了较为明确的条款，但要求私募发行证券的购买者在购买该证券时不应有转售之目的，否则将破坏该次发行注册豁免的有效性。限制转售的规定不仅直接制约了私募高收益债券的流动性，也间接地对一级市场的发行造成了不利影响。

1990 年 4 月，美国证券交易委员会颁布了《144A 规则》，放宽了非公开发行债券的转售限制，解决了私募市场的流动性问题。该规则规定，私募债券的发行对象如果是合格机构投资者，可以没有注册登记及信息披露的特别要求，并可以在合格机构投资者之间进行转售。

整体而言，美国私募债券制度安排总体上是在不减弱投资者保护的前提下，不断放宽转售的限制条件，增强私募债券的流动性，活跃私募债券市场。

2. 监管机构框架

就私募债券监管来看，美国是以政府为主导的集中监管模式。就监管部门分工来看，执行多部门分工合作的监管体系，美国证券交易委员会作为独立的监管者，协同其他部门，共同实施对市场的监管。美国证券交易委员会成立于 1934 年，具有一定的准立法权和司法权，是美国证券市场独立的监管机构，其主要职责是保护投资者利益和维护市场的公正性，对市场主要参与者进行监管，同时监管上市公司财务信息以及其他重大信息的披露，向投资者提供进行投资决策的有效信息。

自律监管组织（SRO）是美国债券市场监管体系的重要组成部分。SRO 属于非政府组织，在美国证券交易委员会的授权下对所属会员行为进行监管，承担自我管理责任。在监管部门的监督和法律的有效约束下，加上各中介机构的监督和自律，私募债券逐渐成为一种有效且规范的融资工具。

3.2.2 其他国家或地区私募债券市场

3.2.2.1 欧洲

1. 欧洲私募债券市场的特征

长期以来，欧洲私募债券一直处于休眠状态。国家间的差异导致了欧洲经济体不同的货币、法律和文化，间接阻碍了欧洲资本市场的发展。比如，币值的动荡显著增加了跨区域投资者的风险，许多机构投资者，尤其是养老保险公司，被排除在这类投资者之外，这使得欧洲许多公司几乎仅仅依赖本地银行融资。潜在的私募债券发行人几乎从未试图寻求银行体系外的融资。欧洲银行和公司通过协议、交叉持股、多重董事形成紧密联系的情况司空见惯。

欧盟的建立以及随后的货币、边界以及法律的整合，对欧洲资本市场的影响非常长远。对投资者的国籍无限制，收益以及产品的多样化对欧洲投资者的重要性也逐步增加。新兴资本市场（比如高收益市场）开始出现，现有的资本市场也逐步成熟。

但是，私募市场并没有追随欧洲资本市场的既有轨迹。欧洲的私募债券市场呈现出活跃度不高、规模小以及小范围的特征，这和美国私募债券市场存在明显差异。投资者多数为银行，交易往往集中在资产相关融资或者有担保融资上。很少或者几乎不存在任何正式的文件，投资者依赖和借款人的关系进行投资。

欧洲私募市场呈现出以上特点，存在着多方面的原因。2004 年，惠誉国际信用评级有限公司对欧洲投资者做了一项非常专业的长期调查。大多数投资者在此次调查中表示，对信用水平尽职调查带来的高额成本较为介意。由于私募债券的平均规模相对较小，投资者必须在这一市场里参与大量的债券发行才能达到有价值的投资规模。比如，美国领先的保险公司——保成集团（Prudential），2004 年在私募债券市场的投资，占其1 495 亿美元资产的 14%。鉴于大多数私募债券的交易都低于 10 亿美元，因此，保成集团极有可能投资了数百只私募债券，需要大量员工和基础设施来有效监控和评估各行业的发展趋势、特定公司的风险，以及其他影响投资决策的因素。

其他令投资者较为关心的是私募债券市场缺乏流动性。根据惠誉国际信用评级有限公司的研究报告，欧洲的信用文化和美国相比并不发达。美国的债券市场充溢着各式各样的投资，但在欧洲，流动性问题主导了投资组合。

其他潜在的影响因素也影响着欧洲私募债券市场的发展，一个重要的原因是欧洲缺乏知名的评级机构。评级机构的存在，相当于为投资者附加了第三方保障。在美国，美国国家保险监理专员协会（National Association of Insurance Commissioners）为约 50% 的私募债券进行了评级。

图 3 -9 显示了欧洲私募债券市场在 2008 ~2009 年的发行额。受次贷危机的影响，2008 年的发行规模非常低，尽管 2009 年较 2008 年增长较多，但整体规模偏小，并且每个季度的波动相当大。根据彭博数据库，欧洲市场 2010 年私募债券发行规模约为 250 亿欧元。欧洲单个私募债券的规模大体保持在 25 亿 ~100 亿美元之间。在公募市场上，100 亿美元规模的私募案例仅占全部融资案例的 4. 5%。因此，欧洲私募债券市场还未成气候。

此外，欧洲发行的私募债券以固定利率为主，期限多为中期与长期。数据显示，2009 年欧洲私募债券中 4 ~10 年的债券占据了 67. 3% 的份额，如图 3 -10 所示。

2. 欧洲私募债券的监管

欧盟一体化之前，欧盟成员国公募债券发行普遍采取注册制，但不同国家注册程序和标准却不同。2006 年，为了促进欧洲资本市场一体化，欧盟委员会制定了统一市场法令，对公开发行债券的信息披露和审批流程等做出了统一规定。不同于公开发行债券的统一管理，欧洲地区对发行私募债券的管理分为欧洲层次和本国层次，不同层次对信息披露和注册流程的要求不同，一般情况下，如果私募发行的债券在欧盟管理的市场交易，则必须披露募集说明书，反之则无须披露。欧盟层次通过制定相关方面的法律法规来规范和约束当事人的行为，全方位地规范私募市场的运作，从而实现对于私募市场的立法监管。本国层次又分为国家金融管理当局的监管以及行业自律监管。

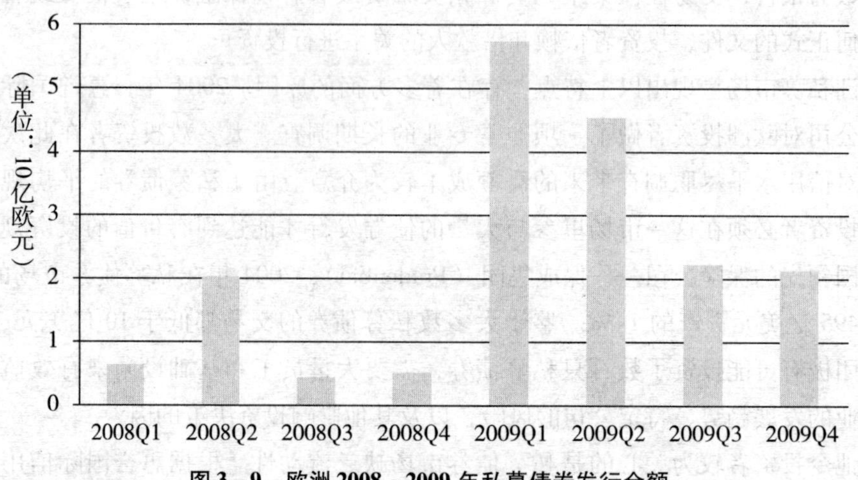

图3－9 欧洲2008～2009年私募债券发行金额

资料来源：KPMG

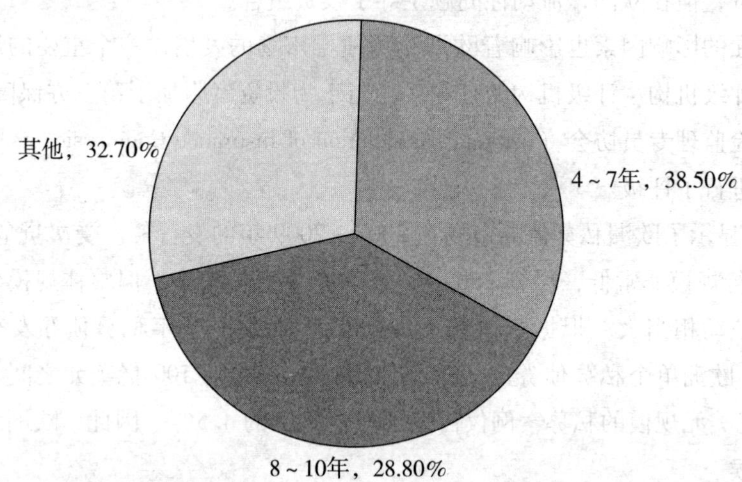

图3－10 欧洲私募债券期限结构

资料来源：KPMG

与美国的政府主导不同，英国实施自律主导型监管模式。所谓自律型监管，是指政府除进行少量必要的立法外，对证券市场、上市公司等市场参与者采取自由放任的态度，对证券市场的管理主要由证券交易所及证券商协会等组织分散地进行自律监管。

对应到具体的监管体系，英国金融市场的监管体系分为三个层次。最高层次是欧盟委员会中的证券监管委员会。2000年，为解决“多头监管”的弊端，应对金融混业经营的挑战，英国制定了《金融服务与市场法》（Financial Services and Markets Act 2000），正式建立了以英国金融服务管理局（Financial Service Agency，简称FSA）为核心的单一监管体制。FSA虽然定位于非政府组织，并注册为公司，但被授权负责英国包括私募债券市场在内的所有金融业务领域的监管。最底层是英国的全国性自律组织，主要有基金经理人协会、投资顾问协会、投资信托协会和投资基金协会等。

此外，英国有着相对完善的风险管理体系，表现在以下几个方面：一是密切注意债券发行机构经营状况的变化。通常，一些公司在发债公告中会做出以下承诺：一旦经营状况不好，或者发生某类事件，债权人可以立即要求兑付，因此，监管当局非常重视发债机构发行债券以后的变化。二是充分发挥司法机关的威慑力量，形成良好的破产偿债机制，一旦发债机构无力偿债，法院就会介入，对资不抵债的公司做出破产判决，要求其按法定清偿顺序偿还债务。三是设立债券投资补偿基金，对债券投资人的投资损失给予适当补偿。

3.2.2.2　日本

日本的公司债券发行采用公募发行和私募发行两种方式。在实践中，电力债券和某些一般事业债券采用公募发行，其他公司债券则通常采用私募发行方式。

1. 日本私募债券市场介绍

相对其他成熟市场，日本债券市场起步较晚。由于市场不够发达，决定了其融资以银行贷款的间接融资方式为主，特别是在第二次世界大战后经济恢复时期到高速增长时期，日本企业对银行贷款的依赖程度不断提高。随着20世纪末日本经济的持续低迷，债券市场得到了长足发展，日本企业的融资模式也开始由间接向直接转变。

但整体而言，日本直接融资渠道并不发达，股权和债券融资额自2001年以来一直变化不大，股权融资基本维持在4万亿日元上下，债券融资维持在10万亿日元上下。如图3－11所示。

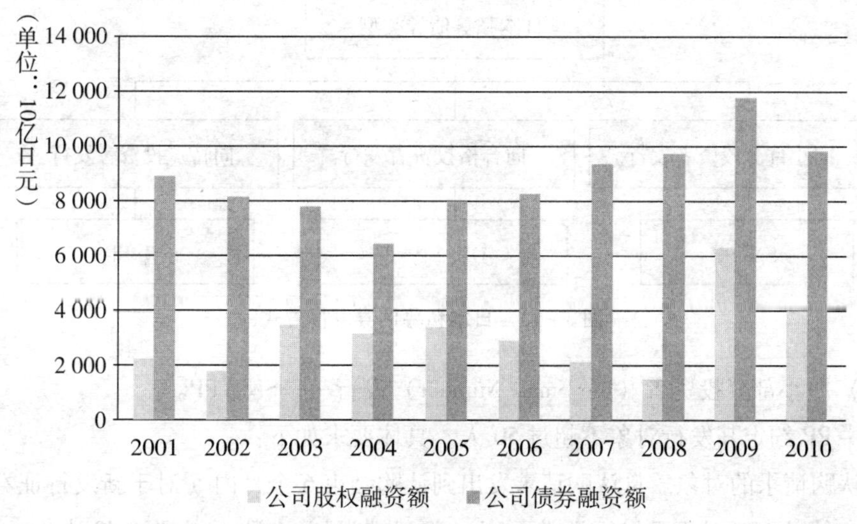

图3－11　日本公司直接融资情况

资料来源：JSDA

由于债券市场不发达，日本私募债券市场的规模也不大，基本维持在3.5万亿日元左右。[①] 如图3－12所示。

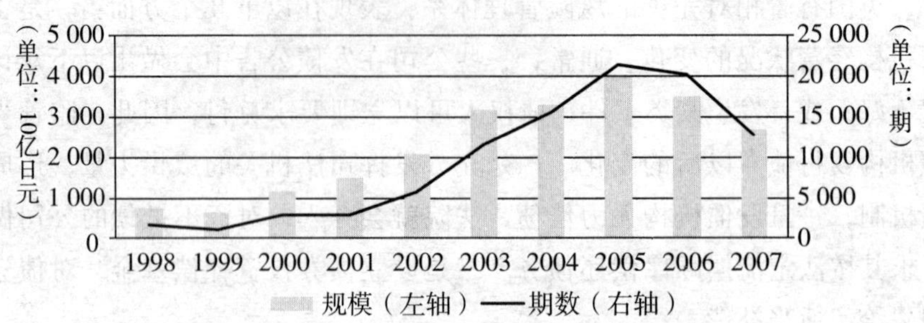

图3－12　日本私募债券发行金额和发行期数

2. 日本私募债券市场基本情况

与美国不同，日本的私募债券和公募债券区分非常严格。无论市场主体是国内实体还是国外实体，日本金融工具及交易法（Financial Instruments and Exchange Act，简称FIEA）都做了明确的规定。

在日本，发行公募债券必须按照FIEA的要求向监管部门和社会公众披露相关征求文件；而发行私募债券则不需要，只需提交证券登记申请表（Securities Registration Statement，简称SRS），并按照FIEA的规定递交募集说明书。

FIEA规定以下三种发行方式为私募发行，如图3－13所示。对于新发行证券来说，除以下三种情况之外的任何发行方式，都属于公募债券。

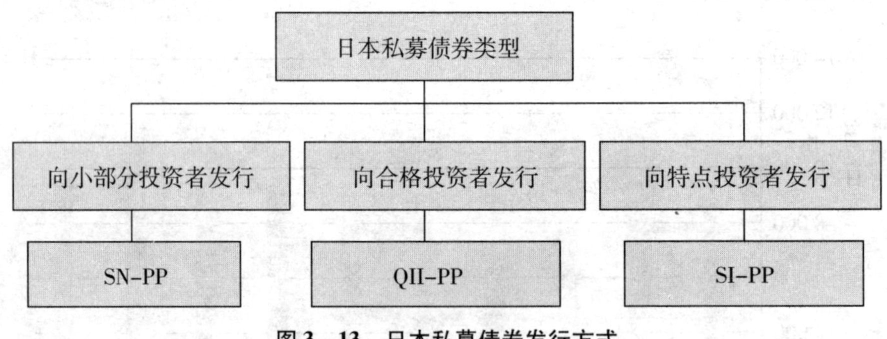

图3－13　日本私募债券发行方式

（1）向小部分投资者（the Small Number）发行——SN－PP。

SN－PP约定其发行对象不超过50人。具体要求如下：

①认购请求的对象。自认购请求发出到认购结束6个月内（对于新发行证券而言）或者1个月以内（对于已发行证券而言），在此期间总人数不得超过49人次。在计算SN－PP的认购请求人数时，合格机构投资者被排除在外，除非合格机构投资者满足QII－PP的要求。

① 日本证券业协会（JASDAP）的数据仅更新至2007年，受制于数据来源，因此该数据截至2007年年底。

②发行的证券不同于“持续信息披露的证券”以及“向特定投资者发行的证券”。

③根据发行证券的种类，必须满足某些限定性转移条件。比如，SN－PP债券必须满足以下条件：（a）有限制的转移而非整体转移；（b）投资者单元数量（即债券凭证转移的人数）少于50，并且限制投资单元的分割。这些转移限制必须在债券凭证交付时书面记载，此外，必须载入发行文件以及在日本证券托管中心（Japan Securities Depository Center Inc.，简称JASDEC）通过簿记系统披露。

此外，SN－PP证券的发行必须递交相关文件，声明其为非SRS申请，并且记载相关转移限定的内容。

（2）向合格投资者（the Qualified Institutional Investor）发行——QII－PP。

向合格投资者发行是仅针对合格投资者的一种发行方式。日本的合格投资者包括证券公司、投资管理公司、投资公司、外国投资公司、银行、保险公司、某些养老基金，以及某些合伙关系的普通合伙人。

向合格投资者发行的要求如下：

①发行仅限于QIIs。

②这种类型的证券发行不同于需要进行持续信息披露的证券以及向特定投资者出售的证券。

③证券的转移受到限制，除非转移对象是合格投资者；而且转移的限制必须在交付的证券凭证或者发行公告中加以记载，或者在日本证券托管中心簿记系统中披露。

此外，发行人必须递交一份文件，声明其为非SRS申请，并记载相关转移限定的内容。

根据内阁条例——有关境外债券发行人信息披露内容（Cabinet Office Ordinance on Disclosure of the Contents of Foreign Bond Issuer）的第1～3条，向合格投资者新发行的私募证券，如果证券的发行人为境外实体，则必须指定某一境内机构为其代理人。

该法令的目的在于警示是否存在违反有关转售限制的通知义务。该法令只适用于QII－PP，不适用于东京专业债券市场（TOKYO Probond Market）①。

（3）向特定投资者（Specified Investors）发行——SI－PP。

向特定投资者发行，是2008年在日本2－31规则发行［日本专业证券市场发行，Professional Securities Market（PSM）Offering］基础之上的新增条款。

认购的请求仅针对特定投资者。法律上，对特定投资者的发行被归为私募发行。特定投资者的定义在FIEA的第2条第31节有明确规定。但是，对特定投资者的发行就本质来说和公募类似，因为特定投资者比合格投资者的范围要广，并且投资者的数目没有限制。

---

① 东京专业债券市场是为专业投资者设立的债券市场，基于“专业市场体系”，根据2008年的《金融工具及交易条例》设立。

符合以下要求的投资者被列为特定投资者：

①合格投资者，即内阁条例规定的具有专业技能和投资经验的投资者。

②国家（日本）。

③日本银行（Bank of Japan，简称BOJ）。

④投资者保护基金以及日本内阁条例规定的其他法人，但排除根据选择性退出协议，视为非特定投资者的法人。

在此，法人包括那些在日本股票交易所上市的公司，以及那些法定资本达到5亿日元及以上的公司和外资企业。

处于特定投资者类别的法人可以根据和金融工具业务运营商的协议，选择性退出。

而不属于①~④的公司和个人，可以根据和金融工具业务运营商的协议，选择性进入。

要成为特定投资者，个人净资产必须达到3亿日元及以上，金融资产在3亿日元及以上，并且有1年及以上的投资经验。

⑤根据选择性进入协议，视为特定投资者的公司和个人。

综合以上分析，对特定投资者的发行要求总结如下：

①发行对象仅限于特定投资者。

②认购请求由金融工具业务运营商等类似机构负责（也即证券公司或者其他经营证券业务的金融机构）。

③发行的证券种类不同于需要持续信息披露的证券。

④发出认购请求的条件必须建立在认购协议执行的前提下，并伴随着一个前提，即债券购买人除了在特定投资者或者某些非居民投资者之间转让外，不得转售债券。

由于向特定投资者的发行纳入私募发行，因此，不适用信息披露要求。但要求债券发行人提供详细的有关该债券及发行人的“特定证券信息”。特定证券信息基本由两部分信息组成，即有关该证券的信息和有关该发行人的信息。如果发行人是上市公司，显然，特定证券信息就是该证券的信息。东京专业证券市场也是在此基础上建立的。

3. 日本私募债券市场监管

日本私募债券二级市场交易绝大部分是在日本证券业协会组织的柜台市场进行，柜台交易的价格，以日本证券业协会制定的《场外交易市场债券价格等的发表及交易价格的有关规则》（Regulations Concerning Publication of Over-The-Counter Trading Reference Prices, etc., of Bonds and Trading Prices）为标准。日本私募公司债券的场外交易均采用计算机联网系统，市场参与者能够随时了解交易行情，从而保证场外交易更为活跃、连贯，价格也趋于一致。

就风险控制而言，日本对私募债券的风险控制较为严格。早期日本公司无论公募发债还是私募发债都存在较高门槛，且发行额度存在资本和准备金总额的限制，因此日本企业往往更倾向于在欧洲货币市场发行债券。为了留住更多的日本企业在国内发行债券，1996年的新大藏省令在取消了私募发行次数和每次发行规模限制的同时，还允许地方性政府私募发行债券。此外，日本从1992年起多次修改《证券交易法》，修改内容包括完善有价证券的定义、重新认识公募概念、私募事务法定化等。虽然日本在债券私募发行限制上进行了一系列改革，但私募发行依然存在着相对严格的信息披露要求，且私募发行人在发行前必须向大藏省报告。

综合来说，在日本，每只私募债券的投资者不能超过50家；要求专业投资机构拥有经验丰富的专家，并对债券及其发行人具有充分调查研究的能力；购买私募债券的目的一般不是为了转手倒卖，只是作为金融资产而保留，在发行后两年之内不能转让，即使转让，也仅限于转让给同行业的投资者。

3.2.2.3 新兴市场国家和地区

除发达经济体外，新兴国家的私募债券市场也开始涌现，其债券发行制度特点及演进也各具特点。我国台湾地区债券发行制度较多地融合了美国和日本的发行制度特点。为了提高企业融资效率，台湾“立法院”于2001年和2002年分别通过了《公司法》和《证券交易法》的修订，增订了证券（含债券）的私募条款。《公司法》对公司债券的私募制度做出了规定，私募发行的主体不但包括上市公司、上柜公司[①]，而且包括一般未上市及未上柜的股份公司。《证券交易法》则仅对“公开发行股票的公司”私募发行各种“有价证券”做出了规定。在台湾，公开发行债券需要提交申报材料并经金融监管委员会批准，而私募发行只需在有价证券缴款完成后的15日内向财政部证券及期货管理委员会报备即可。

韩国债券市场的发展始于1968年，当年政府颁布《证券市场促进法》促进本国证券市场的发展。1970年制定了《公司债券注册法》，引入了公司债券发行保证制度，为公司债券的发行确立了银行担保制度，但最早的公司债券发行主要限于上市公司，非上市公司必须到证券交易委员会注册才能发行债券。为降低非上市公司筹资方面的局限性，韩国政府于1983年颁布了《证券市场职能法案》，在法案中明确了私募的地位，并且允许非上市企业灵活运用证券市场进行私募融资。韩国政府于1988年公布了“证券市场修正计划”，允许本国企业向海外投资者私募发行可转换债券。在韩国，公开发行债券的公司必须满足金融监管局的注册要求和信息披露要求，发行人必须提交注册说明书、包销协议、本金利息支付保证合约等相关文件，并在认购支付完成后公布业绩报告。债券发行注册监管的相关法律只覆盖上市公司，对非上市公司私募发行债券无特别规定。但就市场现状来看，韩国的公司债券一级市场绝大部分以公募的形式发行。

---

① 上柜公司指已公开发行但未上市仅于柜台买卖中心买卖的股票，公司设立需达3个会计年度。

3.3 国际经验及借鉴

3.3.1 国际私募债券市场发展的经验

3.3.1.1 发展私募债券市场必须有健全的市场机制

从国外私募债券市场的发展历程来看，国外资本市场围绕私募债券的发行、承销和交易等环节，构造了健全的运行机制。

就发行准入监管来说，尽管各国普遍实行注册制，强调发行人的自主性以及市场化，但各国均严格区分私募和公募，并对私募债券市场的恰当性管理相当规范。因此，市场参与主体以及市场主体行为的规范化是私募债券市场得以发展的前提。

就清算保管系统来说，美国、欧洲以及日本等均建立了和全球主要结算中心联网的清算系统，实现了交易的及时性。因此，清算托管系统的及时性和准确性，确保了最新的行情传递以及迅速的数据更新和处理，方便了全球债券投资者的交易，提高了私募债券市场的流动性，拓宽了私募债券市场的投资主体范围，为私募债券的发展提供了有利的基础设施条件。

从中介机构方面来看，国外市场的承销商、评级机构、会计师事务所和律师事务所等中介机构具有专业化、高水平的服务能力。能为发行人和投资者提供高效的服务，降低市场的交易成本，减轻双方信息的不对称。比较欧洲与美国私募债券市场的发展可以看出，中介机构服务效率的差异，一定程度上制约了欧洲私募债券市场的发展。欧洲评级机构和评级话语权的缺失是其突出表现。

就资本市场的发展历程来看，信用评级是债券发行人进入国际债券市场和资本市场必备的通行证，掌握了信用评级话语权就意味着掌握了全球信息主导权和资本配置权。美国拥有穆迪投资者服务公司、标准普尔公司和惠誉国际信用评级公司三大评级机构，而欧洲在评级领域没有能与之抗衡的企业，在评级方面丧失了话语权，致使欧洲发行人在国际资本市场的发行成本加大，而投资者在评估本地的私募债券时，缺乏有效的依据，从而影响了投资决策。

从法律制度来看，各国私募债券蓬勃发展的一个前提就是有法可依。私募债券从发行、交易到偿还，都有明确的规定加以约束。严格区分公募和私募，严格区分公募和私募的投资主体，严格限定私募债券在二级市场交易的过程中变相成为公募债券，严格加强投资者的保护机制，这一系列规定维持了私募债券的市场秩序。

但就市场制度建设的速度和时效来看，无论是美国，还是日本以及其他国家，私募债券的制度建设都不是一蹴而就的，而是根据运行过程中遇到的问题逐步完善，并根据市场的具体情况加以修正的。以美国为例，先为私募债券的发行提供法律依据，在其后的过程中逐步对投资主体以及流通转让做了规定，这一过程持续了半个世纪。

因此，在发展私募债券市场时，不应操之过急，制度建设应为市场发展提供空间，以便灵活应对市场的突发状况以及国际资本市场的冲击。

3.3.1.2 强调对风险的控制和对市场的监管

私募债券虽然具有发行成本低、对发行主体资格认定标准较低、不需要提供担保，以及信息披露要求低等诸多优点，但相伴而生的是其具有的高风险特征。私募债券发行者的平均信用等级较低，发违约概率较大。私募债券只能以协议转让的方式在合格投资者之间流通，导致其风险不易分散。因此，国外私募债券的发行非常强调对风险的控制。

尽管不同国家采取不同的监管模式，但在具体的监管手段上，国外市场大都是通过立法方式对私募债券发行的关键内容进行监管，并配以完善的基础设施建设以及优质的中介机构服务，来降低市场的整体风险。首先体现在对投资者的准入监管上，严格区分私募和公募，严格划分私募投资者和公募投资者的范围，禁止变相公募；其次体现在投资者的参与度上，投资者可以积极参与债券条款设计，并及时同发行人和中介机构充分沟通，在事后管理上，通过行业自律组织、中介机构以及投资者的多重监控，约束发行人的市场行为；最后逐步完善法律法规，减少私募债券市场的法律障碍及法律漏洞。

3.3.1.3 坚持市场化运作是私募债券高效发行的前提

从各国的经验来看，私募债券的一个典型特征是遵循市场化运作。发行机制灵活，实施备案制而非审核制，发行人灵活选择中介机构，发行代理人根据发行人特征量体裁衣，合理选择债券投资者，传递认购申请，债券发行定价在发行人和投资者之间充分协调，投资者根据自身能力和资产组合需求谨慎选择是否认购。

同时，债券信息披露较为灵活，给予投资者和发行人的空间较广，使得双方都能充分利用市场化的便利，继而促进债券的高效发行；而且私募债券能从根本上遵循备案而非注册的制度，行政干预较少。

在债券投资者方面，强调市场参与双方的自愿性和主观能动性，赋予投资者广泛的空间，同时约定基本的约束门槛，使得市场参与人能充分发挥其优势，在私募债券市场充分挖掘资源。

3.3.1.4 体现了私募债券为中小企业服务的作用

从私募债券的发行人特征来看，私募债券的发行主体绝大部分为在公募市场筹集不到资金的企业。从现实情况来看，这部分企业大多属于中小企业。此外，私募债券对于信息披露和信用评级的要求不高，并且发行无须注册，相较于公募债券，更符合中小企业的特征。因此，私募债券是中小企业募集资金的一个重要渠道。美国利用私募债券，尤其是私募高收益债券为中小企业募集了大量资金。因此，私募债券市场的发展拓宽了中小企业的融资渠道，缓解了中小企业的融资困境。

3.3.2 国际经验对我国的借鉴

从国际经验来看，私募发行是债券市场发展到一定阶段的必然产物，有利于拓宽企业融资渠道、改善中小企业融资环境、提高本土债券市场的吸引力，并推动债券市场创新以及企业技术进步与科技创新。我国债券市场的发展严重滞后于实体经济发展。其中，私募债券市场的发展又严重滞后于公募债券市场的发展，使得中小企业融资难的问题一直无法得到合理的解决。因此，发展私募债券市场势在必行。但在发展过程中，应借鉴国外的先进经验，合理推进。

3.3.2.1 坚持市场化原则，通过制度设计，引导其规范发展

就国际先进经验来看，私募债券市场发展不应依靠行政手段，要坚持市场化原则，充分发挥市场主体自主协商的市场化契约意识，培育以市场合理需求为依托的内生性市场创新机制，从合格投资者培育、市场化定价机制、中介机构职责、信息披露、有限转移流通与持续管理等方面形成明确化和可操作的规则指引，通过有效制度设计，在创新与风险中找到最佳的平衡点。

在市场定价方面，由于私募债券的个性化特点，并且仅在合格投资者之间流通，其发行价格、发行利率、所涉费率应遵循自律规则并按市场方式确定。在市场化约束机制方面，应发挥市场主体自主协商的市场化契约意识，放松事前严格的发行审核和信息披露。私募债券信息披露的具体内容和信息披露方式可以由发行人与投资人协商确定，同时通过设定限售期、限制交易流通时间、界定“合格投资者”和限制交易流通受让人等措施，合理界定私募债券的固有属性。

此外，鉴于非公开定向发行信息披露要求较低以及注册程序便捷等特点，债股联动工具、结构化融资工具等创新产品均可先由定向发行方式渐进推动，既可以将风险控制在较小范围内，避免引起市场波动，也便于投资者对各类产品灵活配置，提高风险管理能力及盈利水平。

3.3.2.2 有步骤地解除有关机构投资者的限制，培育机构投资者

私募债券成功发行必须有合适的投资者，这是全球私募债券市场监管的共识。而从私募债券所具有的风险收益特征及国内监管规定来看，目前债券市场主流的投资群体，如商业银行、保险公司、投资基金等机构投资者投资私募债券还存在各种各样的障碍，具体表现在：

（1）银行类金融机构是中国债券市场主要的机构投资者，由于交易所债券市场容量小，交易方式以撮合交易为主，银行参与交易并不活跃，对私募方式银行是否认可还不确定，同时银行是否愿意承担私募债券的投资风险，也不明确。

（2）保监会最新修订的《保险资金运用管理办法》规定，保险公司只能投资A级或者相当于A级以上的长期信用级别的债券，公募基金通常界定为只能投资于公开发行的各类证券。如此一来，交易所传统的机构投资者便无法参与私募债券市场，

因此，要发展私募债券市场，必须修改相关监管规定，扩大私募债券的机构投资者群体。

3.3.2.3 采取综合措施，构建防范化解风险的安全网，控制风险

私募债券的主要风险包括：一是信用风险或违约风险。由于私募债券业务存在信息不透明、对发行人的信用评级和担保条件没有严格要求等情况，比如大多数私募债券的信用评级并不高，有些甚至未进行评级，同时也并不一定要求提供担保，因此违约风险相对较高。二是流动性风险。流动性差的债券会使投资者在短期内很难以合理的价格将其变现，从而遭受降价损失或丧失新的投资机会。而私募债券一般都属于定向发行，不能在证券市场上交易，而只能在合格投资者之间以协议转让的方式流通。因此，私募债券的变现能力较低，流动性风险相对较高。

虽然私募债券市场只面向机构投资者，影响范围有限，从引致系统性风险的角度看可能小于公募市场，但其风险同样不可忽视。例如，1989～1990年，由于过度投机，美国的高收益债券被作为杠杆收购的筹资工具而大量发行，一些杠杆收购并没有市场价值而仅是投机的对象，而越来越高的杠杆比率和债券利息成本，使得当时高收益债券的违约概率明显上升，给市场带来了很大冲击。

目前我国债券市场各项制度并不完善，因此在债券发行主体的确认上需要把握谨慎性原则，需兼顾发行主体和投资者双方的利益，设立私募债券发行主体准入门槛，门槛过高，可能将部分有资金需求的企业限制在门外，门槛过低则可能令部分偿债能力较差的企业通过私募债券市场获得融资，若该类企业违约则必然侵害投资者利益。特别是在推出私募债券之初，更要对发行主体的财务状况、所属行业、发展情景和资金用途等方面加以规范和约定。无论从理论角度还是从国外市场经验来看，BBB～A级企业仍然具有较强的偿债能力，因此，私募债券发行主体准入门槛初期设为BBB级比较合理，但从长远来看，为了充分发挥债券市场的风险发现和转移功能，应逐步放宽对发债主体的限制，使低于BBB级的企业也能通过债券市场进行融资。

此外，在实现债券集中托管的前提下，交易所应对所有私募债券的发行与交易信息进行汇总、整合和深入分析，定期向主管部门提供系统的市场分析报告，不断加强发行的后续督导，探索建立持续监测报告体系、风险预警指标体系及督查纠正体系，不断提高私募债券市场的监管透明度。私募债券市场的发展必须坚持逐步发展和风险可控的原则，同时加快债券市场产品创新，提供风险对冲工具。

3.3.2.4 完善市场基础性制度和设施，加强对债权人的保护

私募债券市场的健康发展需要良好的法律环境和司法程序、完备的信息披露和会计审计制度，以及高效的交易结算系统等市场基础性制度安排和设施。特别是，与公开发行的债券相比，私募债券市场发行人与持有人之间的债券契约条款更为复杂。例如，债券契约往往会对发行人设定一些限制措施，例如在抵押品、偿债基金、股息政策和继续借贷等方面进行具体的约定或限制。而这些条款的实施，需要完善的法律法

规等基础性制度保障，以切实保护债券持有人的权益。中国债券市场的发展还面临一些制度性约束问题，无论是《破产法》、《物权法》还是其他相关法律，对债权人的保护都没有成熟市场经济体那么规范和严密。因此，应完善相关配套制度设施的建设，包括加快利率的市场化改革；强化信息披露机制；建立保护投资人的破产清算制度；完善信用评级、审计制度、违约问责机制；建立受托管理人机制；建立债券投资者保护基金；对破产发行人提供部分偿还保证等。

第4章 高收益债券

4.1 高收益债券简介

4.1.1 高收益债券的定义

顾名思义，高收益债券（High - yield Bond）是收益高的债券。从理论上讲，债券的收益主要来自三个方面：利息收入、资本利得和再投资收益。债券收益的高低受到诸多因素影响，其中包括宏观环境、市场条件和发行人状况等。高收益债券，尽管也被人们称为“垃圾债券”（Junk Bond），但它在资本市场发挥的作用绝不能用“垃圾”一词来形容。作为金融市场上一种新生的金融工具和融资方式，高收益债券的产生顺应了市场发展的要求，满足了投资者和融资者的双重需要。目前，对于高收益债券（或垃圾债券）存在多种定义，详见表4－1。

表4－1　高收益债券（或垃圾债券）的不同界定

定义来源	高收益债券（或垃圾债券）的含义
Broker - Dealer Internal Control Procedures for High Yield Securities - A Report by the Division of Market Regulation（U. S. SEC，October 1993）	高收益债券包括被国家认可的评级机构（比如标准普尔公司或穆迪投资者服务公司）评为“非投资级”的所有公司债券。投资级债券具有强大的利息支付能力和偿还本金能力，不受或者几乎不受不利因素或经济状况变化的影响。非投资级债券则在利息支付能力和偿还本金能力方面具有显著的投机特征。根据定义，高收益债券与投资级债券（即通常认为的“高等级”债券）相比，具有较低的信用等级和较高的回报率。

（续表）

定义来源	高收益债券（或垃圾债券）的含义
NASDAQ. com（http：//www. nasdaq. com）	高收益债券，又称垃圾债券，是一种具有投机性信用评级（标准普尔 BB 级及以下或穆迪 Ba 级及以下）的债券。与财务状况良好的公司发行的债券相比，垃圾债券或高收益债券为投资者提供更高的收益。标准普尔和穆迪这两家评级机构为公司信用提供评级系统。
Investopedia. com（http：//www. investopedia. com）	高收益债券，一种信用等级低于投资级公司债券、国债或市政债券的高收入债券。由于违约风险高，此类债券比投资级债券支付更高的收益。根据两家主要信用评级机构的评级，高收益债券的信用等级低于标准普尔 BBB 级或者低于穆迪 Baa 级。信用等级高于或等于上述等级的债券被认为是投资级。信用等级最低为“D”级（当前违约），等级为“C”或以下的债券大多数违约风险很高，为了补偿该风险，债券收益通常也非常高。
Business Encyclopedia（Knowledge Exchange）	垃圾债券，一种评级低于投资级的债券。高收益债券市场的产生可以追溯到证券市场早期。许多著名的美国公司在创建初期都是通过高收益债券融资。1920 年之前，U. S. Steel、General Motors 和 Computing-Tabulating-Recording（IBM 的前身）都是利用高收益债券获取经营扩张所需的资金。
Encyclopedia of Business, Second Edition（Crown Books）	垃圾债券，具有相对较高的信用风险的公司债券，如穆迪 Baa3 以下的债券或者标准普尔 BBB - 以下的债券。尽管债券可能会附加某些与股权相关的选择权（比如权证），垃圾债券通常不包括可转换为股票的债项。垃圾债券，也被称为高收益债券、非投资级债券、低于投资级债券、不到投资级债券或者投机级债券。
Financial Literacy for a Changing Market（Houghton Mifflin）	垃圾债券，一种高风险、高收益的债券，如果评级的话，指的是评级不到 BBB 级的债券。这种债券最适合风险偏好投资者。
The Handbook of International Financial Terms（Oxford University Press）	垃圾债券，一种发行时信用等级低于投资级的高收益债券，是一种广受欢迎的上市公司收购和管理层收购的融资方式。从理论上讲，垃圾债券与堕落天使债券不同，因为垃圾债券在发行时发行人的评级就在投资级以下。目前这个词被用于指代所有投机级债券，而不论这些债券在发行时是否属于投机级。
Webster's Ninth New Collegiate Dictionary（Merriam - Webster）	垃圾债券，一种提供高收益的高风险债券，发行垃圾债券通常是为了公司收购提供融资途径。

（续表）

定义来源	高收益债券（或垃圾债券）的含义
Cornerstone Investment Consulting（http：//www. cornerstoneic. com）	垃圾债券，又称高收益债券，是被主要债券评级机构（如穆迪和标准普尔）评级为非投资级的债券。该评级表达了对于债券发行人支付利息和偿还本金能力的一种意见。垃圾债券自20世纪80年代开始盛行，当时Drexel Burnham Lambert等公司利用垃圾债券为大型的杠杆收购融资。在Michael Milken变成垃圾债券的代言人之前，垃圾债券仅为最有经验的投资者所了解。投资者购买垃圾债券是因为它们的收益高于投资级债券。理由非常简单：发行垃圾债券的公司通常被认为具有更大的违约风险。
Dow Publishing Company（http：//www. dows. com）	债券通常被分为两类：投资级债券和垃圾债券。投资级债券包括被标准普尔（AAA、AA、A和BBB）或穆迪（Aaa、Aa、A和Baa）评级为前四个等级的债券。“垃圾”一词用来指代标准普尔BBB以下或穆迪Baa以下的债券。银行通常可以合法购入投资级债券，但垃圾债券不行。
Encyclopedia. com（http：//www. encyclopedia. com）	垃圾债券，一种投资风险较大且支付利率较高的债券，通常是由缺乏盈利记录或者信用历史可疑的公司发行。20世纪80年代，垃圾债券开始成为一种筹集营运资金的常见方式，用于帮助公司收购融资，特别是杠杆收购；90年代，销售垃圾债券继续被用来获取资金。
Financial Pipeline（http：//www. finpipe. com）	高收益债券或垃圾债券，是公司发行的一种具有较高信用风险的债券。高收益债券的信用评级通常是“投机级”或低于“投资级”，这意味着高收益债券的违约概率高于其他债券。较高的信用风险意味着垃圾债券的收益率高于信用质量更好的债券。研究表明，高收益债券的投资组合比其他债券组合带来更高的回报，说明高收益债券的收益高于额外的违约风险补偿。高收益债券或垃圾债券是根据其特点得名的。
Investment. com（http：//investment. com）	垃圾债券，被评级机构评为BB级或以下的债券。发行垃圾债券的公司通常缺乏长期的销售或盈利记录，或是信用能力存在质疑。垃圾债券是融资收购的常用方式。由于垃圾债券灵活多变并且比投资级债券支付更高的收益，所以很多偏好风险的投资者专注于垃圾债券的交易。
Microsoft Network Money Central Glossary（*http：//www. moneycentral. msn. com*）	垃圾债券，因违约风险高而支付高利率的一种债券。垃圾债券并不适合每一个人，甚至不适合大多数人，但并不是一无是处。垃圾债券可以为实力较弱的公司提供信贷的途径，充分多元化的投资组合能够降低任何单独债券的违约风险，同时提供较高的投资组合收益。

资料来源：www. sec. gov，www. nasdaq. com，www. investopedia. com，*Beyond Junk Bonds*：*Expanding High Yield Markets*（Glenn Yago & Susanne Trimbath，Oxford University Press，2003）

综合上述信息，笔者将高收益债券定义为非投资级的公司债券。第一，高收益债券本质上属于公司债券。表4－1中的部分定义将高收益债券明确限定为公司债券，而另一部分则没有这个限定。鉴于其他券种的特殊性，笔者将高收益债券限定为公司债券的一种。第二，无论在发行之时债券的信用等级如何，只要当前的信用评级为非投资级，该债券就可以认定为高收益债券。也就是说，堕落天使（Fallen Angels）[①] 债券属于高收益债券。第三，现实中存在一些未被评级但信用质量属于非投资级的债券，这部分债券也属于高收益债的范畴。未评级债券（Non-rated Bonds）并不一定信用等级低，但是由于未被外部机构评级而不能列为投资级债券。发行人发行未评级债券的主要原因有两点：第一，一些借款人的信誉良好，不评级是因为评级成本超过了评级所能带来的好处。未评级债券通常比同等情况下评级的债券提供更高的回报，所以如果参与评级的成本大于这个额外的回报，发行人就倾向于发行未评级债券。第二，部分发行人可能感觉到自身不满足评级机构的标准，如果评级将会被列为投资级以下。有鉴于此，其中信用质量属于非投资级的也被置于高收益债券的范畴。

4.1.2 高收益债券的特点

作为债券的一种，高收益债券具有所有债券必备的一些基本特征，包括偿还性、流通性、安全性和收益性等。同时，作为债券的一个特殊品种，高收益债券也存在某些独特之处。本节侧重说明高收益债券的特点及其与普通债券的区别。

4.1.2.1 违约风险高

与普通债券相比，高收益债券的违约风险尤为突出。违约风险可以理解为发行人无法按照既定合约支付债券利息或本金的风险。一般来说，高收益债券的发行人在业务收入、现金流、财务杠杆等方面的压力均高于普通债券的发行人。因此，高收益债券的潜在违约风险通常大于普通债券。穆迪投资者服务公司一项关于公司债券违约的研究表明，1994～2011年的每个年度，投机级债券按违约额加权平均的年度违约率均高于投资级债券，详见图4－1。

从图4－1中可以看出，投机级债券的年度违约率最高值为22.45%，最低值为0.60%，平均值为5.62%；相比之下，投资级债券的年度违约率平均值只有0.25%。伴随着互联网泡沫的破裂，投机级债券的违约率在2002年达到历史高峰。事实上，从1997年开始，投机级债券的违约率就逐年上升，一直到2002年达到22.45%，是1997年的11倍多。此后随着经济好转，投机级债券的违约率曾一度下降到0.60%的低谷，然而2007年后的美国次贷危机及其引发的金融危机对公司债券市场造成了巨大的冲击，影响范围之广仅次于2002年。

① 堕落天使指的是因遇到某些问题而导致信用等级从“投资级”降为非“投资级”的公司。

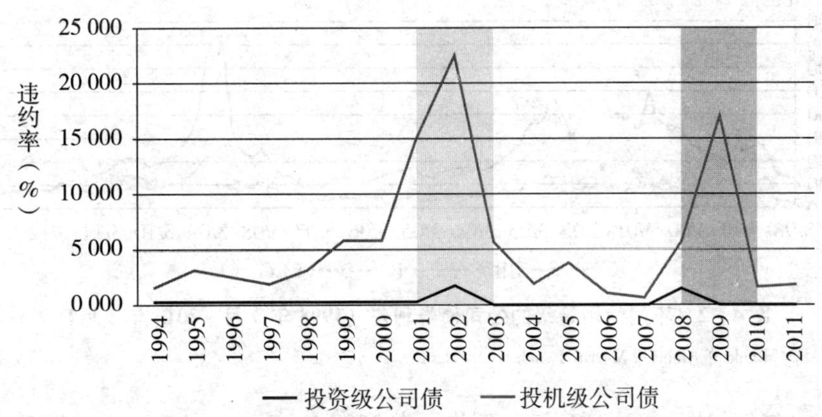

图4-1 投资级和投机级公司债券的年度违约率变化（1994~2011年）

注：年度违约率按照违约额加权平均计算而得。

资料来源：Moody's Investors Service

4.1.2.2 潜在收益高

与高风险相对应，高收益债券的潜在收益较高。从个体行为学的角度来讲，当预期风险发生变化时，人类个体倾向于调整他们的行为来适应这种变化，这就是通常所说的“风险补偿”效应。如果预计风险增加，那么个体的行为方式会变得更加谨慎。在金融领域，风险补偿效应可以被用来解释投资者的某些行为。在进行投资决策时，针对那些无法规避、不得不承担的风险，投资者往往通过提高风险回报的方式获得承担风险的补偿。风险投资的报酬率与无风险投资报酬率之间的差额被称为“风险溢价”。高收益债券的潜在高收益主要源于风险溢价。因此，高收益债券并非适合于所有投资者，风险偏好型的投资者更倾向于投资高收益债券，他们的风险承担能力比一般投资者强。而对于风险中性或风险厌恶的投资者来说，高收益债券在投资组合中所占的比重很小。

Altman和Karlin（2010）对高收益债券市场的违约和回报情况进行了研究。根据他们的研究结果，1978~2009年间，高收益债券的年度到期收益率最高为19.53%，最低为7.35%。相比之下，10年期国债的年度到期收益率最高只有13.86%，最低为2.22%。高收益债券和10年期国债的利差曾出现三次高峰，分别是在1990年、2001~2002年和2009年。另外，根据惠誉国际信用评级有限公司高收益债券市场报告显示，信用等级越低，债券利差越大。如图4-2所示，CCC级公司债券与10年期国债的利差最大，B级公司债券次之，然后是BB级债券。

4.1.2.3 受经济周期影响显著

高收益债券的信用风险价差不具有正态分布特征，而是对经济周期的敏感性很强。信用风险达到顶峰的时候，正是经济衰退发生之时或者紧随经济衰退之后。尤其是2008年的金融危机，将高收益债券的信用风险推向了历史高峰。此外，信用风险价差

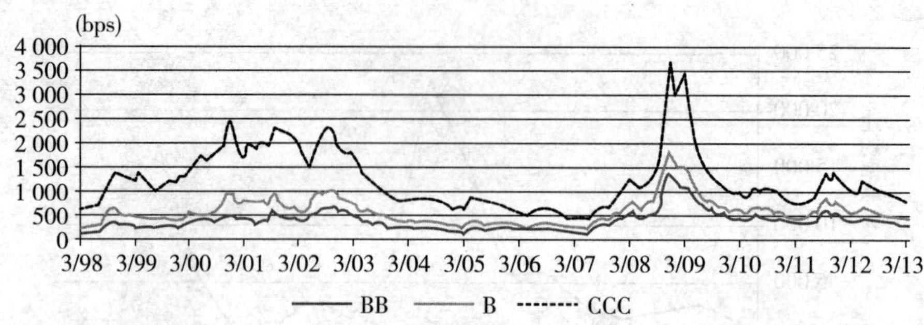

图4－2 不同信用等级的公司债券利差（1998年3月～2013年3月）

资料来源：Bank of America Merrill Lynch

上涨之后伴随的是违约率达到顶峰，例如，在2008年末期信用风险价差的巨大增加刚好发生在2009年中期违约率上涨之前，在信用风险价差急剧下降时违约率仍处于上升趋势。Reilly，Wright and Gentry（2009）的研究显示，投资级债券与标准普尔500指数的相关系数很低，只有0.206，且在5%的置信水平下不显著；而高收益债券与标准普尔500指数的相关系数可以达到0.566，在统计上显著。其中，高收益债券与罗素2000低市值股票的相关性最强，为0.611。与此同时，研究还发现，违约债券的回报与投资级债券指数之间并无相关关系。如果考虑高收益债券的不同信用等级，国债与Ba级、B级和Caa级债券的相关系数分别只有0.183、0.027和－0.085。标准普尔500指数与Ba级、B级和Caa级债券的相关系数分别为0.542、0.555和0.502。统计结果显示，高收益债券与股票的相关程度明显高于它与国债或投资级债券的相关程度，而且高收益债券与股票的相关关系具有持续性。

4.1.2.4 波动率特征明显

在正常情况下或者说没有发生经济危机时，高收益债券和投资级债券的波动性相似，标准差维持在1%～2%的水平。而在经济不稳定的情况下，高收益债券市场的波动率呈现爆炸性增长，1991年超过了5%，2002年大约为4%，2009年甚至超过了8%。通过对高收益债券市场波动性的长期度量，结果证实高收益债券的风险高于投资级债券的事实，但是这种风险特征差异只有在经济或政治不稳定的形势下才会发生。Reilly、Wright和Gentry（2009）研究发现，从1985年12月至2009年8月，Ba级债券的波动率只有4次超过了2%。B级债券的波动率特征与Ba级债券相似，只有个别时间例外，1991年和2009年B级债券的波动率分别超过了4%和8%。相比之下，Caa级债券的波动率在1991年几乎达到9%，从2001年年底至2003年一直保持在5%～7%的水平，2009年更是高达12%。研究结果说明，高收益债券的波动性主要来源于Caa级债券，在个别时期，Caa级债券的波动率甚至高于股票。

4.1.2.5 流动性较差

从发行方式来看，高收益债券的发行主要分为私募发行和公开发行两种，目前以私募发行为主。从投资主体来看，机构投资者占绝大多数，个人主要通过高收益基金的方式参与投资。大部分高收益债券在场外市场交易，并有做市商做市，只有少数高收益债券在交易所发行和交易，但交易所的交易并不活跃。整体来看，高收益债券的流动性较差，特别是在经济不景气的环境下，人们更倾向于将资金投向所谓的“安全资产”，对高收益债券的投资兴趣不足。流动性的缺乏会造成债券价差与内在风险之间的关系扭曲。通常来说，缺乏流动性也会放大高收益债券的波动性效应。

4.1.3　高收益债券市场发展简史

随着高收益债券市场的发展，高收益债券的结构日趋多样化，其中包括现金支付债券（Cash-pay Bonds）、利息递增债券（Step-coupon Bonds）、实物付息债券（Payment-in-kind Bonds）、零息债券和可转换债券等。截至2011年年底，全球债券市场（包括债券和票据两类证券）的总存量为85.9万亿美元，其中高收益债券的市场存量不足2万亿美元，占全球债券市场的2%左右。尽管市场份额不高，自20世纪70年代诞生以来，高收益债券发展速度令人振奋，从美国到欧亚大陆乃至全球，作为一种新兴的金融工具，高收益债券始终是金融界关注的焦点。目前，高收益债券已成为全球高成长性企业，特别是高成长性中小企业的一种有效的外部直接融资方式。

就区域分布来看，根据欧洲金融市场协会近6年的报告显示，美国高收益债券的发行量一直在全球占据首位，其次是欧洲地区。如图4－3所示，2007年，美国高收益债券的发行量接近1 000亿欧元，欧洲为413亿欧元，亚太地区为224亿欧元。2008年金融危机发生时，各地区的发行量均大幅缩水，其中以美国下降最快，降幅达到72%以上。随后在2009年，各地区高收益债券的发行量纷纷回升，亚太地区的恢复速度最快，甚至比2007年增长近40%。从2010年到2011年，美国和亚太地区均出现一定幅度的下滑，而欧洲则保持在一个相对稳定的水平。从2012年的情况来看，美国高收益债券市场发展势头强劲，发行规模同比上涨68.27%，欧洲高收益债券发行同比上涨24.92%，而亚太地区较2011年缩水了18.08%。整体来看，经过多年的发展，美国的高收益债券市场一枝独秀，欧洲相对稳定，而亚太地区发行情况相对不稳定，市场基数不大，和欧洲一样缺乏明显的市场源动力。

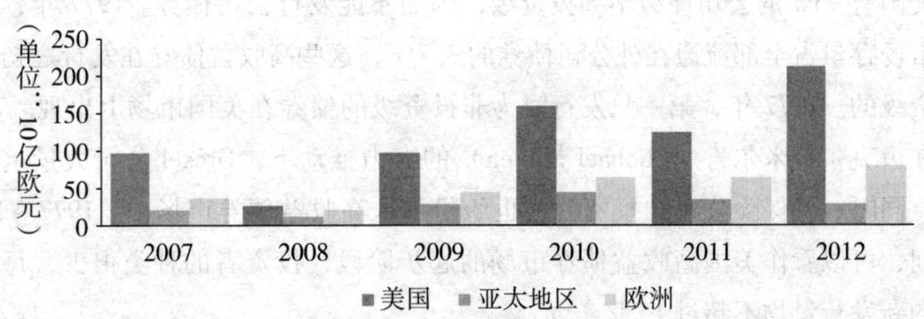

图4－3　全球各地区的高收益债券发行量（2007～2012年）

资料来源：Association for Financial Markets in Europe

就募集资金用途来看，发行高收益债券的资金用途主要包括合并与收购、资本支出和再融资。如图4－4所示，在2003年之前，再融资一直是企业发行高收益债券的主要动因，特别是在2001～2003年，发行高收益债券筹集的资金70%以上用于再融资。2003年之后，全球掀起并购高潮，高收益债券成为企业完成合并与收购的重要资金来源。一直到2008年，再融资需求又重新回到主导位置，2012年发行的高收益债券中，用于再融资的占54%，用于资本支出/日常营运的占26%，而用于合并收购的占20%。综合来看，1997年亚洲金融危机及2008年全球经济危机前后，用于兼并和收购的比例急剧上升，但收购和再融资仍是高收益债券的两个最广泛的用途，而日常运营及资本支出等生产性行为中高收益债券的用途相对较少。总的来说，再融资是企业发行高收益债券的主要目的，兼并和收购是伴随着经济危机而进行产业兼并的过渡产物，同时高收益债券也是资本支出以及日常运营资金来源的一个重要补充。

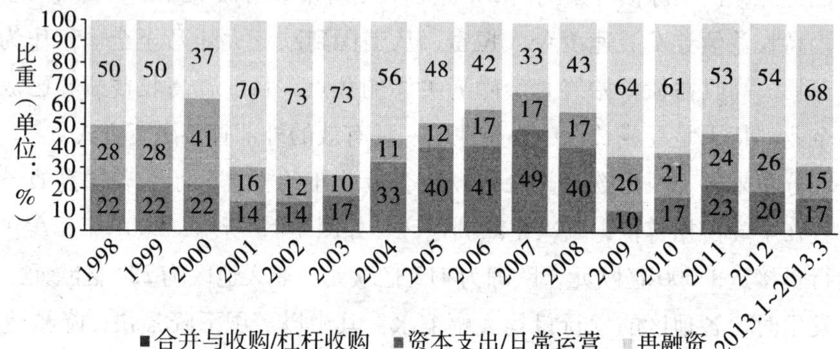

图4－4 全球高收益债券主要融资目的比重分布（1998年～2013年3月）

资料来源：Bank of America Merrill Lynch

4.1.3.1 美国高收益债券市场发展

1. 起步阶段

高收益债券市场最早起源于美国。早在20世纪70年代初，美国大部分公司，特别是信用评级在投资级之下的公司，主要依靠浮动利率的短期银行贷款满足资金需求。那时，美国有95%的公司评级不到投资级，因而不能发行公司债券。1977年，高收益债券的市场存量占全部流通在外公司债券的3.7%，这些高收益债券在发行之初基本上都是投资级的。1977年，第一只发行时为非投资级的债券在美国市场上出现。70年代后期，在迈克尔·米尔肯（Michael Milken）的大力推动下，Drexel公司大量承销高收益债券，同时一些保险公司和投资公司也纷纷加入高收益债券市场中。1977～1981年这段时间，可以看作美国高收益债券市场的起步阶段，投资者的种类很少，每年高收益债券的新发行量均不超过15亿美元。

2. 发展阶段

1982～1986年的5年内，美国高收益债券的发行量呈现爆炸式增长，在公司债券中的比重一度超过1/5。在此期间，高收益债券的二级交易市场开始发展起来，吸引了各类机构投资者的加入，几乎所有主要的投资银行都成为承销商和做市商。该阶段是美国高收益债券市场的第一个快速发展阶段，主要受到两方面因素的影响：其一是美国政府对金融管制的放松和税收减免政策，推动了高收益债券市场的发展；其二是活跃的并购活动将高收益债券视为重要的融资工具。但繁荣背后隐藏着危机，很多以高收益债券为工具的杠杆收购，本身并没有太多实质性价值，带有极大的投机性质，显然这样的增长方式不会长期持续下去。

3. 调整阶段

1988年之后，一些高收益债券的发行公司开始出现无法偿付高额利息的情况，逐渐陷入了“高风险—高利率—高负担—高拖欠—更高风险”的阶梯式恶性循环，债券的信用日益下降。从整个美国市场来看，过度投机带来高收益债券违约率的明显上升。1989年2月，Drexel公司申请破产。高收益债券市场由于违约率居高不下而迅速陷入低迷，1990年美国只发行了9只高收益债券，总额仅13亿美元。此后，在经济复苏和利率走低的带动下，美国高收益债券市场逐渐恢复，为了投机性并购而发行高收益债券的企业越来越少。各类公司进入市场主要是为了日常运营资本和再融资。1995年，为杠杆收购而发行的债券只占4%，而为经营资本和债券再融资而发行的占76%。大量机构投资者重新回到高收益债券市场中，债券的流动性和多样性都得到一定程度的提高，信用违约互换（CDS）和债券抵押债务凭证（CBO）等创新工具也促进了高收益债券市场的发展。

4. 成熟阶段

高收益债券市场受经济周期的影响很大，随着美国经济的稳定，高收益债券市场也稳步增长，发行量增长的同时市场违约率也有所下降。2001年前后互联网泡沫的破裂再次给美国经济造成重创，高收益债券市场受到相应影响，主要表现为违约率升高和发行量萎缩，但市场存量仍保持稳步增长。随后美国的高收益债券市场又遭受了金融危机的打击，2008年发行量下滑至520亿美元，但2009年很快恢复到1 560亿美元。可见，市场对外部环境的敏感性很强，但自我修复的能力也在加强。经过30多年的发展，美国高收益债券市场已经不仅服务于本国经济，还为全球的投资者和发行人提供了积极有效的融通渠道。可以说，美国高收益债券市场是当今世界规模最大、多样性最高及流动性最强的市场。

4.1.3.2 欧洲高收益债券市场发展

1. 起步阶段

欧洲间接融资主导的金融体系以及政府管制造成了欧洲高收益债券市场发展的相对滞后。20世纪中后期，由于政府债券收益率过低以及全世界范围内信用风险的下降，欧洲投资者开始对低于投资评级的债券产生浓厚兴趣。受到俄罗斯金融危机的影响，1998年欧元区高收益市场的发展暂时停滞，整体呈现下滑趋势。1999年，随着欧元正式引入市场，过去以欧盟各成员国本币业务为基础的、相互分割的欧洲债券市场被统一的市场所代替，在很大程度上推动了欧洲公司的兼并重组，而高收益债券成为欧洲公司兼并重组的一个重要工具。2000年，全球债券市场步入低迷，主要是由于高科技领域的过度投资。由于欧洲高收益债券市场尚处于起步阶段，所以对其影响不大。但是欧元区高收益债券市场上的发债主体是以通讯、电信行业为代表的高科技公司，结果市场还是出现了小幅下滑，从2000年到2001年下滑了约30亿欧元。以西欧为主的发达国家高收益债券市场在2000~2002年间下滑了约20亿欧元；由于欧洲新兴市场（以独立国家联合体为主）对高新科技依赖尚小，所以发债数量不减反增。①

2. 第一轮发展阶段

2003~2006年的4年，是世界经济从20世纪70年代初以来增长最快的4年。欧元区高收益债券市场呈现出强劲的发展势头。在这段时期，由于欧洲各国纷纷加强了本国高收益债券发行的监管力度，公司发债丑闻和违约事件逐渐较少，再加上欧洲许多公司重组了自己的账目资产，诱发欧洲市场中以私人股权主导的杠杆收购热潮的出现。2004年上半年，欧洲高收益债券大于政府债券的利差部分降到1998年的水平，达到欧洲高收益债券市场发展以来的低点。与传统欧盟发达国家相比，欧洲新兴市场国家高收益债券市场的发行规模在这一时期也有了迅速提高。2007年美国次贷危机的爆发，导致欧盟以及欧元区高收益债券发行规模急剧下降。下行趋势在2008年也没有得到根本性改变，以英、法、德等西欧国家为代表的发达市场高收益债券发债率基本为零。欧洲新兴市场成为2008年欧洲高收益债券市场上唯一的发债主体，这与其庞大的经常账户逆差与国内金融市场和资本账户的迅速放开有关。

3. 第二轮发展阶段

2008年之后，尽管高收益债券发行持续增长，但是仍然不能满足市场需求。美国次贷危机以后，市场笼罩在低利率的大环境下，投资者把大量的资金投入欧洲高收益债券市场上。再者，受整个市场发展状况影响，尤其受欧洲主权债务评级下调的影响，更多当地投资者愿意把资金投入到高收益债券市场，期望从中获得高额回报。这也使得大量评级较低的公司或者私人股本公司更容易从高收益债券市场筹集资金。就总体趋势而言，欧洲高收益债券市场呈现出向上的趋势。惠誉国际信用评级公司的数据表明，截至2012年上半年，欧洲公司发债规模已超过贷款规模，市场呈现前所未有的蓬勃景象。在经济情况总体欠佳的环境下，欧洲高收益债券市场作为当今世界第二大高收益债券市场，其欣欣向荣的发展势头为世界资本市场的运作提供了良好的借鉴。

---

① 根据全球数据处理公司的分类，欧洲市场按照国家风险等级被分为发达市场和新兴市场。发达市场包括以安道尔、奥地利、比利时、保加利亚、塞浦路斯、瑞士、德国、丹麦、西班牙、爱沙尼亚、芬兰、法国、法罗群岛、英国、格恩西岛、直布罗陀、格陵兰岛、希腊、马恩岛、爱尔兰、冰岛、意大利、泽西岛、列支敦士登、卢森堡、马耳他、摩纳哥、黑山、荷兰、挪威、葡萄牙、圣马力诺和瑞典为代表的西欧国家。新兴市场包括以土耳其、俄罗斯联邦、哈萨克斯坦、土库曼斯坦、乌兹别克斯坦、塔吉克斯坦、阿塞拜疆和吉尔吉斯斯坦为代表的东欧国家。

4.1.3.3 亚洲高收益债券市场发展

与欧洲类似，亚洲的高收益债券市场起步较晚，但发展速度很快，主要是由于全球信贷市场的超额流动性、公司层面上更高的透明度和良好管理，以及从金融危机中复苏的亚洲投资者的高度信心。自2000年以来的10余年里，亚洲高收益债券的平均收益率达到了9.9%，而政府债券的平均收益率仅为2%~4%。2007~2010年的数据显示，亚洲高收益债券发行的年均增速已经超过了美国，成为全球高收益债券市场一个全新的增长点。究其原因，首先是亚洲整体的经济环境，近年来，亚洲经济增长速度很快，即使经历了金融危机，亚洲各经济体也很快从危机中摆脱出来，为高收益债券市场的发展奠定了良好的经济基础。经济增长加强了投资者的投资信心和欲望，使国际游资源源不断地流向亚洲。其次，高额收益率是吸引各国投资者的终极因素。与美国和欧洲的高收益债券相比，亚洲市场提供的超额回报及多种选择更具吸引力。再次，随着各国投资者特别是机构投资者的涌入，亚洲高收益债券市场的多样性得到很大程度的提升。国际私人银行、新兴市场基金、美国高收益基金和对冲基金逐渐成为市场上的主要投资者。最后，在亚洲各国政府和相关机构的共同努力下，亚洲高收益债券市场的监管体系正在不断完善，相关法律法规逐渐健全，为市场的健康发展提供了有利的环境保障。

4.2 美国、欧洲和亚洲的高收益债券市场

4.2.1 美国

4.2.1.1 美国高收益债券市场概况

在美国，与股票市场和投资级债券市场相比，高收益债券是一个相对较新的市场。虽然市场存量不大，但美国高收益债券市场的整体发展趋势良好，为全球资本市场注入了活力和信心。如图4-5所示，从1990年开始，美国高收益债券市场规模稳定增长，两个快速增长期分别出现在1997~1999年和2008~2011年。截至2013年3月底，美国高收益债券市场的存量规模已经接近1.2万亿美元，是1990年的5倍多。

就交易量而言，除2008年之外，美国高收益债券的交易量稳定增长。2010年以前，高收益债券年度交易量基本维持在60亿美元上下。2012年，高收益债券的交易量达到87亿美元，与投资级公司债券相差53亿美元。从整个公司债券市场的交易情况来看，高收益债券的交易量比重较大，2002年不足30%，到2012年已经达到38.38%，整体来说，交易量占比相对稳定。如图4-6所示。

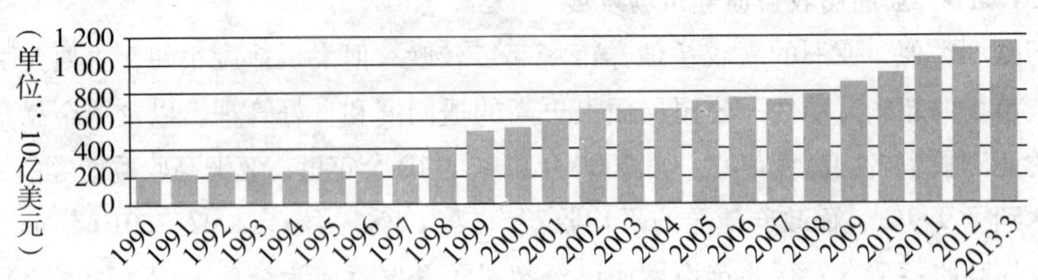

图 4-5　美国高收益债券市场存量增长情况（1990 年~2013 年 3 月）

资料来源：Fitch U. S. High Yield Default Index，Bloomberg

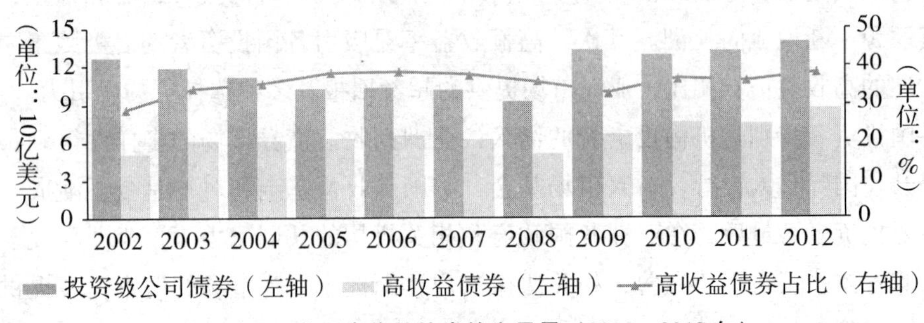

图 4-6　美国高收益债券的交易量（2002~2012 年）

资料来源：Securities Industry and Financial Markets Association（SIFMA）

1. 美国高收益债券市场：发行规模

如果不考虑 2008 年，美国高收益债券市场最近 10 年的年度新发行规模基本稳定，2010 年突破 2 000 亿美元，2012 年新发行高收益债券 3 070 亿美元，2013 年第一季度已发行 850 亿美元，预计 2013 年的发行量与 2012 年基本持平。但高收益债券的市场发行总量仍然不及杠杆贷款，2012 年美国市场新增杠杆贷款总额为 6 640 亿美元，是同期高收益债券发行量的两倍多。如图 4-7 所示。

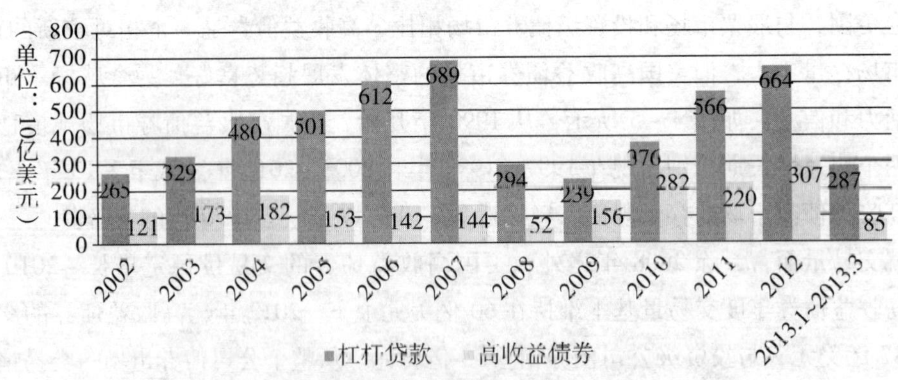

图 4-7　美国高收益债券发行情况（2002 年~2013 年 3 月）

资料来源：Fitch Ratings，Thomson Reuters LPC，Bloomberg

2. 美国高收益债券市场：发行人和投资人结构

经过30多年的发展，高收益债券的发行人和投资人结构逐渐趋向多样化，如图4-8所示。20世纪80年代末期，高收益债券发行的主要目的是为公司合并和收购融资，当时高收益债券市场尚不成熟。而今随着市场日渐发达，各类参与者纷纷为了不同的需求加入到高收益债券市场。

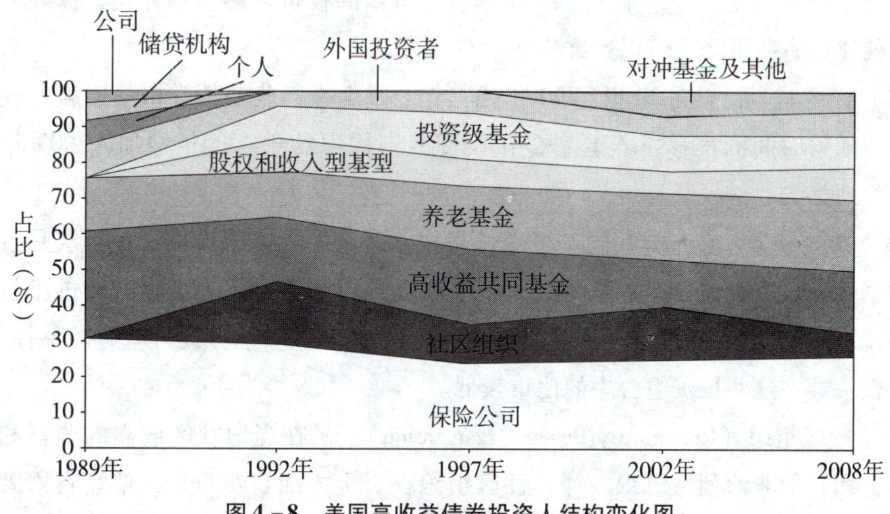

图4-8　美国高收益债券投资人结构变化图

资料来源：JP摩根，《美国高收益债券市场的发展及启示》（《银行家》2010年11期，谷小青），华泰证券研究所

概括来说，美国高收益债券的发行人可以归纳为以下几类：

（1）新兴公司（Rising Stars）：即刚成立或成立时间不长的公司，它们由于经营时间、规模或财务实力不足而未能获得评级机构的“投资级”评级。此类公司可以通过高收益债券市场获取原始资金。尽管新兴公司的风险可能较大，信用评级机构在发布评级时已经考虑了它们缺乏以往经营记录等带来的影响。因此，信用等级相同的新兴公司和持续经营公司相比，它们的风险水平是一致的。最终，此类公司可能会成长为规模更大和评级更高的公司。

（2）堕落天使：它与面临破产的公司之间存在明显区别。如果未来公司经营状况得到改善，堕落天使可能会重新获得“投资级”评级。在早期的高收益债券市场中，大部分债券都是堕落天使发行的债券。

（3）高负债公司：即负债率高于平均水平的公司，高负债风险是它们被评为非投资级的主要原因。这些公司为了债券再融资，有时就会通过发行高收益债券来偿还银行信贷、赎回原有债券，或以更具吸引力的利率进行债务重组。

（4）公司收购人：通过发行高收益债券获取资金，用于购买被收购公司股东手中的股份。另一种方式是在公司收购完成之后，发行高收益债券筹集资金偿还银行贷款或其他机构前期提供的贷款。

（5）资本密集型公司：由于无法通过经营盈利或银行借贷取得所需的全部资金，进而求助于高收益债券市场。比如，一些有线电视公司、石油勘探和开发公司等资本密集型公司都需要大量资金购买经营设备或扩展业务。

高收益债券的主要投资者可以归纳为以下几类：

（1）保险公司：自1989年至2008年，保险公司在美国高收益债券市场的投资比重一直处于领先地位。近些年来，高收益债券市场的投资者逐步多元化，保险公司在整体中的比重有所下降，但仍然维持在25%上下。

（2）养老基金：早在20世纪90年代，养老基金在高收益债券市场中就扮演着重要角色，随着时间的推移，养老基金在投资者结构中的比重逐年增加，2008年达到20%，位列第二。

（3）共同基金：在各类共同基金中，高收益基金的投资规模最大，其次是投资级债券型基金。投资级债券型基金购买高收益债券的目的主要是为了提升激进型投资组合的表现。此外，一些股权和收入型基金也可以借由高收益债券提升基金的整体业绩，但高收益债券在这些投资组合中的比重较低。

（4）社区组织（Community Based Organization）：是在当地社区成立的非营利性民间组织，和其他非营利性组织一样，社区组织在资金方面自给自足，依靠自愿者来运营。部分大型的社区组织形成公司法人，并建立董事会来管理日常运作。20世纪90年代，社区组织在高收益债券市场表现活跃，进入21世纪后，受到其他类型投资者的冲击，社区组织的比重开始下降。

（5）对冲基金：根据当前美国市场的发展趋势，对冲基金已经开始越来越多地加入到高收益债券市场中，其在整体中的比重为5%上下。

（6）外国投资者：他们可以选择直接购买高收益债券，也可以通过购买共同基金的方式来投资高收益债券，外国投资者的投资份额为3%～9%。

3. 美国高收益债券市场：发行期限和票面利率

美国高收益债券的发行期限主要集中在6～10年，占比高达80%，比投资级债券的发行期限短很多。其中，7年期、8年期和10年期债券的发行规模最大，期限在20年以上的高收益债券只有6%。对于发行人来说，较短的发行期限意味着较低的风险补偿，有助于减少发行成本或负债；对于投资者来说，发行期限越短，债券存续期内的不确定性因素越少，可以在一定程度上控制投资风险。从二级市场上高收益债券的剩余期限来看，仍以1～10年期为主，大约占市场总量的80%。如图4－9所示。

高收益债券票面利率的确定，主要分为浮动利率、固定利率、票息递增、票息可变和零息债券等五种类型。美国高收益债券市场中，90%左右的债券是以固定利率发行的。从目前的情况来看，大部分票面利率集中在5%～10%，15%以上的极少。

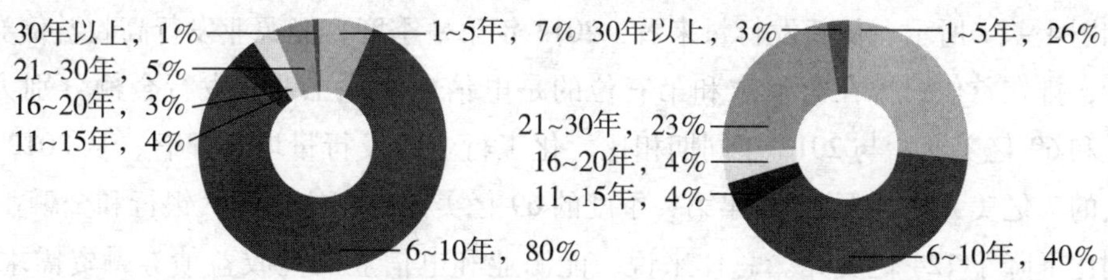

图4-9 高收益债券（左）和投资级债券（右）的发行期限结构对比

资料来源：彭博，华泰证券研究所

4. 美国高收益债券市场：行业分布

过去，美国高收益债券市场的行业集中度较高。2003年之前，通讯行业的市场份额一直保持在18%~20%左右，处于明显的领先地位。其次，能源行业的市场比重快速增长，从2002年的6.7%增长到2003年的10.5%。2003~2005年，虽然通讯行业仍位居市场首位，但其市场份额已逐渐被能源行业瓜分。自2006年开始，银行和金融业异军突起，占据了美国高收益债券市场的14%，成为新的领军行业，并且一直保持到2011年。2013年3月的调查数据显示，能源行业已超越银行和金融业，成为高收益债券市场的龙头行业。目前，美国高收益债券市场的行业集中度较低，没有一个行业的市场占有率超过15%。如图4-10所示，市场份额排名前四位的是能源、电信、银行和金融以及保健和医药，市场百分比均高于5%。值得一提的是，能源行业的占有率最高，达到14.9%。一系列刺激性因素推动了能源行业高收益债券的发行。首先，过去几个季度内能源行业的盈利情况达到并超过市场预期，信用度量指标较强。其次，大量的能源业公司首次借助高收益债券市场筹资，为投资者带来了新的机会。最后，技术的升级换代帮助美国公司发现新的石油和天然气资源，预期石油和天然气的产能将会持续增长，资金需求会相应扩大。

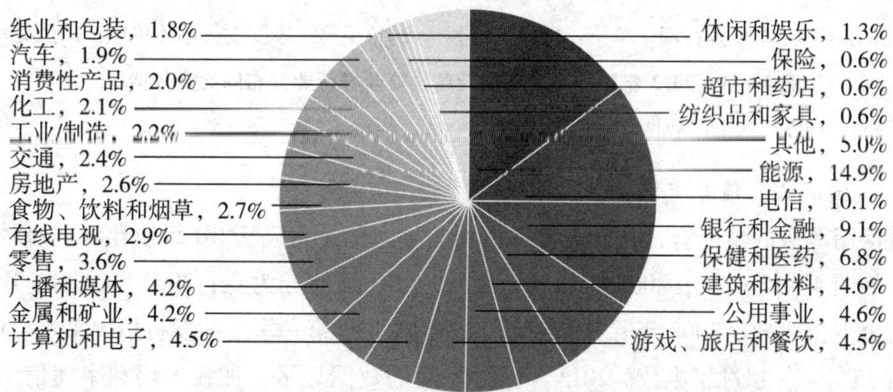

图4-10 美国高收益市场的行业构成（截至2013年3月底）

资料来源：Fitch U. S. High Yield Default Index，，Bloomberg

如图4－11所示，从新发行量来看，2013年第一季度，能源业发行高收益债券130亿美元，排在首位；排在第二位和第三位的是电信业和化工业，发行金额分别为112亿美元和69亿美元。与2012年同期相比，化工行业的发行量增长显著，从2012年第一季度的7亿美元增长至2013年第一季度的69亿美元；相比之下，银行和金融业的发行量同比下降了124亿美元。总体来说，能源业和电信业的高收益债券融资需求较为强烈。

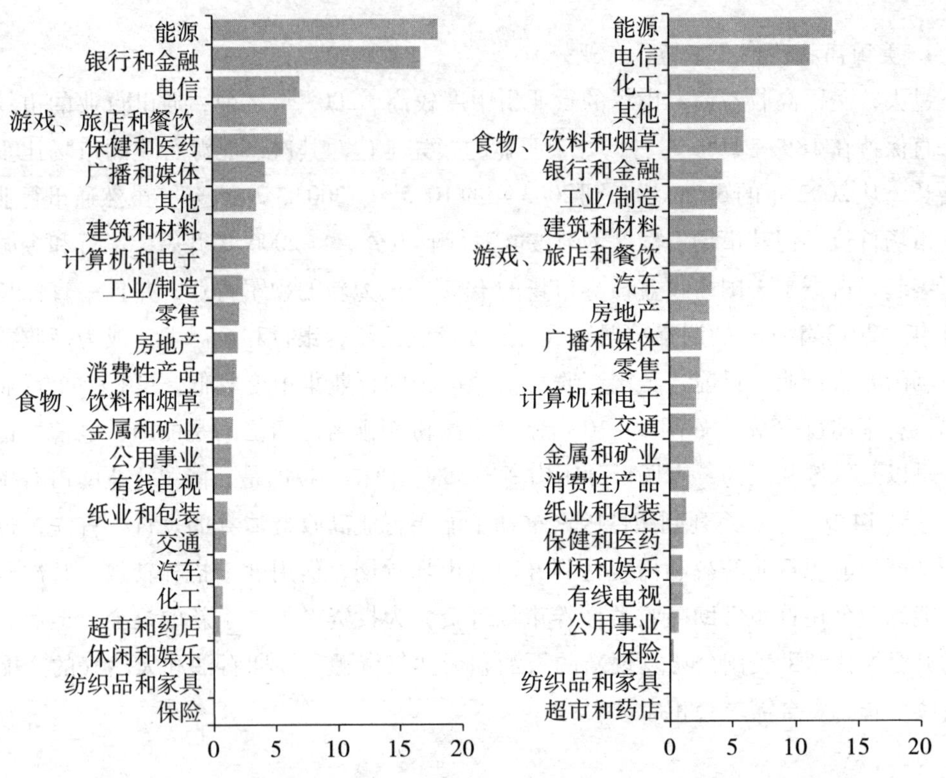

图4－11　2013年第一季度新发行高收益债券行业分布同比变化情况

资料来源：Fitch U. S. High Yield Default Index，Bloomberg

5. 美国高收益债券市场：信用等级

从信用等级的角度看，高收益债券市场的主力已经完成从BB级债券向B级债券的过渡。如图4－12所示，2003年以前，市场以BB级债券为主；2003年之后，B级债券的比重占据主导（2008年除外）。但是，从2013年第一季度的发行情况来看，BB级债券占55.4%，超过了半数。2013年第一季度的数据显示，加权平均利率随信用评级的提高而降低，BB级债券与最低等级债券的利差超过2.7%，与风险溢价原则的预期相符。详见表4－2。

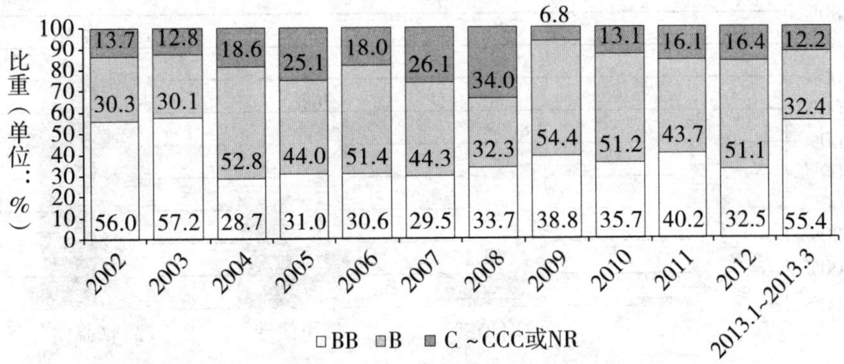

图4-12 美国新发行高收益债券的信用评级区间分布

资料来源：Fitch Ratings，Bloomberg

表4-2 美国高收益债券市场的评级分布情况（截至2013年3月底）

信用评级	按面值计算的比重（%）	加权平均利率（%）	利率中位数（%）
BB	38.6	6.80	6.88
B	41.1	8.02	8.00
CCC~C或NR	20.2	9.55	9.50
全部	100.0	7.85	7.80

资料来源：Fitch U.S. High Yield Default Index，Bloomberg

6. 美国高收益债券市场：到期收益率

美国银行美林High Yield Master II的度量结果显示，2012年2月美国高收益债券市场的到期收益率达到了7.56%。该指数在2008年12月31日至2011年12月31日的年度增长率为24%。图4-13为2006年年底与2012年2月美国高收益债券的收益率对比图。由图可见，2006年年底，高收益债券的到期收益率为7.92%，高于同期的联邦基金利率、政府债券和公司债券的到期收益率。2012年2月，高收益债券的到期收益率维持在7.56%的高度，是同期联邦基金利率的30倍，政府债券收益率的6.9倍，公司债券收益率的2.2倍。

7. 美国高收益债券市场：违约率和回收率

如图4-14所示，美国高收益债券市场的违约高峰主要出现在2002年和2009年，分别达到16.4%和13.7%。整体上看，与经济周期的相关性较强。目前，美国经济正处于缓慢复苏阶段，违约率也一直在低位徘徊，2010年违约率下降至1.3%，2012年也只有1.9%，处于历史低点。与之对应的是，发行人的平均债券违约面值随着违约率的上升而增加，从2000年到2012年的发展情况来看，违约率和违约面值的变动方向基本同步，在2008年突破了8亿美元。此外，违约率的行业分布特征明显，按照惠誉国际信用评级有限公司计算的1980~2012年平均行业违约率，电信业遥遥领先，其次是银行金融业和汽车业，平均违约率分别高达8.5%、6.9%和6.6%。相比之下，发展同

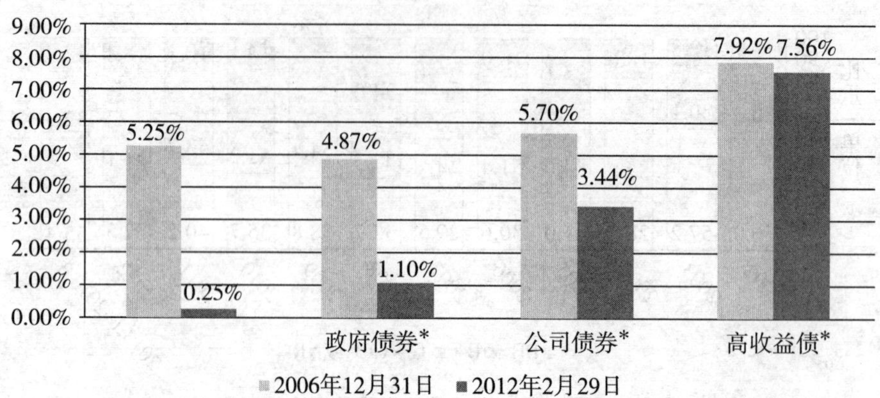

图 4-13　2006 年底与 2012 年 2 月美国高收益债券到期收益率对比

*联邦基金利率 = 美国联邦储备银行基金目标利率；政府债券到期收益率 = 美国银行美林 Treasury Master（USD）到期收益率；公司债券到期收益率 = 美国银行美林 Corporate Master（投资级，USD）到期收益率；高收益债券到期收益率 = 美国银行美林 High Yield Master II（USD）到期收益率。

资料来源：Thomson Financial Datastream；Allianz Global Investors Capital Market Analysis

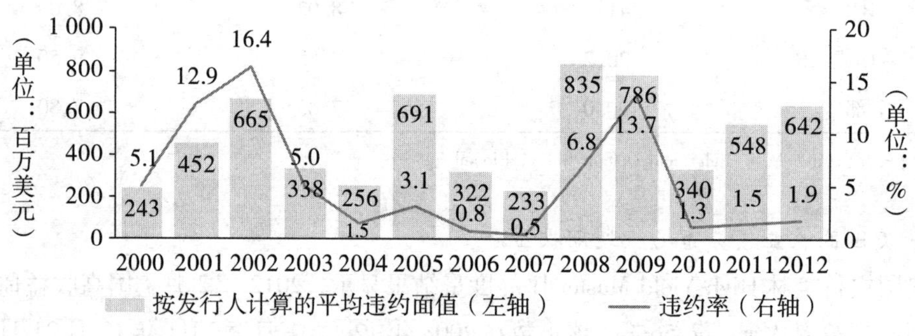

图 4-14　美国高收益债券违约率变化情况（2000 ~ 2012 年）

资料来源：Fitch U. S. High Yield Default Index

样迅猛的能源行业的违约率却只有 2%，不足电信业违约率的 1/4，见图 4-15。

除了违约率之外，回收率也是衡量债券信用风险的一个重要指标。Reilly、Wright 和 Gentry（2009）的研究显示，高收益债券的违约率和回收率之间呈负相关关系，这加剧了投资回报的周期性特征。如图 4-16 所示，2000 年至今，美国高收益债券市场的回收率在震荡中上行。虽然在 2008 ~ 2009 年期间一度下降，但从 2010 年开始已恢复到 50% 以上，根据惠誉国际信用评级有限公司最新的季度数据显示，2012 年的加权平均回收率为 50.2%，基本处于可以接受的水平。如图 4-17 所示，仅从 2012 年来看，回收率最高的行业是游戏、旅店和餐饮业以及消费性产品业，此外，电信业、银行金融业、广播和媒体业以及公用事业也在 50% 以上。综合来看，固定资产较多以及现金流相对较为稳定的行业，回收率偏高；而固定资产较少，同时现金流受宏观环境影响较大的行业，回收率偏低。

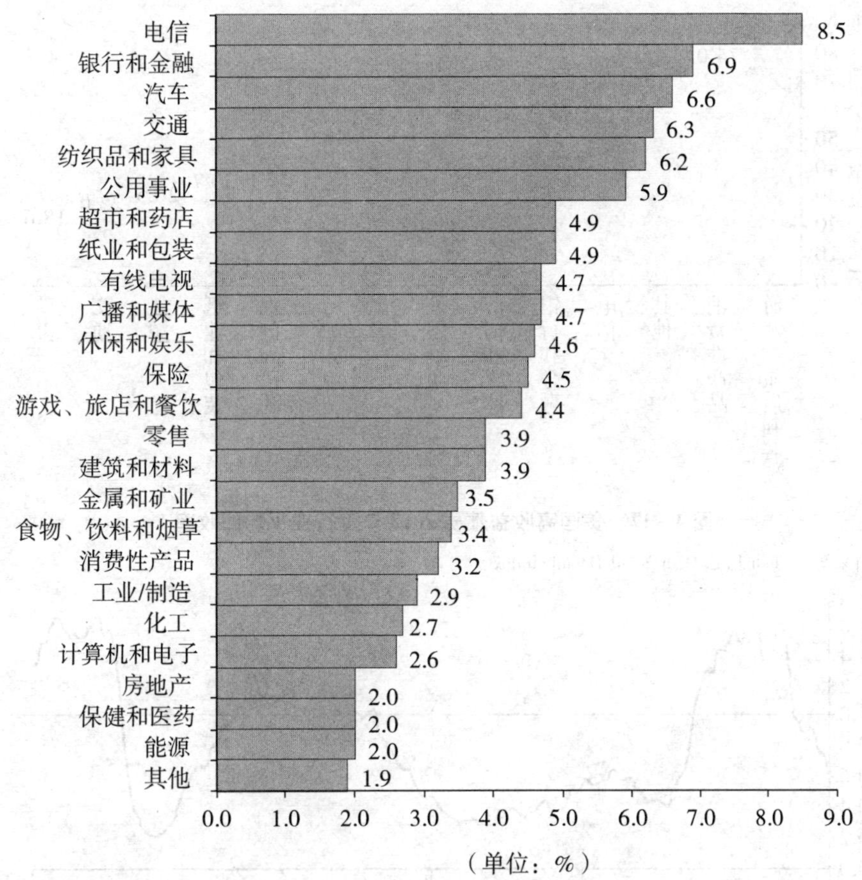

图4－15　美国高收益债券的行业平均违约率（1980～2012年）

资料来源：Fitch U. S. High Yield Default Index

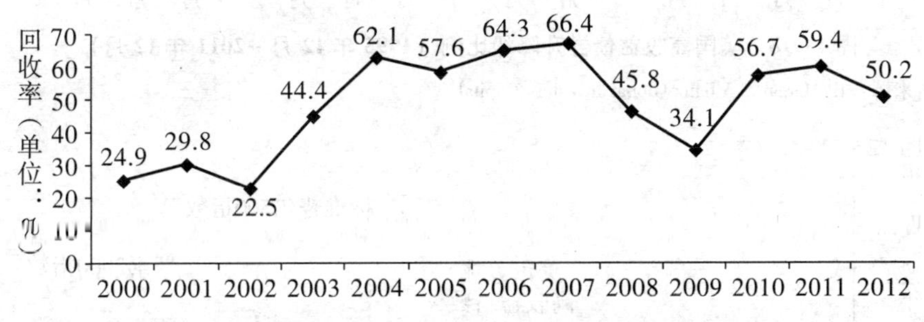

图4－16　2000～2012年美国高收益债券的回收率变化

资料来源：Fitch U. S. High Yield Default Index

8. 美国高收益债券市场：其他

如图4－18所示，从级别调整来看，2010年下半年至2011年年底，美国高收益债券市场中评级上升的数量多于评级下降的数量。这间接说明高收益债券的发行人在财务健康状况方面得到了肯定，信用评级总体处于上升趋势。此外，与其他资产相比，高收益债券的风险/回报特征良好，能够提供类似于股票的回报，同时波动率更低。见图4－19。

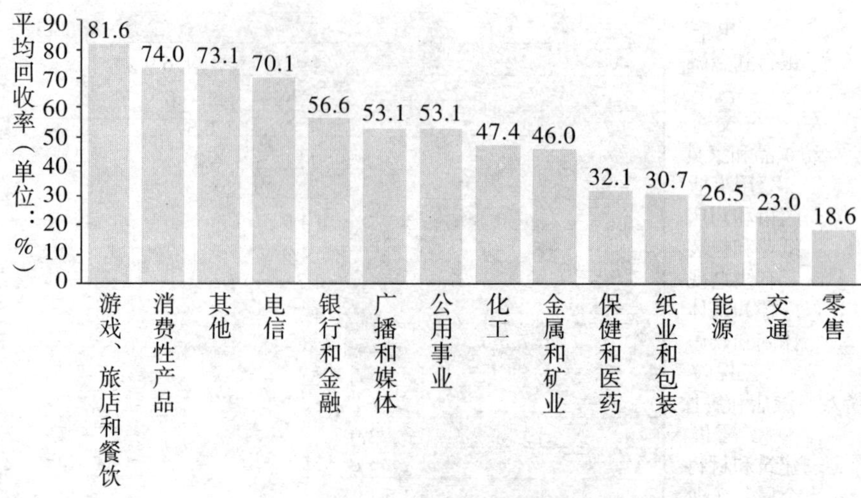

图4－17　美国高收益债券2012年度行业平均回收率

资料来源：Fitch U. S. High Yield Default Index

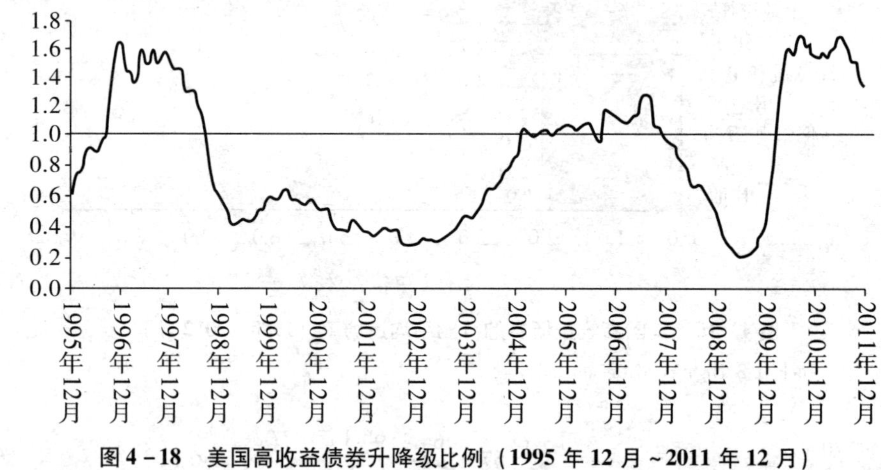

图4－18　美国高收益债券升降级比例（1995年12月～2011年12月）

资料来源：JP Morgan，Allianz Global Investors Capital

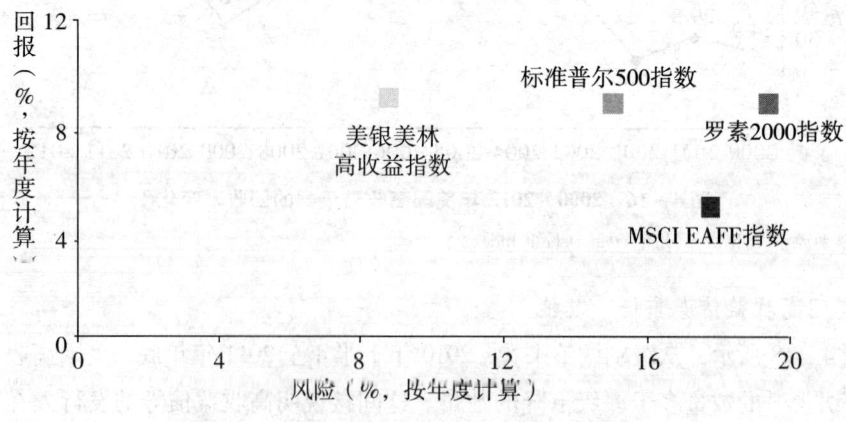

图4－19　美国高收益债券的风险/回报特征

注：根据1988年1月～2011年12月月度数据。

资料来源：Bank of America Merrill Lynch；FactSet；Allianz Global Investors Capital

4.2.1.2 美国高收益债券市场机制

1. 发行机制

美国高收益债券的发行方式分为公开发行和私募发行两种。目前，高收益债券私募发行的发行期数和发行金额已经超过公开发行，成为最常见的发行方式。这两种发行方式的适用条件和特征各不相同。总体上讲，公开发行的要求比较严格，而私募发行的要求则相对比较宽松。

公开发行高收益债券采用注册制[①]，必须根据美国《1933 年证券法》第 7 条和第 10 条的规定准备所有的注册登记文件，并依据第 6 条和第 8 条的要求向美国证券交易监督委员会提交注册登记说明书，注册登记说明书在 20 大之后自动生效。

注册制首先要求对债券发行制定明确的标准，其次强调承销商、会计师事务所、律师事务所和信用评级机构等中介机构的责任，最后要求发行人严格按照法律规定进行有关信息的披露。其主要程序为：（1）发行人选择主承销商；（2）主承销商根据发行人的需求及市场条件对项目进行设计和包装，再将相关财务文件和发行契约报送监管部门注册；（3）监管部门依据信息公开原则，对申报文件的全面性、真实性、准确性和及时性做形式检查；（4）在法定期间内，如果监管部门没有异议，发行申请将自动生效。

而私募发行可以进一步分为两种情况：一是根据《D 条例》的传统私募发行，二是根据《144A 规则》的私募发行。《144A 规则》的颁布和实施，极大地刺激了美国高收益债券市场的蓬勃发展。《144A 规则》规定的发行对象是合格机构投资者，且允许高收益债券在合格机构投资者之间转售。这是考虑到合格机构投资者的风险意识和承受能力比一般投资者更强，可以参与投资像高收益债券这样高风险的金融工具。该规则一方面有利于提高高收益债券一级市场发行的积极性和便利性，另一方面也有利于二级市场流动性的提升。

1996 年，根据《144A 规则》发行的高收益债券已经超过了公开发行的高收益债券，1997 年则达到公开发行高收益债券的近 5 倍。到 2003 年，根据该规则发行的高收益债券在新发行高收益债券中的占比接近 85%。2009 年，美国市场上以美元发行的高收益债券总额达到 1 572 亿美元，其中私募债券占比 83%。

从发行人的角度来看，发行人不必像公开发行那样向社会公开内部信息，向美国证券交易委员会提交注册申报书，也没有必要取得债券评级。如果债券发行人认为能够凭借自己的信誉和优惠的利率，与投资者商议取得所需资金，则通常采用私募发行

① 注册制是一种完全市场化的发行方式，实际上是发行人要履行的一种信息公布制度，要求发行人在准备发行债券时，必须提供债券发行本身以及与债券发行有关的一切信息，并要求发行人对信息的真实性和准确性承担法律责任。只要发行人按照法律的规定，及时并准确地披露关于债券发行的足够信息，不论发行的质量如何，主管机关均不干涉其招募行为。因此，注册制要求投资者有较高的分析能力和价值判断水平，并能够根据债券发行人公布的材料，评判风险和收益是否对等，风险溢价是否合理。注册制对市场的规范化运作也有较高的要求，因此，注册制适合美国等发达的债券市场。

的方式。私募发行的流程相对简单，融资时间被大大缩短，一般可在2~8周的时间内完成，而公开发行要符合联邦证券法和州证券法的要求，可能要花费8~12周的时间，如果是初次发行，时间可能更长。此外，私募发行高收益债券的发行成本也比公开发行要低。因此，根据《144A规则》的私募发行被很多债券发行人看作是减少发行成本和提高发行效率的最有效方式。

2. 交易机制

按照交易场所划分，美国高收益债券的交易主要有两种：一种是以集中交易形式在交易所内进行的场内交易；另一种是以分散交易形式存在的场外交易。高收益债券绝大部分通过场外交易以询价的方式达成，形成了场外为主、场内为辅的市场交易体系。

高收益债券在交易所上市交易，要符合一定的条件和规定并经过严格的审核。证券交易所作为高收益债券交易的组织者，本身不参加高收益债券的买卖和价格决定，只是为高收益债券买卖双方创造条件，提供场地、设施及服务，供投资者买卖上市债券，并为其办理成交、清算和交割事宜。在交易所里，高收益债券的价格是由最高买价和最低卖价决定的。

场外交易场所没有交易所那样严密的组织协调机制，但由一些市场信誉良好和操作规范的做市商承担起组织协调市场的责任。通过《144A规则》发行的高收益债券，可以通过纳斯达克144A私募市场电子交易平台进行。在纳斯达克市场上，一般由纳斯达克会员充当做市商。在交易过程中，做市商通常要先垫入一笔自有资金建立高收益债券的足够库存，然后向这些债券的买卖双方报出价位，在不同价位上接受投资者买入或卖出的要求，从中赚取差价。做市商将买卖双方紧密联系起来，为高收益债券创造了交易场所，增强了二级市场的流动性。

3. 定价机制

信用评级为高收益债券的定价提供了依据，是投资者决策的重要参考。在美国市场上，高收益债券的价格是利率和通货膨胀变动情况以及发行人信用水平的综合体现。美国高收益债券定价的普遍做法是以国债收益率作为参考，在国债收益率的基础上加上风险溢价。公司的信用等级越高，在国债收益率的基础上加的基点就越少，反之增加的基点就越多。而这部分风险溢价主要来源于两方面因素的影响：

首先，违约风险是高收益债券定价时考虑的首要因素。鉴于高收益债券的违约风险高于普通债券，所以高收益债券的违约风险补偿也相对较高。Jing - zhi Huang 和 Ming Huang（2002）的研究表明，高收益债券的违约风险溢价在全部溢价中的占比要高于普通债券。另外，Georges Dionne、Geneviève Gauthier 和 Khemais Hammami 等2009年的研究显示，在违约风险的高发期（1987~1991年），违约风险溢价占全部风险溢价的比重高达76%。因此，从总体来看，合理地估计违约风险是高收益债券定价过程中的重要环节。

其次，高收益债券定价还需要考虑流动性因素。根据美国高收益债券市场的发行机制不难看出，只有20%左右的高收益债券采用公开发行的方式，剩余80%的高收益债券都是以私募的形式发行，并且只能在合格机构投资者之间流通，这就有可能产生流动性不足的问题。为了弥补流动性不足，高收益债券的流动性风险溢价就要比普通债券高。

除上述两种风险因素外，投资高收益债券时还涉及再投资风险、利率风险、经济风险和事件风险等其他风险。另外，承销商的承销能力对于高收益债券价格的高低也很重要，信誉良好且承销能力强的承销商可以帮助发行人节省发行成本，提高发行效率；反之，承销经验不足的承销商可能会起到相反的效果。

4. 投资者保护机制

约束性契约是高收益债券投资者保护机制的核心。在高收益债券的存续期内，往往要求发行人遵守一系列的约束性条款，用来保证投资者利益，并尽量避免违约风险和道德风险的发生。这些约束性条款的主要目的就是防止那些有可能降低发行人的偿债能力或偿债意愿的事件发生。通常来说，约束性条款不仅对发行主体本身具有约束力，而且对于发行主体现在或未来的控股子公司也同样有效。一旦发行主体没有持续遵守这些条款，债券投资人可以要求发行人立即补救，如果违反的是核心条款，那么债券投资人有权强制债券进入清偿程序。

从这个角度来看，约束性契约是对投资者的保护，维护了投资者的利益。从另一个角度来看，约束性契约为发行主体的融资行为提供了便利，帮助发行主体顺利获得所需资金，实现融资目的。假如没有设置这样的约束性契约，债券购买者对高收益债券的投资兴趣可能大打折扣。如果从整个市场的高度来看待高收益债券的约束性契约，我们可以发现，其实这些契约的存在是市场发展的必然结果，对于扩大市场规模和维护市场秩序发挥了重要作用。

常见的限制性条款主要包括：

（1）对未来新增债务的限制。为了保证高收益债券的发行人有足够的现金流支付本金和利息，发行文件一般会限制发行人新增债务，除非满足特定财务比率的要求。

（2）对分红以及股权投资和债权投资的限制。出于对债权人的保护，一般会限制发行人的投资规模和投资事项，以避免大规模投资或者高风险投资给高收益债券的债权人带来不必要的隐患。

（3）对给予其他债权人优先受偿权的限制。受偿顺序的先后对现有债权人也至关重要。假设高收益债券的发行人破产，受偿权将直接决定债权人是否能收回投资。所以，在发行文件上，对发行人给予其他债权人优先受偿权进行控制是十分常见的。

（4）对出售资产及下属公司股份的限制。这主要是从发行人资产安全的角度来考虑的。发行人资产的安全程度越高，债权人收回投资的可能性也越大。

（5）对从事任何与主业无关业务的限制。这一点主要是从盈利能力的角度来考虑的。主营业务是企业利润的重要来源，从事与主营业务无关的业务，意味着企业资源的分散、盈利能力的不确定以及更多不可知的风险。

（6）对实际控制人发行变更的限制。变更实际控制人可以给企业未来短期和长期的稳定发展带来不安全因素，排除重大不安全因素是约束性契约的主要意义。

（7）对资产或业务整合的限制。

4.2.1.3 美国高收益债券市场监管

1. 监管体系

美国高收益债券市场的监管体系主要分为三个层次。第一层次是政府监管机构的集中监管。美国证券交易委员会对全国证券市场进行统一监管，各州也设立监管机构，在其管辖范围内进行管理。这一层次是市场监管最重要的部分。第二层次是自律机构的自律管理。自律组织监测在其各自市场上的交易并监督其成员的活动，自律组织做出的规则须由美国证券交易委员会批准。1939 年在证监会的建议下成立的全美证券交易商协会（National Association of Securities Dealers，简称 NASD）是美国最大的注册证券协会，负责监管全美场外市场的所有证券交易活动。第三层次是证券公司的内部管理，主要包括证券公司按照监管部门要求或基于自身需要而建立的各种风险管理制度和内部控制制度。

2. 监管组织

根据《1934 年证券交易法》，美国证券交易委员会具有准立法权、准司法权和独立执法权。美国证券交易委员会的工作宗旨是寻求最大的投资者保护和最小的证券市场干预，设法建立一个投资信息系统，一方面促进投资者做出正确的投资选择和引导投资方向，另一方面利用市场投资选择，把劣质的超过市场资金供给承受能力的证券驱逐出整个证券流通市场。在高收益债券发行和交易过程中涉及的各种经纪商、自营商、结算所和交易所，都受到美国证券交易委员会的监管，美国证券交易委员会有权调查可能存在的违法行为，并采取必要措施防止各种欺诈行为的发生。联邦证券交易所负责管理上市高收益债券的各种交易行为，收集、统计并发布上市高收益债券的各类信息。在美国证券交易委员会的管理之下，制定规章制度并监督所有会员执行规章制度。高收益债券的场外交易活动由全美证券交易商协会来统一管理。全美证券交易商协会是一个半官方半民间的非营利组织，吸收场外交易商，包括证券公司、投资机构或个体证券经纪人。

3. 法律法规

高收益债券的发行适用《1933 年证券法》，公开发行高收益债券的公司必须先向美国证券交易委员会提交注册报告书，包括此次发行债券的募集说明书。其中，注册报告书必须满足第 7 条规定的信息披露要求，而债券募集说明书则必须满足第 10 条的所有规定，而且都需要通过美国证券交易委员会的审核。另外，第 11 条规定，如果发行主体在注册登记说明书中提供了任何具有误导性的信息或者遗漏了重大信息导致投资者受到损失，无论发行主体事先是否知情，都必须对投资者负责。此外，私募发行的高收益债券可以豁免注册要求，为其发行奠定了法律基础。

1982年，美国证券交易委员会颁布了《D条例》，给出了免除注册要求的三种豁免情形，进而允许一些公司无须向证监会注册也能发行高收益债券。这三种豁免情形包括：

（1）公司在任何12个月内发行并出售证券金额不超过100万美元。

（2）公司在任何12个月内发行并出售的证券金额不超过500万美元；可以出售给数量不限的合格投资者及最多35名其他个人；必须让购买者知晓他们收到的是受限证券，意味着如果不注册的话将在6个月或更长的时间内限制出售；不能诱惑投资者或通过广告招揽投资者。

（3）公司的发行及出售金额不限，但不能诱惑投资者或通过广告招揽投资者；可以出售给数量不限的合格投资者及最多35名非合格投资者；在满足《证券法》中关于反欺诈禁令的前提下，发行公司必须决定向投资者提供何种信息；必须回答潜在投资者的疑问；通知购买者得到的证券是受限证券，在不注册的情况下至少一年内不允许出售。虽然无须注册，这些公司必须在证券首次发行之后提交一份表格（Form D），简要说明公司高级管理人员及发起人的名称和地址，但这个表格中并不需要涉及过多的公司信息。

1990年4月，美国证券交易委员会颁布了《144A规则》，允许私募债券在合格机构投资者之间转让。在该规则下，很多大型金融机构在无须注册的情况下就可以出售之前购买的私募债券。通过解除对144A证券购买者的注册要求，美国证券交易委员会意在降低监管成本，并为受限证券创造一个具有流动性的市场。《144A规则》也被看成是针对国际发行主体的一次重大创新。根据《144A规则》，国际公司可以向机构投资者发行私募债券而不需要满足美国上市公司严格的信息披露要求。而这些信息披露要求曾一度是国际公司在美国资本市场上发行证券的重要障碍。具体而言，《144A规则》中定义的“合格机构投资者”主要包括：

（1）拥有或在非关联单位中投资至少1亿美元的机构（例如，保险公司、投资公司或养老基金）。

（2）满足第（1）条的银行或存贷机构，同时经审计净值在2 500万美元以上。

（3）根据《证券交易法》注册的经纪商或交易商，可以使用自身账户或其他合格机构投资者的账户，这些机构所拥有或在非关联单位投资的金额至少为1 000万美元。

（4）股东全部为合格机构投资者的组织。

作为自由转售私募证券给合格机构投资者的避风港，《144A规则》为提高美国证券市场的流动性和有效性发挥了关键作用。高收益债券的发行主体和投资者从中受益颇多，整个高收益债券市场进而走向了快速发展的轨道。

4. 监管制度

（1）偿债担保追索制度。

美国一直把保护投资者作为高收益债券市场监管的首要目标，为此还专门推出了“偿债担保追索制度”，以保证债券持有者的利益，减弱高收益债券违约后产生的不良后果。

美国证券交易法规定，债券发行公司作为高收益债券的偿债主体，必须承担偿债责任。而“偿债担保追索制度”进一步规定，如果债券发行公司以控股公司形式存在，那么它旗下的子公司也将连带成为偿债主体。一旦控股公司有偿债拖欠行为，高收益债券的投资人既可以选择控股公司母公司，也可以选择其所有的子公司进行债务追索。

（2）债券交易报告制度。

全美证券交易商协会（NASD）在2005年建立了一个债券交易报告系统（Trade Reporting And Compliance Engine，简称“TRACE”）。所有经纪商须在交易完成15分钟后向TRACE系统报告交易信息，在实践中超过80%的交易在5分钟内报告。这一机制提升了高收益债券交易的透明度，保障了高收益债券交易商之间的交易公平。

4.2.2 欧洲

4.2.2.1 欧洲高收益债券市场概况

1. 欧洲高收益债券市场：发行规模

2009~2012年，欧洲发达市场共有25个行业、231家企业发行高收益债券，发行规模总计约合1 511.94亿欧元，详见表4-3。欧洲新兴市场共有15个行业、77家企业发行高收益债券，发行规模总计约合356.79亿欧元，详表4-4。

表4-3 2009~2012年欧洲发达市场高收益债券发行规模 （单位：亿元）

债券币种	币种符号	发行期数	发行金额（原币种）	发行金额（折合成欧元）
欧元	EUR	234	899.76	899.76
美元	UDS	115	567.85	419.79
英镑	GBP	43	130.12	149.66
瑞典克朗	SEK	11	119.92	13.56
瑞士法郎	CHF	9	27.18	22.26
挪威克朗	NOK	6	40.60	5.38
人民币	CNY	2	12.50	1.53
总计	——	420	——	1 511.94

资料来源：Bloomberg，Dealogic

表4-4 2009~2012年欧洲新兴市场高收益债券发行规模 （单位：亿元）

债券币种	币种符号	发行期数	发行金额（原币种）	发行金额（折合成欧元）
欧元	EUR	19	48.27	48.27
美元	UDS	94	399.55	295.93
俄罗斯卢布	RUB	3	515.00	12.59
合计	——	116	——	356.79

资料来源：Bloomberg，Dealogic

从发达市场的情况来看，2009年累计发行高收益债券44期，约合236.21亿欧元。2010年发行期数和发行规模分别上涨109%和51%，市场发展速度迅猛。2011年的发行期数和规模同比上涨26%和9%，增速减缓。2012年，高收益债券的发行期数达到168期，同比增长45%；发行规模约合529.27亿欧元，同比增长36%。见图4-20。

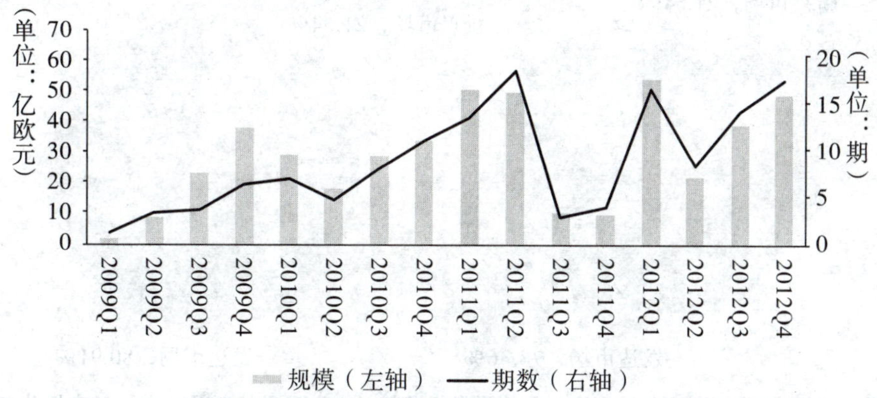

图4-20 欧洲发达市场2009~2012年高收益债券发行情况（按季度统计）

资料来源：Bloomberg，Dealogic

从新兴市场的情况来看，2009年累计发行高收益债券19期，约合54.05亿欧元。2010年增长态势良好，发行期数和发行规模同比分别上涨58%和67%。2011年市场表现与2010年基本持平。2012年，共发行高收益债券39期，累计筹集资金约合128.54亿欧元，同比增长53%，同时单笔发行规模亦有所增长，2009年平均每期发行额为2.84亿欧元，2012年平均每期约合3.30亿欧元，涨幅为16%。综合上述情况，可以对欧洲新兴市场的高收益债券发行保持相对乐观的态度。见图4-21。

如图4-22所示，将发达市场与新兴市场比较，2009~2012年发达市场的发行期数是新兴市场的3.62倍，发行规模是新兴市场的4.24倍。就每期发行额而言，发达市场和新兴市场的差异不大，大部分都保持在每期3~4亿欧元的水平。总体来看，欧洲高收益债券市场呈现上升趋势，发达市场明显大于新兴市场，为新兴市场高收益债券的发展提供了良好的经验。

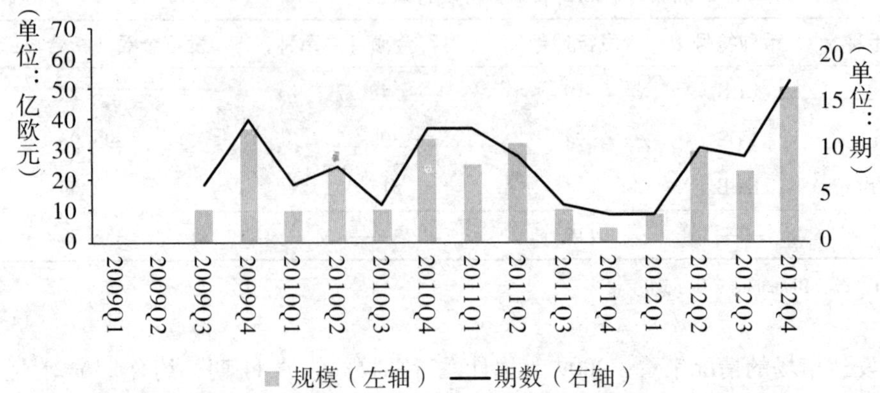

图 4-21　欧洲新兴市场 2009～2012 年高收益债券发行情况（按季度统计）

资料来源：Bloomberg，Dealogic

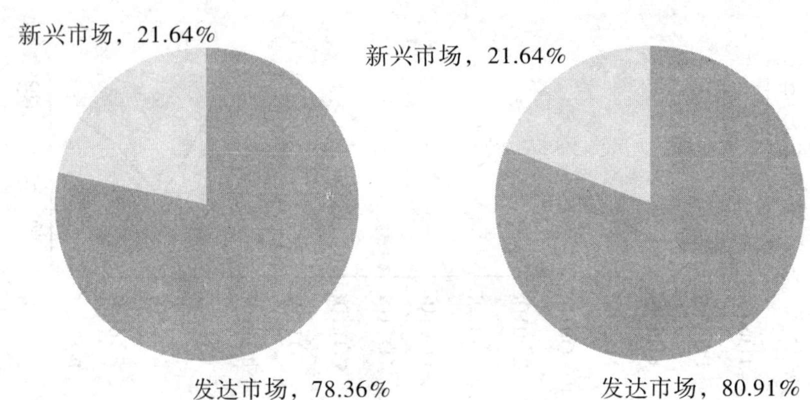

图 4-22　2009～2012 年欧洲高收益债券发行期数（左）和发行金额（右）的市场分布

资料来源：Bloomberg，Dealogic

2. 欧洲高收益债券市场：发行币种

欧洲高收益债券市场与美国市场的一个显著区别就是发行币种的多样性。美国市场上的高收益债券基本上都是以美元作为发行币种，而欧洲市场则不同。除了欧元之外，发行币种还可以是美元、英镑、瑞典克朗、瑞士法郎、俄罗斯卢布和挪威克朗等。这为欧洲的债券发行主体提供了一定的便利，也丰富了投资者的选择空间。

在发达市场中，以欧元发行的高收益债券占据主导。从发行期数来讲，2009～2012 年，以欧元发行的高收益债券占比分别为 59%、66%、54% 和 50%；美元占比分别为 32%、17%、25% 和 33%，是欧洲高收益债券市场上的第二大币种；此外，也有不少企业采用英镑发行，2012 年以英镑发行的高收益债券有 11 期。见图 4-23。从发行金额来讲，在大多数季度中，欧元高收益债券占比超过 50%，2010 年第二季度甚至高达 92%。从 2011 年第四季度开始，美元高收益债券的比重一直维持在 30% 以上。见图 4-24。

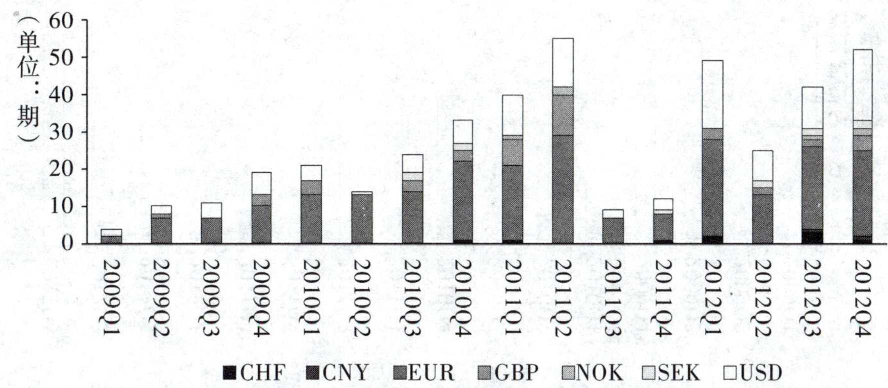

图4-23　欧洲发达市场高收益债券发行情况（发行期数）

资料来源：Bloomberg，Dealogic

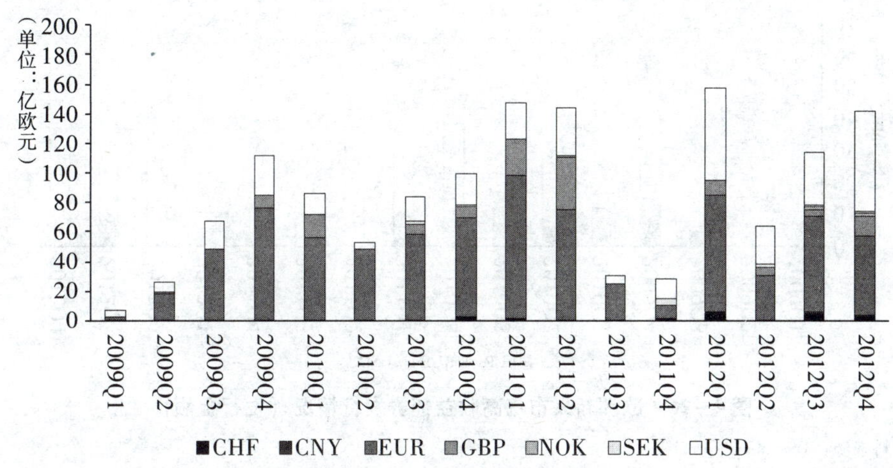

图4-24　欧洲发达市场高收益债券发行情况（发行金额）

资料来源：Bloomberg，Dealogic

与发达市场不同，在欧洲新兴市场中，高收益债券的发行绝大多数是以美元作为发行币种。如图4-25和图4-26所示，2009年，美元高收益债券共发行13期，累计筹集资金约合34.35亿欧元；2010年，美元高收益债券发行24期，约合73.52亿欧元；2011年，共发行美元高收益债券23期，约合75.90亿欧元；2012年，共发行美元高收益债券34期，约合112.09亿欧元。与之相比，欧元在新兴市场则较为弱势，其他币种更是极少发行。2009~2012年，新兴市场中只有三期债券采用俄罗斯卢布作为发行币种。除此之外，均是以美元或欧元发行，在个别季度中，美元债券独占新兴市场。

将发达市场和新兴市场比较，发达市场的币种分布相对多元化，新兴市场的币种略显单调。这与两个市场的发展阶段及成熟度有关。与发达市场相比，新兴市场的发展时间较短，市场成熟度相对较低，因此从发行币种来看，仍然不够丰富。另外，值

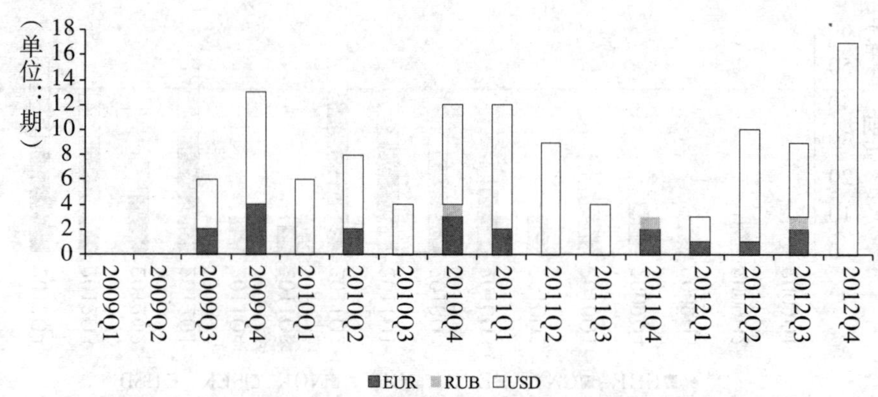

图 4－25　欧洲新兴市场高收益债券发行情况（发行期数）

资料来源：Bloomberg，Dealogic

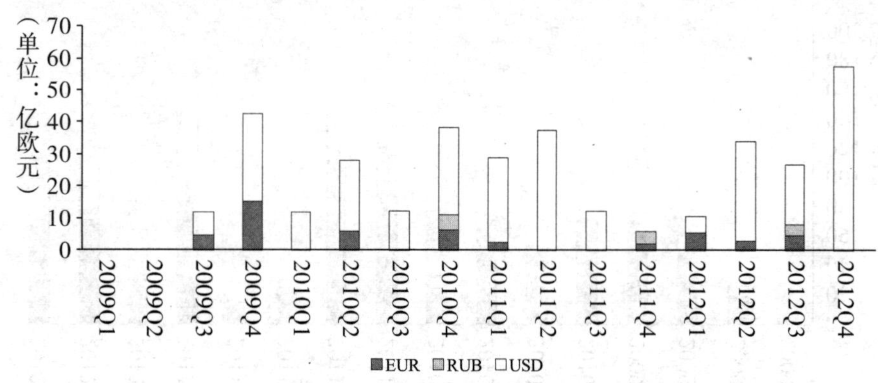

图 4－26　欧洲新兴市场高收益债券发行情况（发行金额）

资料来源：Bloomberg，Dealogic

得注意的是，欧元高收益债券的 92.49% 在发达市场发行，只有 7.51% 在新兴市场发行；而美元高收益债券有 55.02% 在发达市场发行，大约 44.98% 在新兴市场发行。见图 4－27。出现这一现象的原因是，发达市场上的发行主体主要是欧元区成员国的公司，其债券发行也更侧重于欧洲的投资者。而新兴市场上的发行主体则以非欧元区成员国的公司为主，它们发行的高收益债券除了面向欧洲投资者外，也更注重国际投资者。因此，相对而言，美元高收益债券在新兴市场上的比重更大。

3. 欧洲高收益债券市场：票面利率

2009～2012 年，欧洲高收益债券市场发行的 536 期债券中，有 488 期采用固定利率制，其余为浮动利率制。笔者将固定利率的区间划分为 7 个子区间，分别统计发行期数和规模。总体来看，发行票息大部分集中在 5%～10% 之间，和美国市场的情况比较类似。以大于 10% 或小于 5% 的利率发行高收益债券的企业相对较少，发行金额也较低。

在发达市场上，以固定利率发行的高收益债券有 377 期。其中，票息小于 5% 或者

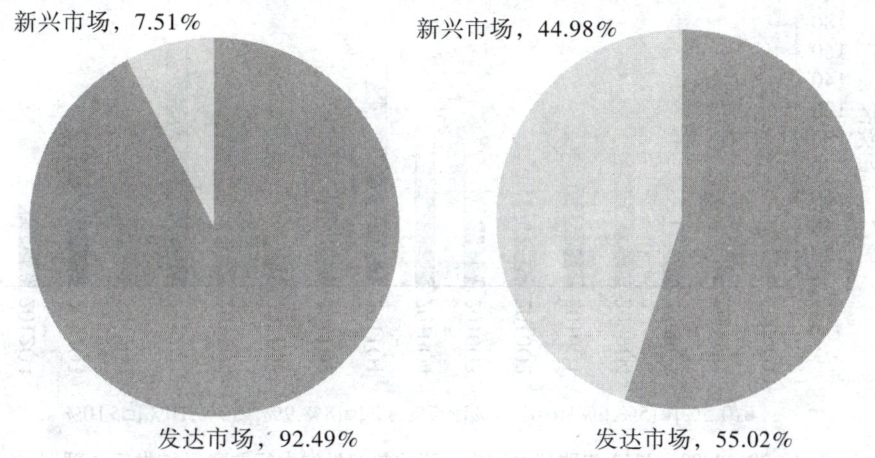

图4－27　以欧元（左）和美元（右）发行的高收益债的市场分布（按期数统计）

资料来源：Bloomberg，Dealogic

大于10%的发行期数很少，绝大部分集中在5%～10%之间。从2012年的发行情况来看，发行利率在7%～9%之间的共55期，占比38%。此外，有相当一部分债券的发行利率大于10%，共17期，占比12%，见图4－28和图4－29。这一方面可能是由于欧洲债券市场的综合风险水平提高，使得发行人不得不提高利率作为风险补偿；另一方面，发行人本身的财务和经营状况可能会导致融资困难，所以通过提高利率的方式吸引投资者。

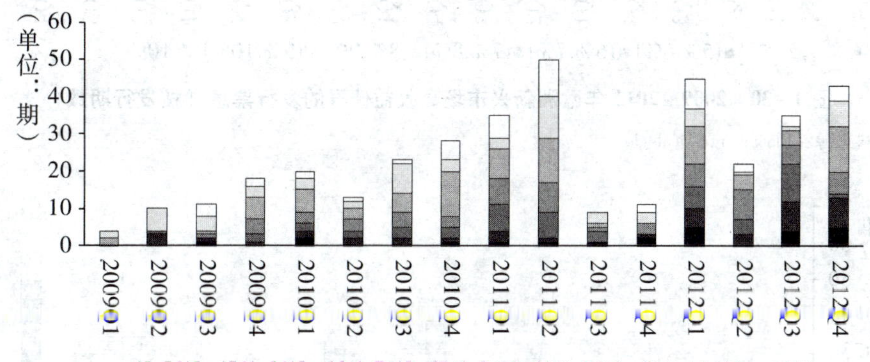

图4－28　2009～2012年欧洲发达市场高收益债券的发行票息（按发行期数）

资料来源：Bloomberg，Dealogic

如图4－30和图4－31所示，在新兴市场上，不存在以低于5%的票息发行的高收益债券。从发行期数来讲，2009～2012年，发行利率大于10%的债券共32期，占比29%；发行利率介于7%～8%的，共22期，占比20%；发行利率介于9%～10%的同样有22期，占比20%。总体来看，绝大部分的债券发行利率在7%以上，合计占比84%。

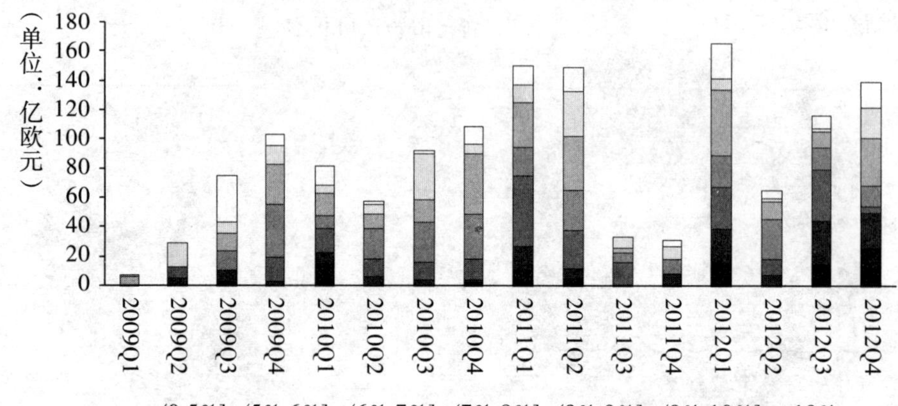

图 4－29　2009～2012 年欧洲发达市场高收益债券的发行票息（按发行金额）

资料来源：Bloomberg，Dealogic

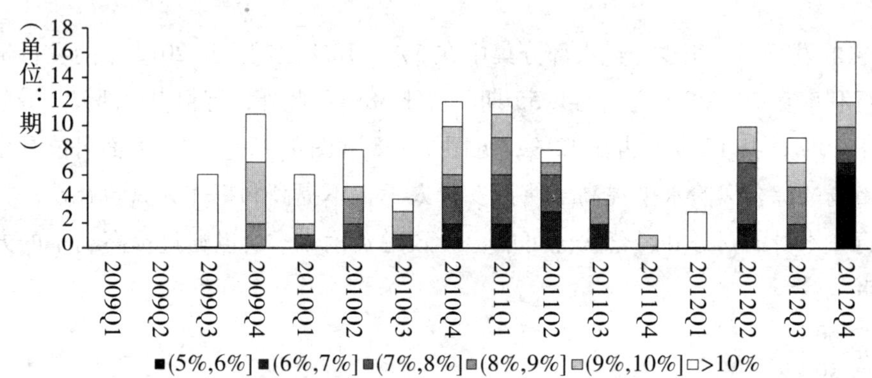

图 4－30　2009～2012 年欧洲新兴市场高收益债券的发行票息（按发行期数）

资料来源：Bloomberg，Dealogic

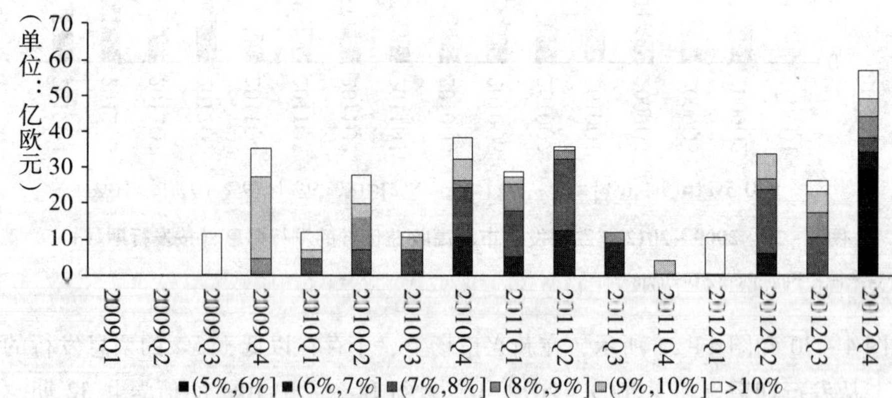

图 4－31　2009～2012 年欧洲新兴市场高收益债券的发行票息（按发行金额）

资料来源：Bloomberg，Dealogic

将发达市场与新兴市场比较，新兴市场的平均票息高于发达市场，见图4－32。在发达市场中，票息低于5%的高收益债券共占6%，而新兴市场中所有高收益债券的票息都高于5%。发达市场中票息高于9%的高收益债券比重为30%，而在新兴市场中这一比重约为49%。这与新兴市场债券市场的违约风险较高直接相关。

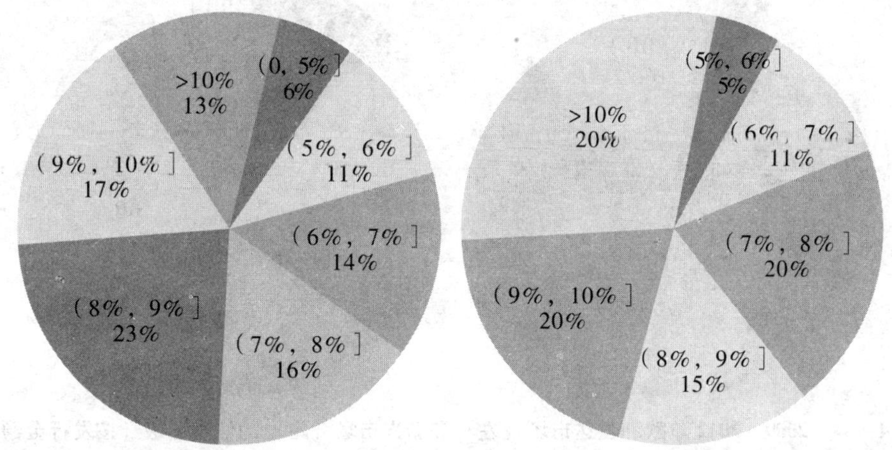

图4－32 2009～2012年欧洲发达市场（左）和新兴市场（右）的发行票息（按发行期数）

资料来源：Bloomberg，Dealogic

4. 欧洲高收益债券市场：信用等级

欧洲高收益债券市场的信用等级绝大部分集中在B－级～BB＋级，等级在CCC（含）以下的很少。从发行期数的角度分析，以发达市场为例，信用等级为BB－级～BB＋级的占48.48%，B－级～B＋级的占44.81%；又如新兴市场，信用等级为BB－级～BB＋级的占28.36%，B－级～B＋级的占64.18%。详见图4－33和图4－34。

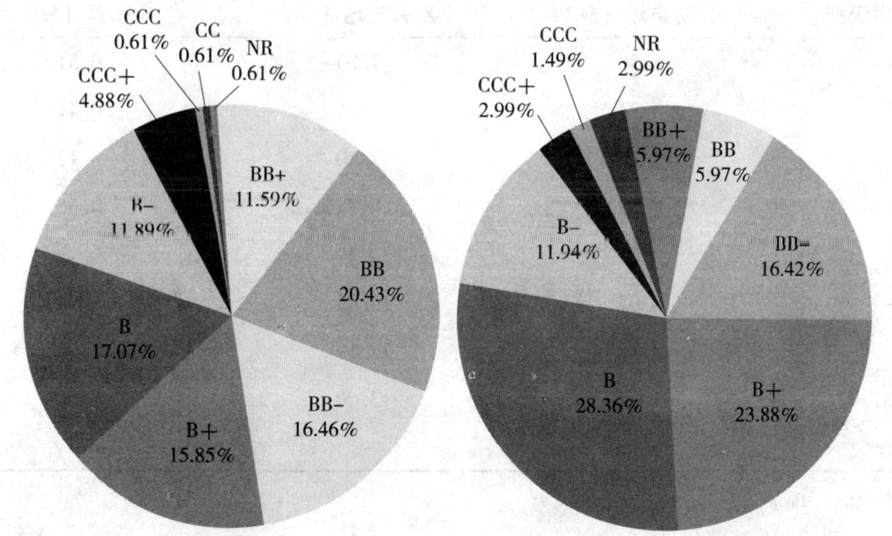

图4－33 2009～2012年欧洲发达市场（左）和新兴市场（右）的信用评级（按发行期数）

资料来源：Bloomberg，Dealogic

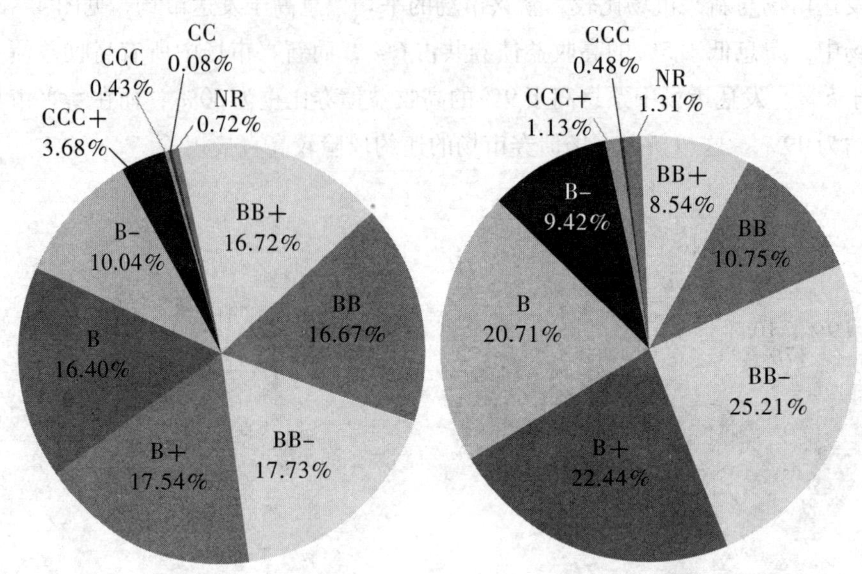

图 4-34　2009~2012 年欧洲发达市场（左）和新兴市场（右）的信用评级（按发行金额）

资料来源：Bloomberg，Dealogic

此外，随着信用等级的下降，高收益债券的平均票息基本上呈现上升趋势。以发达市场为例，B+级高收益债券的平均票息为 8.39%，B 级为 8.70%，B-级的债券平均票息高达 10.02%。除了个别信用等级外，大部分情况下新兴市场的平均票息比发达市场更高。见表 4-5。

表 4-5　不同信用等级高收益债券按发行期数计算的平均票息

信用级别	发达市场（%）	新兴市场（%）	差异（%）
BB+	6.50	7.00	0.51
BB	6.74	7.14	0.41
BB-	7.26	7.10	-0.17
B+	8.39	8.74	0.36
B	8.70	9.44	0.75
B-	10.02	10.95	0.94
CCC+	10.28	12.19	1.90
CCC	11.31	13.00	1.69
CC	10.00	—	—

资料来源：Bloomberg，Dealogic

5. 欧洲高收益债券市场：行业分布

发达市场的发行规模大于新兴市场，所以行业构成也相对比较丰富。2009~2012

年，发达市场共有25个行业的公司发行高收益债券，其中排名前五位的是电信业、汽车业、金融业、医疗业和建筑业，见图4－35。新兴市场排名靠前的是金融业、电信业、金属和钢铁业、食品和饮料业以及矿业，其中金融业的比重高达44.8%，处于绝对领先地位，见图4－36。对比之下，发达市场的行业集中度较低，没有任何行业的市场占有率超过20%；而新兴市场则不然，排在前三位的金融业、电信业以及金属和钢铁业之和已接近70%。由此可见，欧洲发达市场的行业集中度与美国较为接近，并且电信业、金融业、医疗业和能源业等行业的比重都很高，这与全球经济的整体走向密切相关。

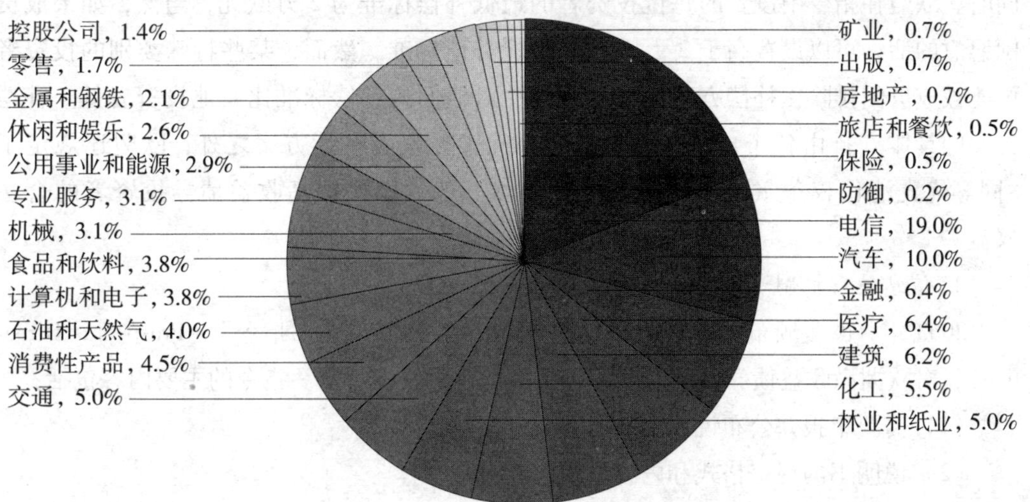

图4－35 欧洲发达市场中高收益债券的行业分布（按发行期数）

资料来源：Bloomberg，Dealogic

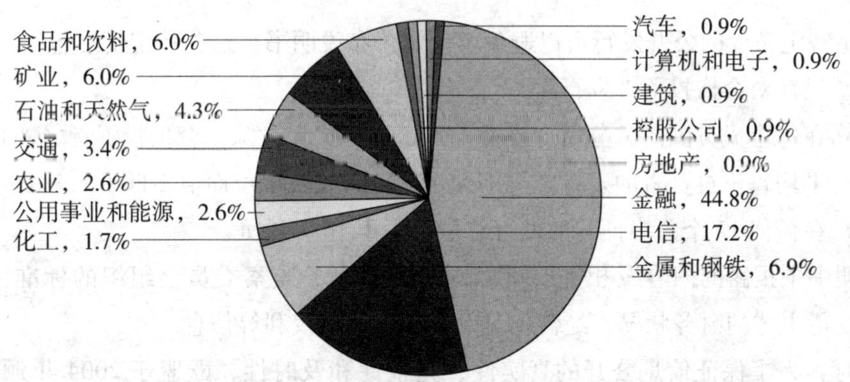

图4－36 欧洲新兴市场中高收益债券的行业分布（按发行期数）

资料来源：Bloomberg，Dealogic

4.2.2.2 欧洲高收益债券市场机制

1. 投资者保护机制

欧洲议会和欧洲委员会于1997年3月出台了第97/9/EC号指令，即“投资者补偿方案”（Investor Compensation Schemes）。该方案适用于高收益债券的发行主体因各种原因无法按期清偿债务本息的情形。根据第97/9/EC号指令的规定，如果债券的发行主体在规定的宽限期到期之后仍然无法顺利偿债，便开始启动清算补偿程序。出于对债券投资者利益的保护，该指令要求欧盟各成员国至少制定一套投资者补偿方案，一旦债券发行主体发生违约，应依据事先拟订的方案对高收益债券的发行人提供合理补偿。同时，欧盟在指令中设置的每位投资者的最低补偿标准为2万欧元，当然，如果成员国愿意的话，可以设置高于2万欧元的最低补偿标准。然而，某些特殊类别的投资者可能被成员国排除在补偿方案之外，或者针对他们的补偿标准比其他投资者低。补偿方案的具体安排由各个成员国自行决定。除了投资者补偿方案之外，欧盟还规定了“同等优先清偿权条款”和“限制抵押条款”等，以保护高收益债券投资者的合法权益。

2. 信息披露机制

2003年，欧盟颁布了第2003/71/EC号指令，即“说明书指令”（Prospectus Directive），对欧洲高收益债券市场的发行说明书进行了详细规定。指令的主要内容包括：

（1）需要申报并公布说明书的前提条件。

（2）说明书的规定格式和内容事项。

（3）说明书的审批流程。

（4）其他关于说明书的语言、公开、广告和年度披露等相关要求等。

当高收益债券的发行主体在欧盟范围内公开发行或交易高收益债券时，适用说明书指令。

满足特定条件的公开发行可以避免申报及公布说明书，这些特定情形包括：

（1）只针对合格投资者发行。

（2）在每个成员国的私募发行投资人不超过100人（除了合格投资者之外）。

（3）平均每位投资者的发行金额不少于5万欧元或单位面值不低于5万欧元。

（4）在任何12个月内证券的发行总量不少于10万欧元。

说明书中披露的内容及相关要求以国际证券事务监察委员会组织的标准为依据，应包括发行主体的财务状况、经营状况以及债券所附权利等信息。

同时，为了保证信息公开的真实性、完整性和及时性，欧盟于2004年颁布了第2004/109/EC号指令，即“透明度指令”（Transparency Directive）。该指令的主要意义在于提升欧洲资本市场的整体透明度。其中确立了对定期财务报告的最低要求，并要求披露在受管制市场交易的证券的主要持有人情况。指令规范的内容主要包括：年度、半年度以及临时性管理声明书的最低要求；在收购或出售公司股权时发行人和投资人的通告义务；发布或存储上述信息的方式。透明度指令的颁布有利于减少欧盟资本市场的信息不对称，降低信息搜集成本，也有利于提供市场效率以及加强市场流动性。

3. 信用评级机制

欧洲在2003年颁布的第2003/125/EC号指令中最早涉及对信用评级机构在操作方面的规定。其中明确要求信用评级机构必须建立内部控制制度，避免利益冲突，并保证评级机构的公正性。随后，欧洲委员会又通过了一系列加强信用评级机构监管的规定。在欧洲从业的所有信用评级机构必须在欧洲证券监管委员会注册登记，并接受欧洲证监会的监督管理。同时，为了保证公众对于信用评级机构的认识和选择，一些规则还要求欧洲证监会建立在欧洲从业的信用评级机构的历史业绩数据库。另外，还强调信用评级机构的透明性，意在避免在信用评级过程中出现任何损害公众利益的道德风险。在欧洲从业的评级机构必须遵守欧洲证监会的监管制度，采用科学的评级方法，确保评级结果的客观性和公正性。

4.2.2.3　欧洲高收益债券市场监管

1. 监管体系

进入21世纪以后，欧洲联盟的加速发展极大地促进了欧洲经济一体化进程。在这样的大背景下，加之美国高收益债券市场的榜样作用，欧洲高收益债券市场的发展走向了规范化和有序化的道路。总体来看，欧洲高收益债券市场监管体系由两个层面构成。第一个层面是欧盟的监管，欧盟的立法过程通常是先由欧盟委员会提出建议，再经过欧盟委员会、理事会和欧洲议会共同商定后确立。欧盟层面的立法对其所有成员国证券市场都具有框架性和纲领性的指导意义。在此基础上，第二个层面的监管是来自欧盟各成员国自身监管机构的监管。各成员国根据欧盟确立的证券市场总体规则，在各自管辖的范围之内设定具体规范并监督执行。

2. 监管组织

具体负责监管欧洲高收益债券市场的组织包括欧洲证券及市场管理局（European Securities Markets Authority，简称ESMA）、欧洲证券委员会（European Securities Committee，简称ESC）和国际证券市场协会（International Securities Market Association，简称ISMA）等。

ESMA的前身是欧洲证券监管委员会（Committee of European Securities Regulators，简称CESR），致力于维护欧盟金融系统的稳定与安全，并尽力保护投资者的利益。ESMA在证券立法方面的工作是为了促进欧洲证券法制的一体化进程。一方面，ESMA努力确保欧盟投资者受到一致性对待，通过立法和监管对投资者提供足够保护；另一方面，积极保障金融服务提供者之间公平竞争的环境。

ESC由各成员国选派的代表组成，主席由欧洲委员会的代表担任，每月举行会议，主要职能包括：在欧洲委员会起草证券立法提案时提供咨询建议，并在未来立法提案向欧洲委员会授予执行权时扮演立法委员会的角色。

ISMA 的前身是国际债券交易商协会（Association of International Bond Dealer，简称AIBD），1992 年更名为国际证券市场协会，总部设在瑞士苏黎世，它是国际证券市场的自律性组织，成员包括在欧洲债券一级和二级市场活跃的大型银行和金融机构，宗旨是保证欧洲债券市场的稳定与秩序。

3. 监管原则

在欧洲证券市场的总体法律框架下，各国都制定了符合各自国情的证券监管法律法规。为了促进各成员国之间的证券监管合作，应坚持三条基本原则：

（1）相互承认原则（Mutual Recognition Principle）。

所谓相互承认原则，是指欧盟各成员国之间彼此认可各自的证券法律法规，主要目的在于为实现欧盟资本市场的一体化铺平道路。至今为止，欧盟颁布的所有与证券相关的政策指令都始终贯穿着相互承认原则。例如，欧盟的第 87/345/EEC 号指令中规定，一个成员国批准的某公司上市公告书应在其他成员国予以适用。又如，第 2003/71/EC 号指令中指出，如果一个成员国批准了该国某公司的证券发行招股说明书，那么其他成员国的监管机构也必须接受并认可该公司的证券发行招股说明书。相互承认原则的实施，极大地降低了各成员国之间监管政策的协调需求和协调成本，有利于欧盟经济一体化建设。

（2）母国控制原则（Home Country Control Principle）。

根据母国控制原则，当欧盟某成员国的证券公司或银行在其他成员国内提供服务时，原则上由该证券公司或银行总部所在成员国（即母国）的主管机构行使有关批准和监督管理职能，实行单一执照制度。举例来说，德国一家证券公司只要根据本国监管机构颁发的执照就可以在法国提供有关服务，而不需要法国主管机构另行审批。可以说，母国控制原则在一定程度上提高了监管的方便性和有效性，但是对于母国本身的监管范围和力度提出了更高的要求。尤其是对于那些提供跨境金融服务的证券公司或银行，母国必须本着审慎性监管原则进行核查，确保它们已经满足了母国的法律要求和限制条件。

（3）协调原则（Harmonization Principle）。

要建立欧洲统一的资本市场，无疑需要各国之间的协调与配合。这里所说的协调主要涵盖三个层面，三个层面的协调工作需要从上而下进行。第一个层面是各国金融主管机构之间的协调，协调重点包括金融体系的总体框架与对接、金融法律法规的制定和兼容，以及金融监管的核心理念及预期等。第二个层面是各国监管机构和监管组织之间的协调，它们之间的协调往往会遇到更多细节性问题，需要在主管机构拟定的协调框架下进一步商榷。第三个层面是各类金融机构之间的协调，通过协调实现双赢或多赢。可以说，协调原则是上述两项原则的基础，没有协调，就不可能实现相互承认以及母国控制。

4.2.3 亚洲

4.2.3.1 亚洲高收益债券市场概况

1. 亚洲高收益债券市场的兴起

亚洲高收益债券市场是最近几年才开始发展的，主要得益于全球信贷市场的超额流动性、公司层面上更高的透明度和良好的管理，以及从金融危机中复苏的亚洲投资者的高度信心。此外，全球投资级别债券的价差很小，这让越来越多的美国和欧洲投资者把目光投向了亚洲，以获取超额收益，且日益发展的亚洲高收益债券市场为他们提供了跨行业的多种选择。

2. 亚洲高收益债券市场的投资者结构

目前，国际私人银行、区域性资产管理经理、新兴市场基金、美国高收益基金和对冲基金为亚洲高收益债券市场的主要投资者。日本、韩国、泰国、印度和印度尼西亚等国家均有发行高收益债券。与大多数欧美市场发行人初始评级就在投资级以下的情况不同，日本高收益债券的主要发行人多数为"堕落天使"，即从投资级降级的前蓝筹公司。目前，日本高收益债券初次评级为BB级或以下的债券并不多见，收益率通常也仅高于国债100BP左右，但投资人在衡量风险后仍不愿购买，因此日本高收益债券的利率仍不足以称为"高收益"。

3. 亚洲高收益债券市场的高速发展

亚洲高收益债券市场自2010年以来取得了高速发展。穆迪公司2011年2月的研究报告显示，2010年亚洲（除日本外）高收益债券共发行137亿美元，比2008年和2009年高出近4倍，增长率远远超过美国和欧洲。

亚洲主权债券和信贷市场的规模约为3 430亿美元，其中亚洲高收益债券市场规模为1 100亿美元（不包括主权债券）。以高资产客户为主的亚洲信贷型基金，是亚洲债券的重要投资者。相反，新兴市场美元计价之债券型基金，则以美国或欧洲信贷债券型基金为主。

亚洲信贷市场在近年发展蓬勃，不但债券发行量增加，市场更具深度，而且债券类别日益多元化。目前，中国、印度和印度尼西亚是亚洲的三大债券供应国，这个市场仍然以美元计价债券为主，行业类别则日趋多元化。2012年上半年，亚洲高收益债券的发行量为110亿美元，加上亚洲投资级别债券的900亿美元，发债金额约合逾1 000亿美元，创下新高。尽管发债量高，但仍未出现供过于求的情况，前景看好。长远来看，投资亚洲高收益债券是不错的选择。

4. 亚洲高收益债券市场迅猛发展的原因

第一，亚洲经济快速增长，为市场发展提供了良好的环境基础。近两年来，发达国家仍遭受高失业率、高负债和银行信用状况不佳的困扰，经济复苏动力不足。而亚洲国家经济则快速恢复，并首次在经济复苏过程中的贡献超过其他地区，成为拉动世界经济增长的主要引擎。这一方面为亚洲高收益债券市场提供了良好的发行人基础，另一方面也吸引了大量资金流入亚洲市场。

第二，亚洲高收益债券市场的投资者群体得到进一步发展。对冲基金成为亚洲高收益债券市场的活跃投资机构，尽管与股票相比，对冲基金用于固定收益产品的投资较小，但由于其偏好高收益投资的特性，在高收益债券市场上发挥着重要作用。来自美欧地区的固定收益投资者是亚洲高收益债券的主要需求方，在二级市场上起到稳定价格的作用。此外，近年来随着富裕人口的增多，亚洲私人银行资产急剧扩张，成为该地区高收益债券市场兴起的另一驱动因素。

第三，创历史低点的收益率导致投资者对长期避险投资的兴趣降低。美国国债收益率不断下降，处于历史低点，投资者避险需求降低。2010 年以来，投资者的风险偏好进一步提高，寻求高收益的意愿进一步增强，将资金更多地转移到新兴市场，尤其是亚洲高收益债券市场。同时，亚洲雄厚的外汇储备、主权财富基金和危机后亚洲对冲基金行业的持续增长，使得该地区市场的流动性充足。

4.2.3.2 亚洲高收益债券市场监管

1. 日本的债券监管

日本的债券市场与其他国家和地区相比起步较晚。早年日本债券发行门槛和程序均较为烦琐，且发行总额存在较多限制，因此日本企业不得不借助海外金融市场进行融资。为发展日本国内债券市场，让更多的日本企业留在国内发行债券，1996 年日本一些省份开始取消私募发行的一些限制，并逐步放宽私募债券的发行要求。日本从 1992 年起多次修改《证券交易法》，修改的内容比较全面和广泛，包括有价证券的定义、重新认识公募发行概念、私募事务的法定化等。日本虽然在债券私募发行限制上进行了一系列改革，但在信息披露方面仍然比较严格，且私募发行人在发行前须向有关部门报告。

日本值得亚洲国家借鉴的经验，是其建立的政府部门同机构投资者间的对话机制（见表 4－6），通过该机制可以将政府的改革意愿渗透给机构投资者，也可将机构投资者的交易诉求传达给政府，这有利于市场整体效率的提高。

表 4－6　日本政府与债券市场参与者的对话机制

对话机制	主要目的
日本政府债券市场特殊参与者会议	与主要银行和证券公司（一级交易商）交换意见
日本政府债券市场投资者会议	与机构投资者（国内保险公司、养老基金、银行和国际投资者）进行对话
日本债券市场投资者年会（在国外举行）	直接向外国投资者介绍日本经济和债市管理政策的现状及发展方向
日本政府债券市场大型零售商会议	与市场上活跃的金融机构进行对话以促进日本政府债券的销售

（续表）

对话机制	主要目的
日本政府债务管理咨询委员会	向来自私人部门的专家征询关于政府债务管理政策的意见和建议

资料来源：日本财务省

2. 韩国的债券监管

韩国债券市场起步较早，始于 1968 年。早期韩国政府颁布了《证券市场促进法》，鼓励和促进韩国证券市场的大力发展。1970 年，韩国政府制定了《公司债券登录法》，将公司债券发行保证制度引入证券发行领域，为私募债券的发行确立了银行担保制度。为降低非上市公司筹资方面的局限性，韩国政府 1983 年颁布了《证券市场职能法案》，其中明确了私募的地位，并且允许非上市企业灵活运用证券市场进行私募融资。1988 年，韩国政府制订了“证券市场修正计划”，允许韩国企业向海内外投资者私募发行可转换债券。

在韩国，公开发行债券的公司必须满足金融监管局的注册和信息披露要求，发行人必须提交注册说明书、包销协议、本金利息支付保证合约等相关文件，并在认购支付完成后公布业绩报告。债券发行注册监管的相关法律只覆盖上市公司，对非上市公司私募发行债券无特别规定。

4.3　国外高收益债券存在的主要问题

4.3.1　欧洲高收益债券存在的主要问题

高收益债券发行主体多为成长型中小企业，相对于信用等级优良的企业债券品种来说，高收益债券的投资人将承担更大的风险，更容易受到不合规操作、蓄意欺诈等不当行为的侵害，欧洲一些国家出现过大量高收益债券的违约，给这些国家的金融市场带来极大的震荡。

1. 金融债券占比较高

长期以来，欧洲高收益债券组成中金融债券占比较高，2012 年至今，金融债券占高收益债券的比例超过 20%。由于金融债券易受政治和政策风险影响，且部分银行次级债务恢复状况不明，使得高占比的金融债券为市场各方普遍担忧。

2. 成员国统一监管成为难题

欧洲高收益债券市场监管面临的突出难题就是如何处理好以欧盟为单位的统一市

场和各成员国内部金融监管脱节之间的矛盾，保持各国市场监管行为规则的协调统一。如何在欧盟立法基本框架基础上保持稳定的监管执行力度和统一的执行标准、提高欧盟成员国执法水平以及加强监管合作，一直是欧洲高收益债券市场能否实现有效监管面临的巨大挑战。

4.3.2 亚洲高收益债券存在的主要问题

尽管亚洲高收益债券市场发行量增长强劲，但与美欧地区相比，市场存量仍然较小，投资者可供选择的债券较少，不利于债券的估值定价和二级市场的流动性。亚洲高收益市场还远未成熟，在牛市阶段会有大量的投资者进入，但如果市场预期发生明显改变，市场发展可能遭受打击。同时，缺乏有影响力的、专业能力强和经验丰富的高收益债券投资群体，阻碍了市场的增长势头。

1. 债券市场发展处于初级阶段

（1）相对规模小。

衡量一个债券市场是否成熟，不能仅参照绝对规模指标，更重要的是相对规模指标，即该经济体债券市场容量占其 GDP 的比重。表 4－7 总结了亚洲经济体本币债券余额占 GDP 的比重，虽然亚洲经济体债券市场的绝对规模增长迅速，但是其相对规模仍处于比较低的水平。除日本、韩国和马来西亚外，亚洲其他经济体的债券市场规模都在 GDP 的 90% 以下，而发达经济体的债券市场规模可以达到 GDP 的两倍左右，差距可见一斑。从亚洲经济体相互间的比较来看，它们的发展水平层次不一：日本依然一枝独秀（200% 左右），韩国和马来西亚处于第二层次（100% 左右），新加坡、泰国和中国香港处于第三层次（70% 左右），中国和菲律宾处于第四层次（40% 左右），越南和印度处于第五层次（15% 左右）。发展程度的不平衡显而易见。

表 4－7 各经济体本币债券余额占 GDP 的比重（2012 年 12 月）

经济体	本币债券/ GDP（%）
日本	196.3
韩国	123.0
马来西亚	106.6
新加坡	86.0
泰国	75.0
中国香港	67.4
中国	45.7
菲律宾	38.5
越南	17.7
印度	13.2

资料来源：Asian Bonds Online

（2）流动性不足。

传统上衡量流动性的指标有两个：交易量和换手率。交易量在很大程度上取决于绝对规模，相比之下，换手率对于流动性的衡量更为合理，因为它测算的是一段时间内证券交易量占其总存量的比重，是一个相对量。表4－8总结了2012年12月亚洲经济体债券市场的换手率。从政府债券换手率来看，除了金融中心香港以外，亚洲最高的也就是日本（1.09）和韩国（1.01），与发达经济体市场的政府债券换手率差距很大；从公司债券换手率来看，亚洲最高的是中国（0.98），而早在2004年美国公司债券的换手率即达到了1.2。所以说，整体上亚洲经济体债券市场和发达经济体债券市场之间的流动性差距非常大。

从亚洲内部来看，各经济体市场的换手率也是有高有低。除中国香港外，政府债券换手率最高的是日本和韩国，其他经济体都在1以下；公司债券换手率最高的是中国，其他经济体都在0.2以下。而从政府债券与公司债券的比较来看，政府债券的流动性要明显强于公司债券。二级市场的流动性不足，会降低该市场抵御风险的能力，同时也可能会增加一级市场的发行成本，使得部分投资者望而却步，而内部结构上过大的流动性差异也会导致资本流向的集中化，导致部分经济体或部分券种缺少投资资金。

表4－8　亚洲各经济体债券市场换手率（2012年12月）

经济体	政府债券	公司债券
中国	0.75	0.98
中国香港	1.44	0.13
印度	0.29	0.12
日本	1.09	0.08
韩国	1.01	0.15
马来西亚	0.54	0.10
菲律宾	0.65	–
新加坡	0.43	
泰国	0.68	0.07

资料来源：Asian Bonds Online

（3）国际化程度低。

历经多年发展，亚洲债券市场的开放度已经有所提高，而这个开放度更多是从亚洲内部来讲。如果将眼光放到国际市场，亚洲经济体债券市场的国际化程度并不高。表4－9对比了2001年和2010年亚洲国家接受的跨境债券投资额，可以看出，美国对亚洲地区的跨境债券投资额占其总跨境债券投资额的比重在这10年间没有变化，都是6.1%，而欧洲国家的这一数据则出现了下滑，从2001年的3.0%下降到2010年的2.8%。

如果以此作为判断标准，亚洲债券市场在这10年间的国际化程度并没有得到提高。具体到各个经济体来看，各经济体市场的国际化程度也是深浅不一：2010年，日本接受的跨境债券投资额中来自欧美的总量是来自亚洲总量的3倍，对韩国而言这两个量基本相等，对中国而言来自亚洲的总量是来自欧美总量的7倍。各经济体债券市场的国际开放度不一，对于建设统一的区域性市场会造成相当大的障碍。

表4-9　亚洲经济体跨境债券投资分布　（单位：10亿美元）

投资目的地	投资来源地		
	亚洲	美国	欧洲
2001年			
中国	4 401	634	1 412
中国香港	3 464	1 893	9 717
印度	504	301	834
印度尼西亚	741	315	422
日本	16 213	27 125	75 170
韩国	11 433	4 938	7 360
马来西亚	5 947	1 680	1 733
菲律宾	3 435	2 671	1 926
新加坡	2 847	1 442	8 151
中国台北	1 066	253	677
泰国	2 429	782	765
越南	45	21	37
亚洲地区（A）	52 526	42 055	108 205
投资总额（B）	1 258 460	690 936	3 555 740
A/B	4.2%	6.1%	3.0%
2010年			
中国	48 622	1 602	6 332
中国香港	9 341	2 297	8 023
印度	21 542	5 009	17 665
印度尼西亚	16 730	9 622	14 191
日本	30 419	52 700	194 567
韩国	62 079	25 772	48 240
马来西亚	16 982	11 940	21 185

（续表）

投资目的地	投资来源地		
	亚洲	美国	欧洲
菲律宾	7 646	7 506	7 177
新加坡	13 488	7 552	11 199
中国台北	5 995	377	6 676
泰国	5 010	2 035	4 810
越南	464	674	2 009
亚洲地区（A）	238 319	127 086	342 076
投资总额（B）	3 287 533	2 091 098	12 403 303
A/B	7.2%	6.1%	2.8%

注：欧洲国家包括奥地利、比利时、丹麦、芬兰、法国、德国、希腊、爱尔兰、意大利、卢森堡、荷兰、葡萄牙、西班牙、瑞典和英国。

资料来源：Asia Bond Monitor, Apr 2012

（4）发行者结构不合理。

从亚洲各经济体债券市场的发行者结构来看，政府债券占据绝对优势，公司债券的比重过低。除了韩国外，没有一个经济体的公司债券比重超过政府债券比重，而在发达经济体的债券市场，往往是公司债券比重超过政府债券比重。如果我们把它理解为债市发展初期以政府引导为市场主力，那么对比2012年12月与1998年12月的债券市场结构，我们可以发现，经过这14年，公司债券在市场中的占比竟然降低了，如果这一趋势延续下去，那么亚洲债券市场作为新融资机制服务于实体经济的作用将大打折扣。见表4－10和表4－11。

表4－10　亚洲经济体本币债券市场结构　　（单位:%，2012年12月）

经济体	政府债券比重	公司债券比重
中国	72.72	27.28
中国香港	52.66	47.34
印度	82.80	17.20
日本	91.50	8.50
韩国	38.90	61.10
马来西亚	59.89	40.11
菲律宾	87.06	12.94
新加坡	58.21	41.79

（续表）

经济体	政府债券比重	公司债券比重
泰国	79.34	20.66
越南	95.70	4.26

资料来源：Asian Bonds Online

表4－11　亚洲经济体本币债券市场结构变化情况　（单位：10亿美元）

时间	政府债券总额	政府债券占比（%）	公司债券总额	公司债券占比（%）
1998年12月	3 011	72.34	1 151	27.66
2012年12月	14 870	81.67	3 337	18.33

资料来源：Asian Bonds Online

（5）投资者以银行为主体。

如表4－12所示，从亚洲各经济体债券市场的投资者结构来看，以银行为主体是其明显的特征。而发达经济体的投资者结构则是以养老基金和保险公司等为代表的契约性储蓄机构占据主导。这种过度集中于银行的投资者结构使得市场流动性大大降低，因为政府、银行等机构更多的是遵循购买并持有的投资策略。从各经济体间的相互比较来看，其投资者结构也是各具特色：中国严重依赖银行，印度也较为依赖银行，日本和韩国市场结构相对均衡，泰国则是以契约性储蓄机构为市场主力。

表4－12　亚洲经济体政府债券投资者结构　（单位：%，2012年12月）

经济体	央行	政府	银行	契约型储蓄机构	其他
中国	0	0	77.16	9.90	12.94
印度	0.37		36.53	17.05	46.04
日本	12.02	9.68	37.46	28.20	12.65
韩国	2.84	22.08	18.32	26.57	30.18
泰国	9.06	0.96	12.35	50.35	27.28

注：“契约性储蓄机构”是在契约基础上按期取得资金的金融中介机构，如养老基金和保险公司之类。

资料来源：Asian Bonds Online

（6）风险对冲工具少。

相比发达经济体，亚洲经济体债券市场缺少相应的风险对冲工具，这使得很多对风险控制要求高的投资者在选择市场时往往将亚洲排除在外。受市场成熟度的影响，各经济体对于风险对冲工具的开放度也很不一样。例如，文莱和柬埔寨等经济体没有任何可以进行债券风险对冲的工具，它们的债券暴露于各种风险之中，不利于其债券市场的发展；中国、印度尼西亚和越南等经济体在规避债券市场上的期限风险及汇率风险上有一定的限制；而香港、日本和韩国等经济体的债券市场风险对冲工具相对比较完善。

2. 法规监管体系不成熟

在亚洲债券市场发展的初级阶段，一些法规政策和监管措施的确起到了维护市场稳定、保护投资者利益的作用。可是随着市场发展的深入，过去的一些规定已经在一定程度上降低了市场效率，阻碍了市场发展。例如对跨境资本流动的限制，它降低了国际投资者的投资兴趣，也限制了资金需求者跨境发行债券进行融资的行为，尽管一些国家已经在该方面逐步放松管制，但放松的程度离市场要求还很远。另一方面，在监管制度上，亚洲各经济体的债券市场往往存在多个监管机构（如中国债券市场的监管机构有中国人民银行、财政部、中国证券监督管理委员会、中国银行业监督管理委员会和国家发展改革委员会等），它们在结构上互相独立，在职能上却又存在交叉重叠，这不利于债券市场监管效率的提高。此外，现阶段各经济体更多是针对自身的监管制度进行完善，在跨境监管合作上投入不多，亚洲缺少统一的区域性监管体系，这也会阻碍区域债券市场的发展。

3. 区域结算系统不完善

登记、托管、清算和结算等是债券交易的必经环节，亚洲各经济体在建设债券市场的过程中，也逐步建立起各自的托管结算体系，而为了提高市场效率、降低结算成本，托管结算体系出现了集中化趋势，也就是国内的所有债券集中在某一两个托管结算机构进行登记、托管、清算与结算。

同理，从亚洲整体的角度来看，集中托管结算也是非常必要的，但是区域性的统一托管结算机构尚未建立，而现有的跨境债券结算机制也都存在着不足："当地代理人"结算模式要求投资者在债券交易的国家指定代理人进行债券的清算结算，在该模式下投资者需要在每一个存在交易的国家分别指定代理人，这提高了交易成本；"国际中央证券结算机构"（ICSD）结算模式要求投资者在统一的ICSD进行债券清算与结算（国际上公认的ICSD有欧清银行和明讯银行），但是一些亚洲经济体（如中国、韩国等）并没有与ICSD建立联接，且时差问题会影响结算的即时性；"双边中央证券结算机构"（CSD）结算模式要求投资者在已有的双边CSD联接中完成跨境结算，但亚洲目前仅有中国和中国香港、日本和中国香港、韩国和中国香港建立了双边CSD联接，其使用范围较小。

此外，亚洲各经济体的清算系统还在清算程序和数据标准等方面存在差异，这些都会导致债券结算成本的提高和结算效率的下降，不利于亚洲债券市场的发展。

4. 关于计值货币方案的争议

作为亚洲债券市场建设的重要议题，计值货币的选择一直都是各方争议的焦点。已提出的众多方案均有利有弊，现阶段各国还很难就该问题达成一致。

（1）美元方案。

鉴于美元在国际货币体系中占据核心地位，且亚洲经济体的外汇储备大部分为美元资产，一些经济体建议以美元作为跨境债券交易的计值货币。这是一个在现有条件下较为实际的选择，以美元标价的债券无论是在亚洲市场还是在国际市场都有着比较强的流动性，因而有利于吸引各国投资者参与认购，增加市场活跃度并扩大市场规模。但是，从长远来看这个方案也存在着弊端，以美元作为计值货币无益于解决已有的“货币错配”问题，还会进一步加重亚洲经济体的美元化倾向，这违背了建设亚洲债券市场的初衷。

（2）区域单一货币方案。

采用区域内货币计值，有助于解决已有的“货币错配”问题，使亚洲资本直接投向本地区的实体经济，从而提高资本配置效率，并促进各国经济增长。已有的区域单一货币方案主要是日元方案、人民币方案和“亚元”方案。

①日元方案。日元是亚洲最具影响力的国际货币，其可自由兑换性在很大程度上满足了交易需要，这为日元成为亚洲债券的计值货币提供了可能。如果日元能在亚洲债券市场中占据主导，则无论对于日元国际地位的提升还是对于日本实体经济的增长都非常有利，所以日本也一直是区域单一货币方案的倡导者。但是日元方案也存在局限性：一方面，日本由于经济增长动力不足，资产泡沫不断冲击着国内金融体系，给日元汇率带来了不稳定因素；另一方面，日元依赖于美元体系（例如作为重要的债权国，日本的资本输出仍以美元计价），这使得日元的独立性有所降低。所以现阶段日元不适合作为亚洲债券的计值货币。

②人民币方案。随着人民币跨境业务的快速发展，市场参与者意识到人民币亚洲化乃至国际化已经成为一种必然趋势，而中国经济的持续增长也增强了国际投资者对人民币的信心，人民币成为亚洲债券计值货币的呼声不断响起。但是，人民币也存在着“硬伤”，那就是中国的资本项目尚未完全开放，人民币也尚未成为可自由兑换货币。在治好“硬伤”之前，人民币也不适合作为亚洲债券的计值货币。

③亚元方案。看到欧元在欧洲取得的成功，打造我们自己的“亚元”便成为许多亚洲人的畅想，如果成功建立起统一货币区，那么亚洲债券的计值货币非“亚元”莫属。使用统一的地区货币有利于降低交易成本，规避汇率风险，可以在很大程度上促进亚洲资本市场的融合。但是，现阶段的亚洲货币合作还处于较低的层次，要打造“亚元”仍然障碍重重，如各经济体的经济开放度不一、资本市场结构差异较大，以及缺乏统一协调货币政策的超国家机构等。要解决这些问题，

还需要亚洲经济体长期的努力。因此，“亚元”方案在现阶段恐怕还只是一种构想。

(3) 区域一篮子货币方案。

日本学者伊藤隆敏在2003年提出了“亚洲篮子货币”方案，它是指亚洲各经济体共同建立起一个金融实体，并按一定比例向其注入资产，由该实体以这些资产为基础发行亚洲篮子货币债券。该方案的确存在一些优势：一方面，它解决了货币错配问题，减轻了亚洲金融体系对美元的依赖；另一方面，它又在一定程度上规避了汇率风险，增强了债券市场的流动性。但是，理论上的优势要建立在可操作性强的基础上才能实现，亚洲篮子货币方案在具体操作上面临很多困难：首先，选择哪些货币难以确定，理论上讲篮子货币包含的币种越多越具代表性，但某些经济体的货币汇率波动性很大，会影响货币篮子的稳定性并增加计值的难度；其次，各组成货币所占权重难以确定，各经济体都希望其货币能参与其中并占有尽量大的权重，要制定好让各方满意的权重标准需要一个长期的谈判过程；最后，亚洲地区尚未形成区域性的金融合作协调机构，欧元的建立源于欧共体的推动，SDR（Special Drawing Right，特别提款权）也由IMF（International Monetary Fund，国际货币基金组织）负责统一管理，而亚洲地区缺少相应的金融合作协调机制。总体上说，虽然区域一篮子货币方案具有理论上的优势，但是实际操作性不强，近阶段不大可能实现。

除了以上几个方面，亚洲各经济体的债券市场还在税收制度、定价机制、信用担保体系等方面存在着不完善与不协调，有待改进。总体上说，亚洲债券市场的基础设施建设仍处于各经济体自我完善的初级阶段，服务于跨境债券交易的区域性基础设施非常少，这会在很大程度上阻碍亚洲统一债券市场的建设。

4.4　国际高收益债券发展的借鉴意义

4.4.1　美国高收益债券市场发展的借鉴意义

从美国高收益债券发展的过程来看，高收益债券市场与宏观经济之间呈现了密切的相关性。研究表明，经济处于上升期时，高收益债券发行人的经营风险趋于下降，高收益债券的预期收益高于高等级债券，经济上升周期内该债券易受投资者青睐；相反，当经济景气程度下降，或步入衰退期，高收益债券的风险上升，预期收益率上升，投资者持有债券的意愿下降。

1. 高收益债券市场仍主要依赖市场推动

美国高收益债券虽然在20世纪70年代就已诞生，但如果没有米尔肯的推动，也很难有80年代的大发展。欧洲则因为市场上部分投资者原本就投资美国的高收益债券，积累了一定的经验，才使得欧洲在高收益债券推出之后获得较快的发展。

2. 市场的繁荣取决于投融资双方的需求

美国高收益债券市场这些年的快速发展，充分说明了供需双方的平衡是市场走向繁荣的基础。20世纪70年代以前，虽然为数众多的企业发行低于投资级的债券，或者企业因经营不善而落到投资等级以下，高收益债券并未受到机构投资者的欢迎。直到米尔肯提出“不同企业之间的违约相关性较低，多样化投资可以分散风险”的观点，并呼吁投资者参与该市场，才使得原先几乎没有流通市场的投机级债券有了流动性，一个巨大的高收益债券市场才最终得以形成。

3. 完善的市场环境和基础设施

高收益债券市场的繁荣离不开完善的市场环境和基础设施，美国高收益债券市场的市场环境和基础设施主要包括信用评级制度、信息披露制度、会计审计制度等完善的制度环境，良好的法律环境和司法程序，成熟的中介服务机构以及安全高效的交易结算系统。值得一提的是，CDS（Credit Default Swap，信用违约互换）等衍生金融产品的快速发展，使得市场对违约事件的冲击更具弹性，对近年的高收益债券市场发展起到了巨大的推动作用。

4. 机构投资者是主要力量

1989年，美国高收益债券危机显示出机构投资者是高收益债券需求的主要力量，在美国高收益债券第一次陷入危机时，美国国会要求借贷机构出售其所持有的高收益债券。美国保险监理官协会（National Association of Insurance Commissioners，简称NAIC）要求保险公司为高收益债券的潜在损失提取更高的法定损失准备。同时，当时个人或规模较小的投资者倾向于投机性的炒作，形成巨大的风险。主要机构投资者的缺乏和非理性投机者的存在，使得疲软的高收益债券市场雪上加霜，1990年几乎没有高收益债券问世。

5. 注意道德风险的影响

20世纪美国高收益债券市场衰败的一个主要原因，是高收益债券发行利润丰厚，吸引了各证券公司纷纷加入该市场，很多企业以投机心态发行高收益债券，从而形成了较高的道德风险，也相应加大了市场的整体潜在风险。

近年来，高收益债券的发行已不再建立在标杆收购的业务基础上，而是与普通债券一样，成为发行人实现稳健扩张计划的一种有效融资方式。在这样的背景下，信用等级较高的公司也开始发行高收益债券，如Ford Auto（福特汽车）、Levi's（李维斯）、REVLON（露华浓）与TRUMP（川普公司）等。吸引信用等级较高公司的陆续加入，有望减少高收益债券市场的整体风险。

4.4.2　欧洲高收益债券市场发展的借鉴意义

欧洲高收益债券市场发展的经验及教训告诉我们，有效的担保清偿机制、系统的监管立法体系，以及规范严格的市场监管，是金融市场得以控制风险及顺利运行的重要保证。与欧洲相似的是，受传统银行主导型融资体系以及政府政策管制的影响，中国的企业融资对银行贷款的依赖程度一直较高，企业债券市场发展长期以来也处于滞后状态，中小企业融资困难对中国总体经济发展的影响越来越突出。尝试在企业债券市场中推出高收益债券品种，对于进一步促进中国资本市场的多元化发展、为中小企业提供新的融资平台，以及增强企业自主创新能力等都具有战略意义。

中国企业债券市场在最近10余年时间里，市场规模及活跃程度有了长足进步。但是，我国企业债券市场在监管立法、信息披露、投资者利益保护及市场约束等方面的建设相对滞后，监管缺乏透明度及公信力、监管机构之间的协调能力不足，以及监管效率不高等问题比较突出。因此，中国高收益债券市场的尝试推出必须要注意解决好以下问题：

1. 健全投资者保护制度

由于高收益债券的投资人承担着更大的风险，因此必须在高收益债券推出之初，将市场置于一个有效的保障体系中。要在加强对高收益债券发行人监管的基础上，进一步完善担保和清偿的监管立法，做好《合同法》及《破产清算法》操作实施细则的协调完善工作，加强债权人权益保障法规在执行中的可操作性以及对违约主体清偿的约束力，同时要考虑健全相关的民事诉讼制度，提高司法效率，降低维权成本，构建起一个有效的担保清偿机制，更好地保障投资者利益，维护市场信心。

2. 做好市场交易规则的国际化

欧洲高收益债券市场监管面临的突出难题就是如何保持各国市场监管行为规则的协调统一。从趋势上看，引入外资投资者，拓展海外市场，进一步提高市场流动性和透明度，将是未来中国债券市场发展要面对的现实。随着将来国外投资机构以不同形式陆续进入中国债券市场，各种交易规则上的差异容易引起习惯于遵照国际惯例的国外投资机构对本国市场交易规则的产生的歧义和纷争。我国应当考虑引入国际通用的会计准则，保持公司财务资料标准的统一性与可比性，适应国际债券市场监管和运行规则。

此外，我们需要加强国际间的监管合作，形成跨国监管理念，尝试建立在市场交易过程中涉及跨国欺诈行为时的调查协助机制，加强国家间监管规则和技术的经验交流，在未来中国债券市场的国际化发展趋势中把握主动。

4.4.3　亚洲高收益债券市场发展的借鉴意义

要进一步发展亚洲高收益债券市场，首先需要优化市场结构，其次要加强基础设施建设。而要优化市场结构，需从重点发展公司债券、培养机构投资者以及完善风险防范机制等方面着手；要加强基础设施建设，则要建立区域评级体系、深化监管合作，以及完善清算和结算系统。

1. 优化市场结构

亚洲各经济体的债券市场存在着参与者结构单一、风险对冲工具少等问题，因此，优化市场结构在债券市场建设中显得至关重要，因为合理的市场结构是扩大规模、提高流动性的基础，它也有助于吸引国际投资者入市，提升区域市场的影响力。要优化结构，主要需从发展公司债券市场、培育机构投资者和完善风险防范机制等方面入手。

（1）重点发展公司债券市场。

亚洲金融危机后各经济体开始加大发行政府债券的力度，以期利用政府债券的发展推动债券市场基准收益率曲线的形成，为市场的进一步发展奠定基础。经过多年的发展，亚洲政府债券市场已经具有相当大的规模，多数经济体债券市场的基础收益率曲线也已基本形成，但是公司债券市场依然发展缓慢，多数公司融资者无法在债券市场上借到资金。这使得亚洲债券市场的发展进入了“瓶颈期”：一方面仅靠政府债券增发来扩大市场规模的方法不可持续；另一方面由于具有风险低、波动性小的特性，政府债券对增加二级市场的活跃度贡献不大，亚洲各经济体二级市场换手率不高便是证明。因此，债券市场的发展需要转型，公司债券市场的发展理应成为重点。

具体来说，可以从以下四个方面加强公司债券市场建设：首先，应在控制风险的基础上适当放松对公司债券的政策性限制，使其逐步实现市场化，只有市场化程度高的市场才会引起投资者的兴趣；其次，应制定一些鼓励公司债券发行与交易的政策，在公司债券市场发展的初期，政策性支持具有非常重要的引导作用；再者，应加强对公司债券市场的监管，因为公司债券相对而言风险较高、波动性较大，要防止投机者对市场稳定造成冲击；最后，应能完善政府债券的收益率曲线，为债券市场提供更好的基准利率，从而促进公司债券的发展。

总的来说，政府部门应积极引导私人部门进入债券市场，并将债券市场发展的主动力从政府债券逐渐转移到公司债券上，只有这样才能实现债券市场规模的持续性增长，并充分发挥债券市场在拓宽投融资渠道方面的作用，使之更好地服务于实体经济。

（2）培育机构投资者。

一个高效有序的资本市场需要多元化的机构投资者，但现阶段亚洲债券市场的机构投资者中银行占据绝对的主导地位，养老基金、保险公司、共同基金等契约型储蓄机构所占比例很小。

这种不均衡的投资者结构对市场发展产生了负面影响：一方面，机构投资者中银行对风险控制的要求最高，它们在债券市场往往遵循购买并持有的投资策略，而相比之下契约型储蓄机构对收益的要求更高，它们在债券市场会不断寻求合适的交易机会，所以过于依赖银行的投资者结构不利于市场流动性的提高；另一方面，与银行相比，契约型储蓄机构可以提供更多在不同风险收益水平上的投资产品（以供个人投资者选择），它们在引导个人投资者入市、扩大市场规模等方面具有相对优势，所以过于依赖银行的投资者结构也不利于市场规模的扩大。因此，培育机构投资者、打造多元化的投资者结构，对于债券市场的发展至关重要。

具体来说，可以从以下两个方面来进行机构投资者的培育工作：一方面，应逐步放松对机构投资者投资债券的政策限制，与股票产品相比债券产品的安全性更高，所以可鼓励各大保险公司和共同基金增加对债市的投入，而专业机构投资者多对政策非常敏感，一旦在投资比例、交易费用、税收支付等相关规定上有利好的变化，它们便会立刻入市以追求投资收益。另一方面，亚洲各经济体可学习日本的经验，建立政府部门同机构投资者间的对话机制，加深对彼此意愿和诉求的了解和沟通，这有利于市场整体效率的提高。

（3）完善风险防范机制。

亚洲债券市场普遍缺少成熟的风险防范机制，这对于债券市场的发展很不利：对投资者而言，它们偏向于选择风险可控的债券进行投资，对于没有任何风险控制保障的高风险债券往往避而远之；对融资者而言，在缺少风险防范机制的市场，其拟发债券的风险水平较高，这必然会提高发行成本，甚至导致融资困难。而有效的风险防范机制可以降低债券市场可能面临的各种风险，鼓励投资方和融资方进行债券交易，进而促进债券市场规模的扩大和流动性的提高。

具体来说，可以从以下三个方面来完善亚洲债券市场的风险防范机制。首先，应鼓励传统的风险对冲工具（如期权、期货、远期、利率互换和信用违约互换等）进入市场，以期为债券市场投资者提供多元化的风险对冲选择，但同时也应注意控制金融衍生品投机给市场带来的风险。其次，应逐步建立并完善资产证券化机制，有效分散中小企业的信用风险，并为其提供更好的融资渠道，鉴于资产证券化是相对高级的金融安排，各经济体首先需要完善法律、会计和税收等相关方面的制度基础，然后再从政策上推动其发展。最后，应以现有的区域信用担保与投资机制（CGIM）为基础，进一步增加信托基金的规模并扩大担保对象的范围，同时在各经济体内部建立起大规模的信用担保机构，为中小企业融资提供保障。

2. 加强基础设施建设

亚洲各经济体的债券市场存在着信用评级机构公信力不足、法规监管体系不成熟和区域结算系统不完善等问题，因此，加强基础设施建设非常必要，因为完善的基础设施是市场不断发展的基石，没有配套设施的支持，一切政策都是纸上谈兵。

(1) 建立区域评级体系。

作为债券市场上必不可少的金融中介服务，信用评级在分析发债主体风险、协助监管者管理市场等方面具有非常重要的作用。一个客观、公正、独立的信用评级体系，有助于实现债券市场资金的合理配置，促进市场的健康发展。但由于本土信用评级机构没有足够的公信力，亚洲债券市场还是在相当程度上被国际评级机构垄断。

国际评级机构对发债主体缺乏深刻了解，对新兴债券市场也抱有歧视态度，所以它们给亚洲债券的评级偏低，这降低了国际投资者选择亚洲债券的可能，不利于亚洲债券市场的发展。评级并非是简单的用模型处理数据，评级机构需要对一个国家的国情和企业价值有深刻的理解，而国际评级机构基于本国的立场、经验和数据所进行的评级并不一定适合亚洲经济体。

所以，构建亚洲自己的区域评级体系非常重要。具体来说，可以分以下几个阶段逐步建立亚洲区域评级体系：首先，应完善企业的信息披露制度，帮助国际评级机构对亚洲企业加深了解，以便它们做出客观、公正的评级；其次，应为本土评级机构与国际评级机构的交流创造条件，以便前者在调研方式、评级流程等方面向后者学习，并逐步向国际水平靠拢，实现服务质量的提升；再者，应以现有的亚洲资信评估协会(ACRAA)为平台，增强本土资信评级机构间的沟通，鼓励它们在评级数据上相互补充，在评级技术上相互支持，并逐步实现地区评级标准的统一；最后，在地区评级标准逐渐统一之后，可由各经济体筹资组建区域评级机构，应尽量使各经济体出资份额相等以平均话语权，同时在运行机制成熟之后，应逐步减少政府的股份，使评级的独立性和客观性有所保证。

(2) 深化监管合作。

深化监管合作对于发展亚洲债券市场意义重大。从宏观角度来看，全球金融危机给我们以深刻的教训，在金融自由化快速发展的今天，不同种类、不同地域的金融市场已逐渐一体化，任何经济体都不可能在金融危机中独善其身。鉴于金融市场较强的联动性，加强各经济体之间的金融监管合作将变得日趋重要，尤其是对于还处在起步阶段的亚洲债券市场。从微观角度来看，由于政治背景、经济体制和文化传统等方面的不同，亚洲各经济体的金融监管体系差异较大，这一方面给区内的跨境投融资增加了交易成本，另一方面也给投机者利用不同地区的监管差异谋求不当利益提供了可能，所以加强各经济体之间的金融监管合作也是建设区域债券市场的必然要求。

具体来讲，可以从以下四个方面来深化监管合作：第一，要建立监管信息共享机制，引导各经济体就其债券市场的监管制度和投资者保护政策等信息相互沟通，提高整体的监管效率，有效抑制违规的跨境投资行为；第二，要充分发挥自律组织的监管作用，可赋予其一定的职权，使其在职权范围内实现市场化监管，并推动监管制度的创新；第三，要通过政府对话机制协调各经济体的监管法律，各监管法律法规的具体实施方式可以依国情而定，但在大的原则、标准和政策上应实现趋同化，以便减少跨境投资的法律障碍；第四，要尽量统一各经济体的信息披露会计标准，现阶段亚洲地区只有印度尼西亚和菲律宾未使用国际会计标准，只要做好这两国的工作，会计标准的统一便会在亚洲实现，这将有利于降低交易成本及提高市场效率。总的来说，如果各经济体达成统一的区域性协议有困难，可以先从双边或多边合作开始，循序渐进地协调监管制度，最终目标是在跨境监管协调机制的基础上建立统一的监管体系。

(3) 完善清算和结算系统。

安全、高效的资金清结算系统是债券市场运行通畅的前提，目前大部分亚洲经济体已经建立了各自的中央债券托管结算机构（Central Securities Depository and Clearing Institution，简称 CSD），但是区域性的统一结算机构尚未建立，现有的跨境债券结算机制也在操作上面临着交易成本高和覆盖面小等各种问题。

此外，由于债券市场发展水平的不同，各经济体的债券结算系统也在结算程序、数据标准和技术要求等方面存在差异，这也不利于在亚洲地区开展跨境债券交易。所以，如何为跨境投融资者减少结算成本和降低结算风险，成为建设亚洲债券市场的重要议题。

具体来说，可以借鉴欧盟的经验，将完善亚洲地区清结算系统的工作分成两个阶段：第一阶段，建立区域内的双边结算系统，可以现有的双边 CSD 联接作为中心枢纽，其他经济体的 CSD 只要与中心枢纽里的某一个 CSD 联接，即可完成联网，这样所有亚洲地区的跨境结算均通过该中心枢纽来完成，相比在每两个国家间都要建立双边 CSD 联接的模式，该模式成本更低、建设周期更短。第二阶段，建立区域内统一的结算系统，在双边结算体系建成后，各经济体应进一步加强联系，在结算程序和数据标准等方面逐步协调以实现原则上的统一，并不断强化相互间的技术支持，在此基础上共同建立亚洲结算系统（AsiaSettle），该系统类似于欧洲结算系统（Euroclear），亚洲各经济体的 CSD 直接与该系统联接，这样就建成了统一的结算系统，会大大提高区域内跨境债券结算的效率。成熟债券市场的经验告诉我们，托管结算集中化是必然趋势，它对于降低结算成本、提高结算效率和控制系统性金融风险具有非常重要的作用，相信 AsiaSettle 一定会在不久的将来成立，并为亚洲债券市场提供安全和高效的清结算服务。

4.4.4 对我国发展高收益债券的启示

纵观国际高收益债券市场的发展史，高收益债券的兴起都是以微观企业的融资需求为导向的，并在发展的过程中伴随着金融创新。由于高风险性，高收益债券市场的发展并不是一帆风顺的，往往伴随着企业风险和金融风险。

我国已具备了一定的发行高收益债券的市场基础，即中小企业的融资需求旺盛。国外高收益债券市场的发展对我国有重要的借鉴意义，美国高收益债券曾在发展中期陷入了“高风险—高利率—高负担—高拖欠—更高风险”的恶性循环，其信用日益下降。因此，中国在发展高收益债券时要特别关注信用风险。第一，虽然高收益债券具有天然的高风险性，但其违约率仍需控制在合理的范围内，防止发生类似美国的恶性循环。不能排除有的企业有借发行债券圈钱之嫌，杜绝投机性发行高收益债的行为，是高收益债券市场健康发展的前提。第二，高收益债券的发行门槛较低，但也应有所限制，不能一概乱发，否则就会加重逆向选择和道德风险，这就需要承销商对发债企业进行控制。评级机构要强化信息披露的力度和频率以及准确性。监管层应促进监管制度的完善，特别是违约清偿方面的制度建设。可以说，从发行到监管再到违约处理机制都有待突破。

1. 加强对债权人的保护

高收益债券有望为各类中小企业寻找到融资渠道，但市场发展仍需各项机制的完善。高收益债券市场开闸不仅需要完备的市场激励约束机制和市场基础设施，也要对相关权利人尤其是债券持有人进行有效保护。

当前在债券的信息披露方面缺乏对债权人的保护。2011 年，部分城投债券甚至在未经过债权人同意的情况下已部分转移资产。一旦这些公司破产，也很难马上启动相关程序让债权人介入以保障其相应权利。因此，我国必须尽快将市场置于一个有效的保障体系中，加强投资者的保护。

2. 开发适当的衍生产品

国际高收益债券市场对中国的另一个借鉴意义则是金融创新的必要性。在美国和欧洲，与高收益债相匹配的是 CDS 市场，CDS 的重要意义在于分散了风险，提供了市场的流动性。目前我国信用债券市场上存在的重要问题就是缺乏流动性，风险越高，流动性越差。风险偏好较低的银行保险机构不能为高风险债券提供流动性，而风险偏好高的民间资本等又被实施了市场准入限制。高收益债券若要进一步发展，必须在金融创新和市场扩容上下大力气，使更多的潜在资金进入市场，并以创新的金融工具引导投资者合理投资。

虽然我国的信用风险缓释工具已于 2010 年推出，但是由于机制设计上存在一些问题，仅在推出的初期有少量交易，之后就成交冷清。要想让高收益债券真正活跃地交易，仍需衍生产品来配合以转移风险。

3. 培养机构投资者或做市商

投资者相对较少，客观上制约了市场的进一步发展。有需求才有市场的繁荣，美国及欧洲高收益债券市场的发展充分证明了这一点。尤其大量机构投资者的参与，是高收益债券市场稳定发展的基石。目前，我国的高收益债券是私募发行，专业机构投资者数量不多，客观上制约了市场规模。此外，出于风险的考虑，有些金融机构因监管部门的政策要求而不得进入高收益债券市场；投资者保护政策及措施的不足，也限制了一部分潜在投资者。

因此，我们应在完善市场环境及制度基础的前提下，放宽投资者准入门槛，培养专门的机构投资者或做市商，为市场提供活跃交易的基础。

第5章

中小企业私募债券概论

5.1 中小企业私募债券的定义与特点

5.1.1 中小企业私募债券的定义

中小企业私募债券，即由中小企业通过非公开方式发行的债券。根据2012年5月下旬上海证券交易所和深圳证券交易所发布的《中小企业私募债券业务试点办法》（简称《试点办法》），中小企业私募债券是指中小微企业在中国境内以非公开方式发行的，约定在一定期限还本付息的公司债券。债券发行人仅限符合《关于印发中小企业划型标准规定的通知》（工信部联企业〔2011〕300号）规定的，且未在上海证券交易所和深圳证券交易所上市的中小微型企业，暂不包括房地产企业和金融企业。从以上定义不难看出，中小企业私募债券主要包含以下三个要素：中小微企业、非公开方式发行（私募发行）和公司债券。

首先，对于中小微企业的划分，不同国家的标准不尽相同。2011年，为贯彻落实《中华人民共和国中小企业促进法》和《国务院关于进一步促进中小企业发展的若干意见》（国发〔2009〕36号），工业和信息化部、国家统计局、发展改革委和财政部研究制定了《中小企业划型标准规定》，该标准根据企业从业人员、营业收入和资产总额等指标，结合行业特点制定，详见表5-1。

表5-1 《中小企业划型标准规定》中不同行业的划型标准

行业	从业人员	营业收入
工业（采矿业、制造业、电力、热力、燃气及水的生产和供应业）	1 000人以下	4亿元以下
农、林、牧、渔业	—	2亿元以下

（续表）

行业	从业人员	营业收入
建筑业	—	8 亿元以下（或资产总额 8 亿元以下）
批发业	200 人以下	4 亿元以下
零售业	300 人以下	2 亿元以下
交通运输业（不含铁路运输）	1 000 人以下	3 亿元以下
仓储业	200 人以下	3 亿元以下
邮政业	1 000 人以下	3 亿元以下
住宿业	300 人以下	1 亿元以下
餐饮业	300 人以下	1 亿元以下
信息传输业（电信、互联网和相关服务）	2 000 人以下	10 亿元以下
软件和信息技术服务业	300 人以下	1 亿元以下
房地产开发经营	—	20 亿元以下（或总资产 1 亿元以下）
物业管理	1 000 人以下	0.5 亿元以下
租赁和商务服务业	300 人以下	资产总额 12 亿元以下
其他	300 人以下	

注：对于对从业人员和营业收入都有规定的行业，只要符合其中一个标准即为中小微企业。

其次，私募发行又称不公开发行或内部发行，是指面向少数特定的投资人发行证券的方式。私募发行的对象大致有两类，一类是个人投资者，另一类是机构投资者，如商业银行、证券公司、基金管理公司、信托公司和保险公司等。从运行机理上说，定向发行和公开发行最重要的区别是，定向发行进一步强化了发行人和投资人的自主协商机制，体现了市场化原则和契约自由原则，是更高层次的市场开放和市场约束。在谈判机制设计方面，定向发行的发行人与投资人通过谈判确定债券的发行利率、期限、信息披露方式、再融资等条款，设计更具灵活性和个性化，便于发行人与投资人满足个性化需求。在市场定价方面，非公开定向工具的发行价格、发行利率、所涉费率等遵循自律规则，按市场方式确定，与公开发行债务融资工具相比存在着一定的流动性溢价。在约束机制方面，非公开发行更能发挥市场主体自主协商的契约意识，减少事前管制，不再强制要求信用评级，把风险防范的部分微观职责交给投资人自主决定。在市场发展动力方面，非公开发行定向融资工具不对产品结构做过细的规定，鼓励市场成员自主创新，通过引导市场主体自发创新，形成可持续的市场创新动力。

最后，中小企业私募债券属于公司债券的范畴，因此要理解其定义，有必要了解公司债券的定义。《中华人民共和国公司法》第二条规定，“公司是指依照本法在中国境内设立的有限责任公司和股份有限公司”。第一百五十四条规定，“公司债券，是指公司依照法定程序发行，约定在一定期限还本付息的有价证券”。简单地说，公司债券就是有限责任公司或股份有限公司发行的债券。

通过上述分析，我们可以这样简单定义中小企业私募债券：境内满足中小微型企业划分标准的有限责任公司或股份有限公司定向发行的公司债券。

5.1.2 中小企业私募债券的特点

虽然中小企业私募债券属于公司债券的范畴，但是从上一节的定义不难看出，无论是发行主体的要求，还是发行方式，中小企业私募债券均有别于一般的公司债券，因而其除了具有一般公司债券所具有的基本要素（票面价值，债券价格、债券利率、还本期限及方式等）和基本特征（偿还性、收益性、流动性和安全性）外，还具有自己独特的特点。

1. 发行主体的特殊性

与一般公司债券相比，中小企业私募债券的发行主体有明确的规定，必须为符合《关于印发中小企业划型标准规定的通知》（工信部联企业〔2011〕300 号）规定的，且未在上海证券交易所和深圳证券交易所上市的中小微型企业，并且只限于股份有限公司和有限责任公司。另外，对发行主体的区域分布和行业也有所界定。截至 2013 年 4 月 30 日，中小企业私募债券的试点范围包括北京、上海、天津、重庆、广东（含深圳）、江苏、浙江、山东、湖北、安徽、内蒙古、贵州、福建、新疆、云南、江西和大连共 17 个地区。同时，上海和深圳证券交易所颁布的《试点办法》对发行主体的行业也有明确规定，金融和地产类企业暂不具备发行中小企业私募债券的资格。

2. 发行规模不受限制，资金用途灵活

《公司债券发行试点办法》（证监会令〔2007〕第 49 号）对发行普通公司债券的主体的净资产和盈利能力均有硬性要求：最近 3 个会计年度实现的年均可分配利润不少于公司债券 1 年的利息；本次发行后累计公司债券余额不超过最近一期末净资产的 40%。而在中小企业私募债券的具体发行要求中，对发行人净资产和盈利能力均没有硬性要求，由承销商对发行人的偿债能力和资金用途进行把握，因此发行人可根据自身业务发展需求设定合理的融资规模和募集资金用途。

3. 债券设计灵活

中小企业私募债券的各种要素，诸如发行金额、利率、期限等，均由发行人、承销商和投资者自行协商确定，通过合同确定各方的权利义务关系。而且，债券偿还方式设计灵活可变，涵盖附加选择权、提前还本、多次付息等多种形式。

4. 采用备案制发行

目前，监管层对国内企业发行公司债券的申请采用的是核准制，审核批复时间一般为 1 个月左右。银行间发行中期票据和短期融资券采用的则是注册制，发行人只需将相关申请材料报中国银行间市场交易商协会注册，协会对其进行形式要件审议，接收注册后即可发行。短期融资券和中期票据由于备案材料相对简单，完成一个完整的发行过程约需3个月时间。而中小企业私募债券采取交易所备案发行制，上海或深圳证券交易所主要负责备案工作，由主承销商组织申报材料提交，交易所负责对备案资料的完备性进行审核，并决定接受备案或者要求重新补充材料，同时出具《接受备案通知书》或者《补充材料通知书》。发行人取得《接受备案通知书》后，在6个月内完成发行即可。

5. 风险较高

作为创新品种，中小企业私募债券与公开发行的普通企业债券相比，风险更高。原因在于，一方面中小企业本身规模较小，运作不规范，且企业信息透明度较低；另一方面中小企业私募债券推行初期制度建设及监管不完善。

6. 发行利率较高

在《试点办法》中，规定了中小企业私募债券的发行利率不超过同期银行贷款基准利率的3倍。自2012年7月6日执行的新利率中，我国1年期贷款基准利率为6.00%，这意味着中小企业私募年利率的上限为18.00%。从第一批试点发行的中小企业私募债券来看，最高发行利率高达13.5%，远远高于其他债券品种。

7. 投资者要求的特殊性

目前公布的《试点办法》对投资者的资质有明确的界定。首先，投资者总数不超过200人。其次，私募债券的合格投资者包括以下几类：（1）经有关金融监管部门批准设立的金融机构，包括商业银行、证券公司、基金管理公司、信托公司和保险公司等；（2）上述金融机构面向投资者发行的理财产品；（3）注册资本不低于人民币1 000万元的企业法人；（4）合伙人认缴出资总额不低于人民币5 000万元，实缴出资总额不低于人民币1 000万元的合伙企业；（5）发行人的董事、监事、高级管理人员及持股比例超过5%的股东，可参与本公司发行私募债券的认购与转让；（6）承销商可参与其承销私募债券的发行与转让；（7）经交易所认可的其他合格投资者。

另外，上海证券交易所还对个人投资者的条件进行了限制，明确要求个人投资者要满足：（1）个人名下的各类证券账户、资金账户、资产管理账户的资产总额不低于人民币500万元；（2）具有两年以上的证券投资经验；（3）理解并接受私募债券风险。

5.2　中小企业私募债券与其他融资工具的比较分析

5.2.1　中小企业私募债券与创业板私募债券及银行间定向债务工具比较

5.2.1.1　创业板私募债券及银行间定向债务工具概述

1. 创业板私募债券

创业板私募债券是由符合《公司债券发行试点办法》（证监会令第49号）的有关

规定的创业板上市公司，采用非公开方式发行的，并约定在一定期限还本付息的有价证券。创业板私募债券的推出，一方面有利于促进创业板上市公司持续规范发展，进一步支持自主创新和其他成长型创业企业利用资本市场做大、做优、做强，多渠道破解中小企业融资难题；另一方面，由于创业板公司普遍存在"轻资产"、资产负债率偏低等特点，通过发行公司债券，可以在股东持股比例保持不变的前提下优化资产负债结构，实现公司良性发展。

截至2013年4月30日，共有7家创业板上市公司采用非公开方式发行了8期公司债券，合计募集资金19.80亿元人民币，见表5-2。

表5-2 截至2013年4月30日创业板私募债券发行概况

发行人名称	债券简称	规模（亿元）	期限（年）	主体级别	债项级别	发行利率（%）	shibor1y（%）	利差（%）
广东金刚玻璃科技股份有限公司	12金刚债	2.30	3	A+	A+	8.50	4.40	4.10
青岛市恒顺电气股份有限公司	13恒顺债	2.00	5	AA-	AA-	9.00	4.40	4.60
北京蓝色光标品牌管理顾问股份有限公司	12蓝标01	2.00	3	AA	AA	7.90	4.40	3.50
广州市香雪制药股份有限公司	12制药债	5.40	5	AA	AA	7.80	4.40	3.40
包头东宝生物技术股份有限公司	12东宝债	1.10	3	A+	AA	8.00	4.45	3.55
乐视网信息技术（北京）股份有限公司	12乐视02	2.00	3	AA-	AA-	8.50	4.57	3.93
浙江向日葵光能科技股份有限公司	12向日01	3.00	5	AA	AA	9.60	4.93	4.67
乐视网信息技术（北京）股份有限公司	12乐视01	2.00	3	AA-	AA-	9.99	5.10	4.89

资料来源：www.ourbond.cn

2. 银行间市场定向债务工具

根据《银行间债券市场非金融企业债务融资工具非公开定向发行规则》，银行间非公开定向债务融资工具（简称"定向工具"）是指具有法人资格的非金融企业，向银行间市场特定机构投资人发行债务融资工具，并在特定机构投资人范围内流通转让。中国银行间市场交易商协会依据相关规定，对定向工具的发行、登记托管、结算和流通转让实施自律管理。截至 2013 年 4 月 30 日，定向工具共发行 461 期，发行金额共计 6 696. 30 亿元人民币，见表 5 – 3。

表 5 – 3　截至 2013 年 4 月 30 日银行间定向债务融资工具发行概况

发行期限	1 年期及以下	2 年期	3 年期	4 年期	5 年期	7 年期
期数（期）	103	39	253	1	64	1
规模（亿元）	1 001. 00	478. 00	3 636. 30	5. 00	1 546. 00	30. 00
平均利率（%）	5. 52	6. 10	5. 86	6. 80	6. 00	7. 35

资料来源：www. ourbond. cn

5. 2. 1. 2　中小企业私募债券与创业板私募债券及银行间定向债务工具的区别

无论是从发行主体、发行条件，还是投资者要求和交易机制来看，中小企业私募债券和创业板私募债券及银行间定向工具均有所不同。

1. 发行主体的性质不同

中小企业私募债券的发行主体为符合《关于印发中小企业划型标准规定的通知》（工信部联企业〔2011〕300 号）规定的，且未在上海证券交易所和深圳证券交易所上市的中小微型企业，暂不包括房地产企业和金融企业。同时，中小企业私募债券隶属于公司债券的范畴，因此发行主体的组织形式只限于有限责任公司和股份有限公司。

创业板私募债券的发行主体为依据《首次公开发行股票并在创业板上市管理暂行办法》（中国证监会〔2009〕61 号）在中国创业板上市的，符合《公司债券发行试点办法》（证监会令第 49 号）的有关规定的公司。

银行间定向工具的发行主体则为具有法人资格的非金融企业，对企业的具体组织形式没有限定，既可以是公司（股份有限公司、有限责任公司和集团公司），也可以是像研究院等这样类型的事业单位组织。考虑到机构认可度，银行间私募债券最初的发行企业都是大型企业，目前并未真正对中小企业开放。

从目前来看，由于创业板私募债券的发行必须符合《公司债券发行试点办法》（证监会令第 49 号）的有关规定，同时银行间定向工具并未真正向中小企业开放，因此，发行中小企业私募债券成为中小微企业通过中国债券市场融资的最有可能，也是最可行的方案。

2. 监管机构和审核方式不同

中小企业私募债券采取交易所备案发行制，交易所对备案材料进行完备性核对，申报的运转周期短，申报流程相对简单，一般在 15 ~ 20 个工作日内可完成备案工作。

创业板私募债券发行参照《公司债券发行试点办法》，根据《证券法》和《公司法》的规定，申请公开发行公司债券应当报经中国证券监督管理委员会或者国务院授权的相关部门核准，因此其审核时间也会相对较长，一般来说和普通公司债券的审核时间（1个月左右）差不多。

而银行间定向工具采用的则是注册制，企业发行定向工具应在交易商协会注册，交易商协会只对非公开定向发行注册材料进行形式完备性核对。

3. 发行条件不同

对于中小企业私募债券而言，对发行主体的净资产及中小企业净资产、经营能力以及债券的发行规模均未做出具体规定。

创业板公司私募债券的发行条件执行证监会令第49号的有关规定，主要是公司生产经营须合规，内部控制制度健全，资信评级良好，其资产额和利润等指标具备偿还债券的足够信用。按照规定，创业板公司最近36个月内公司财务会计文件存在虚假记载，或公司存在其他重大违法行为；本次发行申请文件存在虚假记载、误导性陈述或者重大遗漏；对已发行的公司债券或者其他债务有违约或者迟延支付本息的事实，仍处于继续状态的，不得发行债券。此外，还要求发行人采取有效措施保护债券持有人的权益，防范债券偿付风险的安排。一般要求归属母公司净资产大于12亿元，且最近3年持续盈利，3年平均可分配利润足以支付债券1年利息，且累计债券余额不超过公司净资产的40%。

对于银行间定向工具，《银行间债券市场非金融企业债务融资工具非公开定向发行规则》并未对发行人的净资产、盈利能力及发行规模做出具体的规定，只是明确发行人为非金融类企业。

4. 评级及审计要求

在中小企业私募债券的发行过程中，未对是否需要评级进行制度性安排。同时发行人要提供经具有从事证券、期货相关业务资格的会计师事务所审计的最近两个完整会计年度的财务报告。对于创业板私募债券而言，则需要评级，且最近3年的财务报告需要审计。另外，《银行间债券市场非金融企业债务融资工具非公开定向发行规则》规定，定向工具信用评级和跟踪评级的具体安排由发行人与定向投资人协商确定，并在《定向发行协议》中明确约定。

尽管在中小企业私募债券的发行过程中不要求信用评级，但是出于准确定价和控制信用风险的目的，部分发行债券企业还是选择了信用评级。考虑到中小企业私募债券的规范发展，监管层可以考虑从制度层面将信用评级引入发行过程中。

5. 发行人的信用等级分布不同

中小企业私募债券的发行主体为中小微企业，因此其发行人信用级别相对较低，从目前可获取的主体信用评级情况来看，均在AA级及以下。对于创业板私募债券而言，目前已发行债券的7家企业，主体信用评级分布在A+级~AA级。而在已发行的461期（截至2013年4月30日）定向工具中，主体级别AA级（含）以上的债券共有396期，发行规模5 930.30亿元，发行期数和发行规模总占比分别达到85.90%和88.56%。剔除缺失信用评级信息的45期，主体级别AA级（含）以上的定向工具期数和规模占比 95.19% 和 97.59%。见表 5－4。

表 5－4　截至 2013 年 4 月 30 日定向工具发行主体级别分布

主体级别	未评级	AA－	AA	AA＋	AAA
期数（期）	45	20	123	127	146
期数占比	9.76%	4.34%	26.68%	27.55%	31.67%
规模（亿元）	619.50	146.50	999.50	1 460.50	3 470.30
规模占比	9.25%	2.19%	14.93%	21.81%	51.82%

资料来源：www.ourbond.cn

总体而言，目前银行间定向工具的发行人多以高信用等级的企业为主。这也从另一个方面说明，信用等级较低的中小微企业通过在银行间发行定向工具还比较困难。

6. 承销机构不同

2012 年 11 月以前，只有中信证券股份有限公司和中国国际金融有限公司两家券商能参与银行间市场债券的承销工作，定向工具的承销商一般为国有股份制银行和拥有承销资格的商业银行。2012 年 11 月 5 日，中国银行间交易商协会发布了《关于证券公司类会员参与非金融企业债务融资工具主承销业务市场化评价有关事项的公告》（〔2102〕18 号），并于 2012 年 11 月 28 日公布了获准参与银行间债券承销的 10 家证券公司名单。虽然定向工具的承销商呈现了多样化局面，但仍然以商业银行为主导。“我们的债券网”数据显示：截至 2013 年 4 月 30 日，在发行的 461 期定向工具（其中 1 年期以下 103 期，1 年期以上 358 期）中，证券公司只参与了其中 24 期的承销，其余均为银行承销，因此银行是银行间定向工具的承销绝对主力。而对于中小企业私募债券而言，只有证券公司才拥有承销资格，见表 5－5。截至 2013 年 4 月 30 日，共有 66 家证券公司先后获得中小企业私募债承销资质。另外，由于创业板私募债券的发行具体执行《公司债券发行试点办法》，因此其承销商也为具有相关资质的证券公司。

表 5－5　定向工具、创业板私募债券和中小企业私募债券承销商对比

		总规模	银行主承销	券商主承销
定向工具	期数	461	437	24
	规模（亿元）	6 696.30	6 395.30	301.00
创业板私募债券	期数	8	—	8
	规模（亿元）	19.80	—	19.80
中小企业私募债券	期数	150	—	150
	规模（亿元）	175.11	—	175.11

资料来源：www.ourbond.cn

7. 投资者要求不同

从《试点办法》来看，中小企业私募债券对机构和个人投资者的数量和资质均有严格的规定：每期私募债券的投资者合计不得超过200人，且投资者要符合一定的标准。而目前阶段，创业板公司私募债券在发行对象数量、发行方式等方面参照非公开发行股票的有关规定，具体而言，发行对象小于等于10人。定向工具的投资对象仅为具有投资定向工具的实力和意愿、了解该定向工具投资风险、具备该定向工具风险承担能力并自愿接受交易商协会自律管理的机构投资人，这些定向投资人由发行人和主承销商在定向工具发行前遴选确定，个人投资者不能参与定向工具的认购。发行规则没有对定向投资者的人数做出具体规定，目前一般的定向投资人都为10人以下。

8. 发行时间要求不同

中小企业私募债券的发行要求备案后6个月内完成，可分期发行，其中上海证券交易所规定可分多期，深圳证券交易所规定可分两期。而定向工具要求在注册后6个月内完成首期发行，在注册有效期（2年）内可分期发行。创业板私募债券发行参照公司债券：自中国证监会核准发行之日起，公司应在6个月内首期发行，剩余数量应当在24个月内发行完毕。

9. 流通转让渠道不同

对于中小企业私募债券而言，虽然不允许公开交易，但是可在上海和深圳证券交易所特定渠道进行转让交易，具体而言，上海证券交易所可在其固定收益综合平台交易，深圳证券交易所在综合协议交易平台交易。

根据中国证监会公告〔2011〕29号的相关规定，创业板上市公司可非公开发行公司债券，可申请在深圳交易所综合协议交易平台转让。投资者认购债券的数量应不低于5 000张，且债券转让的申报、成交确认、信息披露等应遵循《深圳证券交易所综合协议交易平台业务实施细则》的相关规定。

而对于银行间定向工具来说，应在《定向发行协议》[①] 约定的定向投资人之间流通转让。中国银行间市场交易商协会依据相关规定，对定向工具的发行、登记托管、结算和流通转让实施自律管理。规定还指出，为定向工具提供登记托管、流通转让服务的机构，应按照交易商协会的要求，及时向交易商协会提供定向工具相关信息；应于次月的5个工作日内，将本月定向工具托管结算和流通转让情况书面报送交易商协会。

① 《定向发行协议》：企业向定向投资人发行定向工具前，应与拟投资该期定向工具的定向投资人达成《定向发行协议》，内容包括但不限于：（1）发行人的基本情况；（2）发行人对定向工具的募集资金用途合法合规、发行程序合规性的声明；（3）拟投资定向工具的机构投资人名单及基本情况；（4）发行人与拟投资定向工具的机构投资人的权利和义务；（5）定向工具名称、发行金额、期限、发行价格或利率确定方式；（6）募集资金用途及定向工具存续期间变更资金用途时的告知方式和时限；（7）信息披露的具体标准和信息披露方式；（8）定向工具的流通转让范围及约束条件；（9）投资风险提示；（10）法律适用及争议解决机制；（11）保密条款；（12）协议生效的约定。

10. 信息披露要求不同

根据深圳证券交易所的规定，试点初期，中小企业私募债券信息披露通过深圳证券交易所会员业务专区进行，由主承销商登录会员业务专区，以电子化方式发布，合格投资者可以委托会员查询中小企业私募债券的相关公告信息。根据上海证券交易所的规定，中小企业私募债券的信息披露应当在上交所网站专区或以上交所认可的其他方式向合格投资者披露。

银行间发行定向工具则只需向定向投资人披露信息，无须履行公开披露信息义务，具体的披露方式可协商确定。

由于发行主体为上市公司，创业板私募债券投资者可以很容易地从公开渠道了解到发行主体的资料。根据《公司债券发行试点办法》的有关规定，发行债券公司应充分履行信息披露义务，按规定及时在中国证监会指定网站和报刊披露相关信息，向约定的债券认购人真实、准确、完整、及时、公平地披露或者提供信息。另外，在发行前期，信用评级机构对其出具的信用等级说明书，也部分解决了投资者的信息不对称问题。因此，相对于中小企业私募债券，创业板发行的私募债券的信息透明度相对较高。

中小企业私募债券与其他债券的比较详见表5－6。

表5－6　中小企业私募债券和其他主要信用债券特征比较

	中小企业私募债券	非金融企业非公开定向发行债务融资工具（PPN）	创业板私募债券
监管机构	交易所	银行间市场交易商协会	证监会
审核方式	备案制	注册制	核准制
发行人条件	符合工信部《中小企业划型标准规定》的中小微、非上市企业（上交所规定不包括金融、地产企业）	具有法人资格的非金融企业	创业板公司
发行方式	非公开发行	非公开发行	非公开发行
投资者数量限制	≤200人	无	≤10人
审核时间	10天之内	——	——
发行时间	备案后6个月内完成；可分期发行	注册后6个月内完成首期发行；可分期发行；注册有效期2年	注册后6个月内完成首期发行；可在2年内分多次发行
净资产要求	无	——	一般要求归属母公司净资产大于12亿元

（续表）

	中小企业私募债券	非金融企业非公开定向发行债务融资工具（PPN）	创业板私募债券
盈利能力要求	无	——	最近3年持续盈利，3年平均可分配利润足以支付债券1年利息
评级及审计要求	不强制要求评级；2年财务需审计	——	需评级；3年财务需审计
发行规模	无限制	——	不超过企业净资产的40%
发行期限	1年以上（深圳证券交易所）；3年以下（上海证券交易所）	——	一般为中期
投资者要求	私募债券“合格投资者”包括：(1) 经有关金融监管部门批准设立的金融机构；(2) 上述金融机构面向投资者发行的理财产品；(3) 注册资本不低于人民币1 000万元的企业法人；(4) 合伙人认缴出资总额不低于人民币5 000万元，实缴出资总额不低于人民币1 000万元的合伙企业；(5) 经本所认可的其他合格投资者。上交所还对个人投资者条件进行了限制；深圳证券交易所规定发行人的董事、监事、高级管理人员及持股比例超过5%的股东，可参与本公司发行私募债券的认购与转让	银行间市场特定机构投资人。定向投资人，指具有投资定向工具的实力和意愿、了解该定向工具投资风险、具备该定向工具风险承担能力，并自愿接受交易商协会自律管理的机构投资人，由发行人和主承销商在定向工具发行前遴选确定	目前阶段创业板公司非公开发行债券，在发行对象数量、发行方式等方面，参照非公开发行股票的有关规定

资料来源：笔者整理

5.2.1.3 发行现状对比

从发行期限来看，中小企业私募债券主要以2年期和3年期为主，截至2013年4月30日，二者合计占总发行期数的88.67%，总发行规模的94.28%。在已发行的8期创业板私募债券中，有5期为3年期，3期为5年期。而对于定向工具而言，有1年期以上和1年期及以下两个品种，其中1年期以下共计有103期。1年期以上的定向工具有2年、3年、4年、5年和7年五个品种，从发行金额上来看，3年期和5年期占据绝对地位，见表5-7。从以上分析不难看出，中小企业私募债券的期限设计更加灵活，而创业板私募债券和定向工具更多以中长期为主。

表5-7　中小企业私募债券和创业板私募债券/定向工具期限分布

发行期限		1年(含1.5年)期及以下	2年(含2.5年)	3年	4年	5年	7年
中小企业私募债券	期数	15	51	84	—	—	—
	规模（亿元）	9.51	54.02	111.58	—	—	—
创业板私募债券	期数	—	—	5	—	3	—
	规模（亿元）	—	—	9.40	—	10.40	—
定向工具	期数	103	39	253	1	64	1
	规模（亿元）	1 001.00	478.00	3 636.30	5.00	1 546.00	30.00

资料来源：www.ourbond.cn

从发行利率来看，无论是1年期（含1.5年期），还是2年和3年期，中小企业私募债券的平均发行利率要明显高于银行间定向工具，其中1年期（含1.5年期）的利差最大，达350个基点。就3年期而言，中小企业私募债券的平均发行利率为9.24%，而定向工具的平均发行利率为5.86%，二者利差达338个基点，见表5-8。总体来说，已发行的中小企业私募债券的平均发行利率明显高于银行间定向工具的平均发行利率，这也说明中小企业私募债券的发行人的资质相对较差，银行间定向工具并未真正向中小企业开放。

就创业板私募债券和中小企业私募债券的平均发行利率而言，3年期创业板私募债券有66个基点的优势。

表5-8　中小企业私募债券和中小企业集合债券/票据发行利率比较

发行期限	1年(含1.5年)	2年	3年	4年	5年	7年
中小企业私募债券平均发行利率（%）	9.02	8.87	9.24	—	—	—
创业板私募债券平均发行利率（%）		—	8.58	—	8.80	—
定向工具平均发行利率（%）	5.52	6.10	5.86	6.80	6.00	7.35

资料来源：www.ourbond.cn

5.2.2　中小企业私募债券与中小企业集合债券/票据比较

5.2.2.1　中小企业集合债券/票据概述

1. 中小企业集合债券

中小企业集合债券是通过牵头人（一般为政府部门，或有政府背景的相关机构）组织，以多个中小企业所构成的集合为发行债券主体，若干个中小企业各自确定债券发行额度，采用集合债券的形式，使用统一的债券名称，形成一个总发行额度而向投资人发行的约定到期还本付息的一种企业债券形式，它一般以证券机构作为承销商，需由担保机构担保，评级机构、会计师事务所、法律事务所等中介机构参与，由国家发展和改革委员会审批的新型企业债券方式。

所谓集合发债，就是俗称的“捆绑发债”。此前，开创国内捆绑式发行企业债券先河的是2003年中国高新技术产业开发区债券，当时国内不同高新区的12家企业采用“统一冠名、分别负债、分别担保、捆绑发行”的方式发行了债券。

与普通企业债券相比，集合债券的差异和基本特征如下：（1）若干家中小企业各自作为债券发行主体，分别确定债券发行额度；（2）发行集合债券的中小企业根据自身发行额度独立承担还本付息责任；（3）将若干家中小企业各自发行的债券集合在一起，形成集合债，使用统一的债券名称和增信方式，形成一个总发行额度。

截至2013年4月30日，共发行11期中小企业集合债券，募集资金59.14亿元，见表5－9。

表5－9　中小企业集合债券发行情况

期数（期）	规模（亿元）	平均期限（年）	平均利率（%）
11	59.14	5	6.63

资料来源：www.ourbond.cn

2. 中小企业集合票据

中小企业集合票据，是指2个（含）以上、10个（含）以下具有法人资格的非金融中小企业，在银行间债券市场以统一产品设计、统一券种冠名、统一信用增进、统一发行注册方式共同发行的，约定在一定期限还本付息的债务融资工具。按照规定，单只集合票据的发行规模不超过10亿元，单个发行企业的发行规模不超过2亿元。

据统计，自2009年中国银行间市场交易商协会创新推出中小企业集合票据融资方式以来，截至2013年4月30日，共发行109期集合票据，累计募集资金272.02亿元，见表5－10。

表5－10　中小企业集合票据发行情况

期数（期）	规模（亿元）	平均期限（年）	平均利率（%）
109	272.02	2.52	5.91

资料来源：www.ourbond.cn

目前，中小企业集合票据主要适用的法律法规是：《银行间债券市场非金融企业债务融资工具管理办法》（人民银行令〔2008〕第1号）、四规则（发行注册规则、信息披露规则、中介服务规则、协会会员管理规则）、四指引（募集说明书指引、尽职调查指引、短期融资券业务指引、中期票据业务指引），以及2009年颁布的《银行间债券市场中小非金融企业集合票据业务指引》，主要规定如下：

（1）企业发行债务融资工具应在中国银行间市场交易商协会（以下简称“交易商协会”）注册。

（2）企业发行债务融资工具应由在中国境内注册且具备债券评级资质的评级机构进行信用评级。

（3）企业发行集合票据应依据《银行间债券市场非金融企业债务融资工具注册规则》在交易商协会注册，一次注册、一次发行。

（4）任一企业集合票据待偿还余额不得超过该企业净资产的40%。任一企业集合票据募集资金额不超过2亿元人民币，单只集合票据注册金额不超过10亿元人民币。

（5）企业发行集合票据所募集的资金应用于符合国家相关法律法规及政策要求的企业生产经营活动。企业在发行文件中应明确披露具体资金用途，任一企业在集合票据存续期内变更募集资金用途，均须经有权机构决议通过，并应提前披露。

（6）集合票据的产品结构不得违背国家相关法律法规的要求，参与主体之间的法律关系清晰，各企业的偿付责任明确。

（7）企业发行集合票据应制定偿债保障措施，并在发行文件中进行披露，包括信用增进措施、资金偿付安排以及其他偿债保障措施。

（8）企业发行集合票据应披露集合票据债项评级、各企业主体信用评级，以及专业信用增进机构（若有）主体信用评级。

（9）企业应在集合票据发行文件中约定投资者保护机制，包括应对任一企业及信用增进机构主体信用评级下降或财务状况恶化、集合票据债项评级下降，以及其他可能影响投资者利益情况的有效措施。

5.2.2.2　中小企业私募债券与中小企业集合债券/票据的区别

表5-11主要从产品结构、发行条件和发行方式等方面，对中小企业私募债券和中小企业集合债券/票据进行了对比。

表5-11　中小企业私募债券和中小企业集合债券/票据的区别

比较内容	中小企业集合票据	中小企业集合债券	中小企业私募债券
主管机构	交易商协会	国家发改委	交易所
参与方	相关政府机构、主承销商、评级机构、审计机构、律师事务所、信用增进机构等	相关政府机构、主承销商、评级机构、审计机构、律师事务所、担保机构等	相关政府机构、主承销商、评级机构、审计机构、律师事务所、信用增进机构等
审核方式	注册制	核准制	备案制

（续表）

比较内容		中小企业集合票据	中小企业集合债券	中小企业私募债券
产品结构比较	发行条件	境内注册企业法人，连续两年盈利，任一企业主体信用评级为BBB级及以上	最近3年持续盈利，3年平均可分配利润足以支付债券1年利息；股份有限公司净资产最少3 000万元，有限责任公司净资产最少6 000万元	未上市非房地产、金融类的有限责任公司或股份有限公司，没有任何净资产和盈利要求
	单笔涉及企业家数	2~10家	多家	一般为1家，可集合
	信用评级要求	要求评级，级别介于BB和A+之间	要求评级，单个级别介于BB和A+之间	不要求评级
	发行规模	单个企业不超过2亿元且不超过其净资产40%，单只金额不超过10亿元	总规模不超过5亿元，单个企业拟发行规模2 000万元以上2亿元以下，且单个企业不超过净资产40%	不限
	发行期限	0~3年	3年以上，可附利率上调投资者选择权和投资者回售条款	深圳证券交易所：1年以上 上海证券交易所：1年以上，3年以下
	信用增进措施	多种形式，由主承销商协助发行企业自行选择	一般为担保	多种形式
	资金用途	无项目要求	有项目要求	无项目要求
	信息披露要求	高	较高	高
发行方式比较	是否公开发行	是，发行前提前5个工作日公告	是，一般发行前提前一天公告	否，投资者合计不得超过200人
	投资者限制	单个投资者投资单只债券不能超过发行总额的10%；余额包销；个人不可购买	单个投资者投资单只债券不能超过发行总额的10%；余额包销；个人不可购买	无限制；承销商可以自己购买；满足一定条件的个人可购买
	定价方式	市场化方式决定	利率区间由人民银行审批	发行利率由发行人和承销商协商，但不得超过同期银行贷款基准利率3倍
	发行利率	较低	较低	较高

首先，它们的监管机构及审核方式不同，中小企业私募债券的监管机构是交易所，采用备案制发行。中小企业集合票据归交易商协会监管，采用注册制发行。中小企业集合债券和一般的企业债券一样，由国家发展和改革委员会主管，并采用核准制度。

其次，从发行条件来讲，中小企业私募债券对发行主体的净资产及盈利能力均未做出要求，且发行规模也可以和承销商协定。而中小企业集合债券/票据的发行要求中，对净资产、盈利能力及发行规模均有明确规定。

最后，对于发行方式而言，中小企业私募债券采用非公开定向发行，发行对象不超过200人，且只能是满足一定条件的“合格投资者”。中小企业集合债券/票据则是公开发行，且一般承销商都采用余额包销的承销方式。

从三者的对比不难看出，中小企业私募债券的发行更加市场化，发行效率相对更高。

5.2.2.3 发行现状对比

从发行期限来看，中小企业私募债券主要以2年期和3年期为主，二者合计占总发行期数的88.67%。中小企业集合票据的期限有1年期、2年期和3年期三种，其中3年期发行期数占比达64.22%，1年期的只占11.93%，这和中小企业私募债券的期限分布相似。对于中小企业集合债券而言，其发行期限有3年期、5年期、6年期和7年期四种，且6年期的占总发行期数的比重超过一半。从三者的平均发行期限来看，中小企业私募债券为2.48年，中小企业集合票据为2.52年，中小企业集合债券为5.45年。从以上分析不难看出，中小企业集合债券的发行期限更长，而中小企业私募债券的期限设计更加灵活。

表5-12 中小企业私募债券和中小企业集合债券/票据期限分布

发行期限		1年(含1.5年)	2年(含2.5年)	3年	5年	6年	7年
中小企业私募债券	期数	15	51	84		—	—
	规模（亿元）	9.51	54.02	111.58		—	—
中小企业集合债券	期数	—	—	2	1	7	1
	规模（亿元）	—	—	7.08	10.00	24.06	18.00
中小企业集合票据	期数	13	26	70	—	—	—
	规模（亿元）	26.20	68.58	177.24	—	—	—

资料来源：www.ourbond.cn

从债券的信用等级来看，中小企业私募债券的信用等级比较分散，最低级别为BBB+级，最高为AAA级；中小企业集合债券的信用等级则比较集中，AA级（含）以上的占90.91%；中小企业集合票据的信用等级也相对集中，AA级（含）以上的占96.33%。总体来看，中小企业集合债券/票据的信用等级明显要普遍高于中小企业私募债券，这也是目前中小企业私募债券发行利率较高的原因。

表 5－13　中小企业私募债券和中小企业集合债券/票据信用等级分布

债项级别	BBB +	A	A +	AA－（B）	AA	AA +	AAA（A－1）
中小企业私募债券	1	1	2	9	8	1	1
中小企业集合债券		－	1	－	5	4	1
中小企业集合票据				4	21	19	65

资料来源：www. ourbond. cn

从发行利率来看，无论是1年（含1.5年）期，还是2年（含2.5年）期和3年期，中小企业私募券的平均发行利率均要明显高于中小企业集合票据，其中1年期（含1.5年期）的利差最大，达377个基点。另外就3年期而言，中小企业私募债券的平均发行利率为9.24%，而中小企业集合债券的平均发行利率为4.85%，二者利差达439个基点，见表5－14。总体来说，已发行的中小企业私募债券的平均发行利率明显高于中小企业集合债券/票据的平均发行利率，一方面由于中小企业私募债券的整体信用等级较低，另一方面由于相对于后两者的公开发行，中小企业私募债券采用的是私募发行，流动性不佳。

表 5－14　中小企业私募债券和中小企业集合债券/票据发行利率比较

发行期限	1年（含1.5年）	2年（含2.5年）	3年	5年	6年	7年
中小企业私募债券平均发行利率（%）	9.02	8.87	9.24	—	—	—
中小企业集合债券平均发行利率（%）	—	—	4.85	5.70	7.19	7.15
中小企业集合票据平均发行利率（%）	5.25	5.82	6.06	—	—	—

资料来源：www. ourbond. cn

就是否采取增信措施而言，在已经发行的150期中小企业私募债券中，据不完全统计均采取了增信方式，具体而言，主要采用了第三方担保和抵押担保的方式；对于中小企业集合债券，除“12济小清河债”外，其余10期均采取了第三方担保的方式来增信；已发行的中小企业集合票据有99家采用了第三方担保的方式来增信，占总发行期数的90.83%，见表5－15。总体而言，由于中小企业的资质相对较差，是否采用增信措施成为中小企业私募债券以及中小企业集合债券/票据发行成功的关键因素。

表 5－15　中小企业私募债券和中小企业集合债券/票据增信情况

	总期数	无增信措施	有增信措施	有增信措施占比
中小企业私募债券	150	—	—	—
中小企业集合债券	11	0	10	90.91%
中小企业集合票据	109	10	99	90.83%

资料来源：www. ourbond. cn

5.2.3　中小企业私募债券与国外高收益债券比较

5.2.3.1　国外高收益债券概述

高收益债券是指由低信用级别的公司或市政机构发行的债券，这些机构的信用等级通常在 BB 级以下，由于信用等级较差，所以收益较高，因此被称为高收益债券。在国际市场上，高收益债券为中小企业融资以及投资者丰富资产组合提供了便利。70 年代以前，高收益债券主要是一些小型公司为开拓业务筹集资金而发行的，由于这种债券的信用受到怀疑，问津者较少，70 年代初期发行量还不到 20 亿美元。70 年代末期，高收益债券逐渐成为投资者狂热追求的投资工具，到 80 年代中期，高收益债券市场急剧膨胀，迅速达到鼎盛时期。截至 2011 年年底，美国是世界上最大的高收益债券市场，目前市场存量超过 1 万亿美元，约占全球存量高收益率债券规模的 60% 左右；就每年的发行规模来看，2000 ~ 2011 年，高收益债券的发行量累计达到 1.6 万亿美元。除 2008 年受金融危机影响发行量大幅缩减外，总体上保持了增长的趋势。除美国之外，高收益债券也逐渐被欧洲、亚洲等地区的投资者所接受，对中小企业拓宽融资渠道发挥了作用。

5.2.3.2　中小企业私募债券与国外高收益债券的区别

考虑到美国为世界上最主要的高收益债券市场，因此以下选取美国高收益债券来和我国中小企业私募债券进行对比。

1. 发行主体范围

虽然在发展初期，高收益债券的发行主体主要为中小企业，但是随着市场的发展和扩大，进入 21 世纪以后，高收益债券的发行主体已经完全多样化，目前主要包括新兴企业、堕落天使、高负债公司、公司收购人和资本密集型公司等。反观我国的中小企业私募债券，其发行主体为中小微型企业。相比于美国高收益债券发行人的多样化，我国中小企业私募债券发行人机构相对单一。

2. 发行期限分布

从图 5－1 中美国高收益债券的期限分布来看，6 ~ 10 年期的占比 80%，10 年期以上占比 13%，1 ~ 5 年期的只占 7%。虽然相比于美国投资级别的公司债券，高收益债券的期限相对较短，但是仍以中长期为主，其中 5 年期以上的高收益债券占比达 93%。对于我国中小企业私募债券而言，上海交易所规定发行期为 1 年以上 3 年以下；深圳交易所只规定发行期限为 1 年期以上，虽然深圳交易所没有规定其发行期限的上限，但是从目前已发行的 150 期中小企业私募债券来看，发行期限均在 3 年期及以下。

3. 与同期国债利差

1999 ~ 2011 年，美国高收益债券的平均发行利率为 7.85%，2008 年金融危机时期更是高达 9.40%。而 1999 ~ 2011 年期间投资级债券平均发行利率和 10 年期国债平均

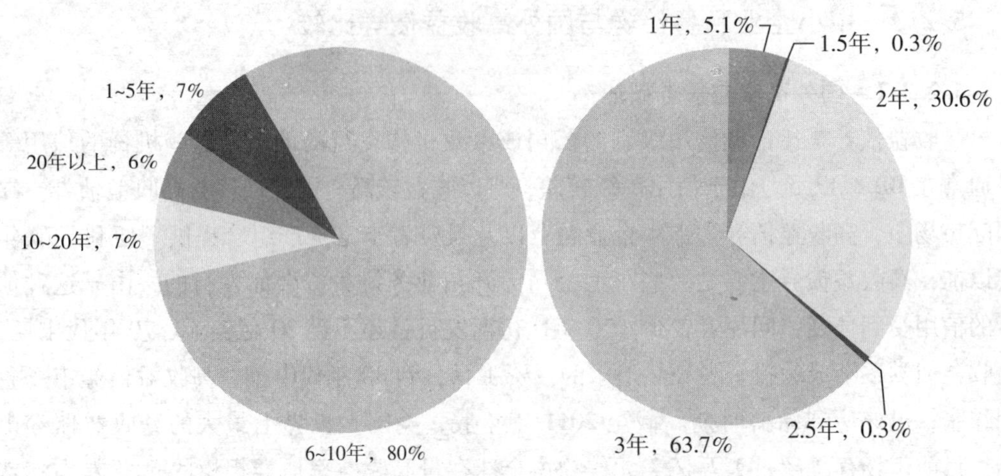

图5-1 美国高收益债券和我国中小企业私募债券期限分布

注：按发行规模统计。

收益率分别为5.08%和4.09%，平均利差分别达到了277个基点和376个基点。我国中小企业私募债券的平均发行利率为9.09%，而同期（2012年6月~2013年4月）10年期国债平均收益率为3.52%，利差达557个基点。

4. 信用等级分布

目前美国高收益债券的信用等级以B级~BB级为主，B级~BB级债券存量占高收益债券总存量的比重约为76.5%。B级~BB级各个子级的分布比较均匀，而且C级~CC级各个级别均有分布。虽然中小企业私募债券的信用级别相对于一般的公司债券要低，监管层出于控制风险的目的，在目前试点阶段，中小企业私募债券发行主体的资质相对较好，且几乎都采取了增信措施，因此其信用级别主要集中在BBB+~AAA级。

5. 投资者结构

美国高收益债券的主要投资者有保险公司、养老基金、共同基金、对冲基金和外国投资者等，其中保险公司在美国高收益债券市场的投资比重一直处于领先地位。以2008年为例，保险公司持有26%，养老基金持有20%，共同基金持有17%，见图5-2。

对于中小企业私募债券来说，根据《试行办法》，商业银行、证券公司、基金管理公司、信托公司和保险公司等机构投资者均可投资私募债券。由于中小企业私募债券很少能达到保监会规定的可以投资的最低级别，所以保险公司也就几乎无法参与中小企业私募债券的认购与交易。另外，《全国社会保障基金投资管理暂行办法》规定，社保基金的投资范围限于银行存款、买卖国债和其他具有良好流动性的金融工具，包括上市流通的证券投资基金、股票、信用等级在投资级以上的企业债券、金融债券等有价证券。因此，社保基金也无法直接投资中小企业私募债券。

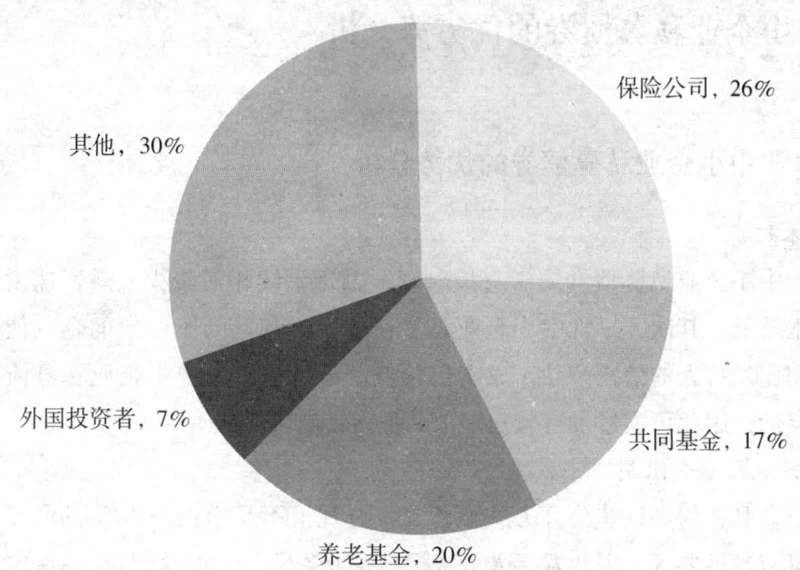

图5-2　2008年美国高收益债券持有人分布

6. 发行方式

美国高收益债券的发行方式主要有两种，一种是公开发行，另一种是通过144A规则私募发行。两者在发行程序、信息披露、投资者保护和交易机制等方面存在着明显的区别。数据显示，目前美国80%的高收益债券是通过私募方式发行的，另外的20%则采用公开方式发行。而我国中小企业私募债券只能采用私募的方式发行。

7. 投资者保护

美国的高收益债券存在相当成熟而且普遍的投资者保护机制——约束性契约。高收益债券的发行文件中往往包含了大量严格的要求发行债券主体在债券存续期内遵守的约束性契约，以保护投资者利益、防范债券的违约风险和发行债券主体的道德风险。如果发行债券主体违反了约束性条款，债券持有人将根据实际情况要求发行债券主体采取补救措施或召开债券持有人大会，违反核心条款还将引发债券立即进入清偿程序。目前，常见的限制性条款主要包括：（1）未来新增债务；（2）分红以及股权和债权投资；（3）给予其他债权人优先受偿权；（4）出售资产及下属公司的股份；（5）与子公司的非商业条款进行交易；（6）从事任何与主业无关的业务；（7）实际控制人发行变更；（8）资产或业务整合。

而中小企业私募债券，主要从以下几个方面来加强投资者保护：（1）受托管理人制度，受托管理人依照约定维护私募债券持有人的利益，保护投资者权益；（2）发行人建立偿债保障金，并对偿债保障金的提取进行了具体规定；（3）债券持有人会议；（4）限制股息分配措施，以保障私募债券本息按时兑付，并承诺若未能足额提取偿债保障金，不以现金方式进行利润分配；（5）采用内外部增信措施。

5.3 中小企业私募债券的优劣势分析

5.3.1 中小企业私募债券的优势分析

1. 成本较低

首先，中小企业私募债券属于直接融资，融资手续相对较少，融资速度较快，因此时间成本较低。其次，尽管中小企业私募债券发行利率高于一般的企业债券和公司债券，但相比发行人的信托产品，成本仍较低。最后，由于中小企业私募债券的发行期限相对灵活，因此可通过发行较长期限品种，锁定较低成本。

2. 发行规模不受限制

中小企业私募债券以非公开方式发行，发行规模不受净资产40%的限制，且对盈利能力也没有硬性要求，因此发行人可根据自身业务发展需求设定合理的融资规模。

3. 资金用途灵活

目前，《试点办法》未对中小企业私募债券所募集资金的用途进行明确约定，发行人可根据自身业务需要设定合理的募集资金用途。

4. 发行条款设计灵活

可以选择单独发行，也可以由两家及以上发行人集合发行；可加转股条款；可附利率上调投资者选择权和投资者回售条款；同时债券偿还方式设计灵活可变，可以附加选择权、提前还本、多次付息等多种形式。

5. 审批快

中小企业私募债券采取的是备案制，申报周期较短，申报流程相对简单，一般在15~20个工作日内可完成备案工作。发行人取得《接受备案通知书》后，在6个月内完成发行即可。

6. 宣传效应显著

中小企业私募债券虽为非公开发行，但能够参与非公开发行的合格投资者资质均较为优良，在进行推介的过程中，可有效提升企业形象。同时中小企业私募债券的成功发行可显示发行人的整体实力，增加市场认可度，或可提升银行授信额度。

5.3.2 中小企业私募债券的劣势分析

1. 流动性差

对于中小企业私募债券而言，虽然可在两大交易所特定渠道（上海证券交易所的固定收益综合平台和深圳证券交易所的综合协议交易平台）进行转让交易，但是其流动性仍不容乐观。

首先，受制于“合格投资者”总人数和资格的限制，大部分的机构投资者和个人投资者不能参与其发行与流通。其次，我国的机构投资者主要以保险、银行、基金为主导，但是他们所投资的债券有信用等级下限的要求，从目前来看，中小企业私募债券的信用等级不能满足他们所要求的标准，因此国内主导的机构投资者并不能参与到中小企业私募债券的发行与交易。最后，虽然随着发行只数的增加，投资者可通过组合配置来分散个券风险，但若市场容量较小，风险分散的途径将会受到制约，这也会影响投资者参与中小企业私募债券认购与交易的积极性。

2. 相关的配套设施不完善

虽然在中小企业私募债券推出之前，银行间定向债务融资工具和创业板私募债券已经推出，积累了相关经验，但是定向债务工具的发行主体更多的是以高信用等级为主，并未真正向中小微企业开放。同时，截至目前，创业板私募债券也只发行过8期。因此可以说，在中国推行中小企业私募债券并无实质相关经验可以借鉴，在推行试点阶段，相关制度建设及监管的不完善是目前中小企业私募债券的一个劣势。

3. 机构投资者相对不成熟

中小企业私募债券的投资主体主要是机构投资者，但从目前我国债券市场的现状来看，机构投资者这一群体仍处于发展阶段，尚不成熟。第一，我国机构投资者的规模偏小，在市场上发挥作用的能力有限。第二，基金类机构投资者呈现“散户化”趋势，基金的投资行为被基金持有者的行为所左右，出现短期化交易倾向，加剧了市场波动。第三，机构投资者中证券投资基金独大，像社保基金和保险基金等可以进行长期投资的资金比例仍然很小。

4. 无强制评级要求

健全的信用评级体系是债券市场正常运行和不断发展的基石，评级结果是否具有客观性、是否经得起市场的检验，评级机构能否获得投资者对其权威性和独立性的认可，对债券市场至关重要。但是，目前的《试点办法》没有将信用评级作为私募债券发行的必要条件。没有信用评级，既不利于中小企业私募债券的定价，也不利于揭示其信用风险。

第6章 中小企业私募债券的产生和发展

6.1 中小企业私募债券的推出背景

6.1.1 我国债券市场发展相对滞后

中国现阶段证券市场的繁荣，带动了各相关行业的发展。债券市场作为证券市场中一个非常重要的子市场，在深化金融结构改革、完善国家宏观调控和推动利率市场化改革等方面，起到了重要的作用。近年来，我国债券市场的发展突飞猛进，发行总额不断增大，市场交易主体不断增多，同时对我国社会资金流动的影响也越来越大。但是我国债券市场的发展相对于其他发达国家来说仍然相对滞后，主要表现在以下几个方面：

1. 总体规模较小

近年来，虽然债券发行市场规模逐渐扩大，但与发达国家债券市场相比还存在一定差距。截至2011年年底，我国债券市场总规模约为21.36万亿元，是当年GDP的45.14%，见图6-1。同期美国债券市场托管量是其GDP的2.44倍（见图6-2），日本债券市场余额为当期GDP的2.1倍（见图6-3）。

将债券发行市场同股票发行市场相对比就会发现，依然存在一些差距。中国债券市场经过最近几年的发展，尤其是企业债券市场、中期票据市场和短期融资券市场的快速发展，目前债券市场年融资规模已经远远超过了股票年融资规模。但是整个债券市场规模和股票市值之比与发达国家相比，仍有差距。2011年，我国债券市场余额和股市规模之比为0.99，明显小于世界平均水平（1.8倍左右），也远小于欧元区、日本、美国等发达经济体。

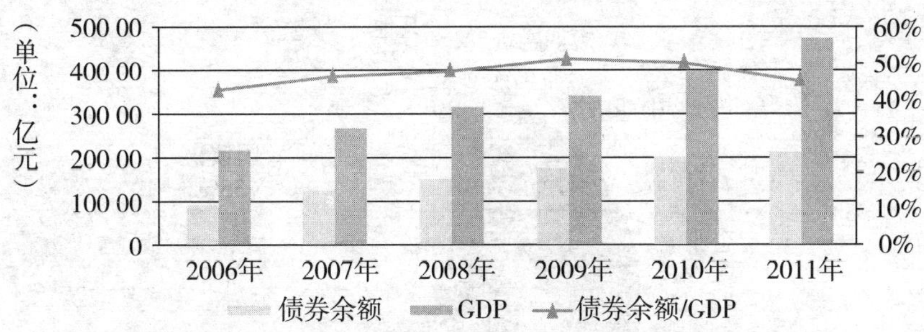

图6－1　2006～2011年中国债券市场余额占GDP的比重

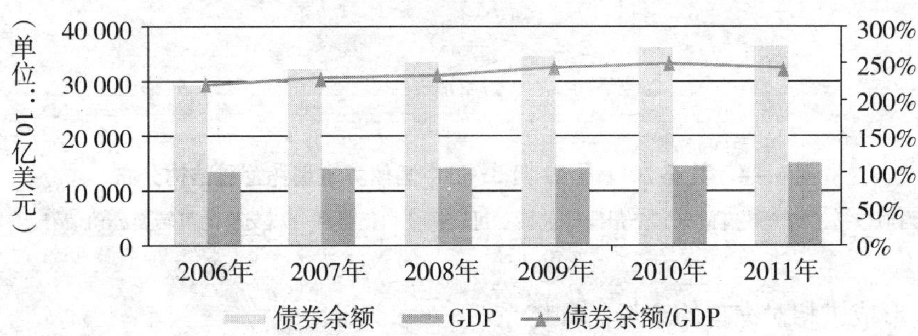

图6－2　2006～2011年美国债券市场余额占GDP的比重

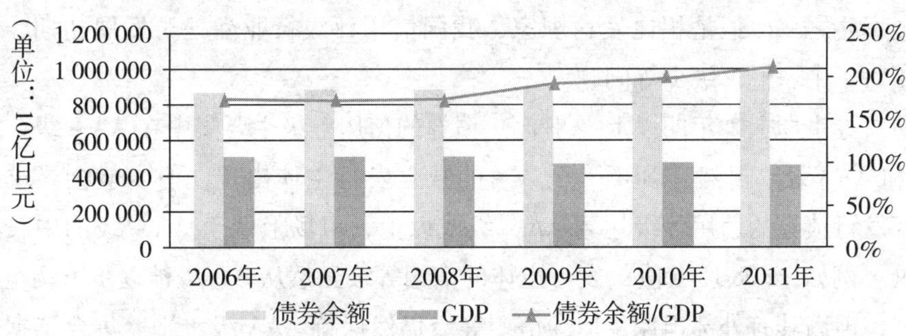

图6－3　2006～2011年日本债券市场余额占GDP的比重

2. 债券品种不够丰富且内部结构失衡

我国目前发行的债券品种有国债、金融债券、企业债券、中期票据、短期融资券、公司债券和可转换债券等。但是从规模上来看，我国债券市场是以政府及金融机构债券为主体的市场，而与经济活动的主体——企业相关的债券较少，这是我国债券市场的主要缺陷。以2011年年底为例，中国债券托管余额中，国债和金融债券占比达67%，而公司债券和企业债券占比分别只有2%和6%，远远低于其他债券品种，见图6－4。

相比较而言，美国债券市场品种丰富，不仅在现货市场有市政债券、政府债券、联邦机构债券、抵押担保债券、资产担保债券、公司债券和货币市场工具，并且在普通债券的基础上衍生出了许多附有期权特征的债务工具，从而满足了不同层次投资者

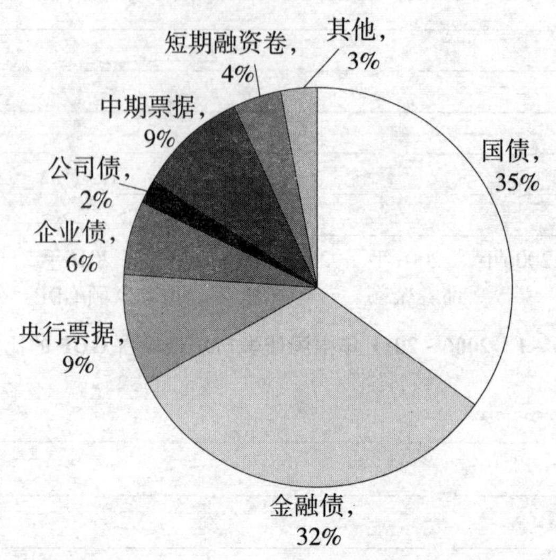

图6－4　截至2011年12月31日中国债券市场托管量结构分布

注：国债包括了地方政府债券，公司债券包括了可转换公司债券和分离交易的可转换公司债券。

的需要，形成了相对完善的市场品种体系。

3. 信用评级相对集中，低级评级少

我国债券信用评级起步于20世纪80年代，目前信用评级已经成为企业进行债券融资的必经程序之一。但是相比发达国家，我国信用评级行业尚处于发展初期，还有信用等级相对集中、低评级少等问题。

目前债券市场上1年期以上（不含）债券的信用等级主要集中在AA－级、AA级、AA＋级和AAA级。虽然有BBB＋至A＋的独立发行主体出现，但一般会寻求外部担保，使其发行债券的信用等级达到AA－级或以上，市场上低于AA－级的中长期债券还很少见。例如，“08广纸债”发行主体的信用等级虽然从A＋级被逐步下调至BBB＋级的水平，但因其有外部担保，债券信用等级仍然保持AAA级水平。集合票据虽然已经有BB－级至A＋级的比较完整的发行人序列，但由于外部担保的存在，债券级别一般在AA级以上，无法体现出真正的高收益债券定价原则。

从评级机构历年的评级结果分布可以看出，主体信用等级以及债项信用等级在AA－以上（含AA－）的债券项数以及规模比重较大。2006年～2012年7月底，主体信用等级和债项等级均在AA－以上的企业债债券只数为966只，发行规模为20 297.09亿元，期数和规模占全部企业债券的比重分别为95.93%和8.57%。截至2012年7月31日，已发行公司债券270期，募集资金4 136.1亿元，其中主体信用等级为AA－以上的有262期，发行金额4 093.3亿元，期数和规模占比分别为97.04%和98.97%；债项信用等级AA－级以上占比达100%。详见图6－5～图6－8。

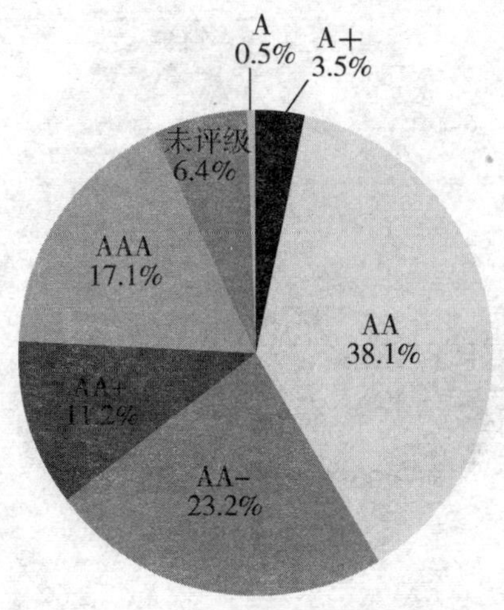

图6-5　2006年~2012年7月31日企业债券主体信用等级分布

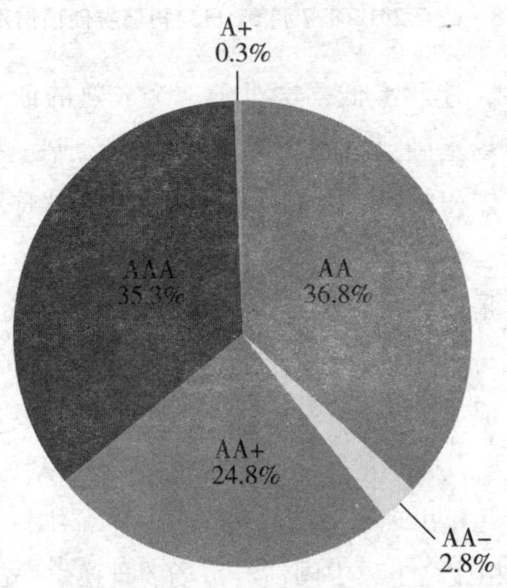

图6-6　2006年~2012年7月31日企业债券债项信用等级分布

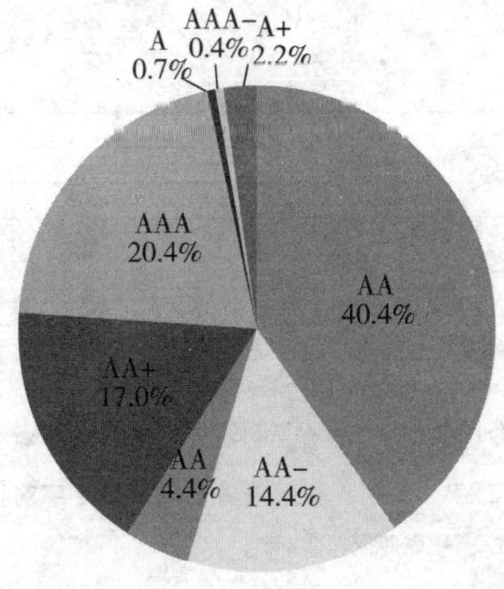

图6-7　截至2012年7月31日公司债券主体信用等级

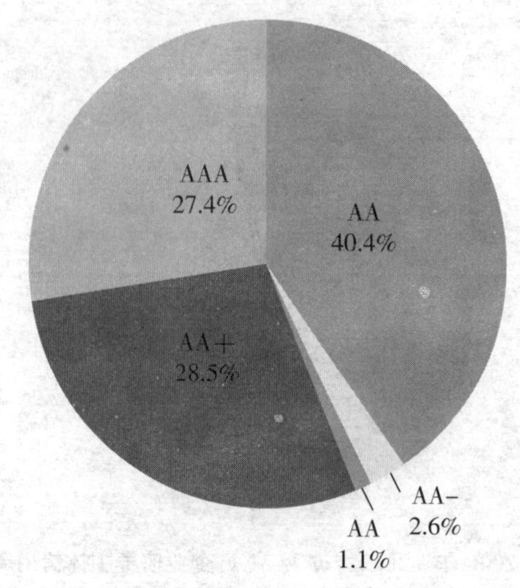

图 6－8　截至 2012 年 7 月 31 日公司债券债项信用等级

信用评级中低等级少，违约率低，这对于一个成熟的债券市场而言是不正常的，同时也不利于我国债券市场基础数据的积累，不利于形成完整的收益率曲线。因此有必要引入新的债券发行主体和债务融资工具，扩大信用等级序列的范围。

4. 债券市场流动性差

债券市场的流动性，是指在尽可能不改变价格的情况下迅速买卖债券的能力。流动性是衡量一个市场成熟与否的重要标志。债券市场流动性的好坏直接关系着债券发行主体的融资能力和筹资成本的大小，也关系着投资者的切身利益。美国债券市场之所以处于全球领先地位，与其发达的二级市场密不可分。从图 6－9 可以看出，虽然美国债券市场的日换手率近几年出现了下降趋势，但基本都维持在 2% 以上，日交易量维持在 8 000 亿美元以上。相比之下，中国债券市场的日换手率虽然呈上升趋势，日交易量从 2006 年的 416 亿元增长到 2 914 亿元，增长了 6 倍多，但是截至 2012 年 8 月底，换手率也只有 1. 28%，远低于美国的 2. 3%。

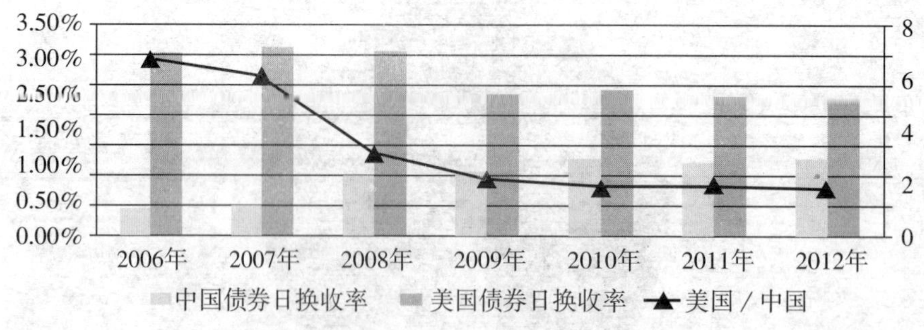

图 6－9　美国、中国债券市场日换手率对比

注：换手率 = 每日成交量/当期债券余额。

5. 参与主体范围窄

从国际金融市场发展的经验来看，成熟债券市场的投资主体趋向于以机构投资者为主，金融产品的丰富、交易的活跃和投资者群体的多元化三者相辅相成。根据银行间市场现券交易按投资者分类统计的数据可以看到，2012 年 1 ~ 7 月买入交易总计 386 266. 87亿元，其中商业银行占比 65. 6%，证券公司占比 17. 6%，基金公司占比 8. 9%，仅这三类机构投资者占比就达到92. 1%，其他类型投资者占比不到10%。见图 6 - 10。投资机构的过于单一、集中，将成为市场持续快速发展的重要制约因素。

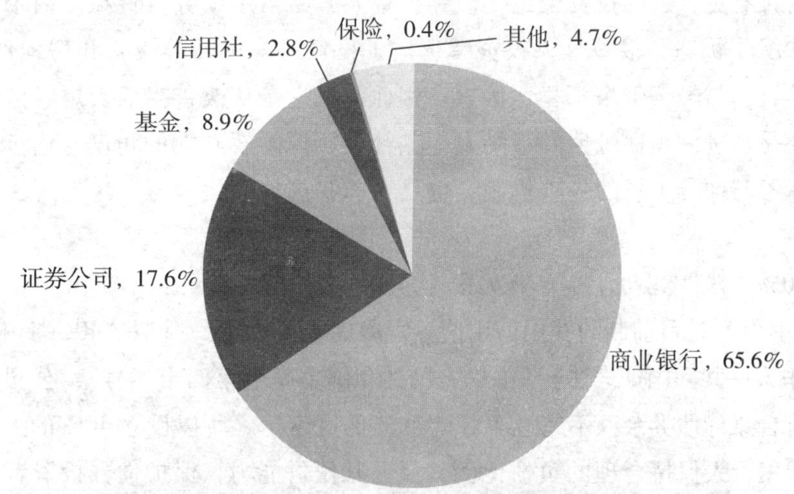

图 6 - 10　银行间债券市场 2012 年 1 ~ 7 月现券交易投资者结构

首先，由于投资者类型过于集中，造成债券市场风险偏好特征趋同，不利于债券发行主体的继续扩容。由于投资机构类型集中，市场绝大部分投资者在风险分析、价值判断、交易策略选择等方面也相对一致，这使得市场投资、交易需求可能出现一边倒的局面，客观上制约了市场交易的活跃程度。更重要的是，目前我国债券投资机构大多属于风险厌恶型，对于外部评级较低、资质相对较差的主体发行的债券，市场接受程度往往较低，对发行主体的进一步扩容形成制约。

其次，投资者结构单一，使得债券市场在动员机构资金与社会储蓄满足各类主体融资需求从而提高整个社会资源配置效率方面，无法充分发挥应有作用。这主要表现在：一方面部分企业仍在苦苦寻找适合自身的融资渠道；另一方面由于债券产品种类过分单一、机构投资渠道匮乏制约了投资者队伍的多元发展，社会资本配置效率相对低下，致使社会资金缺乏合适的获利渠道，在一定程度上不利于舒缓通货膨胀压力及维持宏观经济的稳定。

而债券市场的发展离不开债券产品的丰富和投资者群体的多元化，因此投资者结构多元化与产品创新发展之间的制约关系必须被打破。

一方面，随着市场的不断发展，国内投资机构的风险控制能力也在不断提高，部分投资者已初步具备较好的风险识别、分析和定价能力。在这种背景下，适宜地从监管制度上予以区别对待，通过制度与产品创新，有选择、有秩序地允许部分合格的机构投资者参与高风险、高收益资产的投资和交易活动，并在此基础上培育高风险偏好的投资机构的成长。同时，在产品创新领域同步鼓励个性化结构产品的设计与开发，以配合投资者结构的完善，从而形成债券市场向更深更广范围发展的协调效应。

另一方面，应逐步健全合格个人投资者投资高收益债券的制度与各项配套措施，吸引更多的具有较高风险承受能力和投资运作水平的个人投资者进入信用债券市场。当前，由于没有更合适的投资渠道，债券投资尤其是信用债券投资在国内个人投资者中仍处于边缘化状态，很多个人投资者选择了投资风险更高的股票和房地产等市场，这可能会给社会与经济带来不稳定因素。因此，无论是从改善当前宏观经济调控环境的角度，还是从进一步促进债券市场发挥其社会资源配置功能的角度，逐步完善合格个人投资者参与债券市场的各项机制，也是当前我国债券发展所应考虑解决的重要课题之一。

6. “40%上限”制约债券市场发展

“40%上限”是目前制约我国信用债券发展的重要因素。所谓“40%上限”，即指根据《中华人民共和国证券法》（中华人民共和国主席令第四十三号），公司公开发行债券应当符合累计债券余额不超过净资产40%的规定。之所以设立40%的上限，主要目的是要求发行人保持合理的负债比例，保证其偿付能力，保护债券投资者特别是社会公众投资者的利益。但是，“40%上限”限制了企业直接融资空间，使其不能按照自身需求安排融资结构，已不能满足企业的融资需求。根据国际经验，欧美、日本等发达经济体对公司债券的融资规模没有限制，规模主要由企业融资需求、自身经营状况及市场需求等因素决定，由市场投资者在中介机构的辅助下主动识别债券市场风险。

7. 银行的“预算软约束”依然存在

在国有银行还没有真正转变为商业银行的情况下，拖欠银行贷款可能受到的惩罚并不是很重，况且银行为追求账面利益最大化，可以对还不了贷款的企业继续贷款，使该企业通过以新还旧、债务展期以及豁免部分本息等种种方式实现账面盈利。基于此，企业向银行申请贷款，无论是在借款还是还款条件上，其预算约束都远远小于发行企业债券直接面对广大债权人的硬约束。这样，企业获得贷款还本付息的压力就比发行债券还本付息的压力要小得多。

8. 市场监管效率低，法律法规不健全

随着债券市场的发展，我国对债券市场监管的一系列法律法规逐步出台，可以说债券市场的法制建设取得了很大的成绩，但依然存在一定的问题。首先是多头监管的存在。目前，国家发展和改革委员会主管企业债券，中国证券监督管理委员会主管公司债券，中国人民银行则主管中期票据和短期融资券。在多部门监管的情况下，不仅监管成本较高，债券发行的隐性成本也会有所增加。同时，债市多头监管直接导致了银行间债券市场和交易所债券市场的割裂。目前，国内公司债券在交易所市场发行，企业债券虽然在两大市场都可以发行，但是大部分集中在银行间市场。银行间市场托管债券占所有债券总额的 94% 以上，交易量占市场总额的 99% 以上。

其次，监管法律体系尚不健全，相关法律与实施细则、其他规章制度之间不配套。比如，有些法律法规制定较早，已不适应目前市场发展的需要；有法不依、有法难依的现象时有发生；各部门监管目标模糊、政策自相矛盾。这些都严重制约了债券市场的发展。

6.1.2　交易所债券市场仍需大力发展

目前，发达市场如德国、日本、美国等发行的债券既可以选择在场内的证券交易所挂牌上市，也可以选择在场外的 OTC 市场进行交易。虽然大多数债券是通过场外的 OTC 市场进行交易，但是，大力发展交易所债券市场已成为主要发达市场的重要课题。此外，发达市场的债券交易场所是互联互通的，投资者可以通过场外市场结算平台认购交易所发行的债券，同时也可以通过交易所的平台进入场外结算平台认购托管在场外结算中心的债券。以香港为例，只要投资者符合相关准入标准，即可以通过交易所的结算平台认购托管在香港金管局 CMU 系统的债券，反之亦然。

相比之下，我国债券市场是割裂分开的。目前，我国债券市场主要分为银行间债券市场和交易所债券市场。但是和国外最大的不同是，我国银行间债券市场无论是从债券托管量方面，还是交易量方面，都占据绝对优势地位；并且两个市场的参与者被人为割裂，两个市场同一券种经常出现发行利率背离的局面。

2012 年 1 ~ 8 月，银行间债券市场每月平均交易量为 59 026 亿元，占总交易量的 99%；而交易所债券市场平均每月交易量只有 463 亿元，见图 6 – 11。从托管量上来看，截至 2012 年 7 月 31 日，银行间市场债券托管量为 211 357 亿元，占总托管量的 94.6%，而交易所债券市场托管量仅为 3 893 亿元，占比只有 1.7%，见图 6 – 12。

一定程度上来说，努力发展薄弱环节，会迅速做大债券市场，因此宜大力发展债券市场的短板——交易所债券市场，以便迅速提高我国交易所债券市场的竞争力。之所以要重点发展我国交易所债券市场，主要基于以下四个方面的考虑：第一，交易所的国债交易实行集合统一竞价、价格时间优先原则，买卖双方平等交易并即时成交，这就大大节约了各种资源，具有发行、上市交易的各种优势；第二，我国的柜台市场实际上已经是有行无市，处于不断萎缩的状态；第三，我国的银行间市场交易主体有限，交易制度不健全，交易效率低下；第四，现代信息网络技术的快速发展、个人投资者的投资欲望强烈、机构投资者日益崛起，以及市场参与者的国际化，为交易所债券市场的发展提供了有利契机，与此同时虚拟交易所的诞生和交易所之间的竞争也促使交易所必须自我创新，努力发展。特别是在中国加入 WTO 以及证券市场国际化和市场化的前提下，国内证券交易所不可避免参与国际资本市场的激烈竞争。因此，为提

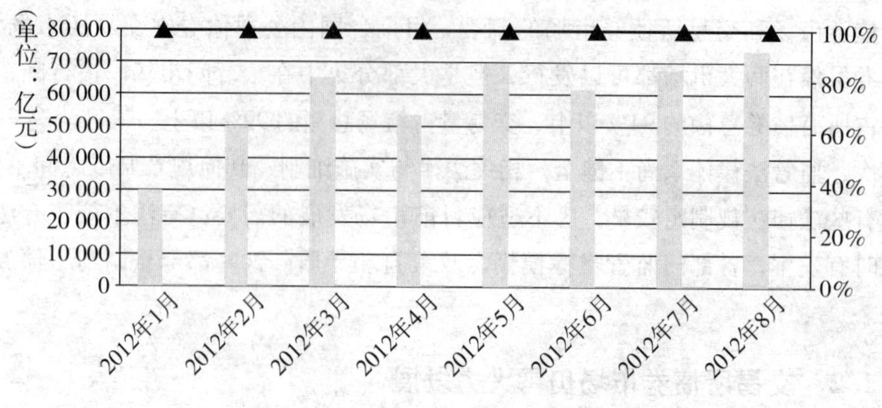

图6－11　银行间债券市场和交易所债券市场交易量对比

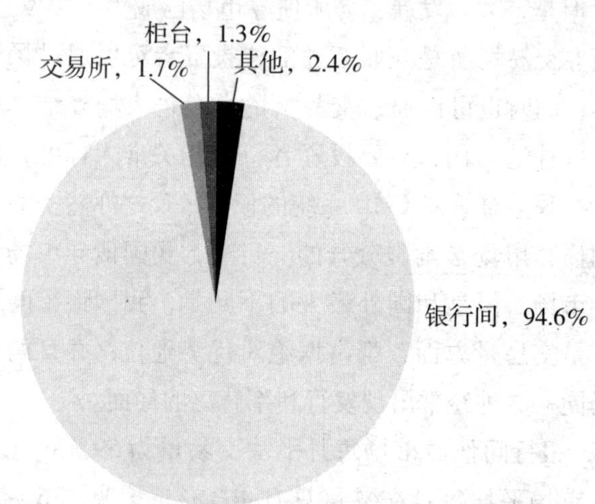

图6－12　截至2012年7月31日分市场债券托管量

高我国的交易所参与国际资本市场的竞争力，必须尽快发展我国交易所债券市场，不断开展各项创新活动，包括品种创新和制度创新。笔者认为，进行以市场需求为导向的品种创新是发展我国交易所债券市场的基础，制度创新服务于品种创新，为品种创新提供良好的实施环境。而中小企业私募债券的推出显然有助于交易所拓宽交易品种，提高市场地位。

6.1.3　中小企业融资困境亟待解决

6.1.3.1　中小企业在国民经济中占有显著地位

1. 中小企业是国民经济高速增长的推动力量

社会化分工和生产的专业化，为众多中小企业提供了广阔的生存空间。改革开放以来，特别是从20世纪90年代后半期起，中小企业在我国迅速发展，目前，中小企业在促进经济增长、增加就业、科技创新、增加出口、维护社会和谐稳定等方面具有不可替代的作用，是经济增长的主要驱动力量，也是经济结构调整的加速器。截至2011年年底，在工商部门注册的中小企业已达1 023万户，此外，还有数量更多的个体工商户。就经济贡献来说，中小企业已占中国企业总数的99%以上，对GDP的贡献超过60%，对税收的贡献超过50%，提供了近70%的进出口贸易额，创造了80%左右的城镇就业岗位，吸纳了50%以上的国有企业下岗人员、70%以上的新增就业人员、70%以上的农村转移劳动力。

2. 中小企业是活跃市场的有效推动力

中小企业具有可替代性，即一个中小企业所从事的活动比较容易为其他企业所替代，少数中小企业的失败、倒闭所产生的负面影响是有限的，即使是在社会主义市场经济条件下，也容易被社会心理看成是一种很自然的经济现象。同时，中小企业在转变生产方向和更新换代方面有较大的灵活性，更贴近消费者，能更快地接收市场信息，调整经济方向、形式和力度。

3. 中小企业技术创新优势明显

与大企业多层次的等级结构以及相应的低效率、高成本相比，小企业具有创新成本低、效益高的特点。据统计资料，中小企业拥有66%的发明专利、74%的技术创新和72%的新产品开发。在经济全球化、市场一体化的今天，随着我国社会主义市场经济体制的建立与完善，加快中小企业的发展是必然的战略选择。

6.1.3.2　中小企业融资难原因

与中小企业对国民经济发展做出巨大贡献形成鲜明对比的是，中小企业面临着融资困难的窘境，这也成为制约其发展的关键因素。归根结底，中小企业融资难主要由以下三方面原因造成：

1. 内部原因

（1）融资形式单一。

中小企业自身对于融资产品的了解不够，绝大多数企业仍然单一地使用间接融资的融资方式，而在间接融资中也只是以银行和信用社的贷款为主。据统计，46.48%的被调查企业目前补充资金的渠道仍是银行及信用社的贷款。企业对融资可采取的渠道了解不够，从而导致单一的融资方式，是造成其融资难的一个原因。

（2）市场竞争能力弱，抗风险能力差。

中小企业一般规模不大，产品技术含量低，少数中小企业产品质量低劣、缺乏品牌和知识附加值少，致使中小企业容易受到经营环境的影响，一旦遇到经济不景气、竞争对手的打压、经营决策失误以及政府政策方向转变等情况时，就会使经营状况变差甚至直接导致破产。研究表明，超过20%的中小企业在成立2年内失败，超过50%的中小企业在成立4年内失败，超过60%的中小企业在成立6年内就失败。从理性经济角度来讲，如此高的破产率必然使多数投资者望而却步。正因为中小企业给市场提供了如此的印象，使得其中一部分运营良好、偿债能力较强的企业也面临融资困境，银行出于风险管理的便利，也对这部分较优质企业惜贷。

（3）缺少可以用于抵押担保的资产。

当前商业银行为了降低自身经营的风险，在为企业提供贷款时，一般会要求企业以优质固定资产作为抵押。按照我国目前使用的企业规模划分标准，年销售收入和资产总额均在5亿元以上的为大型企业，年销售收入和资产总额均在5 000万元以上、5亿元以下的为中型企业，年销售收入和资产总额均在5 000万元以下的为小型企业，我国中小企业一般缺少足够的抵押资产，负债能力低，大多不符合商业银行的贷款条件。至于担保，目前商业银行规定只有信用等级在A级以上的企业才能提供担保，但是我国符合条件的企业少，中小企业无法互相担保。大企业一般不愿为中小企业担保，即使愿意，往往也会收取较高的担保费用，加大了融资的成本。据调查，我国中小企业因无法落实担保而被拒贷的比例为23.8%，因无法落实抵押而被拒贷的比例为32.3%，合计总拒贷率为56.1%。

（4）财务制度不健全，透明度不高，信用程度低。

目前大多数中小企业内部管理不规范，财务制度不健全，有的中小企业出于逃避税收等原因，对外披露会计信息非常谨慎，甚至没有会计报表或会计报表不真实，有的甚至有几本账，银行等金融机构在对中小企业进行资信评估和授信审核时，由于企业提供的数据往往不甚真实，财务结构不合理，经不起推敲，导致对企业的生产经营和财务状况难以掌握，从而造成对企业信贷决策的困难。同时，由于中小企业的管理水平和员工素质的限制，资金管理缺乏规范性，存在着大量漏洞。

还有部分信用程度较低的中小企业，对于银行贷款没有很强的偿还意愿，总是恶意拖欠贷款，这也是银行向中小企业贷款所顾虑的问题之一。

2. 金融机构方面的因素

（1）金融机构对中小企业的经营指导思想存在误区。

由于受传统思维方式和业务运作模式的影响，商业银行仍普遍将信贷规模重点投向大型企业，而把中小企业等同于“散小差”客户，认为客户规模小、所有制成分复杂、经营稳定性差，且贷款数额小、客户分散、单户收益贡献度不高。因此，金融机构在中小企业经营体制、信贷产品设计等方面，没有相应配套的具体业务运作模式，更不能体现中小企业要求信贷业务便捷、快速等特点，直接影响了对中小企业信贷业务的开展。

（2）银行贷款管理体制的制约。

目前，企业获取资金的主渠道依旧是银行。现行的金融体系中，国有商业银行贷款给国有大中型企业似乎天经地义，而面对广大中小企业的贷款请求，往往不予支持，基层的银行贷款权限受到严格的限制，同时贷款审批程序烦琐。金融危机之后，我国政府认识到了国内金融业的不规范对国民经济的不良影响，因此，中国人民银行加大了对各个商业银行的监督与考核，加强了商业银行的风险控制体系，同时加快了改革步伐。商业银行为了降低贷款的风险，普遍采用了授权授信制度，一定程度上加大了商业银行对基层银行贷款的控制，实际上是将贷款权上收，基层银行的贷款权利极为有限。一些县级商业银行变成了纯储蓄机构，只能吸收储蓄，做一些基层的调查工作，没有贷款权。地市级只有流动资金贷款权限，中国大多数中小企业在基层，需要一层层上报到总行，审批程序烦琐，而且，商业银行激励与约束机制不对称，内部的存款利率不合理，导致银行“伪市场化”，制约了基层银行贷款的积极性和主动性。同时，国家严格限制中小金融机构和民间金融活动，使得中小企业借贷无门。

(3) 直接融资渠道不畅。

证券制度的不完善使得中小企业融资难。现行《证券法》对上市公司的严格要求，“主板市场”的上市公司主要是国有大型企业，针对家庭式企业，尤其是非国有科技企业的“二板市场”的缺失，基金组织及其他形式的融资尚处于初建阶段，使得中小企业直接融资的渠道很难实现。同时，我国《公司法》规定了申请股票上市的条件：股份有限公司注册资本不得少于人民币500万元，上市公司股东总额不少于人民币3 000万元，公开发行的股份达到公司股份总数的25%以上，公司股本总额超过人民币4亿元的，公开发行股份的比例为10%以上等等，这些硬性条件将中小企业拒之门外，阻碍着中小企业通过资本市场进行融资。我国《公司法》还规定，有限责任公司发行债券其净资产不得少于6 000万元，股份有限公司净资产不得少于3 000万元，并且有实力雄厚的企业担保，不允许企业私募发行，这一系列条件也限制了中小企业通过发行债券融资的空间。

(4) 信息不对称加大了中小企业融资的难度。

信息不对称导致的后果主要表现为“逆向选择”与“道德风险”，即中小企业获得信贷资金后，可能会改变原来的承诺，从事偏离银行利益的活动，使投资者面临的风险和不确定性增大，投资者就会谨慎考虑其投资项目。中小企业融资过程中信息不对称问题比较严重，没有经过外部审计的财务报告，盈利能力难以预测，产品质量较差，产品老化，档次低等问题严重，经营规模小，其经营活动状况外界不易了解，加剧了中小企业融资信息不对称的程度，银行承担了过多的风险，缺乏为中小企业提供更多融资服务的动力，加大了融资难度。

3. 政府方面的原因

(1) 不具备公平竞争的市场环境。

扶持、鼓励中小企业经济发展的政策措施不到位，许多政策法规没有落到实处，或者在落实上打了折扣。与国有集体和外商投资企业相比，个体私营经济在许多方面还处于不利地位，缺乏公平竞争的市场环境，如市场准入方面，许多行业和部门仍然不允许中小企业进入，拥有进出口经营权的中小企业凤毛麟角，也不能设分支机构等。

（2）政府管理不规范，宏观调控乏力。

政府对中小企业经济的管理，涉及多个部门，在对中小企业的经济管理中，往往出现相互交叉、缺乏协调的现象，增加了中小企业的负担，又使他们无所适从。在对经济机构协调方面，由于政府调控不力，致使中小企业经济重复生产，处于粗放经营状态。在监督方面，有的政府部门未能很好地履行监督职能，致使中小企业本身行为不规范。

（3）市场机制不健全。

在我国债券发展史上，至今尚未出现过大的信用违约事件，这是因为我国的国家隐形信用担保“无处不在”。除了具有显性国家信用的国债、政策性银行金融债券等，企业债券、公司债券等债券品种目前也大都是较大规模企业的再融资手段。而中小企业集合票据也需要通过一定的方式进行增信，实际也是国家的隐性信用在给予担保。在现有环境下，完全符合债券发行规定的企业往往不是最缺钱的，而大量急需融资的中小企业则很难进入债市。截至2012年7月31日，中小企业集合债券只发行了8期，募集资金38.21亿元，中小企业集合票据发行了72期，募集资金187.55亿元，总体融资数量和融资规模也相对较低。

中小企业融资难从本质上看并非市场缺乏资金，而是市场机制不健全导致的市场失灵，市场资金没有合法的渠道直接投入中小企业，因此建立健全中小企业融资市场，是解决中小企业融资难的根本途径。尽管目前我国已经推出适合中小企业股权融资的中小板和创业板，以及中小企业集合债券等债务融资工具，但中小企业的融资问题一直未能得到有效解决。

6.1.3.3　国家政策支持中小企业融资

近年来，国家采取了一系列政策措施为中小企业融资营造有利的外部环境。2003年出台的《中小企业促进法》（中华人民共和国主席令第69号）是我国中小企业发展史上的一个里程碑，标志着我国对中小企业加强扶持、指导和服务步入了法制轨道。2005年出台的《国务院关于鼓励支持和引导个体私营等非公有制经济发展的若干意见》（国发〔2005〕3号，“非公经济36条”）提出放宽非公有制经济市场准入，允许非公有资本进入法律法规未禁入的行业和领域。允许外资进入的行业和领域，也允许国内非公有资本进入，并放宽股权比例限制等方面的条件，在投资核准、融资服务、财税政策、土地使用、对外贸易和经济技术合作等方面，对非公有制企业与其他所有制企业一视同仁，实行同等待遇。由于非公有制经济中大部分是中小企业，因此这一政策的出台，将为中小企业带来前所未有的发展机遇。

2008年金融危机对中小企业的生存和发展造成了较大的威胁，为应对危机，党中央、国务院出台了一系列方针政策，如《国务院办公厅关于当前金融促进经济发展的若干意见》（中国人民银行公告〔2009〕第1号）、《国务院关于进一步促进中小企业发展的若干意见》（国发〔2009〕36号）以及《国务院关于鼓励和引导民间投资健康发展的若干意见》（国发〔2010〕13号），解决中小企业融资难被提到了一个比以往更为重要的战略高度。

《中华人民共和国国民经济和社会发展第十二个五年规划》中明确指出，在“十二五”期间要大力发展中小企业，完善中小企业政策法规体系。促进中小企业加快转变发展方式，强化质量诚信建设，提高产品质量和竞争能力。推动中小企业调整结构，提升专业化分工协作水平。引导中小企业集群发展，提高创新能力和管理水平。创造良好环境，激发中小企业发展活力。建立健全中小企业金融服务和信用担保体系，提高中小企业贷款规模和比重，拓宽直接融资渠道。落实和完善税收等优惠政策，减轻中小企业社会负担。

2012年4月，国务院颁布《关于进一步支持小微型企业健康发展的意见》（国发〔2012〕14号），总结以及细化了各项扶持小微型企业的意见，重点提出将努力缓解小微型企业融资困难的问题。其中第九项意见指出，要搭建方便快捷的融资平台，支持符合条件的小企业上市融资、发行债券。发挥债券市场对微观主体的资金支持作用，加快统一监管的场外交易市场建设步伐，为尚不符合上市条件的小型微型企业提供资本市场配置资源的服务。积极稳妥发展私募股权投资和创业投资等融资工具，完善创业投资扶持机制，加快小型微型企业融资服务体系建设。

在第四届全国金融工作会议上，温家宝总理强调，做好新时期的金融工作，要坚持金融服务实体经济的本质要求，牢牢把握发展实体经济这一坚实基础，从多方面采取措施，确保资金投向实体经济，有效解决实体经济融资难、融资贵问题，坚决抑制社会资本脱实向虚、以钱炒钱，防止虚拟经济过度自我循环和膨胀，防止出现产业空心化现象。

之后，中国证券监督管理委员会倡导提出“高收益债券”，以加快多层次资本市场体系建设，提高公司类债券融资在直接融资中的比重，拓宽中小企业融资渠道，服务实体经济发展。

6.2　中小企业私募债券推出的时机分析

6.2.1　我国已初步具备发展高收益债券的内生条件

6.2.1.1　中小企业整体经济实力增强

改革开放以来，经过30余年的发展，我国的中小企业整体经济实力不断增强，已经成为国民经济的“半壁江山”。

根据2010年的统计资料，我国规模以上工业企业中，中小企业数量已达到431 110

家，占全部规模以上工业企业数量的99.25%；从业人数6 787.7万人，占全部规模以上工业企业从业人数的76.9%；总资产共计300 568.9亿元，占全部规模以上工业企业总资产的60.88%；主营业务收入为361 821.7亿元，占全部规模以上工业企业主营业务收入的66.69%，这一比例比2006年提高了3.78个百分点；利润为23 644.6亿，占全部规模以上工业企业利润的68.45%，这一比例较2006年大幅提高了12.57个百分点。由此可见，近年来中小企业的盈利能力和经济实力正在显著快速地提高。

6.2.1.2 中小企业内部资金需求强烈

在我国，中小企业在扩大就业、改善民生、促进经济增长等方面发挥着重要作用。但长期以来，中小企业融资难的问题却一直没有得到根本解决。

截至2011年年底，全国共有小额贷款公司4 282家，贷款余额3 915亿元，2011年全年累计新增贷款1 935亿元，新增小额贷款公司1 668家。相比于2010年，2011年小额贷款公司从业务规模和扩张速度上看均有快速发展，其中，小额贷款公司家数增加64%，贷款余额则增加98%。小额信贷公司的快速发展一方面说明中小企业融资需求仍然旺盛；另一方面也说明目前的银行体系对中小企业融资需求难以满足，中小企业需要更多的融资途径。

2011年10月，国务院常务会议专门研究确定支持小型和微型企业发展的金融、财税政策措施，提出要拓宽小型微型企业融资渠道的要求，探索创新适合中小微企业特点的融资工具。而推出中小企业私募债券，就是对此项工作的落实。中小企业私募债券的推出，无疑为中小企业打开了一道生存之门，将大大地缓解中小企业融资难题，改善中小微企业生存和成长所需的融资环境，完善我国金融服务体系，扩大覆盖范围。

6.2.2 国外提供了广泛的借鉴经验

在国外，中小企业私募债券属于高收益债券或垃圾债券的范畴。而高收益债券是债券市场发展到一定阶段的必然产物，它的出现有利于拓宽企业融资渠道、改善中小企业融资环境、提高本土债券市场的吸引力，并推动债券市场创新、企业技术进步与科技创新。

海外市场私募债券的蓬勃发展为我们提供了大量可资借鉴的宝贵经验，尤其是美国私募债券市场。目前，美国拥有全球最发达的多层次私募债券市场，其债券私募发行法律经历了70多年的演进，尤其是《144A规则》的出台，解决了美国私募债券转售问题，实现了“企业便利筹资”和“投资者保护”并重，有力推动了美国私募债券市场的发展。美国《144A规则》的“合格投资者、债券发行转售以及信息披露”三大核心制度，可为我国中小企业私募债券发展提供一定的借鉴作用。

另外，在产品设计上，也可以借鉴国外的高收益债券品种。如递延支付折扣债券（在发行后的前5年不需要支付利息，5年后才支付高息，适用于早期没有现金流的企业）；实物支付债券（允许发行人在未来以发行新债券或者优先股的方式来支付利息）；

超额融资债券（允许募集资金金额超过发行人经营的需要，超额部分用于支付债券前期的利息费用，从而可以在不影响企业现金流的情况下进行利息支付）。因此，未来中国中小企业私募债券或也将出现更为丰富的品种，以增强对发行人和投资者的吸引力，如建立信用对冲工具、缓释工具、偿债基金等，届时，投资主体范围将有望扩大至公募基金、银行和保险。

6.2.3　交易所市场为其提供了良好的交易平台

我国已初步建立起适合高收益债券发行和交易的场所。上海证券交易所固定收益证券综合电子平台（简称“固定收益平台”）逐步建设与股票市场平行、独立的固定收益市场体系，通过市场分层和做市商机制，为国债、企业债券、资产证券化债券等固定收益产品提供高效、低成本的批发交易平台，建立真实、有效的债券收益率曲线。深圳证券交易所的综合协议交易平台，简称“协议平台”或INTS，是为会员和合格投资者进行各类证券大宗交易或协议交易提供的交易系统；服务于不同机构投资者的交易需求，协议平台提供灵活的业务模块组合、多样化报价成交功能以及多渠道交易信息广播渠道。市场监管体系不断完善，市场基础设施不断升级和改进，为推动高收益债券奠定了基础。中国企业在海外发行高收益债券的经验，以及境内已有的类高收益债权产品的实践，都为发行高收益债券积累了经验。

6.2.4　机构投资者成为中小企业私募债券新的推动力

中小企业私募债券的潜在投资主体为券商的自营、集合理财、私募等机构，基金专户也有可能，这些机构的投资特点是在可控的风险下，追求最高的投资收益。

高收益债券是一项综合性的业务，可为证券公司带来承销、自营投资、经纪佣金、资产管理费等多项收入，并为改善这些业务的收入结构和风险收益结构提供了可能。

鉴于中小企业私募债券的发行要素特点，其较高的发行利率和风险特性对其他固定收益类证券是一个很好的补充。对于需要通过配置高收益型证券，来平衡或提升收益率的产品而言，配置适量中小企业私募债券将会是一个很好的选择。特别是试点阶段过后，更多中小企业将能通过私募债券募资，预期私募债券存量规模和收益率水平将会进一步优化，从而有效促进券商资产管理项目和集合资产开发等业务的选择。

因此，风控能力较高、综合协调能力较高的大型券商，将在此轮新业务中获得长远发展的机会；同时也不排除部分专注中小企业投行项目的券商以量取胜，从而使中小企业私募债券成为其投资银行业务新的利润增长点。

此外，国民财富的持续增长，特别是富裕人群的快速增长，能够为高收益债券发展提供充足的资金来源，资本市场的长期实践也使得部分投资者比较成熟，能够较为理性地判断自身的风险偏好以及风险承受能力，也能够运用组合投资等方式控制投资风险，这些都支撑了中国高收益债券市场的内在需求。

6.2.5 相关措施为中小企业私募债券的发展做了铺垫

政府对于广大中小企业融资困难的关注，为“中小企业私募债券”的顺利推出做了良好的政策及舆论铺垫。

早在2009年，为了丰富企业融资方式，中国银行间市场交易商协会就已经在研究推出非金融企业债务融资工具（Private Placement Note，简称PPN，以下称“定向工具”）私募发行方式。2011年4月29日，中国银行间交易商协会正式推出私募券债发行规则——《银行间债券市场非金融企业债务融资工具非公开定向发行规则》（中国银行间市场交易商协会公告〔2011〕6号，以下称《发行规则》）。《发行规则》的推出，不仅是中国债券市场债券产品的创新，更是发行方式的创新，标志着我国定向工具的正式诞生，同时也成为我国私募债券的开端。

同时，国家发展和改革委员会推出的中小企业集合债券和银行间交易商协会实施的中小企业集合票据，也为中小企业相关债务工具的推广提供了一定的经验。尽管中小企业集合债券和集合票据的协调成本较高，推广难度较大，但其市场先行经验也为承销商熟悉地方中小企业以及中小企业熟悉债券市场相关操作提供了很大便利。

在这种背景下推出中小企业私募债券，将完善市场风险分担机制，提高市场效率和流动性。它可以使各类资金根据风险承受力各取所需。这样一来，不同风险偏好的投资者便可以根据自身需求差异化地承担风险，促进信用风险在整个金融系统中重新优化分配。并且由于铺垫工作以及先行经验的累积，其破冰推出也不会给债券市场带来较大的冲击。

6.3 中小企业私募债券的发展历程

6.3.1 设想阶段

2011年以来，在信贷收紧的背景下，大量中小企业不得不通过民间借贷筹集资金，但由于信息不透明、借贷利率高，中小微企业融资难加剧，民间借贷急需阳光化。针对这种情况，国务院提出了探索创新适合中小微企业特点的融资工具。中国证券监督管理委员会有关部门负责人表示，考虑到上市公司公开发行债券和创业板公司定向发行债券已有制度安排，拟推出非上市中小企业私募债券，其目的是立足于弥补债券市场制度空白，加强适合中小企业融资的多层次资本市场建设，缓解中小企业融资难。

2011年12月22日，中国证券监督管理委员会正式发文成立债券办公室，这是第一个专为债券市场发展设立的办公室。

2011年12月底，上海证券交易所拟整合现有的撮合交易、大宗交易平台和固定收益平台，建立独立的符合债券产品特性的债券交易系统。

6.3.2　推进阶段

自2012年初，上海证券交易所和深圳证券交易所就中小企业私募债券的发行方案进行了多次磋商，初步的方案已经确定。

2012年2月6日，中国证券监督管理委员会已召开了高收益债券座谈会，高收益债券相关办法已经拟订完毕，只等上会颁布。管理实行备案制，项目由主承销商向交易所备案即可。

2012年3月5日，中国证券监督管理委员会表示，2012年上半年可能推出中小企业私募债券。

6.3.3　形成阶段

2012年4月9日，上海证券交易所举办中小企业私募债券推介会议，计划6月份推出。

4月9日，上海证券交易所还专门举办了中小企业私募债券推荐会议企业贷款。在交易所着手起草《证券公司开展中小企业私募债券业务试点办法》的同时，某些券商已在为相关项目做准备。一份券商内部材料中就明确列出了中小企业私募债券交易所备案文件的清单，共有11份，正在积极储备项目。

在上海证券交易所已拟定中小企业私募债券相关试点办法的同时，深圳证券交易所发出《深证证券交易所中小企业私募债券业务试点办法（草案）》和《证券公司开展中小企业私募债券承销业务试点办法（征求意见稿）》。中小企业私募债券规则制定已经进入最后阶段。交易所完成试点办法初稿后，拟于5月提交国务院审批。

6.3.4　破冰阶段

2012年6月8日，由东吴证券承销的苏州华东镀膜玻璃有限公司5 000万元中小企业私募债券通过上交所中小企业私募债券备案申请后完成发行，成为全国中小企业私募债券成功发行的第一单。至此，中小企业私募债券拉开发行帷幕。

6.4　中小企业私募债券产生的意义

6.4.1　有助于缓解中小企业融资难，促进新型产业发展

在20世纪70年代前，美国仅有800家大型公司能通过债券融资，高收益债券的出

现才使得上万家中小企业通过债券融资进入主流市场，大大缓解了美国中小企业当年融资难的问题。而此次推出的中小企业私募债券，无疑拓宽了中小企业的融资渠道。

1. 有助于破解中小企业融资难的困局

在我国，长期以来，内源性融资是中小企业融资的最主要渠道，融资的社会化程度始终难以提升。从信贷融资看，以大银行为主的金融体制，导致金融资源大多配置给国有企业和政府基础设施项目，中小企业难以获得足够的外生性金融支持。从上市融资看，现有资本市场的制度安排与中小企业的个性化需求难以适应，中小企业公开上市募资成本高昂且周期较长，不适用于大量中小企业募资额度不高、融资成本要低、融资速度要快的要求。从股权融资看，大量直接投资机构如创业投资等倾向于支持中后期的企业，对量大面广的中小企业缺乏足够的支持。中小企业私募债券的发行，将推动一大批难以上市的中小企业以非公开发行债券方式获得资金支持，成为缓解中小企业融资难问题的又一重要渠道。

2. 有助于锁定中小企业融资成本

目前，中小企业地下融资的年成本普遍偏高，因此这种高利贷融资客观来讲是不可持续的。而美国1978～2007年发行的高收益债券的利率平均为12.09%，比10年期美国国债仅高4.84个百分点，因此，发展规范的高收益债券市场有利于降低中小企业融资成本。

从第一批17只中小企业私募债券的发行利率来看（见表6－1），最低为天津市天房科技发展有限公司的7.3%，最高为深圳市巨龙科教高技术股份有限公司的13.5%（“12巨龙债”的承销商和投资者均为中银国际证券，因此承销商有为债券定一个较高发行价格的利益驱动），其余16只的发行利率介于7%～10%之间。按平均9%的票面利率来计算，加上承销费用等，最终企业的融资成本将在12%左右。这充分说明了中小企业私募债券的发行，可以拓展中小企业的融资渠道，锁定中小企业的融资成本。

表6－1　第一批中小企业私募债券发行情况

发行人	期限（年）	发行规模（万元）	票面利率（%）	主承销商简称
天津市天房科技发展有限公司	3	10 000	7.30	国泰君安
南京江宁水务集团有限公司	2	20 000	9.40	平安证券
凡登（常州）新型金属材料技术有限公司	3	10 000	8.05	国泰君安
上海同捷科技股份有限公司	3	10 000	8.15	国泰君安
苏州新区新宁自来水发展有限公司	2	10 000	7.50	国泰君安
北京航材百慕新材料技术工程股份有限公司	1	2 000	8.50	中信建投
浙江南浔古镇旅游发展有限公司	2+1	5 000	8.90	国信证券

（续表）

发行人	期限（年）	发行规模（万元）	票面利率（%）	主承销商简称
深圳市德福莱首饰有限公司	2+1	20 000	9.30	国信证券
海宁森德皮革有限公司	2+1	15 000	8.10	国泰君安
无锡高新物流中心有限公司	2	25 000	9.50	平安证券
深圳市巨龙科教高技术股份有限公司	1	2 000	13.50	中银国际
深圳市拓奇实业有限公司	1	2 800	9.00	平安证券
北京九恒星科技股份有限公司	1	1 000	8.50	中信建投
浙江中欣化工股份有限公司	2	2 000	10.00	浙商证券
杭州钱江四桥经营有限公司	2	10 000	9.35	平安证券
苏州华东镀膜玻璃有限公司	2	5 000	9.50	东吴证券
深圳市嘉力达实业有限公司	2+1	5 000	9.99	国信证券

资料来源：笔者整理

3. 有利于促进科技创新和新兴产业发展

中小企业私募债券以高于一般投资收益的风险溢价覆盖投资风险，这与新兴产业初期风险较高，但一旦成功收益可观的特性相一致。当前正处于我国经济结构调整和产业结构优化升级的关键时期，产业结构调整和区域转移需求巨大，形成对高收益、高风险企业并购活动的融资需求，以便为公司并购、重组提供快捷的融资渠道，促进企业竞争、革新和公司治理的改善。

6.4.2　完善资本市场体系，丰富债券市场层次

当前多层次资本市场建设在股权融资方面已有显著进展，较低风险的主板、中小板与高风险的创业板市场并存，同时还有场外交易的代办股份转让市场。但在债券融资方面，缺乏风险和收益相对较高的债券品种，不仅难以满足多层次融资主体和投资者的需求，而且市场自身也因缺乏层次难以形成完整的收益率曲线，定价、交易等功能因此受到制约。

1. 丰富债券市场层次，促进民间资本阳光化

由于中小企业私募债券具有高收益、高风险的特征，其推出将为证券投资增加新的品种，满足部分愿意承担高风险、追求高回报的投资者的需求。2012年3月29日批准的温州金融综合改革试验，拉开了民间资本阳光化的序幕。此次中小企业私募债券的发行，同样为民间资本找到了新的投资渠道。上海证券交易所试点办法明确允许资产总额不低于500万元、具有两年以上证券投资经验、理解并接受私募债券风险的个人投资者可以成为合格个人投资者，投资中小企业私募债券。民间资本通过投资中小

企业私募债券，可以获得最高可达银行利率3倍的回报，从而遏制地下钱庄、非法放贷的继续蔓延，使更多民间资本以合法渠道服务于企业发展。

2. 完善债券市场的收益率曲线

由于我国债券市场目前基本是以低利率、高等级的债券为主，投资主体以银行和保险公司为主（按照规定，这两类主体只能投资AA级及以上的债券），债券市场长期缺乏低信用等级的债券品种，因而也难以吸引更多的投资者投资债券市场。中小企业私募债券的推出，将进一步丰富债券市场利率结构，吸引更多投资者投资债券市场，改善债券市场投资主体结构，并为不同信用等级的收益率曲线提供更多的基础数据支持，从而有助于债券市场信用风险定价的进一步完善，也有助于国内利率市场化基础的进一步完善。

6.4.3 有利于培育和催生一批私募债券中介服务机构

20世纪80年代，美国垃圾债券的风行，催生了像"垃圾债券之王"米尔肯这样的一批投资家和金融中介服务机构。一方面，由于中小企业私募债券具有信息披露不完全的特性，故对它的承销业务、信用评级、审计工作均与普通债券有很大的不同。中小企业私募债券将是对券商承销能力、会计事务所审计能力，以及评级机构信用评级技术的一次考验。这将不断提高券商寻找优质目标客户的能力和会计师审计的能力以及评级机构揭示信用风险的能力。

另一方面，由于中小企业私募债券的市场有限、交易不活跃，且对信息披露、风险管控有着较高的要求，因此证券公司存在将中小企业私募债券业务外包的要求，比如，对中小企业进行信用评级、协助中小企业准备发行材料、撰写私募债券募集说明书、开展债券承销、协助合格投资者投资债券等。可以预料，中小企业私募债券的发行，将催生与之相关的一大批中介服务业的创新和发展。

6.4.4 激发与之相关的金融创新

中小企业私募债券属于高风险、高收益债券，如果没有相应的风险对冲机制，那么风险偏好程度较低的商业银行、保险公司将很难参与，而这两大类型机构恰恰是债券市场的主力军。在这方面，国外已经有丰富的经验。比如，引入信用违约互换（CDS）、债券抵押债务凭证（CBO）和风险缓释合约（CRM），以转移和对冲信用风险。但需要注意的是，风险的转移和对冲并不意味着风险的抵消。在稳妥引进和开发风险对冲工具的同时，还要严格防范可能由此引发的系统性风险。

6.4.5 有利于规范现有的类高收益债券产品

目前，国内虽无正式高收益债券产品的推出，但类高收益债券融资项目普遍存在于民间借贷、信托、典当、银行理财产品以及私募投资领域。这些类高收益债券产品缺乏统一规范的标准，流动性差且透明度低，既限制了市场发展的空间，又容易累计市场风险。因此，从某种意义上看，发展中小企业私募债券市场并非完全自上而下的创新，也是规范现有类高收益债券产品的必然要求。

6.5　中小企业私募债券现状

6.5.1　总体发行情况

截至2013年4月30日，37家券商共承销了150只中小企业私募债券，募集资金175.11亿元。其中，上海证券交易所60只，发行规模69.68亿元，深圳证券交易所90只，发行规模105.43亿元。

6.5.2　中小企业私募债券特征分析

1. 发行规模

从单只发行规模来看，主要分布在0.1亿元~3.5亿元之间。其中规模最大的为“13博润01”的3.5亿元，发行规模最小的为“12九恒星债”的0.1亿元，单只平均发行规模为1.17亿元，见图6-13。

具体而言，发行规模小于0.5亿元的有27只，占比18%；发行规模介于0.5亿元和1亿元之间（含0.5亿元）的有34只，占比为23%；介于1亿元和2亿元之间（含1亿元）的有50只，占比为33%；规模在2亿元（含2亿元）以上的有39只，占比为26%。从债券规模的分布特征，我们不难看出，单只中小企业私募债券的发行规模普遍较小，这也和中小企业的资产规模大体匹配。

2. 发行期限

从发行期限来看，已发行的150只私募债券的发行期限都介于1~3年之间。这主要是由于交易所对中小企业私募债券的发行期限有明确的规定，其中《深圳证券交易所中小企业私募债券业务试点办法》规定中小企业私募债券的发行期限在1年以上，而《上海证券交易所中小企业私募债券业务试点办法》则规定中小企业私募债券的发行期限要在3年以下。

具体而言，这150只私募债券的发行期限共有五种类型，分别是1年、1.5年、2年、2.5年和3年。其中以2年和3年期为主，这两种期限的债券分别发行了49只和84只，二者合计占总发行只数的89%。另外，发行期限为1年的债券有12只，发行期限为1.5年的债券有3只，2.5年期的有2只，见图6-14。

3. 发行利率

票面利率方面，150只债券中，发行利率最高为“12浙浦江”的14.00%，最低为

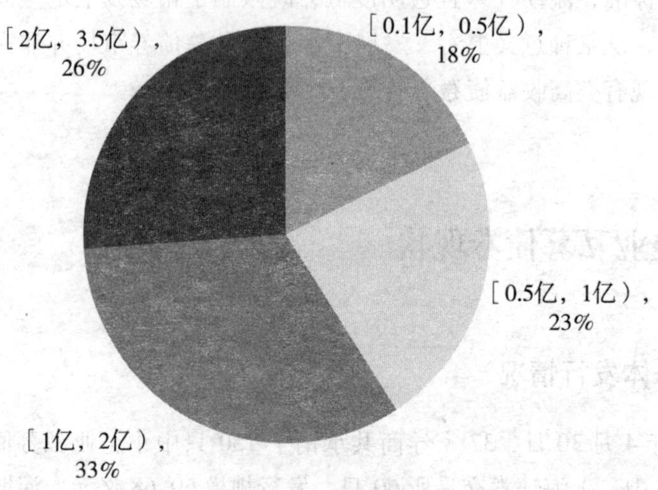

图6－13　截至2013年4月30日中小企业私募债券单只发行规模分布

注：按发行只数统计。

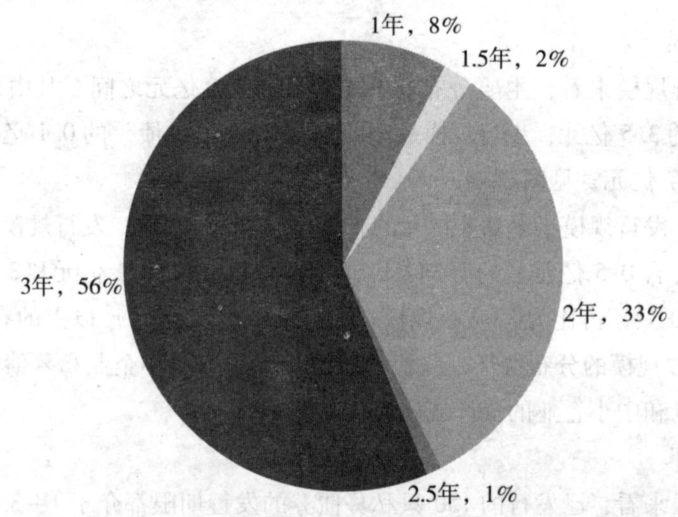

图6－14　截至2013年4月30日中小企业私募债券券发行期限分布

注：按发行只数统计。

“12苏飞钻”的5.50%，平均发行利率为9.09%。

具体而言，1年期平均发行利率为9.03%；1.5年期为9.00%；2年期为8.86%；2.5年期为9.00%；3年期为9.24%。从发行利差来看，1年期、1.5年期、2年期、2.5年期和3年期平均发行利差为451bp、430bp、435bp、460bp和478bp，详见表6－2。

表6-2　截至2013年4月30日中小企业私募债券平均发行利率

期限（年）	1年	1.5年	2年	2.5年	3年
平均发行利率（%）	9.03	9.00	8.86	9.00	9.24
平均利差（%）	4.51	4.30	4.35	4.60	4.78

注：平均发行利率为相同债项等级债券发行利率的算术平均值，利差为对应发行利率与1年期Shibor利率的差值。

就利率区间分布来看（见图6-15），有111只债券的发行利率介于8%~10%，总占比达74%。另外，发行利率小于7%的有2只，介于7%~8%的有11只，介于10%~11%的有16只，发行利率大于11%的有6只。由于目前还处于市场发展的初期，发行主体的整体资质较好，因此发债利率较为乐观。

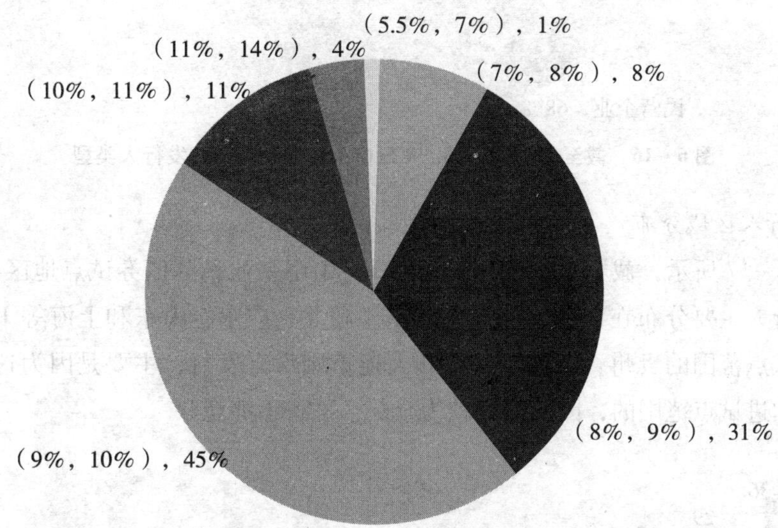

图6-15　截至2013年4月30日中小企业私募债券发行利率区间分布

4. 增信措施

从增信方式来看，据不完全统计，这150只债券中有41只采取了第三方担保的方式来增信。从含权情况来看，具有含权期限特征的共9只，其中主要以"2+1"形式的债券为主，共8只，仅有1只债券为"1.5+0.5"形式。因此，就目前来看，中小企业私募债券的增信方式仍较为单一，需要多元化发展，未来可以尝试内部和外部增信措施相结合。

5. 发行人类型

从发行人类型来看，这150只债券中，发行人主要有5种类型，分别为地方国有企业、民营企业、外商独资企业、中外合资企业和中央国有企业。其中，民营企业发行102只，占比68%；地方国有企业发行36只，占比24%；中外合资企业、外商独资企业以及中央国有企业分别发行了7只、3只和2只，见图6-16。总体来说，民营企业占绝对优势，这也符合国家推出中小企业私募债券的初衷。但一个显著事实是，中小企业私募债券的发行主体较为多元化，特别是外商独资企业的发行，也是我国债券市场的一大突破。

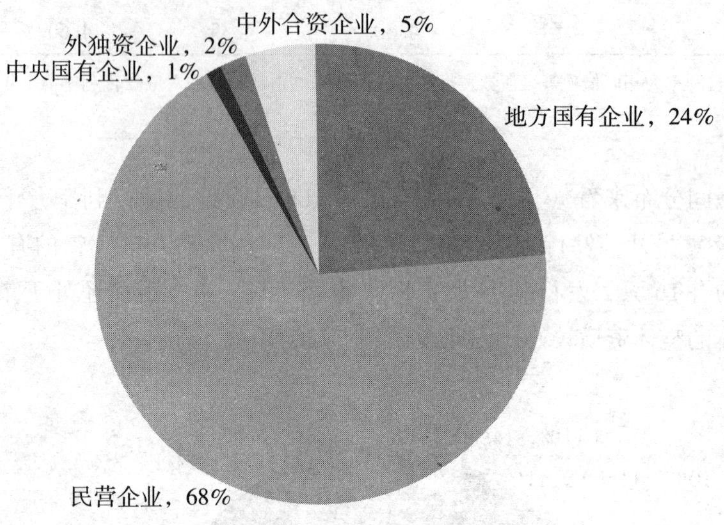

图 6－16 截至 2013 年 4 月 30 日中小企业私募债券发行人类型

6. 发行人区域分布

如图 6－17 所示，截至 2013 年 4 月 30 日，中小企业私募债券试点地区共计 17 个地区。发行人主要分布在江苏、浙江、北京、湖北、广东、山东和上海等 12 个地区。而同属于试点范围的贵州、新疆、云南和大连市则没有发行，主要是因为这四个地区是后来增加进试点范围的，因此时间较为仓促，准备不够充分。

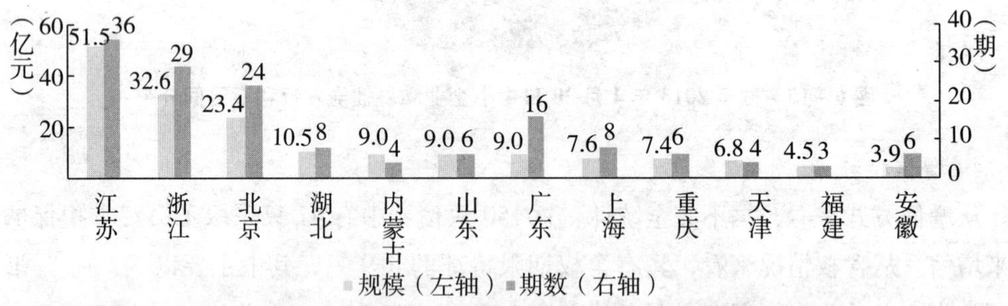

图 6－17 截至 2013 年 4 月 30 日中小企业私募债券发行人地区分布

在 12 个省市中，无论是发行期数还是发行规模，江苏省均遥遥领先于其他地区，共发行 36 只，募集资金 51.5 亿元；其次是浙江省，共发行 29 只，募集资金 32.6 亿元；北京市以 24 只、23.4 亿元的规模排名第三。我们可以看出，中小企业私募债券初期发行地区主要集中在江苏、浙江和北京三个地区，共发行了 89 期，发行规模为 107.5 亿元，总占比分别为 59.33% 和 61.37%。未来随着试点区域的逐步扩大，以及已发行区域的经验积累和借鉴，发行区域将逐渐多元化。

7. 发行人行业分布

根据全球行业分类系统（Global Industry Classification Standard，简称GICS）一级行业划分，已发行的150只中小企业私募债券主要分布在工业、消费、材料、信息技术、公用事业、金融、医疗和能源八个领域。其中工业和消费行业最多，分别有46只，各占30.7%；材料类以23只、占比15.3%排名第三，工业、消费和材料行业共计115只，总占比达76.67%。另外，信息技术、公用事业、金融、医疗和能源行业分别有10只、9只、8只、5只和3只，见图6－18。从发行主体行业分布情况来看，中小企业私募债券大体体现了为实体经济服务的宗旨。

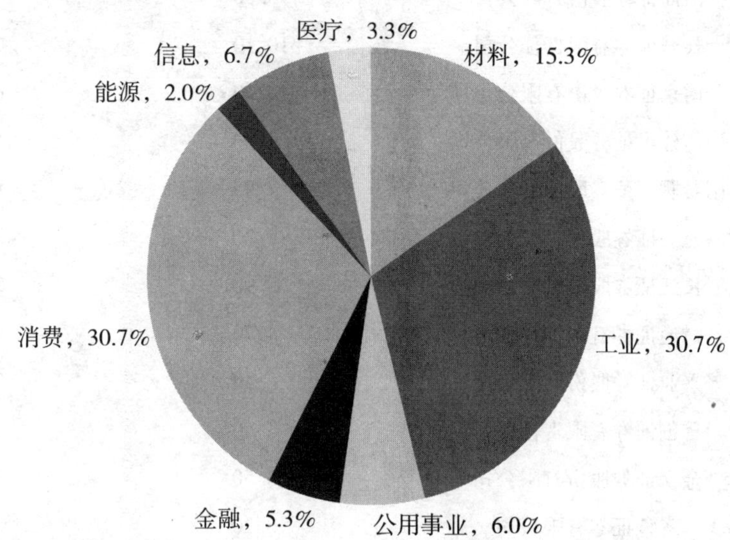

图6－18　截至2013年4月30日中小企业私募债券发行人行业分布

8. 交易所分布

从交易所备案来看，已发行的150只中小企业私募债券有60只是在上海证券交易所备案，募集资金总额为69.68亿元，平均每只债券的发行规模为1.16亿元，债券平均发行利率为8.87%；90只在深圳证券交易所备案，募集资金总额为105.43亿元，平均每只债券的发行规模为1.17亿元，债券平均发行利率为9.23%。从以上数据不难看出，中小企业私募债券在上海证券交易所备案发行的平均利率要比深圳证券交易所低36bp。

9. 承销机构统计

从承销商角度来看，截至2013年4月30日，共有66家证券公司获准参与中小企业私募债券的承销，而已发行的150只债券的承销商共涉及37家证券公司，见表6－3。就承销规模而言，国信证券以32.67亿元遥遥领先于其他证券公司，其次为平安证券的15.68亿元和东吴证券的14.30亿元，另外浙商证券、长城证券和南京证券的承销规模也在10亿元及以上。从承销期数来看，国信证券的21只同样遥遥领先于其他承销商，中信建投证券以15只排名第二，东吴证券以14只排名第三，主承销10只及以上债券的证券公司共有5家。

表6-3　截至2013年4月30日中小企业私募债券承销情况

序号	承销机构名称	承销规模（亿元）	承销期数
1	国信证券股份有限公司	32.67	21
2	平安证券有限责任公司	15.68	11
3	东吴证券股份有限公司	14.30	14
4	浙商证券股份有限公司	10.60	10
5	长城证券有限责任公司	10.10	6
6	南京证券股份有限公司	10.00	6
7	中信建投证券股份有限公司	9.90	15
8	国泰君安证券股份有限公司	7.95	8
9	光大证券股份有限公司	7.30	7
10	长江证券股份有限公司	5.90	3
11	财通证券有限责任公司	4.70	3
12	兴业证券股份有限公司	4.50	3
13	首创证券有限责任公司	3.50	3
14	金元证券股份有限公司	3.50	1
15	齐鲁证券有限公司	3.20	2
16	宏源证券股份有限公司	3.03	3
17	东北证券股份有限公司	2.90	2
18	广发证券股份有限公司	2.83	7
19	国海证券股份有限公司	2.30	2
20	新时代证券有限责任公司	2.00	1
21	华西证券有限责任公司	2.00	1
22	国开证券有限责任公司	2.00	1
23	东莞证券有限责任公司	2.00	1
24	中银国际有限责任公司	1.70	2
25	中信证券股份有限公司	1.50	1
26	天风证券股份有限公司	1.50	2
27	恒泰证券股份有限公司	1.50	1
28	国元证券股份有限公司	1.40	3
29	东方花旗证券有限公司	1.00	2

（续表）

序号	承销机构名称	承销规模（亿元）	承销期数
30	中国民族证券有限责任公司	0.80	1
31	东兴证券股份有限公司	0.80	1
32	大通证券股份有限公司	0.80	1
33	招商证券股份有限公司	0.30	1
34	湘财证券有限责任公司	0.30	1
35	华创证券有限责任公司	0.30	1
36	申银万国证券股份有限公司	0.20	1
37	国都证券有限责任公司	0.15	1

资料来源：Wind 资讯

6.5.3　中小企业私募债券交易现状

由于中小企业私募债券发行和交易的非公开性，目前只能在深圳证券交易所综合协议交易平台网站查询到在深圳证券交易所备案的中小企业私募债券的交易情况。

如表6－4所示，截至2013年5月27日，共有91只中小企业私募债券在深圳证券交易所综合协议交易平台挂牌转让，其中55只有成交记录，总成交量为67.89亿元，占一级市场发行总额72.13亿元（深圳证券交易所已经开始挂牌转让91只债券）的94.54%，日均换手率约为0.41%（2012年6月18日至2013年5月27日，共计227个交易日）。根据笔者统计，2012年6月8日至2013年5月27日，中国债券市场日均换手率为1.46%。从换手率来看，中小企业私募债券不及其他债券交易活跃。

从单只私募债券成交量来看，成交规模最大的“12蒙农科”为4.39亿元，换手率达175.63%。在有成交记录的55只债券中，换手率超过100%的共有24只，平均换手率达101.65%。虽然中小企业私募债券整体换手率略低于其他债券，但是从已有成交记录的债券来看，平均换手率还是处于一个较高的水平。

从交易记录的天数来看，55只有交易记录的中小企业私募债券中，有成交天数最多的为“12森德债”，共有28个交易日有成交记录，其次为“12嘉力达”的24个工作。55只债券的平均交易天数为7.22天。总体来看，单只私募债券的交易频率不算活跃，但是由于其“合格投资者”几乎全为机构投资者，单笔交易量较大，因此总交易规模和单只换手率还是维持在一个较高的水平。

从成交价格来看，已有成交记录的55只债券的平均成交价格均大于票面价格。其中平均成交价格最高的为“12信威债”的105.223元，最低为“12海纳债”的100.015元，平均成交价格为101.994元。私募债券的溢价交易，一方面是由于在试点阶段，发行中小企业私募债券的企业的资质相对较高，债券的信用风险较低；另一方面也说明了市场的机构投资者对个别高收益品种的需求比较旺盛。

表6-4 截至2013年5月27日深圳证券交易所中小企业私募债券交易量统计

债券简称	发行规模（亿元）	成交规模（亿元）	换手率（%）	有交易天数（天）	平均成交价格（元）
12蒙农科	2.50	4.39	175.63	19	101.615
12锡物流	2.50	4.18	167.09	5	101.541
12四方债	2.00	4.10	205.17	17	103.354
12常科试	3.00	3.37	112.47	11	102.844
12森德债	1.50	3.04	202.37	28	102.674
12长公债	2.00	2.93	146.71	17	102.182
12福星债	3.00	2.35	78.45	14	102.623
12四环01	1.10	2.07	188.19	8	101.414
13土楼债	2.00	2.02	101.03	4	101.019
12德福莱	2.00	1.87	93.27	15	103.195
12信威债	2.00	1.86	93.06	13	105.223
12嘉力达	0.50	1.79	357.24	24	103.428
13宏公路	1.80	1.76	97.88	8	100.656
12东飞01	1.10	1.63	148.62	6	102.609
12中能02	1.00	1.61	160.96	5	100.626
12中科债	1.00	1.53	153.13	15	102.087
13嵊宾馆	1.20	1.52	126.60	6	101.396
12扬安债	2.00	1.43	71.49	12	102.179
12锦昉债	2.00	1.32	65.76	5	101.111
12澳洋01	1.00	1.31	130.99	4	100.745
12浔旅债	0.50	1.25	249.95	13	103.857
12中能01	1.00	1.22	122.08	8	102.247
12海吉星	2.00	1.22	60.97	4	101.642
12宁西债	2.50	1.17	46.98	4	102.129
12东配件	2.00	1.02	50.82	5	101.940
12宣酒债	1.00	1.01	101.44	5	101.239
12黑乳债	1.50	1.00	66.83	5	101.311
12申环01	0.80	0.95	118.25	13	101.813
12派特01	1.00	0.92	92.17	9	102.411

（续表）

债券简称	发行规模（亿元）	成交规模（亿元）	换手率（%）	有交易天数（天）	平均成交价格（元）
12澳洋02	1.00	0.92	91.78	3	101.980
12森园01	1.00	0.91	91.05	3	101.138
12松江债	3.00	0.91	30.31	3	101.044
12航食01	0.60	0.83	138.13	7	102.675
12东飞02	1.50	0.82	54.46	9	101.064
12海纳债	0.50	0.78	156.02	2	100.015
12雷山债	1.50	0.71	47.19	2	101.206
12冠耀集	0.55	0.66	120.26	4	101.558
12中欣01	0.20	0.61	303.94	6	104.792
12福星门	2.50	0.60	24.01	2	100.026
12武医债	0.80	0.53	66.20	3	101.904
12浙富立	0.80	0.49	60.69	7	103.089
12鸿瑞债	0.80	0.41	50.82	2	101.639
12蒙奶联	2.50	0.41	16.25	2	101.562
12威仕达	1.20	0.40	33.41	2	100.443
12天彩债	0.60	0.35	59.12	1	101.356
13恒顺达	1.50	0.32	21.47	2	100.779
12北矿债	1.00	0.31	30.77	3	102.569
12拓奇债	0.28	0.28	101.04	1	101.036
12中实债	0.80	0.25	30.74	3	102.464
12九恒星	0.10	0.17	172.82	16	101.762
12润百债	0.50	0.15	30.75	3	102.487
12蓝博01	0.60	0.07	11.97	2	102.560
12中欣02	0.30	0.06	20.75	2	103.755
12瑞昌01	0.30	0.06	20.26	3	101.327
12鸿仪债	0.20	0.04	20.87	2	104.345
合计/平均	72.13	67.89	101.65	7.22	101.994

资料来源：深圳证券交易所 http：//www.szse.cn/main/ints/zxqysmz/cjxx/

第7章
中小企业私募债券的市场机制分析

7.1 中小企业私募债券的发行

《上海证券交易所中小企业私募债券业务指引（试行）》第五条规定，私募债券备案实行备案会议制度，由上海证券交易所私募债券备案小组通过备案会议对备案材料进行完备性核对，并决定是否接受备案。《深圳证券交易所中小企业私募债券业务试点办法》也明确规定，中小企业私募债券采用备案制发行，深圳证券交易所对备案资料的完备性进行核对。与一般公司债券相比，中小企业私募债券的发行更加市场化，发行效率也更高。

7.1.1 发行主体与承销商

7.1.1.1 发行主体

目前，中小企业私募债券发行适用的法律法规主要包括《中华人民共和国公司法》（中华人民共和国主席令〔2005〕第42号）、《中华人民共和国证券法》（中华人民共和国主席令〔2005〕第43号）、《关于印发中小企业划型标准规定的通知》（工信部联企业〔2011〕第300号）、《上海证券交易所中小企业私募债券业务试点办法》和《深圳证券交易所中小企业私募债券业务试点办法》等。

中小企业私募债券的发行主体必须为符合《关于印发中小企业划型标准规定的通知》（工信部联企业〔2011〕300号）规定的，且未在上海证券交易所和深圳证券交易所上市的中小微型企业，暂不包括房地产企业和金融企业，并且只限于中国境内注册的股份有限公司和有限责任公司。截至2013年4月30日，中小企业私募债券的试用范围只局限于北京、上海、天津、重庆、广东（含深圳）、江苏、浙江、山东、湖北、安徽、内蒙古、贵州、福建、新疆、云南、江西和大连17个地区。

7.1.1.2 承销机构

《上海证券交易所中小企业私募债券业务试点办法》第十条规定：证券公司开展承

销业务，应当符合法律、行政法规、中国证监会有关监管规定和中国证券业协会的相关规定。《深圳证券交易所中小企业私募债券试点业务指南》规定：私募债券应当由具有承销业务资格的证券公司承销。证券公司开展中小企业私募债券试点业务，应当严格执行中国证券业协会《证券公司开展中小企业私募债券承销业务试点办法》（中证协发〔2012〕120号）的规定，承销发行私募债券。

《证券公司开展中小企业私募债券承销业务试点办法》就证券公司参与中小企业私募债券承销做了详细规定。

首先，证券公司开展私募债券承销业务试点，应符合下列条件：

（1）经中国证券监督管理委员会批准可以从事证券承销业务，并已开展债券承销业务。

（2）最近一年证券公司分类评价B类（含）以上。

（3）净资本不低于10亿元人民币。

（4）各项风险控制指标符合中国证监会的有关规定。

（5）最近一年没有重大违法违规行为，未被中国证监会立案稽查，未受到中国证监会行政处罚。

（6）已制定开展私募债券承销业务试点实施方案和健全的业务规则，具备开展试点所需的专业人员和技术设施。

（7）证券业协会规定的其他条件。

其次，证券公司开展私募债券承销业务试点，应当向证券业协会备案以下材料：

（1）公司关于开展私募债券承销业务试点的说明。

（2）开展私募债券承销业务试点实施方案及相关业务规则。

（3）公司董事会关于开展私募债券承销业务的决议。

（4）证券业协会要求的其他文件。

最后，证券业协会负责组织对证券公司试点实施方案进行专业评价，通过专业评价后，证券公司方可开展私募债券承销业务。

截至2013年4月30日，共有66家证券公司先后获得中小企业私募债券承销业务资质，详见表7－1。

表7－1　具备中小企业私募债券承销资质的证券公司

第一批（6月7日）	第二批（7月17日）	第三批（7月27日）
招商证券股份有限公司	中国国际金融有限公司	中信证券股份有限公司
中信建投证券股份有限公司	长江证券股份有限公司	海通证券股份有限公司
国泰君安证券股份有限公司	民生证券有限责任公司	中国银河证券股份有限公司
平安证券有限责任公司	华融证券股份有限公司	国都证券有限责任公司
兴业证券股份有限公司	国金证券股份有限公司	西南证券股份有限公司

（续表）

第一批（6月7日）	第二批（7月17日）	第三批（7月27日）
中银国际证券有限责任公司	齐鲁证券有限公司	上海证券有限责任公司
广发证券股份有限公司	长城证券有限责任公司	西部证券股份有限公司
国开证券有限责任公司	东兴证券股份有限公司	中国中投证券有限责任公司
宏源证券股份有限公司	安信证券股份有限公司	中国民族证券有限责任公司
财通证券有限责任公司	东北证券股份有限公司	红塔证券股份有限公司
东吴证券股份有限公司	东方证券股份有限公司	中航证券有限公司
国海证券股份有限公司	信达证券股份有限公司	中原证券股份有限公司
国信证券股份有限公司	江海证券有限公司	中山证券有限责任公司
光大证券股份有限公司	华安证券有限责任公司	广州证券有限责任公司
申银万国证券股份有限公司	国盛证券有限责任公司	财富证券有限责任公司
大通证券股份有限公司	国元证券股份有限公司	华创证券有限责任公司
南京证券有限责任公司	恒泰证券股份有限公司	东莞证券有限责任公司
浙商证券有限责任公司	天风证券股份有限公司	金元证券股份有限公司
华西证券有限责任公司		华龙证券有限责任公司
首创证券有限责任公司		渤海证券股份有限公司
		万联证券有限责任公司
第四批（10月17日）	**第五批**（11月21日）	**第六批**（2013年3月15日）
太平洋证券股份有限公司	华泰联合证券有限责任公司	英大证券有限责任公司
湘财证券有限责任公司	新时代证券有限责任公司	瑞银证券有限责任公司
	东海证券有限责任公司	

资料来源：中国证券业协会网站

7.1.2 备案

7.1.2.1 备案条件

1. 在深圳证券交易所备案的私募债券应当符合的条件

（1）发行人是中国境内注册的有限责任公司或股份有限公司。

（2）发行利率不得超过同期银行贷款基准利率的3倍。

（3）期限在1年（含）以上。

（4）深圳证券交易所规定的其他条件。

2. 在上海证券交易所备案的私募债券应当符合的条件

（1）发行人是中国境内注册的有限责任公司或者股份有限公司。

（2）发行利率不得超过同期银行贷款基准利率的3倍。

（3）期限在 1 年（含）以上，3 年以下。

（4）发行人不属于房地产企业和金融企业。

（5）发行人所在地省级人民政府或省级政府有关部门已与本所签订合作备忘录。

（6）发行人对还本付息的资金安排有明确方案。

（7）上海证券交易所规定的其他条件。

深圳证券交易所和上海证券交易所对中小企业私募债券备案条件要求的最大不同是，前者对私募债券的发行期限要求为 1 年（含）以上，而后者则要求为 1 年（含）以上，3 年以下。

7.1.2.2　备案材料

《上海证券交易所中小企业私募债券业务指引（试行）》规定，私募债券发行前，承销商应当将发行材料报送交易所备案。而深圳证券交易所规定，私募债券的备案申请，应当通过交易所会员业务专区办理。私募债券承销商登录交易所会员业务专区，通过“公文及报表上传—中小企业私募债券试点业务—备案材料提交”栏目提交备案材料。深圳证券交易所和上海证券交易所对备案材料的要求基本一致，主要包括下列文件：

（1）私募债券备案申请函及备案登记表。

（2）发行人公司章程及营业执照（副本）复印件。

（3）发行人内设有权机构关于本期私募债券发行事项的决议。

（4）私募债券承销协议。

（5）私募债券募集说明书。

（6）承销商的尽职调查报告，包括但不限于以下内容：

①发行人的基本情况和实际控制人情况。

②经营范围和主营业务情况。

③公司治理和内部控制情况。

④财务状况及偿债能力。

⑤信用记录调查。

⑥所募资金用途。

⑦增信措施安排和提供信用增进服务的机构资信状况（若有）。

⑧或有事项及其他重大事项情况。

（7）本期私募债券意向发售对象的情况（深圳证券交易所未要求）。

（8）私募债券受托管理协议及私募债券持有人会议规则。

（9）发行人经具有执行证券、期货相关业务资格的会计师事务所审计的最近两个完整会计年度的财务报告。

（10）律师事务所出具的关于本期私募债券发行的法律意见书。

（11）发行人全体董事、监事和高级管理人员保证发行申请文件真实、准确、完整及接受本所自律监管的承诺书。

（12）发行人董事、监事、高级管理人员及持股5%以上股东名册（上海证券交易所未要求）。

（13）承销商通过中国证券业协会备案的文件（上海证券交易所未要求）。

（14）交易所规定的其他文件。

其中，募集说明书应该至少包含以下内容：

（1）发行人基本情况。

（2）发行人财务状况。

（3）本期私募债券发行基本情况及发行条款，包括私募债券名称、本期发行总额、期限、票面金额、发行价格或利率确定方式、还本付息的期限和方式等。

（4）承销机构及承销安排。

（5）募集资金用途及私募债券存续期间变更资金用途程序。

（6）私募债券转让范围及约束条件。

（7）信息披露的具体内容和方式。

（8）偿债保障机制、股息分配政策、私募债券受托管理及私募债券持有人会议等投资者保护机制安排。

（9）私募债券担保情况（若有）。

（10）私募债券信用评级和跟踪评级的具体安排（若有）。

（11）本期私募债券风险因素及免责提示。

（12）仲裁或其他争议解决机制。

（13）发行人对本期私募债券募集资金用途合法合规、发行程序合规性的声明。

（14）发行人全体董事、监事和高级管理人员对发行文件真实性、准确性和完整性的承诺。

（15）其他重要事项。

7.1.2.3　备案流程

上海证券交易所和深圳证券交易所发布的关于中小企业私募债券业务的试点办法中，都明确规定了中小企业私募债券的备案发行条件及备案材料。同时，为了增强备案流程的操作性，上海证券交易所和深圳证券交易所又相继制定了《上交所中小企业私募债券业务指引（试行）》和《深圳证券交易所中小企业私募债券试点业务指南》，均对中小企业私募债券的备案流程做了详细的规定。

1. 上海证券交易所备案过程

总体而言，中小企业私募债券在上海证券交易所的备案过程大致可分为三个阶段：初步审核阶段、召开备案会议审核阶段，以及备案后续事宜阶段，详见图7－1。

首先，初步审核阶段，证券交易所对承销商提交的备案材料进行初步核对。对于

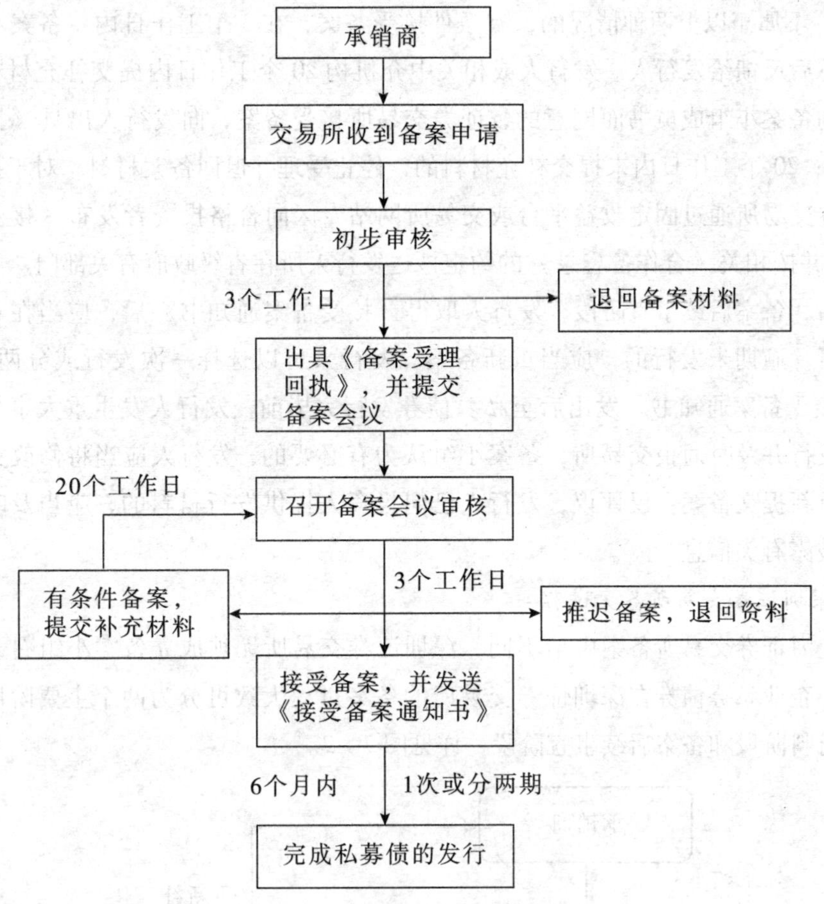

图7-1　上海证券交易所备案流程

无异议的，证券交易所在3个工作日内出具《备案受理回执》，并将备案材料提交备案会议；不符合备案条件的，退回备案材料。

其次，召开备案会议审核阶段。债券交易所总经理办公会议审定5名备案小组成员，且备案小组成员应符合以下条件：

(1) 坚持原则，公正廉洁，责任心强。

(2) 熟悉相关法律法规与经济金融专业知识。

(3) 有2年以上相关工作经验。

(4) 证券交易所要求的其他条件。

备案小组成员应当填写《备案意见表》，独立发表意见，根据备案小组成员意见，证券交易所做出如下三种处理：

(1) 备案小组成员一致发表“接受备案”意见的，接受备案，并向承销商或发行人发送《接受备案通知书》。

(2) 2名以上备案小组成员发表“推迟接受备案”意见的，推迟接受发行备案，在3个工作日内将备案小组意见汇总后反馈给承销商或发行人，退回备案材料。

（3）不属于以上两种情况的，有条件接受备案，在3个工作日内将备案小组成员意见汇总后反馈给发行人。发行人或相关中介机构20个工作日内提交补充材料，经提出意见的备案小组成员书面同意的，证券交易所接受备案，向发行人出具《接受备案通知书》；20个工作日内未提交补充材料的，停止受理并退回备案材料。对于接受备案的，证券交易所通过固定收益平台或交易所网站专区向合格投资者发布《接受备案通知书》，并按相关《合作备忘录》的约定抄送发行人所在省级政府有关部门。

最后，备案后续事宜阶段。发行人取得《接受备案通知书》后，应当在6个月内完成发行。逾期未发行的，应当重新备案。发行人可以选择一次发行或分两期发行。同时《接受备案通知书》发出后至私募债券发行完毕前，发行人发生重大事项的，应当暂停发行并及时通报交易所，备案小组认为有必要的，发行人应当将修改完毕的备案材料重新提交备案会议评议，发行人已向投资人提供发行材料的，应当及时向相关投资人披露有关信息。

2. 深圳证券交易所备案过程

与上海证券交易所备案申请不同，深圳证券交易所无须成立备案小组召开备案会议。中小企业私募债券在深圳证券交易所的备案过程大致可分为两个主要阶段，即受理备案材料阶段和备案后续事宜阶段，详见图7－2。

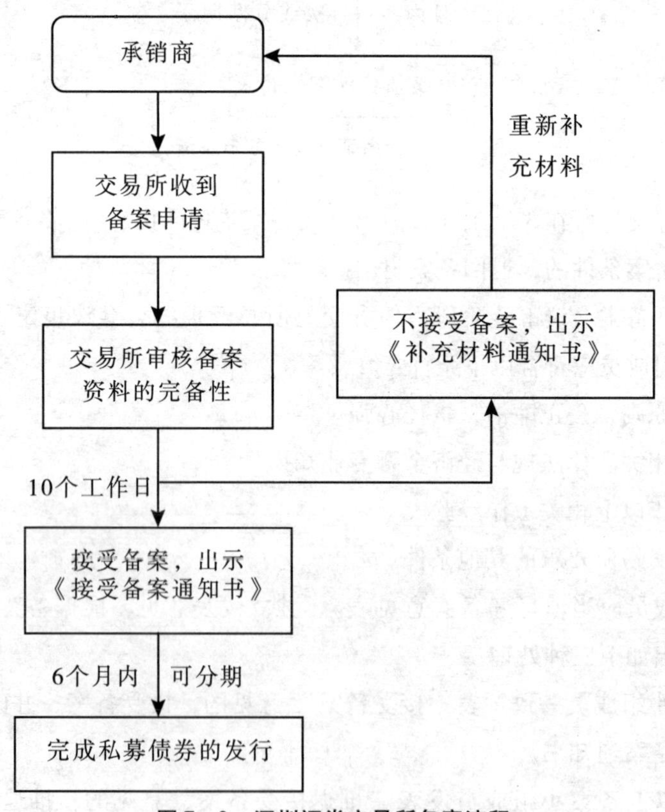

图7－2　深圳证券交易所备案流程

首先，受理备案材料阶段，证券交易所受理承销商提交的备案材料，并对所提交的材料的完备性进行核对的阶段。对于备案材料不齐全的，证券交易所将要求承销商重新提交，备案材料齐全的，证券交易所确认接受材料。证券交易所自接受材料之日起10个工作日内决定接受备案或者要求重新补充材料，并出具《接受备案通知书》或者《补充材料通知书》。承销商可以通过交易会员业务专区查询备案核对过程的各项工作进度。

其次，备案后续事宜阶段。私募债券发行人取得《接受备案通知书》后，应当在6个月内完成发行，可选择单次完成发行，也可以选择分期发行。《接受备案通知书》自出具之日起6个月后自动失效，对于失效后发行的私募债券，中国证券登记结算有限责任公司深圳分公司将不予办理登记。

7.1.3　发行流程

发行中小企业私募债券的主要流程如下（见图7－3）：

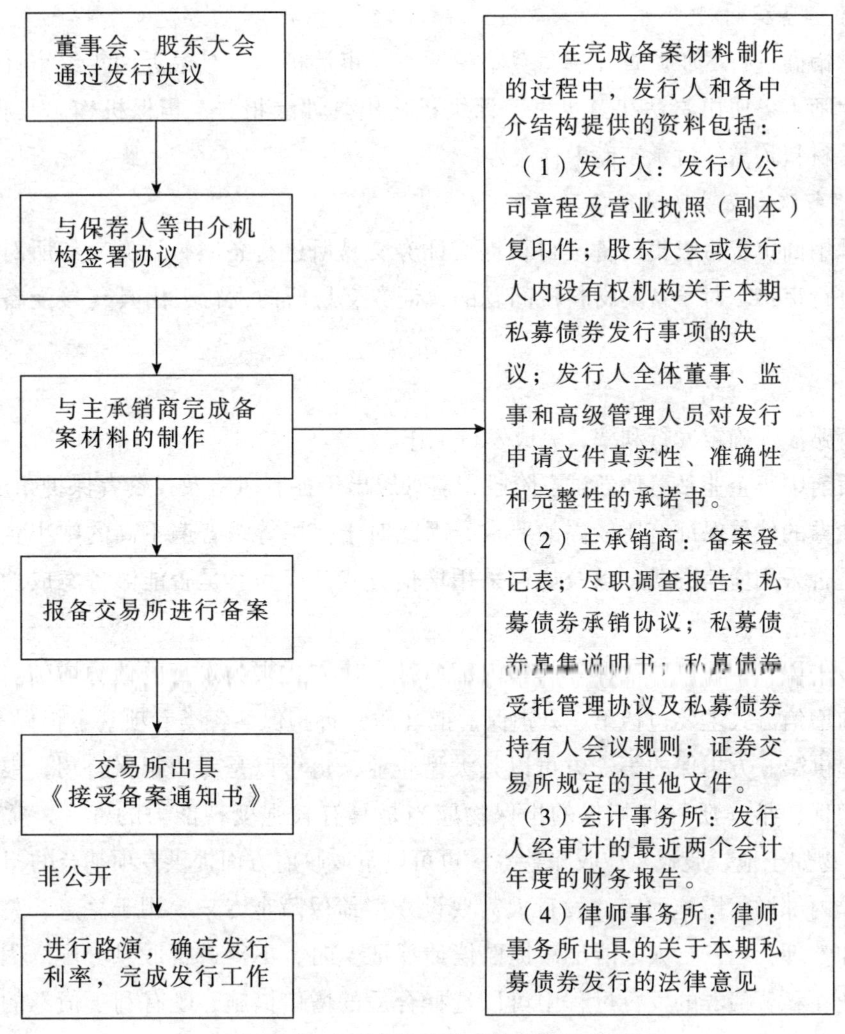

图7－3　中小企业私募债券的发行流程

1. 做出决议或决定

股份有限公司、有限责任公司发行公司债券，由董事会制订方案，股东会做出决议。同时，尽量向当地政府申请，为私募债券发行争取政府保证政策，并尽可能协调担保问题。为了激励中小企业参与私募债券融资，不少地方政府向首批私募债券申报企业提供了贴息及其他财政优惠。例如，深圳市针对前10家发行企业提供优惠政策，在10家企业全部完成转让后将整体打包报送地方金融办，由地方财政划拨优惠款项。北京中关村管委会的贴息措施是对企业发债利息进行30%贴息，贴息额度不超过50万元，贴息年限最长3年。

2. 确定相关中介机构和发行方案

首先，确定主承销商、评级机构、审计机构、律师事务所。同时，担保机构在符合发债条件的初选企业中做尽职调查，挑选愿意担保的企业。最后，敲定发行方案。

3. 准备备案材料

主承销商进行尽职调查并撰写募集说明书；审计机构出具最近两年经审计的财务报告；律师事务所出具法律意见书；评级机构出具评级报告；担保机构出具担保函。以上相关材料均需经过承销商内核流程。

4. 报备证券交易所进行备案

主承销商负责将收集的备案材料提交证券交易所进行备案，证券交易所对材料的完备性进行审核。对于备案材料没问题的，证券交易所向发行人出具《接受备案通知书》。

5. 完成发行工作

进行路演，确定发行利率，完成发行工作。

在目前中小企业私募债券试点阶段，监管层出于控制风险及投资者保护角度考虑，对私募债券的偿债保证有比较高的要求，因此对于信用等级普遍不高的中小企业私募债券，是否采用增信方式，以及如何采用增信方式，成为其是否能够备案成功的核心要素。

一般来说，企业可以选择外部和内部两种增信方式来为发行的债券增信。具体而言，目前增信方式主要包括第三方担保、抵（质）押担保、各类专项基金担保等方式。其中，提供第三方担保的第三方可以是大型企业，也可以是专业担保公司，银行原则上不能担保；抵（质）押担保的担保物应当是具有较强变现能力的资产，常见的抵（质）押物如土地、股权、应收账款等；也可以争取政府方面提供专项基金的担保。

对于内部增信措施而言，发行人需要设立偿债保障金专户，用于兑息、兑付资金的归集和整理，当发行人未能足额提取偿债保证金时，不得进行股息分配。因此，中小微企业在私募债券的发行过程中可以选择合适的增信措施，既有利于债券的顺利备案发行，又有利于监管层控制债券的信用风险。

7.1.4　发行费用

中小企业私募债券的发行费用主要有：承销保荐费用，会计师事务所审计费用，律师事务所费用，担保费用，以及其他费用（包括评级费用、登记兑付费、资产评估费等），详见表 7－2。

表 7－2　中小企业私募债券发行费用明细

机构名称	主要职能	收费
承销商	债券承销	债券承销总额的 1% ~2%
会计师事务所	审计	10 万 ~50 万元
担保机构	信用担保	债券承销总额的 1% 以上
律师事务所	法律意见	10 万 ~50 万元
信用评级机构	信用评级	10 万 ~50 万元

目前中小企业私募债券承销费率为 1% ~2%，担保机构收取费用则超过 1%，评级、审计和法律机构会收取数十万元不等的费用。

7.2　中小企业私募债券的转让

根据《上海证券交易所中小企业私募债券业务试点办法》的规定，上海证券交易所固定收益证券综合电子平台为在上海证券交易所备案的中小企业私募债券提供转让服务；另外，《深圳证券交易所中小企业私募债券业务试点办法》规定，深圳证券交易所综合协议交易平台为在深圳证券交易所备案的中小企业私募债券提供在合格投资者之间的转让服务。

7.2.1　上海证券交易所

7.2.1.1　固定收益证券综合电子平台

固定收益证券综合电子平台是 2007 年上海证券交易所根据债券交易的特点推出的专用于债券交易的电子平台，其目的是为国债、公司债等固定收益产品提供高效、低成本的批发交易平台。该平台具有以下突出特点：

第一，技术现代。固定收益证券综合电子平台在参考了多家国外发达市场先进经验，设计了三种交易模式：确定报价、待定报价和询价交易，同时二层市场上交易商与其客户之间可以通过成交申报进行交易。

第二，交易制度先进。固定收益证券综合电子平台的制度基础是以做市商制度为核心的竞争性做市机制。一级交易商承担维持固定收益证券综合电子平台挂牌债券流通性职责，在约定价差幅度内进行双边现券买卖，并由各一级交易商在第一层次的市场（即交易商间市场）上相互报价，相互做市，形成竞争性做市机制，从而有效维持市场流动性。

第三，结算模式高效。对于国债和高等级债券品种，中国证券登记结算公司可以提供中央担保、净额结算，这种结算模式相对于逐笔结算效率更高，并且有利于市场参与者实现完全的匿名交易，规避交易对手方信用风险，提高市场参与者信心，是上海证券交易所固定收益证券综合电子平台重要竞争优势所在。

第四，兼顾到社会投资者的需要。固定收益证券综合电子平台构建了两层市场架构，通过构建多层次的债券市场体系兼顾到个人等社会投资人的需求，提高了市场效率。上海证券交易所固定收益证券综合电子平台通过市场分层将投资者进行分层，第一层市场的参与者包括普通交易商和一级交易商，普通交易商可以在平台上进行报价和交易，但没有做市义务，一级交易商是从普通交易商中选择出来的，有做市义务，需要维持双边确定报价。

目前，固定收益平台的参与者仅限具有自营业务资格的证券公司、基金公司，以及上海证券交易所认可的保险公司、财务公司、信托公司等非银行金融机构。这些投资者通过申请成为固定收益平台的交易商或一级交易商后直接参与交易。个人投资者、非金融机构等可与一级交易商在场外达成成交意向后，以成交申报的方式向固定收益平台申报，完成交易、清算和结算。

目前，在固定收益平台交易的债券品种有国债、地方政府债、高等级公司债（含企业债）、低等级公司债（含企业债）、可分离交易可转债。交易方式均为现券交易。

7.2.1.2 中小企业私募债券挂牌转让

《上海证券交易所中小企业私募债券业务试点办法》第二十三条规定：私募债券以现货及本所认可的其他方式转让。采取其他方式转让的，需报经中国证券监督管理委员会批准。第二十四条规定：合格投资者可通过本所固定收益证券综合电子平台或证券公司进行私募债券转让。通过固定收益证券综合电子平台进行转让的，参照本所现有规则办理；通过证券公司转让的，转让达成后，证券公司须向本所申报，并经本所确认后生效。《关于中小企业私募债券在固定收益证券综合电子平台转让的通知》（上证债字〔2012〕210 号）规定：中小企业私募债券将在固定收益平台进行非公开转让，固定收益平台将在原有国债现券、公司债现券类型的基础上，增加中小企业私募债券现券产品。

1. 转让申请

发行人申请私募债券在上海证券交易所转让的，应当提交以下材料，并在转让前与交易所签订《私募债券转让服务协议》：

（1）转让服务申请书。

（2）私募债券登记证明文件。

（3）本所要求的其他材料。

同时发行人须保证文件内容真实、准确、完整，不存在虚假记载、误导性陈述或重大遗漏。

2. 参与要求

私募债券转让双方应当满足《试点办法》规定的合格投资者条件，全面了解私募债券发行、转让等规则，事先通过交易所网站专区或其他方式获得私募债券的募集说明书及其他法律文件，知晓相应的私募债券发行转让等条款及相关权利、义务，自行承担投资风险。对于首次受让中小企业私募债券的合格投资者，在受让前应当签署《风险认知书》，承诺具备合格投资者资格，并通过严格的业务管理规范以及柜台前端控制等手段，保障参与私募债券转让的投资者符合合格投资者适当性管理要求。另外，转让双方应当持有足额的私募债券和资金，及时进行结算。具体而言，能参与私募债券转让的合格机构投资者应满足以下条件：

（1）经有关金融监管部门批准设立的金融机构，包括商业银行、证券公司、基金管理公司、信托公司和保险公司等。

（2）上述金融机构面向投资者发行的理财产品，包括但不限于银行理财产品、信托产品、投连险产品、基金产品、证券公司资产管理产品等。

（3）注册资本不低于人民币1 000万元的企业法人。

（4）合伙人认缴出资总额不低于人民币5 000万元，实缴出资总额不低于人民币1 000万元的合伙企业。

（5）经上海证券交易所认可的其他合格投资者。

对于满足以下条件的个人投资者，可与证券公司在场外达成成交意向后，以成交申报的方式向固定收益平台申报，完成交易、清算和结算：

（1）个人名下的各类证券账户、资金账户、资产管理账户的资产总额不低于人民币500万元。

（2）具有两年以上的证券投资经验。

（3）理解并接受私募债券风险。

另外，发行人的董事、监事、高级管理人员及持股比例超过5%的股东也可以参与私募债的认购和转让。

同时，《关于中小企业私募债券在固定收益证券综合电子平台转让的通知》明确规定，单只私募债券的发行和转让中，持有账户数合计不得超过200户，目前接受申报的账户只限于A、B、D、F类账户。

3. 交易时间

每个交易日的9:30～11:30和13:00～15:00。

4. 申报限制

私募债券采用现券交易，私募债券的申报价格为其净价（不含应计利息，结算价格应为转让价格和应计利息之和）。

申报数量不低于面值5万元，当持有余额小于5万元面值时，应一次性转让。

5. 转让流程

固定收益平台接受中小企业私募债券指定对手方报价、协议转让和意向报价，见图7-4。

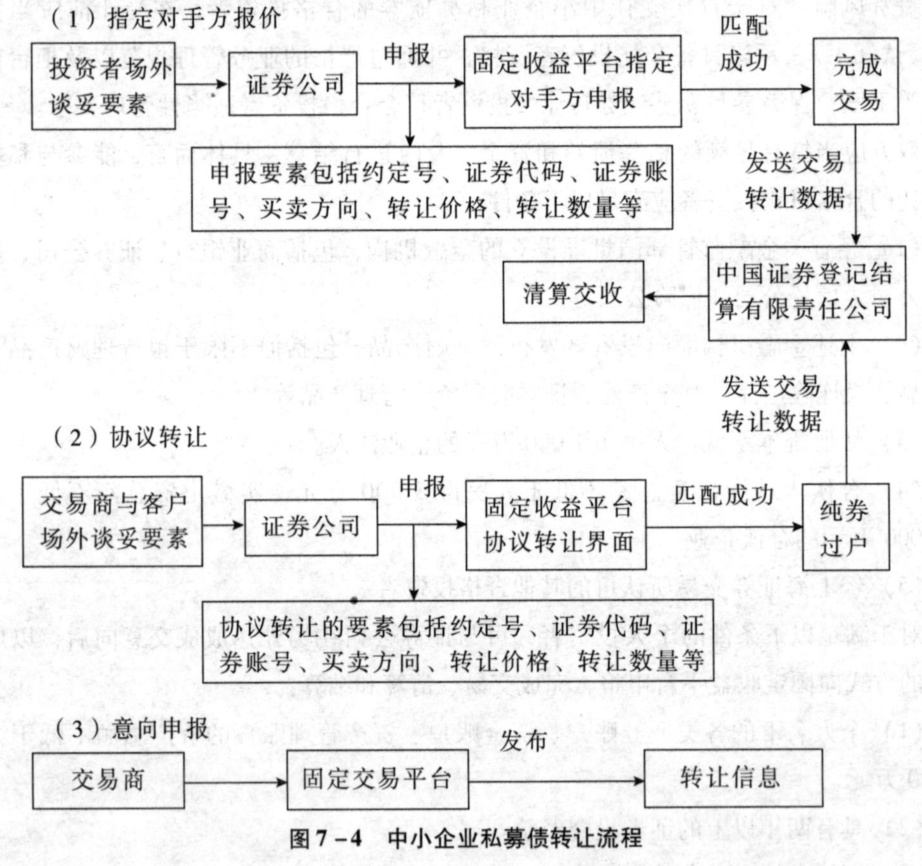

图7-4 中小企业私募债转让流程

（1）指定对手方报价。

指定对手方报价是指合格投资者采用场外方式谈妥要素后，由证券公司通过固定收益平台指定对手方申报界面进行申报。指定对手方报价的要素包括约定号、证券代码、证券账号、买卖方向、转让价格、转让数量等。固定收益平台按照双方的约定号，对申报的证券代码、转让价格和转让数量进行匹配。

（2）协议转让。

协议转让是指具有自营和经纪业务资格的交易商与其客户在场外谈妥要素后，由证券公司通过固定收益平台协议转让界面进行申报。协议转让的要素包括约定号、证券代码、证券账号、买卖方向、转让价格、转让数量等，协议转让采用纯券过户的结算方式。

（3）意向申报。

意向申报是指交易商通过固定收益平台发布意向转让信息。意向申报的要素包括证券账号、证券代码、买卖方向等。

交易员在进行指定对手方申报时自行输入账户与交易单元，通过账户与交易单元之间的指定关系检查账户的有效性。同时交易员在申报账户时需要确保账户投资债券的合规性。交易所按照申报时间先后顺序对私募债券转让进行确认，对导致私募债券持有账户数超过200户的转让不予确认，并通过交易员完成交易。

中国证券登记结算有限责任公司上海分公司按照《中小企业私募债券试点登记结算业务实施细则》，对中小企业私募债券提供结算服务。中国证券登记结算有限责任公司根据交易所发送、确认的转让数据办理清算交收，并结合私募债券的特点与市场需求，提供逐笔全额、纯券过户等多种结算方式和灵活的交收期安排，并可根据市场需要提供代收代付等服务。

6. 转让费用

私募债券的转让收费标准同公司债券一样。上海证券交易所现行的公司债券交易费用如表7-3所示。

表7-3 上海证券交易所公司债券交易费用

交易品种	收费项目	收费标准	备注
债券（公司债券、可转换公司债券、分离交易的可转换公司债券等）	交易佣金	不超过成交金额的0.02%，起点1元	投资者交证券公司
	大宗交易经手费	成交金额的百万分之一的90%，最高不超过100元/笔（双向）	会员等交上海证券交易所
	大宗交易证管费	同品种竞价交易	会员等交中国证券监督管理委员会（上海证券交易所代收）
债券现券（公司债券、可转换公司债券、分离交易的可转换公司债券等）	交易经手费	成交金额的0.0001%（双向）（固定收益证券综合电子平台现券交易，最高不超过100元/笔）	会员等交上海证券交易所
	交易证管费	成交金额的0.001%（双向）	会员等交中国证券监督管理委员会（上海证券交易所代收）

（续表）

交易品种	收费项目	收费标准	备注
公司债券	上市初费	上市总额的0.01%，起点8 000元，不超过4万元（暂免）	发行人交上海证券交易所
	上市年费	上市总额的0.0096%，起点4 800元，不超过24 000元（暂免）	发行人交上海证券交易所
	质押登记手续费	面额的0.1%，超过500万元的部分按0.01%，起点100元	投资者交中国证券登记结算有限责任公司上海分公司
	席位间转托管手续费	30元/笔	

资料来源：上海证券交易所

7. 暂停或终止转让的情况

（1）私募债券兑付前5个工作日，固定收益平台停止转让服务。

（2）发行人出现重大违法行为，财务状况恶化，或其他可能对投资者造成重大影响的事件的，证券交易所可视情况暂时停止或终止提供私募债券转让服务。

8. 转让信息披露

私募债券转让信息在固定收益证券综合电子平台或上海证券交易所网站专区进行披露。

7.2.1.3 信息披露

《上海证券交易所中小企业私募债券业务试点办法》第二十七条规定：发行人、承销商及其他信息披露义务人，应当按照本办法及募集说明书的约定履行信息披露义务。发行人应当指定专人负责信息披露事务；承销商应当指定专人辅导、督促和检查发行人的信息披露义务。信息披露应当在上海证券交易所网站专区或以上海证券交易所认可的其他方式向合格投资者披露。总体上来说，私募债券的披露为定向披露，合格投资者可以委托会员查询中小企业私募债券相关公告信息。

1. 基本披露要求

（1）发行人及其全体董事、监事及高级管理人员以及其他信息披露义务人，应当按照《上海证券交易所中小企业私募债券业务试点办法》及募集说明书的约定，履行信息披露义务，同时发行人应当指定专人负责信息披露相关事务。

（2）承销商应当指定专人督促、辅导、协助信息披露义务人进行信息披露相关事务。

（3）信息披露义务人应当保证所披露的信息真实、准确、完整、及时，不得虚假记载、误导性陈述或有重大遗漏。

（4）董事、监事、高级管理人员等信息披露义务人对所披露信息的真实性、准确性、完整性、及时性存在异议的，应当单独发表意见并陈述理由。

(5) 承销商在私募债券存续期间应当对发行人资金使用情况进行检查。当承销商发现发行人存在对私募债券偿债能力有重大影响的情况时，应当及时督促发行人履行信息披露义务。发行人不履行信息披露义务的，承销商应当及时向本所报告。

(6) 信息披露义务人通过上海证券交易所披露的文件应当以不可修改的电子文档格式送达本所。私募债券发行人应当向其债券持有人披露至少包括私募债券名称、代码、期限、发行金额、利率、发行人及承销商的联系方式、募集说明书、付息及本金兑付事宜、存续期间可能影响其偿债能力的重大事项等内容。

私募债券发行人应当向所有合格投资者披露包括但不限于私募债券名称、代码、期限、发行金额、利率、发行人及承销商的联系方式等内容。私募债券募集说明书对披露内容有特别约定的，从其约定。

(7) 发行人应当在所有信息披露文件的显著位置载明包括但不限于以下内容的本所免责提示：本公司发行的私募债券已在上海证券交易所备案，上海证券交易所不对本公司的经营风险、偿债风险、诉讼风险以及私募债券的投资风险或收益等做出判断或保证；投资者购买本公司私募债券，应当认真阅读募集说明书及有关的信息披露文件，对本公司信息披露的真实性、准确性、完整性和及时性进行独立分析，并据以独立判断投资价值，自行承担投资风险。

(8) 发行人应当在完成债券登记后 3 个工作日内，披露当期私募债券的实际发行规模、利率、期限以及募集说明书等文件。

(9) 在债券存续期间，发行人应当在私募债券本息兑付日前 5 个工作日，披露付息及本金兑付事宜。

2. 重大事项披露

发行人应当及时披露可能发生的影响其偿债能力的重大事项，这些重大事项包括但不限于：

(1) 发行人发生未能清偿到期债务的违约情况。

(2) 发行人新增借款或对外提供担保超过上年末净资产 20%。

(3) 发行人发生超过上年末净资产 10% 以上的重大损失。

(4) 发行人占同类资产总额 20% 以上资产的抵押、质押、出售、转让或报废。

(5) 发行人做出减资、合并、分立、解散及申请破产的决定。

(6) 发行人涉及重大诉讼、仲裁事项或受到重大行政处罚。

(7) 发行人高级管理人员涉及重大民事或刑事诉讼，或已就重大经济事件接受有关部门调查。

(8) 发行人涉及需要澄清的市场传闻。

(9) 发行人经营方针、经营范围或经营外部条件发生重大变化。

(10) 发行人涉及可能对其资产、负债、权益和经营成果产生重要影响的重大合同。

（11）其他对投资者做出投资决策有重大影响的事项。

3. 其他披露要求

（1）备案会议决定后至《接受备案通知书》发出前，发行人发生重大事项需要补充披露相关信息的，应当及时将修改完毕的备案材料提交上海证券交易所。备案小组将根据修改后的备案材料决定是否需要重新提交备案会议进行完备性核对。

（2）《接受备案通知书》发出后至私募债券发行完毕前，发行人发生重大事项的，应当暂停发行并及时通报交易所。备案小组认为有必要的，发行人应当将修改完毕的备案材料重新提交备案会议评议。发行人已向投资人提供发行材料的，应当及时向相关投资人披露有关信息。

（3）发行人可以在募集说明书中约定是否披露定期报告。如约定披露定期报告的，发行人应当按以下要求进行信息披露：每年4月30日以前，披露上一年度年度报告；每年8月31日以前，披露本年度中期报告。

7.2.2 深圳证券交易所

7.2.2.1 深圳证券交易所综合协议交易平台

深圳证券交易所综合协议交易平台是深圳证券交易所2008年年底推出并于2009年年初正式启动的，以支持大宗交易业务为基础，重点为机构投资者服务，集多项业务于一身的平台。

综合协议交易平台结合了境外成熟市场经验，以及证券交易所、银行间市场不同交易结算模式的特点，具备适应性灵活、功能性强以及拓展性宽等优势：

（1）平台对各项以机构为主要参与对象的业务进行了重新整合，包括权益类证券大宗交易、债券大宗交易和专项资产管理计划协议交易等，与原大宗交易系统相比，后台可根据不同业务需求，灵活设置适应不同品种交易特点的多元化协议交易服务，配置更为合理。

（2）平台提供了更丰富的报价方式和更强大的成交、查询功能，可支持主交易商制度，为债券等固定收益类品种提供报价服务，增强证券交易所债券市场价格发现功能和流动性。

（3）平台拓展了交易行情广播渠道，投资者可以通过深圳证券交易所网站下协议平台信息披露子网站（www. szse. cn/main/ints）及行情揭示软件等渠道了解到平台交易行情。

7.2.2.2 中小企业私募债券挂牌转让

《深圳交易所中小企业私募债券业务试点办法》第二十一条规定：私募债券以现货及本所认可的其他方式转让。采取其他方式转让的，须报经中国证监会批准。第二十三条规定：合格投资者可通过本所综合协议交易平台或通过证券公司进行私募债券转让。通过综合协议交易平台进行转让的，参照本所现有规则办理；通过证券公司转让的，转让达成后，证券公司须向本所申报，并经本所确认后生效。证券公司应当建立健全风险控制制度，遵循诚实信用原则，不得进行虚假申报，不得误导投资者。

1. 转让申请

（1）转让服务推荐人。

发行人完成私募债券的集中登记后，应当委托转让服务推荐人向深圳证券交易所提出私募债券转让服务申请。在申请私募债券在深圳证券交易所转让前，须委托承销商作为其转让服务推荐人，并出具转让服务推荐书。转让服务推荐人应当保证发行人向证券交易所提交的转让服务申请材料、转让服务公告书等没有虚假记载、误导性陈述或者重大遗漏，并保证对其承担连带责任。转让服务推荐人不得利用其在推荐过程中获得的内幕信息进行内幕交易，为自己或者他人牟取利益。

（2）提交申请材料与签订协议。

发行人申请私募债券在深圳证券交易所转让的，应当通过深圳证券交易所会员业务专区办理。私募债券承销商登录交易所会员业务专区，通过“公文及报表上传—中小企业私募债试点业务—转让服务申请”栏目提交转让服务申请材料。申请材料应当包括以下内容：

①转让服务申请书。

②私募债券登记证明文件。

③转让服务推荐书。

④深圳证券交易所要求的其他材料，包括发行人信息披露事务专员、主承销指定督导员联系信息，以及私募债券认购人名单等。

私募债券转让前，承销商应当向深圳证券交易所报送上述申请材料原件。同时，发行人应当与交易所签订《深圳证券交易所中小企业私募债券转让服务协议》（格式见本章附件11）。

2. 参与者要求

确认参与私募债券认购和转让的投资者为具备风险识别与承担能力的合格投资者。证券公司应当了解和评估投资者对私募债券的风险识别和承担能力，充分揭示风险。具体而言，合格投资者应当满足以下条件：

（1）经有关金融监管部门批准设立的金融机构，包括商业银行、证券公司、基金管理公司、信托公司和保险公司等。

（2）上述金融机构面向投资者发行的理财产品，包括但不限于银行理财产品、信托产品、投连险产品、基金产品、证券公司资产管理产品等。

（3）注册资本不低于人民币1 000万元的企业法人。

（4）合伙人认缴出资总额不低于人民币5 000万元，实缴出资总额不低于人民币1 000万元的合伙企业。

（5）经深圳证券交易所认可的其他合格投资者。

另外发行人的董事、监事、高级管理人员及持股比例超过5%的股东，可以参与本公司发行私募债券的认购，但仅允许通过承销商交易单元进行转让。同时，承销商可参与其承销私募债券的认购与转让。

有关法律法规或者监管部门对上述投资主体投资私募债券有限制性规定的，遵照其规定。

以上合格投资者转让私募债券之前，应当持有中国证券登记结算有限责任公司深圳分公司人民币普通股票账户（A股证券账户），单只私募债券的持有账户数合计不得超过200户。

3. 交易时间

每个交易日的9:15～11:30和13:00～15:30，申报当日有效。

4. 申报限制

（1）单笔现货交易数量不得低于5 000张（私募债券每张面值为100元），或者交易金额不得低于人民币50万元。

（2）私募债券成交价格由买卖双方在前收盘价的上下30%之间自行协商确定，价格最小变动单位为0.001元。私募债券当日收盘价为债券当日所有转让成交的成交量加权平均价；当日无成交的，以前收盘价为当日收盘价。

5. 转让流程

试点初期，综合协议平台仅接受私募债券投资者“成交申报”指令，不接受“意向申报”和“定价申报”指令。其中“成交申报”指令包括证券账号、证券代码、买卖方向、交易价格、交易数量和对手方交易单元代码等内容。“成交申报”指令在协议平台确认成交前可以撤销。

另外，承销商可以通过协议平台对私募债券转让进行做市。

6. 转让费用

试点期间，深圳证券交易所暂免向发行人收取转让服务费用；私募债券转让经手费等，参照公司债券标准执行。

表7－4　深圳证券交易所关于公司债券相关费用汇总表

交易品种	收费项目	收费标准	备注
公司债券现货	交易佣金	不超过成交金额的0.02%	投资者交证券公司
	交易经手费	成交金额在100万元以下（含）每笔收0.1元；成交金额在100万元以上每笔收10元。	由深圳证券交易所收取
	证券交易监管费	按成交额双边收取0.01‰	代中国证券监督管理委员会收取

（续表）

交易品种	收费项目	收费标准	备注
交易单元	会员席位费	60万元/个	深圳证券交易所收取
	会员交易单元费用	（1）交易单元使用费：对会员使用超出交费席位（指已交席位初费的席位）数量以外的交易单元，每年收取30 000元/个的交易单元使用费。 （2）流速费：对会员使用超出交费席位（指已交席位初费的席位）数量以外的流速，每年收取9 600元/份的流速费。 （3）流量费：每笔交易类申报（指买入、卖出、撤单申报）收取0.15元，每笔非交易类申报（指除买入、卖出、撤单以外的申报）收取0.01元。此项费用以会员为单位收取，最低收费标准为每家会员每年2万元。详细计收方法见本所《关于调整席位管理年费收费模式的通知》（深证会〔2004〕191号）。	

资料来源：深圳证券交易所

7. 暂停、恢复及终止提供转让服务的情形

（1）暂停、恢复提供转让服务。

深圳证券交易所会员专区以外的公共媒体中出现发行人发布的尚未披露的私募债券相关信息，可能或者已经对私募债券及其衍生品种交易价格产生重大影响的，发行人应当向深圳证券交易所申请暂停提供转让服务，直至按规定在会员专区发布相关公告后予以恢复转让服务。

深圳证券交易所可根据市场需要对私募债券及其衍生品种采取临时停止提供转让服务的措施，相关情形消除后予以恢复。

发行人有下列情形之一的，深圳证券交易所对私募债券临时停止提供转让服务，并在15个工作日内决定是否暂停提供转让服务：

①发行人有重大违法行为。

②未按照私募债券募集说明书要求履行义务。

③交易所规定的其他情形。

深圳证券交易所暂停提供私募债券转让服务后，上述所列情形消除的，发行人可向交易所提出恢复提供转让服务的申请，交易所在收到申请后15个工作日内决定是否

恢复提供转让服务。

（2）终止提供转让服务。

私募债券出现下列情况之一的，深圳证券交易所终止提供转让服务：

①发行人有上述暂停提供转让服务中第①、②项所列情形之一经查实后果严重的。

②发行人解散或者被宣告破产的。

③债券到期的。

属于终止提供转让服务第①、②项所列情形之一的，由交易所做出是否终止提供转让服务的决定。

属于终止提供转让服务第③项情形的，交易所于私募债券到期前5个工作日终止提供转让服务。

8. 转让信息披露

私募债券转让成交信息在协议平台即时披露，并于每日收市后通过深圳证券交易所网站——综合协议平台栏目（http：//www. szse. cn/main/ints/）向市场披露。成交信息内容包括：证券名称、证券代码、成交价格、成交数量、买卖双方交易单元名称和代码等。

7.2.2.3 信息披露

《深圳证券交易所中小企业私募债券试点业务指南》明确规定：私募债券发行人应当指定专人负责信息披露事务。私募债券承销商应当指定专人辅导、督促和检查发行人的信息披露义务。发行人董事、监事和高级管理人员应当保证信息披露内容真实、准确、完整，没有虚假记载、误导性陈述或者重大遗漏，并就其保证承担个别和连带的责任。

1. 披露内容

在私募债券存续期间，发行人应当履行以下信息披露义务：

（1）发行人应当在私募债券发行认购结束后，披露《中小企业私募债券备案登记表》、《私募债券发行结果公告》（内容与格式见附件6和附件12）与私募债券募集说明书。

（2）深圳证券交易所对私募债券提供转让服务前5个工作日内，发行人应当披露《关于××在深圳证券交易所综合协议交易平台进行转让的公告书》（内容与格式见附件9）。

（3）私募债券付息两个工作日前，发行人应当披露《私募债券付息公告》。《私募债券付息公告》应当至少包括发行人名称、私募债券简称和代码、债券发行总额、债券存续期间、票面利率、债权登记日、除息日、派息日、派息金额以及税务处理等内容。

（4）私募债券兑付5个工作日前，发行人应当披露《私募债券兑付公告》。《私募债券兑付公告》应当至少包括发行人名称、私募债券简称和代码、债券发行总额、债券存续期间、票面利率、债权登记日、摘牌日、到期兑付日以及兑付金额等内容。

（5）私募债券转股、回售或者赎回业务申报起始日前，发行人应当至少披露三次《私募债券转股/回售/赎回业务提示性公告》；私募债券转股、回售或者赎回业务实施完成后，发行人应当披露《私募债券转股/回售/赎回结果公告》。

《私募债券转股/回售/赎回业务提示性公告》应当至少包括发行人名称、私募债券简称和代码、转股/回售/赎回申报期间、申报方式、转股/回售/赎回价格、股权分配日或者回售/赎回资金到账日等内容。

《私募债券转股/回售/赎回结果公告》应当至少包括发行人名称、私募债券简称和代码、转股/回售/赎回业务发生前后对债券托管额的影响以及新增转股数量等内容。

（6）发行人可以根据私募债券募集说明书的规定，选择是否披露定期报告。

（7）发行人的董事、监事、高级管理人员及持股比例超过5%的股东转让私募债券的，当事人与承销商应当及时通报发行人。发行人应当在转让达成后3个工作日内，披露董事、监事、高级管理人员及持股比例超过5%的股东转让私募债券相关情况。

（8）发行人应当及时披露在私募债券存续期内可能发生的影响其偿债能力的重大事项。重大事项包括但不限于以下内容：

①发行人发生未能清偿到期债务的违约情况。

②发行人新增借款或者对外提供担保超过上年末净资产20%。

③发行人放弃债权或者财产超过上年末净资产10%。

④发行人发生超过上年末净资产10%的重大损失。

⑤发行人做出减资、合并、分立、解散及申请破产的决定。

⑥发行人涉及重大诉讼、仲裁事项或者受到重大行政处罚。

⑦发行人高级管理人员涉及重大民事或者刑事诉讼，或者已就重大经济事件接受有关部门调查。

2. 披露方式与流程

发行人应当履行的信息披露义务中，除私募债券募集说明书和定期报告可以通过深圳证券交易所会员业务专区向合格投资者披露或者由承销商向指定合格投资者披露外，其他信息披露均应当在深圳证券交易所会员业务专区向私募债券持有人等合格投资者披露。

在深圳证券交易所会员业务专区的信息披露具体流程如下：

（1）承销商登录深圳证券交易所会员业务专区，通过“公文及报表上传—中小企业私募债试点业务—信息披露申请”栏目进入信息披露页面。

（2）承销商在线选择信息披露类别后，提交信息披露文件。

7.3 中小企业私募债券的托管与结算

7.3.1 受托管理人制度

为了保护投资者的权益，上海证券交易所和深圳证券交易所颁布的中小企业私募债券试点办法都明确规定，私募债券的发行人应当为私募债券持有人聘请私募债券受托管理人。债券受托管理人是根据债务托管协议而设立的维护债券持有人利益的机构，它与债券持有人的关系为委托代理关系。私募债券的受托管理人可由本期发行的承销商或者商业银行等其他机构担任，但是为私募债券发行提供担保的机构不得担任本期私募债券的受托管理人。

在私募债券存续期限内，由私募债券受托管理人依照约定维护私募债券持有人的利益。私募债券受托管理人应当为私募债券持有人的最大利益行事，不得与私募债券持有人存在利益冲突。具体而言，私募债券受托管理人应当履行下列职责：

（1）持续关注发行人和保证人的资信状况，出现可能影响私募债券持有人重大权益的事项时，召集私募债券持有人会议。

（2）发行人为私募债券设定抵押或质押担保的，私募债券受托管理人应当在私募债券发行前取得担保的权利证明或其他有关文件，并在担保期间妥善保管。

（3）在私募债券存续期内勤勉处理私募债券持有人与发行人之间的谈判或者诉讼事务。

（4）监督发行人对募集说明书约定的应当履行义务（包括募集资金用途、提取偿债保障金等）的执行情况，并出具受托管理人事务报告。

（5）预计发行人不能偿还债务时，要求发行人追加担保，或者依法申请法定机关采取财产保全措施。

（6）发行人不能偿还债务时，受托参与整顿、和解、重组或者破产的法律程序。

（7）私募债券受托管理协议约定的其他重要义务。

除了受托管理人制度外，试点办法还从以下四个方面来加强投资者权益保护：

1. 债券持有人会议

发行人应当与私募债券受托管理人制定私募债券持有人会议规则，约定私募债券持有人通过私募债券持有人会议行使权利的范围、程序和其他重要事项。存在下列情况的，应当召开私募债券持有人会议：

（1）拟变更私募债券募集说明书的约定。

（2）拟变更私募债券受托管理人。

（3）发行人不能按期支付本息。

（4）发行人减资、合并、分立、解散或者申请破产。

（5）保证人或者担保物发生重大变化。

（6）发生对私募债券持有人权益有重大影响的事项。

2. 偿债保障金

发行人应当设立偿债保障金专户，用于兑息、兑付资金的归集和管理。在私募债券付息日 10 个工作日前，发行人应当将应付利息全额存入偿债保障金专户；在本金到期日 30 日前累计提取的偿债保障金余额不低于私募债券余额的 20%。

偿债保障金自存入偿债保障金专户之日起，仅能用于兑付私募债券本金及利息。私募债券受托管理人应当监督发行人偿债保障金专户的设立和资金使用情况。

3. 限制股息分配措施

发行人应当采取限制股息分配措施，以保障私募债券本息按时兑付，并承诺若未能足额提取偿债保障金，不以现金方式进行利润分配。

4. 增信措施

私募债券增信措施以及信用评级安排由买卖双方自主协商确定。发行人可采取其他内外部增信措施，提高偿债能力，控制私募债券风险。增信措施包括但不限于下列方式：

（1）限制发行人将资产抵押给其他债权人。

（2）第三方担保和资产抵押、质押。

（3）商业保险。

7.3.2　登记与结算

为规范中小企业私募债券试点的登记结算业务运作，保护投资者合法权益，根据《公司法》、《证券法》、《证券登记结算管理办法》等法律法规和部门规章的规定，以及中国证券登记结算有限责任公司相关业务规则制定的《中小企业私募债券试点登记结算业务实施细则》的规定，中国证券登记结算有限责任公司为中小企业私募债券提供登记和结算服务。

目前，上海证券交易所和深圳证券交易所实行一级托管和二级管理制度，即投资者的证券账户直接开立在中国证券登记结算有限责任公司，而账户管理则由证券公司营业部门负责。这种体制的优点在于，由于证券开立在中国证券登记结算有限责任公司，交易所在接受投资人交易委托时可以直接对投资人卖空行为进行检查。但是这种体制也存在明显的缺点：由于证券账户由证券公司操控管理，这样就可能导致证券公司挪用投资人的证券和资金。

7.3.2.1　登记

根据《证券登记结算管理办法》（证监会令〔2006〕29 号）以及《中国证券登记结算有限责任公司债券登记、托管与结算业务实施细则》的规定，债券登记是指中央国债登记结算有限责任公司在证券账户中记录债券持有人持有的债券余额和余额变化情况的行为；如通过名义持有人持有证券的，债券登记是指中国证券登记结算有限责任公司对名义持有人名下债券余额和余额变化情况进行记录的行为。债券登记包括初始登记和变更登记。

1. 初始登记

《中小企业私募债券试点登记结算业务实施细则》第三条规定，私募债券发行人在向证券交易所备案并取得其出具的《接受备案通知书》后，应向中国证券登记结算有限责任公司申请办理私募债券的集中登记。中国证券登记结算有限责任公司通过电子化证券登记簿记系统办理私募债券的集中登记，主要根据投资者证券账户的记录办理私募债券持有人名册登记。另外，投资者认购、登记、托管及转让私募债券的，应当通过其A股证券账户进行。

发行人向中国证券登记结算有限责任公司申请办理私募债券初始登记前，应当与中国证券登记结算有限责任公司签订证券登记及服务协议，明确双方的权利义务关系。发行人也可以委托承销商向中国证券登记结算有限责任公司申请办理私募债券初始登记。发行人或者承销商申请办理初始登记时，应当提交以下申请材料：

（1）私募债券初始登记申请。

（2）证券交易所出具的私募债券发行《接受备案通知书》。

（3）承销协议。

（4）具有从事证券业务资格的会计师事务所出具的关于私募债券发行人全部募集资金到位的验资报告。

（5）私募债券担保协议（如有）。

（6）已完成发行的私募债券持有人名册。

（7）发行人最近年检后的法人营业执照副本原件及复印件、法定代表人对指定联络人的授权委托书。

（8）指定联络人有效身份证明文件原件及复印件。

（9）发行人委托承销商办理初始登记的，还应提交授权委托书。

（10）中国证券登记结算有限责任公司要求提供的其他材料。

中国证券登记结算有限责任公司对发行人提交的申请材料是否完整、齐全、符合法定形式等进行形式审核。审核通过后，根据发行人提交的发行数据，办理私募债券持有人名册的初始登记，并向发行人出具证券登记证明文件。发行人或其委托的承销商应当保证其所提交资料的合法、真实、准确和完整，由于提交的申请材料不真实、不准确、不完整或其他因发行人原因导致登记不实所产生的一切法律责任由发行人承担。

2. 变更登记

《中小企业私募债券试点登记结算业务实施细则》第八条规定，私募债券通过上海证券交易所固定收益证券综合电子平台、深圳证券交易所综合协议交易平台转让的，或通过证券公司转让的，中国证券登记结算有限责任公司依据私募债券转让的交收结果，办理私募债券的变更登记。

中国证券登记结算有限责任公司根据投资者及其他相关当事人的申请办理以下变更登记：

（1）继承、捐赠、依法进行的财产分割引起的过户登记。

（2）法人合并、分立，或因解散、破产、被依法责令关闭等原因丧失法人资格引起的过户登记。

（3）司法冻结与扣划。

（4）质押登记。

（5）相关法律、行政法规、中国证监会规章及本公司业务规则规定的其他情形。

7.3.2.2　清算与交收

债券结算是指根据达成的债券交易进行的债券与对应价值的资金相互交换所有权的行为。以出质债券来交换资金或其他债券的暂时使用权并在到期时归还的行为，也属于债券结算业务范畴。债券结算业务一般包括债券清算（或质押、解押）和债券交收两部分内容。债券清算是指在每一交易日中每个结算参与人成交的债券数量与价款分别予以轧抵，对债券和资金的应收或应付净额进行计算的处理过程。债券交收是指结算参与人根据清算的结果在事先约定的时间内履行合约的行为，即买方支付一定款项以获得所购债券，卖方交付一定债券以获得相应价款。交收的实质是依据清算结果实现债券与价款的收付，从而结束整个交易过程。债券结算要以清算作为前期处理过程。清算是指对交易结算指令的处理、匹配、记录、轧算和保证金的管理等一系列结算前的准备工作。债券清算是完成债券交易和实现债券所有权转移的最后环节。

清算和交收的联系和区别主要包括：

（1）清算和交收的联系。

从时间发生及运作的次序来看，清算是交收的基础和保证，交收是清算的后续和完成。正确的清算结果能确保交收顺利进行；而只有通过交收，才能最终完成证券或资金收付，结束交易总过程。

（2）清算和交收的区别。

清算和交收最根本的区别在于，清算是对应收和应付证券及价款的轧抵计算，其结果是确定应收和应付净额，并不发生财产实际转移；交收则是对应收和应付净额的收付，发生财产实际转移。

1. 清算服务

《中小企业私募债券试点登记结算业务实施细则》第十四条规定，对于私募债券转让，中国证券登记结算有限责任公司依据结算参与人的委托，办理结算参与人之间的债券和资金的结算。结算参与人与其客户之间的债券划付，应当委托中国证券登记结算有限责任公司代为办理。第十五条规定，对于私募债券转让，中国证券登记结算有限责任公司可提供逐笔全额、纯券过户等结算服务，以及代收代付等服务。

（1）逐笔全额结算。

逐笔全额结算是指中国证券登记结算有限责任公司作为结算组织者，对每笔私募债券转让，在规定的交收时点，将买方结算参与人应付资金足额划付给卖方结算参与人的同时，将卖方结算参与人应付债券足额划付给买方结算参与人。在逐笔全额结算过程中，中国证券登记结算有限责任公司不作为共同对手方，不提供交收担保。

（2）纯券过户。

纯券过户是指私募债券转让达成后，中国证券登记结算有限责任公司根据交易所确认的转让成交结果，在规定的交收时点，将卖方结算参与人应付债券足额划付给买方结算参与人，买卖双方结算参与人之间的资金结算自行完成。

（3）代收代付。

代收代付是指买卖双方结算参与人可选择通过中国证券登记结算有限责任公司资金划付平台完成应收应付资金的划转。

2. 交收

《中小企业私募债券试点登记结算业务实施细则》第十六条规定，对于私募债券转让，中国证券登记结算有限责任公司可按照与结算参与人的约定提供不同的清算交收周期安排。第十七条规定，结算参与人通过其在中国证券登记结算有限责任公司开立的资金交收账户（结算备付金账户，上海市场为专用资金交收账户）和证券交收账户，分别完成资金与债券的交收。

（1）逐笔全额结算方式的交收。

对于采用逐笔全额结算方式的私募债券转让，中国证券登记结算有限责任公司根据证券交易所发送的私募债券转让成交数据进行逐笔清算，计算出结算参与人每笔转让的应收（应付）资金（债券）数量，并按以下两条规定办理债券与资金的交收。

①在规定的交收时点，中国证券登记结算有限责任公司根据私募债券逐笔全额清算结果，按转让成交顺序逐笔检查应付资金结算参与人资金交收账户中资金是否足额，同时检查应付债券结算参与人卖出证券账户中债券是否足额，检查的最小单位是单笔转让数量，不办理部分交收。如单笔债券转让的应付资金或债券不足，中国证券登记结算有限责任公司继续按转让成交顺序进行下一笔债券转让的资金、债券检查和办理交收。

②结算参与人应付资金、债券均足额的，中国证券登记结算有限责任公司将相应资金从应付资金结算参与人资金交收账户划转至应收资金结算参与人资金交收账户；同时将相应债券从卖出客户的证券账户代为划付至应付债券结算参与人证券交收账户，再划转至应收债券结算参与人证券交收账户，再代为划拨至其买入客户的证券账户。买方结算参与人应付资金不足，或者卖方结算参与人应付债券不足的，则做交收失败处理。由于结算参与人应付债券或资金不足导致交收失败的，由违约方结算参与人向

对手方结算参与人承担全部责任。中国证券登记结算有限责任公司将把结算参与人交收违约情况报告中国证监会。

（2）纯券过户结算方式的交收。

对于采用纯券过户结算方式的私募债券转让，中国证券登记结算有限责任公司根据证券交易所发送的私募债券转让成交数据，检查应付债券结算参与人相关卖出证券账户中债券是否足额，检查的最小单位是单笔转让数量，不办理部分交收。应付债券足额的，中国证券登记结算有限责任公司将相应债券从卖出客户的证券账户代为划付至应付债券结算参与人证券交收账户，再划转至应收债券结算参与人证券交收账户，再代为划拨至其买入客户的证券账户。

结算参与人私募债券采用纯券过户结算方式的，相关结算资金的划付可选择中国证券登记结算有限责任公司代收代付方式完成。中国证券登记结算有限责任公司可根据结算参与人的资金划付指令，通过结算参与人的相关资金交收账户办理资金的代收代付。因资金不足导致的资金划付失败，由相关责任方协商解决后续处理事宜。

另外，《中小企业私募债券试点登记结算业务实施细则》的第二十三条规定，私募债券涉及的登记、结算业务，除《中小企业私募债券试点登记结算业务实施细则》有特别规定外，适用中国证券登记结算有限责任公司《证券账户管理规则》、《证券登记规则》、《债券登记、托管与结算业务细则》以及其他登记结算相关业务规则办理。

7.3.2.3　其他服务

中国证券登记结算有限责任公司除了为中小企业私募债券提供登记与结算服务外，还提供一些其他服务，主要有向发行人提供以下私募债券持有人名册服务和派息服务，以及为发行人、投资者提供查询登记信息服务。

1. 向发行人提供以下私募债券持有人名册服务

（1）按照双方约定，定期向发行人发送持有人名册。

（2）因召开私募债券持有人会议、派发本息等原因，发行人申领持有人名册。

（3）中国证券登记结算有限责任公司认可的其他情形。

发行人取得持有人名册后，应当妥善保管，并在法律、行政法规和部门规章许可的范围内使用持有人名册。因发行人不当使用持有人名册所产生的一切法律责任由发行人承担。

2. 派息服务

发行人委托中国证券登记结算有限责任公司派发私募债券本息的，应当在规定时间内，将用于派发私募债券本息的资金划转至中国证券登记结算有限责任公司指定的银行账户。中国证券登记结算有限责任公司确认发行人的相应款项到账后，根据有关业务规定办理私募债券本息派发手续。

对于不能在中国证券登记结算有限责任公司规定期限内划入相关款项的，发行人应当及时通知中国证券登记结算有限责任公司，并按有权机构规定方式进行披露，说明原因。发行人不能在规定期限内划入相关款项、未履行及时通知及披露义务，以及其他因发行人原因，导致投资者未按时取得私募债券本息所产生的一切法律责任由发行人承担。

7.4　中小企业私募债券的市场监管

7.4.1　监管目标

公司债券（中小企业私募债券属于公司债券的范畴）市场是证券市场的重要组成部分，因此其监管目标应与证券市场监管的总体目标相一致。

《中华人民共和国公司法》（中华人民共和国主席令〔2005〕第42号）规定：为了规范公司的组织和行为，保护公司、股东和债权人的合法权益，维护社会经济秩序，促进社会主义市场经济的发展，制定本法。《中华人民共和国证券法》（中华人民共和国主席令〔2005〕第43号）的立法宗旨是：“为了规范证券发行和交易行为，保护投资者的合法权益，维护社会经济秩序和社会公共利益，促进社会主义市场经济的发展，制定本法。”同时，还要求“证券的发行、交易活动，必须实行公开、公平、公正的原则”；“当事人具有平等的法律地位，应当遵守自愿、有偿、诚实信用的原则”；“必须遵守法律、行政法规；禁止欺诈、内幕交易和操纵证券交易市场的行为”。《上海证券交易所中小企业私募债券业务试点办法》规定：为规范中小企业私募债券业务，拓宽中小微型企业融资渠道，服务实体经济发展，保护投资者合法权益，上海证券交易所制定了本办法。《深圳证券交易所中小企业私募债券业务试点办法》规定：为了规范中小企业私募债券业务，拓宽中小微型企业融资渠道，服务实体经济发展，保护投资者合法权益，根据《公司法》、《证券法》等法律、行政法规以及深圳证券交易所相关业务规则，制定本办法。

笔者通过查阅各国和地区公司债券市场的一些资料，发现公司债券市场监管目的主要有以下几个方面：保护投资者利益，保障合法交易活动；督促交易机构依法经营，禁止违法交易行为，防止个别投资者垄断、操纵和扰乱公司债券市场，维持公司债券市场的正常秩序；根据国家宏观经济管理的需要，采取多种方式来调控公司债券市场的交易规模，引导投资方向，支持重点产业，促进国民经济的持续、稳定和健康发展；充分发挥公司债券市场的积极作用，限制其消极影响，保障公司债券市场的健康发展。

结合中国现阶段公司债券市场发展的基本情况和主要特点，以及中小企业私募债券的特殊性，我国中小企业私募债券市场监管的目标包括以下方面：

1. 保护投资者合法权益

作为资本市场重要组成部分的公司债券市场，最近几年，已成为企业直接融资的重要渠道，为中国经济发展和企业拓展融资渠道做出了巨大贡献。与此同时，保护公司债券持有人的合法权益愈显重要。而中小企业私募债券的发行主体又有别于一般的公司债券发行人，存在着规模小、盈利能力差、治理不完善等问题，因此，中小企业私募债券的违约风险也更高。基于此，立法工作者和实务监管者更应该重视对投资者权益的保护，只有广大中小企业私募债券投资者的利益能够充分切实得到保护，中小企业私募债券才能健康持续发展。因此，中小企业私募债券市场监管的重要目标之一是要切实保护投资者的合法权益。

2. 维护市场公平、公开和公正运行

市场经济条件下的公平，在本质上反映了商品交换的等价有偿性。在中小企业私募债券市场上，必须使所有参与者有均等的市场机会、均等的主体地位、待遇，以及以价值规律为基础的债券发行和交易行为，保证市场参与各方都享有完全和对称的市场信息。因此，维护中小企业私募债券市场的公平、公开和公正运行，是有效监管的核心，是监管者实现市场所有参与者之间的平衡与有序的关键。

3. 降低系统性风险

风险是债券市场运行中固有的特征，中小企业私募债券市场监管的首要任务是保证市场安全运行。为此，市场中介机构应建立完善的内部控制机制和信息披露制度。尽管市场上的优胜劣汰原则使中介机构倒闭不可避免，但监管机构可尽量通过监管来减少因其倒闭所造成的影响，以减少给客户造成的损失和对整个市场系统造成的危害。但应该注意的是，合法的套利活动是市场上的正常现象，监管机构不应予以制止；同时，风险也是投资的代价，承担风险是投资者必备的基本素质，监管部门不能也没有必要试图完全消除风险，而应监控过度的风险套利行为。

4. 促进国民经济健康发展

作为国民经济的一个重要组成部分，中小企业私募债券市场的发展目标必须与国民经济的发展目标相一致，其不同时期的政策规则也必须与同期的国民经济发展政策相协调。只有这样，中小企业私募债券市场才能与国民经济协调发展。同时，政府在国民经济宏观调控方面的一个重要目标，是促进国民经济稳定增长，因此，在中小企业私募债券市场监管方面，也要把促进国民经济健康发展作为目标，这是中小企业私募债券市场发展的大局。监管部门在制定中小企业私募债券市场监管的有关制度时，应将贯彻国家宏观经济政策，促进国民经济发展作为最终目标，努力促使公司债券（中小企业私募债券）市场与国民经济一起协调、健康发展。

7.4.2 监管原则

发达国家为达到监管目标所遵循的原则有以下几个方面：

1. 监管者方面的原则

监管者的责任应清晰和客观；监管者在其功能和权力的运用中要保持独立和负责；

监管者在执行功能和行使权力时应当有充分的权力、正确的资源和能力；监管者应采取明晰和一贯的监管过程；监管人员应有最高的职业操守。

2. 自律原则

监管制度应当发挥自律组织的作用，自律组织可以根据市场规模和复杂程度，在其能力范围内行使一些直接监督的责任；自律组织在行使权力和责任时应当受到监管者的监督并遵守公正和诚信原则。

3. 证券法规的执行原则

监管者应有综合的审查、调查和监督权；监管者应有综合的执行权；监管制度应保证上述权力得到有效和值得信赖的应用。

4. 协作原则

监管者应当有权分享国内和国外同行公开和非公开的信息；监管者应当建立信息分享机制；监管制度应当考虑到当外国同行执行其权力需要问询时，给予提供帮助。

5. 发行人的原则

充分、及时和准确地披露对投资者决策有实质性影响的财务结果和其他信息；给予所有的证券持有者以公正和平等的权力；会计标准和审计标准的高质量和国际化。

6. 市场中介机构的原则

应为市场中介机构进入证券市场设立最低进入门槛，如设立最低资本金要求，以及反映中介机构风险的审慎性要求；市场中介机构应当执行其内部组织标准，其操作行为的目标是保护客户利益、确保正确的风险管理并承担相应的责任；有一套处理中介机构错误行为的程序，保证投资者的损失和系统风险最小化。

为实现中小企业私募债券市场的监管目标，应将实现“公开、公平、公正”作为监管的基本原则。此外，还应强调以下几个方面：

1. 依法监管原则

市场经济从本质上说是一种法制经济。中小企业私募债券市场作为整个市场经济体系的一个组成部分，运行和管理的法制化是其内在发展的必然要求。一方面，中小企业私募债券市场发行主体及相关的中介机构，必须接受公司债券市场监管机构的监管；另一方面，中小企业私募债券市场监管机构必须依法实施监管。只有这样，才能保证监管的权威性、强制性、一贯性和有效性。

对中小企业私募债券市场的各方参与者而言，如果不用法律对其权利和义务做出明确的规定，并采取有力的措施保证其落实，必然会导致各种投机和欺诈行为的泛滥，使整个市场陷入无序状态，导致低效率或无效率运作的后果。

对监管部门而言，依法监管可使监管行为以法律为强大后盾，同时也使这种政府行为受到法律的制约，限制行政权力的无限膨胀。将监管行为纳入法制化的轨道上，既可有效地防止监管的软弱无力，又积极地控制了监管过度。

2. 适度性监管原则

中小企业私募债券在发行主体要求、发行条款等方面的针对性设计，使得其发行定价和交易都将更具弹性，在高风险定位的同时，其高收益的特性也将突显。这将十分有利于激活债券市场的交易，增强债券市场的弹性，拉近其与股票市场之间的距离。同时，中小企业私募债券虽然属于高收益债券，但是其违约风险波及的范围相对较小，投资者只有承担高风险，才能有享受预期高收益的机会。鉴于目前我国债券市场信用违约风险事件相对缺失，监管者应该容忍一定的违约率，这样才有利于中国债券市场的长远发展。

因此，监管主要是督察在债券发行及存续期间程序的公正和运作的规范，实行适度监管，力求做到松而不乱，管而不死。既能确保中小企业债券市场的规范运行，又要探索出较公募债券市场宽松的监管模式，营造符合私募债券市场健康、持续发展的监管环境。在此前提下，与公募债券市场和股票市场一样，投资风险理应由投资者自负。

3. “内控”与“外控”相结合原则

不同的国家，其债券市场监管的模式也不尽相同，有的国家倚重法律法规管理，有的国家采取道义劝告式管理和行业自律。但不管采取何种方式，保证公司债券监管的及时和有效，客观上需要“外控”与“内控”的有机配合。这是因为，中小企业私募债券市场监管中同样存在信息不对称和道德风险问题，监管者处于信息劣势，发行人及中介机构有较强的道德风险倾向。因此，外部强制管理不论多么缜密严格，都只能是相对的。一旦监管对象不配合、不协作，外部监管仍难以收到预期的效果；反之，如果将全部希望放在中介机构和发行人“内控”上，则一系列不负责任的冒险经营行为和风险就难以有效避免。因此，坚持“内控”与“外控”，即权威机构的法律法规监管、社会监管与行业内部自律监管相结合的原则，是非常必要的。

4. 立足国情与国际惯例接轨原则

与国际惯例接轨，是发展具有中国特色的中小企业私募债券市场必须坚持的一个原则。由于发展中小企业私募债券市场涉及企业组织形式、投资者队伍、中介机构的状况和素质、资本市场的市场化水平，以及有关法律法规基础等多方面的内容，特别是在文化观念上，每个国家都有各自特殊的政治、社会、经济和文化背景。这些因素直接决定了中小企业私募债券市场必须实事求是，全面考虑各种特殊因素。因而，立足中国现实，提出适合国情的发展思路和监管模式，是解决实际问题的有针对性的办法。

西方发达国家经过长期的摸索和实践，已形成一套对资本市场较为有效的监管经验，特别是美国的高收益债券市场经过几十年的发展，监管措施已经相当完善。中国在发展中小企业私募债市场的过程中，应认真学习和借鉴国际资本市场的先进经验和成功做法，使运作方式和监管方法不断与国际惯例接轨。随着中国金融服务业的全面对外开放，人民币资本项目下的兑换限制将大大放松，国内资本市场在很大程度上将融入到国际资本市场之中，企业的跨国融资活动将进一步加强，跨境的欺诈、市场操纵和内幕交易活动发生的频率也会越来越高，从而使监管的国际合作成为必要。为此，在制定公司债券（中小企业私募债券）市场监管法律和规则时，既要立足于国内公司债券（中小企业私募债券市场）市场发展、企业融资及中介机构水平的现状，又要充分考虑国外发达国家和发展中国家的经验与惯例，逐步与国际接轨，同时应特别注意企业跨境融资的发行和交易监管问题。

5. 监管成本最小化原则

由于存在市场缺陷，仅靠自由市场机制无法实现中小企业私募债券市场上资源的最有效配置。因此，必须发挥政府监管机构的作用，消除异常现象，保证市场机制的有效运行。但政府干预是有成本的，不合理的监管行为（监管不足或监管过度）会对中小企业私募债券市场的规范发展造成重大损害。同时，政府监管本身也要耗费大量的人力、物力和财力，并构成监管的必要成本。对公司债券（中小企业私募债券）市场监管所产生的市场运行效率和秩序，相对于自由放任的债券市场来说，就是监管的收益。当收益大于成本时，这种公司债券（中小企业私募债券）市场的监管机制就是有效的和合理的；反之，就是无效的和不合理的。

7.4.3 监管现状

目前，我国中小企业私募债券的监管主体主要有中国证券监督管理委员会、上海证券交易所、深圳证券交易所、中国证券登记结算有限责任公司以及中国证券业协会。监管依据主要包括《中华人民共和国公司法》（中华人民共和国主席令〔2005〕第42号）、《中华人民共和国证券法》（中华人民共和国主席令〔2005〕第43号）、《深圳证券交易所中小企业私募债券业务试点办法》、《上海证券交易所中小企业私募债券业务试点办法》和《中小企业私募债券试点登记结算业务实施细则》等法律法规以及各部门规章制度。

1. 中国证券监督管理委会对中小企业私募债券市场的监管

目前，中国证券监督管理委会对中小企业私募债券的监管主要体现在对中小企业私募债券试点办法，以及中国证券业协会制定的《证券公司开展中小企业私募债券承销业务试点办法》的批准。另外，在二级市场上，中国证券监督管理委会负责对中介机构的监管，并负责对市场违规行为的查处，以确保市场的规范运作。

与对普通公司债券监管的最大不同是，中国证券监督管理委会将对中小企业私募债券的监管权力更多地下放到了上海证券交易所和深圳证券交易所，包括备案申请、挂牌转让等，中小企业私募债券的发行无须报送中国证券监督管理委会进行审核，因此中小企业私募债券的发行效率更高。

2. 交易所及登记结算机构对公司债券市场的监管

首先，上海证券交易所和深圳证券交易所负责中小企业私募债券业务试点办法、业务指引的制定及完善，同时负责中小企业私募债券的备案发行，包括对备案材料的完备性的审核、承销过程的合规性，以及投资者适当性等方面进行管理。

其次，上海证券交易所、深圳证券交易所以及中国证券登记结算有限责任公司负责二级市场的辅助监管工作。上海证券交易所、深圳证券交易所以及中国证券登记结算有限责任公司通过制定中小企业私募债券挂牌、转让、结算和交收细则，对参与者在交易所的公司债券交易进行日常监测和管理。与此同时，上海证券交易所和深圳证券交易所还对所属会员交易行为的合规性、合法性进行规范和约束，确保公司债券市场的公开、公平和公正。

最后，交易所对发行债券的后续监管，主要体现在对发行人、中介机构和投资者违反中小企业私募债券试点办法时的警告和处罚上。包括：

（1）当发行人及其董事、监事和高级管理人员，违反试点办法、募集说明书约定、交易所其他相关规定或者其所做出的承诺的，交易所可以采取约见谈话、通报批评、公开谴责、暂停或终止为其债券提供转让服务等措施。

（2）证券公司、中介机构及相关人员违反试点办法规定，未履行信息披露义务或所出具的文件含有虚假记载、误导性陈述、重大遗漏的，交易所可以采取约见谈话、通报批评、公开谴责等措施；情节严重的，可上报相关主管机关查处。

（3）证券公司未按照投资者适当性管理的要求遴选确定具有风险识别和风险承受能力的合格投资者的，交易所可以责令其改正，并视情节轻重采取相应的自律监管或纪律处分等措施。

（4）私募债券转让双方转让行为违反试点办法、交易所其他相关规定的，交易所可以责令其改正，并视情节轻重采取相应的监管措施。

与普通公司债券监管的最大不同是，证券交易所不仅参与二级市场的监管工作，而且要全程负责监管中小企业私募债券的整个发行过程。

3. 自律监管

目前，中国公司债券市场上的自律组织主要是中国证券业协会。中国证券业协会作为中国证券监督管理委员会直接领导的协会，是证券业的主要自律组织，其会员以证券机构为主体。中国证券业协会的职责是协助证券监督管理机构组织会员执行有关法律，维护会员的合法权益，为会员提供信息服务，制定规则，组织培训和开展业务交流，调解纠纷，就证券业的发展开展研究，监督、检查会员行为及证券监督管理机构赋予的其他职责。但是，目前其关注的重点在股票市场方面，对公司债券市场自律管理涉足不多。因此，现阶段应该充分发挥中国证券业协会的优势，调整其战略重心，更好地服务于公司债券（中小企业私募债券）市场的发展。

中国证券业协会对中小企业私募债券的监管具体体现在通过其制定的《证券公司

开展中小企业私募债券承销业务试点办法》，对中小企业私募债券承销资质的认定和审核，以及对证券公司及其相关业务人员违反规定的情形，视情节轻重采取相关自律惩戒措施，并记入证券公司诚信信息管理系统或证券从业人员诚信信息管理系统。

7.5 案例分析

7.5.1 中小企业私募债券主要属性构成

下面以北京九恒星科技股份有限公司、浙江南浔古镇旅游发展有限公司、海宁森德皮革有限公司等6家公司发行的私募债券为例，来说明中小企业私募债券的主要构成要件。见表7-5。

表7-5 中小企业私募债券构成要件

债券发行人	发行日期	债券规模（亿元）	债券期限（年）	含权期限（年）	发行利率（%）	增信方式
北京九恒星科技股份有限公司	2012年6月11日	0.10	2.00		8.50	北京中关村科技担保有限公司提供不可撤销连带责任担保
浙江南浔古镇旅游发展有限公司	2012年6月11日	0.50	3.00	2+1	8.90	—
海宁森德皮革有限公司	2012年6月11日	1.50	3.00	2+1	8.10	—
深圳市嘉力达实业有限公司	2012年6月8日	0.50	3.00	2+1	9.99	—
深圳市德福莱首饰有限公司	2012年6月8日	2.00	3.00		9.30	千禧之星珠宝股份有限公司提供不可撤销连带责任担保
苏州华东镀膜玻璃有限公司	2012年6月8日	0.50	2.00		9.50	苏州国发中小企业担保投资有限公司提供不可撤销连带责任担保

资料来源：笔者整理

7.5.2　具体案例分析

新丽传媒股份有限公司作为上海证券交易所第一批中小企业私募债券试点发行企业，于2012 年 6 月 18 日成功发行“12 新丽债”，募集资金 1 亿元，发行利率为7.00%。“12 新丽债”的发行利率在 31 期（截至 2012 年 7 月 31 日）中最低，且其发行条款具有代表性。表 7－6 列示了“12 新丽债”的主要发行条款。

表 7－6　“12 新丽债”的主要发行条款

发行人	新丽传媒股份有限公司
发行期限	2 年期
票面利率	7.00%/年
派息方式	固定利率，每半年付息一次，到期一次还本
发行日（起息日）	2012 年 6 月 18 日
到期日	2014 年 6 月 18 日
发行金额	1 亿元
发行价格	100%，面值发行
发行对象	合格投资者
融资用途	全部用于补充流动资金，主要用于公司主营业务日常经营资金周转
备案交易所	上海证券交易所
主承销商	中信建投证券股份有限公司
增信措施及偿债保障	采用应收账款滚动报备、优先受偿的方式进行偿债保障
评级情况	主体信用等级为 A；债项级别为 A

资料来源：笔者整理

7.5.2.1　发行人概况

1. 基本情况

发行人的基本情况详见表 7－7。

表 7－7　发行人基本情况

发行人名称	新丽传媒股份有限公司
英文名称	New Classics Media Corporation
注册地址	浙江横店影视产业实验区 C1－018－A
办公地址	北京市朝阳区朝阳北路 237 号复星国际中心 26 层
注册资本	15 000 万元
实收资本	15 000 万元
法定代表人	曹华益

（续表）

公司类型	股份有限公司（非上市）
经营范围	许可经营项目：制作、复制、发行；专题、专栏、综艺、动画片、广播剧、电视剧（节目制作经营许可证有效期至2013年1月1日止） 一般经营项目：电影剧本的创作和交易；影视服装道具租赁；影视器材租赁；影视文化信息咨询；企业形象策划；会展会务服务；摄影摄像服务；制作、代理、发布：影视广告；艺人经纪

2. 主营业务

公司主营业务为影视剧内容及其衍生产品的投资、制作和运营，可细分为电视剧和电影两大业务板块，公司已构建"精品影视内容创作运营平台"。

公司电视剧类业务所形成的主要产品为电视剧作品，通过对电视剧作品及衍生产品的运营实现收入。电影类业务所形成的主要产品为电影作品，通过对电影作品及衍生产品的运营实现收入。

7.5.2.2 发行人财务情况

如表7－8所示，截至2011年12月31日，公司资产总额72 430.97万元，较2010年年末增长333.16%；2011年和2010年年末，公司流动资产占资产总额的比例分别为98.40%和98.47%，资产结构稳定，体现了影视剧制作企业"轻资产"的特征。

2011年度和2010年度，公司营业收入分别为26 541.18万元和9 963.89万元，增长166.37%；实现的净利润分别为6 725.77万元和3 003.65万元，全面摊薄净资产收益率分别为28.28%和65.86%。公司净利润逐年上升，净资产收益率保持较高水平，反映了公司的盈利能力稳定且持续上升。

公司2011年度和2010年度的利息保障倍数分别为100.43倍和22.98倍。公司的利息保障倍数均处于良好水平，说明公司具备较高的偿债能力，偿债风险低。

表7－8 发行人主要财务指标

指标名称	2011年	2010年
总资产（万元）	72 430.97	16 721.65
所有者权益（万元）	31 855.94	4 937.79
资产负债率	56.02%	70.47%
流动比率	1.76	1.40
速动比率	1.14	1.15
营业收入（万元）	26 541.18	9 963.89
毛利（万元）	14 795.86	4 271.21
毛利率	55.75%	42.87%
利润总额（万元）	8 669.56	3 106.38

（续表）

指标名称	2011年	2010年
净利润（万元）	6 725.77	3 003.65
净资产收益率	28.28%	65.86%
息税折旧摊销前利润（万元）	9 201.78	3 410.64
利息保障倍数（倍）	100.43	22.98
经营活动现金流净额（万元）	-8 350.86	396.09

（1）流动比率=流动资产/流动负债

（2）速动比率=（流动资产-存货）/流动负债

（3）资产负债率=（负债总额/资产总额）×100%

（4）利息保障倍数=（利润总额+利息支出-利息收入）/利息支出

7.5.2.3　债券设计

1. 债券名称

本期私募债券的名称为：新丽传媒股份有限公司非公开发行2012年中小企业私募债券。

2. 发行总额

本次发行总额不超过人民币10 000万元（含10 000万元）。

3. 票面金额

本期私募债券每张票面金额为100元。

4. 发行价格

本期私募债券按面值发行。

5. 债券期限

本次发行的私募债券期限为24个月（附第18个月末投资者回售选择权）。

6. 债券利率及其确定方式

本期私募债券票面利率将以非公开方式向具备相应风险识别和承担能力的合格投资者进行询价，由发行人和承销商协商确定。

7. 投资者回售选择权

投资者有权选择在本期债券第18个月末付息日将其持有的本期债券全部或部分按面值回售给发行人。本期债券第18个月末付息日即为回售支付日，公司将按照相关业务规则完成回售支付和利息支付工作。未进行回售的，则视为放弃回售选择权，继续持有本期债券。

8. 增信措施及偿债保障

债券采用应收账款滚动报备、优先受偿的方式进行偿债保障。根据影视剧行业销售特点，公司主要客户为中央电视台及各省级卫视，应收账款质量较高。由于公司应收账款平均期限为6~9个月，低于本期债券24个月期限，因此采用应收账款滚动报备、优先受偿进行偿债保障。债券存续期内，本公司将以未来经营中不低于1.5亿元（含1.5亿元）的应收账款为本期债券进行偿债保障，接受债券受托管理人中信建投证券股份有限公司的持续监管。该等应收账款自销售合约签署日起本公司即向中信建投证券股份有限公司进行报备，放弃该等应收账款一切其他质押权利，并设立该等应收账款专用收款账户，在本公司无力偿还本期债券时，债券持有人就该等应收账款享有优先受偿权。

9. 未全额发行情况下处理方式

本期发行的私募债券由承销商中信建投证券股份有限公司采取余额包销的方式承销，因此，不存在未全额发行的情况。

10. 还本付息的方式

本期债券采用单利按年计息，不计复利。每半年付息一次，到期一次还本，最后一期利息随本金的兑付一起支付。本期债券于每期的付息日向投资者支付的利息金额为投资者截至兑息债权登记日15:00前所持有的本期债券票面总额与对应的票面年利率的乘积；于兑付日向投资者支付的本息金额为投资者截至兑付债权登记日15:00前所持有的本期债券最后一期利息及所持有的债券票面总额的本金。

11. 发行方式及发行对象

本期私募债券将以非公开方式向具备相应风险识别和承担能力的合格投资者发行。

12. 评级情况

经联合信用评级有限公司综合评定，发行人的主体长期信用等级为A，本期债券的信用等级为A。

13. 税务提示

根据国家有关税收法律、法规的规定，投资者投资本期债券所应缴纳的税款由投资者承担。

7.5.2.4　发售对象

由于中小企业私募债券的高风险性特点，债券配置的主流机构（银行、保险和基金等）受限于内外部信用评级要求，难以参与此类品种。因此，承销商只能对其他投资机构进行推介，挖掘潜在需求，这类机构主要特点为：追求高收益，风险偏好较强，或者对相关企业有深入了解，希望在后期的股权交易等方面进行相关合作。具体的机构类型为：

（1）期待在股权方面有合作机会的风投（VC）、券商直投和其他私募基金。这类机构对发行人跟踪和了解较多，希望借债券机会参与相关股权结构的私募。

（2）债券类私募投资公司。这些机构特别是发行结构化产品的公司，在目前债券收益率已经下行了很多的情况下，为达到产品预期收益，私募债券的高收益率或有一定的吸引力。

（3）银行的理财产品。与发行人有相关贷款业务的银行，对发行人情况较为了解，在一定情况下其理财产品或可配置此类债券。

（4）基金。部分风险偏好较高的基金，特别是对发行主体的行业和公司有较深了解的基金，或有参与投资的意愿。

（5）证券公司。如果风险补偿足够，部分风险偏好较高的中小券商，也可能适当参与。

（6）信托。高收益类的信托产品，一般对信用评级要求较低，在收益具有吸引力的情况下，或有参与投资中小企业私募债券的意愿。

7.5.2.5　募集资金用途及对财务状况和经营成果的影响

发行人拟将本期债券募集资金扣除发行费用后全部用于补充流动资金，主要用于公司主营业务日常经营资金周转。

发行人所从事的影视业务具有“轻资产”的特点，生产经营中所投入的资本较少形成固定资产，而是大多以流动资产的形态存在，这决定了影视业务对流动资金或营运资金的需求量很大，且持续于整个生产过程之中。

同时，影视作品投资摄制普遍存在跨期现象，即从启动投资开始拍摄到实现销售收入并回笼资金往往需要1年以上的时间，这使得影视摄制业务所需流动资金的回收周期较长。

在上述双重因素的作用下，影视投资制作业务的规模扩张对流动资金具有高度的依赖性，流动资金规模直接决定了公司影视剧制作产能。

通过发行私募债券补充流动资金，可以为公司获得稳定经营资金，通过统筹安排，能够一定程度上缓解未来经营和发展中的流动资金压力，促进公司主营业务获得持续稳定的发展。

1. 对发行人负债结构的影响

以2011年12月31日公司财务数据为基准，假设本期债券全部发行完成且募集资金用于补充流动资金，在不考虑融资过程中所产生相关费用的情况下，本公司母公司财务报表的资产负债率水平将由发行前的8.58%增加至发行后的31.15%；合并财务报表的资产负债率水平将由发行前的56.02%增加至发行后的61.35%。母公司财务报表的长期负债占负债总额的比例将由发行前的0%增至79.25%，合并财务报表的长期负债占负债总额的比例将由发行前的0%增至19.77%，由于长期债务融资比例有较大幅度的提高，公司债务结构将得到一定的改善。

2. 对于发行人短期偿债能力的影响

本期债券发行完成且根据上述募集资金运用计划予以执行后，公司合并报表的流动比率及速动比率将分别由发行前的1.76及1.14增加至2.00及1.39。公司流动比率和速动比率均有了较大幅度的提高，流动资产对于流动负债的覆盖能力得到提升，短期偿债能力增强。

综上所述，本次募集资金用于补充流动资金，可降低公司资金成本，提高公司盈利水平，满足公司的流动资金需求。同时，本期私募债券的发行将改善债务结构，降低公司的财务风险。

7.5.2.6 私募债券转让

参与本期私募债券认购和转让的投资者包括：合格机构投资者；合格个人投资者；发行人的董事、监事、高级管理人员及持股比例超过5%的股东；本期私募债券的承销商。同时受以下条件约束：

（1）参与本期私募债券转让的投资者应符合《试点办法》规定的投资者适当性管理相关条件。

（2）凡认购、受让并持有本期债券的投资者，均视同自愿接受本募集说明书对本期债券各项权利义务的约定。

（3）本期私募债券转让后，持有账户数合计不得超过200户。上海证券交易所将按照申报时间先后顺序对私募债券转让进行确认，对导致私募债券持有账户数超过200户的转让不予确认。

7.5.2.7 投资者保护机制

私募债券发行后，发行人应根据债务结构情况进一步加强公司的资产负债管理、流动性管理和募集资金使用管理，保证资金按计划调度，及时、足额地准备资金用于每期的利息支付及到期本金的兑付，以充分保障投资者的利益。

1. 偿债保障机制

（1）偿债计划。

本期债券本金及利息的支付将通过债券登记托管机构和有关机构办理。支付的具体事项将按照有关规定，由公司在上海证券交易所网站专区及公司网站发布的公告中加以说明。公司将根据债券本息未来到期支付情况制定年度、季度资金运用计划，合理调度分配资金，按期支付到期利息和本金。偿债资金主要来源为公司营业收入、外部融资或流动资产变现等。

（2）偿债工作安排。

为了充分、有效地维护债券持有人的利益，发行人为本期债券的按时、足额偿付确定专门部门与人员，并积极安排偿债资金，做好组织协调工作，努力确保债券安全兑付。

在人员安排上，发行人将安排专门人员负责管理还本付息工作，自本期债券发行之日起至付息期限或兑付期限结束，全面负责利息支付、本金兑付及相关事务，并在需要的情况下继续处理付息或兑付期限结束后的有关事宜。

在财务安排上，发行人将针对公司未来的财务状况、本期债券自身的特征、募集资金使用项目的特点，致力于建立一个多层次、互为补充的财务安排，以提供充分、可靠的资金来源用于还本付息，并将根据实际情况进行调整。

在偿债保障金安排上，债券存续期内发行人将在私募债券付息日的10个工作日前，将应付利息全额存入偿债保障金专户；在本金到期日的 30 日前累计提取的偿债保障金余额不低于私募债券余额的 20%。

（3）保障措施。

①制订并严格执行资金管理计划。

本期债券发行后，公司将根据债务结构情况进一步加强公司的资产负债管理、流动性管理、募集资金使用管理、资金管理等，并将根据债券本息未来到期应付情况制订年度、月度资金运用计划，保证资金按计划调度，及时、足额地准备偿债资金用于每年的利息支付以及到期本金的兑付，以充分保障投资者的利益。

②应收账款滚动报备、优先受偿。

2011 年末公司应收账款 28 851.61 万元。公司将以现有应收账款及在拍摄、拟拍摄影视剧未来销售形成的不少于 1.5 亿元（含 1.5 亿元）应收账款滚动为本期债券提供偿债保障，并由债券受托管理人中信建投证券股份有限公司的持续监管，保障债券持有人就该等应收账款享有的优先受偿权。

③充分发挥债券受托管理人的作用。

本期债券引入了债券受托管理人制度，由债券受托管理人代表债券持有人对公司的相关情况进行监督，并在债券本息无法按时偿付时，代表债券持有人，采取一切必要及可行的措施，保护债券持有人的正当利益。

承销商将严格按照债券受托管理协议的规定，配合债券受托管理人履行职责，定期向债券受托管理人提供公司的相关财务资料，并在公司可能出现债券违约时及时通知债券受托管理人，便于债券受托管理人及时依据债券受托管理协议采取必要的措施。

④制定《债券持有人会议规则》。

本公司和债券受托管理人已按照《试点办法》的要求制定了本期债券的《债券持有人会议规则》，约定债券持有人通过债券持有人会议行使权利的范围、程序和其他重要事项，为保障本期债券的本息及时足额偿付做了合理的制度安排。

⑤严格履行信息披露义务。

发行公司将遵循真实、准确、完整的信息披露原则，使公司偿债能力、募集资金使用等情况受到债券持有人、债券受托管理人和股东的监督，防范偿债风险。

本公司将按债券受托管理协议及上海证券交易所的有关规定进行信息披露，至少包括但不限于“第七节信息披露的具体内容和方式”所规定的相关信息。

⑥违约解决措施。

为充分保障投资者的利益，根据发行人通过的关于本期债券发行的有关决议，在出现预计不能按期偿付债券本息或者到期未能按期偿付债券本息时，公司将至少采取如下措施：

（a）不向股东分配利润。

（b）暂缓重大对外投资、收购兼并等资本性支出项目的实施。

（c）调减或停发董事和高级管理人员的工资和奖金。

（d）主要责任人不得调离。

2. 股息分配政策

为充分保障投资者的利益，根据公司于2012年5月12日召开的第一届董事会第六次会议以及于2012年5月28日召开的2012年度第一次临时股东大会审议通过的关于本次债券发行的有关决议，在出现预计不能按期偿付债券本息或者到期未能按期偿付债券本息时，公司将不向股东分配利润。

3. 债券受托管理人

投资者认购本期私募债券视作同意《新丽传媒股份有限公司与中信建投证券股份有限公司关于新丽传媒股份有限公司非公开发行2012年中小企业私募债券债券受托管理协议》的相关约定。

（1）受托管理人聘任及受托管理协议情况。

①受托管理人的名称及基本情况。

名称：中信建投证券股份有限公司

注册地址：北京市朝阳区安立路66号4号楼

②受托管理协议签订情况。

2012年5月29日，本公司与中信建投证券股份有限公司签订了受托管理协议。

③受托管理人与发行人的利害关系情况。

除与发行人签订辅导协议及债券受托管理协议并作为本次发行私募债券的承销商之外，受托管理人与发行人不存在可能影响其公正履行私募债券受托管理职责的利害关系。

（2）债券受托管理协议的主要内容。

①债券受托管理事项。

根据中国法律、行政法规和《试点办法》的规定，募集说明书和本协议的约定以及债券持有人会议的授权，受托管理人作为本期私募债券全体债券持有人的代理人处理本期私募债券的相关事务，维护债券持有人的利益。

②发行人的权利、职责和义务。

（a）发行人依据法律、法规和募集说明书的规定享有各项权利、承担各项义务，按期支付本期私募债券的利息和本金。

（b）发行人应当履行《债券持有人会议规则》项下发行人应当履行的各项职责和义务。

（c）在本期私募债券存续期限内，发行人应当根据《证券法》、《试点办法》、《公司章程》及其他相关法律、法规、规章的规定，履行持续信息披露的义务。

（d）在债券持有人会议选聘新受托管理人的情况下，发行人应当配合受托管理人及新受托管理人完成受托管理人工作及档案移交的有关事项，并向新受托管理人履行本协议项下应当向受托管理人履行的各项义务。

（e）发行人应该指定债券事务代表负责参与本期私募债券相关的事务。

（f）发行人应当在债券持有人会议公告明确的债权登记日之下一个交易日，负责从登记公司取得该债权登记日交易结束时持有本期私募债券的债券持有人名册，并将该名册提供给受托管理人，同时承担相应费用。

（g）如果发行人发生以下任何事件，发行人应及时通知受托管理人：

• 发行人按照募集说明书已经根据发行人与登记公司的约定将到期的本期债券利息和/或本金足额划入登记托管机构指定的账户。

• 发行人未按照募集说明书的规定按时、足额支付本期债券的利息和/或本金。

• 发行人预计不能按照募集说明书的规定按时、足额支付本期债券的利息和/或本金。

• 发行人发生或者预计将发生超过前一会计年度经审计的净资产10%以上的重大损失。

• 发行人发生减资、合并、分立、解散或进入破产程序。

• 发行人发生标的金额超过前一会计年度经审计的净资产10%以上的重大仲裁或诉讼，或者受到重大行政处罚。

• 本期债券被暂停交易或转让。

• 法律、行政法规及中国证监会规定的其他情形。

（3）受托管理人的权利、职责和义务。

①受托管理人有权依据本协议的规定获得受托管理报酬。

②受托管理人应持续关注发行人的资信状况，出现可能影响债券持有人重大权益的事项时，根据《债券持有人会议规则》的规定召集债券持有人会议。

③受托管理人应作为本期私募债券全体债券持有人的代理人，为全体债券持有人的利益，勤勉处理债券持有人与发行人之间的谈判或者诉讼事务及其他相关事务。

④发行人不能偿还或者预计不能偿还债务时，受托管理人应要求发行人追加担保，或者依法申请法定机关采取财产保全措施。

⑤发行人不能偿还债务时，受托管理人应根据债券持有人会议之决议受托通过诉讼等程序强制发行人偿还债券本息，受托参与发行人的整顿、和解、重组或者破产的法律程序。

⑥受托管理人应按照本协议、《债券持有人会议规则》的规定召集和主持债券持有人会议，并履行《债券持有人会议规则》项下受托管理人的职责和义务。

⑦受托管理人应执行债券持有人会议决议，及时与发行人及债券持有人沟通，督促债券持有人会议决议的具体落实，督促发行人和全体债券持有人遵守债券持有人会议决议。

⑧受托管理人应当为债券持有人的最大利益行事，不得与债券持有人存在利益冲

突，不得利用作为受托管理人而获取的有关信息为自己或任何其他第三方谋取利益。

⑨受托管理人应按照上交所的有关规定及本协议的规定向债券持有人出具债券受托管理事务报告。

⑩在债券持有人会议作出变更受托管理人的决议之日起15个工作日内，受托管理人应当向债券持有人会议决议制定的新受托管理人移交工作及有关文件档案。

⑪受托管理人不得将其在本协议项下的职责和义务委托给第三方履行。

⑫受托管理人应制订债券受托管理业务内部操作规则，规定受托管理人行使权利、履行义务的方式、程序。

⑬受托管理人应指派专人负责对发行人涉及债券持有人权益的行为进行监督。

⑭对于受托管理人因依赖其合理认为是真实且经适当方签署的任何通知、指示、同意、证书、书面陈述、声明或者其他文书或文件而采取的任何作为、不作为或遭受的任何损失，受托管理人应得到保护且不应对此承担责任；受托管理人依赖发行人根据本协议的规定而通过邮件、传真或电子系统传输发出的合理指示并据此采取的任何作为或不作为行为应受保护且不应对此承担责任。但受托管理人的上述依赖显失合理或不具有善意的除外。

⑮受托管理人应遵守本协议、本期债券募集说明书以及上交所规定的受托管理人应当履行的其他义务。

（4）受托管理事务报告。

①受托管理事务报告包括年度报告和临时报告。

②在发行人年度报告出具之日后的一个月内，债券受托管理人根据对发行人的持续跟踪所了解的情况，向债券持有人出具债券受托管理事务年度报告，年度报告应包括下列内容：

（a）发行人的经营状况、资产状况。

（b）发行人对募集资金的使用情况。

（c）债券持有人会议召开的情况。

（d）本期私募债券本息偿付情况。

（e）本期私募债券跟踪评级情况。

（f）发行人债券事务代表的变动情况。

（g）受托管理人认为需要向债券持有人通告的其他情况。

③当出现以下情形时，受托管理人应当以公告方式向全体债券持有人出具受托管理事务临时报告：

（a）发行人未按本期债券募集说明书的规定及发行人与登记托管机构的约定将到期的本期私募债券利息和/或本金划入登记托管机构指定的账户时，受托管理人应当在该等情形出现之日起的两个工作日内如实报告债券持有人。

（b）发行人出现《债券持有人会议规则》第六条规定的情形时，受托管理人应当及时书面提示发行人，并依法召集债券持有人会议。

（c）出现对债券持有人利益有重大实质性影响的其他情形。

④在本期私募债券存续期间，受托管理人应将债券受托管理事务报告等持续信息披露文件及时以公告方式告知债券持有人，并在上海证券交易所网站将上述文件予以公布备查，同时置备于受托管理人处，供债券持有人查阅。

（5）受托管理的期限和报酬。

受托管理人的受托管理期限为本期私募债券募集说明书公告之日起至本期私募债券所有相关债权债务完结时止，如果其间出现受托管理人变更的情形，则自债券持有人会议做出变更受托管理人决议之日止。

鉴于受托管理人同时担任本期私募债券发行的承销商，受托管理人不再向发行人收取受托管理费。

（6）变更债券受托管理人的条件和程序。

①下列情况发生时应变更受托管理人：

（a）受托管理人不能按本协议的约定履行债券受托管理义务。

（b）受托管理人解散、依法被撤销、破产或者由接管人接管其资产。

（c）受托管理人不再具备任职资格。

（d）债券持有人会议通过决议变更受托管理人。

②新任受托管理人必须符合下列条件：

（a）新任受托管理人符合上交所的有关规定。

（b）新任受托管理人已经披露与债券发行人的利害关系。

（c）新任受托管理人与债券持有人不存在利益冲突。

③单独和/或合并代表10%以上有表决权的本期私募债券张数的债券持有人要求变更受托管理人的，受托管理人应召集债券持有人会议，审议解除其受托管理人职责并聘请新的受托管理人，变更受托管理人的决议须经代表本期私募债券1/2以上表决权的债券持有人和/或代理人同意方能形成有效决议。发行人和受托管理人应当根据债券持有人会议的决议和本协议的规定完成与变更受托管理人有关的全部工作。

④自债券持有人会议做出变更受托管理人决议之日起，原受托管理人在本协议中的权利和义务终止，债券受托管理协议约定的受托管理人的权利和义务由新任受托管理人享有和承担。

⑤受托管理人可在任何时间辞去聘任，但应至少提前90天书面通知发行人，只有在新的受托管理人被正式、有效地聘任后，其辞职方可生效。发行人应在接到受托管理人提交的辞职通知之日起90日内尽最大努力聘任新的受托管理人。如果在上述90日期间届满前的第10日，发行人仍未聘任新的受托管理人，则受托管理人有权自行聘任中国境内任何声誉良好、有效存续并具有担任受托管理人资格和能力的银行或信托公

司作为其继任者。该聘任应经发行人批准，但发行人不得不合理地拒绝给予该批准。新的受托管理人聘任后，发行人应立即通知债券持有人。

（7）违约责任。

①如果《债券受托管理协议》任何一方未按《债券受托管理协议》的规定履行义务，应当依法承担违约责任。

②《债券受托管理协议》任何一方违约，守约方有权依据法律、行政法规、《试点办法》、《募集说明书》及《债券受托管理协议》之规定追究违约方的违约责任。

4. 债券持有人会议

凡通过认购或购买或其他合法方式取得本期债券之投资者，均视作同意发行人和债券受托管理人为本期债券制定的《新丽传媒股份有限公司2012年中小企业私募债券持有人会议规则》。《债券持有人会议规则》和债券持有人会议相关决议对全体本期债券持有人（包括未出席会议、出席会议但明确表达不同意见或弃权的债券持有人）具有同等的效力和约束力。

（1）债券持有人行使权利的形式。

《债券持有人会议规则》中规定的债券持有人会议职责范围内的事项，债券持有人应通过债券持有人会议行使权利，维护自身的利益；其他事项，债券持有人应依据法律、行政法规和本募集说明书的规定行使权利，维护自身的利益。

债券持有人会议由全体债券持有人依据《债券持有人会议规则》组成，债券持有人会议依据《债券持有人会议规则》规定的程序召集并召开，并对《债券持有人会议规则》规定的职权范围内事项依法进行审议和表决。

（2）债券持有人会议规则的主要内容。

①债券持有人会议的权限范围。

《债券持有人会议规则》第六条规定，出现下列情形之一时，应当按照本规则召开债券持有人会议，进行审议并做出决议：

（a）拟变更募集说明书的约定。

（b）发行人不能按期支付本期债券的本息。

（c）发行人减资、合并、分立、解散或者申请破产。

（d）变更、解聘债券受托管理人。

（e）变更本规则。

（f）发生对债券持有人权益有重大实质影响的事项。

（g）发行人书面提议召开。

（h）债券受托管理人书面提议召开。

（i）根据法律、行政法规、中国证监会、本期债券上市交易的证券交易所及本规则的规定其他应当由债券持有人会议审议并决定的事项。

②债券持有人会议的召集。

《债券持有人会议规则》第七条规定：

当出现本会议规则第六条第（四）项、第（九）项以外之任一情形时，发行人应在知悉该等事项发生之日起或应当知悉该等事项发生之日起5个工作日内书面通知债券受托管理人，以公告方式通知全体债券持有人，债券受托管理人应在收到发行人的书面通知之日起5个工作日内，以公告方式发出召开债券持有人会议的通知。

发行人向债券受托管理人书面提议召开债券持有人会议之日起5个工作日内，债券受托管理人未发出召开债券持有人会议通知的，发行人可以公告方式发出召开债券持有人会议的通知。

当出现本规则第六条第（四）项之情形时，发行人或发行人在单独或合并代表10%以上有表决权的债券持有人提出之日起5个工作日内，书面通知债券受托管理人，并以公告方式发出召开债券持有人会议的通知。

当出现本规则第六条第（九）项之情形时，债券受托管理人应当书面通知发行人，并以公告方式发出召开债券持有人会议的通知。

债券受托管理人或发行人未发出或未能及时发出债券持有人会议通知的，单独或合并代表10%以上有表决权的债券持有人可以公告方式发出召开债券持有人会议的通知。

③债券持有人会议召集人。

《债券持有人会议规则》第八条规定：

会议召集人应依法、及时发出召开债券持有人会议的通知，及时组织、召开债券持有人会议。

债券受托管理人发出召开债券持有人会议通知的，债券受托管理人是债券持有人会议召集人。

发行人根据本规则第七条第二款、第三款的规定发出召开债券持有人会议通知的，发行人为召集人。

单独代表10%以上有表决权的本期债券的持有人发出召开债券持有人会议通知的，该债券持有人为召集人；合并代表10%以上有表决权的本期债券的多个持有人发出召开债券持有人会议通知的，则合并发出会议通知的债券持有人推举的一名债券持有人为召集人。

④债券持有人会议的通知。

《债券持有人会议规则》第九条规定：债券持有人会议召集人应至少在会议召开日15个工作日前在监管部门指定的媒体上公告债券持有人会议通知。

债券持有人会议的通知至少应包括以下内容：

（a）会议的日期、具体时间、地点和会议召开方式，会议主持或列席人员。

（b）提交会议审议的议案及相关议事日程安排。

（c）会议的议事程序以及表决方式。

（d）确定有权出席该次债券持有人会议的债券持有人之债权登记日。

（e）授权委托书内容要求以及送达时间和地点。

（f）召集人名称、会务常设联系人姓名及电话号码。

（g）出席会议者必须准备的文件和必须履行的手续。

（h）召集人需要通知的其他事项。

会议召集人可以就公告的会议通知以公告方式发出补充通知，但补充通知应在债券持有人会议召开日5个工作日前发出。

债券持有人会议补充通知应在刊登会议通知的同一指定媒体上公告。

⑤债券持有人会议召开。

《债券持有人会议规则》第五章对债券持有人会议的召开规定如下：

（a）债券持有人会议须经持有本期未偿还债券本金总额1/2以上表决权的债券持有人（包括债券持有人代理人）出席方可召开。债券持有人会议采取记名方式进行投票表决，不得采取通讯表决方式。

（b）债券持有人会议应由债券受托管理人代表担任会议主席并主持。如债券受托管理人未能履行职责时，由出席会议的债券持有人共同推举一名债券持有人（或债券持有人的代理人）担任会议主席并主持会议；如在该次会议开始后1小时内未能按前述规定共同推举出会议主持人的，则应当由出席该次会议的持有有表决权的本期债券最多的债券持有人（或其代理人）担任主持人。

（c）召集人负责制作出席会议人员的签名册。签名册应载明参加会议的债券持有人名称（或姓名）、出席会议代理人的姓名及其身份证件号码、持有或者代表的本期债券及其证券账户卡号码或适用法律规定的其他证明文件的相关信息等事项。

（d）债券持有人及其代理人出席债券持有人会议的差旅费用、食宿费用等，均由债券持有人自行承担。

（3）债券持有人会议决议的适用性。

债券持有人会议决议自通过之日起生效，对生效日期另有明确规定的依其规定，决议中涉及须经有权机构批准的事项，经有权机构批准后方能生效。除非另有明确约定，债券持有人会议决议对决议生效之日登记在册的全体债券持有人（包括未参加会议或明示不同意见的债券持有人）具有同等效力和约束力。债券持有人会议做出决议后，债券受托管理人以公告形式通知债券持有人，并负责执行会议决议。

7.5.2.8 信用评级及跟踪评级安排

1. 债券信用评级情况

经联合信用评级有限公司综合评定，发行人的主体长期信用等级为A级，本期债券的信用等级为A级。

2. 信用评级报告主要事项

（1）信用评级结论及标识所代表的含义。

联合信用评级有限公司评定发行人的主体长期信用等级为A，该等级的定义为偿还债务的能力偿还债务能力较强，较易受不利经济环境的影响，违约风险较低。联合信用评级有限公司评定本期公司债券的信用等级为A，债券信用等级符号定义与公司主体长期信用等级定义相同。

（2）评级报告的主要内容。

联合信用评级有限公司对发行人的评级，反映了公司作为国内知名的电视剧制作企业，在剧本创作、资源集聚、合作伙伴关系等方面所具备的优势；同时联合信用评级有限公司也关注到国内电视剧制作市场竞争激烈，公司投资剧作项目资金规模较大，资本支出压力增大等因素可能对公司的信用状况造成的不利影响。

随着公司投资制作影视剧的完成播出，公司的资本实力将有所增长，从而使得公司整体抗风险能力得到提升。联合信用评级有限公司对公司的评级展望为“稳定”。

随着我国经济的发展，影视剧相关行业拥有较好的发展空间，公司作为以制作电视剧为主的影视剧公司，发展空间广阔。通过多年发展，公司已形成了在剧本创作、资源聚集、合作方等方面的优势，随着新增投资者资本的注人，公司的整体实力得到了增强。目前公司盈利能力较强，债务负担不重，整体偿债能力较强。综合来看，本期债券到期不能偿付的风险较小。

①联合信用评级有限公司关于发行人及本期债券信用评级所考虑的优势。

（a）公司是国内知名的电视剧制作企业，制作的主要影视剧市场反响良好，知名度较高，收益实现情况较好。

（b）公司在剧本创作、资源集聚方面具备一定的优势。

（c）公司与以往合作过的电视台、编剧、导演、演员等保持了良好的合作关系。

②联合信用评级有限公司关于发行人及本期债券信用评级提请投资者关注的因素。

（a）随着产业政策的放宽，国内电视剧产业竞争更加激烈，公司资本规模不大，在资金规模、电视剧产出等方面与国内大型电视剧制作企业尚有差距。

（b）公司计划投资影视剧规模较大，有一定的资金支出压力。

（3）债券跟踪评级的有关安排。

根据联合信用评级有限公司对跟踪评级的有关要求，联合信用评级有限公司将在本期债券存续期内，每年对新丽传媒股份有限公司非公开发行2012年中小企业私募债券进行一次定期跟踪评级，并在本期债券存续期内根据有关情况进行不定期跟踪评级。

发行人应按联合信用评级有限公司跟踪评级资料清单的要求，提供有关财务报告以及其他相关资料。新丽传媒股份有限公司如发生重大变化，或发生可能对信用等级产生较大影响的重大事件，应及时通知联合信用评级有限公司并提供有关资料。

联合信用评级有限公司将密切关注发行人的经营管理状况及相关信息，如发现发行人或本期债券相关要素出现重大变化，或发现其存在或出现可能对信用等级产生较大影响的重大事件时，联合信用评级有限公司将落实有关情况并及时评估其对信用等级产生的影响，据以确认或调整本期债券的信用等级。

如发行人不能及时提供上述跟踪评级资料及情况，联合信用评级有限公司将根据有关情况进行分析并调整信用等级，必要时，可公布信用等级暂时失效，直至新丽传媒股份有限公司提供相关资料。

跟踪评级结果将在联合信用评级有限公司网站予以公布，并同时报送发行人。

7.5.2.9 发行亮点

1. 信用评级

虽然，中小企业私募债券的发行过程中未要求信用评级，但是发行人为了解决投资者与发行人之间的信息不对称问题，还是选择了信用评级。这既有利于债券的定价，又有利于债券的顺利发行。

2. 合理的增信措施

在中小企业私募债券试点阶段，监管层出于控制风险及保护投资者的考虑，对私募债券的偿债保证有比较高的要求，因此对于信用等级普遍不高的中小企业私募债券，是否采用增信方式，以及采用何种增信方式，成为其是否能够备案成功的核心要素。

本案例中的发行人采用应收账款滚动报备、优先受偿的方式进行偿债保障，从而促进了债券的顺利备案与发行。

3. 有效的投资者保护

在试点阶段，监管层对投资保护要求极高。而案例中的私募债券通过制定偿债保障机制、限制股息分配、受托管理人制度和债券持有人会议来加强投资者保护。

4. 为公司上市做准备

虽然，本案例中的发行人尚有1亿左右银行授信未使用，1～3年期贷款利率为6.4%，上浮20%则为7.68%。而本期私募债券的发行利率为7%，加上承销费、评级费等各种费用，总成本远高于7%。但是公司最后仍然选择发行私募债券来募集资金，这也正体现了中小企业私募债券的优势。

一方面，中小企业私募债券对募集资金用途灵活，没有项目要求的限制。而银行贷款则对资金用途要求比较严格。

另一方面，中小企业私募债券虽为非公开发行，但能够参与非公开发行的合格投资者资质均较为优良，在对其进行推介的过程中，可有效提升企业的形象，增加市场认可度，为企业将来的上市做一次路演。

附　件

附件1

上海证券交易所中小企业私募债券备案材料内容与格式

一、备案申报材料的纸张、封面与份数

（一）纸张

应采用规格为209×295毫米的纸张（相当于A4纸张规格）。

（二）封面

1. 标有“××私募债券备案申请材料”字样。

2. 私募债券发行人名称。

（三）份数

发行人向本所提交申请材料四份（正反面印刷），其中一份为原件。

二、备案申请材料目录

（一）私募债券备案申请函及备案登记表。

（二）发行人公司章程及营业执照（副本）复印件。

（三）发行人内设有权机构关于本期私募债券发行事项的决议。

（四）私募债券承销协议。

（五）私募债券募集说明书。

（六）承销商的尽职调查报告。

（七）私募债券受托管理协议及私募债券持有人会议规则。

（八）发行人经具有执行证券、期货相关业务资格的会计师事务所审计的最近两个完整会计年度的财务报告。

（九）律师事务所出具的关于本期私募债券发行的法律意见书。

（十）发行人全体董事、监事和高级管理人员对发行申请文件真实性、准确性和完整性的承诺书。

（十一）本期私募债券意向发售对象的情况。

（十二）本所规定的其他文件。

关于申请×××中小企业私募债券在上海证券交易所备案的函（参考格式）

上海证券交易所：

××××（以下简称“发行人”）拟申请发行××××××私募债券，由××××证券公司（以下简称“承销商”）承销，现特向你所提交备案登记表及所列的相关备案材料。

××××发行人与×××承销商承诺，发行备案登记表所列明的信息与备案材料真实、准确、完整，已经构成发行私募债券的完备条件，符合《试点办法》及相关法律法规的规定和要求，并愿就此承担相应法律责任。

现特就××××××私募债券提交你所进行备案，请予接受。

××××发行人　××××证券公司

×××年×月×日　×××年×月×日

上海证券交易所中小企业私募债券发行备案登记表

项　目	内　容	备　注
一、发行人与债券基本信息		
发行人名称		
公司类型		
注册资本		
主营业务		
实际控制人		
所属行业		
符合中小微型企业范畴依据		
前两年净利润		
最近一期资产负债率		
债券名称		
拟发行金额		
利率区间		
债券期限		
计息方式		
担保方式（若有）		
评级情况（若有）		

（续表）

项　目	内　容	备　注
二、中介机构信息		
承销商 联合承销商（若有） 会计师事务所 律师事务所		
三、提交文件清单		
发行人公司章程及营业执照（副本）复印件 发行人内设有权机构关于本期私募债券发行事项的决议 私募债券承销协议 私募债券募集说明书 承销商的尽职调查报告 本期私募债券意向发售对象的情况 私募债券受托管理协议及私募债券持有人会议规则		
发行人经具有执行证券、期货相关业务资格的会计师事务所审计的最近两个完整会计年度的财务报告		
律师事务所出具的关于本期私募债券发行的法律意见书		
发行人全体董事、监事和高级管理人员对发行申请文件真实性、准确性和完整性的承诺书		

附件 2

上海证券交易所
中小企业私募债券募集说明书格式与内容

________________中小企业私募债券募集说明书

证券简称：

证券代码：

挂牌时间：

承销机构：

一、绪言

重要提示：本公司发行的私募债券已在上海证券交易所备案，上海证券交易所不对本公司的经营风险、偿债风险、诉讼风险以及私募债券的投资风险或收益等做出判断或保证。投资者购买本公司私募债券，应当认真阅读募集说明书及有关的信息披露文件，对本公司信息披露的真实性、准确性、完整性和及时性进行独立分析，并据以独立判断投资价值，自行承担投资风险。

本公司董事、监事及高级管理人员保证私募债券募集说明书不存在任何虚假、误导性陈述或重大遗留，并对其真实性、准确性、完整性负个别的和连带的责任。

二、发行人基本情况

（一）发行人法定名称。

（二）发行人注册地址及办公地址。

（三）发行人注册资本。

（四）发行人法人代表。

（五）发行人基本情况：包括经营范围、经营方式、主要产品以及其隶属关系演变。

（六）发行人面临的风险。

三、发行人财务状况

本节列示发行人主要财务会计资料，包括（但不限于）以下各项：

（一）具有证券从业资格的会计师事务所出具的审计报告。

（二）发行人最近两年完整会计年度的财务报表，包括资产负债表、利润及利润分配表、现金流量表（最近一年）。

（三）主要财务指标包括但不限于流动比率、速动比率、资产负债比率、利息偿还倍数、净资产收益率。

四、本期私募债券发行基本情况及发行条款，包括私募债券名称、本期发行总额、期限、票面金额、发行价格或利率确定方式、未全额发行情况下处理方式、还本付息

的期限和方式等

五、承销机构及承销安排

六、募集资金用途及私募债券存续期间变更资金用途程序

七、私募债券转让范围及约束条件

八、信息披露的具体内容和方式

九、偿债保障机制、股息分配政策、私募债券受托管理及私募债券持有人会议等投资者保护机制安排

十、私募债券担保情况（若有）

十一、私募债券信用评级和跟踪评级的具体安排（若有）

十二、本期私募债券风险因素及免责提示

十三、仲裁或其他争议解决机制

十四、发行人对本期私募债券募集资金用途合法合规、发行程序合规性的声明

十五、发行人全体董事、监事和高级管理人员对发行文件真实性、准确性和完整性的承诺

十六、发行人近三年是否存在违法违规行为的说明

十七、有关当事人

本节列出下列有关当事人（但不限于）的机构名称、地址、电话、传真以及联系人姓名：

发行人：

主承销商：

担保人：

信用评估机构：

会计师事务所：

律师事务所：

十八、其他重要事项

十九、备查文件目录

附件 3

上海证券交易所中小企业私募债券合格投资者风险认知书（参考文本）

投资者在参与中小企业私募债券（以下简称“私募债券”）的认购和转让前，应当仔细核对自身是否具备合格投资者资格，充分了解私募债券的特点及风险，审慎评估自身的经济状况和财务能力，考虑是否适合参与。具体包括：

一、私募债券在上海证券交易所（以下简称“证券交易所”）备案、信息披露、转让，但证券交易所并不对发行人的经营风险、偿债风险、诉讼风险以及私募债券的投资风险或收益等做出判断或保证。

二、投资者购买私募债券，应当认真阅读募集说明书及有关的信息披露文件，对私募债券信息披露的真实性、准确性、完整性和及时性进行独立分析，并据以独立判断投资价值，自行承担投资风险。

三、投资者应当详细了解私募债券相关办法、指引，充分关注其可能存在无法转让的风险。按照业务规则，证券交易所对导致私募债券投资者超过 200 人的转让不予确认，私募债券持有人达到一定数量时，投资者可能出现无法进行转让的情况。同时，由于私募债券的非公开性与风险特性，私募债券的转让可能不活跃，投资者随时达成转让的意愿可能无法满足。

四、投资者应当充分关注私募债券发行人的经营风险及可能的还本付息风险。

五、投资者应当充分关注私募债券可能存在的法律风险。私募债券是证券市场新的品种，与此相关的法律、法规和配套制度尚待完善，相关的法律、法规和配套制度发生变化，可能会对私募债券持有人的权益产生影响。

六、本风险认知书的风险揭示事项未能详尽列明私募债券的所有风险，投资者应对其他相关风险因素也有所了解和掌握，并确信自己已做好足够的风险评估与财务安排，避免因参与私募债券投资而遭受难以承受的损失。

投资者签署栏：

本人（投资者）对上述《上海证券交易所中小企业私募债券风险认知书》的内容已经充分理解，承诺本人具备私募债券合格投资者资格，愿意参与私募债券的投资，并愿意承担私募债券的投资风险。

特此声明

股东代码

签名

日期

（本风险认知书一式二份，一份由证券公司留存备查，一份由委托人保存）

附件 4

上海证券交易所中小企业私募债券合格投资者资格确认表（机构适用）

序　　号	机构类型	指标数值
1	金融机构	
2	理财产品	
3	企业法人	注册资本______
4	合伙企业	认缴出资总额______ 实缴出资总额______
5	其他机构	
6	是否已经签署《中小企业私募债券合格投资者风险认知书》	
总体判断	该投资者具备/不具备成为债券合格投资者条件	

本机构承诺：

1. 提供相关证明材料的真实性负责，并自愿承担因材料不实导致的一切后果。
2. 不存在重大未申报的不良信用记录。
3. 不存在证券市场禁入以及法律、行政法规、规章和交易所业务规则禁止从事债券交易的情形。

法人代表（签字）：　　　　　　　　　　日期：

证券公司经办人（签字）　　　　　　　　日期：

证券公司营业部负责人（签字）　　　　　日期：

注：投资者在证券公司总部开户的，营业部负责人签字栏由证券公司总部相关业务部门负责人签字。

上海证券交易所中小企业私募债券合格投资者资格确认表（个人适用）

序　　号	指标名称	指标数值
1	证券账户净资产	
2	债券投资基础知识考试成绩	
3	最近两年证券交易成交记录	
4	是否已经签署《中小企业私募债券合格投资者风险认知书》	
总体判断	该投资者具备/不具备成为债券合格投资者条件	

本人承诺：

1. 本人对所提供相关证明材料的真实性负责，并自愿承担因材料不实导致的一切后果。
2. 本人不存在重大未申报的不良信用记录。
3. 本人不存在证券市场禁入以及法律、行政法规、规章和交易所业务规则禁止从事债券交易的情形。
4. 本人身体健康，不存在不适宜从事债券交易的情形。

投资者（签字）：　　　　　　　　　　　　日期：

证券公司经办人（签字）　　　　　　　　　日期

证券公司营业部负责人（签字）　　　　　　日期

注：投资者在证券公司总部开户的，营业部负责人签字栏由证券公司总部相关业务部门负责人签字。

附件 5

上海证券交易所中小企业私募债券合格投资者证券账户填报要求

一、中小企业私募债券合格投资者证券账户填报格式

股东卡号	账户名称	操作标志
A123456789	账户名 1	A
A987654321	账户名 2	C

二、中小企业私募债券合格投资者证券账户填报说明

1. 文件命名规则

smzzh × × × × × YYYYMMDDNNN. xls

其中：

smzzh 为中小企业私募债券合格投资者账户的简称。

× × × × × 为 5 位会员代码（同会员公司专区用户名中的 5 位数字）。

YYYYMMDD 表示申报日期。

NNN 为批次号，每日从 001 开始；如果同一日报送多次，批次号按顺序增加，不允许跳号、重复。

文件名大小写敏感。

样例：smzzh0001520120201001. xls

2. 填写说明

股东卡号：首字母大写，必须为指定交易在本会员的投资者账户。

账户名称：投资者证券开户名称。

操作标志：A代表申请，C代表注销，大小写敏感。

注：填写时不允许调整行列的位置，例如字段顺序的调整。

3. 报送权限

会员公司使用会籍Ekey进入债券专区栏目进行数据报送：SSE网站——债券专区——账户报备——私募债券合格投资者证券账户报备。

4. 报送时间要求

有效报送时间段为每个交易日9:00～16:00，10分钟后反馈应答文件，当日17:00以后反馈本会员已审核通过的全量投资者账户数据（接口规范另行发布）。

5. 报送范围

报送范围为符合本所中小企业私募债券合格投资者证券账户要求的金融机构自营类账户、资产管理类账户和经纪类账户。

报送方式为增量数据报送。

同一股东账户可在一天内、同一个批次内多次申报，审核以最后一次为准。

如校验发现申报文件或校验文件中数据错误，则此整个申报批次数据不予录入。

附件 6

深圳交易所关于中小企业私募债备案相关文件格式要求

中小企业私募债券备案登记表

提交申请备案时间：【　】年【　】月【　】日

<table>
<tr><td>发行方式</td><td>□单独发债</td><td colspan="4">□集合发债，发行人数量：【　】个</td></tr>
<tr><td rowspan="23">发行人相关信息</td><td>名称</td><td colspan="4"></td></tr>
<tr><td>公司类型</td><td colspan="4">□境内股份有限公司（非上市）　□境内有限责任公司（非上市）</td></tr>
<tr><td>经营范围</td><td colspan="4"></td></tr>
<tr><td>主营业务内容</td><td colspan="4"></td></tr>
<tr><td>行业类型</td><td colspan="4">□农林牧渔业　□工业　□建筑业　□批发业　□零售业
□交通运输业　□仓储业　□邮政业　□住宿业　□餐饮业
□信息传输业　□软件和信息技术服务业　□房地产开发经营
□物业管理　□租赁和商务服务业　□其他未列明行业</td></tr>
<tr><td rowspan="3">符合中小微企业范畴的依据</td><td>从业人数</td><td colspan="3">【　】</td></tr>
<tr><td>营业收入</td><td colspan="3">【　】</td></tr>
<tr><td>资产总额</td><td colspan="3">【　】</td></tr>
<tr><td rowspan="3">其他财务指标</td><td>净利润</td><td>【　】</td><td>利息保障倍数</td><td>【　】</td></tr>
<tr><td>净资产</td><td>【　】</td><td>发行前资产负债率</td><td>【　】</td></tr>
<tr><td>经营活动现金流净额</td><td>【　】</td><td>发行后资产负债率</td><td>【　】</td></tr>
<tr><td>计划发行金额</td><td colspan="4"></td></tr>
<tr><td>募集资金用途</td><td colspan="4"></td></tr>
<tr><td rowspan="7">发行人风险提示</td><td>行业风险</td><td colspan="3"></td></tr>
<tr><td>经营风险</td><td colspan="3"></td></tr>
<tr><td>财务风险</td><td colspan="3"></td></tr>
<tr><td>管理风险</td><td colspan="3"></td></tr>
<tr><td>政策风险</td><td colspan="3">【　】（若不适用，则填 N/A）</td></tr>
<tr><td>汇率风险</td><td colspan="3">【　】（若不适用，则填 N/A）</td></tr>
<tr><td>其他风险</td><td colspan="3">【　】（若不适用，则填 N/A）</td></tr>
<tr><td>其他信息</td><td colspan="4">【　】（若不适用，则填 N/A）</td></tr>
</table>

(续表)

债券全称			
债券承销商		承销商联系人	
计划发行总额		债券期限	【 】年
计息方式选择	□贴现式 □零息式 □利随本清式 □附息式固定利率 □附息式浮动利率,【具体条款】 □其他,【具体条款】		
付息次数选择	□无 □每年付息一次 □每年付息两次 □每年付息多次,【 】次/年		
还本方式选择	□到期还本并支付最后一期利息 □到期一次还本付息		
	□到期按面值偿付 □提前还本方式,【具体条款】		
债券风险提示	利率风险		
	流动性风险		
	偿付风险		
	资信风险		
	其他风险	【 】(若不适用,则填N/A)	
拟定投资者范围			
投资者保护机制	□聘请债券受托管理人,受托管理人为:【 】		
	□制定私募债券持有人会议规则		
	偿债保障金专户开户银行名称		
	偿债保障金专户账户号码		
	限制股息分配措施		
	其他措施	【 】(若不适用,则填N/A)	
附发行人或者投资者选择权条款	□是	【具体条款】	
	□否		
附认股权或者可转股条款	□是	【具体条款】	
	□否		
是否经资信评级	□是	资信评级机构	
		主体评级	债项评级
	□否		
是否附担保措施	□是	担保方式	□信用保证□质押□抵押 □其他
		担保物/担保人	
		【担保具体条款】	
	□否		
是否附其他增信措施	□是	【具体条款】	
	□否		

（续表）

仲裁机制	
其他重要信息	【　】（若不适用，则填 N/A）
发行人签章栏	
声明：本公司作为本期中小企业私募债券的发行人，现向深圳证券交易所申请本期中小企业私募债券备案发行，并保证承销商通过深交所会员业务专区提交的私募债券备案材料电子文档与原件完全一致；同时，本公司保证向投资者充分揭示相关风险情况，所提交的发行文件及信息披露内容真实、准确、完整，无虚假记载、误导性陈述或重大遗漏。 【发行人签章处】 【签署日期】	
承销商签章栏	
声明：本公司作为本期中小企业私募债券的承销商，已取得中国证券业协会认定的中小企业私募债券承销业务资格，并完成对发行人及相关当事人的尽职调查。本公司现代表发行人向深圳证券交易所提交本期中小企业私募债券备案材料，并保证通过深交所会员业务专区提交的备案材料电子文档与原件完全一致；同时，本公司承诺将按照深圳证券交易所和中国证券业协会的相关规定，严格遵守执业规范和职业道德，履行相关责任和义务。 【承销商签章处】 【签署日期】	

注：①若是两个及以上发行人以集合方式发行私募债券，应当分别列出各发行人相关信息，且所列出的发行人数量与第一栏“发行方式—集合发债—发行人数量”钩稽一致；各发行人计划发行金额合计与下一栏计划发行总额钩稽一致。

②担保具体条款包括：具体担保情况、担保期限、担保范围、担保人资信评级机构和评级情况、担保人累计对外担保情况、担保物评估机构和评估价值、担保物权属情况、担保责任及担保附加条款等。

③其他财务指标数据均采用合并报表口径填写，其中净利润为合并报表归属于母公司所有者的净利润，净资产为合并报表归属于母公司所有者的净资产，利息保障倍数为息税前利润除以利息支出。

④本表格所有项目都是必填内容，请填写完整后提交。

附件 7

中小企业私募债券募集说明书内容与格式要求

一、总则

（一）为规范公司发行中小企业私募债券（以下简称“私募债券”）的信息披露行为，保护投资者合法权益，根据相关法律法规以及《深圳证券交易所中小企业私募债券业务试点办法》等有关规定，制定本指南。

（二）发行中小企业私募债券的公司（以下简称“发行人”），应当按本指南的要求编制中小企业私募债券募集说明书（以下简称“募集说明书”），作为向深圳证券交易所（以下简称“本所”）备案的必备文件，并按规定披露。

（三）本指南的规定是对募集说明书信息披露的最低要求。不论本指南是否有明确规定，凡对投资者做出投资决策有重大影响的信息，均应当披露。

（四）发行人应当在募集说明书扉页做如下声明：

“发行人全体董事、监事、高级管理人员承诺本期私募债券募集资金用途合法合规、发行程序合规，本募集说明书不存在虚假记载、误导性陈述或者重大遗漏，并保证所披露信息的真实、准确、完整。发行人负责人、主管会计工作负责人及会计机构负责人（会计主管人员）保证募集说明书中财务会计报告真实、完整。

凡欲认购本期私募债券的投资者，请认真阅读本募集说明书及其有关的信息披露文件，并进行独立投资判断。深圳证券交易所对本次发行所做的任何决定，均不表明其对发行人所发行私募债券的投资价值或者投资人的收益做出实质性判断或者保证。任何与之相反的声明均属虚假不实陈述。

凡认购、受让并持有本期私募债券的投资者，均视同自愿接受本募集说明书对本期私募债券各项权利义务的约定。本期私募债券依法发行后，发行人经营变化引致的投资风险，由投资者自行承担。投资者在评价和购买本期私募债券时，应当特别审慎地考虑本募集说明书下文所述的各项风险因素。

投资者认购本期私募债券，视作同意私募债券受托管理协议和私募债券持有人会议规则。私募债券受托人管理协议、私募债券持有人会议规则及私募债券受托管理人报告置备于私募债券受托管理人处，投资者有权随时查阅。”

（五）发行人认为对投资者有重大影响的事项，包括但不限于发行人重大风险、可能影响担保履约的重大事项以及私募债券重大偿付风险、特殊产品设计等，均应当在募集说明书首页中做“重大事项提示”。

（六）募集说明书的编制应当遵循以下要求：

1. 募集说明书全文文本封面应当标有“×××公司××年中小企业私募债券募集

说明书”字样，并应当载明发行人及承销商的名称和住所，还应当载明正式申报的募集说明书签署日期。

2. 发行人应当对可能对投资者理解有障碍及有特定含义的术语做出释义，募集说明书的释义应当在目录次页排印。

3. 引用的数据应当提供资料来源，事实依据应充分、客观。

4. 引用的数字应当采用阿拉伯数字，货币金额除特别说明外，应当指人民币金额，并以元、千元、万元或者亿元为单位。

二、募集说明书

（一）发行概况

1. 发行的基本情况及发行条款，包括但不限于以下内容：

（1）接受私募债券备案的单位、时间、文号以及备案规模。

（2）私募债券发行相关情况，包括私募债券名称、私募债券简称和代码、发行总额、发行方式和发行对象；若分次发行的，披露各期发行安排。

（3）私募债券产品设计，包括债券票面面额、发行价格、存续期限、票面利率、计息方式、还本付息方式、发行首日/起息日、付息日、本金兑付日、提前偿还本金安排（如有）、发行人或者投资者选择权条款（如有）、认股权或者可转股条款（如有）、担保措施及担保方式（如有）、私募债券受托管理人、偿债保障机制以及限制股息分配措施等。

（4）私募债券募集资金用途。

（5）私募债券资信评级机构与信用级别（如有）。

（6）承销商及承销安排。

2. 本期私募债券认购与转让服务安排

（1）认购期限。

（2）发行结果公告日期。

（3）申请提供转让服务的地点与平台。

（4）投资者适当性管理与200人投资者的约束条件。

3. 披露下列机构的名称、法定代表人、住所、联系电话、传真，同时应当披露有关经办人员的姓名：

（1）发行人。

（2）承销商。

（3）律师事务所。

（4）会计师事务所。

（5）私募债券受托管理人。

（6）担保人（如有）。

（7）资信评级机构（如有）。

（8）收款银行。

（9）申请提供私募债券转让服务的证券交易所。

（10）私募债券登记机构。

（11）其他与发行相关的机构。

（二）风险因素

1. 发行人应当遵循重要性原则，按顺序披露可能直接或者间接对发行人生产经营状况、财务状况和私募债券偿付能力产生重大不利影响的所有因素。发行人应当针对自身的实际情况，充分、准确、具体地描述相关风险因素。

2. 发行人应当有针对地披露与本期私募债券相关的、可能影响私募债券本息偿付的具体风险因素，对这些风险因素能做出定量分析的，应当进行定量分析；不能做出定量分析的，应当进行定性描述。

有关风险因素可能对发行人生产经营状况、财务状况和偿债能力有严重不利影响的，发行人应在募集说明书首页中作“重大事项提示”。

3. 发行人应当披露下列风险因素：

（1）本期私募债券的投资风险：

①利率风险。市场利率变化对本期私募债券收益的影响。

②流动性风险。本期私募债券因市场交易不活跃而可能受到的不利影响。

③偿付风险。本期私募债券本息可能不能足额偿付的风险。

④本期私募债券安排所特有的风险。本期私募债券有关约定潜在的风险，如偿债保障措施可能存在的风险、提前偿付安排可能对投资人利益的影响等。

⑤资信风险。发行人最近两年内资信状况及存在的问题和可能出现的资信风险。

⑥担保风险（如有）。担保人资信或者担保物的现状及可能发生的重大变化对本期债券本息偿还的影响等。

（2）发行人的相关风险：

①行业风险。发行人因行业所在的阶段、行业所面临的困境而可能存在的风险。

②财务风险。发行人因资产结构、负债结构和其他财务结构不合理而形成的财务风险，对外担保等导致发行人整体变现能力差等风险。

③经营风险。发行人的产品或者服务的市场前景、行业经营环境的变化、商业周期或者产品生命周期的影响、市场饱和或者市场分割、过度依赖单一市场、市场占有率下降等风险。

④管理风险。发行人管理制度存在的问题及可能诱发的私募债券本息偿付风险，如因内部控制不健全等可能对发行人产生直接和间接的经济损失，及其可能对私募债券本息偿付的影响。

⑤政策风险。因国家法律、法规、政策的可能变化对发行人产生的具体政策性风

险，如因财政、金融、土地使用、产业政策、行业管理、环境保护、税收制度、财务管理制度、经营许可制度、外汇制度、收费标准等发生变化而对发行人的影响。

4. 发行人如披露风险的相应对策，主要应当披露发行人针对风险已经采取的具体措施。

（三）发行人的资信状况（如有）

1. 发行人应当披露所聘请的资信评级机构及其对本期私募债券的信用评级情况。

2. 发行人如披露信用评级报告，信用评级报告至少包括下列情况：

（1）信用评级结论及标识所代表的含义。

（2）提供担保的，应当对比说明有无担保的情况下评级结论的差异。

（3）评级报告揭示的主要风险。

（4）跟踪评级的有关安排。

（5）其他重要事项。

（四）担保（如有）

1. 发行人应当披露本期私募债券的担保情况、担保授权情况。

2. 提供保证担保的，应当披露保证人的基本情况，至少包括下列事项：

（1）基本情况简介。

（2）最近一年的净资产额、资产负债率、净资产收益率、流动比率、速动比率等主要财务指标，并注明是否经审计；若是个人提供担保的，应当披露其合法拥有的除转让、抵押、质押或者其他存在他人权利之外的剩余财产对本次担保范围的覆盖倍数。

（3）资信状况。

（4）累计对外担保的金额。

（5）累计担保余额占其净资产额的比例。

（6）偿债能力分析。

3. 提供保证担保的，应当披露私募债券担保协议或者担保函的主要内容，至少包括下列事项：

（1）担保金额。

（2）担保期限。

（3）担保方式。

（4）担保范围。

（5）发行人、担保人、私募债券受托管理人、私募债券持有人之间的权利义务关系。

（6）反担保和共同担保的情况（如有）。

（7）各方认为需要约定的其他事项。

4. 提供抵押或者质押担保的，应当披露担保物的名称、金额（账面价值和评估值）、担保物金额与所发行债券面值总额和本息总额之间的比例，并说明担保物发生重大变化时的持续披露安排。

5. 提供抵押和质押担保的，应当披露担保物的评估、登记、保管和相关法律手续的办理情况，并披露担保的范围。

（五）投资者权益保护

1. 发行人应当披露所制订的具体偿债计划及保障措施，至少应当包括以下内容：

（1）发行人应当详细说明私募债券偿债计划和偿债资金来源。

（2）发行人应当设立偿债保障金专户，用于兑息、兑付资金的归集和管理。发行人应当承诺，在私募债券付息日 10 个工作日前，将应付利息全额存入偿债保障金专户；在本金到期日 30 日前累计提取的偿债保障金余额不低于私募债券余额的 20%。偿债保障金自存入偿债保障金专户之日起，仅能用于兑付私募债券本金及利息，不得挪作他用。

（3）发行人应当披露不能按时支付利息、到期不能兑付以及发生其他违约情况时的解决措施。

发行人应当做出董事会及有权决策部门决议并披露，在出现预计不能按期偿付私募债券本息或者到期未能按期偿付私募债券本息时，公司将至少采取如下措施：

①不向股东分配利润。

②暂缓重大对外投资、收购兼并等资本性支出项目的实施。

③调减或者停发董事和高级管理人员的工资和奖金。

④主要责任人不得调离。

2. 发行人应当披露限制股息分配措施，以保障私募债券本息按时兑付，并承诺若未能足额提取偿债保障金，不以现金方式进行利润分配。

3. 发行人应当披露所聘任的私募债券受托管理人、受托管理协议、受托管理人职责等事项，至少应当包括以下内容：

（1）受托管理人可由本期发行的承销商或者商业银行等其他机构担任。为私募债券发行提供担保的机构不得担任该私募债券的受托管理人。

（2）在私募债券存续期限内，由私募债券受托管理人依照约定维护私募债券持有人的利益。私募债券受托管理人应当为私募债券持有人的最大利益行事，不得与私募债券持有人存在利益冲突。

（3）发行人应当和受托管理人订立私募债券受托管理协议情况，并应当明确提示投资者认购本期债券视作同意私募债券受托管理协议。

（4）发行人应当披露私募债券受托管理协议的主要事项，至少包括下列事项：

①私募债券受托管理人的名称及基本情况。

②私募债券受托管理人的聘任情况，与发行人是否有利害关系。

③发行人、私募债券持有人和私募债券受托管理人之间的权利、义务和违约责任。

④私募债券受托管理人行使权利、履行义务的方式、程序等。

⑤私募债券受托管理人的报酬情况。

⑥变更、解聘私募债券受托管理人的条件及程序。

⑦其他重要内容。

（5）私募债券受托管理人保护债券持有人合法权益的主要措施，说明私募债券受托管理事务的主要程序和方式，说明如何出具私募债券受托管理事务报告。

（6）私募债券受托管理人应履行的职责，至少应当包括：

①持续关注发行人和保证人的资信状况，出现可能影响私募债券持有人重大权益的事项时，召集私募债券持有人会议。

②发行人为私募债券设定抵押或者质押担保的，私募债券受托管理人应当在私募债券发行前取得担保的权利证明或者其他有关文件，并在担保期间妥善保管。

③在私募债券存续期内勤勉处理私募债券持有人与发行人之间的谈判或者诉讼事务。

④监督发行人对募集说明书约定的应履行义务（包括募集资金用途、提取偿债保障金）的执行情况，并出具受托管理人事务报告。

⑤预计发行人不能偿还债务时，要求发行人追加担保，或者依法申请法定机关采取财产保全措施。

⑥发行人不能偿还债务时，受托参与整顿、和解、重组或者破产的法律程序。

⑦私募债券受托管理协议约定的其他重要义务，至少包括受托管理人应当监督发行人偿债保障金专户的设立和资金使用情况等内容。

4. 发行人应当与私募债券受托管理人制定私募债券持有人会议相关规则。

（1）私募债券持有人会议规则的主要内容，包括但不限于私募债券持有人会议的权利、召开程序以及决议的生效条件和效力等。发行人应当明确提示投资者认购本期私募债券视作同意发行人制定的私募债券持有人会议规则。

（2）私募债券持有人会议召开的情形。至少应当包括：

①拟变更私募债券募集说明书的约定。

②拟变更私募债券受托管理人。

③发行人不能按期支付本息。

④发行人减资、合并、分立、解散或者申请破产。

⑤保证人或者担保物发生重大变化。

⑥发生对私募债券持有人权益有重大影响的事项。

（3）私募债券持有人会议决议的生效条件和效力。说明决议对未参加会议或者明确表示不同意见的私募债券持有人的适用性，以及决议是否对全体私募债券持有人具有同等效力。

（4）私募债券持有人会议规则约定的其他重要事宜。

（六）发行人基本情况

1. 发行人基本信息与业务情况，包括但不限于：发行人法定名称、注册地址及办公地址、注册资本、法人代表、行业类型、经营范围、经营方式、主营业务产品、符合中小微企业范畴的依据、行业现状和前景、主营业务状况，以及发行人在行业中的地位和竞争优势。

2. 以图表方式披露发行人组织结构和对其他企业的重要权益投资情况。

3. 披露发行人控股股东的基本情况。若控股股东为自然人，应当披露其姓名与简要背景；若控股股东为法人，应当披露其名称、成立日期、注册资本和主要业务等内容。

4. 披露现任董事、监事、高级管理人员的基本情况，包括姓名、性别、年龄、从业简历、持有本公司股票及债券情况。

（七）财务会计信息

1. 如未做特别说明，本节信息中近两年的财务会计信息应当摘自经具有从事证券、期货相关业务资格的会计师事务所审计的财务报告，发行境外上市外资股的境内股份有限公司应当以按照中国的企业会计准则编制的财务报告为基准。

2. 发行人应当简要披露财务会计信息，主要包括：

（1）最近两年的资产负债表、利润表及现金流量表，发行人编制合并财务报表的，应当同时披露合并财务报表和母公司财务报表。最近两年合并财务报表范围发生重大变化的，还应当披露合并财务报表范围的具体变化情况、变化原因及其影响。

（2）最近两年的主要财务指标，包括但不限于：流动比率、速动比率、资产负债比率、利息保障倍数以及贷款偿还率，其中利息保障倍数为息税前利润除以利息支出。

（3）对发行人最近两年的财务情况进行分析，说明发行人资产负债结构、现金流量、偿债能力、近两年的盈利能力、未来业务目标以及盈利能力的可持续性。

（4）重点披露本次私募债券发行后公司资产负债结构的变化。

3. 会计师事务所曾对发行人近两年财务报告出具非标准无保留意见的，发行人应当披露发行人董事会及有权决策部门关于非标准无保留意见审计报告涉及事项处理情况的说明，以及会计师事务所及注册会计师关于非标准无保留意见审计报告的补充意见。

4. 发行人对可能影响投资者理解公司财务状况、经营业绩和现金流量情况的信息，应当加以必要的说明。

（八）募集资金运用

1. 发行人应当简要披露募集资金用途及私募债券存续期间变更资金用途程序。

2. 募集资金用于项目投资、股权投资或者收购资产的，发行人应当披露拟投资项目的基本情况、股权投资情况、拟收购资产的基本情况。

（九）信息披露要求

发行人应当按照《试点办法》第二十七条和本指南第六章的要求履行信息披露义务。

（十）其他重要事项

1. 发行人应当披露公司最近一期末的对外担保情况。

2. 对公司财务状况、经营成果、声誉、业务活动、未来前景等可能产生较大影响的未决诉讼或者仲裁事项，主要包括以下内容：

（1）受理该诉讼或者仲裁的法院或者仲裁机构的名称。

（2）提起诉讼或者仲裁的日期。

（3）诉讼或者仲裁的当事人和代理人。

（4）提起诉讼或者仲裁的原因。

（5）诉讼或者仲裁请求。

（6）可能出现的处理结果或者已生效法律文书的执行情况。

（十一）仲裁或者其他争议解决机制

发行人应当披露仲裁及其他争议解决机制，至少应当包括拟报备证券交易所所在地仲裁等内容。

（十二）董事及有关中介机构声明

1. 发行人全体董事、监事及高级管理人员应当在募集说明书正文的尾页声明：

“本公司全体董事、监事及高级管理人员承诺本募集说明书不存在虚假记载、误导性陈述或者重大遗漏，并对其真实性、准确性、完整性承担个别和连带的法律责任。”

声明应当由全体董事、监事及高级管理人员签名，并由发行人加盖公章。

2. 承销商应当在募集说明书正文后声明：

“本公司已对募集说明书进行了核查，确认不存在虚假记载、误导性陈述或者重大遗漏，并对其真实性、准确性和完整性承担相应的法律责任”。

声明应当由项目主办人、公司法定代表人或者其授权代表签名，并由公司加盖公章。

3. 发行人律师应当在募集说明书正文后声明：

“本所及签字的律师已阅读募集说明书，确认募集说明书与本所出具的法律意见书不存在矛盾。本所及签字律师对发行人在募集说明书中引用的法律意见书的内容无异议，确认募集说明书不致因所引用内容出现虚假记载、误导性陈述或者重大遗漏，并对其真实性、准确性和完整性承担相应的法律责任。”

声明应当由签字的律师、所在律师事务所负责人签名，并由律师事务所加盖公章。

4. 承担审计业务的会计师事务所应当在募集说明书正文后声明：

“本所及签字注册会计师已阅读募集说明书，确认募集说明书与本所出具的报告不存在矛盾。本所及签字注册会计师对发行人在募集说明书中引用的财务报告的内容无异议，确认募集说明书不致因所引用内容而出现虚假记载、误导性陈述或者重大遗漏，并对其真实性、准确性和完整性承担相应的法律责任。”

声明应当由签字注册会计师及所在会计师事务所负责人签名，并由会计师事务所加盖公章。

5. 承担资信评级业务（如有）或者资产评估业务（如有）的机构应当在募集说明书正文后声明：

“本机构及签字的资信评级人员（或者资产评估人员）已阅读募集说明书，确认募集说明书与本机构出具的报告不存在矛盾。本机构及签字的资信评级人员（或者资产评估人员）对发行人在募集说明书中引用的报告的内容无异议，确认募集说明书不致因所引用内容而出现虚假记载、误导性陈述或者重大遗漏，并对其真实性、准确性和完整性承担相应的法律责任”。

声明应当由签字的资信评级人员（或者资产评估人员）及单位负责人签名，并由资信评级机构或者资产评估机构加盖公章。

（十三）备查文件

1. 募集说明书结尾应当列明可向承销商进行查询的备查文件。

2. 备查文件包括下列文件：

（1）本所接受备案通知书。

（2）发行人最近两年的财务报告及审计报告。

（3）法律意见书。

（4）私募债券受托管理协议。

（5）私募债券持有人会议规则。

如有下列文件，应当作为备查文件披露：

（1）担保合同和担保函。

（2）资信评级报告。

（3）担保资产的资产评估报告及有关审核文件。

（4）发行人董事会及有权决策部门关于报告期内被出具非标准无保留意见审计报告涉及事项处理情况的说明。

（5）注册会计师关于报告期内非标准无保留意见审计报告的补充意见。

（6）其他与发行有关的重要文件。

附件8

董事、监事、高级管理人员及持股5%以上股东名册报送格式

发行人名称：

私募债券名称：

序号	姓名/名称	身份证号/企业注册号	任职类型	职务/持股比例	任职状态	入职日期	离职日期

注：EXCEL表格为2003年版格式。每次报送均为全量数据，用固定的文件名覆盖上一次报送的同名文件。中小企业私募债券的董、监、高及持股5%以上股东信息若未发生变化，则无须再次报送。股东名称的最大长度为30个汉字字符。任职类型的选择范围为：董事、监事、高级管理人员、股东。任职状态的选择范围为：现任、离任。日期格式为YYYY－MM－DD，如2012－05－08。日期栏目不适用的填写为9999－12－31。

附件9

中小企业私募债券合格投资者风险认知书模板

投资者在参与中小企业私募债券（以下简称“私募债券”）的认购和转让前，应当仔细核对自身是否具备合格投资者资格，充分了解私募债券的特点及风险，审慎评估自身的经济状况和财务能力，考虑是否适合参与。具体包括：

一、私募债券在交易所转让服务转让，但证券交易所并不对发行人的经营风险、偿债风险、诉讼风险以及私募债券的投资风险或者收益等做出判断或者保证。投资者将自行承担私募债券的投资风险。

二、投资者应当知晓私募债券信息披露渠道，仔细了解私募债券募集说明书及相关信息披露文件所刊内容，特别是可能对私募债券收益产生影响的各类风险。

三、投资者应当详细了解私募债券转让的业务规则，充分关注其可能存在无法进行转让的风险。按照业务规则，证券交易所对导致私募债券投资者超过200人的转让将不予确认，在私募债券持有人达到一定数量时，投资者可能出现无法进行转让的情况。同时由于私募债券的收益和风险特性，私募债券的转让可能不活跃，投资者随时达成转让的意愿可能无法满足。

四、投资者应当充分关注私募债券发行人的经营风险及可能的还本付息风险。

五、投资者应当充分关注私募债券可能存在的法律风险。私募债券是证券市场新的投资品种，与此相关的法律、法规和配套制度尚待完善，相关的法律、法规和配套制度发生变化，可能会对私募债券持有人的权益产生影响。

六、本风险揭示书的风险揭示事项未能详尽列明私募债券的所有风险，投资者应当对其他相关风险因素也有所了解和掌握，并确信自己已做好足够的风险评估与财务安排，避免因参与私募债券投资而遭受难以承受的损失。

投资者签署栏：

本人（投资者）对上述《中小企业私募债券风险揭示书》的内容已经充分理解，承诺本人具备私募债券合格投资者资格，愿意参与私募债券的投资，并愿意承担私募债券的投资风险。

特此声明

股东代码：

投资者签名：

签署日期：

（本风险揭示书一式二份，一份由证券公司留存备查，一份由委托人保存）

附件 10

× ×证券公司中小企业私募债券合格投资者名单报送格式

序号	股东代码	股东名称	身份证号	风险认知书签署日期	交易权限开通日期	报送会员代码

注：①EXCEL 表格为 2003 年版格式。每次报送均为全量数据，用固定的文件名覆盖上一次报送的同名文件。各会员当日若无新的合格投资者，则无须报送。

②股东代码为 10 位固定长度的数字字符串。

③股东名称的最大长度为 30 个汉字字符。

④身份证号的最大长度为 40 个 ASCII 字符，对于法人，身份证号应当填写为企业注册号码。

⑤日期格式为 YYYY – MM – DD，如 2012 – 05 – 08。

⑥报送会员代码只能填写为各会员自身的会员代码。

附件 11

深圳证券交易所中小企业私募债券提供转让服务协议

甲方：深圳证券交易所

法定代表人：

住所：广东省深圳市深南东路 5045 号

联系电话：

乙方：

法定代表人：

住所：

联系电话：

鉴于乙方申请甲方在其综合协议交易平台上为乙方发行的中小企业私募债券（以下简称“私募债券”）提供转让服务，根据国家有关法律、行政法规、部门规章、规范性文件和甲方业务规则等的相关规定，甲乙双方协商一致，签订本协议。

第一条 甲方依据有关法律、行政法规、部门规章、规范性文件、《深圳证券交易所中小企业私募债券业务试点办法》、《深圳证券交易所中小企业私募债券业务试点业务指南》等相关规定（以下简称“甲方其他相关规定”）对乙方提交的私募债券转让服务申请材料进行核对，申请材料完备的，甲方在综合协议交易平台上为乙方私募债券提供转让服务。

本协议中申请提供转让服务的私募债券基本情况如下：

私募债券名称：

私募债券简称： 私募债券代码：

面额： 发行价格：

期限： 票面利率：

发行总量： 募集资金数额：

偿债保障金开户银行名称：

偿债保障金开户账号：

转让服务平台：

私募债券受托管理人：

私募信用评级（如有）：

担保人（如有）：

担保物（如有）：

接受备案发行文号：

第二条　乙方承诺按照私募债券有关募集文件的规定，严格执行偿债保障金专户管理要求和特殊情况下的限制性股息分配措施，以保障私募债券本息按时兑付。

第三条　甲方依照有关法律、行政法规、部门规章、规范性文件及甲方其他相关规定对向乙方提供转让服务的私募债券实施监管，乙方同意接受甲方的监管。

第四条　在甲方向乙方发行的私募债券提供转让服务期间，若私募债券发生认股权行权、债转股、回售或者赎回等业务时，甲方不为此类业务提供转让服务平台，由乙方自行合理安排。

第五条　乙方及其董事、监事和高级管理人员等承诺并保证严格遵守有关法律、行政法规、部门规章、规范性文件及甲方其他相关规定。

第六条　乙方向甲方缴纳的提供转让服务费用及其标准，按照甲方的有关规定执行。

经有关主管机关批准，甲方可以对上述收费标准进行调整。

第七条　乙方应当于甲方提供转让服务前5个工作日内，在甲方会员业务专区或者经甲方认可的其他方式向合格投资者披露《关于在深圳证券交易所综合协议交易平台进行转让的公告书》和甲方要求的其他文件。

第八条　乙方应当在甲方会员业务专区或者经甲方认可的其他方式向合格投资者履行信息披露的义务，具体内容包括：付息公告、兑付公告、定期报告（如有）、私募债券转股、回售及赎回等业务提示性公告和结果公告（如有）、重大事项公告（如有）以及董事、监事、高级管理人员及持股5%以上股东转让私募债券（如有）等信息。

第八条　乙方应当在甲方会员业务专区或者经甲方认可的其他方式向合格投资者履行信息披露的义务，具体内容包括：付息公告、兑付公告、定期报告（如有）、私募债券转股、回售及赎回等业务提示性公告和结果公告（如有）、重大事项公告（如有）以及董事、监事、高级管理人员及持股5%以上股东转让私募债券（如有）等信息。

第九条　乙方应当指定专人负责与甲方联系，并及时履行信息披露工作。若指定专人发生变更时，乙方应当及时通知甲方。

第十条　乙方必须保证信息披露内容真实、准确、完整，没有虚假记载、误导性陈述或者重大遗漏。

第十一条　甲方根据有关法律、行政法规、部门规章、规范性文件及甲方其他相关规定对乙方披露的信息进行形式审核，对其内容的真实性不承担责任。

第十二条　本协议未尽事宜，依照有关法律、行政法规、部门规章、规范性文件、《深圳证券交易所公司债券上市规则》及甲方其他相关规定处理。

第十三条　本协议的执行与解释适用中华人民共和国法律。

第十四条　与本协议有关或者因本执行协议所发生的一切争议及纠纷，甲乙双方应当首先通过友好协商解决；若自争议发生日之后的三十日内未能通过协商解决，任何一方均可将该项争议提交中国国际经济贸易仲裁委员会华南分会，按照当时适用的仲裁规则进行仲裁。仲裁裁决为最终裁决，对双方均有法律约束力。

第十五条 本协议自签字盖章之日起生效。双方可以以书面方式对本协议做出修改或者补充，经双方签字盖章有关本协议的修改协议和补充协议是本协议的组成部分，与本协议具有同等法律效力。

第十六条 本协议文本一式四份，双方各执二份。

甲方：深圳证券交易所

法定代表人：（或者授权代表）

乙方：

法定代表人：（或者授权代表）

年 月 日

附件 12

中小企业私募债券发行结果公告内容与格式要求

本公司及全体董事保证本公告内容不存在任何虚假记载、误导性陈述或者重大遗漏，并对其内容的真实性、准确性和完整性承担个别及连带责任。

一、发行基本情况

（一）发行人相关信息。

（二）私募债券备案发行的接受单位、时间、文号以及备案规模。

（三）私募债券发行相关情况，包括私募债券名称、私募债券代码、发行总额、发行方式与发行对象；若分次发行的，披露各期发行安排。

（四）私募债券产品设计，内容包括但不限于：债券票面金额、发行价格、存续期限、票面利率、计息方式、还本付息方式、发行首日/起息日、付息日、本金兑付日、提前偿还本金安排（如有）、发行人或者投资者选择权条款（如有）、认股权或者可转股条款（如有）、担保措施及担保方式（如有）、债券受托管理人、偿债保障机制以及限制股息分配措施等。

（五）私募债券资信评级机构与信用等级（如有）。

（六）承销商和承销方式。

（七）募集资金用途和用途变更程序。

（八）登记注册安排。

（九）提供转让服务安排。

二、发行结果情况

（一）发行期间。

（二）实际募集资金规模。

（三）说明实际认购私募债券的投资者是否符合发行对象的要求。

附件13

转让服务公告书内容与格式要求

——关于××在深圳证券交易所综合协议交易平台进行转让的公告书

证券简称：
证券代码：
发行总额：
提供转让服务时间：
提供转让服务地点：
转让服务推荐人：

一、重要事项提示

发行人董事会成员或者有权决策部门已批准该转让服务公告书，确信其中不存在任何虚假、误导性陈述或者重大遗漏，并对其真实性、准确性、完整性负个别的和连带的责任。

本期私募债券将仅通过深圳证券交易所综合协议交易平台转让，除此之外，不在集中竞价系统和其他任何场所交易。私募债券转让的最低限额为单笔现货交易数量不低于5 000张或者交易金额不低于人民币50万元，单笔现货交易数量低于5 000张且交易金额低于人民币50万元的私募债券份额在综合协议交易平台中无法转出。

同时，私募债券的认购和转让仅面向合格投资者，深圳证券交易所按照申报时间先后顺序对私募债券的转让进行确认，对导致私募债券投资者超过200人的转让不予确认。

深圳证券交易所不对本公司所发行私募债券的价值、收益及兑付做出实质性判断或者任何保证。因公司经营与收益的变化等引致的投资风险，以及综合协议交易平台转让不活跃引致的流动性风险，由私募债券的投资者自行承担。

二、发行人简介①

（一）发行人全称。

（二）发行人注册地址及办公地址。

（三）发行人注册资本。

（四）发行人法定代表人。

---

① 若是两个或者两个以上发行人以集合方式发行私募债券，应当分别列出各个发行人相关信息。

（五）发行人业务情况，包括但不限于：发行人行业类型、经营范围、经营方式、主营业务产品、符合中小微企业范畴的依据。

（六）发行人面临的风险。

三、私募债券备案与发行概况包括但不限于以下内容

（一）私募债券备案情况。

（二）私募债券发行相关情况，包括私募债券名称、私募债券代码、发行总额、发行方式与发行对象；若分次发行的，披露各期发行安排。

（三）私募债券产品设计，内容包括但不限于：私募债券票面金额、发行价格、存续期限、票面利率、计息方式、还本付息方式、发行首日/起息日、付息日、本金兑付日、提前偿还本金安排（如有）、发行人或者投资者选择权条款（如有）、认股权或者可转股条款（如有）、担保措施及担保方式（如有）等。

（四）私募债券资信评级机构与信用等级（如有）。

（五）承销商和承销方式。

（六）募集资金的验资确认。

四、私募债券转让服务与托管基本情况

（一）私募债券转让服务平台及起始时间。

（二）投资者适当性管理。

（三）私募债券托管情况。

（四）出现私募债券认股权行权、债转股、回售或者赎回等业务的场外处理方式（如有）。

五、发行人主要财务状况

本节列示发行人主要财务会计资料，包括但不限于以下各项：

（一）发行人近两年已审财务报表中部分财务数据摘要。

（二）主要财务指标：

资产负债比率 = 负债总额/资产总额 ×100%

利息保障倍数 = 息税前利润/利息支出

六、本期债券的偿付风险及对策措施

七、投资者权益保护机制

（一）私募债券受托管理人情况，私募债券受托管理协议主要内容。

（二）私募债券持有人会议规则主要情况。

（三）私募债券偿债保证金专户情况。

（四）限制性股息分配措施，包括为保障私募债券本息按时兑付的相关措施，并承诺若未能足额提取偿债保障金，不以现金方式进行利润分配等。

（五）私募债券跟踪评级具体安排（如有）。

（六）私募债券担保相关情况，内容包括但不限于：担保期限、担保范围、担保人资信评级机构和评级情况、担保人累计对外担保情况、担保物评估机构和评估价值、担保物权属情况、担保责任及担保附加条款等（如有）。

（七）其他增信措施（如有）。

八、私募债券募集资金用途与存续期间变更资金用途的程序

九、信息披露要求

发行人应当按照《深圳证券交易所中小企业私募债券业务试点办法》第二十七条的要求履行信息披露义务。

十、其他重要事项

其他对债券还本付息或者对债券资信评级有重大影响的事项，包括但不限于：发行人对外担保情况、发行人所涉未决诉讼或者仲裁等情况。

十一、仲裁或者其他争议解决机制

发行人应当披露仲裁及其他争议解决机制，至少应当包括拟报备证券交易所所在地仲裁等内容。

十二、有关当事人

本节列出以下有关当事人（但不限于）的机构名称、地址、电话、传真以及联系人姓名：

发行人：

承销商：

转让服务推荐人：

私募债券受托管理人：

会计师事务所：

资信评级机构（如有）：

担保人（如有）：

担保物评估机构（如有）：

以上有关当事人应当列示机构名称、地址、电话、传真及联系人姓名。

十三、备查文件目录

列明可向承销商进行查询的备查文件包括以下内容：

（1）深圳证券交易所接受备案通知书。

（2）私募债券募集说明书。

（3）发行人最近两年的财务报告及审计报告。

（4）法律意见书。

（5）私募债券受托管理协议。

（6）私募债券持有人会议规则。

（7）其他有关申请转让服务材料。

（8）担保合同和担保函（如有）。

（9）资信评级报告（如有）。

（10）担保资产的资产评估报告及有关审核文件（如有）。

第 8 章
—— 中小企业私募债券的风险及评级 ——

8.1 中小企业私募债券的主要风险

中小企业私募债券的投资风险及收益的高低，是投资者决定是否投资的关键。由于中小企业私募债券本身具有较高的违约风险，因此需要有比其他债券更高的收益来补偿，这也正是其发行利率要明显高于其他信用债券的原因。具体而言，中小企业私募债券未来面临包括企业成长不确定性的被动违约及运作不规范的主动赖账带来的信用（违约）风险，信息透明度较低带来的信息不对称风险，限于规模与投资者数量而引起的流动性风险，以及制度建设和监管逐步完善的过程中带来的制度缺陷和监管风险。但是其高风险的核心在于信用风险，即到期不能兑现的风险。

在私募债券的试点阶段，为了防范信用风险，监管机构对中小企业的筛选较为严格，能够发行债券的企业的资信状况普遍较好，债券风险较低。随着私募债券的逐渐放开，发行企业的资信水平可能会大幅下降，投资者就会越来越谨慎，倾向于将资金投资到那些实力较强，资信水平较高的企业中。将信用评级引入中小企业私募债券，可以充分发挥评级机构的风险识别和提示作用，推动中小企业私募债券的发展。对于评级机构来说，私募债券的信用评级既是一个机遇，也是一个挑战。

8.1.1 信用风险

8.1.1.1 信用风险的定义

信用风险，又称违约风险，是指发行债券的借款人可能在债券到期时，不能按时支付债券利息或偿还本金，从而给债券投资者带来损失的风险。

1. 信用风险的表现形式

一般来说，信用风险表现为两种形式：发行人无力履约和发行人不愿意履约。

（1）发行人无力履约。

发行人可能在债券契约履约期间，因为财务状况发生恶化，或其他市场因素产生重大变化而丧失履约的能力，导致无力履约，债券的信用风险因而产生。目前我国债券市场尚未出现违约的现象，但中小企业管理不规范，财务制度不健全，整体抗风险能力较弱，在宏观经济下行时，中小企业更容易出现无力履约的现象。

（2）发行人不愿意履约。

决定信用风险大小的另一个重要方面，就是发行人的偿还债务意愿。即使发行人有能力偿还债务，但当发行人的履约意愿出现问题时，债券持有人也将面临投资债券损失。具体来说，可分为以下四种情况：第一，发行人有能力归还债券本息，但故意逃避责任，不予偿还。第二，发行人虽然暂时没有偿还全部债务的能力，但经过努力是可以做到的，却不去改善公司的经营状况，长期拖欠，缺乏承担还债义务的责任感。第三，发行人采取各种非法的欺诈手段骗取债券本金，根本就没打算还本付息。第四，发行人出于主观原因，违反债券契约的其他约定和承诺。

2. 信用风险的形成原因

一般来说，信用风险主要由以下两个方面的原因造成。

（1）经济运行的周期性。在处于经济扩张时期，信用风险降低，因为较强的盈利能力使得债券市场总体违约率降低。处于经济紧缩期时，信用风险增加，因为盈利能力总体情况恶化，借款人因各种原因不能及时足额还款的可能性增加。

就信用评级机构来说，其评价一只债券的信用风险，就是建立在其抗周期的能力上。区分投资级别债券和投机级别债券最重要的分界线，就是相关债务人的偿还能力对经济周期以及不利环境变化的承受能力。

（2）公司自身经营风险。企业偿债来源主要依赖其自身产生的现金流和利润。企业发行债券以后，其运营业绩、财务状况都直接反映到债券的市场价格上。因此，企业的经营策略、产品和市场地位以及财务稳健程度等都会直接影响债券的信用风险。就信用评级机构来说，企业的自身素质也是其衡量信用风险相对大小的关键因素。

8.1.1.2　中小企业私募债券的信用风险

导致中小企业私募债券信用风险的因素有很多，具体而言，主要有以下几个原因：

1. 发行门槛低

与目前已有的债券品种相比，充分突出市场化原则，是中小企业私募债券的一个鲜明特点。中小企业私募债券市场化原则体现在三个方面：首先，中小企业私募债券对发行人净资产和盈利能力等没有硬性要求，由承销商对发行人的偿债能力和资金用途进行把握；其次，中小企业私募债券的各种要素，诸如发行金额、利率、期限等，均由发行人、承销商和投资者自行协商确定，通过合同确定各方权利义务关系；最后，中小企业私募债券采取交易所备案发行制，交易所对备案材料进行完备性核对。根据试点办法，试点期间，凡是符合工信部《关于印发中小企业划型标准规定的通知》（工信部联企业〔2011〕300 号）的未上市非房地产、金融类的有限责任公司或股份有限公司，就可以发行中小企业私募债券。正是由于企业进入门槛低，中小企业私募债券的投资风险也相应增加。

同时，与其他类型的企业相比，中小企业的信用风险相对较高，这是由企业自身属性决定的。一般来说，中小企业的经营历史较短，业务发展规模有限，管理制度不规范，生产技术水平低，这些都极大限制了中小企业的盈利能力、偿债能力和未来发展能力。企业的信用风险大，投资者要求的风险补偿也高。因而中小企业的筹资成本将会提高，对如期还债造成更大的压力。

2. 中小企业受所处行业政策影响较大

目前中小企业中有相当一部分是劳动密集型、出口加工型和高能耗型企业，甚至一部分缺乏竞争力的企业只有依靠国家的出口退税补贴或其他形式的补贴才能维持经营。当这些企业的主营业务与国家产业结构调整方向不一致时，如果不能顺利完成业务升级，将面临被市场淘汰的风险，因此，对于这类企业来说，其信用风险更值得关注。

3. 受经济周期影响较大

国际经验表明，债务违约率与宏观经济运行周期高度相关。当经济形势不好时，债券的违约率上升，非投资等级债券将面临较高的违约风险。由于不同的债券违约率在经济不景气时相关性会显著增加，此时即使将中小企业私募债券打包，违约风险也难以降低。美国20世纪90年代私募债券危机的一个主要原因，就是宏观经济环境和调控政策发生了较大变化，企业因无法兑现债券高息而大面积破产。

由于中小企业的发展时间不长，对市场风险的认知和应对经验不足，加之抵抗风险的能力有限，中小企业容易受到外部经济环境的影响。在经济处于疲软时期，外部市场需求萎缩，行业竞争压力增大的情况下，中小企业的业绩会受到严重影响，违约的可能性也会随之增加。

4. 尽职调查成本高

从评级机构的角度来看，信息透明度差是当前中小企业普遍存在的问题。中小企业私募债券的发行主体是非上市公司，因此能够从公开渠道获取的关于发债主体的信息极少。从企业内部获取的信息，其真实性、完整性和准确性又受到极大的考验。

从承销商的角度来看，证券业协会起草的《证券公司中小企业私募债承销业务尽职调查指引》要求证券公司成立专门的项目小组负责尽职调查工作，从基本情况、业务和技术情况、公司治理情况、公司财务状况、持续经营能力、私募债券情况和合规及诚信情况等7个方面、47个细项，对发行私募债券的中小企业进行全面尽职调查。《指引》还要求证券公司调查私募债券发行企业是否按期召开股东大会、董事会和监事会，是否合法纳税，是否存在欠缴或延迟缴纳员工社保的情形等。在企业财务状况和偿债能力上的尽职调查方面，拟发债企业一般会比较配合。但如果要细查公司治理、纳税和社保等情况，估计只有准备IPO的企业才愿意配合。这些苛刻和烦琐的尽职调查要求，无疑增加了中小企业私募债券的尽职调查成本。

从投资者的角度来看，“合格投资者”投资中小企业私募债券之前，势必会花费大量精力去做发行企业基本面调查；同时还要配备专业人员对调查结果进行评估，给出投资指导建议。由于中小企业私募债券发行主体设定非常宽泛，在试点启动后会有大量企业谋求发债融资，这会直接导致合格投资者调查成本大幅上升，面对高昂的成本投入，“合格投资者”是否愿意支付这一成本来保证投资的安全仍是未知数。

5. 中小企业还款意愿

中小企业的信用风险还取决于管理者的还款意愿。偿债能力和偿债意愿是信用风险的两个方面。在不完善的公司治理模式下，企业很可能从短期利益出发，故意不履行偿债义务，而是采用破产等方式达到转移资产的目的。所以，从评级机构的角度来看，准确评估发行人的偿债意愿也是十分重要的。

8.1.2　流动性风险

除了核心的信用风险外，流动性差也是中小企业私募债券市场乃至整个交易所债券市场目前面临的一个主要问题。债券市场发展经验表明，市场的良性运行需要一定的流动性，这样有利于市场风险的分散和分担。截至 2013 年 5 月 27 日，共有 91 只中小企业私募债券在深圳证券交易所综合协议交易平台挂牌转让。其中 55 家有成交记录，总成交量为 67.89 亿元，日均换手率约为 0.41%。2012 年 6 月 8 日至 2013 年 5 月 27 日，中国债券市场日均换手率为 1.46%。从换手率来看，中小企业私募债券不及其他债券交易活跃。具体而言，其流动性差异主要由以下几方面造成：

第一，投资门槛较高，单只债券投资人数少。中小企业私募债券试点办法中明确规定，对投资者进行“适当性管理”，即只有满足一定条件的机构或者个人投资者才能参与到中小企业私募债券的认购，且单只债券的投资人数不得超过 200 人，即使在转让过程中，同一只私募债券的持有人也不得超过 200 人。相对较高的投资门槛及投资者人数的限制，无疑会制约其在二级市场的流动性。

第二，交易平台的限制。试点办法明确规定，中小企业私募债券不能在交易所上市交易，而只能通过上海证券交易所固定收益证券综合电子平台及深圳证券交易所综合协议交易平台，或证券公司进行转让。交易平台的限制，也在一定程度上限制了中小企业私募债券的流动性。

第三，目前国内机构投资者尚不成熟。对金融产品来说，充足的资金支持是其生存发展直至做强做大的重要支撑，也是提高其流动性的重要条件。目前，国内商业银行及保险机构居于主导地位，而他们对投资品种的信用等级均有明确的要求，这也就意味着拥有大量资金的商业银行、保险机构等投资者无法直接参与中小企业私募债券的投资。

8.1.3 利率风险

8.1.3.1 利率风险的基本概念

利率风险是指当市场利率水平变化时，导致债券价格与收益率变动的风险。大多数债券的票面利率都是固定不变的（浮动利率与保值债券例外），与此同时，市场利率的改变难以预测，因此，债券的价格在到期之前都是不确定的。从理论上来说，债券价格对利率的变化非常敏感，利率变化越大，债券投资者的潜在损失或者收益也越大。

通常，投资附息债券的收益包括利息收入和资本增殖，其中利息收入包括息票的利息支付，即债息，以及用临时现金流动（息票支付或本金偿还）进行再投资时所赚取的利息。资本增值是指到期时债券的面值或到期前卖出的价格高于原始买进价格的差额。

8.1.3.2 利率风险的表现形式

市场利率的变动决定了债券投资总报酬率的高低。图 8－1 列示了 1 年期存款基准利率在 2006～2013 年的变动情况。一般来说，债券主要有两种偿还方式，一种是到期时一次归还本金，如零息债券；另一种是每年支付一次或两次利息，到期偿还本金，如息票式债券。利率变动对投资收益的影响主要反映在两个方面：价格效应和再投资效应，或者说是价格风险和再投资风险。反过来，对于发行人而言，就存在着定价风险和再融资风险。

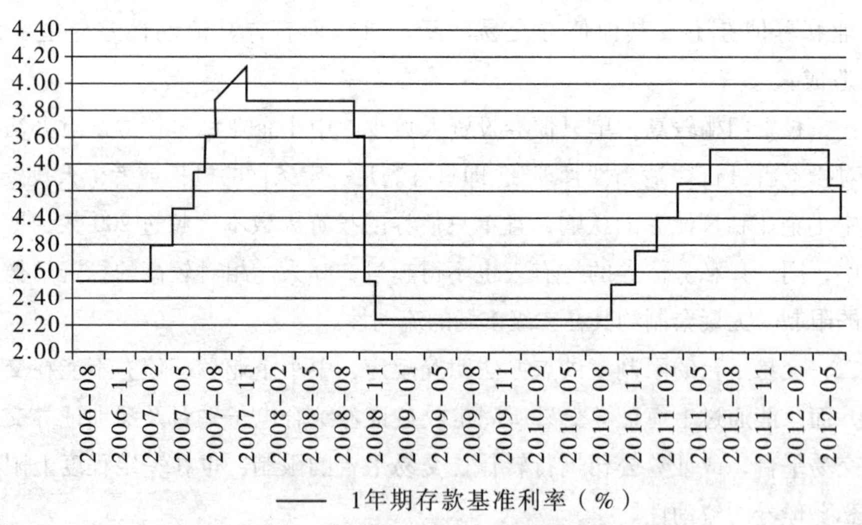

图 8－1 2006～2013 年 1 年期存款基准利率变动情况

近年来央行加强了对利率工具的运用，利率调控方式更为灵活，调控机制日趋完善。从近年的利率调整来看，利率政策主要随着宏观经济状况和目标的调整而变化，宏观调控的重心决定了利率调整的方向。其中，低利率政策的目的是刺激经济增长，恢复市场活力。例如，为应对 2008 年金融危机，央行于 2008 年 10 月起四次降息，并维持了较长时间的低利率水平。2010 年下半年起，为抑制经济过热，治理高通货膨胀，央行又多次加息。因此，随着利率市场化改革的逐步推进，未来利率作为重要的经济杠杆，将在国家宏观调控体系中发挥更加重要的作用。

对一个在到期前不得不出售债券的投资者来说，在购买债券后市场利率的上升，将意味着遭遇一次资本损失。这种现象被称为价格效应或价格风险。若市场利率下降，再投资时的利率低于预期收益率，则投资者所赚得的收益就比购入债券时所确定的收益低。这种现象被称为再投资效应或再投资风险。

对于发行人而言，如果市场利率处于上升周期，则债券发行利率自然增加；此外，如果债券到期，发行人必须用发行新债券来偿还旧债券，显然这存在再融资风险。

决定再投资或者再融资风险程度的两个基本属性是偿还期限和票息收入。在给定偿还期限和到期收益率的情况下，息票利率越高，偿还期限越长，再投资的风险就越大，再融资的风险就越小。在给定偿还期限和到期收益率的情况下，溢价债券比平价卖出的债券更加依赖于利息的利息收入。

综合来说，市场上所有已经存在的那些承诺在未来支付固定金额的债券的价格，会因市场的利率变动而反向变动。也就是说，当利率上升或下降时，债券价格便会下跌或上涨。任何债券均存在利率风险，中小企业私募债券也不例外。

8.1.4　道德风险

道德风险也值得监管者关注。监管部门为了将私募债券的风险控制在一定风险承受主体之内，通过提高投资门槛来对私募债券市场的风险进行控制，只允许“合格投资者”进入市场，但这部分合格投资者又身兼多重角色。以银行为例，银行和银行理财产品都是私募债券的合格投资者，都可以在这个市场交易，这就有可能出现像倒手交易这样的道德风险，但从制度上，监管部门并没有出台合理的预防措施，那么，通过购买理财产品或信托产品参与到私募债券市场中的中小投资者，除了面临债券自身的兑付风险之外，还要应对因为制度缺陷而有可能出现的道德风险。

道德风险在承销商身上同样存在，由于证券公司垄断了承销，可能会出现银行及银行理财产品购买不积极、信托公司更不会参与的情况。未来可能出现证券公司资产管理业务发展，营业部转型配合，大量募集资金购买私募债券，完成自循环的情况。

另外，就发行人来说，由于在私募债券市场违约给其带来的影响没有公募强烈，并且其信息透明度也不高，其本身的资质调查较大型企业困难，由于信息的滞后以及公司运作的规范程度相对较低，发行人内部及管理层的行为受到监控的难度较大，同时募集资金后的资金监管一直是我国债券存续期监管的薄弱环节，因此不能杜绝发行人资金滥用和不当使用的情况，继而引发道德风险。

8.1.5　政策风险

政策风险是指政府有关债券市场的政策发生重大变化，或是有重要的举措、法规出台，引起债券价格的波动，从而给投资者带来的风险。2012 年 5 月，上海证券交易所和深圳证券交易所分别出台《上海证券交易所中小企业私募债券业务试点办法》和《深圳证券交易所中小企业私募债券业务的试点办法》，两部政策出台的时间较短，部分政策尚不成熟，未来监管机构可能会根据试点的发行和交易情况对相关政策进行进一步调整，以增强政策的适用性。

政府对本国债券市场的发展通常有一定的规划和政策，以指导市场的发展和加强对市场的管理。政府关于债券市场发展的规划和政策应该是长期稳定的，但在债券市场不同的发展阶段，政府应当运用不同的法律手段、经济手段和必要的行政管理手段，引导债券市场健康、有序地发展。

8.1.6 其他风险

1. 信息披露风险

试点办法对信息披露做了详细的规定：私募债券发行人应当指定专人负责信息披露事务；私募债券承销商应当指定专人辅导、督促和检查发行人的信息披露义务；发行人董事、监事和高级管理人员应当保证信息披露内容真实、准确、完整，没有虚假记载、误导性陈述或者重大遗漏，并就其保证承担个别和连带的责任。

但是，由于《证券公司中小企业私募债承销业务尽职调查指引》对承销商的尽职调查要求过于苛刻和烦琐，虽然说是备案制，但尽职调查的模式就像 IPO 一样。这无疑增加了中小企业私募债券的尽职调查成本。同时，证券公司在单笔中小企业私募债券的承销中获得的承销收入也相对较低，相对苛刻的信息披露要求无形中增加了证券公司的承销成本。

2. 债券市场风险分担机制不完善风险

成熟金融市场所拥有的风险转移工具，如资产转让协议、金融担保、保险合同、结构化产品（资产证券等）和信用衍生产品，在我国还非常缺乏，有些才刚刚起步，如金融担保、专业的信用增进等；有些开始了初步尝试，但市场规模还很小，如结构化产品（资产证券化等）和信用衍生产品（如信用风险释缓工具）等。正是由于风险分担机制还有待完善，市场上缺乏规避信用风险的衍生产品，对信用风险的定价还不确定，大部分投资者风险规避倾向较强。这在一定程度上影响了投资者投资中小企业私募债券品种的意愿。

3. 定价机制尚不成熟带来的风险

根据市场情况自主定价是债券市场化的重要标志，也是高收益债券市场发展的重要前提。在美国等成熟市场，正是因为市场参与各方能根据债券风险水平进行市场化定价，才会有高收益债券市场的巨大发展。国内债券市场经过多年发展，中介机构服务日趋成熟，投资者风险识别能力大幅提高，已经具备了发行利率市场化的条件。自中国人民银行提出 Shibor 以来，其影响力不断扩大，对市场产品定价的指导作用日益明显，短期融资券、企业债、政策性金融债、票据贴现和转贴现、利率互换以及远期利率协议等广泛采用与Shibor挂钩的定价机制。但是，与Shibor挂钩的定价机制在中小企业私募债券定价中运用还面临一些挑战，如报价行的定价机制和经营机制仍需完善。

8.2　中小企业私募债券信用评级

8.2.1　中小企业私募债券信用评级基础

8.2.1.1　中小企业私募债券信用评级一般原则

1. 独立、客观、公正原则

信用评级机构从业人员和评审委员会评委在评级过程中应保持独立性，做到公正，不带有任何偏见，应根据所收集的数据和资料做出独立、客观、公正的评判，不能受到债券发行人及其他外来因素的影响。

根据《证券市场资信评级业务管理暂行办法》（证监会令〔2007〕第50号），信用评级机构从业人员或评审委员会评委有下列情形之一的，不得作为项目组成员开展评级业务：

（1）信用评级机构从业人员或评审委员会评委本人、直系亲属持有公司债券发行人的股份达到5%以上，或者是公司债券发行人的实际控制人。

（2）信用评级机构从业人员或评审委员会评委本人、直系亲属担任公司债券发行人的董事、监事和高级管理人员。

（3）信用评级机构从业人员或评审委员会评委本人、直系亲属担任公司债券发行人聘任的会计师事务所、律师事务所和财务顾问等中介服务机构的负责人或者项目签字人。

（4）信用评级机构从业人员或评审委员会评委本人、直系亲属持有公司债券发行人发行的证券金额超过50万元，或者与公司债券发行人发生累计超过50万元的交易。

（5）信用评级机构从业人员或评审委员会评委本人以任何方式在公司债券发行人兼职。

（6）信用评级机构从业人员或评审委员会评委本人受过重大刑事处罚或者与信用评级业务有关的行政处罚。

（7）监管部门认定的足以影响独立、客观、公正原则的其他情形。

2. 真实性原则

在评级过程中，应按照合理的程序和方法对评级所收集的数据和资料进行分析，并按照合理和规范的程序审定评级结果。信用评级机构在收集评级信息时要评估评级信息的相关性，即要收集与公司债券发行人有关的信息，这些信息可以直接或间接反映公司债券发行人的信用状况；要注意评级信息的及时性，即要及时了解影响公司债券发行人信用状况的一些重大变动和最新信息；要评估信息的可靠性，即要区分可靠的信息和不太可靠的信息，保证信息的真实性和可验证性，考虑不太可靠的信息在计量上的不确定性及其对评级结果的影响。

3. 一致性原则

信用评级机构在评级业务过程中所采用的评级程序、评级方法，应与信用评级机构公开的程序和方法一致。信用评级机构应采取行业内公司对比等具体方法保持评级的一致性，应在对评级方法修订时充分考虑以前评级结果的修订问题等。

4. 谨慎性原则

在信用评级资料的分析过程和做出判断过程中应保持谨慎态度，特别是对定性指标的分析和判断。在分析基础资料时，应准确指出影响公司债券发行人经营的潜在风险，对公司债券发行人某些指标的极端情况要进行深入分析。

5. “关注债权人、关注未来、关注现金流”原则

在进行评级时应该关注其他债权人对公司所有权的要求。发行人其他债权人的债权要求直接关系到发行人对本次债务的偿还能力。此外，还要用发展的眼光来综合评估发行人的抗风险能力和偿债能力。评级是面向未来的判断，而不是着眼于过去事实的审计；现金流的稳定与否，直接关系到债务人的经营状况，这时候需要评级分析师通过掌握的资料进行合理的假设和分析，对未来企业现金流进行合理的评估。

8.2.1.2 中小企业私募债券信用评级流程

一般来讲，债券信用评级需要经过评级受理与评级准备、实地调研、评级分析、评审、级别确认（复评①）、等级公布、资料归档和跟踪评级8个环节，详见图8－2。

1. 评级受理与评级准备

（1）签订评级合同并收取评级费用。

接受债券发行人评级申请前，信用评级机构应首先安排市场业务人员进行初步调查，判断是否能够按照有关监管要求和职业规范，独立、客观和公正地进行评级。市场业务人员在进行初步调查时，应注意有关回避制度。务必保证市场部门和评级部门互相独立，不得存在职能、人员上的交叉重叠。

目前信用评级机构的主管部门对此都有所规定，如信用评级机构与债券发行人存在下列利害关系时，则不得受托开展评级业务：

①证券评级机构与受评级机构或者受评级证券发行人为同一实际控制人所控制。

②同一股东持有证券评级机构、受评级机构或者受评级证券发行人的股份均达到

① 复评是指在评级过程中，信用评级机构评审委员会已就债券评级达成共识，确定信用等级并书面通知债券发行人后，债券发行人在规定的时限内就评级观点和所确定的信用等级提出异议后，信用评级机构对债券发行人所提之异议重新进行分析审定的行为。

5%以上。

③受评级机构或者受评级证券发行人及其实际控制人直接或者间接持有证券评级机构股份达到5%以上。

④证券评级机构及其实际控制人直接或者间接持有受评级证券发行人或者受评级机构股份达到5%以上。

⑤证券评级机构及其实际控制人在开展证券评级业务之前6个月内买卖受评级证券。

⑥中国证券监督管理委员会基于保护投资者、维护社会公共利益认定的其他情形。

合法合规性检查通过后，由市场人员与债券发行人签订评级合同，并按规定收取相应的评级费用。

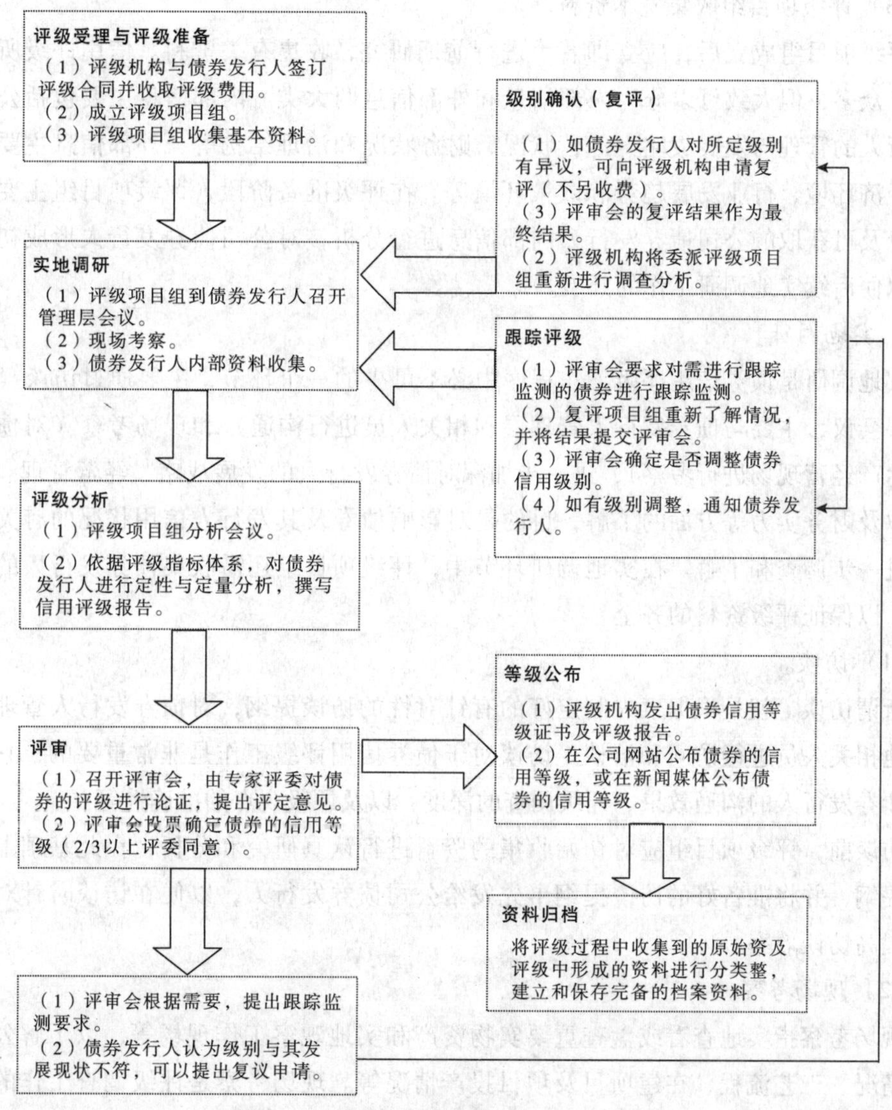

图8-2　中小企业债券信用评级工作流程

（2）成立评级项目组。

在债券发行人支付评级费用后，信用评级机构将根据债券发行人所处行业特点、公司规模及复杂程度组建评级项目组，并实行项目组长负责制。

由于评级工作复杂程度高，需要各方面的基础知识，包括行业知识、财务知识、技术知识、法律知识、管理知识和金融知识等，因此，在评级项目组组建的过程中，应遵循互补性原则，以构建比较全面的评级知识结构，便于评级工作的深入展开，保证评级质量。同时，在组建评级项目组时，还应保证小组成员与受评对象之间的独立性，防范利益冲突，并要求小组成员签署《利益冲突回避承诺书》。

（3）评级项目组收集基本资料。

评级项目组成立后，应立即着手进行前期研究，收集有关资料。信用评级所涉及的信息众多，但大致可以分为内部信息和外部信息两大类。内部信息主要包括公司债券发行人的管理与发展战略、经营状况、财务状况和治理结构等，外部信息主要包括宏观经济环境、行业发展趋势和政策环境等。在评级准备阶段，评级项目组主要对外部信息及可获取的公司债券发行人内部信息进行分析，对公司债券发行人形成初步了解，以便后续实地调研工作的开展。

2. 实地调研

实地调研是债券信用评级工作程序中必不可少的一个环节，主要通过访谈（也称管理层会议，主要与债券发行人管理层和相关人员进行沟通）和现场考察（对债券发行人生产经营现场进行考察），进一步加深对债券发行人的发展战略、经营管理、公司治理以及财务实力等方面的了解，目的是对影响债券及其发行人信用状况的有关因素进行进一步调查和了解。在实地调研环节中，评级项目组还需收集债券发行人的内部资料，以保证评级资料的齐全。

（1）访谈。

所谓访谈，就是根据事先制定好的有针对性的访谈提纲，对债券发行人管理层以及其他相关人员进行访问和洽谈。访谈对于债券信用评级工作是非常重要的，它决定了与债券发行人的沟通效果、评级调查的深度，以及评级观点的准确性等。

访谈前，评级项目组应对初始收集的资料进行认真研究和分析，在此基础上列出访谈提纲，并将准备好的访谈提纲事先发给公司债券发行人，以便在访谈时针对性更强，提高访谈效率。

（2）现场考察。

现场考察指实地查看或盘查重要实物资产和实地观察工作现场等，以了解公司的资产情况、工艺流程、在建项目及项目投产情况等。现场考察是评级调查工作的重要环节，忽视现场考察可能会忽略重要的线索，遗漏重要信息，评级工作难以确保到位，尽职调查就不会完整。

对债券发行人的重要在建项目，尤其是募投项目，需要重点考察。对正在施工的项目，可以在现场向施工人员了解施工进度、投资情况以及未来的投资计划。实际查看进度情况，与账面在建工程进行对比，与债券发行人提供的有关未来预测进行对比；对在建项目建设中存在的技术问题、设备问题进行询问，查看施工现场的秩序和管理水平，落实项目投产的时间等。

（3）债券发行人内部资料收集。

通过访谈和实地考察后，结合前期收集的外部资料，对债券发行人基本有了较为详细的了解。但为了保证评级后续工作的顺利进行以及评级质量，往往还需要债券发行人提供一些内部资料，例如，主要业务部门的内部总结、发行人近几年的具体经营数据及未来经营预测、未来几年的详细投资计划，以及债务偿还计划等评级所需的其他资料。对于这些资料，一般情况下评级项目组会在实地调查前拟定详细的资料清单交给发行人，发行人可以提前准备。

证券评级机构及其评级从业人员对在开展证券评级业务过程中知悉的客户的商业秘密、个人隐私等非公开信息负有保密义务，而且在项目结束或离开所在机构后，仍应履行保密义务，但下列情况除外：

①国家司法机关和政府监管部门按照有关规定进行调查取证的。

②有关法律、法规要求提供的。

③依据保密协议或保密条款可以公开的。

3. 评级分析

评级项目组完成实地调研后，开始进入评级分析阶段。该阶段主要工作包括数据处理、基本观点的形成、撰写信用评级报告并提交等级建议。信用评级机构应视公司债券发行人的实际情况安排评级分析工作进度。

在评级分析阶段，评级项目组应当对债券发行人的基本概况、运营环境、经营与竞争、财务、风险因素及抗风险因素等方面进行综合评价；对特殊行业，还应当分析影响信用评级的特殊因素；此外，还应当深入分析发行人募集资金投向以及担保情况等与债券资金流向及收益相关的因素。

评级项目组在对收集资料进行定性和定量相结合、静态和动态相结合的综合分析的基础上，初步提炼出评级基本观点。评级基本观点形成后，就可以进行信用评级报告的撰写。最后，评级项目组根据评级基本观点提出信用等级建议。

4. 评审

在完成以上流程后，就要通过评审委员会进行评审。出于独立原则，评级委员会主任不得在市场部门和评级部门兼任任何职务，市场部门人员不得兼任评级委员会委员。评级委员会委员与评级分析人员不得参与证券评级业务营销活动，不得参与评级收费谈判，且不得违反上文涉及的监管部门制定的有关独立性的要求。

在评审会上，评审委员听取评级项目组对项目基本情况、公司基本情况、主要风险和主要优势、建议级别原因等事项的介绍，并对信用评级报告及工作底稿进行讨论、质疑和审核，了解债券详细情况，提出信用评级报告的修改意见，并结合信用等级评定办法及级别限制条件，决定债券的信用等级。评级结果须经2/3以上的与会评审委员同意方为有效。会后，评级项目组根据评审委员会决定的信用等级及评定意见，修改信用评级报告。

5. 级别确认（复评）

信用等级确定后，信用评级机构需与债券发行人进行沟通，主要是征求债券发行人对评级基本观点及信用等级的看法，看是否与债券发行人实际情况有出入。如果债券发行人在规定的期限内没有对评级结果提出异议，则表示确认级别，评级结果为首次评级的最终信用级别；如果有异议，经过沟通后无法达成共识，且债券发行人能够提供补充材料，则进入复评程序，复评申请仅限一次。

复评程序的启动需满足以下条件：

（1）必须由债券发行人接到书面通知后10个工作日之内提交书面的复评申请。

（2）复评申请必须就确定信用等级的评级观点提出实质性的异议，仅就信用等级提出异议之复评申请不予以受理。

（3）复评申请的提出应在信用等级未正式公布之前。

（4）复评申请经评级部门负责人审阅同意受理。

债券发行人所提交的复评申请受理后，信用评级机构应在3个工作日内成立复评项目组，对债券发行人重新进行调查分析。复评项目组应就复评申请中所提异议做资料收集和尽职调查，确保支持评级观点的材料足够、全面和充分。

6. 等级公布

信用等级确定后，需根据相关情况决定是否公布，以及公布的内容。评级结果的发布应依据国家有关法律法规的规定和中国证券监督管理委员会的相关规定，将评级结果在信用评级机构网站及指定的公共媒体上对外发布。

7. 资料归档

根据监管部门的要求和信用评级机构业务运营需要，信用评级机构应规范业务档案管理。首次评级或跟踪评级完成后，评级项目组应在出具评级报告的同时，将评级过程中收集到的原始资料及评级分析中形成的资料进行分类整理，建立和保存完备的档案资料。档案资料至少应当包括下列内容：

（1）受托开展评级业务的委托书（或合同）以及其他有效法律文书。

（2）进行评级分析和出具评级报告所依据的资料。

（3）工作底稿，以及在评级过程中形成、调整和撤销级别所产生的记录。

（4）评审会议资料（包括评审会纪要和评审会现场记录）。

（5）评级报告（含复评报告和跟踪评级报告）初稿及终稿。

（6）评级过程中产生的内部控制记录。

（7）评级过程中产生的其他书面记录。

债券发行人提供的全套资料应按照保密级别归档，对债券发行人特别要求保密的文件，应作为机密文件单独存档。根据《证券市场资信评级业务管理暂行办法》（证监会令〔2007〕第 50 号），业务档案资料应当保存到评级合同期满后 5 年，或评级对象存续期满后 5 年。业务档案的保存期限不得少于 10 年。

8. 跟踪评级

债券跟踪评级是指在信用等级有效存续期内，由评级机构主动发起的对债券进行重新评定信用等级的过程。其业务流程和首次评级差不多。跟踪评级一般分为定期跟踪评级和不定期跟踪评级两种。

定期跟踪评级是常规性的跟踪评级，在评级结果公布后固定的一段时间内启动。在内容上，定期跟踪评级分析报告至少应包括以下主要内容：

（1）行业变化情况，以及债券发行人在行业内及区域内的地位变化情况。

（2）期间债券发行人发生的重大变化，如高级管理人员（包括董事长和总经理等）变动；管理体制变化情况；发生的重大事项（如收购兼并、不良信贷记录、安全质量事故、重大诉讼或其他重大变化等）。

（3）经营管理状况，如近期生产经营状况是否正常；重大经营战略的调整；重大投资项目的建成或开工等。

（4）财务状况，对有关财务指标进行对比分析，包括资产负债构成、盈利水平、债务水平、现金流状况及偿债能力的变化情况。

（5）分析上一次评级报告中有关预测数据的实际完成情况。

（6）对公司债券发行人未来发展前景和债务偿还能力的预测判断。

不定期跟踪一般是当债券发行人发生重大突发事件可能影响债券信用等级时才启动。一般地，当债券发行人发生以下重大事项时，可能影响债券信用等级的，应及时启动不定期跟踪：

（1）外部政策发生重大变动。

（2）发生重大并购事件。

（3）主要领导人发生变动。

（4）经营情况异常（如业务领域收缩或核心业务发生重大变动、市场份额下降导致主营业务收入大幅下降、产品或服务的市场需求大幅下降和主要供货商或客户流失等）。

（5）财务状况异常（如盈利能力急剧下降、负债水平急剧上升、银行借款出现付息或还本逾期和现金流不足以支付利息等）。

（6）涉及重大诉讼。

（7）其他突发事件（如自然灾害和安全质量事故等）。

8.2.1.3 评级质量检验方法

通常检验评级质量的方法主要有违约率检验、等级迁移矩阵统计，以及级别活动率、大级别变动率和级别逆转率等指标统计。

1. 违约率检验

（1）违约率定义。

违约率是指债务人未能按照合约规定履行其义务，即发生违约的实际历史频率，违约率是对过去事项的统计，是实际的违约结果。

（2）违约率计算方法。

计算违约率的方法通常有两种，一是以发行人的数目作为计算基础；另一种是以债券的发行金额作为计算基础。

（3）违约率检验。

违约率检验是通过对历史数据的统计，即通过级别与违约率之间的对应关系来验证评级的相对信用质量。理论上，不同级别对应的违约率应不同，评级结果是对受评对象的违约可能性做出一种排序，通过统计不同级别对应的历史违约情况，来说明级别所代表的相对信用质量。

2. 等级迁移矩阵统计。

（1）等级迁移矩阵定义。

等级迁移矩阵描述的是在一段时间内，因债务人信用品质发生变化而使它的信用等级由原来的等级转变为更好或更差的等级的概率。

（2）等级迁移矩阵统计。

等级迁移矩阵统计是通过统计每一信用级别经过一段特定时间之后的级别分布情况，来衡量评级结果的稳定性，例如，标普（2005）的研究发现，AAA 级别的发行方经过一年后保持 AAA 级别的概率为 87.44%，转变为其他级别的概率为 12.56%。

3. 其他指标统计

除等级迁移矩阵统计之外，级别活动率、大级别变动率和级别逆转率也是衡量评级结果的稳定性的指标。

（1）级别活动率。

级别活动率是采用过去年间级别发生变动的发行方的比率来表示。

（2）大级别变动率。

大级别变动率是根据某一年度中级别变动超过 3 个等级的发行方的比率表示。

（3）级别逆转率。

级别逆转率是采用上年级别在本年中发生逆转的比率来表示。

8.2.2 中小企业私募债券信用评级方法

中小企业债券信用评级的核心在于揭示债券的信用风险，对债券如约偿付本息的能力和意愿做出评价。外部经营环境和企业经营管理能力的高低，是决定企业经营状况的关键；而发行人的经营状况以及中小企业债券的保障措施等，是直接影响中小企业债券能否按期如约偿还的主要因素，因此，对中小企业债券进行信用评级应重点分析外部经营环境、发行主体和债券保障措施三个方面，通过定量分析与定性分析，对中小企业债券的违约风险大小做出综合的判断。详见图 8－3。

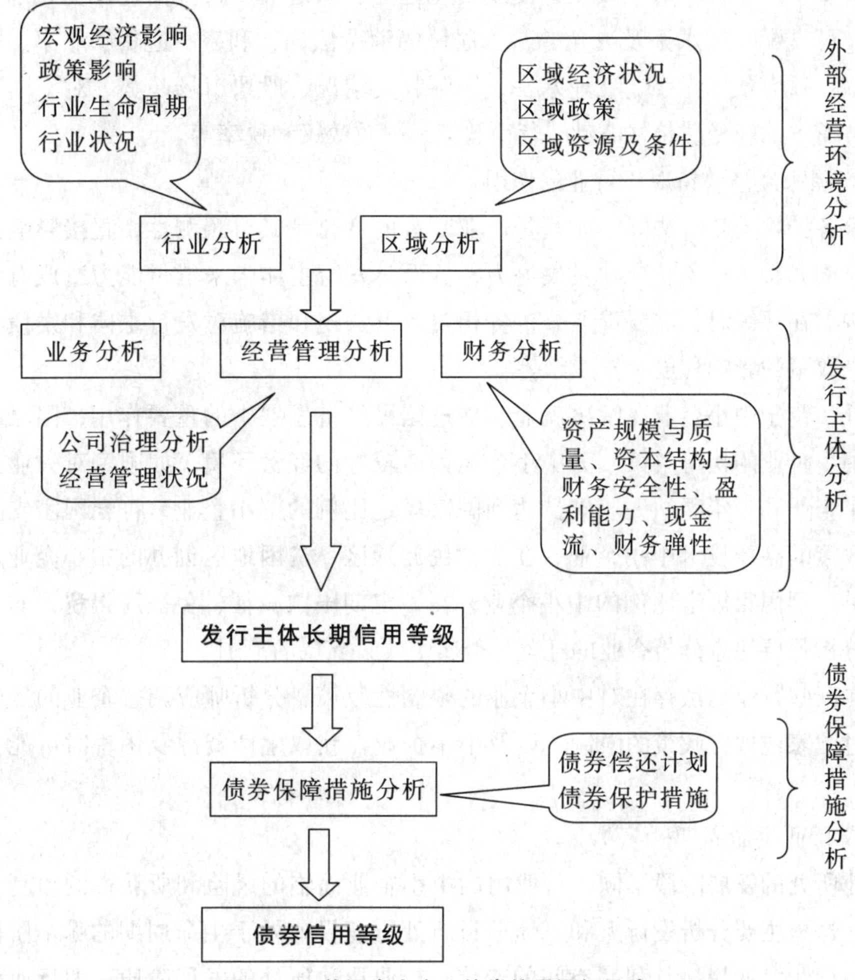

图 8－3　普通中小企业债券信用评级思路

8.2.2.1　外部经营环境分析

1. 行业分析

行业分析主要是为了判断发行人和发债项目所处行业的特征和发展趋势。发行人和发债项目所处行业的发展状况和发展前景，直接影响发行人的未来经营业绩和债券偿还的保障程度。行业经济活动是介于宏观经济活动和微观经济活动中间的经济层面，是宏观经济的构成部分，因此对于行业分析，应从两方面综合分析，一是与宏观经济相结合，即分析宏观经济环境和政策环境对行业的影响；二是通过行业自身的地位、生命周期及特征等因素，分析行业未来发展前景以及对中小企业经营的影响。

（1）宏观经济对行业的影响。

总体宏观经济环境对行业的影响决定了中小企业未来发展的机会程度。这里主要在考察宏观经济的运行状况及趋势的基础上，通过对影响发行人和发债项目所处行业的关键宏观经济指标进行预测，分析宏观经济对行业发展趋势及盈利的影响。需要考察的经济变量一般有：GDP增长速度及变化趋势、固定资产投资情况及变化趋势、经济转型、可支配收入水平及变化趋势、居民的消费倾向、利率、通货膨胀率、规模经济、汇率、政府预算赤字、就业水平、国际收支情况、股票市场趋势、对不同类别产品与服务需求的转变、价格波动、货币政策、财政政策和税率等。

（2）国家经济政策对该行业的作用。

国家各种相关政策法规，尤其是产业政策的变化及其可预测性，直接影响到相关产业的结构调整、竞争状况和发展潜力，从而对发行主体未来偿付能力造成有利或不利的影响。在评级时，需要重点分析各相关政策法规和措施对发行主体和发债项目所处行业受政策的影响程度及发展趋势。

另外，鉴于中小企业在解决就业和促进国民经济发展中的重要作用，国家在逐步完善对中小企业的扶持政策，为中小企业创造较好的经营环境。如国家对失业人员创立的中小企业和当年吸纳失业人员达到国家规定比例的中小企业，符合国家支持和鼓励发展政策的高新技术中小企业，在少数民族地区、贫困地区创办的中小企业，安置残疾人员达到国家规定比例的中小企业，在一定期限内减征、免征所得税，实行税收优惠。分析师要注意分析企业的经营是否属于政策支持的范围。

但在某些行业仍然存在对中小企业的限制性政策，分析师应调查企业的经营范围是否超过国家或地方政策的限制，以及中小企业在获取生产资源及销售时可能会受到的限制。

（3）行业生命周期。

行业所处的发展阶段不同，行业内的中小企业面临的风险和所获得的盈利水平也有差异。这里主要分析发行人和发债项目所处行业目前处于生命周期的哪个阶段，从而判断该行业发展趋势及利润空间的变化。行业目前所处的发展阶段，即行业处于恢复、增长、稳定或衰退阶段，对判断该行业的经营风险有十分重要的指导意义。行业所处的发展阶段不同，行业内中小企业所承受的风险也不同，例如，即使在行业竞争中处于优势地位的中小企业，若其所处行业处于长期衰退之中，也不可能获得最高的信用等级。一般来说，处于增长阶段的行业竞争相对较弱，市场空间较大，中小企业之间的竞争往往集中在市场份额的争夺上。而对于处于稳定阶段的行业，由于竞争比较激烈，中小企业竞争力的形成往往与产品的细分程度和成本优势有关。产品细分程度强的中小企业在产品市场变动较大的经营环境中具有很强的竞争优势，可以适时根据客户需要开发新品种。而对于产品差异化程度小，品种需求规模大的市场环境，具有相对成本优势的中小企业往往能在价格竞争中占据有利地位。

（4）行业现状分析。

只有掌握了行业的基本特征，才有可能判断出该行业未来的发展趋势，进而分析在这种行业趋势下中小企业的盈利和风险。因此在进行评级时，应把握行业特征，主要从以下几个方面进行分析：

①行业地位与发展前景。

行业地位是指行业在国民经济运行中的重要性，以及政府对该行业发展的重视程度。行业前景分析是对行业因社会、经济和技术等方面的变化而呈现的相应的趋势分析。

②行业的竞争格局。

竞争格局主要有完全竞争、垄断竞争、寡头垄断和完全垄断四种类型，一般来说，集中度较高的行业比更趋向于自由竞争的行业盈利更有保障，利润波动性相对较低，风险也相对较小，同时受到政府支持的可能性也越大。除了对国内和地区的竞争程度分析，也需要关注国外竞争对手对国内市场的冲击以及未来潜在竞争对手。

③行业进入和退出壁垒。

行业进入的难易程度决定行业的竞争水平。如果市场障碍少，原有市场参与者的竞争优势将很快丧失。市场进入主要受规模经济、市场营销渠道和法律法规等因素影响。行业退出的难度一般表现为中小企业的经营前景不佳，极大的行业转型机会成本给处于衰退阶段的行业带来较大的不确定因素。一般来说，专用设备和厂房占资产额较大比例的中小企业退出难度较大。

④定价和议价能力。

在国内，由于许多投资决策缺乏科学的论证过程，重复投资和盲目投资使得行业之间的发展极不平衡。一些原来利润空间较大的行业，由于投资的高度集中而使行业生产能力严重过剩，导致丧失定价权或与客户的议价能力降低，生产企业不得不打价格战，行业利润迅速下滑，甚至导致全行业亏损，而那些利润空间小的行业则因为投资不足而发展缓慢。就这一点而言，对行业容量的分析是考核企业投资行为时的前提。另外，行业容量的状况与行业的竞争状况密切相关。生产能力过剩的行业竞争异常激烈，行业参与者的市场地位是考察的重点。而对生产能力不足的行业的评价重点则在中小企业发展能力上，如市场份额的增加和生产能力的提高等。

产品需求可预测程度比较强的行业，行业参与者往往可以根据产品需求及其占用的市场份额来确定相应的生产规模，因而与供应商和客户的议价能力较强，经营风险相对较低。产品需求波动比较大、可预测性较弱的行业，行业参与者的生产往往带有较大的盲目性，因而经营风险较高。因此，在分析行业议价能力时，要重点对该行业的未来供需情况做出判断。

⑤行业要素分析。

资本密集型行业对资金的需求比较大，行业的成功要素往往与筹资渠道和现金生成能力有关。劳动力密集型行业一般利润空间不大，行业盈利能力取决于劳动力成本或劳动力市场状况。技术密集型行业的盈利能力主要取决于技术创新，盈利空间很大，但市场风险较高。

2. 区域分析

不同地区的经济发展状况不尽相同，发行人和发债项目的获利状况往往与所处区域情况息息相关。在区域经济分析中主要关注：区域经济发展状况、地方政策和政府支持力度、区域资源和基础条件等方面。

（1）区域经济状况。

一个中小企业的发展往往与其所处区域的经济发达程度密切相关。这里主要对发行人和对发债项目前景有重要影响的区域经济因素进行分析和预测。

（2）地方政策和政府支持力度。

各地政府都制定有相应的经济发展规划和产业政策，确定了区域优先发展和扶持的产业，并给予相应的财政、税收和信贷等诸多优惠措施。在评级时需重点关注：发行人主营业务和发债项目是否符合地方政府产业政策；发行人在当地经济中的地位；发行人或发债项目是否属于政府直接投资和重点支持的中小企业或项目等内容。

（3）区域资源和基础条件。

资源和基础条件对区域中的中小企业发展和发债项目前景起着重要的限制或促进作用。如果当地的资源和基础条件能够支持中小企业或项目的经营，那么中小企业或项目的经营成本往往较低；否则可能造成成本上升，经营风险增大。

8.2.2.2 发行主体分析

中小企业债券发行主体既是债券资金的使用者，又担负将来的还本付息。因此发行人的经营能力和未来的运营情况直接影响到债券的偿付。在进行中小企业债券信用评级时，应注重对发行主体的分析。主要通过对发行主体的业务、经营管理状况和财务状况进行分析，判断其未来的发展趋势，评价其存在的经营风险和财务风险。

1. 业务分析

业务经营状况的好坏将直接关系到中小企业的盈利能力，进而影响到现金生成能力。在对发行主体进行分析时，应关注中小企业业务规模、业务的多样性及区域分布、产品或服务的质量及多样化程度、营销能力及营销网络等方面。

业务规模通常可以衡量中小企业的经营能力，也是中小企业竞争力的表现。业务规模庞大的中小企业竞争地位一般较高，但纯粹的大规模并不重要，重要的是明显的市场优势。中小企业也可以占据主导市场的有利竞争地位，虽然这种情况并不多见。庞大的市场份额并不等同于竞争优势或行业主导地位。例如，若业内有若干大型但规模相当的竞争者，可能任何一方都没有特别的竞争优势或劣势。相反，对于高度分散的行业，则大企业也不具备制定行业价格的能力。

一般而言，专业化的经营总是能给中小企业带来一些忠实的客户，这也往往是一些中小企业成功的重要原因。因为专业化经营给客户提供的服务往往是一般中小企业难以提供的，而且其对行业规律的理解也相对比一般中小企业深刻，所以在竞争中能处于一个相对有利的地位。但必须认识到，专业化经营往往也伴随着巨大的时尚风险，因为潮流总是在不断的变化当中，一旦其经营专项被潮流所淘汰，无论其对于专业有多么深刻的理解，也无论顾客忠诚度有多高，都将不可避免地使中小企业步入经营困境。如果中小企业经营范围有限，产品较为单一，则应该考察产业需求量的稳定性和增长性；若一家公司经营不止一种业务，则每项业务都要单独分析，权衡各部分在整个组织中的重要性后再进行综合，对中小企业业绩影响较大的业务，应重点关注对该业务经营状况可能产生影响的各种因素。此外，对于多元化经营，行业不同，其业务经营技巧和操作方法也不同。因此，首先需分析中小企业是否有能力从事多种经营，再考虑多元化经营的潜在好处。中小企业业务的区域分布亦是一个重要考虑因素，如果中小企业只在某个区域经营，那么就应该分析其业务集中的风险，如该区域的经济发展状况、供求情况和中小企业的业务开拓能力。在多个区域经营的中小企业，则应考虑其对分公司或子公司的管理能力。

产品或服务的质量是中小企业赢得客户信赖的首要因素，而忠实稳固的客户群，是收入稳定的基础，因此，拥有并巩固积极支持公司、选择公司产品的客户群是企业经营的基本原则。分析师将对企业的客户管理策略、措施进行分析，了解企业的客户构成、对关键客户的吸引手段等。优异的产品或服务质量是提升品牌忠诚度的有利保障，从而增强中小企业的竞争能力。中小企业的产品应是一个具备多样性的系列。如果中小企业产品没有很大的变化余地（如供水或供电服务产业），就应有源源不断的市场需求。

营销也越来越受到各中小企业的重视，中小企业的营销能力及营销网络直接影响到中小企业的产品销售，从而影响中小企业的经营收入。若中小企业市场营销能力强，营销网络覆盖面广，就具有一定的市场竞争优势，也就会占有较高的市场份额，收入就会高；反之，中小企业将不具有市场竞争优势，也不会占有较高的市场份额。国内大多数中小企业不能正确理解营销的含义并进行有效的营销管理，尤其是一些创立时间不长的高科技公司，它们通常认为产品的技术含量高就可以在市场竞争中获胜，但实际上，绝大多数企业只有依靠正确而有效的市场营销，才能将市场潜力转化为利润。

评级中，我们将围绕营销策略和实施进行调查分析：企业的产品和服务真正能满足顾客的什么需求？企业如何让顾客了解、接受并追求自己的产品和服务？采取何种手段来销售？如何利用广告、促销的策略及与销售的协调等。

最后，还应当结合发债项目分析其对中小企业业务的影响。一般而言，中小企业新建项目或者是为了扩大产能，或者是为了发展新产品。通常情况下，扩大产能的风险相对较小，因为中小企业对当前产品的生产和销售等情况都具有一定的经验；若发展新产品，中小企业则可能进入一个全新的经营领域，中小企业在技术、原材料和销售等多个方面都具有较大的不确定因素，在这种情况下，就需要考察该领域的市场容量和市场前景，以及竞争状况，以此来预测项目的未来盈利性。

2. 经营管理分析

发行人经营管理能力不仅将影响到其未来的利润和现金流量，而且会对其发债项目的收益产生重大影响，最终影响到其能否用现金流来偿还债券本息。可以主要通过中小企业治理、管理水平和竞争力等方面的分析，来判断发行人经营管理能力。

（1）中小企业治理分析。

在中小企业治理分析方面，应重点从股东权利与其他利益相关者，董事会、监事会与经理层，中小企业的信息披露与审计三个方面进行分析。

第一个方面，股东权利与其他利益相关者。主要考察公司股东大会的规范性、公司对股东管理参与权与财产权的保障、公司的独立性，以及公司对其他利益相关者尤其是债权人的利益的保障措施。关注发行人股权结构和主要股东背景，这二者影响着公司的发展方向和发展力度。股东的意愿既能推动公司的良性发展，也能造成公司发展的不确定性。在债券评级时，重点从以下方面分析股东对发行人的影响及影响程度：前几名大股东所占股份的比例、主要股东对发行人决策的影响、主要股东的实力、主要股东的支持力度和发行人在控股股东中的战略地位等。

第二个方面，董事会、监事会与经理层。应关注发行人公司治理结构的完整性和内控制度的有效性，以及对高级管理层的激励约束机制。治理结构的完整性包括股东大会、董事会、监事会的设立和履职情况。董事会应该构成合理、运作高效，其成员能够代表及保护包括大小股东在内的一切股东利益，其运作机制应能够提高决策效率及监督能力。公司应该具备让监事会发挥其职能的制度安排，监事会应该在实践中切实发挥自身监督职能，而不是仅仅作为形式上的存在。公司的各项管理制度应该完善，公司应建立有效的内部控制制度，评级时应关注公司的内控制度是否覆盖了公司经营活动各环节以及内控制度的实施情况，同时也注意考察公司对分公司或控股子公司的管理控制。在评级时还需重点关注公司的风险控制或风险管理制度，包括公司高级管理层的风险管理理念和风险偏好，公司风险管理机制建立和策略选择。高级管理层应权责明确，公司的决策、执行和监督机制科学合理。在进行公司治理分析时，管理层的激励约束机制是一个重要因素，完善的激励约束机制有利于公司吸引和留住人才，保持公司持续的竞争力。

第三个方面，公司的信息披露与审计。需重点关注公司信息披露的完整性、及时性和有效性，以及公司财务报表的审计情况。

（2）经营管理状况分析。

发行人的管理能力不仅直接影响到自身的盈利水平，还对发债项目收益和风险产生较大的影响。对发行主体经营管理状况的分析亦是评级关注的重要内容之一。

①经营战略。在评估公司的经营管理战略时，除了考察战略定位、战略规划与战略部署是否明确合理外，还需要对公司的现有资源能否与战略相匹配以及经营战略的实施和执行情况进行评价；同时，战略管理的有效性也是保证公司经营战略能够稳步实施的重要考察环节。关于经营战略与公司资源的关系有三个层次。第一个层次的经营战略是充分利用原有公司资源，如提高设备使用效率或降低未使用设备占用率。第二个层次的经营战略是对公司资源进行结构性调整，如利用现有设备进行产品结构调整、多元化经营等。第三个层次的经营战略是对公司资源进行根本性的改造，即企业整体转型。一般来说，基于公司人力、财力和厂房设备等资源优势的经营战略风险较低；而没有建立在自有资源优势基础上的经营战略风险很高，往往是注定要失败的。此外，还应当关注公司债券的发债项目与公司发展战略的关系，考察发债项目是否符合公司的发展战略、对公司战略规划的实现有何贡献，以及对公司的影响程度。

②管理水平。发行人的管理能力不仅直接影响到自身的盈利水平，还对发债项目收益和风险产生较大的影响。对发行人管理水平的分析亦是评级关注的重要内容之一。管理水平需考察组织机构设置及其与战略的匹配性、职权分工的合理性、管理决策和执行情况，以及企业文化等因素。

中小企业发生危机是较频繁的，它可能来源于新产品或服务的出现、竞争对手降价、生产或制造成本超过预算、主要客户取消订单、销售计划没能实现、公众对企业舆论的变化、主要人才流失、企业的产品被大企业仿造或革新、企业的扩张需要对管理结构进行重组等等，这些事件常常对中小企业的生存产生重要影响。分析师应考察企业处理危机的能力和灵活性，同时应了解以往的记录，虽然这个记录不能用以准确地预测未来，却能说明企业应付危机、摆脱危机的能力。

③人力资本。人力资本分析从管理层素质和员工素质两大方面进行分析。在评价公司管理层素质时，除了关注专业结构、年龄、行业经历和资格等相关背景资料以及管理层的稳定性外，还需着重对公司管理层的历史经营业绩进行考察，因为这更反映了管理层的决策能力，以及创造经营效益、提高公司市场竞争地位、管理和控制经营风险的能力。同时，也需注重考察管理层的信誉度，因为这影响着公司战略实施以及政策执行等，因此，评级应反映有关疑点，除非管理层已建立了足够的信誉。公司面临压力或重组时，信誉也是关键因素，分析师需要明确该管理团队如何建立和保持信誉的计划。在员工素质方面，除了全体员工的学历水平和技术职称等因素外，还需关注员工对公司文化的认同感及对公司的自豪感。

3. 财务分析

对发行人能否按时偿还债券本息风险的评价，离不开对其财务的分析。在评级时，一般以发行人近 3 年又一期的财务数据为基础，通过对有关会计科目及财务指标的分析，反映出发行人过去的财务状况和经营成果，在此基础上对其未来的盈利能力、现金流和偿债能力及趋势做出判断，主要包括发行人的资产规模和质量、盈利能力、偿债能力，以及现金流量等内容。

（1）资产规模与资产质量。

在债券偿还过程中，发行人可以通过出售部分资产来偿还债券本息。尽管公司的资产存在被高估或低估的可能性，资产总额或净资产的规模仍然可以在一定程度上反映公司的经营实力和市场地位。公司拥有的高质量资产也能反映其竞争优势，使公司未来实现经营现金流入较有保障。较大的资产规模与良好的资产质量，是发行主体竞争力的重要体现，也是债券安全偿还的重要保障之一。由于发行人资产质量的优劣直接影响和制约着公司经营的成败和兴衰，因此需对发行人的各种资产质量进行分析，可以考虑以下几个方面：比较每股净资产与调整后的每股净资产，它大致可以反映变现能力受限的资产在净资产中的比重；对具有变现能力的资产（主要是应收账款、其他应收款和预付账款）评价其变现能力的强弱，主要是通过对账龄和应收对象进行分析；考察公司的抵押和担保情况，可以了解公司的或有风险，因为一旦出现违约，很可能会影响公司的正常经营，从而增加经营风险。考察资产规模与质量的主要财务指标有：总资产和净资产规模；每股净资产和调整后的每股净资产；担保比率。

（2）资本结构与财务安全性分析。

资本结构分析主要是对发行主体的资本构成进行分析，而资产结构组合则是指公司易变现资产和特殊资产的组合。专用设备多和易变现资产少的公司，往往要求其资本结构中要有较大的自有资金比例。

过度的债务往往潜伏着很大的财务风险，对公司偿债能力进行评价时，首先应当关注公司的债务状况，从债务规模到流动负债和长期负债的结构，再到未来公司债务规模及其发展趋势，并注意考察债务到期期限的分布状况，以此来判定公司的债务压力大小，同时亦应分析公司发行债券后债务压力的变化。考察公司资本结构和债务压力的主要指标有：

①资产负债率。

②长期资产适合率。

长期资产适合率是企业所有者权益和长期负债之和与固定资产与长期投资之和的比率。该比率从企业资源配置结构方面反映了企业的偿债能力。

长期资产适合率＝（所有者权益总额＋长期负债总额）/（固定资产总额＋长期投资总额）×100%

长期投资总额：持有至到期投资、可供出售金融资产、长期股权投资等。

③调整后的有形资产负债率。

有形资产负债率是负债总额与净资产扣除无形资产之后余额的比值。计算公式为：

有形资产负债率＝负债总额/（资产总额－无形资产）＝负债总额/有形资产

有形资产负债率是产权比率的改进，主要是考虑到无形资产（含递延资产）价值的不确定性以及沉没性（即相关事项已经支付，只不过由于权责发生制而计入资产项目，但事实上不可能再次形成现金流），以至于不能作为偿还债务的保障。

④债务资本比率。

债务资本比率是企业报告期末总负债与所有者权益合计之比。它既反映了企业长期偿债能力，同时也反映了企业的资本结构和企业利用外借资金的程度。

另外，企业资本分为权益资本和债务资本，因此：

债务资本比重＝债务资本/总资本＝负债/总资产

⑤长期资本化比率。

⑥总资本化比率。

总资本化比率反映公司负债的资本化（或长期化）程度。其计算公式为：

资本化比率＝长期负债合计/（长期负债合计＋所有者权益合计）×100%。

该指标值越小，表明公司负债的资本化程度低，长期偿债压力小；反之，则表明公司负债的资本化程度高，长期偿债压力大。

（3）盈利能力分析。

盈利能力和潜力是建立和维护公司信誉的一个决定性因素。资金回报率高的公司能带来更多的自有资本，吸引外部投资，并增强在逆境中生存的能力。公司如果缺乏明确的盈利增长潜力，可能会影响公司融资和吸引人才的能力，也可能导致管理层寻求外部的增长，带来更多的业务和财务风险。在对发行人过去的盈利能力进行分析时，不仅要考察公司目前的盈利水平，更要考察利润的构成、盈利水平的稳定性及变化趋势。但评级分析不是试图准确地预测业绩或经济周期，而是会在考虑一系列经济变化和竞争情形的基础上，预测分析未来业绩的多种可能性。

利润经常会被操纵。首先，公司的成本与费用控制将直接影响到公司的盈利质量；其次，外汇损益、非正常损益及内部交易也在很大程度上歪曲了公司的正常盈利水平。因此，利润的质量也是评级考察的重点因素，对盈利水平的分析通常要对利润进行相关调整。

考察公司盈利能力的指标主要有：营业收入；利润总额；综合毛利率；净资产收益率；资产回报率；成本费用率。

营业收入和利润总额直接反映了公司的经营业绩，如果两者每年都有大幅增长，说明公司发展潜力大；但如果在长时间内呈下滑趋势，公司的经营状况就会呈恶化趋势，信用风险就会加大。营业收入和利润总额也可能在短时间内出现大幅下跌而使风险剧增。

综合毛利率因为剔除了非经常项目损益的影响，所以更能代表公司的正常经营业绩，可以对综合毛利率进行纵向（年度之间的）比较，也可以进行横向（公司之间的）比较，综合毛利率的下降是一个预警信号。

净资产收益率和资产回报率也是两个常用的盈利能力指标，需重点考察其稳定性及变化趋势。在分析发行人的盈利能力时，一般会剔除非经常性损益项目，确保盈利指标真正体现发债主体的核心盈利能力。同时，还需关注公司运用财务杠杆的影响，因为财务杠杆高的公司，即使资产回报率较低，净资产收益率也可能高得惊人。

（4）现金流量分析。

从传统会计角度上讲，公司债券本金与利息的偿还离不开其获取的利润。但会计上的利润并不等同于现金，公司拥有充足的现金才能够保证债券到期还本付息。在对公司债券进行评级时，应注重对现金流量的分析，通过对发行人过去现金流的比较分析，预测未来的现金流量，正确把握公司债券的风险。现金流量分析需重点关注的内容有：公司的现金流量结构、现金生成能力（FFO）、自由现金流、现金流对债务及利息的保障程度、现金流满足经营和投资能力等。

对经营活动现金的流入和流出结构进行分析，能够揭示现金的来源与流向。一般来讲，经营活动现金流占总现金流比重大的公司，经营状况较好，财务风险也相对较低；而筹资活动现金流比重较大，说明公司可能在资金运转上有困难，且未来公司会面临较大的偿债压力，如果筹资活动的现金流入主要来自公司的权益性资本，则不存在偿债压力。

在对公司债券进行评级时，需要关注公司是否具有稳定的现金生成能力，可通过对 FFO（营运资本投入和利息费用前经营活动现金流量）的分析来评价公司的现金生成能力。经营活动现金生成能力 FFO 反映净利润转化为现金的程度，如果公司经营盈利，而 FFO 为负，意味着公司盈利主要来源于固定资产、无形资产或其他长期资产的处置收益，公司的经营实际上是没有成效的。此外，收现比也能反映公司经营利润转化为现金的能力。

对自由现金流的分析旨在衡量公司未来的成长机会，自由现金流越多，意味着公司用于再生产、再投资、偿债、发放红利和股票回购的余地就越大，能力就越强，未来的发展趋势可能就会越好，能有效反映公司基于价值创造能力的长期发展潜力。如果一个公司有足够的自由现金流，那么从还款能力来讲，它的信用水平较高，信用风险较小。

表 8－1 对各现金流指标的计算进行了简单汇总。

表 8－1　各现金流量指标的计算

净利润
加：非付现费用
其中：资产减值准备
固定资产折旧
无形资产摊销
长期待摊费用摊销

（续表）

汇总损失（收益）
递延所得税费用
预提费用增加
其他
加：非经营性损益
其中：处置固定资产、无形资产和其他长期资产的损失（收益）
公允价值变动损失（收益）
投资损失（收益以“－”号填列）
FFO（营运资本投入和利息费用前经营活动现金流量）
减：营运资本投入
其中：存货的增加（减少）
经营性应收项目的增加（减少）
经营性应付项目的减少（增加）
其他
经营活动现金流量（利息费用后）
加：净利息支出
经营活动现金流量（CFO）
减：资本支出净额
已宣告但未发放的股利
自由现金流（FCF）

最后，在综合上述分析的基础上，通过对发行人未来（公司债券发行后）和发债项目的综合现金流进行分析，预测其综合现金流对债券还本付息的保障程度。需在预测公司的未来销售收入、成本变化、融资计划及未来的资本支出计划的基础上，结合发债项目未来现金流入与流出，对综合现金流进行预测。这是对未来企业是否具有到期偿债能力重要的评价因素。考察现金流的主要指标有：

①现金流动负债比，即经营活动现金净流量与流动负债之比。该指标揭示一定时期内发行人偿还即将到期债务的能力，即企业短期偿债能力。若该指标偏低，则反映公司依靠现金偿还债务的压力较大。

②现金债务总额比，即经营活动现金净流量与负债总额之比。

③经营活动现金净流量与到期债务本息比率，该指标揭示公司偿还到期债务本息的能力。

④EBITDA[1]/利息支出。

⑤EBITDA/短期债务。

⑥FFO/总债务。

⑦自由现金流量/总债务。

（5）财务弹性。

财务弹性是指公司获得外部资金以拓宽还款来源的能力，即公司能在多大范围内和多大程度上获取现金以维持资产的流动性，保障债务的偿还。融资渠道多、筹资能力强的公司，其财务弹性越强。一般而言，尚未使用的银行授信额度和支持协议、明确的资本市场的直接融资计划、控股股东和政府的支持，以及其他支持协议等，都可以为公司将来的偿债能力提供一定程度的保障。宽广的资金来源渠道能够降低再融资和债券本息偿付风险。

8.2.2.3 债券保障措施分析

债券保障措施是影响债券本息偿还的重要因素，债券保障措施分析主要是关注债券偿还计划及保护措施。

1. 债券偿还计划分析

应关注发行人对债券本息偿还的计划安排，包括本息支付的时间、支付的渠道及资金来源。一般来说，偿还债券的资金来源有：发行人的自由现金流、发行人的利润和其他来源（如发债人股东的支持、政府的扶持、银行授信额度、担保方代偿和发行人出售资产等）。若发行人建立偿债基金以偿还债券，则应关注偿债基金的计提方案是否合理、基金金额是否充足，以及监管方案是否合理。

2. 保护措施分析

（1）抵/质押担保。

公司债券若采用抵/质押担保形式，发行人将通过法律上的适当手续，将其部分财产作为抵/质押资产为公司债券提供担保，以保障公司债券的本息按照约定如期兑付，一旦债券发行人出现偿债困难，则变卖这部分财产以清偿债务。在这种保证方式下，需重点关注：抵/质押资产评估情况；抵/质押资产处置情况；抵/质押资产的监管安排；抵/质押资产价值预警方案。

（2）第三方担保。

发行人发行公司债券时，可能会寻找第三方提供担保。由于有第三方提供担保，债券的偿还保障程度有所提高。在进行评级时，需充分考虑这一因素，主要考察的内容有：担保的法律效力；担保的无条件性以及不可废除性；担保方的财务实力信用状况及发展前景分析；担保涉及资产的价值。

---

① 税息折旧及摊销前利润，简称 EBITDA，是 Earnings Before Interest，Taxes，Depreciation and Amortization 的缩写，即未计利息、税项、折旧及摊销前的利润。EBITDA = 营业利润（EBIT）+ 折旧费用 + 摊销费用。

8.2.2.4 其他因素分析

1. 法律及税务

法律问题包含遵纪守法和运用法律保护自身权益两个方面。分析师应调查企业对相关法律的了解和执行情况，如劳动法、会计法、合同法、税法、反不正当竞争法、与环境保护有关的法规、知识产权保护法，以及商标法、专利法等。我们会了解管理者对法规的重视程度、企业是否聘有法律顾问以及他们的责任和所起作用。

在税务方面，分析师应考察企业是否了解国家制定的许多税收优惠措施？是否有意识地运用这些政策来减小自己的成本？企业对执行税法的态度如何？分析师要重视这些问题，因为偷税漏税是中小企业中常见的违法行为，而这种行为将导致严重的处罚。

2. 特殊事项

特殊事项风险通常是指企业的转让、兼并、资本重组、法律诉讼等重大事件，它们使企业的管理、债务发生重大变化，进而对企业的信用因素产生重大影响。虽然这些事件及其影响事先难以预料，但对中小企业而言，应该引起足够重视，分析师要仔细研究这些事件发生的可能性。

中小企业的破产、转产、资本重组，以及因违法行为受到处罚、吊销营业执照、引起法律诉讼的概率都比较高。还有的中小企业因环境污染、产业结构调整被强行关闭，或因居于国有资产退出的一般竞争领域而导致资产重组等，这些情况一旦发生，将对企业的信用产生重大的不利影响。

8.2.3 中小企业私募债券信用等级符号

8.2.3.1 中小企业私募债券信用等级符号及其释义

目前，中小企业私募债券采用中长期债券“三等九级”的信用评级等级划分体系，但考虑到中小企业的经营、信息透明度、财务风险等特征，国内评级机构为发行私募债券的中小企业设计了全新的评级符号体系。以鹏元资信评估有限公司为例，该机构设计的符号体系既考虑了现有的短期债务和长期债务信用评级符号体系下中期债务信用评级符号的缺失（中小企业私募债券发行期限通常为1～3年，属中期债务），也借鉴了国际评级行业的符号体系分类的通行做法，同时也符合我国现阶段的国情：

首先，在风险分布特征上，中小企业普遍存在资产规模小、信息透明度差、财务体系不健全、公司治理机制缺乏等特征，其所伴随的风险往往较大，需要将中小企业与其他非中小企业进行区分，以单独对中小企业的特定风险进行甄别，并逐步完善。

其次，建立中小企业中期债务信用评级符号体系符合国际评级行业的习惯做法，除依据不同金融产品建立信用评级方法和体系外，也分辨不同的信用评级对象，根据对象特有的风险特征建立健全评级符号体系；现阶段建立中小企业中期债务评级符号体系也是对国内评级行业当前的评级体系必要的补充，是在相对不同的评级方法体系上完善和发展出来的。

再次，中小企业中期债务评级符号体系专门针对中小企业中期债务的信用风险描述提供了专门的符号，填补了我国目前中期债务评级符号体系缺乏的空白，完善了企业各类期限债务的信用评级符号体系。

最后，从现阶段中小企业私募债券试行的情况来看，交易所在私募债券备案的实践中更强调债券的增信；中小企业中期债务评级符号体系也是揭示债券的评级结果，符合交易所的这一指导思想。

鹏元资信评估有限公司将中小企业中期债务信用等级分为两等六级（两等指 A 和 B，其下又各自包含 3 个级别，共计 6 级），如表 8 - 2 所示。

表 8 - 2　中小企业中期债务信用等级符号及其释义

信用等级	含义
AAA［SME］	债务安全性高，违约风险低
AA［SME］	债务安全性较高，违约风险较低
A［SME］	债务安全性一般，违约风险一般
BBB［SME］	债务安全性较差，违约风险较高
BB［SME］	债务安全性差，违约风险高
B［SME］	债务无法按期偿还

8.2.3.2　中小企业中期债务信用等级与长期债务信用等级的对应关系

中小企业中期债务信用等级符号及与企业长期债务信用等级存在如图 8 - 4 所示的对应关系。

从图 8 - 4 来看，中小企业中期债务单个信用等级对应企业长期债务信用等级的一个跨度，如中小企业中期债务的 $AAA_{[SME]}$ 对应了长期债务信用等级的 AA、AA + 和 AAA。从企业务违约率统计的规律性来看，同一企业其发行的债务期限越长，违约率就相对越高，违约率随债务期限呈单调递增关系；各信用等级下，债务期限越长，其违约率的跨度越大。因此，企业中期债务（1 ~ 3 年）的违约率相对长期债务违约率（3 年以上）分布范围较小，理论上对中期债务的信用等级符号定义要少于长期债务；此外，信用等级低、债务期限短，其债务违约率在一定程度上与信用等级高、期限长的债务违约率相当。

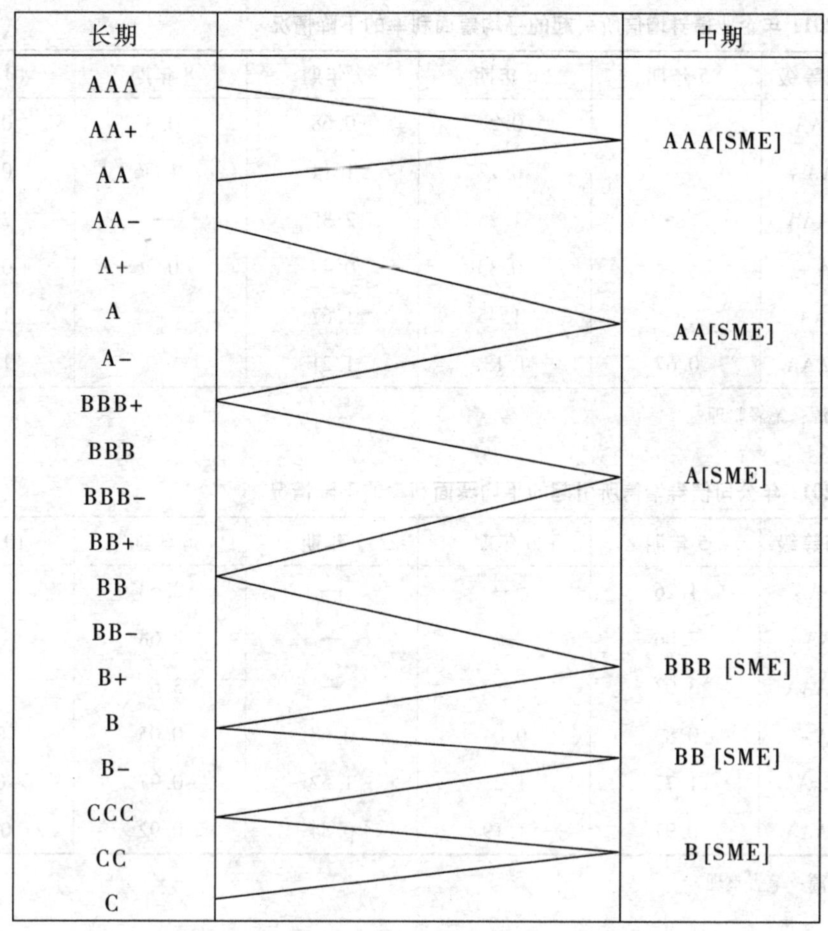

图 8-4　中小企业中期债务信用等级与长期债务信用等级的对应关系

8.3　中小企业私募债券的增信

8.3.1　债券增信的定义及意义

8.3.1.1　债券增信的定义

债券增信，是指债券发行人为了吸引更多的投资者，改善发行条件，降低融资成本，通过各种增信手段和措施来降低债券违约概率或减少违约损失率，以降低债券持有人承担的违约风险和损失，提高债券信用等级的行为。一般情况下，债券信用等级越高，发行利率越低，企业的融资成本越低。表 8-3 和表 8-4 分别列示了企业债券和公司债券增信所引起的利率变动情况。

表8-3　2011年企业债券增信所引起的平均票面利率的下降情况　（单位:%）

债券信用等级	5年期	6年期	7年期	8年期	10年期
AA-~AA	—	0.2	0.68	0.8	0.62
AA-~AA+	—	0.12	1.14	1.06	0.99
AA-~AAA	—	1.25	2.35	—	2.38
AA~AA+	—	0.33	0.47	0.26	0.37
AA~AAA	—	1.45	1.67	—	1.76
AA+~AAA	0.67	1.13	1.21	—	1.39

资料来源：笔者整理

表8-4　2011年公司债券增信所引起的平均票面利率的下降情况　（单位:%）

债券信用等级	5年期	6年期	7年期	8年期	10年期
AA-~AA	1.26	—	—	2.63	-
AA-~AA+	2.06	—	—	2.68	-
AA-~AAA	3.03	—	—	3.6	-
AA~AA+	0.8	0.04	0.68	0.05	0.4
AA~AAA	1.77	1.23	1.52	0.97	0.99
AA+~AAA	0.97	1.19	0.84	0.92	0.59

资料来源：笔者整理

通常情况下，一种新的金融产品产生时，由于市场认知程度较低，其信用级别通常较低，因此需要对这种金融产品的原始信用进行辨析、分离、重组和提升，这一过程即为增信。在信息不对称的市场中，一种新的金融产品能否为市场所接受，很大程度上取决于其信用风险的高低。然而，增信过程中所涉及的利益结构非常复杂，中小企业私募债券就涉及发起人、担保人、承销商和投资者等一系列利益主体。这些主体能否在增信过程中达成各自利益均衡，将直接决定增信的成功与否。

8.3.1.2　债券增信的意义

1. 对发行人的影响

（1）增信能够拓展发行人的筹资机会。

由于我国对发行债券的企业级别限制较严，众多低信用等级的企业无法直接发行债券，而由于增信后的债券信用级别可以高于发行人自身的级别，因此有效的增信手段能够在一定程度上提升债券信用级别，从而达到发行债券的要求。因此，增信能为主体信用等级较差的发行人发行债券提供可能。

（2）增信能够增加债券的需求，有利于债券的成功发行。

对于一些信用等级较低的发行人来说，若不经过增信，债券则很难出售。由于增信可以使这类债券的发行不完全依赖于发行主体的信用状况，因此，有效增信后，债券顺利出售的概率大增。另外，保险机构作为我国企业（公司）债券市场的主要投资者，其投资份额占市场的30%左右。目前中国保险监督管理委员会对保险公司所能投资的非金融企业（公司）类债券最低信用级别做出了明确的规定：有担保非金融企业（公司）债券，具有国内信用评级机构评定的AA级或者相当于AA级以上的长期信用级别；无担保非金融企业（公司）债券，具有国内信用评级机构评定的AA级或者相当于AA级以上的长期信用级别。一般情况下，中小企业私募债券的信用级别很难达到AA级，因此，若不采取措施，该部分债券市场需求将大幅下降，债券发行成功的可能性也大大降低。

（3）增信能够降低发行人融资成本。

由于债券增信后投资者承担的违约风险或违约损失将降低，权益得到保障，投资者所要求的收益率也相应降低。因此，对发行人而言，增信后能以较低的利息成本吸引投资者，从而获得更高的发行收益。

2. 对投资者的影响

对于投资者来说，由于进行增信后的债券至少具有双重保障，即使发行人发生违约，投资者可以通过追偿担保人、保险人责任或者通过处置押品来获得保障，因此，增信提高了债券投资的安全性，更好地保障了投资者的利益。此外，增信增加了债券市场供给，投资者选择投资品的机会增加。

3. 对债券市场的影响

对于整个债券市场来讲，债券增信有利于分散风险，并且有利于提高债券市场融资效率，促进债券市场发展。债券市场的成熟在某种程度上是通过信用的提升来推动的。增信对于整个债券市场来讲，不仅具有内部正效应，而且具有外部正效应。所谓内部正效应，是指债券创新产品的设计者和发行人通过增信降低融资成本，提高资产收益等；而外部正效应是指增信使得债券可信度提高，从而保障投资者权益。

8.3.1.3　债券增信的作用

下面以“10中关村债”为例介绍债券增信的作用。

“10中关村债”即“2010年中关村高新技术中小企业集合债券”，是由中关村13家高科技企业于2010年8月26日联合发行的一期中小企业集合债券，总发行规模为3.83亿元，发行期限6年，发行利率为5.18%，发行利差为256个基点。

经大公国际资信评估有限公司综合评定，“10中关村债”的信用等级为AA+级。担保人北京中关村科技担保有限公司的信用等级为AA级，再担保人北京中小企业信用再担保有限公司的信用等级为AA+级。发行人长期主体信用等级如表8-5所示。尽管在这13家企业中，A-~A级的为3家，BBB-~BBB+级的为10家，信用等级都比较低，但是由于采用了增信措施——第三方担保，债券级别相对较高，达到AA+级。

表 8-5 13 家企业主体信用评级情况

序号	发行人	主体长期信用等级
1	北京百奥药业有限责任公司	BBB
2	北京新雷能科技股份有限公司	BBB
3	北京绿创声学工程股份有限公司	BBB+
4	北京利德华福电气技术有限公司	A
5	北京佳讯飞鸿电气股份有限公司	A-
6	京北方科技股份有限公司	BBB+
7	二十一世纪空间技术应用股份有限公司	BBB+
8	北京绿色金可生物技术股份有限公司	BBB+
9	北京交大微联科技有限公司	A
10	北京光耀电力设备股份有限公司	BBB-
11	北京地杰通信设备股份有限公司	BBB+
12	北京时代科技股份有限公司	BBB
13	北京神州金信科技股份有限公司	BBB+

资料来源："10 中关村债"募集说明书

在 2012 年年初，由于北京地杰通信设备股份有限公司经营状况恶化，正式向担保人提出履行担保责任申请。最终，担保人北京中关村科技担保有限公司支付了 4 414.42 万元的债券兑付成本。可以看出，增信机制对于该债券的偿付发挥了重要作用，使债券投资者的利益得到了有效保护。

8.3.2 主要增信方式

8.3.2.1 一般债券增信方式

1. 第三方担保

第三方担保，又称保证担保，指保证人和债权人约定，当债务人无法履行债务时，保证人按照约定履行债务或者承担责任的行为。第三方担保是最常见的增信方法之一，也是国际上最简单、最有效的外部增信方式，具体来说，主要有政府担保、企业担保和个人担保等。从我国债券发行统计数据来看，第三方担保是我国现阶段债券增信的主要方式。

2. 抵/质押担保

抵/质押担保是指以抵押/留置债券发行人的不动产/动产，对债务进行担保的行为。债券发行人不能如期还本付息时，债券持有人有权要求处理抵押品或留置品，以取得本息。在这一法律关系中有债券和信托协议两个凭证，涉及债券发行人、债券持有人和债券信托人三方面的关系。债券信托人代表债券持有人保管抵押品或留置品。债券发行人到期无力偿还本息时，债券持有人通过其信托人行使对抵押品或留置品的处理权。

3. 担保品信用

担保品信用是以发行人提供的证券（如国债、银行定期存单、股票）为担保品，存于信托银行对债务进行担保的行为。担保品的所有权没有发生改变，发行人可以获得证券收益及相应的权利，对发行人比较有利。

4. 债券保险

债券保险，又称金融担保保险，是20世纪70年代起源于美国的一种增信手段，由专业的债券保险公司为债券发行人或承销商提供信用担保。这一保险的标的为信用风险，被保险人为债券发行人或承销商，权利人为债券投资人。当保险合同约定的事件发生致使权利人遭受损失，在被保险人不能补偿损失时，由保险人代其向权利人赔偿。

5. 债券信托

债券信托，又称附担保公司债券信托，是一种财产权信托，是指债权人将作为债券发行抵/质押物的实物资产的担保权信托给信托投资公司，信托投资公司为受益人及全体债券债权人的利益，管理和行使担保权的一种外部财产管理行为。在发行人到期不能偿还债务时，信托公司代表所有债权人处置抵/质押物。债券信托在国际发达国家债券增信中发挥了重要的作用，已成为众多国家主要的债券增信方式之一。

6. 信用准备金

信用准备金是指成立一个专门的企业债券风险基金进行增级，基金来源于债券发行人缴纳的风险金。缴纳风险基金的比例可以根据债券的评级级别而定，评级较高的债券可以不缴或缴很低比例的风险金，评级较低的债券则需缴纳较高比例的风险金。如果债券最后违约不能偿还，投资者将从该风险基金中获得投资保障，从而达到保护投资者的目的。

7. 债券含权设计

债券发行人根据不同风险投资者的需求，通过设计不同品种的债券来弥补信用的不足，从而达到增信的效果。这类债券有可转换公司债券、认股权和债券分离交易的可转换公司债券和可交换债券等。

8. 组织增信

所谓“组织增信”，就是以特定组织的信用来提高某一企业或机构的信用水平。这种方式大量应用在世界银行的项目操作中，通过国家及政府组织的增信，将融资优势与政府组织协调优势相结合。地方政府作为社会经济、政治活动的组织者和裁判员，不仅在发展市场主体、规范维护市场秩序、建立信用体系、实施政府增信等方面有着重要的作用，在协调各方行为、弥补现存体制缺陷、增强风险防范能力、促进城市建设的良好发展等方面也具有重要作用。

9. 内部增信

常见的内部增信措施主要有：

（1）发行人聘请私募债券受托管理人，以维护私募债券持有人的利益。

（2）发行人可为私募债券设置附认股权或可转换条款，但应符合法律法规以及中国证监会有关非上市公众公司管理的规定。

（3）发行人需要设立偿债保障金专户，用于兑息、兑付资金的归集和整理。

（4）发行人未能足额提取偿债保证金的，不得进行股息分配。

（5）限制发行人将资产抵押给其他债权人。

在实践中，发行人往往采用内部增信和外部增信相结合的方式进行增信。

8.3.2.2 中小企业私募债券的增信

在目前中小企业私募债券试点阶段，监管层出于控制风险及保护投资者的考虑，对私募债券的偿债保证有比较高的要求，因此对于信用等级普遍不高的中小企业私募债券来说，是否采用增信方式，以及如何采用增信方式，成为其是否能够备案成功的核心要素。深圳证券交易所的一位债券工作小组负责人曾表示，增信已经成为交易所备案审查的一个重要指标，企业没有增信，深圳证券交易所不会予以备案，并且今后这一点会更加严格。

1. 中小企业私募债券增信

关于中小企业私募债券的增信方式，试点办法中提到，发行人可采取其他内外部增信措施，提高偿债能力，控制私募债券风险，见表8－6。增信措施包括但不限于下列方式：（1）限制发行人将资产抵押给其他债权人；（2）第三方担保和资产抵押、质押；（3）商业保险。

具体而言，中小企业债券在设计债券内部增信时，可以使用自身资产抵押质押、应收账款质押、专项偿债基金、分红政策、优先/次级结构、认股/转股条款及一些限制性的特殊条款，例如限制资产抵押给其他方、限制新增贷款、限制负债率、限制出售核心资产等。据清科集团①发布的调查报告，目前缺乏可投项目的私募股权对附带认股权或者可转股条款的中小企业私募债券尤其关注。

表8－6 中小企业私募债券增信措施

外部增信措施	目前增信方式主要包括：第三方担保、抵/质押担保、各类专项基金担保等方式。 （1）提供第三方担保的第三方可以是大型企业，也可以是专业担保公司，银行原则上不能担保。 （2）抵/质押担保的担保物应当是具有较强变现能力的资产，常见的抵/质押物有土地、股权和应收账款等。
内部增信措施	（1）发行人聘请私募债券受托管理人以维护私募债券持有人的利益。 （2）发行人可为私募债券设置认股权或可转让条款，但应符合法律法规以及中国证券监督管理委员会有关非上市公众公司的规定。 （3）发行人需建立偿债保障金专户，用于兑息、兑付资金的归集与整理。 （4）发行人未能足额提取偿债保障金，不得进行股息分配。 （5）限制发行人将资产抵押给其他债权人。

资料来源：笔者整理

① 清科集团成立于1999年，是中国创业投资与私募股权投资领域综合服务及投资机构，主要业务涉及领域内的信息资讯、研究咨询、会议论坛、投资银行服务、直接投资及母基金管理。旗下会议论坛品牌包括中国创业投资暨私募股权投资论坛、中国有限合伙人峰会、中国高成长企业CEO峰会、行业投资峰会、清科创业投资俱乐部、清科培训中心、“中国最具投资价值企业50强”评选等。

从目前情况来看，债券增信是中小企业私募债券发行的必需环节。企业选择对私募债券增信主要是出于市场需求的考虑。这样做不仅有利于降低信用风险，提升增信效果，而且有利于降低发行人的融资成本，提高市场融资效率。当然，发债企业在选择增信措施时也兼顾了监管部门对于私募债券的备案要求。对于无增信措施的私募债券，其融资道路将会受到较大阻碍。

2. 中小企业私募债券增信存在的问题

首先，目前私募债券的增信方式相对单一，主要采用第三方担保，属于外部增信方式，担保方提供的是全额无条件不可撤消的保证责任担保。通常来说，企业会寻求信用水平更高的企业为其提供担保，增信效果一方面取决于担保人的信用级别，另一方面也取决于担保人与发行人之间的违约相关系数，这个系数越小，额外增信效果越强。从目前情况来看，这种担保方式的增信效果一般较好。

其次，抵/质押担保方式在私募债券的增信过程中受到限制。与发达国家债券市场相比，我国债券市场可选择的抵/质押物范围有限，其中适用于中小企业的抵/质押物范围更小。中小企业的资本规模一般不大，可提供的抵/质押资产相对匮乏。加之，各评级机构对抵/质押率的认定标准存在较大差异，结果致使增信效果存在很大差别。同时，受法律以及现实国情等的限制，目前抵/质押担保方式还存在诸多风险，比如抵/质押资产的评估风险、流动性风险和监管风险等。

最后，私募债券发行需要引入新型的增信方式。我国中小企业的数量庞大，类型多样，信用风险水平各不相同，在债券条款设计和增信方式上也应切合企业自身情况。第三方担保固然是一种增信效果较好的增信方式，但不是唯一方式，并不适用于所有中小企业。企业要综合考虑各种内外部增信措施，在确保顺利融资的前提下，尽量争取将发行成本降到最低。同时，只要能够有效降低债券持有人承担的违约风险和损失，企业可结合实际情况，设计新型的增信方式，不必拘泥于现有方式。

8.3.3　中小企业私募债券增信案例分析

8.3.3.1　第三方担保——“12森德债”

“12森德债”是由海宁森德皮革有限公司（以下简称“海宁森德”）于2012年6月11日发行的中小企业私募债券。该期债券发行规模为1.5亿元，发行期限为3年，票面利率为8.10%，债券主承销商为国泰君安证券股份有限公司。债券募集资金全部用于补充流动资金。该债券基本发行情况见表8－7。

表8－7　“12森德债”发行情况

发行人	债券总额	债券期限	发行利率	发行人主体信用等级	发行日期
海宁森德皮革有限公司	1.5亿元	3年	8.10%；附第2年末发行人调整票面利率选择权和投资者回售选择权	BBB＋	2012－6－11

（续表）

担保人	担保人主体级别	债券信用等级	增信效果	增信方式
卡森国际控股有限公司	——	AA－	4个小级别	第三方担保
浙江卡森实业集团有限公司				
朱张金				

海宁森德主要从事汽车座垫革（限后整理）及皮革制品的生产销售。截至2011年12月31日，公司资产总额为9.06亿元，归属于母公司的所有者权益合计2.30亿元。2011年公司实现营业收入9.08亿元，营业利润677.08万元，经营活动现金流净额2 407.41万元。

经鹏元资信评估有限公司综合评定，海宁森德长期主体信用等级为BBB+。该期债券采取了第三方担保的增信方式，卡森国际控股有限公司（以下简称“卡森控股”）、浙江卡森实业集团有限公司（以下简称“卡森实业”）和发行人实际控制人朱张金为该期债券提供全额无条件不可撤销连带责任保证担保。

卡森控股主要从事房地产开发、家具制造与销售、皮革制品生产等业务，并于2005年在香港上市，股票代码0496.HK。截至2011年12月31日，卡森控股总资产为69.86亿元，海宁森德拥有人应占权益25.19亿元。2011年实现营业额22.41亿元，税前溢利4.59亿元，经营活动现金流净额－4.64亿元。卡森实业主要从事家具制造与销售、皮革制品生产、房地产开发等业务。截至2011年12月31日，卡森实业注册资本8.96亿元，为外商独资企业，卡森控股通过开曼群岛卡森国际有限公司持股100%。卡森实业属于控股型企业，截至2011年12月31日，合并范围内子公司共计28家。总资产合计51.58亿元，归属于母公司所有者权益14.63亿元。实现主营业务收入19.94亿元。利润总额－2 055.87万元，经营活动净现金流1 693.13万元。朱张金为公司实际控制人，通过其全资公司Joyview持有卡森控股公司44.36%的股权。

综合而言，担保方资产规模较大，偿债指标尚可，为该期债券提供的保证担保可对该期债券偿还形成一定的保障作用，因此债券信用等级提升到了AA－。

附　件

担保函（样本）

担保人：________________

住所：________________

邮政编码：________________

负责人：________________　　　　职务：________________

电话：________________

开户银行：________________

账号：________________

鉴于：________________

一、债券发行人________________根据《企业债券管理条例》（国务院令〔1993〕第 121 号）之规定，经国家发展和改革委员会批准（发改财金〔　　〕______号），发行面额总计为人民币______万元的企业债券。

二、担保人是根据中华人民共和国法律而核发存在的法人，根据《中华人民共和国担保法》（中华人民共和国主席令〔1995〕第五十号）等法律及有关法规的规定，具有提供保证担保的法律资格。

三、担保人在出具本担保函时，已就其财务状况及涉及的仲裁、诉讼等情况进行了充分披露，具有代表债券发行人清偿债务的能力。

本担保人出于真实意思，在此承诺对发行人此次所发行的债券的到期兑付提供无条件的不可撤销的担保。具体担保事宜如下：

第一条　被担保人的债券种类和数额

被担保人的债券为______年期企业债券，发行面额总计为人民币______万元。

第二条　债券的到期日

本担保函项下的债券到期日为______年______月______日。债券发行人应于______年______月______日至______年______月______日清偿全部债券本金和利息。

第三条　保证的方式

担保人承担保证的方式为全额无条件不可撤销连带责任保证担保。

第四条　保证责任的承担

在本担保函下债券到期时，如发行人不能全部兑付债券本息，担保人应主动承担担保责任，将兑付资金划入债券登记托管机构或主承销人指定的账户。债券持有人可分别或联合要求担保人承担保证责任。承销商有义务代理债券持有人要求担保人履行保证责任。

如债券到期后，债券持有人对担保人负有同种类、品质的到期债券的，可依法将该债券与其在本担保函项下对担保人的债券项抵消。

第五条　保证范围

担保人保证的范围包括债券本金及利息，以及违约金、损害赔偿金、实现债权的费用和其他应支付的费用。

第六条　保证的期间

担保人承担保证责任的期间为债券存续期及债券到期之日起两年。债券持有人在此期间内未要求担保人承担保证责任的，担保人免除保证责任。

第七条　财务信息披露

国家发展和改革委员会及有关省级发展改革部门或债券持有人及其代理人有权对担保人的财务状况进行监督，并要求担保人定期提供会计报表等财务信息。

第八条　债券的转让或出质

债券认购人或持有人依法将债券转让或出质给第三人的，担保人在本担保函第五条规定的范围内继续承担保证责任。

第九条　主债权的变更

经国家发展和改革委员会批准，本期债券利率、期限和还本付息方式等发生变更时，不需另行经过担保人同意，担保人继续承担本担保函项下的保证责任。

1 在该保证合同项下的债券到期之前，保证人发生分立、合并和停产停业等足以影响债券持有人利益的重大事项时，债券发行人应在一定期限内提供新的保证，债券发行人不提供新的保证时，债券持有人有权要求债券发行人和担保人提前兑付债券本息。

第十一条　担保函的生效

本担保函自签定之日生效，在本担保函第六条规定的保证期间内不得变更或撤销。

（本页以下无正文）

担保人：

（公章）

负责人或授权代理人：

（公章）

____年____月____日

8.3.3.2　应收账款质押——“12新丽债”

“12新丽债”是由新丽传媒股份有限公司（以下简称“新丽传媒”）于2012年6月18日发行的中小企业私募债券。该期债券发行规模1亿元，发行期限为2年，票面利率为7.00%，债券承销商为中信建投证券股份有限公司（以下简称“中信建投”）。债券募集资金全部用于补充流动资金，主要用于新丽传媒主营业务日常经营资金周转。该债券发行情况见表8-8。

表8-8　“12新丽债”发行情况

发行人	债券总额	债券期限	发行利率	发行人主体信用等级	发行日期
新丽传媒股份有限公司	1亿元	2年	7.00%	A	2012-6-18
质押物	**规模**	**本金覆盖倍数**	**债券信用等级**	**增信方式**	
应收账款	1.5亿元	1.5倍	A	应收账款质押担保	

新丽传媒的主营业务为影视剧内容及其衍生产品的投资、制作和运营，可细分为电视剧和电影两大业务板块，已构建“精品影视内容创作运营平台”。其中，电视剧类业务所形成的主要产品为电视剧作品，通过对电视剧作品及衍生产品的运营实现收入。电影类业务所形成的主要产品为电影作品，通过对电影作品及衍生产品的运营实现收入。截至2011年年底，新丽传媒资产总额7.24亿元，资产负债率为56.02%。2011年度和2010年度，营业收入分别为2.65亿元和9 963.89万元，2011年度增长166.37%；实现的净利润分别为6 725.77万元和3 003.65万元，全面摊薄净资产收益率分别为28.28%和65.86%。

“12新丽债”采用应收账款滚动报备、优先受偿的方式进行偿债保障。根据影视剧行业销售特点，新丽传媒主要客户为中央电视台及各省级卫视，应收账款质量较高。由于新丽传媒应收账款平均期限为6~9个月，低于该债券的24个月期限，因此采用应收账款滚动报备、优先受偿进行偿债保障。债券存续期内，新丽传媒将以未来经营中不低于1.5亿元（含1.5亿元）的应收账款为该期债券进行偿债保障，接受债券受托管理人中信建投的持续监管。该等应收账款自销售合约签署日起向中信建投进行报备，放弃该等应收账款一切其他质押权利，并设立该等应收账款专用收款账户，在新丽传媒无力偿还该债券时，债券持有人就该等应收账款享有优先受偿权。

经联合信用评级有限公司综合评定，发行人的主体长期信用等级为A，该期债券的信用等级为A。虽然应收账款质押没有提高“12新丽债”的信用等级，但是从其7.00%的发行利率来看，增信效果还是很明显的。

表8－9显示了2012年6月企业债券平均发行利率，其中债项级别为AA－的平均发行利率为7.38%，AA级别的发行利率为6.74%。“12新丽债”7%的发行利率要明显低于AA－级别企业债券的平均发行利率。虽然应收账款质押从表面上看没有提高该债券的信用等级，但是由于应收账款质量很高，还是有效降低了债券的发行利率。

表8－9　2012年6月企业债券平均发行利率

债项级别	AA－	AA	AA＋	AAA
平均发行利率（%）	7.38	6.74	6.87	4.75
平均利差（%）	2.60	1.92	2.02	－0.07

注：平均发行利率为相同债项等级债券发行利率的算术平均值，利差为对应发行利率与1年期Shibor利率的差值。

第 9 章

—— 中小企业私募债券估值 ——

9.1 中小企业私募债券定价理论

9.1.1 基于利率期限结构的债券定价理论

9.1.1.1 利率期限结构理论

1. 市场预期理论

市场预期理论是由 Hicks 和 Lutz（1937）在 Fisher（1896）提出的市场预期影响期限结构形状的基础上发展而来的。根据该理论，利率期限结构完全取决于市场对未来利率的预期，长期利率等于投资者对未来各期短期利率预期的平均值。该理论对不同期限利率之间存在的差异，用投资者对短期利率有着不同的预期进行解释。这种理论的出发点是国债投资者在不同的国债之间没有偏好，即不同期限的国债具有完全的替代性。

如果 $E_t[r(s)]$ 表示时刻 t 对未来即期利率的期望，那么市场预期理论认为时刻 T 到期的债券的收益率可表示为：

$$R(t,T) = \frac{1}{T-t}\int_t^T E_t[r(s)]ds \tag{9.1}$$

市场预期理论对收益率曲线的解释：

（1）向上倾斜的利率曲线意味着市场预期未来的短期利率会上升。

（2）向下倾斜的利率曲线是市场预期未来的短期利率将会下降。

（3）水平型利率曲线是市场预期未来的短期利率将保持稳定。

（4）峰型的利率曲线则是市场预期较近的一段时期短期利率会上升，而在较远的将来，市场预期的短期利率将会下降。

2. 市场分割理论

市场分割理论的最早倡导者是 Culbertson（1957），他认为市场是由具有不同投资要求的各类投资者组成的，各类投资者都偏好于使其资产和债务相匹配的投资，从而不同期限的债券市场处于相互分割的状态，资金在长短期债券市场间无法自由流动，形成了以期限为划分标志的细分市场。如果恰好有一部分资金流入了长期债券市场的投资群体，他们就会购买长期债券，从而提高了价格，降低了长期收益率水平。

市场分割理论对收益率曲线的解释：

（1）向下倾斜的收益率曲线：短期债券市场的均衡利率水平高于长期债券市场的均衡利率水平。

（2）向上倾斜的收益率曲线：短期债券市场的均衡利率水平低于长期债券市场的均衡利率水平。

（3）峰型收益率曲线：中期债券收益率最高。

（4）水平收益率曲线：各个期限的市场利率水平基本不变。

3. 流动性偏好理论

J. R. Hicks 和 J. M. Culbertson（1957）对市场预期理论进行了修正，提出了流动性偏好理论。流动性偏好理论强调影响期限结构的不仅是对未来利率的预期，还有流动性溢价。投资者是厌恶风险的，因为债券的期限越长，利率风险就越大。长期债券品种的流动性通常比短期利率债券品种的流动性低。因此，在其他条件相同的情况下，投资者偏好期限更短的债券。如果 $E_t[r(s)]$ 表示时刻 t 对未来即期利率的期望，$L(s, T)$ 表示时刻 T 到期的债券在时刻 s 的瞬时期限溢价，那么流动性偏好理论认为时刻 T 到期的债券的收益率可表示为：

$$R(t,T) = \frac{1}{T-t}\left[\int_t^T E_t(r(s))ds + \int_t^T L(s,T)ds\right] \tag{9.2}$$

流动性偏好理论对利率曲线的解释：

（1）水平型收益率曲线：市场预期未来的短期利率将会下降，且下降幅度恰好等于流动性报酬。

（2）向下倾斜的收益率曲线：市场预期未来的短期利率将会下降，下降幅度比无偏预期理论更大。

（3）向上倾斜的收益率曲线：市场预期未来的短期利率既可能上升也可能不变。

综上所述，传统的期限结构理论从不同的角度，对收益率曲线形状的形成原因进行了解析。从这些理论中不难看出，影响利率期限结构的因素主要有市场预期、流动性引起的风险报酬差异和市场分割状态下的债券供求关系。

9.1.1.2 利率期限结构模型

由于息票效应的影响，利率期限结构和零息票债券到期收益率是同一概念，而与息票债券的到期收益率则不同，这主要是因为相同期限不同票面利率的债券有不同的到期收益率。

为描述利率的随机行为，人们在研究中引入随机微积分，用随机期限结构模型来刻画利率与期限之间的非确定性函数关系及其变化。常见的随机期限结构模型按研究方法可分为均衡模型和无套利模型两大类。

1. 均衡模型

均衡模型主要是基于流动性偏好理论建立起来的。这类模型明确规定了风险的市场价格，而且可以得到一个一般均衡的经济状态。Vasicek（1977）模型以及 Cox、Ingersoll 与 Ross（1985）提出的 CIR 模型属于这一类。

（1）Vasicek 的利率期限结构模型。

Vasicek 的利率期限结构模型中将瞬时利率 r 运动的风险中性过程表述为：

$$\sigma[t,T,f(t,T)]$$

$$df(t,T) = \alpha(t,T)dt + \sigma[t,T,f(t,T)dW(t)]$$

$$dr(t) = [\theta(t) - k(t)r(t)]dt + \sigma(t)r^{\beta}(t)dW(t)$$

$$\Upsilon = \sqrt{K^2 + 2\sigma^r}$$

$$A(t,T) = [\frac{2re^{(k+r)(T-t)/2}}{(r+K)(e^{r(T-t)}-1)+2r}]^{2k\theta/\sigma^2}$$

$$P(t,T) = A(t,T)e^{-B(t,T)r}$$

$$dr = k(\theta - r)dt + \sigma^r dW(t)$$

$$P(t,T) = e^{[A(t,T)+B(t,T)r]}$$

$$A(t,T) = -[\mu - \frac{\lambda\sigma}{k} - \frac{1}{2}(\frac{\sigma}{k})^2][(T-t)+B(T-t)] - \frac{\sigma^2}{4k}B^2(T-t)$$

$$B(t,T) = \frac{2(e^{rT-t}-1)}{(r+k)(e^r(T-t)-1)+2r}$$

$$dr = \mu dt + \sigma dW(t)$$

$$dr = k(\theta - r)dt + \sigma dW(t)$$

债券价格为：

$$P(t,T) = e^{[A(t,T)+B(t,T)r]} \tag{9.3}$$

$$A(t,T) = -[\mu - \frac{\Upsilon\sigma}{k} - \frac{1}{2}(\frac{\sigma}{k})^2][(T-t)+B(T-t)] - \frac{\sigma^2}{4k}B^2(T-t) \tag{9.4}$$

$$B(t,T) = \frac{e^{-k(T-t)}-1}{k} \tag{9.5}$$

其中，k 为均值回复速度，θ 为长期均衡的利率水平，σ 为利率的波动率，W（t）为维纳过程，该动态随机过程的漂移项 $k(\theta - r)$ 能很好地描述均值回复现象。

Merton 模型是 Vasicek 模型的特例。在 Merton 的模型中，瞬时利率服从下述随机微分方程：

$$dr = \mu dt + \sigma dW(t) \tag{9.6}$$

该模型认为瞬时利率的漂移项是参数为 μ 的简单布朗运动。

Vasicek 模型存在的一个显著问题就是由于 Gauss 分布的对称性造成不能保证 r（t）的非负性。当 r（t）代表的是扣除通货膨胀后的实际利率时，该负利率可以解释；但当r（t）代表的是名义利率时，该负利率蕴含着无风险的套利机会，因此是十分危险的。所以从以上意义上来讲，Vasicek模型对r（t）的描述虽不能判定为错，但由于对利率的绝大多数实证研究和实际操作都是直接基于名义利率的，所以很大程度上造成了不便和误解。

（2）CIR模型。

CIR模型认为，利率的变化除了短期利率的随机过程外，还存在长期利率的随机过程。在对未来事件的预期、风险偏好、市场参与者个人偏好和消费时间的选择进行通盘考虑之后，在Vasicek模型的基础上建立了一个利率总是为非负的基本的瞬时利率模型：

$$dr = k(\theta - r)dt + \sigma^r dW(t) \tag{9.7}$$

则债券价格表述为：

$$P(t,T) = A(t,T)e^{-B(t,T)}r \tag{9.8}$$

$$A(t,T) = [\frac{2re^{(k+r)(T-t)/2}}{(r+k)(e^{r(T-t)}-1)+2r}]^2 k\theta/\sigma^2 \tag{9.9}$$

$$B(t,T) = \frac{2(e^{r(T-t)}-1)}{(r+k)(e^{rT-t}-1)+2r} \tag{9.10}$$

其中，$\gamma = \sqrt{k^2 + 2\sigma^2}$。

这里，漂移项$k(\theta - r)$可以描述均值回复现象。其特点是假定全部收益率曲线只被一个变量——短期利率r（t）驱动，而r（t）可以用一个均值回复的随机过程来表示。

波动率σ^r含有γ，这使得CIR模型不仅保留了Vasicek模型均值回复的特点，还克服了Vasicek模型r可能为负数的缺点。因此，CIR模型较Vasicek模型在实际中的应用更为广泛。

2. 无套利模型

无套利模型主要是基于预期理论建立起来的模型。这类模型认为债券市场价格是合理的，并将利率期限结构视为既定的，缺乏持续性的。Ho-Lee模型，Hull-White模型，以及Heath-Jarrow-Morton模型等属于无套利模型。

（1）Ho-Lee模型。

Ho-Lee模型认为任何时间阶段的利率水平都等于前一阶段的利率水平加上或减去某种随机冲击量，从而形成一个利率预期树。这个假设意味着在未来任何时刻，短期利率的概率分布大致上呈正态分布。其瞬时利率动态满足的微分方程如下：

$$dr(t) = \theta(t)dt + \sigma dW(t) \tag{9.11}$$

其中，σ为正常数，$\theta(t) = (\partial f(0, t))/\partial t + \sigma^2 t$。

Ho-Lee模型建立在如下假设前提之下：

①市场并非连续出清，而是在有规则的间隔时点上出清。

②短期利率变动满足利率树状图结构，且从任一状态出发的上行状态和下行状态概率相同，都为0.5。

③短期利率基点波动率不会随着时间或利率水平的变动而改变。

④满足无套利定价原则。

Ho-Lee模型的缺陷有：

①该模型没有均值回复的性质，短期利率服从正态分布可能导致远期利率出现负值，这与实际情况是完全背离的。

②基点波动率不受利率水平的影响，这意味着隐含的价格波动性是独立于时间变化的。但事实上，随着到期期限的临近，债券价格隐含的波动性会随时间的推移而变小。

（2）Hull-White模型。

Hull-White模型的一般形式如下：

$$dr(t) = [\theta(t) - k(t)r(t)]dt + \sigma(t)r^{\beta}(t)dW(t) \tag{9.12}$$

Hull-White模型也具有均值回复的特性，由于短期利率服从正态分布，所以短期利率出现负数的概率为正。模型中短期利率可以采取的未来波动率形式是任意的。

（3）Heath-Jarrow-Morton模型（HJM模型）。

Heath、Jarrow和Morton给出了以整条收益率曲线而非有限数目的变量作为状态变量，以边际远期利率而不是即期利率来描述利率运动的期限结构框架。其瞬时利率动态满足的微分方程如下：

$$df(t,T) = \alpha(t,T)dt + \sigma[t,T,f(t,T)]dW(t) \tag{9.13}$$

其中，$f(t, T)$ 为在 t 时刻观测到的 T 时刻到期的瞬时远期利率。

HJM模型是以瞬时远期利率 $f(t, T)$ 为状态变量的一种模型框架，由于存在如式 $r(t) = f(t, t)$ 所描述的瞬时远期利率与即期瞬时利率一一对应的关系，以 $r(t)$ 为状态变量的时变参数模型理论上都可以化为HJM形式，如前文提到的Ho-Lee模型和Hull-White模型，因此，HJM框架提供了非常广阔的模型设定空间，事实上HJM框架中的 $\sigma[t,T,f(t,T)]$ 函数形式是任意的。但这种自由性也不可避免地带来了局限性，一方面是给实际参数估计带来了困难，另外也是最为重要的一方面是在HJM模型下r（t）是非Markov的，即路径依赖的（path dependent），与 $r(t)$ 的Markov模型相比在解决金融产品定价问题时增加了大量的工作量。

无套利模型和均衡模型有着类似的结构，区别在于它们用不同的量来拟合模型参数。均衡模型明确规定了风险的市场价格，并且假设它的模型参数与时间无关，因此可以用历史数据统计估计得出。经济学家们通常用这些模型来理解期限结构的形状，并对未来经济状况进行预测。而无套利模型内生决定利率期限结构和市场风险价格，模型自动保证利率期限结构、债券价格与市场不存在套利机会之间的内在一致性，这使得无套利定价分析真正做到了与风险中性定价等价。因此，交易商们更喜欢使用无套利模型，因为这些模型已经经过拟合，使得基础证券的模型价格与市场价格相一致。

9.1.2 基于信用风险的债券定价模型

大量研究表明，利率风险和信用风险有很多差异，在定价和管理中需要区别对待。然而，利率风险与信用风险又是密不可分的，对债券定价的研究必须将两者结合起来一起分析。在利率市场化情况下，信用风险和利率风险是风险管理所面临的最主要的两大风险，两者在一定程度上存在替代关系。为了避免信用风险，利率风险就会增加；为了防止利率风险，信用风险又不可避免。所以在进行风险控制时，一定要把信用风险和利率风险结合起来考虑，而对债券进行定价的过程，主要也就是对这两大风险进行定价。信用风险是指借款人发生违约或借款人信用等级下降而造成损失的可能性。利率风险是指利率水平的不利变动引起的资产和负债市值下降的可能性。

信用风险期限结构描述的是在其他因素保持不变的条件下，证券收益及其信用风险之间的关系。随着预期的信用风险提高，投资者将要求更高的收益率。信用风险溢价是某种证券的收益率与相应无违约风险证券的收益率之间的差额。信用风险溢价是距到期日期限的可变函数。信用风险结构决定于承诺收益率和预期收益率（投资者预期获得的收益率）之间的差额。信用风险定价模型分为结构化模型和简约化模型两类。

信用风险公司债券定价学术研究的基本模型主要有结构信用模型（Structural Credit Models）和简化信用模型（Reduced Form Credit Models），以及最近几年出现的混合模型。

9.1.2.1 简约模型

最早的简约模型是由 Jarrow 和 Turnbull 提出的。该模型假设违约时间是由违约强度确定的泊松过程，并假设无风险利率过程、违约概率过程和违约损失函数互相独立。

随后，Jarrow、Lando 和 Turnbull（JLT 模型）在此基础上发展了一个关于信用价差期限结构的 Markov 模型，将违约过程与信用评级中的离散状态空间下的一个 Markov 链建立起有效的联系。公司的生命周期被看作一个评级状态转移过程，其中有一个违约状态，表示生命周期结束。Lando 引入了 Cox 过程，用其描述违约计数过程，违约时间为带有连续时间随机强度的 Cox 过程发生第一次跳跃的时间。Duffie 和 Singleton（DS 模型）详细描述了如何构筑一个简化式模型的关键步骤和主要线条，并将无风险利率替换为带有违约调整的短期利率，然后按无风险债券的特点，对有违约风险的债券进行定价分析。

Duffie 和 Singleton 认为，有违约风险债券可以如同无风险债券那样直接进行利率折现而求现值，而且用于折现的有违约风险债券利率等于无风险利率加上一个信用风险调整（信用利差）。那么，所有的利率模型就可以直接用来定价有违约风险债券了，同时也允许在对违约风险进行分析时使用无风险利率的标准建模技术和评估方法。Duffie 和 Singleton 模型的缺陷在于关于回收率的假定太过于牵强。在实际应用中，使用的可违约债券的期限结构模型，大多是以信用评级机构的回收率数据作为模型回收率参数的估计值，而信用评级机构的回收率数据是相对于可违约债券的面值进行统计的，这就会影响到参数估计的准确性。

简化信用模型不分析公司违约的原因，公司违约的时间是由一外生给定的跳跃过程决定，并不是由公司价值决定。通过历史市场数据分析和决定违约损失率的参数，进而分析信用风险债券价值。

1. Jarrow 和 Turnbull 的离散模型

Jarrow 和 Turnbull 认为，一个无风险利率期限结构可以通过贴现债券的价格 $P(t, T)$ 计算出来。公司贴现债券 $V(t, T)$ 也可以根据其信用等级进行定价和交易。Jarrow 和 Turnbull 用无风险利率作为计价单位，为违约和无违约风险期限结构构造了一个离散格，据此获得了一个唯一的风险中性概率，也称为鞅概率。在风险中性测度下，可违约债券的价值可以表示为一个贴现期望值。

首先，写出无风险期限结构的二叉树形式。在无风险意义上，风险中性或鞅概率 q 能够直接应用，此时无风险贴现债券的价格就会伴随着概率 q 与 $1-q$ 上下波动。在风险中性概率下，任何一个节点上的值都能根据贴现期望法则计算出来。

然后 Jarrow 和 Turnbull 构造了一个“汇率格”，结合无风险债券价格的二叉树形成一种四叉树，据此推导出有违约风险债券的现值如下：

$$V(t,T) = P(t,T)E_t^Q(e_t^f) \tag{9.14}$$

其中，$V(t, T)$ 为债券的现值，$P(t, T)$ 为无违约风险下债券的价格，$E_t^Q(e_t^f)$ 为风险贴现因子。一旦知道了回收率，债券现值和无违约风险下债券的价格，就能得到违约的概率。

Jarrow-Turnbull 的这一离散形式分析框架有很强的灵活性，但是违约强度和回收率为常数的假定暗含了一个问题，即模型不考虑信用利差风险。此外，违约强度是外生常数的假定，使得在债券的整个生命期内违约概率总是相等的。

2. Duffie 和 Singleton 基于期限结构的模型

Duffie-Singleton 模型首先对一个面值为1（X=1）、到期日为T的有违约风险的零息债券在初始时间 $t=0$ 处进行定价，定价公式如下：

$$V(0,T) = E_0^Q[exp(-_0^T\int R(t)dt]X \tag{9.15}$$

其中，E_0^Q 为在时间 t 处不发生违约的条件下的风险中性期望，$R(t)$ 是一个经过违约调整的短期利率过程 r 与违约强度 λ 之和。

在 t 之前不发生违约的条件下，有违约风险债券的现值为：

$$V(t,T) = e^{-r(t)}h(t)E_0^Q[\delta(t+1)] + e^{-r(t)}[1-h(t)]E_0^Q(V(t+1)) \tag{9.16}$$

其中，$h(t)$ 为在 t 之前不发生违约的条件下，一个较短的时间间隔 $[t, t+1]$ 内，违约发生的风险中性概率，$\delta(t+1)$ 为给定违约条件下的回收率（这里假定的是按市值回收)，$r(t)$ 为无风险短期利率。

然后，Duffie 和 Singleton 假设回收率为 1 减去损失函数 L，则有：

$$E_t^Q[\delta(t+1)] = [1 - L(t+1)]E_t^Q[V(t+1)] \tag{9.17}$$

把两个式子组合就得到下面这个简单的转移方程：

$$\begin{aligned} V(t, T) &= e^{-r(t)}h(t)[1-L(t)]E_t^Q[V(t+1)] + e^{-r(t)}[1-h(t)]E_t^Q[V(t+1)] \\ &= [e^{-r(t)} - e^{-r(t)}h(t)L(t)]E_t^Q[V(t+1)] \qquad (9.18) \\ &= E_t^Q[e^{-\sum_{k=0}^{(T-t)-1}R(t+K)}F_T] \end{aligned}$$

F_T 表示面值为 F、到期日为 T 的有违约风险债券。其中，

$$e^{-}R(t) = e - r(t) - e^{-r(t)}h(t)L(t) \tag{9.19}$$

当时间间隔很短时，可以近似地写为：

$$e^{-c} = 1 - c \tag{9.20}$$

因此，$R(t)$ 可以近似地表示为：

$$R(t) \approx r(t) + h(t)L(t) \tag{9.21}$$

9.1.2.2 结构模型

结构化模型假设公司资产价值降至一个水平时，公司股东对公司债务违约，不偿还公司债务，放弃股权，公司债权人取得公司股权。公司股东将公司的股权视为看涨期权，当公司价值小于公司债务（或者公司债务的一定比例）时，股东放弃行使期权。该模型基于期权定价框架决定公司债务价值，指出公司资本结构变化对公司违约的影响。

Merton（1974）首先研究基于结构化模型的含信用风险债券定价理论，他在研究资产定价的过程中，以 Black-Scholes（1973）的期权定价模型为基础，公司资产价值的动态变化用几何布朗运动描述，可违约证券可看作公司资产价值的或有要求权，给出了第一个定价公司债务违约的结构化模型。Black&Cox（1976）认为公司违约不一定仅仅发生在债务到期日，违约时间 t 是一个随机变量，可以是公司债务到期之前的任何一个时间，只要公司资产跌至违约边界时违约就会发生。违约边界 K 外生给定，股东只能在有限范围内内生地违约，Black&Cox（1976）还研究了优先和次级债务分级、安全条款、分红及现金分红限制对风险债务定价的影响。Geske（1977）采用复合期权方法来对息票债券定价，并给出了在这一复合期权框架下的次级债务定价公式。Ho & Singer（1982）允许债务有不同的到期期限，并检验其他的债券契约条款，如公司融资限制、优先规则、债券偿付对债券定价的影响。Leland（1994）在其模型中假设债券为永久的，支付连续的利息（也可等价地认为公司在每次到期都发行相同面额的新债为旧债的偿还融资），从而得到信用风险债券价格的解析解，Leland 的这个模型考虑了破产成本和税收，因为这些因素公司可能存在最佳的资本结构，该模型的结果更多地回答了关于公司资本结构的问题。

Longstaff&Schwartz（1995）继承了 Black&Cox（1976）关于违约时间的假定，但是他们认为违约边界不是固定的，而是随机变动的。他们将利率的动态过程引入模型中，计算在 Vasicek 单因子利率模型下信用风险的定价，研究表明，利率的动态变化对信用风险定价的影响并不如想象中的大。

Leland&Toft（1996）认为，公司的内部控制人可以控制公司的资产和负债规模与结构，因此公司违约边界是内生的，并分析了在这一假设下的风险债务定价问题。Briys & Varenne（1997）定义了一个随机违约门槛，该违约门槛定义为债券到期日之前以无风险利率贴现的固定值，只要公司价值达到这一门槛，债券持有人就收到一定比例（该比例是外生的）的公司剩余资产，他们的模型确保支付给债券持有人的现金流不大于违约时的公司价值，且在任何时点门槛值都是公司破产与否的一个很重要的决定性因素，且公司能重新支付债券的本金。Ericsson &Reneby（2002）将企业整体的债务和每笔具体的债务分开考虑，并且考虑了税收和清算成本等因素。由于实证研究表明信用利差曲线可以是平的或向下倾斜的，也就是说短期债务的信用利差并不为0，而且公司价值的突然大幅下降是可能的，于是，Mason & Bhattacharya（1981）考虑了一个纯跳跃过程，而 Zhou（1997）提出基础资产服从跳跃扩散过程，这些学者在此基础上给出了相应的风险债券定价公式。除此之外，关于结构化模型扩展的研究文献还有 Ingersoll（1977），Brennan &Schwartz（1980），Cox、Ingersoll & Ross（1980），Kim et al.（1992），Kim et al.（Autumn1993），Nielsen、Saa-Requejo& Santa-Clara（1993），Saa-Requejo & Santa-Clara（1997），及 Szatzschneider（2000）等。

另外，还有一些学者运用结构化模型对风险债务定价进行了实证研究，如：Jones et al.（1984），Ericsson&Reneby（2002），Eom、Helwege & Huang（2004）等。这些研究发现由结构化模型得到的理论价格与实际交易价格存在较大的差异，其中 Lyden&Saraniti（2000），Eom、Helwege& Huang（2004）等人分别对结构化模型中的 Longstaff& Schwartz 模型的定价效果进行了实证分析。

Lyden&Saraniti（2000）首次比较了 Merton 模型与 Longstaff&Schwartz 模型，他们发现：（1）这两类模型都低估了收益利差（yield spread）；（2）两类模型的预测误差主要与债券息票率和剩余期限有关，而与利率是否随机波动无关；（3）Longstaff& Schwartz 模型的预测误差跟资产波动性估计有关。

Eom、Helwege&Huang（2004）选取 1986 ~ 1997 年间的美国公司债券样本对 Merton、Geske、Leland&Toft、Longstaff& Schwartz 及 Colin-Dufresne & Goldstein 这五类结构化模型进行了全面检验，他们发现：（1）这些模型都有较大的价差预测错误，但其错误在信号和程度上又显著不同；（2）对于安全债券（发行企业负债率低且资产波动性弱），这些债券预测价差通常都较低，而对于风险债券，它们的预测价差通常都较高；（3）平均来说，Merton 模型与 Geske 模型倾向于低估公司债券价差，而 Leland &Toft、Longstaff& Schwartz 和 Colin – Dufresne&Goldstein 模型倾向于高估公司债券价差。

下面简单分析 Merton 模型的推导过程。

首先假设公司资产的价值 *Vt* 遵循 *Ito* 过程：

$$\frac{dV_t}{V_t} = \mu dt + \sigma dW_t \tag{9.22}$$

其中，μ 是资产预期的瞬时收益率，σ 是资产收益率的波动率，W_t 是一个标准的维纳过程。

公司的总资产价值 V_t 为期权 E_t 和一个零息且不可赎回的债券 D_t 的价值之和，该债券到期日为 T，面值是 F，则有：

$$V_t = D_t + E_t \tag{9.23}$$

由此，公司就存在两类证券：面值为 F、到期日为 T 的同质零息贴现债券和股票。债券合约中对违约条款进行了简单的规定：如果无法偿还债券面值，则债权人获得公司全部的价值，而公司的所有者将一无所有。在此框架下，公司将被禁止发行任何新的优先要求权，也不能在债务到期前支付股利和回购股票。

那么，债务和约到期时债券的价值是：

$$D_t(V,T) = min(V_t,F) \tag{9.24}$$

如果除该债券外的其他融资手段就是股权，则零息公司债券的信用风险价值就等于基于公司价值的卖出期权价值，该期权的执行价格是债务的面值 F，到期日等于债务的到期日 T，此卖出期权在到期时应支付 $\max(F - V_t,0)$。那么债券到期时将获得：

$$D_t = F - max(F - V_t,0) \tag{9.25}$$

类似地，期权的价值为：

$$E_t(V) = max(0,V_t - F) \tag{9.26}$$

具有财务杠杆的公司股权价值最终就同以一股股票为标的物的买入期权价值相同，其中，公司债务的到期期限 T 对应于期权的到期日，承诺的债务支付 F 对应于期权的执行价格，而公司价值 V 相当于基础资产的价值。据此，即可运用期权定价方法来为信用风险债券定价。

利用 Black-Scholes 模型的结果：

$$E_1（V, T, \sigma, r, F） = V_1N（d_1） - Fe^{-r}（T-t）N（d_2） \tag{9.27}$$

其中，$d_1 = \dfrac{1n（\dfrac{V_t}{F}） + （R+\sigma^2/2）（T-t）}{\sigma\sqrt{T-t}}$

$$d_2 = d_1 - \sigma\sqrt{T-t}$$

$$N（y） = \frac{1}{\sqrt{2\pi}}\int_{-\infty}^{y} e^{-u^2/2}du$$

由此可以得到在风险中性条件下，$t=0$ 时债券的价值：

$D_0（V, T） = Fe^{-rT}$ - 欧式卖出期权

$$= Fe^{-rT} - [-N(-d_1)V_0 + Fe^{-rT}N(-d_2)]$$ (9.28)

$$= V_0N(-d_1) + Fe^{-rT}N(d_2)$$

据此可以进一步推导出违约概率为：

$$P(V_T < F) = N\left[\frac{1n(\frac{F}{V_0}) - (\mu - \frac{1}{2\sigma^2})T}{\sigma\sqrt{T}}\right]$$ (9.29)

违约利差为：

$$CS_t(T) = -\frac{1}{T}1n[N(d_2) + \frac{V_t}{Fe^{-rT}N(-d_1)}]$$ (9.30)

Merton的基本思想是利用期权定价方法来估计固定收益金融工具的信用风险利差，其“利率风险结构”是对传统的“利率期限结构”的一个补充。但是，模型也存在着以下几个方面的重大不足：

（1）模型假设太多，与现实情况有较大的出入。

（2）公司的资产价值被表示为一种可以连续交易的资产，而事实上公司资产不可能像股票那样在市场上得到频繁交易。

（3）水平且固定的无风险利率期限结构的假设，使得信用价差的估计值与实际情况存在较大差异。

9.1.2.3 混合模型

Madan和Unal通过统计发现，违约概率为股权价格的减函数，于是结合简约模型与结构化模型的优点，建立了第一个违约风险定价的混合模型。

随后，Madan和Unal又在进一步综合两种模型的基础上，允许公司资产价值过程与随机利率相关，得到了有违约风险债券价格的闭式解。

Zhou在将结构化模型与简约模型加以整合的同时，考虑了突发事件对信用利差的影响，提出了基于跳跃—扩散过程的违约风险定价模型。

下面将重点讨论最先将强度概念引入信用风险定价方法中的Jarrow-Turnbull（JT模型），基于期限结构的Duffie-Singleton（DS模型）。

Madan和Unal的混合模型

Madan与Unal通过统计发现违约概率为股权价格的减函数，结合简约化模型与结构化模型的特点，建立起第一个违约风险定价的混合模型。

模型假设$e(t)$为股票的价格过程，那么$s(t) = e(t)/B(t)$是以货币市场账户计算的价格过程，该贴现价格过程为鞅：

$$ds(t) = \sigma s(t)dW(t)$$ (9.31)

其中，$\sigma \epsilon R_+$为正常数，$W(t)$为风险中性测度下的标准维纳过程。

Madan和Unal进一步又假设风险率为：

$$\lambda(t) = \varphi[s(t)] = \frac{c}{\{1n[\frac{s(t)}{\delta}]\}}$$ (9.32)

有违约风险债券的价格可由无违约风险债券的价格、违约概率，以及违约挽回率给出。在风险中性测度下，时间 t 和 T 之间的生存概率为：

$$F(t,T) = \Psi[t,s(t),T] \tag{9.33}$$

容易观察到 $-\int_0^t \lambda(u)\, du\psi(s,t)$ 是风险中性概率下的鞅，由 *Ito* 引理得知 Ψ 满足下面偏微分方程：

$$0.5 \times Trace[\psi_{ss}(t,s,T)\sigma(t,s)\sigma'(t,s) + \psi_t(t,s,T) = \varphi(t,s)\Psi(t,s,T)] \tag{9.34}$$

边界条件：Ψ（t，s，T）=1。

该方程的解为：

$$\Psi(s,t) = G_a[2/d^2(s,t)] \tag{9.35}$$

其中，$d = \frac{log\ (s/\delta)}{\sigma\sqrt{T}} - \frac{\sigma\sqrt{T}}{2}$，$a = \frac{c}{2\sigma^2}$。

G_a（y）满足以下的常微分方程：

$$y^2G(3y/2-1)G - aG = 0 \tag{9.36}$$

约束于 G（0）=1，G（0）=$-a$。这样可以计算出在远期调整测度下时间 t 和 T 之间的生存概率近似为 G（$y \approx e^{-ay}$）。

Madan 和 Unal 模型融合了结构模型的思想后，模型的经济含义加强了，而且模型考虑了信用风险与市场风险的相关性，改进了 Duffie-Singleton 模型中关于回收过程的假定。但是，融合结构模型思想也带入结构模型的缺点，即假定公司资产符合随机过程。模型还有一个非常大的问题是违约强度有可能为负值，这在现实中是不可能的。

9.1.2.4 精算模型

违约升水被定义为承诺收益率和预期收益率之差。考虑一个承诺到期支付 100 美元的 1 年期债券，不过我们预期其到期仅支付 50 美元。假如市场愿意付 50 美元购买这一债券（为计算简便起见）。这一假设当然是不现实的，因为假如没有风险贴水，考虑到货币的时间价值，债券的价格应在预期价值之下。此时，承诺收益率为 100%，而预期收益率为 0。承诺收益率是基于承诺应付的本息的收益率。不过由于可能存在违约，债券的预期收益也许比承诺收益要小。

为详细研究违约，我们首先了解到精算学中的人口死亡率概念。死亡率就类似于公司的违约率。我们先将给定的人群分为几类：男性、女性、吸烟者和不吸烟者。接着我们便收集人群的死亡数据资料。根据资料，我们便可以计算出每一类人群每个年龄段的条件死亡率和生存率。这些数据汇编起来便是所谓的死亡率表。根据这张表，我们可推算出某人投保的风险。

Pye（1974）提出违约精算法，遵循相似的论证。当然，我们必须将人联想成一个债券，虽然这想法听起来有点奇怪。对于一个人，存在着生物性因素；大部分的死亡表上限为 100 岁。企业并没有生物上的终结日，甚至出于现实目的，投资者的投资年限很少会超过 10 年。将精算法用于债券估值，并不是将债券建模成一个人，而是基于精算法中使用历史数据去推测未来的思想，对违约风险定价。重点在于方法和思想，而不是建模的过程和我们模型的假设。

一个很重要的类似于 Pye 的模型。该模型假设债券每年违约的死亡率是固定值 p_d。在违约时，债权人能得到的价值和本金之比，y 即偿还率。假如没有发生违约，债权人的收益为无风险收益率 r_f 加上违约升水 π。考虑到要把违约可能性和债券的预期收益联系起来，后来的学者又推导出一个模型，它假设投资者是风险中性的，且没有任何风险升水。此时，违约升水是由于违约导致的债券的损失的预期价值。我们有：

$$\frac{1}{1+r_f+\pi}=\frac{P_d\gamma+(1-P_d)}{1+r_f}$$

加以变形，得到：

$$\frac{1}{1+r_f+\pi}=\frac{1-P_d(1-\gamma)}{1+r_f}$$

因此，我们得出：

$$\frac{\pi}{1+r_f}=\frac{1}{1-P_d(1-\gamma)}$$

进一步简化得到：

$$\pi=\frac{(1+\gamma_f)(1-\gamma)P_d}{1-(1-\gamma)P_d}$$

这一完美的模型能更精确地显示出：违约可能性的提高和偿付率的下降都将导致更高的违约升水。

跟其他模型相比，*Pye* 模型注重于分析违约升水。精算模型更深入地考察了收益率差的来源组成，可供我们有效地评价市场上实际观察到的期权调整利差是否合理，它提供了一个基准，用以判断市场基于实际观察到的期权调整利差得出的信用风险是被高估了还是被低估了。

9.2　影响中小企业私募债券的价格的因素分析

9.2.1　影响债券价格的一般因素分析

9.2.1.1　利率风险

很多因素都可以引起债券价格的变动，这些因素包括发行人的信用质量的变化、经济周期、债券的供求状况、利率变动等。其中，利率变化是最常见的引起债券价格波动的日常性因素。我们把这种由利率变化引起债券价格变化的风险因子叫作债券的利率风险。

由于决定债券价格利率风险大小的因素主要包括偿还期和息票利率，因此需要找到某种简单的方法，准确直观地反映出债券价格的利率风险程度。经过长期研究，人们提出“久期”（*Duration*）的概念，把所有影响利率风险的因素全部考虑进去。这一概念最早是由经济学家麦考雷（*F. R. Macaulay*）于1938年提出的。他在研究债券与利率之间的关系时发现，到期期限（或剩余期限）并不是影响利率风险的唯一因素，事实上票面利率、利息支付方式、市场利率等因素都会影响利率风险。基于这样的考虑，麦考雷提出了一个综合了以上四个因素的利率风险衡量指标，并称其为久期。

久期表示债券或债券组合的平均还款期限，它是每次支付现金所用时间的加权平均值，权重为每次支付的现金流的现值占现金流现值总和的比率。久期用 D 表示。久期越短，债券对利率的敏感性越低，风险越低；反之，久期越长，债券对利率的敏感性越高，风险越高。

为了验证久期与票面利率的关系，我们通过 *matlab* 软件绘制了中小企业私募债券“12 金泰 02”（表 9－1 为该债券详细情况）的久期和票面利率的关系图，如图 9－1 所示。图中横轴表示票面利率，纵轴表示中小企业私募债券“12 金泰 02”的久期。如图所示，“12 金泰 02”的久期随着息票率的增大而减小；当息票率为 11% 时，久期和修正久期分别为 2.71 年和 2.54 年。上述关系表明，中小企业私募债券的利率风险随着票面利率的增大而逐渐递减。

表 9－1 “12 金泰 02”的详细情况

债券代码	12 金泰 02
代码简称	125013. SH
上市日	2012 年 7 月 10
面额（元）	100
发行价（元）	100
期限（年）	3
票面利率（%）	11
计息日	2012 年 7 月 10
到期日	2015 年 7 月 10
发行人	湖州金泰科技股份有限公司
还本付息方式	一年一次
债券类型	中小企业私募债券
上市场所	上海证券交易所
备注	固定利率，每年 7 月 10 日付息，节假日顺延

资料来源：笔者整理

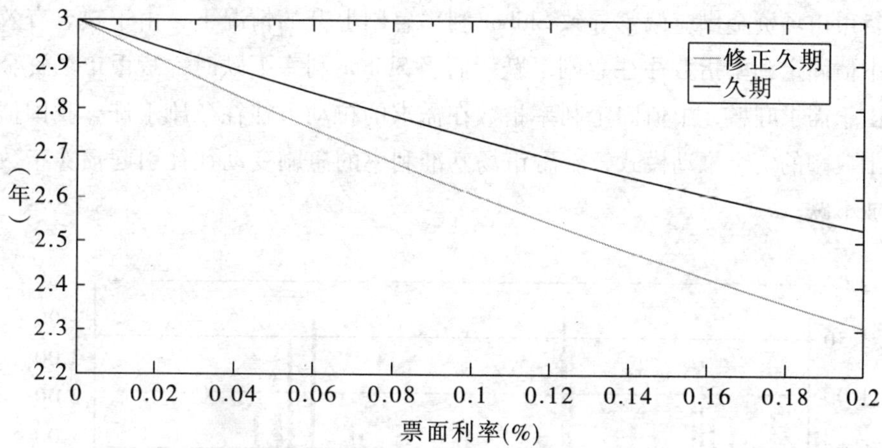

图9-1 “12金泰02”票面利率和久期的关系

同理，我们绘制了“12金泰02”的市场利率与久期的关系图（见图9-2)。通过观察发现，“12金泰02”的久期与市场利率呈反比关系。在其他条件不变的情况下，利率上升，久期缩短；利率下降，久期变长。

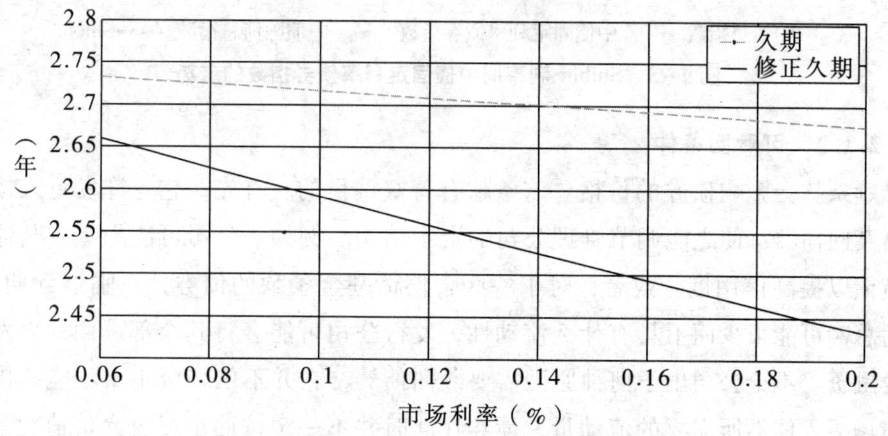

图9-2 “12金泰02”市场利率和久期的关系

9.2.1.2 金融市场上的基准利率

基准利率是债券定价过程中必须考虑的一个重要因素，在证券的投资价值分析中，基准利率一般是指无风险债券利率。政府债券可以看作是现实中的无风险债券，它风险最小，收益率也最低。现阶段我国债券一级市场主要以Shibor利率（上海银行间同业拆放利率）作为基准利率，该利率能很好地反映短期的货币资金供求变动情况。在信用债券的发行过程中，一般都选取发行前5个工作日的Shibor利率平均值作为基准利率，并根据债券风险的大小和市场认可程度加一个利差来得到债券的发行利率。因此，基准利率的波动情况直接影响到所有债券的收益率情况。

我们选取了2006年10月到2012年12月这段时间内的Shibor利率和中债固定利率债券指数价格数据，通过仔细观察，发现两者之间呈现出很强的负相关性。如图9-3

所示，货币市场资金供应偏紧导致 Shibor 利率急剧上升的情况下，由于缺乏有效资金需求，中债固定利率指数往往急剧下跌。而当 Shibor 利率下跌时，货币市场资金趋于宽松，由于需求旺盛，中债固定利率指数在需求的拉动下往往急剧上涨。我国债券市场呈现出典型的资金推动模式，金融市场基准利率的急剧变动往往引起债券指数的集体上涨或下跌。

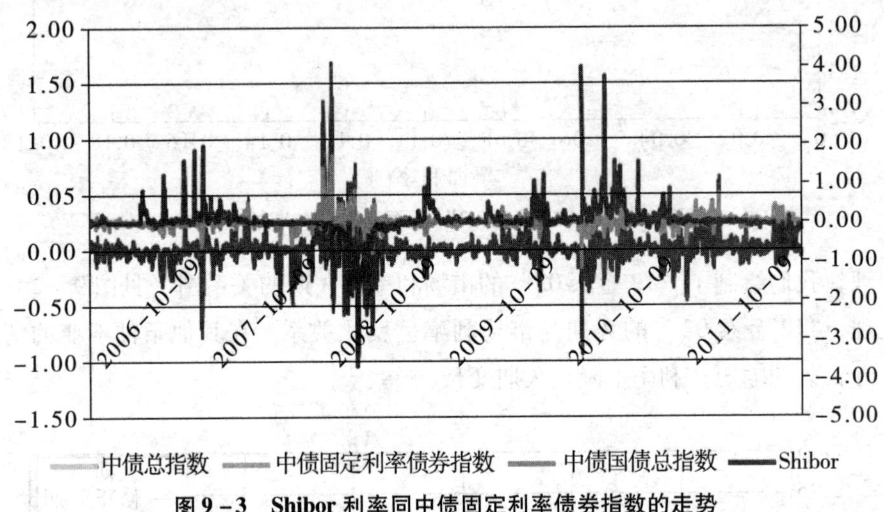

图 9-3　Shibor 利率同中债固定利率债券指数的走势

9.2.1.3　可赎回条件

早赎条款会影响债券的价格。该条款有着双重目的。首先，它允许发行人按照固定价格赎回债券，使之能调节管理公司的资本结构。例如，公司可能想减少其流通在外的负债以提高信用度。或者，对于一些含偿债基金条款的债券，在临近到期日时，其流通总额可能很少而不具有什么流动性，发行公司可能会将其全部赎回，再发行新的债券融资。不论公司出于何种原因需要赎回债券，它并不依赖资本市场能提供其在公开市场买入债券所需要的流动量，债券在此时并不一定按照市场公允价值交易。例如，看准发行人将会赎回债券而持有的债券投资者，会要求发行人在债券内在价值之上再支付较高的升水。早赎条款便可对这种情况提供一个赎回价格上限。

公司拟定早赎条款的另一动机是：当利率走低时，公司可以按照赎回价赎回旧的债券，代之以发行票面利率更低的新债券。早赎条款使得公司可以更低的利息成本进行再融资，该条款本质上赋予了发行人一项可按固定价格买入债券的看涨期权，含有潜在的利率风险。

可赎回债券的价值 = 不包含期权的债券价值 - 看涨期权价值

该等式表示，持有可赎回债券相当于持有不包含期权的债券的同时卖出了看涨期权，利率降低使得无期权债券价格升高，无期权债券的升值会被看涨期权的损失抵消一部分。

以发行人的角度来看，该等式表示：公司发行可赎回债券，等于发行不包含期权的债券的同时还购买了该债券的看涨期权。公司拥有按固定价格赎回债券的权利，也为此付出相当于期权价值的升水。公司发行可赎回债券获得的收入，是把期权价值从不包含期权的债券价值中扣除后的净值，要少于发行不包含期权债券获得的收入。

根据上式，我们得知可赎回债券的价值等于不包含期权的债券价值减去看涨期权的价值。因此，可赎回债券的价值要比相应的不包含期权的债券价值低，换言之，可赎回债券的收益率要比不包含期权的债券的收益率高。

为了监管发行人这一权利，一些债券还写有再融资保护条款，禁止发行人在某一时间段内，用评级等于或高于此项债券而利率更低的债券的发行所得来实施赎回权，但仍然有很多途径可以赎回这类债券。总之，公司会频繁地买卖债券，例如，公司可去银行贷款，并将其作为赎回再融资保护的资金。由于公司并不需要对自己某次负债声明原因，我们很难去分辨公司发行债券或贷款的目的，因此再融资保护条款并没有多大的经济意义。

9.2.1.4　偿债基金

偿债基金条款从两个方面影响债券的价值。首先，本质上，偿债基金条款制定了债券清偿本金的时间表。因此，偿债基金债券的价格受到收益率曲线弯曲程度的影响。例如，考虑有两个期限为T年的债券，其中一个有偿债基金条款。假设现在T年期的利率升高，而其余期限的利率不变，则无偿债基金条款的债券价格下跌幅度要比有偿债基金条款的债券下跌幅度大。这是由于有偿债基金条款的债券在早期有更多的强制性赎回，因此，它的价格对更短期限利率的变化更加敏感。其次，偿债基金条款在早期还具有期权的性质。偿债基金条款要求发行人履行清偿义务，按照一定的条件或方式赎回债券。该赎回权允许发行人按照面值赎回债券，从而影响债券价格。一年一次或半年一次的偿债条款类似于早赎条款，都赋予发行人按确定的价格赎回债券的权利。它们的不同之处在于：偿债基金债券的赎回价是面值，而早赎条款规定的赎回价通常高于面值；更重要的是，偿债基金期权在每个偿债基金清偿日只对一部分债券有效，而早赎条款对所有流通在外的债券均适用。因此，偿债基金条款是一系列的赎回期权组合。在每个偿债基金清偿日，发行人可以选择收回价值等于债券面额的偿债基金或在公开市场按市价购入债券。

偿债基金条款还有一种特殊的，称为“双倍清偿”的条款。在每个偿债基金清偿日，发行人可以赎回规定数量的债券，也可以赎回两倍于规定数量的债券。双倍清偿条款可加速偿还本金。不过该条款和任选期权一样，持有者可选择是否执行该期权。其定价方法也与任选期权的定价方法相同。

为简单起见，不妨假设债券没有早赎条款。该息票债券3年到期，总面值金额为100元，其双倍清偿基金条款规定在每年末赎回价值10元债券。

双倍清偿期权可用决策树表示，见表9－2。在每年年末，发行人可以决定是否双倍清偿。若发行人决定执行双倍清偿条款，则流通在外的债券总面值减少 20 元；反之，若不执行，则减少 10 元。

按照无套利原理构造一个利率二叉树模型，每个步长为 1 月或 1 年。在第 3 年年末，每个节点都代表事情按某种可能路径发展时的债券总面值：在每年年末，债券可能被双倍清偿，也有可能没被双倍清偿。如表 9－2 所示，在到期日，剩余债券的总面值可能为 60 元、70 元、70 元或 80 元。换言之，含双倍清偿条款的债券的总面值在到期日会有 4 个可能值，而普通债券仅可能有一个。

表 9－2　含双倍清偿条款的债券的总面值分布情况

	第 1 年	第 2 年	到期时的本金余额（第 3 年）	
100 元	双倍清偿（－20 元）	双倍清偿（－20 元）	60 元	情况 1
		不清偿（－10 元）	70 元	情况 2
100 元	不清偿（－10 元）	双倍清偿（－20 元）	70 元	情况 3
		不清偿（－10 元）	80 元	情况 4

注：履行双倍清偿期权会产生一个决策树。在每年年末，发行人可决定是否双倍清偿。当执行双倍清偿条款时，债券的总面值减少 20 元；若不执行，总面值就减少偿债基金条款规定的 10 元。

在假设债券的面值为 100 元的基础上，我们可以计算债券的价格。由于有 4 种可能情况，我们便可在每种情况下，依据是否实施双倍清偿条款的历史，倒推出债券价格。

9.2.1.5　税收待遇

在不同的国家之间，由于实行的法律不同，所以不仅不同种类的债券可能享受不同的税收待遇，而且同种债券在不同的国家也可能享受不同的税收待遇。债券的税收待遇的关键，在于债券的利息收入是否需要纳税。由于利息收入纳税与否直接影响着投资的实际收益率，所以，税收待遇成为影响债券的市场价格和收益率的一个重要因素。

此外，税收待遇对债券价格和收益率的影响还表现在贴现债券的价值分析中。对于息票率低的贴现债券的内在价值而言，由于具有延缓利息税收支付的待遇，它们的税前收益率水平往往低于类似的但没有免税待遇的（息票率高的）其他债券，所以，享受免税待遇的债券的内在价值（价格）一般略高于没有免税待遇的债券。

截至 2013 年 4 月底，中小企业私募债券试点范围已扩大至北京、上海、天津、重庆、广东（含深圳）、江苏、浙江、山东、湖北、安徽、内蒙古、贵州、福建、新疆、云南、江西和大连共 17 个地区，为减轻中小企业发行私募债券的融资成本压力，多个地方政府出台了针对中小企业私募债券的优惠贴息政策。

据了解，目前深圳市政府对深圳地区前 10 家发行私募债券的企业首年按发行额的 1% 进行贴息；而北京中关村管委会则对中关村旗下企业发行私募债券给予票面利息 30% 的贴息。北京中关村管委会暂无贴息企业家数限制，其贴息措施为对企业发行债券的利息进行30%贴息，贴息额度不超过50万元，贴息年限最长3年。例如，发行总额1 000万元，票面利率8.5%，则第一年可以获得25.5万元的补贴。

在各地政府的积极支持和推动下，更多企业将考虑通过私募债券进行融资。各地政府对中小企业发行债券的支持度，为部分融资成本压力较大的企业减少了负担。地方政府贴息补贴政策通过直接给予发行企业利息补贴的方式提高了发行人的利率容忍度，为了保证中小企业私募债券的成功发行，增加中小企业私募债券对投资者的吸引力，发行企业会提高私募债券的发行利率，进而增加中小企业私募债券的价值。

9.2.1.6　市场流通性

对于高评级债券，我们倾向于得到一个正的期权调整利差。高评级债券的违约可能性比较小，其利差并不仅仅是对信用风险的补偿利差，利差的一部分常被称为流动性利差。"流动性"在经济理论中有着特定的含义，正如我们经常用"流动性升水"来指代投资者对短期债务的偏好一样。很多理论认为流动性是指债券的可销售性。

考虑一个非流动的零息信用债券，假设其没有违约风险和隐含期权。根据一价定律，我们可将其与相同到期期限的零息票国债相比，两者价值应该相同。然而，市场上对国债的接受程度普遍要远远高于普通信用债券。国债随时都有庞大的市场可供投资者随时交易。对于流动性保持如此良好的市场，持有该国债的投资者随时都可以以较低成本出售其债券；而对于非流动的信用债券来说，虽然其他债券条款都完全相同，但其交易市场不活跃，投资者想出售该信用债券时往往由于找不到合适的购买者，而必须折价出售。由于投资者需要承担一定贱卖非流动债券才能脱手债券的风险，债券持有人往往会要求额外的收益作为流动性风险补偿；用收益率来表示这一额外收益即是所谓的流动性利差。由于投资者要求更高的流动性利差，因此非流动性债券的价格往往会低于流动性很强的债券价格。

流动性利差可以看作一个期权升水。非流动债券之所以有流动性风险，是因为即使它的价格已低于按一价定律得出的价格，也不能保证该债券的顺利出售。对于不打算长期持有的投资者，在理论上可买入敲入期权以防止流动性风险。其敲入期权的潜在风险为流动性风险，即流动性利差变动的不确定性。敲入期权的执行价为一个确定的流动性利差。我们可以用以下等式来表示：

无违约风险的非流通债券 = 对等的国债 - 流动性敲入期权

根据这一结论，我们可以得知，当流动性风险越高或流动性利差波动越大，流动性利差就越大。

在某种程度上，存在着流动性升水使得短期投资者为获得更高的收益而愿意承担流动性风险，而打算长期持有到期的投资者无须面临这一风险就可获得额外收益。例如，我国债券市场上的保险公司和银行，他们无须满足短期市场目标的需要，由此可长期持有债券直至到期，而不要求资产管理经理中途变卖。对于这些投资者而言，相对于投资国库券而言，流动性升水会给他们带来额外的收益。

9.2.1.7 供求状况

债券的供求将直接影响债券的市场价格和债券收益率，所以投资者要计算每年到期的债券资金与当年新发行债券的计划资金，如果到期资金大于当年新发行债券的计划资金，就会导致债券需求大于供给，债券价格有可能上升；反之，如果债券发行量大于当年到期债券资金，债券的价格就有可能下跌。除了总量分析外，还要对不同品种、不同期限债券、浮动利率和固定利率债券的供求进行分析，因为这些因素同样会影响债券的价格和收益率。美国在20世纪末即克林顿执政时期，财政出现大量盈余，于是财政部决定提前赎回一些债券，由于原有的供求关系发生了变化，结果凡是被财政部列为被买回债券的价格都大幅度上升。这是典型的由供求关系引起的债券价格变化。

我国的债券市场属于资金推动型，股票市场与债券市场有很强的关联性，市场资金供求关系和机构的心态在很大程度上影响着债券价格定位。一般来讲，两个市场会呈反方向变化，即股票市场上升，债券市场就会下降；反之，股票市场下跌，债券市场就会上扬。因为，市场参与者为了追逐较高的投资回报，总会在两个市场之间来回穿梭，哪个市场盈利机会大，资金就会流向哪个市场。

从图9-4和图9-5可以看出，受到全球经济危机的影响，2008年随着股市逐渐走弱，股市资金部分流向债市，逐渐推高了债券价格并不断上扬。中债固定利率价格指数从2008年年底的115点急剧上涨至2009年1月的140点。到了2009年2月，由于经过此番上涨，债券收益率已降至相当低的水平，部分资金开始获利退出，债券价格开始在高位盘整，部分长期债券开始下跌。同时，舆论开始评论长期债券的利率风险问题，债券价格缺乏继续上涨的市场环境。总之，债券市场价格走势与整个金融市场的资金供求状况紧密相关，资金的供求决定了债券价格的市场定位。

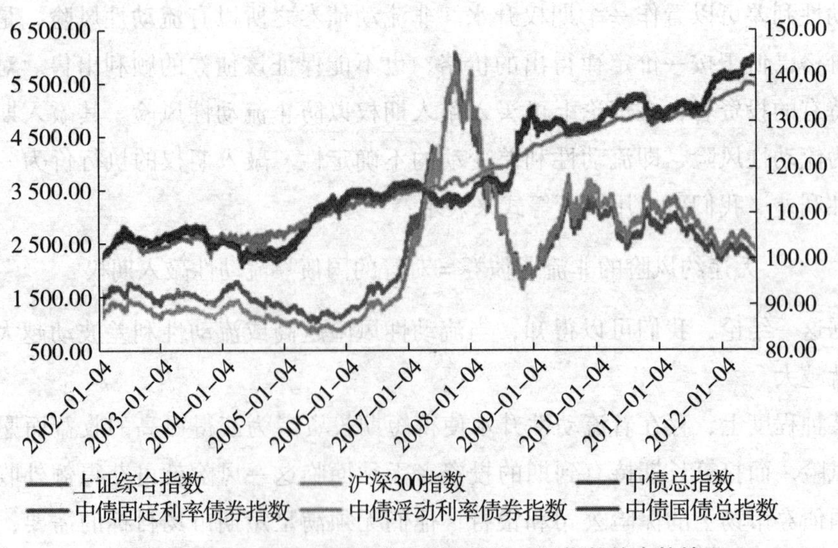

图9-4 中债固定利率债券指数和沪深300指数的走势情况

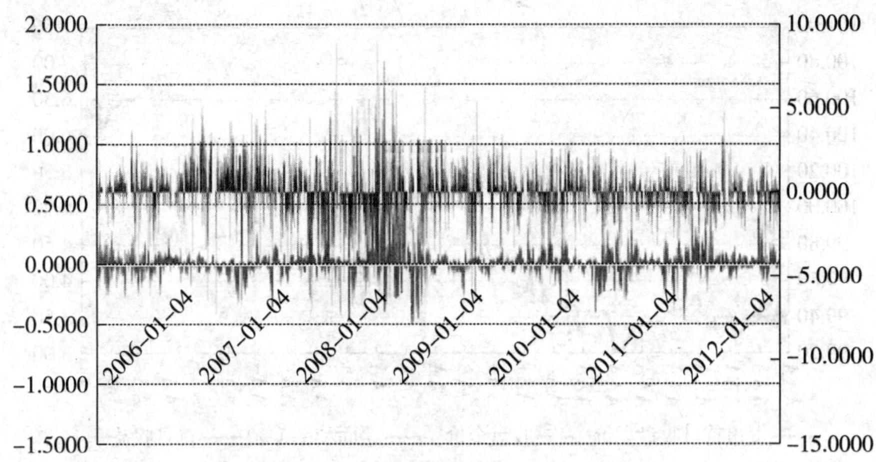

图9－5　中债固定利率债券指数和沪深300指数收益率波动情况

9.2.1.8　通货膨胀

通货膨胀对债券价格的影响主要体现在市场预期方面，通货膨胀通过影响预期收益率而对债券价格发生间接的影响作用。从前面的论述中我们可以看出，市场利率与债券价格呈现负相关性，当市场利率下降时，债券价格上涨；当市场利率上升时，债券价格下跌。通货膨胀通过引导市场预期收益率来对债券价格发生作用。当通货膨胀预期上升时，市场利率预期也将上升，债券价格就会下跌；当通货膨胀预期下跌时，市场利率预期也会下跌，债券价格就会呈现上涨趋势。当通货膨胀率趋于稳定时，市场预期利率稳定，投资者便愿意持有债券，债券价格就比较稳定。如果市场预期通货膨胀恶化时，债券便会遭到抛售，债券价格将会急剧下降。

9.2.1.9　信用评级

违约风险是债券价值的一个决定因素，债券违约风险越大，投资者要求的风险补偿就越高，对应的债券发行利率也越高。债券市场有专门的评级公司对各种债券的信用情况进行客观的综合评价。投资者根据公开市场显示的债券级别对债券信用风险大小有个大致的判断，并在实际交易过程中参考该级别对应的债券收益率来进行债券估值和报价。因此，债券的信用级别在很大程度上决定了该债券品种的收益率区间，进而间接影响债券的价值。

在图9－6～图9－9中，我们通过统计分析了2012年6～8月上市的企业债券、公司债券、中期票据和短期融资券等融资工具的新上市发行利率和首日收益率数据，在我国债券市场上信用等级的高低与债券发行利率之间存在着明显的相关关系，信用等级越高，发行利率越低，因此信用评级是定价的重要因素。

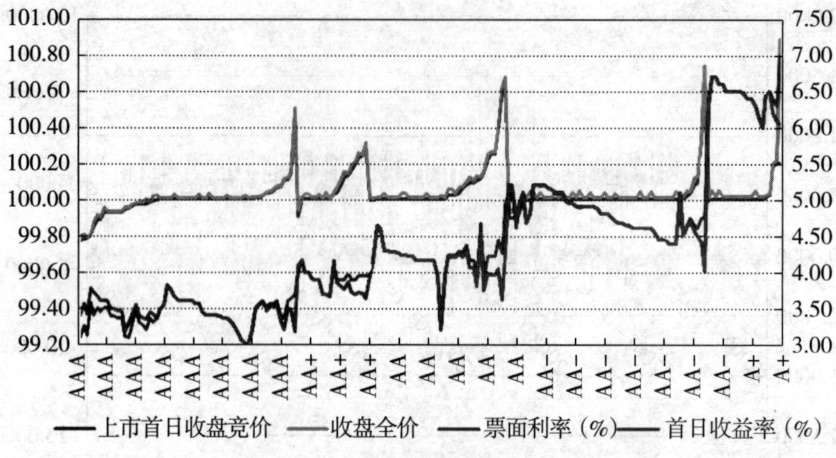

图 9－6　2012 年 6～8 月新上市不同信用等级的短期融资券首日收益率走势

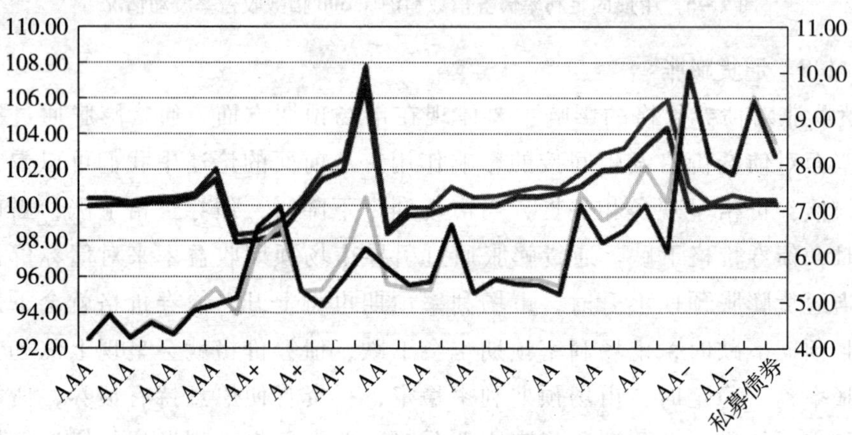

图 9－7　2012 年 6～8 月新上市不同信用等级的公司债券首日收益率走势

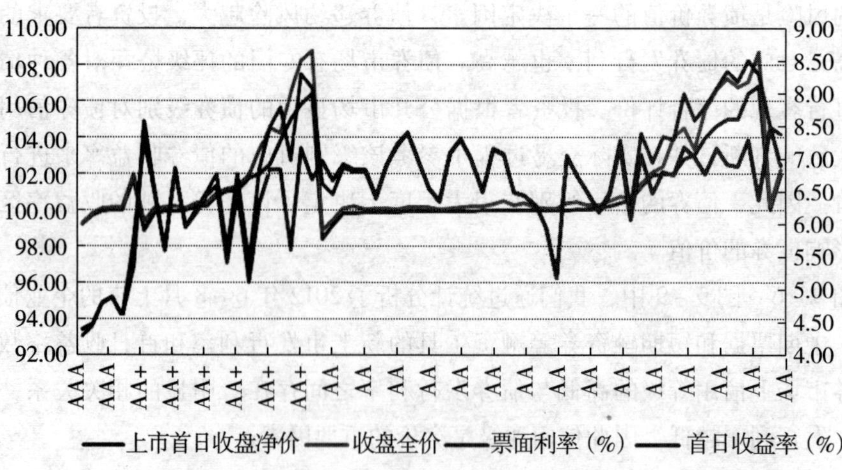

图 9－8　2012 年 6～8 月新上市不同信用等级的企业债券首日收益率走势

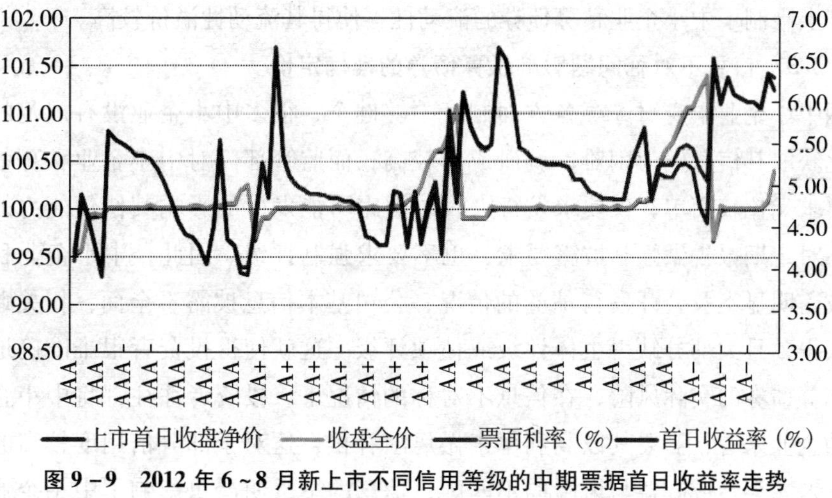

图9-9　2012年6~8月新上市不同信用等级的中期票据首日收益率走势

9.2.2　影响我国中小企业私募债券价格的特殊因素分析

9.2.2.1　一级半市场的套利行为影响私募债券价格形成过程

由于债券从发行到上市需要一段时间，在这一段时间内卖出申购的债券套利，便是一级半市场。在中国，债券一级半市场普遍存在。尤其是私募债券，其通过路演，而不是簿记建档，更非公开招标来定价，透明度较低，由于无法获知最终发行利率的产生过程，主承销商更容易抬高债券的发行利率，比如近期监管机构主要核查的“丙类账户”就很容易通过个人关系，从承销券商处拿到债券，再转手从二级市场卖出去，实现无风险套利。根据国泰君安的统计，大多数债券在上市后一周价格是上涨的。这种广泛存在于一级半市场的无风险或低风险套利行为，严重影响了中小企业私募债券价格的形成过程，对债券价格造成了一定的扭曲。

9.2.2.2　交易市场的分割造成较高的流动性溢价

我国债券市场的一大特点是被人为地分割成交易所债券市场和银行间债券市场两个部分。相比银行间市场，交易所市场无论是交易量还是规模都要小得多。同时，这两个市场的投资主体也存在明显差异：交易所市场的投资者主要包括非银行金融机构、非金融机构和个人投资者，其中以券商、基金等交易型机构为主；银行间市场的交易主体包括各类银行、非银行金融机构和企事业单位（通过代理行进入市场），其中商业银行是银行间债券市场最大的投资主体。虽然近年来一些上市银行已获得了交易所市场的许可证，但由于只能通过容量有限的集中竞价系统进行交易，无法满足银行对债券交易持续性、流动性的需求，因此商业银行仍将重心放在银行间市场。

由于中小企业私募债券只能在交易所，而不能在银行间市场进行交易，投资主体受到较大制约，目前其主要持有者为资金量较为有限的基金、券商及其他机构投资者，而资金吞吐量较大的商业银行则很少投资。加之监管部门对机构投资者投资品种信用等级的限制、对中小企业私募债券持有人数量的限制，以及对交易平台的限制，都在一定程度上限制了中小企业私募债券的流动性，使得其流动性溢价较高。

9.2.2.3 信息不对称问题影响私募债券的准确定价

我国中小企业本身财务等各方面制度不够健全，很多中小企业没有规范的财务报表，因此获取其信息较为困难，调研成本较高；而监管部门对中小企业私募债券的信息披露要求又比较简单，仅要求发行人及时披露可能发生的影响其偿债能力的重大事项，并不对定期报告做强制披露要求，也不要求强制评级。因此，中小企业私募债券的信息披露明显不及公开发行债券的情况，公司基本信息披露不全面，相关财务数据也很难获得，且大部分缺少主体评级或债项评级。这就使得投资者很难准确地了解中小企业私募债券的实际风险，在信息不对称的情况下，投资者往往都将中小企业作为高风险的企业来看，需要其以高利率来做风险补偿，这对于部分信用度较高的优质中小企业来说，会造成收益与风险的不匹配，信息的不透明严重影响了中小企业私募债券的准确定价。

9.2.2.4 监管体系建设的滞后带来监管风险

中国债券市场的监管体系本身不够完善，而中小企业私募债券作为一个新推出的债券品种，其发行、交易、偿债、信息披露等全方位的制度建设和监管体系必然需要一个逐步完善的过程，尤其是中小企业私募债券发行的信用评级制度、信用增级体系、信息披露管理等急需进一步的完善，在此过程中，相关法律法规和监管制度是滞后于债券创新实践并处于变化中的，这就会给发行人和投资者等相关主体带来法律和监管风险。

9.3 中小企业私募债券估值过程

9.3.1 估值方法简介

债券估值即计算债券预期现金流的现值，是反映债券内在价值的一种方式。大多数情况下，债券的估值与股票的定价有很大的不同。一个精确的债券估值模型可以很好地解释债券的价值。对债券而言，可利用市场上类似债券的近期交易价格，类比得出其价格，而不需要像股票估值那样去考虑诸如 beta 系数和预期收入等很难精确估计的因素。债券的现金流是较易估计的，只需要通过类比的方法得到现金流的贴现率，就可以对每只具体的债券进行定价了。精确的债券估值模型能对市场上流通的债券相当准确地定价，因此，不断完善发展债券估值模型有着重要的意义。

在投资过程中，投资者经常面临的一项风险是再投资风险，存在再投资风险的原因是付息债券在到期前的现金流需要再投资，而再投资的收益率和市场当时的利率水平有关。因此，用到期收益率并不能很好地描述这种再投资风险，因此引入了零息票债券的概念。

零息票债券是指发行后，在到期时一次性还本付息的债券。到期前，不存在任何现金流的支付，因而这样的债券不面临再投资风险。

如果没有信用风险，则这种债券面临的就只有利率波动的风险；因此，这正是在债券定价中需要的折现率。剔除了信用风险和再投资风险之后的利率，可以很好地描述利率波动的风险。

我们的中小企业私募债券估值过程如下：

第一步，确定即期收益率曲线。

第二步，构造债券现金流。

第三步，通过迭代法对现金流折现，最终得出折现值为债券价值。

9.3.1.1　即期收益率曲线构建方法介绍

1. Nelson-Siegle 模型解析

Nelson & Siegel（1987）利用 Laguerre 函数来构建模型。该模型把二阶微分方程：

$$\frac{d^2r(m)}{dm^2}+\left(\frac{1}{t_1}+\frac{1}{t_2}\right)\frac{dr(m)}{dm}+\left(\frac{1}{t_1t_2}\right)r=\frac{\beta_0}{t_1t_2}$$

在等根前提下的解作为瞬间远期利率函数，即：

$$f(m)=\beta_0+\beta_1 exp\left(-\frac{m}{t}\right)+\beta_2\frac{m}{t}exp\left(-\frac{m}{t}\right)$$

上述函数可以看作一个常数加上 Laguerre 函数。根据即期利率 $R(m)$ 与远期利率 $f(m)$ 之间的关系：

$$R(m)=\frac{\int_0^m f(x)dx}{m}$$

可以推导出隐含的即期收益率曲线：

$$R(m)=\beta_0+\beta_1\left(\frac{t}{m}\right)\left[1-exp\left(-\frac{m}{t}\right)\right]+\beta_2\left(\frac{t}{m}\right)\left[1-exp\left(-\frac{m}{t}\right)\left(\frac{m}{t}+1\right)\right]$$

2. 模型中参数的含义

（1）β_0、β_1、β_2 的含义。

Nelson-Siegel 模型中不论是远期利率曲线还是即期利率曲线，均受到 β_0、β_1、β_2 三个参数的影响。其中，参数 β_0 的载荷为 1，是一个不会衰减到 0 极限的常数，因而它对所有期限利率值的影响绝对值都是同步的。参数 β_1 因子的载荷为 $\left(\frac{r}{m}\left[1-exp\left(-\frac{m}{t}\right)\right]\right)$，是一个开始于 1，并很快地单调衰减至 0 的函数，因而 β_1 对利率所造成的影响时间较短，而且影响的程度是递减的。参数因子 β_2 的载荷为 $\left(\frac{r}{m}\left[1-exp\left(-\frac{m}{t}\right)\right.\right.$

$(\frac{m}{t}+1)]$)，它是一个开始于0（但不是短期），先是递增，然后会逐步衰减为0的函数，其影响介于β_0和β_1之间。β_2增加会对非常短和非常长的到期期限利率有微弱影响，而且会提高中期的收益，因而会增加收益率曲线的弯曲度。因此，三个参数β_0、β_1、β_2也被分别称为长期因子、短期因子和中期因子。

（2）β_0、β_1、β_2的关系。

根据各参数因子载荷，可以推导出一些参数所具有的经济意义和内在关系。下式中，当到期期限m趋于无穷大时，$R(\infty)=\beta_0$，因此β_0可以认为代表着长期利率水平；而当期限趋于0时，$R(0)=\beta_0+\beta 1$，可以认为瞬时利率主要依靠长期因子和短期因子两个因子。这为以后估值参数时初始值的确定提供了依据。此外，三个参数的符号对利率期限结构的形状和走向起决定性的作用，不同的符号组合构造出利率期限结构形状的多样性。

（3）t值含义。参数t控制指数的衰减率，它决定了β_1和β_2的衰减速度。如果t的值比较小，β_1和β_2收敛的速率比较快，短期和中期因素影响力开始衰退的速度较快，这也较好地拟合了较长到期期限的曲线。而当t值较大时，β_1和β_2收敛的速度较慢，它比较好地拟合较短到期期限的收益率曲线。当固定β_0时，通过β_1和β_2的不同组合，这个方程可以产生单调型、水平、S型、倒置型曲线。

9.3.1.2 样本数据的分析与处理方法

1. 数据来源

银行间双边报价：真实性好，但报价品种不全、价差大。

银行间结算价：真实成交，但品种不全且异常价格多。

交易所交易价格：真实成交，但品种不全且异常价格多。

2. 债券交易主要参与者及其特点分析

详见表9-3。

表9-3 债券交易所参与者及特点

场所	参与者	特点
银行间债券市场	商业银行、保险、基金、券商等机构	托管量大，成交量大，报价驱动
上海证券交易所——撮合系统	保险、基金、券商等机构及个人投资者	托管量小，成交量小，连续竞价交易
上海证券交易所——固定平台	保险、基金、券商等机构及个人投资者	报价驱动，单笔交易量较大，连续性不强

3. 交易数据和报价数据的质量分析与处理

从交易动机来看，股票基金投资债券主要是出于流动性管理和达到契约规定的比例要求，一般股票型基金的股票仓位在60~95%之间，除5%的现金资产外，0~35%是债券的投资比例。在基金认为股票重仓的时机尚不成熟时，为了达到建仓的要求，一般先会配置部分债券，目的并不在绝对收益，而是对流动性的管理。当然，如果股票基金认为债券市场相比股票市场存在更大机会时，如2008年下半年，也会将资产配置向债券倾斜。债券基金本身就是以债券配置为主，但它们会根据自己对债券市场走势的判断来调整所配债券的规模和期限。券商一般以绝对收益为考核要求，在参与交易时，一般是以获取短期价差为主，在认为合适的价位买入，在合适的价位卖出。保险的主力资金是在银行间市场，因为其拥有雄厚的资金，交易所市场对于它们来说“水太浅了”。散户的交易动机则更纯粹，主要是以逐利为目的。

（1）银行间债券市场异常价格背后的动机分析。

跑量：在中国人民银行考核做市商做市达标程度的指标中，交易量是一个重要的参考指标，如果在考核期内达不到一定的交易量，或者交易量排名落后，做市商做市的资格可能会被剥夺，由此会带来一定的利益损失。因此，做市商有很充分的动机在考核点截止前进行频繁买入卖出以做大交易量，这有可能导致异常价格的产生。此外，交易量往往反映了机构市场的活跃度，较大的交易量有助于提升机构市场形象，因此很多机构内部考核中引入了交易量指标，为了完成任务，交易员等可能投机取巧，通过频繁对倒做大交易量，在此过程中则可能伴随异常交易价格。

远期交易：在业内又称为“代持”，是指两个机构事先约好，未来按某价格买回一定数量的某债券，类似回购操作。例如：A机构想持有某债券，但出于某些原因不能买入，因此委托B机构以现价买入代为持有，同时约定未来以某价格从B机构手中买回，当然买回的价格考虑了B机构的持有成本。由于操作时未来的交易价格已经确定，虽然这个价格与当时市场价格较为接近，但未来实际执行时市场价格已经发生了很大变化，按原来约定的价格执行可能导致交易价格异常。

利润转移：是指某机构在当期内实现了较多的利润，为了避税和隐藏利润，该机构和另一机构约定，以某一较低的价格将一定数量的债券转给另一机构，这样由于该债券的亏损会使得账面利润减少，从而达到避税和隐藏利润的目的。这一较低的交易价格相比当日的正常交易价格就是异常价格。

（2）交易所债券市场异常价格背后的动机分析。

乌龙单（错单）：交易所市场的散户投资者较多，但这部分投资者在债券投资方面的专业知识可能较为缺乏，例如有相当多的投资者不清楚“全价”、“净价”的含义。因此，经常出现下错单的情况，从而产生了异常价格。

不计成本抛售债券：机构投资者为了弥补在某一方面的损失，而采取“挪东墙补西墙”的应急手段时，债券资产往往成了抛售的对象，主要因为债券投资相对稳健，一般都会有账面利润，即使亏损也为小亏。在急需资金的情况下，投资者为了迅速取现，往往就不计成本地抛出，从而有可能会造成债券的异常交易价格。比较极端的情况还有投资者在交易所通过债券回购滚动融入资金放大投资债券或股票，当交易所调整标准券比例要求投资者减少融资比例时，投资者无力追加资金偿还回购，交易所就将投资者抵押债券在市场强行拍卖，这就是所谓的“爆仓”，导致债券价格非正常下跌。

倒券：由于债券交易的流动性较为缺乏，买卖价差一般较大，并且由于量小，买卖挂单也较小，这就为机构对倒创立了良好的条件。举例来说，A、B 两个机构在私下商量好，A 机构以某一价格将手中持有的较大数额的债券转给 B，当然这个价格远低于公允价格。具体操作时，B 机构以较低的价位挂一个大额买单，在这个买单之前有较少数量的买单，然后 A 机构以这个价格挂一个相同数额的卖单，于是成交价格就会被瞬间打低。

异常点对收益率曲线的估计影响很大，因此，在采取各种方法进行收益率曲线估计之前，剔除异常点的措施必不可少。然而，对于异常点的判断却没有非常客观的标准，也就是说，没有一把标准的尺子来衡量低于或高于某个数就是异常点，它需要结合一些主观的判断。因此，在实际操作的过程中，判断异常点有一定的难度，它需要对债券市场的熟悉和投资经验的积累。当然，在实际操作过程中也形成了一些行之有效的方法，概述如下：

①准备用于收益率曲线估计的样本数据集，在估计前，对“特别异常”的点可手工剔除，“特别异常”是指据常理来判断特别离谱的价格，比如说 1 年期以内的债券收益率高达 20% 以上的点。将其余的点全部保留。

②将数据导入模型进行运算，创建初始收益率曲线。

③用户设定债券零波动利差的绝对值的最大值 MaxMargin；逐步剔除样本数据中债券零波动利差的绝对值超过 MaxMargin 的样本数据，得到新的样本数据集；由新的样本数据集，拟合出最终的收益率曲线。

(3) 零波动利差法。

当得到即期利率之后，债券的模型价格计算公式如下：

$$\widehat{P} = \sum_{t_i > t} \frac{C_i}{[1 + y(t_i)]^{t_i - t}} \tag{9.37}$$

其中，t 表示当前时点，t_i 表示未来的现金流发生的时点，C_i 表示未来的现金流，$\widehat{P}$ 表示债券的模型价格。

显然，债券当日的市场价格与模型价格之间会有一定的差异，将市场价格 P 替换上式左边的模型价格，在公式（9.37）中右边对即期利率均增加一个偏移量 Δy，相当于将收益率曲线沿纵坐标平移，即变为公式（9.38）如下：

$$\widehat{P} = \sum_{t_i > t} \frac{C_i}{[1 + y(t_i) + \Delta y]^{t_i - t}} \tag{9.38}$$

求出的 Δy 零波动利差，将该值与设定的最大偏离值进行比较，如果超出设定最大值，则将该点剔除。根据该方法，将首次不满足要求的点剔除之后，根据剩下的点再进行收益率曲线估计，然后再进行上述操作，直到剩下所有的数据点均满足要求，所得到的曲线即为最终的收益率曲线。

（4）主观判断法。

主观判断法是对少量的数据点进行判断，选出认为合适的点进行曲线估计。主观判断法不可能对当日全部的交易点和报价信息进行判断，这样过于耗时耗力，且效率低下。因此，该方法适用于判断少数关键点收益率的情况，一般适用于 Hermit 插值模型。但是，对于关键点收益率的判断，也需要专业的知识和相当丰富的经验，一般来说，程序如下：

首先，为剔除交易价格中的异常价格，需要将每日国债的交易价格与上一工作日对应的国债收益率曲线进行比较。对于相差过大的交易价格，如无法用当天的货币政策和相关金融经济信息等因素来解释，则该价格有可能是异常价格。

其次，对于同时在交易所和银行间挂牌交易的债券，对比银行间和沪市报价数据的收益率情况，对于收益率相差太大的数据应该予以剔除。

一般情况下，双边报价的可信度比较高，但有时也会出现防御性报价，还需要具体分析：

看双边报价是否连续，如果某笔双边报价是在某天第一次出现，而且其临近期限附近报价点也很少，则其可信度会打个折扣。

看双边报价的买卖价差和收益率差，如果收益率差过大（如有时会出现买卖收益率差在 50 个基点以上），则其可信度较低。

（5）相对位置法。

该方法用于异常点判断时，是基于这样一个基本假设：相同剩余期限的国债，收益率要低于金融债券；相同剩余期限的金融债券，收益率要低于企业债券。一般来说，国债有国家信用做担保，信用风险最低，违约率近于零；金融债券是由国家政策性银行发行，信用保障级别要低于国债；企业债券的信用级别则差异较大，有的有银行担保，有的则是集团提供担保，有的则完全没有担保，其违约概率要大于金融债券。因此，如果某国债收益率点偏离国债收益率曲线较多，且高于同期限金融债券、企业债券收益率，基本可认定其为异常点并删除，对金融债券、企业债券异常点的处理则反之。

4. 数据数量问题分析与处理

报价的信息来源有两个渠道，一是银行间报价，二是交易所固定收益平台报价。从报价的类型来看，又分为单边报价和双边报价。单边报价一般是机构的试探性报价，即发出买卖信号的报价，这种价格数量很多，只是代表了交易意愿，没有成交义务，一般不具有可信度。双边报价是做市商为了维持市场的流动性履行做市义务的行为。银行间市场和交易所市场为了规范做市报价，对做市商均有一定的要求。对利率曲线结构模型进行拟合，必须要有足够的债券报价数据，单纯依靠交易数据是远远不够的。

另外，我们通过实证检验，在利率有效性方面，最优报价往往比真实交易数据更为可靠。因此，在建模过程中，我们同时比较选择最优报价数据、真实交易数据、双边报价数据、结合最近个债价格业务人员的自编数据。一般来说，我们为保证模型的准确性，往往需要得到表9－4所列示的几个关键点附近的个债价格数据。

表9－4 债券主要关键期限点

期限	0.1667Y	0.25Y	0.5Y	0.75Y	1Y	2Y	3Y	5Y	7Y	10Y	15Y	20Y	30Y
即期收益率													

9.3.2 不含权固定利率债券估值

由于目前中小企业私募债券采取私募发行的方式，与其他债券相比，市场上往往没有交易数据或者很少有交易数据可供参考，这在很大程度上增加了我们对中小企业私募债券进行估值的难度。为了估算出中小企业私募债券的每日交易价格，必须选取适当的方法构建出适用于中小企业私募债券的贴现率。

中小企业私募债券估值过程如下：

第一步，确定交易活跃的国债即期收益率曲线。

第二步，计算中小企业私募债券同相同到期期限的国债收益率的到期利差。

第三步，国债即期收益率加上利差得到中小企业私募债券即期收益率。

第四步，构造中小企业私募债券现金流。

第五步，通过迭代法对现金流折现，最终得出折现值为债券价值。

首先，选取国债样本数据。

为弥补数据的不足，样本数据主要选取估值当日的银行间最优报价数据和最新交易数据。模型所用样本数据和各变量见表9－5和表9－6。

表9－5 2012年6月21日银行间国债最优报价数据

序号	债券代码	债券名称	付息频率	票息（%）	到期日期	剩余期限（年）	报价方	净价平均值
1	050009.IB	05国债09	1	2.83	2012－08－25	0.1726	北京银行	100.12
2	090022.IB	09附息国债22	1	2.18	2012－09－10	0.2164	建设银行	100.01
3	120001.IB	12附息国债01	1	2.78	2013－01－12	0.5562	工商银行	100.37
4	120002.IB	12附息国债02	1	2.87	2013－02－08	0.6301	汉口银行	100.41
5	100006.IB	10附息国债06	1	2.23	2013－03－18	0.7342	北京银行	99.96
6	110007.IB	11附息国债07	1	3.22	2014－03－10	1.7123	北京银行	101.23
7	110013.IB	11附息国债13	1	3.26	2014－06－02	1.9425	浦发银行	101.55

（续表）

序号	债券代码	债券名称	付息频率	票息（%）	到期日期	剩余期限（年）	报价方	净价平均值
8	110025. IB	11 附息国债 25	1	2. 82	2014 - 12 - 08	2. 4603	光大银行	100. 59
9	120007. IB	12 附息国债 07	1	2. 91	2015 - 04 - 26	2. 8411	花旗银行	100. 85
10	100039. IB	10 附息国债 39	1	3. 64	2015 - 12 - 02	3. 4438	南京银行	102. 87
11	110004. IB	11 附息国债 04	1	3. 60	2016 - 02 - 17	3. 6548	汉口银行	102. 95
12	110014. IB	11 附息国债 14	1	3. 44	2016 - 06 - 09	3. 9644	农业银行	102. 56
13	110022. IB	11 附息国债 22	1	3. 55	2016 - 10 - 20	4. 3288	北京银行	102. 78
14	120003. IB	12 附息国债 03	1	3. 14	2017 - 02 - 16	4. 6548	建设银行	100. 95
15	100022. IB	10 附息国债 22	1	2. 76	2017 - 07 - 22	5. 0822	中信银行	99. 21
16	110003. IB	11 附息国债 03	1	3. 83	2018 - 01 - 27	5. 6	招商银行	103. 55
17	110017. IB	11 附息国债 17	1	3. 70	2018 - 07 - 07	6. 0411	恒丰银行	102. 98
18	110021. IB	11 附息国债 21	1	3. 65	2018 - 10 - 13	6. 3096	光大银行	102. 67
19	120005. IB	12 附息国债 05	1	3. 41	2019 - 03 - 08	6. 7096	农业银行	101. 40
20	120010. IB	12 附息国债 10	1	3. 14	2019 - 06 - 07	6. 9589	广发银行	99. 54
21	100012. IB	10 附息国债 12	2	3. 25	2020 - 05 - 13	7. 8932	上海银行	98. 90
22	100019. IB	10 附息国债 19	2	3. 41	2020 - 06 - 24	8. 0082	杭州银行	100. 09
23	110002. IB	11 附息国债 02	2	3. 94	2021 - 01 - 20	8. 5836	北京银行	104. 10
24	110015. IB	11 附息国债 15	2	3. 99	2021 - 06 - 16	8. 9863	北京银行	104. 53
25	110019. IB	11 附息国债 19	2	3. 93	2021 - 08 - 18	9. 1589	光大银行	104. 25
26	110024. IB	11 附息国债 24	2	3. 57	2021 - 11 - 17	9. 4082	招商银行	101. 46
27	120004. IB	12 附息国债 04	2	3. 51	2022 - 02 - 23	9. 6767	农业银行	100. 98
28	120009. IB	12 附息国债 09	2	3. 36	2022 - 05 - 24	9. 9233	交通银行	99. 71

注：净价平均值为机构买入价和卖出价平均值。

表 9 - 6　2012 年 6 月 21 日银行间国债最新交易数据

序号	债券简称	剩余年限	付息频率	票息（%）	到期日期	最新净价	成交量（万元）
1	11 附息国债 20	0. 2301	1	3. 9	2012 - 09 - 15	100. 5	70 000
2	12 附息国债 01	0. 5562	1	2. 78	2013 - 01 - 12	100. 3549	16 000
3	12 附息国债 02	0. 6301	1	2. 87	2013 - 02 - 08	100. 3909	151 000
4	11 附息国债 13	1. 9425	1	3. 26	2014 - 06 - 02	101. 5687	15 000
5	12 附息国债 07	2. 8411	1	2. 91	2015 - 04 - 26	100. 8388	80 000
6	10 附息国债 28	3. 1753	1	2. 58	2015 - 08 - 26	99. 6787	70 000

（续表）

序号	债券简称	剩余年限	付息频率	票息（%）	到期日期	最新净价	成交量（万元）
7	09 国债 01	3.6411	1	2.76	2016-02-12	100.045	20 000
8	11 附息国债 14	3.9644	1	3.44	2016-06-09	102.4951	23 000
9	12 附息国债 03	4.6548	1	3.14	2017-02-16	100.8893	326 000
10	07 国债 03	4.7479	2	3.4	2017-03-22	101.8205	38 000
11	07 国债 10	5.0082	2	4.4	2017-06-25	107.335	300 000
12	11 附息国债 17	6.0411	1	3.7	2018-07-07	103.0328	6 000
13	11 附息国债 21	6.3096	1	3.65	2018-10-13	102.6909	26 000
14	12 附息国债 05	6.7096	1	3.41	2019-03-08	100.5033	85 000
15	12 附息国债 10	6.9589	1	3.14	2019-06-07	99.5194	160 000
16	10 附息国债 19	8.0082	2	3.41	2020-06-24	100	14 000
17	11 附息国债 02	8.5836	2	3.94	2021-01-20	104.1341	2 000
18	11 附息国债 15	8.9863	2	3.99	2021-06-16	104.4999	66 000
19	11 附息国债 19	9.1589	2	3.93	2021-08-18	104.1	153 000
20	11 附息国债 24	9.4082	2	3.57	2021-11-17	101.4353	4 000
21	12 附息国债 04	9.6767	2	3.51	2022-02-23	99.8021	96 000
22	12 附息国债 09	9.9233	2	3.36	2022-05-24	98.5032	172 000
23	08 国债 23	11.4356	2	3.62	2023-11-27	101.3355	24 000
24	07 国债 13	15.1562	2	4.52	2027-08-16	108.9958	40 000
25	09 附息国债 20	17.189	2	4	2029-08-27	101.4972	60 000
26	11 附息国债 10	18.8575	2	4.15	2031-04-28	102.4959	60 000
27	09 附息国债 05	26.811	2	4.02	2039-04-09	98.8906	80 000
28	11 附息国债 16	29.0192	2	4.5	2041-06-23	104.9935	20 000

其次，将模型所需数据，国债净价、息票率、估值日期、债券到期日、付息频率代入 matlab 工作变量文档（workspace）中，利用 matlab 自带公式计算每只债券的到期收益率。计算代码如下：

```
settle = 735041
yield = bndyield（price，couponrate，settle，maturity，period）
```

计算每个国债样本点对应的相同剩余期限零息票国债到期收益率。

接着，利用 matlab 中固定收益债券息票剥离法计算每个时间点对应的零国债即期收益率。计算代码为：

```
[zerorates，curvedates] = zbtyield（bond，yield，settle，period）
```

将上述求得的零息票国债到期收益率和剩余期限作为自变量，假设零息票国债到期收益率和对应的剩余期限服从 NS 模型中既定的分布函数，通过 matlab 非线性拟合方法（这里应用 matlab 中 nlinfit 函数）来求 NS 模型的对应参数。

该非线性拟合法需预设参数起始值，这里我们假定国债对应的 NS 模型参数起始值为：

```
beta0 = 0.050000000000000   0.056000000000000   -0.230000000000000   0.500000000000000
beta = nlinfit (m, rate, @pyrating, beta0)
```

其中，m 为零息票国债对应的剩余期限，rate 为零息票国债的到期收益率。

回归得到参数值：

```
beta = 0.0515610027824952   -0.0310731212537507
       7.07016108010041e-06   6.72648448050084
[forwardrate, curvedate] = zero2fwd (zerorates, curvedates, settle)
plot (curvedates, zerorates, '--r*')
rate1 = pyrating (beta, m1)
plot (m1, rate1)
hold on
plot (m, rate, '--r*')
```

得到当日的国债即期收益率曲线，如图 9－10 所示，各主要期限即期收益率如表 9－7 所示。

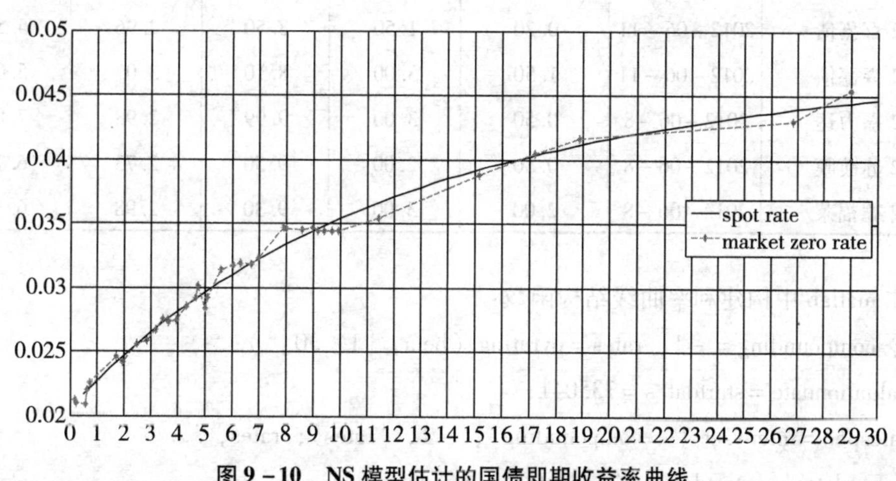

图 9－10　NS 模型估计的国债即期收益率曲线

表 9－7　NS 模型估计的国债主要期限即期收益率　（单位：%）

时间	0.25 年	0.5 年	0.75 年	1 年	2 年	3 年	4 年	5 年	6 年	7 年	8 年	9 年	10 年	15 年	20 年	30 年
利率	2.11	2.16	2.22	2.27	2.47	2.65	2.81	2.96	3.10	3.23	3.34	3.44	3.54	3.91	4.16	4.47

表 9－8 列示了中小企业私募债券利差分布情况。

表 9－8 中小企业私募债券利差分布情况

债券名称	发行日期	规模（亿元）	期限（年）	发行利率（%）	国债到期收益率（%）	发行利差（%）
12 太子龙	2012－06－19	1.00	3.00	9.99	2.96	7.03
12 新丽债	2012－06－18	1.00	2.00	7.00	2.84	4.16
12 中欣 02	2012－06－15	0.30	2.00	9.99	2.77	7.22
12 信威债	2012－06－15	2.00	2.00	9.80	2.77	7.03
12 同捷 01	2012－06－12	1.00	3.00	8.15	3.02	5.13
12 凡登债	2012－06－12	1.00	3.00	8.05	3.02	5.03
12 新宁债	2012－06－12	1.00	2.00	7.50	2.82	4.68
12 天科债	2012－06－12	1.00	3.00	7.30	3.02	4.28
12 巨龙债	2012－06－11	0.20	1.00	13.50	2.82	10.68
12 中欣 01	2012－06－11	0.20	2.00	10.00	2.96	7.04
12 锡物流	2012－06－11	2.50	2.00	9.50	2.96	6.54
12 宁水务	2012－06－11	2.00	2.00	9.40	2.96	6.44
12 钱江四桥 01	2012－06－11	1.00	2.00	9.35	2.96	6.39
12 拓奇债	2012－06－11	0.28	1.00	9.00	2.82	6.18
12 浔旅债	2012－06－11	0.50	3.00	8.90	3.07	5.83
12 九恒星	2012－06－11	0.10	2.00	8.50	2.96	5.54
12 百慕债	2012－06－11	0.20	1.50	8.50	2.96	5.54
12 森德债	2012－06－11	1.50	3.00	8.10	3.07	5.03
12 嘉力达	2012－06－8	0.50	3.00	9.99	2.98	7.01
12 苏镀膜	2012－06－8	0.50	2.00	9.50	2.73	6.77
12 德福莱	2012－06－8	2.00	3.00	9.30	2.98	6.32

在 matlab 中构建利率曲线结构函数：

令 compounding =－1；rates = pyrating（beta，［1：30］’）；

valuationdate = startdates = 735041；

ratespec = intenvset（‘compounding’，－1，‘rates’，rates，. . .

‘startdates’，startdates，‘enddates’，enddates，. . .

‘valuationdate’，valuationdate）

ratespec =

FinObj：‘RateSpec’

Compounding：－1

Disc：［30x1 double］

Rates：［30x1 double］

EndTimes：[30x1 double]

StartTimes：[30x1 double]

EndDates：[30x1 double]

StartDates：735041

ValuationDate：735041

Basis：0

EndMonthRule：1

个债估值：

[Price，PriceNoAI，CFBondDate，AllDates] = bondbyzero（ratespec，couponrate，settle，maturity，period，[]，[]，[]，firstcoupondate，[]）

分别将利率曲线结构 ratespec、待估值债券息票率、估值日期、债券到期日、债券付息频率、首次付息日输入上述函数模型中，即可得到个债净价和对应的累计利息。详见表9-9。

表9-9　私募债券估值价格

交易日期	证券代码	证券简称	成交价格（元）	成交量（张）	发行利差（%）	模型价格（元）
2012-06-21	118011	12 森德债	100.311	150 000	5.03	102.21
2012-06-21	118001	12 嘉力达	99.894	50 000	7.01	101.13
2012-06-20	118002	12 德福莱	100.132	50 000	6.32	100.67
2012-06-18	118010	12 锡物流	100.208	400 000	6.54	101.23
2012-06-18	118009	12 九恒星	100.163	10 000	5.54	100.97

成交价格资料来源：深交所综合交易平台

9.3.3　含权债券估值

9.3.3.1　可赎回债券估值

可赎回债券是发行者有权按照事先约定的价格买回其发行的尚未到期债券的一类含权债券。这类债券属于发行者期权债券，因为该期权赋予发行者按照规定的价格、在规定的时间、买入规定的资产（债券）。根据期权理论，发行者的这类"赎回权"属于看涨期权，这个期权有利于发行者而不是有利于债券持有者。

与不含权的普通公司债券相比，可赎回债券的第一个特点是存续期限不确定。由于债券有可能被提前赎回，其实际存续期限有可能短于原有的最长存续期限。存续期限不确定的突出表现为：可赎回债券在到期日之前可能被赎回，也可能不赎回；可能在某个日期被赎回，也可能在另一个日期被赎回。现实中，人们往往通过对赎回日期的规定认识到这一特征。比如有些可赎回债券规定在赎回保护期（债券发行日至第一次赎回日期间的时间）内债券不能赎回。在赎回期间，发行人可以通过两种方式行使赎回权：第一种方式是美式赎回或者叫连续式赎回，指发行者可以在赎回日（含）至债券到期日之间的任何日子行使赎回权。第二种是欧式赎回或者叫非连续式赎回，指发行者只能在特定的日期行使赎回权利。

可赎回债券的第二个特点是其发行和交易交割要低于不含权的普通债券，以便吸引投资者购买这类债券。发行者是否赎回债券，以及在赎回期间具体什么时候赎回债券，完全根据市场情况是否有利于发行者而定。比如当利率上涨时，债券价格下跌（至低于赎回价格时），此时发行者是不会赎回债券的；当利率下降时，债券价格上涨（至高于赎回价格时），发行者就会考虑赎回债券，赎回价格就成为债券的"封顶价格"，这样就限制了债券升值带给投资者的资本利得。隐含在可赎回债券中的这个期权价值一般在交易价格或者在可赎回债券的估值中反映出来。

可赎回债券与对应的不含权普通债券（是指除了赎回条款之外，两种债券的性质完全相同的债券）之间存在重要的关系。设 B_C 为可赎回债券的价格，B_{NC} 为对应的不含权的普通债券的价格，C 代表赎回期权价值，则理论上应该有：

$$B_C = B_{NC} - C$$

图 9－11 表明，无论什么情况下，可赎回债券的价格总是低于对应的不含权普通债券价格与赎回价格。当利率上涨时，发行者趋向于不赎回债券，债券价格向不含权的普通债券价格靠拢；而当利率下降时，发行者赎回债券的可能性加大，债券价格向赎回价格接近。可赎回债券的价格曲线的形状与普通债券的并不一样。在某些区域，价格曲线凹向原点，表明其负凸性的特征。负凸性意味着，当市场要求的利率发生较大变化时，价格的升幅将小于价格的降幅。

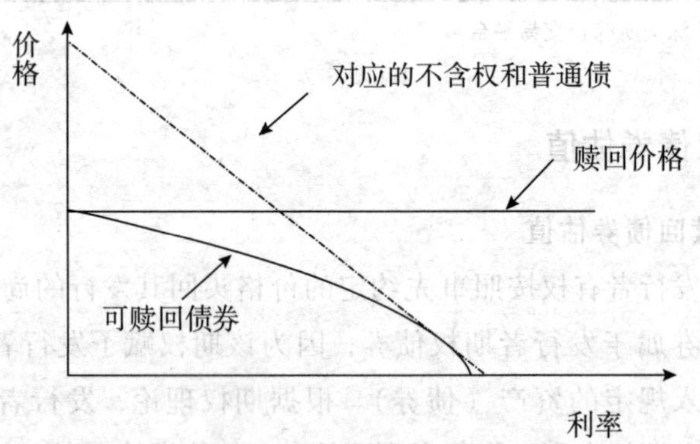

图 9－11　债券的可赎回条款对其价格的影响

从期限来看，可赎回债券的期限不是固定的，它随着赎回权执行的情况而变动。比如，一只"2＋1"（期限 3 年，第 2 年可以赎回）式的可赎回债券，当利率上涨时，发行者趋于不赎回债券，这个债券就是 3 年期债券；当利率下降，发行者赎回债券的可能性增大时，这个债券就是 2 年期债券。所以，可赎回债券的期限或长或短，依据利率对期权的影响而定。

既然可赎回债券的价值由两部分组成，即对应的普通债券的价值和赎回权的价值，那么分别求出这两部分的价值就可以得到可赎回债券的价值。

9.3.3.2　可回售债券估值

可回售债券是持有者有权按照事先约定的价格，将尚未到期债券卖给发行者的一类含权债券。这类债券属于投资者期权债券，因为该期权赋予投资者按照规定的价格、在规定的时间、处置规定的资产的权利。按照期权理论，这类期权属于看跌期权。投资者购买可售回债券后，可以看作分别持有了一个“对应的不含权的普通债券”和一个“看跌期权”。所以：

可回售债券的价值 = 不含权的普通债券的价值 + 看跌期权的价值

可回售债券的期限长短，依赖期权行使的可能性。当利率上涨时，债券持有人售回的可能性变大，可回售债券的剩余期限变短；当利率下降，债券持有人回售的可能性变小，可回售债券的剩余期限趋向于原始的期满日。以“2 +1”式可回售债券为例，当利率上涨时，债券趋向于2年期债券；当利率下降时，债券趋向于3年期债券。我们可以仿照可赎回债券定价的原理为可回售债券定价。表9 -10、表9 -11列示了各含回售选择权中小企业私募债券的特征和特殊条款。

表9 -10　含回售选择权中小企业私募债券特征

名称	发行日期	利率（%）	票面利率说明
12浔旅债	2012 -06 -11	8.9	20120611 ~ 20140610，票面利率：8.90%；20140611 ~ 20150610，票面利率：8.90% +上调基点
12森德债	2012 -06 -11	8.1	20120611 ~ 20140610，票面利率：8.10%；20140611 ~ 20150610，票面利率：8.10% +上调基点
12嘉力达	2012 -06 -08	9.99	20120608 ~ 20140607，票面利率：9.99%；20140608 ~ 20150607，票面利率：9.99% +上调基点
12德福莱	2012 -06 -08	9.3	20120608 ~ 20140607，票面利率：9.30%；20140608 ~ 20150607，票面利率：9.30% +上调基点

表9 -11　含回售选择权中小企业私募债券特殊条款

名称	发行总额（亿元）	期限（年）	付息频率	特殊条款说明
12浔旅债	0.50	3	1年1次	附第2年发行人上调票面利率选择权 附第2年末投资者回售选择权
12森德债	1.50	3	1年1次	附第2年发行人调整票面利率选择权 附第2年投资者回售选择权
12嘉力达	0.50	3	1年1次	附第2年发行人上调票面利率选择权 附第2年投资者回售选择权
12德福莱	2.00	3	1年1次	附第2年发行人上调票面利率选择权 附第2年投资者回售选择权

假设我们的评估日是2012年8月31日，当天国债利率期限结构如表9-12所示。当天所有中小企业私募债券收盘净价为100元，年化价格波动率为0.057。我们通过matlab期权定价公式可得到该期权价格，见表9-12~表9-14。

表9-12　2012年8月31日国债利率期限结构

期限（年）	0.17	0.25	0.50	0.75	1.00	2.00	3.00
收益率（%）	2.4970	2.5022	2.5751	2.6339	2.6833	2.8900	3.0077

表9-13　中小企业私募债券与国债的发行利差

债券名称	付息频率	发行利差（%）
12浔旅债	1年1次	5.83
12森德债	1年1次	5.03
12嘉力达	1年1次	7.01
12德福莱	1年1次	6.32

表9-14　含回售权的中小企业私募债券期权价格

名称	发行总额（亿元）	期限（年）	付息频率	期权价格
12浔旅债	0.50	3	1年1次	2.48
12森德债	1.50	3	1年1次	2.35
12嘉力达	0.50	3	1年1次	2.16
12德福莱	2.00	3	1年1次	2.25

9.4　结论和建议

投资级债券、利率和证券衍生品的建模法，由于其估值准确性而得到广泛的使用。现在的利率模型多种多样，各有各的用途，例如满足对数正态分布或正态分布、单因素或多因素利率风险，以及我们曾提到的其他特质。总体来说，它们都很实用，都能成功地运用于利率风险定价和管理。然而，高收益债券模型的情况比较特殊。高收益债券分析常被看作是对投资级债券分析的延伸。因为在很多时候，高收益债券是一个兼有股票和固定收益特征债券双重性质的证券。当企业可以承担其应付债务时，高收益债券就是一个固定收益证券。当企业违约时，高收益债券要分担股票承受的风险。

理论界关于高收益债券的估值主要有精算模型、简化模型和结构化模型三种。高收益债券是一种相当复杂的证券。假如我们的目的在于延伸投资级债券模型来更好地理解高收益债券，那么精算模型就提供了针对投资级别债券的富有逻辑的外推法。精算模型可以清楚地确定每个债券的违约贴水，使确定每个债券的信用利差变得更加容易。我们利用精算模型可以测算出违约利差，而不需要依赖市场板块或信用等级组的平均值。

然而，考虑到国内债券市场发行门槛一直较高，只有资质较好的债券才能达到发行债券的门槛，债券市场实际违约率为零。所以我们针对中小企业私募债券的估值，主要还是基于国外成熟的投资级别债券估值方法，即首先通过估算即期收益率来确定中小企业私募债券的折现率，紧接着分析中小企业私募债券的息票率来构建其现金流组合，最终将所有现金流折现的方法得到中小企业私募债券的价值。随着市场发行门槛的逐渐放宽，债券市场违约率的上升，更为精确的中小企业私募债券估值方法应该是基于债权人和股东之间契约的定性分析基础上得出来的，因为其破产可能性的上升大大增加了未来现金流的不确定性。更为精确的估值方法应该将企业破产清算过程的定性分析与定量分析相互结合起来。

第 10 章
我国中小企业私募债券的发展及展望

10.1 我国中小企业私募债券发展存在的障碍

中小企业私募债券未来面临包括企业成长不确定性的被动违约，以及运作不规范的主动赖账带来的信用风险，信息透明度较低带来的信息不对称风险，限于规模与投资者数量而引起的流动性风险，以及制度建设和监管逐步完善的过程中带来的制度缺陷和监管风险。同时，由于市场因素，供给和需求的不确定性也加剧了市场的波动。这些风险一同构成了中小企业私募债券发展的障碍。

10.1.1 极易发生逆向选择和道德风险

资本的逐利性决定其对高风险要求较高的收益作为补偿。在市场存在信息不对称的前提下，对于发行人而言，如果发行利率较高，则相对于其他融资方式来说，该融资渠道显然不经济，并且提高发行利率也会让投资者对发行企业的资质产生怀疑。如果发行利率较低，投资者会选择其他债券而非中小企业私募债券。

在这种情况下，很容易发生逆向选择。越是资质不好的企业，获取资金的渠道就越狭窄，因此其发行私募债券融资的需求就越强烈。越是资质较好的企业，融资渠道越宽广，则越对发行成本较为介意，对发行利率上升带来的融资成本增加更为敏感。同时，如果承销和发行中介的尽职调查不到位，发行人的违约风险就不能完全被披露，投资者在选择投资对象时也就面临较大的搜寻成本。

此外，道德风险也值得关注。监管部门为了将私募债券的风险控制在一定风险承受范围之内，通过提高投资者门槛来对私募债券市场的风险进行控制，只允许合格投资者进入市场，但这部分合格投资者往往身兼多重角色。

10.1.2　承销商和投资者的参与程度制约市场发展

1. 券商的参与积极性不高

根据中小企业的财务实力以及资金用途，中小企业私募债券的发行规模普遍较小，截至2013年4月30日，已发行的150期中小企业私募债券中，最小发行规模为0.1亿元，最大发行规模为3.5亿元，平均发行规模仅为1.17亿元。相对较小的平均规模也就决定了其承销佣金不会太多。

此外，受制于投资者的限制，券商的承销能力也将面临很大考验，对券商的资金调度能力存在很大的挑战，如果发行利率并不可观，债券就很难销售，所以券商的承销失败风险也存在。

对券商而言，如果单论收入，中小企业私募债券的吸引力并不太大，并且由于中小企业的特殊性，券商承销工作量也较为繁重，风险也较高。对于那些资质较高的大券商而言，债券承销项目来源渠道较多，并且承销费用相当可观，因此这部分券商将会选择性参与中小企业私募债券的项目。

但从对市场风险防范、投资者保护、规范发行主体信息披露的角度而言，显然优质券商的积极参与会有很大的促进作用。

综合来看，优质券商可能会为了创新，响应政策号召，在开拓新业务和新客户方面做一些尝试，初期会选择一些优质企业参与，但在优质企业挖掘过后，其参与度会明显下降。

2. 投资者受到各种制约

从投资者角度考虑，目前交易所最主要的投资群体是基金和保险，对于赎回压力较大且流动性管理要求较高的基金而言，中小企业私募债券无法公开转让的特性将制约其需求。而保险的风险偏好很低且监管严格，一方面保监会可能需要对保险投资此类新产品进行额外的监管核准；另一方面，即使产品种类上不存在障碍，投资该类债券也要符合保险投资一般信用债券的条件。基于中小企业获得AA以上主体评级或获取有效担保可能都比较困难，保险对此类债券的接受程度可能也很低。

由于中小企业私募债券的违约风险比一般的信用产品高出很多，若发行利率不具备足够的吸引力，将影响这些机构参与的积极性。此外，交易所AA以上的债券可以做回购，增加杠杆比率，能够扩大收益水平，但中小企业私募债券的信用等级显然很难达到此要求。因此，这对于某些需要进行回购以满足其资产配置要求的机构投资者而言，显然不具有吸引力。

此外，中小企业私募债券的转让仅限于上交所固定收益证券综合电子平台及深交所综合协议交易平台，且转让以后的持有人数量不能不超过200人。交易平台的限制，也在一定程度上限制了中小企业私募债券的流动性。投资者买了债券后很有可能要持有到期，这将加大投资者的持有成本，对投资者的吸引力也就偏弱。

由于中小企业私募债券发行主体设定非常宽泛，在试点启动后会有大量企业谋求发行债券融资，要防范债券的信用风险，银行、证券公司等机构投资者必须花费大量精力去对发行企业的基本面进行调查。同时还要配备专业人员对调查结果进行评估，给出投资指导建议。在债券投资后，要分派大量人手进行事后的跟踪调查。面对高昂的成本投入，机构投资者是否愿意支付这一成本来保证投资的安全仍是未知数。

10.1.3 对中小企业融资困境的改善作用有限

尽管中小企业私募债券为中小企业提供了一个可选的融资渠道，但其对于解决中小企业融资难的问题作用有限。虽然试点办法中对发行人的盈利、净资产等没有明确要求，且以备案方式发行，但考虑到信息披露的要求、融资成本偏高、投资者群体建设滞后、交易不活跃和信用风险对冲机制的不完善等因素，中小企业私募债券的发展还受到一些制约，因此其对中小企业融资困境的改善相当有限。

首先，对投资者来说，私募债券的市场吸引力可能不够大，并且中小企业私募债券初期对基金业绩的贡献有限。

其次，就中小企业自身而言，其信用等级偏低，如发行无担保债券的话，利率水平相对较高，这对于中小企业来说负担较为沉重。

此外，对发行私募债券的企业进行调研与监管成本也非常高，而市场上缺乏债券衍生产品，如信用风险转移和对冲产品。如果不建立信用对冲工具、缓释工具、偿债基金等，投资者只能针对信用较高的企业尝试性投资，而不会有市场巨大的需求释放。而信用较高的企业，有多种融资渠道，并不一定给出较高的利率。

10.1.4 市场化特征并未得到完全体现

虽然首批中小企业私募债券开局良好，表明我国中小企业私募债券快速成长的“土壤”已经具备，但目前已备案发行的私募债券同质化现象比较突出，私募债券本身的市场化特性并未充分体现出来。债券发行过程中仍有很多人为因素制约。

参照国际私募债券的限定性条款设计，均为发行主体量身定制。而中小企业私募债券在债券条款设计方面没有体现不同公司差异性，无论是增信措施还是债券结构设计，都存在着趋同。比如，大量使用担保，而对其他增信方式的采纳较少；使用的绝大部分为提前还款设计，而其他结构设计手段缺失；同时偿债措施和保障以及对发行人的特殊条款设计未能按照发行人特定的行业和股权结构以及财务状况实现配套。因此，同质化的债券并不能体现发行人的特性，给投资者带来了较大的寻找成本。

同时在债券发行环节，无论是监管部门还是承销机构都设定了一些人为门槛，使得企业必须满足这些要求才能获得发行的机会。

从长远来看，中小企业私募债券要想迅速发展，必须依靠市场化运作。发行人和投资者以及中介机构完全通过市场配置来实现。但券商在承销过程中对私募债券发行主体的资质要求较高，同时对私募债券的担保和抵押要求也十分严格。比如，国泰君安证券股份有限公司要求拟发行中小企业私募债券企业的净资产为 5 000 万元以上，长江证券要求企业发行 5 000 万~3 亿元债券后能够符合资产负债率不高于 70% 的要求。这不利于私募债券市场的扩容和利率水平的真正体现。同时，债券条款和设计未能体现发行主体的特征，不能实现企业的优势，亦不能发挥承销商的作用。

10. 1. 5　流动性制约市场发展

流动性缺失一直是我国债券市场发展的重要障碍。而与银行间和交易所市场流通的其他企业债券相比，中小企业私募债券的发行规模小，投资者范围有限，因此其流动性更为欠缺，在市场流动性恶化的情况下，会增加投资者的隐性持有成本。因此，流动性风险同样可能阻碍中小企业私募债券的发展。

《试点办法》规定，私募债券不能在交易所上市交易，而是通过上交所固定收益证券综合电子平台及深交所综合协议交易平台，或证券公司进行转让。同时交易对象不得超过 200 个人，这也就需要市场能出现活跃的做市商。但由于评级机制的缺失，以及债券的市场规模相对较小，投资者不能实现分散化投资，做市商的能力也受到极大的制约。

同时，中小企业私募债券与其他债券在企业质量、监管要求、信息披露、市场认知度和接受程度等各个方面都难以匹敌。因此，从作为流动性管理工具的角度看，利用中小企业私募债券进行流动性管理相比用其他债券劣势明显，对于流动性要求较高的投资者而言，中小企业私募债券并不具有吸引力。

债券的流动性可使投资者在交易成本尽可能低的情况下迅速、有效地进行交易，是债券市场存在的重要基础。缺乏流动性的债券市场，会降低市场的运行效率，进而会破坏市场的正常运转，同时也会抑制市场进行有效资源配置的能力。因此，必须保证该债券具有一定的流动性，从而保证其存在有着长久的基础，继而发挥其金融工具应有的作用。

10. 1. 6　信用风险不容忽视但缺乏评级机制加以揭示

中小企业私募债券高风险的核心还是在信用风险，即存在到期不能兑现的风险。从收益和风险匹配的角度来看，高收益必然伴随着高风险，这是目前市场对中小企业私募债券的普遍看法。

一方面，与其他债券不同，中小企业私募债券的信用等级相对较低，因此一旦发行人的信用水平出现下滑迹象，其债券的信用等级极可能下调到更低的级别，企业后续的融资成本相当大，通过债务的替换来偿还债券本息的可能性非常低，对企业资产的既有偿还能力是一个极大考验。

另一方面，和其他债券关注违约率不同，中小企业私募债券更关注发行人的违约损失率，因此，发行人发生违约后的偿还意愿和偿还能力，直接影响投资者的损失大小。显然，中小企业的投资主体在我国诚信建设还未达到国际标准，并且中小企业可供出售的资产相对较少，债券的回收率较一般债券低，因此一旦违约，回收的比例相对较少，给投资者带来损失的可能性以及损失金额非常大。

此外，当前中小企业私募债券并未强制评级，因此其信用风险不能得到及时的警示，需要投资者定期进行尽职调查和事后风险监控。如果投资者的监控并不密集或者其监控手段无效，则发行人出现道德风险的可能性就会提高。

短期来看，我国中小企业私募债券的发行人资质相对较为乐观。中长期看，由于发行主体为非上市公司，信息不透明，且平均几千万的发行规模也使得调研成本相对较高，随着发行人规模的扩大，整体资质将降低，违约概率增大，将可能使真正的违约事件变为现实。

同时，我国的投资者保障措施都是建立在发行人不出现违约的前提下的监控管理，对于发行人违约后的投资者保护几乎空白。投资者保护的强制基金这种额外的保障措施也没有到位，因此一旦违约，投资者的损失将无从追索。并且由于我国企业的诚信建设并不完善，在出现违约的先例后，市场可能出现效仿效应，因此市场的信用风险不容忽视。

10.1.7 市场仍处于探索阶段，各项制度并不成熟

1. 券商的承销能力不能满足市场需求

一直以来，中国股票市场投资群体多为个人投资者，长期处于卖方市场。市场双方博弈失衡的同时，加剧了中介机构定价时对发行方利益的倾斜。即便中介机构屡被市场所诘责，也无济于事，高定价和超募仍是常态。与之对比，债券市场近些年则试图在买卖双方间寻找平衡。

中国债券市场的投资群体基本为机构投资者，他们对价格、项目资质的判断相对理性和专业，尤其对收益与风险匹配度要求更为严格。因此，中小企业私募债券的出现，对券商的专业能力要求更高。一家主板公司和一家创业板公司同时发行公司债券，商业银行往往出于整体风险考虑而购买利率较低的主板公司债券。

由此，单方面压低发行利率赚取佣金模式无法在中小企业私募债券发行上复制。随着中国债券市场的不断壮大和机构投资者在资本市场的话语权不断提升，券商在构建产品与客户的链条中，需要营造广泛稳定的机构投资者群体。可以预见的是，兼顾发行人和投资者的利益将持续考验券商固定收益部门的专业定价能力。

2. 机构投资者并不成熟

尽管我国机构投资者在最近10年内有了较大的发展，保险、基金、资产管理公司都有了长足的发展，但我国机构投资者的发展现状仍不能满足中小企业私募债券的要求。

首先，我国债券市场一直未出现过实质性违约，机构投资者对债券市场的风险并没有得到完全的认知；其次，我国债券市场一直未能形成活跃市场，因此二级市场的做市商能力一直较为欠缺，这对中小企业二级市场的流动性存在较大制约；再次，我国机构投资者一直偏向对股权类产品的投资，债券市场的投资经验相对欠缺，加之我国债券市场特别是信用债券市场的历史较短，机构投资者的经验也不足；最后，我国机构投资者的风险偏好往往倾向于保守投资，因此，在中小企业私募债券和其他信用债券的选择上，会出现中小企业私募债券一旦出现违约就会放弃投资的行为。并且由于中小企业私募债券的发行主体参差不齐，我们相信随着市场的不断扩容，违约事件迟早会发生，对投资者的风险容忍也提出较高的要求。所以与其他的固定收益类理财产品相比，这类产品受投资者的风险偏好变动的影响较大。一旦市场的系统性风险上升，投资者的风险容忍度可能会下降，中小企业私募债券可能会面临被大面积赎回的压力。

3. 投资者和发行人保护机制均不完善

首先，目前国内债券市场缺乏有效的信用风险披露机制。中小企业私募债券本身信用水平偏低，投资风险较高，而信息披露又相对欠缺，又不要求强制评级，在给投资者造成较大风险的同时，对于发行人而言，还由于信息不对称造成逆向选择，从而使优质企业承担了较高的发行成本。

其次，中小企业私募债券发行人的权益保护机制欠缺。中小企业私募债券发行人均为未上市中小微企业，他们的市场地位和实力相对于券商、基金等机构投资者来说太过弱小，因而往往会出现承销商和投资者在债券发行之时压低债券价格，以谋取较高收益而侵害发行人利益等事件，长此以往，将严重打击中小企业发行私募债券融资的积极性，不利于中小企业私募债券市场的持续发展。

最后，对发行人的约束条款在我国并没有得到实际执行。长期以来，我国债券市场的一个典型特征就是企业发行债券基本集中在发行前的监管，而对发行人的持续监管几乎不存在，因此在投资者的利益保护方面没有明确的制度加以保障。

4. 债券的增信措施和风险转移制度并不完善

由于首批中小企业私募债券发行人大多采用了担保方式进行信用增级，让投资人形成了“私募债券都有担保”的预期。但这种被普遍采纳的增信方式存在着诸多困难。首先，对发行企业而言，造成其不做担保债券难以销售；而采纳担保手段，则造成融资成本过高，发行债券并不具有成本优势。

就我国的担保公司情况来看，也存在诸多的问题。首先，我国担保公司的运营并不规范，收费制度并不透明。其次，我国担保公司相对较为集中，有担保债券的担保公司基本集中在市场上的数家公司，因此其累积的风险较大。最后，与普通公司债券和企业债券相比，担保公司对中小企业私募债券要求更加苛刻，收费也更高，企业获取担保的可能性也较低。

此外，我国中小企业私募债券的其他增信方式并不存在，并且市场的认可度不高，因此如何对中小企业私募债券进行增信以降低其违约风险，也是考验市场的一个重要方面。

从风险转移机制来看，我国债券市场的一个特点就是缺乏风险转移工具，因此债券市场风险将集中在某些投资者手中。一旦某一债券的风险暴露，该投资者将遭受巨大损失，还会导致投资者在市场上的参与能力急剧下降。如果该事件在较大范围发生，将严重影响市场的运行。

5. 市场运作制度仍处于初级阶段

应该说，中小企业私募债券仍属于新生事物，它的各种运作制度都处于摸索阶段。即便是私募债券，也是我国自 2011 年才产生的券种，相对于发达国家而言，其运作体制和市场机制都不完善。

在市场准入方面，尽管有对投资者的要求，但该要求是否符合我国的特殊国情，是否有利于中小企业私募债券的发展，还有待市场考证。

在托管交易方面，尽管我国的大宗交易平台使用了多年，但债券交易一直不活跃。并且在中小企业私募债券上未体现特殊性和创新性，而中小企业私募债券对流动性的要求显然较其他债券高，因此这种制度是否有助于提高债券的交易量，改善其流动性，仍值得商榷。

在债券设计以及尽职调查方面，无论是理论界还是实务界，都没有深入地研究和探讨，中介机构往往根据其参与上市公司和大型企业的债券发行经验来进行中小企业的业务操作，由于我国中小企业的特殊性，这些经验是否适用也存在着较大疑虑。

10.1.8 政策风险较大

应该看到一个事实，我国中小企业私募债券是在我国债券市场不成熟，监管部门对债券市场违约零容忍的前提下推出的，并且债券的推出时机正值我国经济的调整期以及外围经济疲软期，因此发行债券企业的外部环境并不乐观。

尽管监管部门多次强调市场主体风险自负，但鉴于我国债券市场投资者的特殊情况，一旦出现违约，将给债券市场带来沉重的打击。以可分离交易型可转换债券为例，在该品种债券出现投机风暴后，监管部门立即停止了该债券的发行。

因此，未来如果中小企业私募债券出现较大范围的违约，投资者的反应会相当强烈，对债券市场的冲击较大，监管部门面临的社会舆论压力也较大，其对中小企业私募债券的监管以及放行也会出现很大的转弯。此外，中小企业私募债券本身就是在监管部门着力推动下的产物，因此带有很强的政策性，未来其市场前景将伴随着政策的变动和监管部门的态度而出现较大的波动，市场的政策风险较大。

10.2　我国中小企业私募债券发展前景

10.2.1　发展中小企业私募债券意义深远

从长远来看，我国发展中小企业私募债券有利于利率市场化，并帮助企业从债券市场直接融资，从而拓宽其融资渠道，另外还有助于推动债券投资的心态成熟，对整个债券市场的发展具有深远的意义。

首先，中小企业私募债券的发行，有利于信用债券市场层次的增加。与目前已经推出的银行间非金融企业非公开定向发行债务融资工具相比，后者的转让仅局限于初始持有人，而交易所中小企业私募债券的转让范围扩展到了“合格投资者”层次，机制建立上也更为前沿，为今后私募工具的流动性提升创造了条件。

其次，有利于投资者资产配置多元化，对投资组合收益的提高有一定意义。交易所私募债券的投资者准入范围更广，包括基金专户、信托、私募等在内的大批对高收益债券资产存在较大需求的机构投资者，都有机会参与到市场当中。

再次，为中小企业提供了新的融资渠道，有助于国民经济的发展。私募债券给中小企业带来了新的融资渠道，能够起到缓解资金压力和改善企业经营效益的作用。中小企业作为我国经济发展的重要组成部分，在解决就业和促进经济发展方面，起着关键作用。因此其融资渠道的畅通，对社会的发展有着巨大的推动作用。

最后，中小企业私募债券的推广和发展有助于金融市场的稳定。中小企业私募债券一定程度上形成了和民间融资竞争的局面。在一定程度上可以减缓企业对民间资金的依赖，同时促使民间借贷的规范化，减少其对整个金融体系的冲击。

10.2.2　中小企业为其发展提供稳定供给

在我国，中小企业的两大典型特征就是总量大和融资难。中小企业数量占据我国企业总数的90%，其庞大的数量为中小企业私募债券的发展提供了稳定的供给基础。在总量得以保证的基础上，其中多数企业的盈利能力具有发行债券的资格。

与此同时，尽管中小企业在扩大就业、改善民生、促进经济增长等方面都发挥着重要作用，但长期以来，中小企业融资难的问题却一直没有得到根本解决，中小企业的资金主要来源于企业所有者自有资金和向亲友借贷资金，融资通道极其狭窄。

究其原因，一方面是由于中小企业规模小、经营历史短、业绩不稳定、内部治理规范性不够、信息透明度低等方面的劣势；另一方面是金融市场发育不足所致。从我国金融服务体系的现状来看，正规的大型金融机构普遍具有“嫌贫爱富”的特点，其目光更多关注于资金需求规模大、信用等级较高的大企业，而不愿为融资需求小、信用水平低的中小微企业提供融资服务。

为此，大量中小企业不得不通过民间借贷甚至高利贷筹集资金。一些中小企业之所以被迫借高利贷，原因之一就是债券市场没有发展起来。与中国的股权市场相比，债券市场仍有相当差距。

在债券融资方面，我国目前实行“规模控制、集中管理、分级审批”的规模管理。受发行规模的严格控制，特别是对中小企业融资额度的要求，使得这些企业很难通过发行债券的方式直接融资。同时，债券融资对企业整体的偿债能力和资产质量都有较高的要求，中小企业存在着较多的制约，其发行企业债券和公司债券的可能性非常小。

因此，对广大中小企业来说，中小企业私募债券的推出为他们提供了一个全新的融资方式。对于不愿意稀释股权的中小企业，发行中小企业私募债券是其不二选择。此外，民间的高利贷横行，利率居高不下，也说明了企业的融资需求非常大。强劲的融资需求和狭窄的融资渠道之间存在显著的矛盾。

因此，中小企业庞大的基数以及强烈的资金需求，决定了中小企业私募债券存在着广阔的发展空间。

10.2.3 融资成本较低推动中小企业发行债券的积极性

从已发行的中小企业私募债券的利率来看，大部分保持在8%~10%。而就发行人的情况来看，首批发行私募债券的企业多为高新技术企业以及受到国家政策扶持的农业企业，这些企业增长速度快，毛利率大多在20%以上，有些甚至高达40%~50%。因此，这批企业能够很好地消化7.5%~10%的利息开支。

按照试点办法的规定，中小企业私募债券的发行利率不得超过银行信贷利率的3倍，而民间贷款利率基本集中在20%以上，所以我们认为中小企业私募债券8%~10%的收益率区间并不算太高，未来随着发行人资质的下降，发行利率可能会有所上升，但由于3倍利率上限的控制，仍将集中在10%~15%左右。相对于中小企业的其他融资渠道和融资成本而言，中小企业私募债券的融资成本相对具有吸引力。

10.2.4 投资者为其发展提供资金支持和需求保证

中小企业私募债券作为一个投资工具，能否被投资公众所承认和接受，并顺利完成销售，实现资金的融通，也是其关键环节。因此，足够大的市场融资空间、活跃的市场流动性，以及机构投资者的存在，都是顺利融资所必需的。

从需求层面来说，中小企业私募债券市场需求程度的高低，是中小企业私募债券在具体实施过程中必须考虑的因素。中小企业私募债券的投资者，既是需求的载体，也是决定市场需求程度的主要力量，其大小取决于投资者的类型及其特点。在私募债券和高收益债券最为发达的美国市场上，投资者主要包括养老基金、抚恤基金、货币市场基金等机构投资者和个人投资者。机构投资者以其庞大的资金实力和资产组合技术，成为高收益债券和私募债券的最主要投资者。

随着我国资本市场的不断发展，投资主体日益多元化，各项资金的快速增长，一方面为资本市场提供了充足的资金，同时这些资金也急需新的投资渠道进行有效的分流。

2012年6月，证监会向基金公司及托管行下发了《关于证券投资基金投资中小企业私募债券有关问题的通知》，对不同类别基金投资中小企业私募债券的内容予以明确，标志着公募基金的投资范围进一步扩大至私募债券领域。

因此，目前公募基金、专户基金、券商理财、个人投资者，甚至股票基金都成为了中小企业私募债券的角逐者，由于中小企业私募债券的发行规模普遍较小，多数不足亿元，而每个投资者的认购上限不能超过市值的10%，中小企业私募债券市场供不应求的情况异常严重。从目前发行情况看，强烈的需求导致中标利率普遍在10%以下，也不乏低于9%的券种。

1. 券商

试点初期，券商对于私募债券的热情毋庸置疑，因为初期的中小企业私募债券一般资质较好，并且能为IPO做项目储备。中小企业私募债券成功推出后，券商可以为未上市的所有中小企业发行债券，这实际与部分银行推广的中小企业贷款业务在盈利空间和规模上没有区别，意味着券商能够储备更多的客户资源，为更多的潜在上市的企业客户提供一揽子的融资服务，也能丰富资产管理计划的类型，提高收益率。同时，承销中小企业私募债券的过程也为券商未来IPO积累了尽职调查的一手资料，方便其日后项目的进展。

2. 银行

长期来看，银行可能成为未来中小企业私募债券的购买主力。在中小企业私募债券这一投资领域，商业银行具有天然的优势。发行中小企业私募债券的企业，很有可能就是银行的既有客户，甚至之前与银行有过信贷合作，银行可以通过征信记录、财务流水等多个方面，分析出发行人的信用、偿付能力。只要能够有效把控信用风险，银行完全有动力将中小企业私募债券设计成不错的理财产品。

不过由于该项业务刚刚推出，部分银行出于内部风控等原因，短期内对交易所的中小企业私募债券还是比较谨慎。但从私募债券的风险收益角度分析，未来银行仍会有很大的参与积极性。私募债券利率上限设置在同期银行贷款基准利率的3倍，截至2013年4月30日，已发行的150期私募债券的平均利率为9.09%。目前企业债券发行利率普遍在9%以下，而信托的收益率一般保持在10%左右，中小企业私募债券风险小于信托，收益率具有很大的吸引力。同时，银行可以通过购买中小企业私募债券和企业达成战略合作关系，进而促进其市场开拓。

另外，目前市场利率不断下行，银行理财产品以债券、票据等工具作为理财标的，这种投资形势已很难满足客户的投资理财需求，而中小企业私募债券收益率较高，为银行理财产品提供了一个新的选择。

3. 基金公司

基金公司可通过专户来积极参与中小企业私募债券的投资管理，一方面私募债券的风险收益特征与部分专户投资者的偏好相近；另一方面，日益丰富的投资品种，有助于发挥基金专户在产品设计和投资管理上灵活的固有优势。

从市场表现来看，基金公司对于中小企业私募债券的需求也相当强烈。第一批中小企业私募债券中，相关中小企业的资质和发展潜力均较良好，预期收益也比较有吸引力，因此基金公司可以用中小企业私募债券来满足其资产配置和风险搭配的要求。包括汇添富基金管理有限公司等在内的基金公司已经积极进入该市场，预计未来其参与将更加频繁。

4. 集合资产管理计划

证监会明确证券公司可将中小企业私募债券纳入集合资产管理计划的投资范围，这将极大拓展集合计划的投资范围。此前多只券商集合理财计划已投资了多只定向私募债券，如城投债和公司债券。而各种私募债券在2012年对部分券商集合理财计划净值上涨总体贡献不小，由此券商对各种私募债券的热情逐步升温。

就市场表现来看，广发证券金管家弘利债券集合资产管理计划于2012年7月9日开始募集，是首只可投资中小企业私募债券的券商集合理财产品。中小企业私募债券投资得当，能够提升集合计划的收益率。作为中小企业私募债券的承销商，如果券商的集合理财计划是投资于自身承销的私募债券，将有相比基金公司更便捷的信息优势。

预计随着市场的逐渐扩容，集合资产管理计划在分散风险，实现平均收益方面的作用将得到大大提高，届时，券商集合资产管理计划的参与也将大大提升。

5. 民间投资者

根据2012年5月22日由沪深交易所发布的《中小企业私募债券业务试点办法》，个人投资者直接投资中小企业私募债券的条件是：个人名下的各类证券账户、资金账户、资产管理账户的资产总额不低于人民币500万元，具有两年以上的证券投资经验，理解并接受私募债券风险。

我国民间资金存在两个典型的特征，一是民间资金的大量积累，二是保值升值的投资工具相对较少，显然其存在着对高收益品种的需求。中小企业私募债券的个人投资者门槛显然对于民间资金来说并不高，因此这部分的资金也会形成对中小企业私募债券的有力需求。

10.2.5 监管部门和地方政府的大力支持

1. 监管部门

我国中小企业融资困境一直是监管部门面临的重大难题，从拓宽中小企业融资门槛，带动中小企业的成长，发展经济的角度出发，积极发展中小企业私募债券也非常有必要，因此监管部门在促进中小企业私募债券市场发展上有着较大的动力。另外，我国交易所交易债券的比重较少，银行间市场一直成为主导，从推广交易所交易债券的角度出发，证监会和交易所也有做大中小企业私募债券的动力。此外，从发展债券市场的角度出发，一直以来，我国债券市场都相对不成熟，信用等级高度集中，中小企业私募债券的推出可以延伸债券的信用等级，扩大债券市场的容量，提高我国资本市场的稳定性。出于发展我国债券市场、维护我国金融市场秩序的目的，监管层存在着发展中小企业私募债券的需求。

综合来看，出于弥补债券市场制度空白、加强适合中小企业融资多层次资本市场建设、缓解中小企业融资难的考虑，自2011年年底开始，监管部门就一直在考虑推出中小企业私募债券。在经历了一些前期工作和市场研究后，2012年6月，中小企业私募债券开闸试点。

监管层引导中小企业私募债券发行利率不得超过同期银行贷款基准利率的3倍，明显低于小额贷款公司等所限定的4倍贷款利率，同时也可为债权人带来可观的收益。因此制度设计方面，监管层既考虑了市场的需求，也考虑到了发行人的财务负担。

2. 地方政府

为了激励中小企业参与私募债券融资，带动地方经济的发展，不少地方政府向首批私募债券申报企业抛出了贴息及其他财政优惠的“橄榄枝”。据了解，深圳市针对前10家发行企业提供优惠政策，在10家企业全部完成转让后，将整体打包报送地方金融工作办公室，由地方财政划拨优惠款项。北京中关村科技园区管理委员会的贴息措施为对企业发行债券的利息进行30%贴息，贴息额度不超过50万元，贴息年限最长3年。例如发行总额1 000万元，票面利率8.5%，则第一年可以获得25.5万元的补贴。

除此之外，部分地区正在制定对发行私募债券中介机构的费用补贴。目前承销机构收取私募债券承销费率在1%～1.5%之间，担保机构收取费用则超过1%，评级、审计和法律机构另收取数十万元不等的费用。按债券发行额为5 000万元计算，承销费用和担保费用合计最低为100万元，政府补贴则约为50万元。

各地政府对中小企业发行债券的支持度，为部分融资成本压力较大的企业减少了一些负担。在各地政府的积极支持和推动下，更多企业将考虑通过私募债券进行融资。

10.2.6　其他因素加速中小企业私募债券的发展

1. 国外先进经验的借鉴

不可否认的是，国外市场在私募债券和高收益债券上已经非常成熟，无论是市场机制还是市场运作的实务经验，都可以给予我们宝贵的经验。随着外资中介机构逐步参与到我国的资本市场，他们带来的先进实务经验，可以大大提高我国中小企业私募债券的市场效率。

2. 我国中小企业私募债券制度建设预留了不少空间

应该说，中小企业私募债券在我国属于新生事物，监管层在推出这一券种时也预留了不少改进的空间。我国政府监管部门可以随时根据市场环境和外界变化及时调整政策措施，引导市场的良性发展。相对国外而言，这一优势是我国制度建设的突出特点。

《试点办法》也仅仅是当前的指导手册，在市场运作一段时间后，在获得市场经验后，随时可以加以修订和完善。同时，沪深交易所制定的《试点办法》也为未来市场的发展提供了预留空间，“如本所认可的其他情况”等类似规定也为沪深交易所的灵活调整提供了可能性。

因此，制度建设的广泛空间和国外的先进经验以及我国广阔的实验场地，为中小企业私募债券的发展创造了有利条件。

10.3 我国中小企业私募债券发展建议

由于目前我国的债券市场仍存在着企业债券规模过小、信息披露不够充分、信用评级的有效性和可参考性有待提高等问题，各种配套制度和创新措施的推出，以及在实践中的谨慎和稳健，对于高收益债券市场的健康发展显得尤为重要。

10.3.1 监管部门应鼓励中小企业私募债券的发展，但必须循序渐进

目前中小企业私募债券的发行规模不足以引起机构投资者的广泛兴趣。2012 年 6 月至 2013 年 3 月底，中小企业私募债券共发行了 143 期，发行规模为 166.64 亿元，考虑到中小企业私募债券目前仍在试点阶段，并且主要投资者为银行、证券、保险、信托和基金等机构，由于可投规模较小，所以很难达到完善投资组合或提高杠杆的作用。加之中国债券市场本身流动性就显不足，中小企业私募债券短期对中国机构投资者的投资方式不会产生实质影响。

就美国高收益债券的发展经验来看，引入高收益基金能利用其资产组合和分散风险技术，锁定一定收益，同时保持其流动性和杠杆率。

因此，在市场规模不足，尚不能满足分散风险的需求时，谨慎投资者要进行投资，其搜寻成本相当高。为此，积极发展中小企业私募债券，使其市场规模达到一定程度，是其发展的关键。否则，其存在和发展就是无本之木。

但就发展节奏来看，无论是发行主体的选择，还是投资者的培育，都需要一个漫长的磨合过程，所以中小企业私募债券的推行应综合考虑市场参与各方的接受程度，由点及面，循序渐进。

目前，各地方政府对中小企业私募债券推出的态度都很积极，但基于该类债券风险偏高，在产品定价、流动性、违约风险控制、信息披露等诸多方面存在较大的不确

定性，并且各项制度都不成熟，因此，不宜马上全面推开，可考虑在中小企业较集中的地区试点，辖区交易所与地方政府联合监管。

此外，根据美国高收益债券市场的经验，美国大规模发展垃圾债券是市场需求所刺激，1980年代初正值美国产业大规模调整与重组时期，由此引发的更新、并购所需资金单靠股市不够，加上在产业调整时期这些企业风险较大，厌恶风险的商业银行不能完全满足其资金需求，所以才有了垃圾债券繁荣的可能。

与美国当时处于经济触底后的调整与重组期相反，中国现在面临整体经济的高度不确定风险，包括经济的硬着陆以及结构调整等风险。中国正处于企业信用风险高发期，而银行信贷的中小企业业务不良率也正在上升，在这种背景下，推出较高风险的私募债券，风险不言而喻。

中小企业私募债券作为金融创新产品，尚需市场的检验，应当坚持审慎性原则，注重风险控制，先行试点，取得经验后，再逐步完善其运行机制，各方面条件成熟后再全面推开，实现中小企业私募债券等创新债券的长远健康发展。

因此，中国监管部门不必急于私募债券市场规模的扩大，而应该继续推进信用评级的完善、债券衍生品市场的建立等基础性工作。在中国经济的不确定性风险消除之后，私募债券市场也一定会有更迅速、更健康的发展。

10.3.2 提高中小企业私募债券的市场吸引力

在明确中小企业私募债券的发展方向后，鉴于当前中小企业私募债券的市场吸引力不足，一个急迫的问题就是提高其市场吸引力，提高中小企业私募债券供给双方的参与热情。

就发行人来说，中小企业私募债券的发行成本，除债券发行利率外，还有承销、评级、审计、律师等中介费用，综合发行成本如高于在银行贷款的成本，企业一般会选择银行贷款。此外，发行债券对企业来说比较烦琐，只有在成本有优势，且其他融资渠道难以融资的情况下，中小企业才会考虑发行私募债券。因此，证券公司在承销该债券时，需要在债券设计时增加其吸引力，根据发行人的特征量体裁衣，既能快速融到所需资金，又能体现成本优势，如此方能被发行人接受。

就承销商来说，中小企业私募债券发行规模较小，一般不超过5亿元，如果按照百分比计费，券商的承销佣金不高，并且发行人信息披露较为欠缺，券商的尽职调查难度较大型企业或者上市公司困难，因此，相较于传统的企业债券和公司债券而言，中小企业私募债券吸引力略显不足。一个可行的方法就是借鉴企业债券的方式，采取集合发行的手段，这样在规模迅速扩大的前提下，承销商的工作并不会因此而成倍增加，这样承销商的积极性会更高，并且可以统一担保公司，能够有效地提升集合债项的信用级别，也降低了市场的搜寻成本。

就投资者来说，转股条款是增强中小企业私募债券投资价值的重要手段，特别是对于那些拥有不错的市场业绩并且上市预期较近的企业，转股条款的设计将显著增加其吸引力。

此外，其他方面的创新路径也是值得探讨的课题。例如，在一些资质较好的“准上市”企业的私募债券发行中，还可以设置提前回购条款，在企业价值提升的时候行使回购权利，以迫使投资者转股来降低债务和增加股本。

同时，在中小企业私募债券产品的设计中，还可以加入提前偿付条款来降低债券的偿付风险，降低债券的发行成本，也可以借鉴上市公司可转换债券设置累进发行利率，以吸引投资者延长持债时间。

长期来看，未来可以考虑将债券分级，如优先级、次级等，对各级别制定不同的收益率和期限，以满足不同投资人的需要，扩大投资者的范围。

10.3.3 大力发展中介机构

中介机构服务的质量和声誉，是我国推行中小企业私募债券的一个重要环节。中介机构作为独立的第三方，是发行人和投资者之间的桥梁和纽带，主要价值在于降低中小企业私募债券的信息不对称，同时引导发行人，使其行为满足市场的需求，并且监督发行人履行偿债义务，维护债权人的利益。

中介机构在尽职调查以及信息披露方面的准确性，直接影响投资者的投资取向，同时中介机构的高效运作，也左右着发行的成败。

因此，在发展中介结构的前提下，应有一定的规范框架，而不能成为“政出多门”的牺牲品，有必要进行统一管理，并建立统一的标准体系。

对于承销商、会计师和律师的服务，要加以规范，并且要针对中小企业私募债券的业务和特点出台一些特殊规范，如具体审计范围、尽职调查要求和律师业务指导等。

10.3.4 完善制度建设，规范市场运作

尽管我国银行间市场和交易所市场已经建立健全了债券市场制度体系，上市公司公开发行债券和创业板公司定向发行债券已有制度安排，但中小企业私募债券有别于债券市场上既有的公募债券，原有的债券市场制度难以覆盖中小企业私募债券，需要从债券的发行、交易、偿债全过程，建立健全中小企业私募债券的发行、信息披露、流通机制、证券公司尽职调查、投资者适当性制度安排。

10.3.4.1 坚持适度监管的原则

中小企业私募债券的信用风险比公募债券高。但是，其违约风险波及的范围相对较小，投资者只有承担高风险，才能有享受高收益的机会，风险和收益的匹配是市场规律，监管者不必追求一定要做到所有到期债券都能如数如期偿还。

因此，监管主要是督察债券发行及债务存续期间程序的公正性和运作的规范性，实施适度监管，力求做到松而不乱，管而不死。既能确保中小企业债券市场的规范运

行，又要探索出较公募债券市场宽松的监管模式，营造有利于私募债券市场良好成长和发展的监管环境。在此前提下，与公募债券市场和股票市场一样，投资风险理应由投资者自负。

10.3.4.2　引入信用评级制度并完善信用评级技术

健全的信用评级体系是债券市场正常运行和不断发展的基石，评级结果是否具有客观性、是否经得起市场的检验，评级机构能否获得投资者对其权威性和中立性的认可，对债券市场至关重要。但是，从目前深交所和上交所公布的《中小企业私募债券业务试点办法》来看，都没有将信用评级作为私募债券发行的必要条件。

虽然美国也并不强制评级，但我国中小企业私募债券市场的情况与国外不同。中美私募债券投资者群体差别很大。美国90%以上都是大型机构投资者购买，而目前我国银行、保险等大型机构投资者对于中小企业私募债券的参与度不高，投资者的风险判断能力与美国相比有很大差距。鉴于以下几点，监管层可以考虑从制度层面将信用评级引入其发行过程中：

首先，有利于降低信息不对称，帮助投资者识别和防范债券风险，增加中小企业私募债券的有效需求。中小企业治理和管理不够规范，信息披露的及时性、准确性难以保证，导致投资者很难了解企业的经营和财务状况，无法有效判定债券的风险大小，从而增加了其投资债券的难度和成本，降低了债券的有效需求，不利于债券市场的健康发展。资信评级机构作为专业的机构，在识别、评估和防范债券风险方面有着自身的特长，可以缓解买卖双方信息不对称，帮助投资者识别和防范债券风险，有效降低投资者的投资成本，增加债券有效需求，从而更好地推动中小企业私募债券的发展。

其次，有利于中小企业私募债券试点阶段的顺利开展。中小企业私募债券作为一种创新型债券融资工具，在发展初期，无论是监管机构还是市场参与者，对其各方面的特性还不是十分熟悉，更多的属于试点摸索阶段。中小企业私募债券推出的初期阶段，信用风险的识别和防范则显得尤为重要，将是其能否成功发行的关键。为了更好地推动中小企业私募债券试点工作的顺利进行，需要发挥资信评级机构在风险识别和提示方面的作用。

再次，有利于债券市场的分类管理。在国际上，信用评级结果作为监管机构债券分类管理的一个标准，为债券市场的监管以及风险防范发挥了重要作用。目前，我国债券市场的管理过程中，也将信用评级机构的评级结果引入进来，在很大程度上方便了监管机构对债券市场的分类管理，对促进债券市场的规范发展起到了积极作用。中小企业私募债券作为今年债券市场发展的重点，今后如何对其进行有效监管，识别和防范风险，也是监管部门面临的重要课题，而信用评级对债券违约风险的分类，可以很好地满足债券监管的需要。

最后，有利于促进和规范评级行业的发展，更好地服务资本市场。鉴于我国公开发行的债券信用级别普遍较高，超过90%的发行主体信用等级在AA-以上，债券市场几乎没有违约现象的发生，导致评级机构的评级质量的优劣无法验证，信用评级对债券市场风险防范的作用也得不到体现。而中小企业私募债券的推出，将极大地丰富我国债券市场参与主体，完善我国信用债券的级别分布结构，有利于评级机构不断完善评级技术和提高评级服务水平，从而促进评级行业规范发展，更好地服务资本市场。

10.3.4.3 完善中小企业私募债券的增信机制

在试点期间，可能很多中小企业都会采取增信的手段来提高债券信用等级，未来市场会向着信用债券的方向发展。但是，如果公司自身的信用水平比较低的话，为了降低投资者的投资风险，从而降低发行人的融资成本，就需要丰富发行人增信途径，健全债务偿付机制，以降低偿债风险。

目前来看，担保依然是控制风险的必要手段，如果采取第三方担保的方式，担保方提供的是全额无条件不可撤销的保证责任担保，在担保方信用等级高于发行人信用等级的情况下，债券信用等级和担保方的级别一样，这样会有效降低债券的发行利率。

但我国担保机制不健全，因此需要对担保做一些调整和改善，可以考虑一定的灵活性，例如不强求全额担保，允许部分比例的担保。

在运用传统的手段（如第三方担保、资产抵押质押等形式）实现债券增信的同时，也可发挥私募债券的个性化优势，借助证券公司的专业化支持，通过发行人和投资人谈判协商，设计出相应的债券契约条款实现债券增信，如限制企业所有者分红（以提高发行人偿债能力）、债转股（投资者由债权人转变为所有者）等条款，甚至可以进行更为复杂的结构产品创新，对同一发行人发行的同一只债券设计出不同的偿付期限，根据投资者持有期限长短配置不同水平的利率，或针对不同的投资者设计不同的利率等。

具体来说，中小企业还可以通过抵押、质押、结构化产品设计、分层技术、现金储备账户等形式提升中小企业债券的信用品质，也可以拓展中小企业质押标的，例如专利、专有技术、商标等。

但这些增信方式的使用需要评级机构加以分析，以判断其是有效增信还是无效增信，以及增信的程度如何。

另外，地方政府要加大支持力度，给予相关制度性安排，如像深圳一样给予发行债券的中小企业贴息，并且提供一些政府层面的免费的担保。

同时，深圳和上海交易所要尝试建立偿债基金。若出现债券偿付问题，可以通过偿债基金来进行部分偿还。考虑到中小企业的融资成本，偿债基金来源可以分两部分，一部分来自发行人，另外一部分来自交易所自有资金。

10.3.4.4 完善信息披露制度，加强投资者保护

1. 完善信息披露制度

作为创新品种，中小企业私募债券与公开发行的债券相比，风险更高。中小企业私募债券市场能否持续健康发展的关键，就是风险防控机制能否建立。

从短期来看，中小企业私募债券初期的发行量不会太大，供应量也未必会在短期内有特别快速的增长，相对于信用债券①市场4.3万亿元的存量微乎其微，不足以分流债券资金。而且在初期，各家将首选资质相对较好的企业，违约率相对较低。从中长期看，随着更多发行人的参与，整体资质或下降，违约率可能增大，这要求投资团队的信用体系及风险管理的成熟和健全。毕竟，中小企业私募债券属于高风险高收益品种，合格投资者应当具备一定的风险识别与承担能力，充分知悉私募债券风险。

未来中小企业私募债券的风险控制，将着重于信息的对称性，及承销商对企业资质的把关。中小企业的一大风险在于，发行企业与投资者之间的信息不对称。这一方面要靠发行企业严格按要求披露信息，而另一方面，则需要评级机构以及投资者对发行企业所发布的信息进行仔细甄别和认真分析，同时通过调研积极获取未披露信息。

在发行承销收益率较高并且没有额外担保措施的中小企业私募债券时，券商应当在做好日常的信息披露之外，对投资者进行及时的风险警告。同时，券商还应该重点对这类发行企业募集资金所投项目的盈利前景进行分析，确保项目未来产生的现金流能够覆盖债务。

评级公司作为第三方机构，应该发挥其风险披露和甄别的功能。虽然我国未强制要求私募债券进行评级，但是随着发行担保的取消，评级公司的评级结果在私募债券的发行过程中将扮演更加重要的角色，是投资者鉴别投资风险的重要依据。

由于中小企业私募债券的发行主体为非上市的中小企业，在信息披露上将会面临比上市公司更大的挑战。我国目前债券市场信息的透明度本来就不高，信息披露制度的不健全将会进一步增加高收益债券本来的高风险性，因此，必须完善高收益债券信息披露制度。

具体而言，监管部门应制定信息披露的最低要求，以确定信息披露的门槛。同时，对影响投资者利益的以及债券偿还能力的信息，必须要求发行人及时准确公开。

2. 完善投资者保护机制

一般来说，中小企业私募债券发行人主体受企业规模所限，偿债能力薄弱。伴随着当前债券市场投资者对于信用风险的进一步关注，创新债券能否获得投资人高度认可的关键，仍然在于如何设计一个多层次、互为补充的偿债保障措施，特别是违约清偿方面的制度建设。

在我国风险转移机制不完善的前提下，对投资者的保护机制应严格规范。这些安排包括设立偿债风险准备金并预先提取偿债基金、发行人自有资产抵押、推出转股条款、设置发行人财务指标约束、引入第三方担保、银行备用授信等制度设计思路。

另外，国家可以参照证券投资者保护基金的模式，针对中小企业债券由财政先出资设立偿债基金，若发行人基于增信的需要，可自愿提取交纳偿债基金，偿债基金则

① 包括企业债券、公司债券、可转债券、中期票据及短期融资券。不包括政府债券，央行票据和金融债券。

在发行人偿债出现问题时，负责偿付一定比例的债务，同时，应投资者要求代为追偿债务，降低投资风险。

3. 完善法制建设，使得市场参与者的行为有法可依

由于中小企业私募债券的特殊性，原有的债券市场制度难以覆盖中小企业私募债券，需尽快推出有针对性的中小企业私募债券规范条例，并完善与之相关的配套法律法规体系，建立健全中小企业私募债券的发行、信息披露、流通机制等制度安排。为中小企业私募债券的推出提供完善的外部法律保证体系。此外，监管部门应主要对在发行及债务存续期间程序及运作是否公正规范实施适度监管。在确保中小企业私募债券市场规范运行的同时，积极探索较公募债券市场宽松的监管模式，使得适度监管模式有其相配套的法制基础。

10.3.4.5 借鉴国外经验，完善风险补偿机制

尽管中小企业私募债券交易主体可能以保险、银行、信托等机构投资者为主，但是对于逆向选择和道德风险的担忧依然存在。首批私募债券“低风险 + 高收益”的特征绝非市场常态。随着中小企业私募债券的加速发行，未来出现违约的概率会越来越高，那时才是真正考验买卖双方风险定价能力和研究水平的时候。

在美国和欧洲，与高收益债券相匹配的是 CDS（信用违约互换合约）市场，CDS 的重要意义在于分散了风险，为市场提供了流动性。

中小企业私募债券的高风险高收益的特征非常明显，鉴于目前债券市场缺乏有效对冲的工具，使投资者无法有效对冲这类债券投资的潜在风险，建议监管层在适当的时机引进 CDS 等金融衍生品，有效地增加市场的活跃程度，让潜在的债券投资资金进入到高收益债券市场。

10.3.5 大力培育机构投资者

资本市场的发展离不开投资者队伍，中小企业债券市场的建设需要着力培育机构投资者。一方面允许公募基金乃至更多的机构投资者参与私募债券投资，是未来更多中小企业私募债券顺利发行的基础，私募债券二级市场的流动性才能活跃；另一方面，公募基金等机构投资者的投资范围进一步延伸至中小企业私募债券领域，将有利于搭建投资者与债券市场之间的桥梁，并借助其专业的投资管理能力，为参与者提供多样化产品和更高的收益。

与美国的私募企业债券市场相似，目前中小企业私募债券的主要投资者是机构，仅有一些投资经验较丰富的高净值个人投资者可以参与上交所的私募债券投资。由于普通投资者的信用甄别能力通常无法与机构投资者相比，所以可通过一些银行、券商、基金、信托等机构发行的针对私募债券的理财产品来间接参与市场，这为理财机构带来了不少业务拓展的机遇。但由于中小企业私募债券市场尚处于试行阶段，各方面都还未运作成熟，所以未来中小企业私募债券产品化也会面临一些挑战。

培育中小企业私募债券投资者和其他券种不同，一个原则就是需要建立相应严格的投资者适当性制度，设置较高的进入门槛，对投资者设定专业化、职业化的要求。鉴于中小企业的特征，中小企业私募债券的投资者需要具有较强的风险识别能力、风险控制能力、风险承受能力和自我保护能力，这就需要我们培育和引导一批具备上述能力的满足适当性管理的机构投资者队伍入市，使得投资者在与发行人进行谈判协商时具有较强的议价能力，以及获取信息、处理信息的能力，对发行人形成较强的市场约束力。

一个可行的方式是引入高收益债券基金。目前我国债券型基金创新日益丰富，对债券基金的需求和产品定位越来越细化和精准，但尚无专门的高收益债券基金。深圳和上海证券交易所试行办法中，基金为中小企业私募债券的合格投资者之一。随着中小企业私募债券的推出和发展，预计专门投资高收益债券的基金亦将随之出现。

然而，按照当前大多数公募债券型基金契约的规定，其投资范围多限制在“公开发行”的产品内，在不改变基金契约的前提下，相当部分运作中的公募债券基金在投资中小企业私募债券上存在障碍。在中小企业私募债券推出初期，预计基金仍将以特定资产业务介入该品种的投资。因此，监管部门应适当予以政策支持，放宽这部分基金的准入。

同时，对于保险公司以及银行等拥有庞大资金和渠道优势的传统机构投资者，监管部门应放宽他们在固定收益市场的准入，在范围控制及总量控制的基础上，鼓励他们参与中小企业私募债券的投资。

10.3.6　完善产品设计，实现市场化运作

当前中小企业私募债券的一个典型特征是同质化严重。除了发行利率以及增信方式的差异外，由于未强制评级，并且债券条款和募集说明书体现不出不同发行人的个体差异，因此，投资者无法知悉不同债券的风险。同时，由于债券的设计不能体现不同企业的特征，对企业的财务安排不能起到促进作用，也会降低发行人的积极性。

由于中小企业私募债券服务对象的特殊性，必须使其市场化特征加以体现，才能发挥其融资工具的作用。在债券条款设计和发行人财务限制上，根据企业的特征，合理设计，一方面做到使得投资者能准确定位该债券，识别该债券的特征，另一方面也能协助发行主体进行财务规划。监管部门也应逐步取消各种人为限制，在市场风险逐渐可控，市场经验日益充足的前提下，放宽各种政策门槛。

具体而言，在债券设计上可效仿海外市场，比如发行递延支付折扣债券，也就是在发行后的前几年不需要支付利息，几年后才支付高息，这适用于早期没有现金流的企业；同时，探索实物支付债券，允许发行人在未来以发行新债券或者优先股的方式来支付利息；此外，还可发行超额融资债券。允许募集资金金额超过发行人经营的需要，超额部分用于支付债券前期的利息费用，从而在不影响企业现金流的情况下进行利息支付。

此外，市场参与各方须警示中小企业私募债券的风险，监管部门及各地方政府的“备案”绝不是所谓风险背书或担保。中小企业私募债券一旦出现违约，政府应传达其不会进行风险救助，逐步巩固市场参与人的风险自担意识。相关承销发行券商须做好适当性教育和引导，明确中小企业私募债券的发行和投资者属于参与主体的市场行为，投资者风险自负，发行人需按照市场要求规范运作。

10.3.7 提高债券的流动性

中小企业私募债券市场以及我国的债券市场存在一个典型的特征，就是流动性较差，而流动性对于机构投资者显然非常重要。因为机构投资者一方面要满足客户赎回的要求，另一方面其自身存在着流动性管理的要求。

针对流动性较差的问题，一是扩大投资者群体，比如放宽在二级市场转让的条件，让更多的投资人参与其中；二是给此类债券融资功能，比如可以接受私募债券的质押回购等；三是必须加大固定收益电子平台和综合协议平台做市商制度以及提高做市商效率，使得该市场的交易对手增加；四是提高基础设施建设，使得固定收益平台的效率提高，继而降低投资者的搜寻成本。

10.3.8 加强发行人权益保护

在市场普遍强调投资者权益保护的同时，发行人的权益往往遭到忽视。然而在我国债券市场上，投资者群体中占据主体地位的是实力雄厚的商业银行、保险公司、证券公司和基金公司等机构投资者，他们具有较强的市场地位，掌握着大量资金，占据着债券持有量的绝大部分。机构投资者往往为了获取较高的投资收益，利用其在债券投资方面的强势地位，侵占发行人的利益，如在债券发行时故意抬高发行利率，利用一级半市场进行套利或向其他关联机构进行利益输送等。

与之相比，发行人往往处于弱势，尤其是中小企业私募债券的发行人，都是未上市的中小微企业，实力弱小，在市场中的声音微弱，尤其是在目前中小企业普遍融资困难的情况下，债券发行人为了顺利实现债券融资，往往不得不受制于机构投资者的利益导向。此外，由于中小企业的信息透明度较低，其信用水平和真实风险往往较难识别，于是很多投资者把中小企业私募债券都当作高风险债券来对待，要求其以高利率进行风险补偿，从而提高了那些信用度较高的中小企业的发行成本。

因此，在目前我国中小企业私募债券市场强大投资者和弱小发行人博弈的格局下，监管层更应重视和加强发行人的权益保护，如严厉打击和坚决取缔一级半市场，完善信用评级机制来增强市场参与主体对中小企业信用风险的识别能力，以及促进中小企业私募债券定价的合理性等，如此才能保护和调动中小企业私募债券发行主体的积极性，促进中小企业私募债券的长远发展，切实发挥其在解决中小企业融资难问题上的重要作用。

第 11 章
—— 研究结论及展望 ——

11.1 研究结论

1. 中小企业私募债券产生的背景与意义

改革开放以来，特别是从 20 世纪 90 年代后半期开始，中小企业在我国迅速发展，目前，中小企业在促进经济增长、增加就业、科技创新、增加出口和社会稳定等方面具有不可替代的作用，是经济增长的主要驱动力量。与中小企业对经济发展做出的巨大贡献形成鲜明对比的是，中小企业目前仍然面临着严重的融资困境。从企业内部来看，中小企业的融资方式比较单一，市场竞争能力弱，抗风险能力差，缺少可以抵押担保的资产，财务制度不健全，信息透明度不高，这些都成为制约企业融资的重要因素。从外部来看，直接融资渠道不畅、缺乏公平竞争的市场环境以及市场机制不健全等，都直接或间接地造成中小企业融资难的局面。针对这些问题，近年来，国家采取了一系列政策措施为中小企业融资营造有利的外部环境，并提出探索适合中小微型企业特点的创新型融资工具。

从 2011 年起，我国推出中小企业私募债券的时机已经基本成熟。首先，中小企业整体经济实力正在不断增强，同时资金需求强烈。其次，国外的私募债券市场、高收益债券市场等已相当成熟，为我国私募债券的发展提供了很多经验。此外，我国交易所市场为中小企业私募债券提供了良好的交易平台，市场各项基本设施也日趋完善。同时，银行间债券市场推出的定向工具为中小企业私募债券的推出积累了相关的经验。

在各方的共同努力之下，中小企业私募债券于 2012 年 6 月顺利进入试点阶段。中小企业私募债券的产生对于我国的中小企业和资本市场发展具有重要意义。第一，中小企业私募债券有助于缓解中小企业融资难，促进新型产业的发展。第二，中小企业私募债券的推出有助于完善资本市场体系，丰富债券市场结构，吸引更多投资者投资债券市场，改善债券市场投资主体结构，并为不同信用等级的收益率曲线提供更多的数据支持。第三，新型金融产品的出现，将推动金融领域更深层次的创新，包括市场机制，监管机制、中介服务的创新等。

2. 国外中小企业融资模式对我国的借鉴

尽管世界各个国家或地区对中小企业的界定标准不同，但基本上都是从“质”和“量”两个方面进行规定的。中小企业的外部融资渠道主要包括银行借贷、债券融资、股权融资、信托计划和民间资本等。各国的中小企业都或多或少存在着融资问题，一些国家在探索解决之路方面给我们提供了可以借鉴的经验。

中小企业的健康发展离不开政府的大力支持。我们可以考虑建立类似于美国的小企业管理局和韩国的中小企业署那样的独立的政府部门，专门服务于中小企业发展中遇到的各种问题，补充民间金融机构的功能，灵活应对金融形势的变化，通过对中小企业提供特殊贷款和经营指导来推动中小企业逐渐走向独立发展。

同时，我国要建立健全为中小企业服务的金融体系，发展中小金融机构，设立国家中小企业银行以及国家支持中小企业发展的专项基金，为中小企业提供专项贷款。另外，应培育专业的担保公司，发挥专业担保公司在企业融资中的作用。

3. 国外私募债券市场发展的经验

私募债券是债券市场发展到一定阶段的必然产物，有利于拓宽企业融资渠道，改善中小企业的融资环境，提高本土债券市场的吸引力并推动债券市场创新和企业技术进步。

从国外私募债券市场的发展历程来看，发展私募债券市场必须有健全的市场机制，具体包括市场准入机制、交易机制、定价机制、竞争机制、风险机制以及其他辅助机制等。而这些机制的建设不是一蹴而就的，而是根据运行中遇到的问题，逐步完善并根据市场的具体情况加以修正而来。同时，必须强调对市场的监管，坚持市场化运作，这样才能保证私募债券市场的健康发展。在私募债券的发展过程中，我们还注意到私募债券帮助中小企业募集了大量资金，相较于公募债券来说，私募债券对于信息披露、信用评级的要求不高，并且发行无须注册，更适合中小企业的特点。

为了合理发展我国的私募债券市场，必须谨防私募债券市场成为变相圈钱的场所；坚持市场化原则，通过制度设计，引导其规范发展；有步骤地解除有关机构投资者的限制，培育机构投资者；采取综合措施，构建防范化解风险的安全网；完善市场基础性制度和设施，加强对债权人合法权益的保护。

4. 国外高收益债券经验借鉴

高收益债券起源于美国，欧洲金融市场协会的报告显示，美国高收益债券的发行量一直在全球占据首位，其次是欧洲和亚太地区。发行高收益债券募集的资金主要用于企业合并和收购、日常资本支出以及再融资。除了具备债券的基本特征之外，高收益债券有其独特之处，已成为全球中小企业的重要融资渠道之一。

（1）违约风险突出。数据显示，1994 ~ 2011 年，投机级债券按违约额加权平均计算的年度违约率高于投资级债券。

（2）潜在收益较高。1978 ~ 2009 年，高收益债券的年度到期收益率最高为

19.53%，最低为7.35%。

（3）受经济周期影响显著。高收益债券的信用风险价差并不具有正态分布特征，而是对经济周期的敏感性很强。另外，数据显示，高收益债券与股票之间具有持续的强相关性。

（4）波动率特征明显。在正常情况或者没有发生经济危机时，高收益债券和投资级债券的波动性基本相似，标准差维持在1%～2%的水平。而在经济不稳定时，高收益债券的波动率会呈现爆炸式增长。数据显示，高收益债券的风险主要源于Caa级债券。

（5）从发行方式来看，目前市场上的高收益债券主要以私募发行为主，发行规模占比约为80%。

国外高收益债券市场的蓬勃发展也为我国高收益债券市场提供了经验借鉴：

（1）培育合格投资者。首先，鼓励商业银行的综合化经营，加强商业银行的信用风险定价管理能力，完善银行资产负债比例管理，缓解银行的流动性压力，为高收益债券的发行提供稳定的平台。其次，加快社保基金和养老金的发展，社保基金和养老金可以成为我国债券市场长期稳定的资金来源，但如何确保资金的安全性也是不容忽视的问题。再次，鼓励境外机构投资者将理性的投资理念和国际先进的投资经验引入到我国的高收益债券市场，成为推动我国债券市场发展的积极力量。最后，从国内优秀的机构投资者择优培育做市商，推动做市商制度在我国的发展，积极发挥做市商的枢纽作用，进一步提高场外市场的流动性和市场效率。

（2）加强投资者保护。我国应建立起多方位、多层次的监管体系，根据统一的监管原则将不同监管机构加以协调配合，从而达到发展市场和保护投资者的目的。

（3）完善市场基础性制度和配套设施的建设。比如，要进一步加强发行人和承销商的信息披露制度，强调信息的真实性、有效性和及时性，并且对违反信息披露制度的行为采取必要的处罚措施。又如，强调中介机构在高收益债券市场中发挥的监督和风险揭示作用，同时加强对中介机构的监管和中介机构的自我监管，形成一个完整的、有序的市场体系。

5. 中小企业私募债券的优势

中小企业私募债券的优势主要体现在以下几个方面：

（1）成本低。首先，中小企业私募债券属于直接融资，融资手续相对较少，融资速度较快，因此时间成本较低。其次，尽管中小企业私募债券发行利率高于一般的企业债和公司债，但相比发行人的信托产品，成本仍较低。最后，由于中小企业私募债券的发行期限相对灵活，因此可通过发行较长期限品种，锁定较低成本。

（2）规模不受限制。中小企业私募债券发行规模不受净资产40%的限制，且对盈利能力没有硬性要求，因此发行人可根据自身业务发展需求设定合理的融资规模。

（3）资金用途灵活。目前，《试点办法》未对中小企业私募债券所募集资金的用途进行明确约定，发行人可根据自身业务需要设定合理的募集资金用途。

（4）发行条款设计灵活。可以选择单独发行，也可以由两家及以上发行人集合发行；可加转股条款；可附利率上调投资者选择权和投资者回售条款；同时债券偿还方式设计灵活可变，可以附加选择权、提前还本、多次付息等多种形式。

（5）审批快。由于中小企业私募债券采取的是备案制，申报周期较短，申报流程相对简单，一般在15～20个工作日内可完成备案工作。

（6）宣传效应显著。中小企业私募债券虽为非公开发行，但能够参与非公开发行的合格投资者资质均较为优良，在进行推介的过程中，可有效提升企业形象。同时中小企业私募债券的成功发行可显示发行人的整体实力，增加市场认可度，或可提升银行授信额度。

6. 中小企业私募债券的发行现状

截至2013年4月30日，有37家证券公司共承销了150只中小企业私募债券，募集资金总额达175.11亿元人民币。其中，上海证券交易所60只，发行规模为69.68亿元人民币，深圳证券交易所90只，发行规模为105.43亿元人民币。

（1）从单只发行规模来看，主要分布在0.1亿元和3.5亿元之间，平均发行规模为1.17亿元，单只发行规模相对较小。

（2）从发行期限来看，共有5种类型，分别为1年期、1.5年期、2年期、2.5年期和3年期。其中以2年期和3年期为主，这两类债券共发行133只，占比89%。

（3）从发行利率来看，150只债券的平均发行利率为9.09%，其中1年期平均发行利率为9.03%，1.5年期为9.00%，2年期为8.86%，2.5年期为9.00%，3年期为9.24%。

（4）从增信方式来看，据不完全统计，目前的增信方式以第三方担保为主。

（5）从发行人类型来看，民营企业占绝对优势。其中，民营企业发行102只，占比68%，地方国有企业发行36只，占比24%；中外合资企业，外商独资企业，以及中央国有企业分别发行了7只、3只和2只。

（6）从发行人区域分布来看，截至2013年4月30日，共有17个试点区，发行人主要集中在江苏、浙江和北京三个地区。

（7）从发行人行业分布来看，已发行的150只中小企业私募债券主要分布在工业、消费、材料、信息技术、公用事业、金融、医疗和能源八个领域。

（8）从承销商来看，共有37家证券公司参与中小企业私募债券的承销，其中，国信证券股份有限公司以32.67亿元的承销规模处于领先地位。

7. 中小企业私募债券的交易现状

由于中小企业私募债券在发行和交易方面的非公开性，目前只能在深圳证券交易所综合协议交易平台查询到在深圳证券交易所备案的中小企业私募债券交易情况。截至2013年5月27日，共有91只中小企业私募债券在深圳证券交易所综合协议交易平台挂牌转让。其中55只有成交记录，总成交量为67.89亿元，占一级市场发行总额72.13亿元（深圳证券交易所已经开始挂牌转让91只债券）的94.54%，日换手率约为0.41%（2012年6月18日~2013年5月27日，共计227个交易日），中小企业私募债券不及其他债券交易活跃。

8. 中小企业私募债券的信用风险及评级

在试点阶段，为了防范信用风险，监管机构对中小企业的筛选较为严格，能够发行债券的企业的资信状况普遍较好，债券风险较低。随着私募债券的逐步放开，发行人的资信水平可能会大幅下降。将信用评级引入中小企业私募债券，可以充分发挥评级机构的风险识别和提示作用，推动中小企业私募债券的发展。对于评级机构来说，私募债券的信用评级既是一个机遇，也是一个挑战。

9. 中小企业私募债券的估值

考虑到目前国内债券市场的发行门槛一直较高，只有资质较好的债券才能达到发行门槛，债券市场的实际违约率为零，所以针对中小企业私募债券的估值，主要是基于国外成熟的投资级债券估值方法，即首先通过估算即期收益率来确定中小企业债券的折现率，紧接着分析中小企业私募债券的息票率来构建其现金流组合，最终将所有现金流折现的方法得到中小企业私募债券的价值。随着债券的发行门槛逐渐降低，违约率逐渐上升，更为精确的中小企业私募债券估值方法应该是基于债权人和股东之间契约的定性分析而得出，因为其破产可能性的上升大大增加了未来现金流的不确定性。更为准确的估值方法应该重点考虑把企业破产清算过程的定性分析与定量分析相互结合起来。

10. 中小企业私募债券发展的障碍与建议

现阶段，中小企业私募债券在我国市场的发展仍存在一些障碍，具体表现为：极易发生逆向选择和道德风险，承销商和投资者的参与程度不足，对中小企业融资困境的改善作用有限，市场化特征并未得到完全体现，流动性缺乏，信用风险大但缺乏评级机制加以揭示，各项市场制度不成熟以及政策风险大等。

针对中小企业私募债券发展中存在的问题，笔者提出如下建议：第一，中小企业私募债券作为金融创新产品，尚需市场检验，在试点阶段应该坚持审慎性原则，注意风险控制，不断积累市场经验，逐步完善市场机制，待各方面的条件均成熟之后再全面推行。第二，要努力提高中小企业私募债券的市场吸引力。在债券的设计过程中，应根据发行人的特征量体裁衣，既要快速融到所需资金，又要体现成本优势，也可以考虑加入提前偿付条款来降低债券的偿付风险。第三，大力发展中介机构，充分发挥中介机构的桥梁和纽带作用，降低信息不对称，同时引导发行人，使其行为满足市场的需求，并且监督发行人履行偿债义务。第四，完善制度建设，规范市场运作。应引入信用评级制度并完善信用评级技术；加强对中小企业私募债券的增信；加强风险防范，提高投资者保护；借鉴国外经验，完善风险补偿机制。此外，还应大力培育机构投资者，加强发行人权益保护以及提高债券的流动性。

11.2 研究展望

虽然本书从理论和实务方面对中小企业私募债券进行了较为系统的研究，但在本书的撰写过程中，笔者发现仍存在以下问题值得进一步深入研究：

（1）从第一只中小企业私募债券成功发行至本书截稿，我国的中小企业私募债券经历了不足一年的时间，目前仍然处于起步阶段。由于发展时间很短，市场各方面的积累十分有限，所以市场暴露出来的问题也十分有限。在试点阶段，无论是监管机构，还是发行人、投资者、承销机构以及其他中介结构，对于中小企业私募债券仍然坚持谨慎的态度，一切从安全的角度出发。尤其是在发行企业的筛选过程中，精心挑选出一批经济实力、发展前景和资信水平都比较优秀的非上市中小企业。可以说，经过各方的共同努力，目前已上市的中小企业私募债券在违约风险上已经降到很低的水平。但是，随着未来中小企业私募债券市场逐步放开，发行企业的总体质量将出现下滑，违约风险也会随之增加。那时，市场上会暴露出更多的难以预料的问题，这些都需要未来深入、细致的研究。

（2）私募债券与公募债券最大的区别就是非公开发行，这决定了私募债券相关信息的获取存在相当大的障碍。这一点在本书的两个部分得到了充分体现。首先，在研究国际私募债券市场的过程中，关于国际私募债券的第一手资料，甚至是已加工的信息都非常有限。而且不同国家和地区的信息获取难易程度也各不相同，给研究工作带来了一定的困难。接下来，在研究我国中小企业私募债券市场时也遇到类似的问题。尽管如此，笔者仍然积极尝试多种不同方式搜集信息，确保研究工作的顺利开展以及研究结果的全面性和客观性。

（3）国外的高收益债券和我国中小企业私募债券在很多方面存在共性，因此对国外高收益债券的深入研究有助于我国中小企业私募债券的研究。本书在国外高收益债券的发展经验方面，突出介绍了美国和欧洲的高收益债券市场，由于研究时间所限，对亚洲高收益债券市场着墨不多。作为新兴高收益债券市场的代表，亚洲高收益债券市场可以为我国债券市场发展提供很多的借鉴。并且从地缘经济的角度来讲，亚洲高收益债券市场对我国的影响更大，通过对其进行分析，可能对我国中小企业私募债券带来另外一种启发。因此，有兴趣的读者可以在这方面进一步展开研究。

（4）在中小企业私募债券的估值方面，目前我国中小企业私募债券的市场交易并不活跃，与国际高收益债券市场相比，换手率很低，且发行利率的确定缺乏有效的市场化机制予以保证。另外，从国外私募债券的定价来看，私募债券发行人的破产风险是影响其债券定价的关键性因素。对于投资级债券来说，其破产风险的分析着重于定量分析，而对于非投资级债券来说，对发行人的破产风险侧重于定性分析，特别是债券合约中关于破产安排的具体条款，牵涉的法律问题可能极其复杂，会对债券的偿付能力带来很大影响。而对于我国的中小企业私募债券来说，由于受到法律环境等各方面共同影响，很难沿用国外的分析框架对破产风险进行准确估计。以上种种因素导致目前我国中小企业私募债券的估值存在相当大的难度。

（5）考虑到现阶段我国的经济处于波动期，外围经济环境的影响会使得市场的运行出现很多突发变化，而这些变动可能并不是私募债券本身设计的弱点。在研究过程中，可能无法从根本上全面剔除外围因素的影响而仅仅分析私募债券本身的属性特征，或者说，目前的研究是将各种外部经济因素考虑在内的私募债券。

（6）国外私募债券的一个特征就是市场化运作，但是鉴于我国的特殊国情，监管部门采取了较多的政策干预，可能使市场的运行规律不能完全得以体现，这给本书的研究带来了一定程度的困扰。

（7）本书探讨的中小企业私募债券市场存在的问题以及给出的建议，主要针对当前中小企业私募债券市场的情况，未来随着中小企业私募债券市场的发展以及各项政策的出台，存在的问题和相应的建议也会有所变化，因此，未来在这一方面仍大有文章可做。

（8）由于笔者的知识结构和时间所限，加之中小企业私募债券的市场运作仍处于探索阶段，所以本书现有的研究可能存在一定的片面性。

综上所述，中小企业私募债券的研究是一个持续动态的过程，当前市场的现状和特征以及制度建设，并不能代表市场的长期动态和未来发展方向，后续学者和实务界人士都可以参与到该领域的研究，相信会取得更加丰硕的研究成果。

参考文献

1. 郭春燕．中小企业私募债基本情况及海外经验借鉴［R］．华泰联合证券，2012. 7.

2. 弗兰克·J·法博齐．固定收益证券手册（第六版）．任若恩等译［M］．北京：中国人民大学出版社，2005.

3. Graham, J. R. and C. Harvey. The theory and practice of corporate finance: Evidence from the field[J]. Journal of Financial Economics, 2001, (60): 187 – 243.

4. Grossman, S. J., and O. D. Hart. Corporate Financial Structure and Managerial Incentives[C]. In: The Economics of Information and Uncertainty[A]. Ed. by J. J. McCall. Chicago: The University of Chicago Press, 1982: 123 – 155.

5. Aghion, Fally and Scarpetta. Credit Constraints as a Barrier to the Entry and Post – Entry Growth of Firms[J]. Economic Policy, 2007, Vol. 22, No. 52, pp. 731 – 779.

6. 黄仁杰．欧洲债券对其持有人利益的保护方法[J]. 金融科学, 1996(3).

7. Allen F. and D. Gale. Comparing Financial systems [M]. Cambrige MA: MIT Press. 2000.

8. Altman, Edward I. Setting the Record Straight on Junk Bond: A Review of the Research on Default Rates and Returns [J]. Journal of Applied Corporate Finance, 1990, 3(2), pp. 82 – 95.

9. Altman, Edward I. Revisiting The High – Yield Bond Market [J]. financial management, 1992, 21(2), pp. 78 – 92.

10. Ronald W. Spahr, Mark A. Sunderman, Chukwaka D. Amalu. Corporate Bond Insurance: Feasibility and Insurer Risk Assessment[J]. The Journal of Risk and Insurance, 1991, (58): 418 – 437.

11. Ross, S.. The determination of financial structure: the incentive – signaling approach [J]. Bell Journal of Economics, 1977, (8): 23 – 40.

12. Sankarshan Acharya. Bond Rating Enhancement Using Corporate Bond Default Data: A New Methodology[J]. Financial Analysts Journal, 2000, (8): 1 – 15.

13. Sarig Oded and Warga Arthur. Bond Price Data and Bond Market Liquidity[J]. Journal of Financial and Quantitative Analysis,1989,(24):367 -378.

14. 张红岩．高收益债券在中国债券市场培育路径及发展前瞻［R］．中国证券期货，2012. 3.

15. 朱新容，陈柏东．金融与投资论丛［C］．北京：中国财政经济出版社，2005. 5. 255 -290.

16. 曹大宽．我国公司债券市场：问题、环境与展望［J］．中国金融，2004（4）．

17. 王一宣．公司债券市场：理论、实践与政策建设［C］．深交所工作报告．

18. 杨萍．国外公司债券市场发展经验与发展现状［J］．中国金融半月刊，2003（13）．

19. 陈刚，王占柱，王楠楠．我国公司债券市场发展的思考［J］．黑龙江对外经贸，2005（6）．

20. 中英公司债产品创新项目组．我国高收益债券的市场需求与制度设计［J］．中国债券，2010（10）．

21. 中国银行间市场交易协会．我国高收益债券发展研究［R］．研究报告，2011（9）．

22. 罗樱，蒋飞．高收益债的美国经验和中国思考［R］．招商证券，2012.

23. 黄文涛．高收益债券，陷阱还是馅饼？［R］．中信建投证券，2012.

24. 周沅帆．债券增信［M］．北京：北京大学出版社，2010.

25. Julian Walmsley，类承曜等译．新金融工具［M］．中国人民大学出版社，2001.

26. Frank J. Fabozzi. Fixed Income Mathematics(Fourth Edition)[M], Mc Graw - Hill. Inc. 2005.

27. 武巧珍，刘扭霞．中国小企业融资［M］．北京：中国社会科学出版社，2007.

28. 陈晓红．中小企业融资与成长［M］．经济科学出版社，2007.

29. 沈炳熙，曹媛媛．中国债券市场：30 年改革与发展［M］．北京：北京大学出版社，2010.

30. 文学国．私募股权基金法律制度析论［M］．北京：中国社会科学出版社，2010.

31. 华雷，李长辉．私募股权基金前沿问题——制度与实践［M］．北京：法律出版社，2009.

32. 项先权，唐青林．私募股权投资基金实践操作与法律实务文本［M］．北京：知识产权出版社，2008.

33. 裴力．杠杆收购与私募股权基金［M］．北京：社会科学文献出版社，2010.

34. 包景轩．我国证券非公开发行制度初探［M］．北京：法律出版社，2008.

35. 张旭娟．中国证券私募发行法律制度研究［M］．北京：法律出版社，2006.

36. 盛立军，郑海滨，夏样芳．中小民营企业私募融资［M］．北京：机械工业出版社，2004.

37. 焦津洪，娄家杭．中国股票非公开发行研究——以美国法为视角［J］．中外法学，2002（4）．

38. 包景轩．我国证券非公开发行制度初探［J］．法学杂志，2005（2）．

39. 田晓林．我国私募基金规模接近7000亿开放成为必然趋势［R］．第一财经日报，2006.1.4.

40. 吴弘．论证券法中的证券．华东金融法制评论第二卷．北京：中国方正出版社，2005.

41. 焦津洪，娄家航．中国股票非公开发行研究，以美国法为视角6，载5中外法学2002年第4期．

42. 郭雳著．美国证券私募发行法律问题研究［M］．北京：大学出版社，2004.

43. 朱大旗著．金融法［M］．北京：中国人民大学出版社，2007：460－461.

44. 郭雳著．美国证券私募发行法律问题研究［M］．北京：北京大学出版社，2004：37.

45. 王建文．完善我国证券私募制度的初探［J］．华东经济管理2006年3月第20卷第3期，第63－65页．

46. 巴曙松，孙隆新，周沅帆．全覆盖债券的国际经验及中国的现实选择［M］．北京：经济科学出版社，2010：15－80.

47. 巴曙松，孙隆新，牛播坤．政策性银行商业化改制对债券市场的影响研究［M］．北京：经济科学出版社，2010：67－85.

48. 蔡军华．债权抵押证券评级［J］．鹏元评级，2008（2）：3－14.

49. 曹海珍．中国债券市场发展的理论与实践［M］．北京：中国金融出版社，2006：9－14.

50. 曹伟龙．应用ARCH模型对中国股市波动性的实证分析［J］．世界经济情况，2006（1）：19－22.

51. 陈文鹏．影响准市政债券信用级别的因素分析［J］．鹏元评级，2008（3）：29－34.

52. 丁志祥，刘加顺．信用担保机构参与资产证券化的可行性分析［J］．当代经济，2008（17）：58－60.

53. 董乐．银行间债券市场流动性溢价问题研究［J］．运筹与管理，2007，16（4）：79－88.

54. 顾纪生．证券市场流动性研究［J］．华东经济管理，2002，16（5）：87－91.

55. 郭泓，武康平．债券市场流动性及其相关问题研究［J］．西南民族大学学报（人文社科版），2005，26（12）：139－143.

56. 黄宗远，阳太林．ARCH模型在证券市场风险计量中的应用［J］．经济与社会发展，2004，2（8）：50－54.

57. 黄胜．机构投资者行为对中国证券市场稳定性影响的研究［D］．南京：河海大学，2006.

58. 金融市场波动率模型及实证研究［D］．北京：首都经济贸易大学，2006.

59. 李战杰．运用分层结构化内部增信原理解决中小企业发债难题［J］．开放导报，2009，(2)：86－89.

60. 李湛．信贷资产证券化中的信用增级方法［J］．农村金融研究，2007（7）：29－33.

61. 李焰．对我国国债市场流动性的实证研究［J］．财贸经济，2005（9）：55－61.

62. 李仁健．中国国债市场流动性现状及因素分析［D］．上海：上海交通大学，2007.

63. 李琳．集合债券：中小企业融资新途径？［J］．理财，2007（9）：76－77.

64. 李湛．信贷资产证券化中的信用增级方法［J］．农村金融研究，2007（7）：29－33.

65. 梁瓒．中国市政债券的发展现状与对策分析［J］．鹏元评级，2009（3）：23－28.

66. 廖敏辉．我国企业债券市场的流动性研究［D］．长沙：湖南大学，2007.

67. 廖士光．中国证券市场流动性价值问题研究［D］．上海：上海交通大学，2007.

68. 刘国光，王慧敏．公司债券信用利差和国债收益率动态关系研究［J］．山西财经大学学报，2005，27（5）：117－122.

69. 刘少波，张霖．金融创新中的信用增级及其定价问题——以资产证券化为例［J］．金融研究，2006，(3)：131－137.

70. 吕江林，姜光明．交易所债券市场价格波动率特征性研究［J］．金融研究，2004，(12)：89－96.

71. 潘晓佳．中国企业债券市场流动性研究［D］．厦门：厦门大学，2007.

72. 钱争鸣．ARCH 族计量模型在金融市场研究中的应用［J］．厦门大学学报，2000（3）：126－129.

73. 瞿强．国债市场流动性研究［J］．金融研究，2001（6）：75－83.

74. 任兆璋，李鹏．流动性风险对可违约债券信用利差期限结构的影响［J］．系统工程理论．方法应用，2006，15（3）：251－255.

75. 王华．我国上市公司可转债融资适用性分析［J］．鹏元资信，2008（1）：30－37.

76. 王军．市政债券发行的收益和风险研究［J］．鹏元评级，2008（3）：62－67.

77. 王军．企业债券品种创新研究［J］．鹏元评级，2009（1）：27－31.

78. 赵娜．企业债券信用利差研究综述［J］．商业时代，2006（33）：74－75.

79. 赵青伟，樊力嘉．国际债券投资工具之一——本息分离债券［J］．中国外汇管理，2003（4）：68－68.

80. 周沅帆，秦斯朝，黄忠仁，张伟，蒋序全，李琳．全覆盖债券全球债务融资工具［J］．鹏元资信，2008（1）：3－8.

81. 周沅帆，秦斯朝，黄忠仁，张伟，蒋序全，李琳．欧洲全覆盖债券法律框架比较研究［J］．鹏元资信，2008（2）：54－57.

82. 周沅帆，秦斯朝，黄忠仁，张伟，蒋序全，李琳．全覆盖债券与资产证券化的国际比较研究［J］．鹏元资信，2008（2）：58－65.

83. 周卫东．发展企业债券市场的关键在于增强企业债券流动性［J］．证券之窗，2002（11）：44－46.

84. 张飞．城投债信用评级中地方政府财政实力评价方法的探讨［J］．鹏元评级，2009（2）：10－16.

85. 张苗．我国保险公司债券投资的风险及其对策研究［J］．鹏元评级，2009（3）：26－33.

86. 张维迎．产权、政府与信誉［M］．上海：三联书店，2001.

87. 张维迎．博弈论与信息经济学［M］．上海：三联书店，1996.

88. 张英杰，薛慧欣．美国市政债券信用管理经验及其对我国的借鉴［J］．鹏元评级，2008（3）：46－53.

89. 郑智．专访北京信用担保业协会会长李世奇：政策性和商业性担保公司应分类管理［N］．21世纪经济报道，2009－11－17.

90. 钟增文．集合债券：中小企业融资新途径［J］．金融经济，2007（8）：24－25.

91. Andersen, T. G. , Return Volatility and Trading Volume: An Information Flow Interpretation of Stochastic Volatility[J]. Journal of Finance, 1996(51): 169 - 204.

92. Andersen, T. G. , Bollerslev, T. Heterogenous Information Arrivals and Return Volatility

93. Dynamics: Uncovering the long - Run in High Frequency Returns[J]. Journal of Finance, 1997(52): 975 - 1005.

94. Antje Bernd, Iulian Obreja. The Pricing of Risk In European Credit And Corporate Bond Markets[J]. Working Paper Series, 2007(8): 805 - 805.

95. Arnoud W. A. Boot, Anjan V. Thakor and Gregory F. Udell. Secured Lending and Default Risk: Equliibrium Analysis, Policy Implications and Empirical Results[J]. The Economic Journal, 1991(5): 458 - 472.

96. 郭雳著．美国证券私募发行法律问题研究［M］．北京：北京大学出版社，2004.

97. 刘焦津洪，娄家航．中国股票非公开发行研究——以美国法为视角［J］．中外法学，2002（4）：490－495.

98. 郭俊秀，李献国．我国证券私募发行法律问题研究［J］．江西财经大学学报，2006，46（4）：91－95.

99. 韩炯，傅铁．中国法律框架下的“公募”与“私募”［R］．银行法律简报，2008年4月．

100. 谷小青．美国高收益债券市场的发展及启示［J］．银行家，2010（11）：78－81.

101. 纪敏，袁鹰．我国需要发展高收益债券［J］．中国金融，2011（10）：55－57.

102. 陈佳．发展中小企业高收益债券若干问题的探讨［J］．经济学动态，2010（7）：78－80.

103. 黄晓捷，汤莹玮．国际高收益债券市场的发展及对我国的启示［J］．金融理论与实践，2008（9）：107－109.

104. 邵立强．高风险债券缘何难面市［N］．金融时报，2007－5－19.

105. 张自力．美国垃圾债券市场违约风险监管的实践与政策改进［J］．金融理论与实践，2009（7）：91－97.

106. 李子彬．充分认识中小企业的地位和作用［J］．求是，2009（8）．

107. 巴曙松，徐滇庆．我们需要什么样的民营银行［J］．改革与理论．2002（8）．

108. 李扬．拨开迷雾——著名经济学家李扬谈中小企业贷款难［J］．银行家，2002（10）．

109. 李志赟．银行结构与中小企业融资［J］．经济研究，2002（6）．

110. 林毅夫，李永军．中小金融机构发展与中小企业融资［J］．经济研究，2001（1）．

111. 鲁丹，肖荣华．银行市场竞争结构、信息生产和中小企业融资［J］．金融研究，2008（5）．

112. 彭江波．以互助联保为基础构建中小企业信用担保体系［J］．金融研究，2008（2）．

113. 张杰．民营经济的金融困境与融资次序［J］．经济研究，2000（4）．

114. 叶盛，王连熙．关于高收益债券的若干点思考［R］．上海新世纪资信评估投资服务有限公司，2009.

115. Martin Fridson. What Drives High－Yield Bonds［R］. Advisor Perspectives, October 26, 2010.

116. Aghion, Philippc andBolton, Patrick. An incomplete contracts approach to financial contracting［J］. Review of Economic Studies. 1992(59):437－494.

117. Antje Bernd, Iulian Obreja. The Pricing of Risk In European Credit And Corporate Bond Markets［J］. Working Paper Series, 2007(8):805－805.

118. Baker, Malcolm and Jeffrey Wurgler. Market Timing and Capital Structure［J］. Journal of Finance, 2002(57):1－32.

119. Banerjee, A. V., Besley, Timothy and Guinnane, Timothy W., The neighbor's keeper: the design of a credit cooperative with theory and a test, Quarterly Journal of Economics, 1994(

109):491 -515.

120. Jensen, M, . Agency Cost s of Free Cash Flow, Corporate Finance, and Take-over. American Economic Review,1986(76):323 -329.

121. Japan Securities Dealers Association, Study Group to Vitalize the Corporate Bond Market[R]. Toward Vitalization of the Corporate Bond Market,2010.

122. Jae -Ha Park. Bond Market Development: the Experience of the Republic of Korea [R]. Korea Institute of Finance,2008.

123. Jacoby,G. ,Fowler,D. J. ,Gottesman,A. A. The capital asset pricing model and the liquidity effect:A theoretical approach[J]. Journal of Financial Markets,2000(3):69 -81.

124. John R. Graham,Campbel R. Harvey. The theory and practice of corporate finance: evidence from the field[J]. Journalof Financial Economics,2001(60):187 -243.

125. Kamarea,A. Bond price data and bond market liquidity[J]. Journal of Financial and Quantitaitive Analysis,1994,29(3):403 -417.

126. 陈晓红，张彩华．转轨经济中内部人控制的成因分析及对策［J］．中南工业大学学报，2000（3）：182 -185.

127. 成兵．解析中小企业融资难的成因及对策［J］．会计之友，2006（6）：58 -59.

128. 李战杰．韩国中小企业债券融资模式研究及对我国的启示［J］．中央财经大学学报，2009（3）：33 -37.

129. 李战杰．运用分层结构化内部增信原理解决中小企业发债难题［J］．资本市场，2009（4）：86 -89.

130. 林毅夫，李永军．中小金融机构发展与中小企业融资［J］．经济研究，2001（1）：10 -18.

131. 刘建华，李香花，陈晓红．韩日美等国中小企业债券融资模式对我国的启示［J］．金融发展评论，2011（3）：72 -75.

132. 齐友发．美国中小企业融资经验及启示［J］．财会通讯，2011（17）：152 -153.

133. 孙琳，王莹．我国中小企业集合债融资和新型担保模式设计［J］．学术交流，2011（6）：111 -115.

134. 肖新军．中小企业融资的难点与对策［J］．金融理论与实践，2007（12）：51 -53.

135. 张杰．民营经济的金融困境与融资次序［J］．经济研究，2000（4）：3 -10.

136. 周兆生．中小企业融资的制度分析［J］．财经问题研究，2003（5）：27 -32.

137. 朱军先等．中小企业融资的国际经验和政策选择［J］．新金融，2011（2）：59 -62.

138. 李宗泽．我国公司债券发展路径研究［D］．北京：首都经济贸易大学，2008.

139. 李文群．中国企业债券研究［D］．北京：中共中央党校，2005.

140. 联合证券．可交换债券（Exchangeable Bonds）简析［EB/OL］．http：//219. 133. 104. 135/ibase.

141. 廖敏辉．我国企业债券市场的流动性研究［D］．长沙：湖南大学，2007.

142. 孙颖．我国国债市场流动性研究［D］．长沙：湖南大学，2005.

143. 孙景德．发达国家企业债券市场发展的特点与启示［J］．上海金融，2007（4）：57－58.

144. 孙建明．穆迪抵押债券评论方法讨论［R］．中诚信证券评估有限公司，2007－12－25.

145. 孙维伟．企业债券信用风险度量研究［D］．天津：天津大学，2007.

146. 孙泽蕤．公司债券价格与信用风险研究［M］．上海：上海人民出版社，2009.

147. 谈儒勇．金融发展理论的新发展：90 年代金融发展理论［J］．经济研究参考，1999（77）：23－29.

148. 谭慧．美国可转换债券市场及其对我国的启示［J］．消费导刊，2009（11）：26－42.

149. 田贞余．企业债券融资研究［D］．上海：复旦大学，2003.

150. 田茜．我国公司债券发展的影响因素研究［D］．广州：广东外语外贸大学，2007.

151. 林心平，胡乐航．融资新途径——可交换债券简析［J］．鹏元评级，2008（2）：41－47.

152. 刘澄．金融发展理论的发展演变简评［J］．当代财经，2001（1）：31－39.

153. 刘娥平．公司发行可转换债券融资的动机分析［J］．财会通讯，2005（12）：117－119.

154. 刘小清．中国公司债券市场制度瓶颈与制度创新研究［D］．南京：南京理工大学，2008.

155. 刘莉莉．中美日中小企业融资模式比较与启示［D］．石家庄：河北师范大学，2004.

156. 刘榕．证券市场监管与信息披露制度研究［D］．长沙：湖南大学，2002.

157. 刘勇．可转换债券融资方式探讨［D］．北京：对外经济贸易大学，2002.

158. 刘小坤．企业债券：信用风险与市场监管研究［D］．上海：复旦大学，2005.

159. Willamson, Oliver. Corporate finance and corporate governance [J]. Journal of Finance, 1988(43):567 －591.

160. Warga Arthur. Bond Returns, Liquidity, and Missing Data [J]. Journal of Financial and Quantitative Analysis, 1992(27):605 －617.

161. W. Braddock Hickman. Corporate Bond Quality and Investor Expericence[M]. National Bureau of Economic Research,1958.

162. Zwiebel Jeffrey. Dynamic Capital Structure under Managerial Entrenchment [J]. American Economic Review,1996(86):1197 – 1215.

163. Ricardo J. Caballero, Takeo Hoshi, and Anil K. Kashyap. Zombie Lending and Depressed Restructuring in Japan[J]. AmericanEconomic Review, Vol. 98, No. 5, pp. 1943 – 77.

164. Ralf Elsas and Jan P. Krahnen. Is relationship lending special? Evidence from credit – file data in Germany[J]. Journal of Banking & Finance, Vol. 22 No. 10 – 11, pp. 1283 – 1316.

165. Ana M. Herrera and Raoul Minetti. Informed finance and technological change: Evidence from credit relationships[J]. Journal of Financial Economics, Vol. 83, No. 1, pp. 223 – 269.

166. Masaji Kano, Hirofumi Uchida, Gregory F. Udell, and Wako Watanabe. Information Verifiability, Bank Organization, Bank Competition and Bank – Borrower Relationships[J]. RIETI DP series 06 – E – 003.

167. Arito Ono and Iichiro Uesugi,. The Role of Collateral and Personal Guarantees in Relationship Lending: Evidence from Japan's SME Loan Market[J]. Journal of Money, Credit, and Banking, Vol. 41, No. 5, pp. 935 – 960.

168. Arito Ono, Koji Sakai, and Iichiro Uesugi. The Effects of Collateral on SME Performance in Japan[J]. PIE/CIS Discussion Paper No. 401.

169. Mitchell A. Petersen and Raghuram Rajan,. The Effect of Credit Market Competition on Lending Relationships[J]. Quarterly Journal of Economics, Vol. 110, pp. 406 – 443.

170. Joe Peek and Eric S. Rosengren. Unnatural Selection: Perverse Incentives and the Misallocation of Credit in Japan[J]. American Economic Review, Vol. 95, No. 4, pp. 1144 – 1166.

171. Hirofumi Uchida, Gregory F. Udell, and Wako Watanabe. Bank size and lending relationships in Japan[J]. Journal of the Japanese and International Economies, Vol. 22, No. 2, pp. 242 – 267.

172. Ricardo J. Caballero, Takeo Hoshi, and Anil K. Kashyap. Zombie Lending and Depressed Restructuring in Japan[J]. AmericanEconomic Review, Vol. 98, No. 5, pp. 1943 – 77.

173. Ralf Elsas and Jan P. Krahnen. Is relationship lending special? Evidence from credit – file data in Germany[J]. Journal of Banking & Finance, Vol. 22 No. 10 – 11, pp. 1283 – 1316.

174. Ana M. Herrera and Raoul Minetti. Informed finance and technological change: Evidence from credit relationships[J]. Journal of Financial Economics, Vol. 83, No. 1, pp. 223 – 269.

175. Masaji Kano, Hirofumi Uchida, Gregory F. Udell, and Wako Watanabe. Information Verifiability, Bank Organization, Bank Competition and Bank – Borrower Relationships [J]. RIETI DP series 06 – E – 003.

176. Arito Ono and Iichiro Uesugi. The Role of Collateral and Personal Guarantees in Re-

lationship Lending: Evidence from Japan's SME Loan Market[J]. Journal of Money, Credit, and Banking, Vol. 41, No. 5, pp. 935 – 960.

177. Arito Ono, Koji Sakai, and Iichiro Uesugi, 2008, "The Effects of Collateral on SME Performance inJapan," PIE/CIS Discussion Paper No. 401.

178. Mitchell A. Petersen and Raghuram Rajan. The Effect of Credit Market Competition on Lending Relationships[J]. Quarterly Journal of Economics, Vol. 110, pp. 406 – 443.

179. Joe Peek and Eric S. Rosengren. Unnatural Selection: Perverse Incentives and the Misallocation of Credit in Japan[J]. American Economic Review, Vol. 95, No. 4, pp. 1144 – 1166.

180. Hirofumi Uchida, Gregory F. Udell, and Wako Watanabe. Bank size and lending relationships in Japan[J]. Journal of the Japanese and International Economies, Vol. 22, No. 2, pp. 242 – 267.

181. Yasuda, Nobuyoshi Yamori, Wako Watanabe, and Masaki Hotei. SME Financing under the Financial Crisis: Summary of 2008 and 2009 Surveys of Transactions between Enterprises and Financial Institutions([J]. in Japanese), RIETI DP Series 09 – J – 020.

182. Iichiro Uesugi, Koji Sakai, and Guy M. Yamashiro. The Effectiveness of Public Credit Guarantees in the Japanese Loan Market[R]. PIE/CIS Discussion Paper No. 400.

183. Ydriss Ziane. Number of Banks and Credit Relationships, Empirical Results from Small Business Data[J]. European Review of Economics and Finance, Vol. 2, No. 3, pp. 33 – 60.

184. Mark Carey, Stephen Prowse, John Rea, and Gregory Udell Staff, Board of Governors. The Economics of the Private Placement Market [J]. Federal Reserve Bulletin, January 1994.

185. Allen, Linda, Anthony Saunders, and Gregory F. Udell. The Pricing of Retail Deposits: Concentration and Information[J]. Journal of Financial Intermediation, vol. 1 (December 1991), pp. 335 – 61.

186. Banning, Peter S. and Christopher James. An Analysis of Private Nonbank Loan Agreements[R]. Working Paper. Gainesville, Fla: University of Florida, August 1989.

187. Berger, Allen N., and Gregory F. Udell. Collateral, Loan Quality, and Bank Risk [J]. Journal of Monetary Economics, vol. 25 (January 1990), pp. 21 – 42.

188. Brealey, Richard A., and Stewart C. Myers. Principles of Corporate Finance[J]. 4th ed. New York: McGraw Hill, 1991.

189. Brook, Richard. Debt Covenants and Event Risk: The Practitioner as a Source of Evidence[R]. Working Paper. New York: Columbia University, The Center for Law and Economic Studies, October 1990.

190. Fenn, George, and Rebel Cole. Announcements of Asset – Quality Problems and Contagion Effects in the Life Insurance Industry [J]. Journal of Financial Economics,

forthcoming,1994.

191. Altman E. I. ,Financial Ratios,Discriminant Analysis and the Prediction of Corporate Bankrupt[J]. The Journal of Finance,vol. 23(September 1968),No. 4,pp. 589 – 610.

192. Altman Edward I,R. G. Haldman,and P. Narayanan,Zeta Analysis:A New Model to Identify Bankruptcy Risk of corporations[J]. Journal of Banking and Finance,vol. 1(1977),pp. 29 – 54.

193. Altman E,Eisenbeis R. A and Sinkey J,Applications of classification techniques in business[J]. Banking and Finance,JAIPress,1981.

194. Altman,Edward I. Measuring Corporate Bond Mortality and Performance[J]. The Journalof Finance(Sep – 1989),pp. 909 – 922.

195. Altman Edward I. and Narayanan Paul,An International Survey of Business Failure Classification Models[J]. Financial Markets,Institutions and Instruments,vol. 6,No. 2,1997.

196. Barth J. R et al,Thrift institution failures:estimating the regulator's closure rule[J]. Research in Financial Services(1989).

197. Caouette,J. B. ,E. J. Altman,and P. Narayanan,Managing Credit Risk:The Next Great Financial Challenge[J]. John Wiley & Sons,New York,1998.

198. Credit Suisse Financial Products,CreditRisk +:A Credit Risk Management Framework[J]. Credit Suisse,1997.

199. Edmister,Robert. An Empirical Test to Financial Ratio Analysis for Small Business Failure Prediction[J]. The Journal of Financial and Quantitative Analysis,Vol. 7,1477 – 1493.

200. Fitzpartrick P. J,A Comparison of Ratios of Successful Industrial Enterprise with those of Failed Firms[J]. Certified Public Accountant,vol. 2(1932),pp. 598 – 731.

201. Gabe de bond and David Marques. The high – yield segment of the corporate bond market:a diffusion modelling approach for the United states[J]. the United Kindom and the Eruo area,ECB working paper,No. 313,2004.

202. Dumoulin,Hubert Grignon. The Regulatory and Supervisory Framework For Fixed Income Markets In Europe[R]. World bank,working paper,2004.

203. Bruno Biais and Declerck. European High – Yield Bond Markets:transparency,liquidity,efficiency[J]. Toulous university IDEI,2007.

204. Jensen,M. C. . Agency Costs of Free Cash Flow,Corporate Capital Finance and Takeovers[J]. American Economic Review,1986(76):322 – 339.

205. Jensen,M. C and W. Meckling. Theory of the Firm:Managerial Behavior,Agency Cost,and Capital Structure[J]. Journal of Financial Economics,1976(3):332 – 228.

206. Japan Securities Dealers Association,Study Group to Vitalize the Corporate Bond Market. Toward Vitalization of the Corporate Bond Market[R]. 2010.

207. Jae - Ha Park. Bond Market Development: the Experience of the Republic of Korea [R]. Korea Institute of Finance, 2008.

208. Jacoby, G., Fowler, D. J., Cottesman, A. A. The capital asset pricing model and the liquidity effect: A theoretical approach[J]. Journal of Financial Markets, 2000(3): 69 - 81.

209. John R. Graham, Campbel R. Harvey. The theory and practice of corporate finance: evidence from the field[J]. Journalof Financial Economics, 2001(60): 187 - 243.

210. Kamarea, A. Bond price data and bond market liquidity[J]. Journal of Financial and Quantitaitive Analysis, 1994, 29(3): 403 - 417.

211. 吴培慧，莫凡．追求高收益杠杆收购撬动西欧垃圾债［J/OL］．上海证券报，资本周刊，2007 - 8 - 14.

212. 黄仁杰．欧洲债券对其持有人利益的保护方法［J］．金融科学，1996（3）：101 - 106.

213. 刘飏．后危机时代信用评级机构的规制框架与发展趋势［J］．银行家，2010（10）：96 - 99.

214. 何伟．中国信用评级机构发展状况分析［J］．上海金融，2009（5）：94 - 95.

215. 陈彬，曾冠．论欧盟证券法一体化的发展与困境［J］．证券市场导报，2007（10）：71 - 77.

216. 张自力．监管的“成本—收益”分析模式与中国的适应性分析［J］．农村金融研究，2007（6）：57 - 60.

217. 陈清泰主编．加快中小企业改革的步伐——放开搞活中小企业的政策与经验［M］．北京：中国经济出版社，1996.

218. 国务院发展研究中心，北京市科委编著．中小企业发展与政策研究［M］．北京：北京科技出版社，1999.

219. 吴敬琏．经济形势与中小企业的发展［R］．国务院发展研究中心调查研究报告，1998 年 94 号．

220. 方甲主编．产业组织理论与政策研究［M］．北京：中国人民大学出版社，1993.

221. 王慧炯主编．产业组织及有效竞争——中国产业组织的初步研究［M］．北京：中国经济出版社，1991.

222. 唐菊裳．国外小企业——融资、管理、创新、模式［M］．北京：中国计划出版社，1999.

223. 秦言．中国小企业——分析、策划、运作、创新［M］．北京：中国计划出版社，1998.

224. 国家计委宏观经济研究院课题组．中国小企业发展战略研究［M］．2000 年．

225. 刘勇．中外中小企业支持政策对比研究［J］．中国软科学，1999（2）．

226. 王琼，袁泽沛，冯宗宪．基于违约过程的企业债券定价模型研究［J］．武汉理工大学学报，2006，28（2）：104－107.

227. 王宏伟，闫安，孙海刚．上交所企业债价格变化分析［J］．经济论坛，2007（4）：120－122.

228. 王晓琴，孙瑞峰．重复抵押问题研究［J］．山西财经大学学报（高等教育版），2007，10（1）：88－88.

229. 王一萱，楚天舒，于延超．西方主要国家债券市场比较研究［R］．深圳证券交易所综合研究所，2005－12－16.

230. 王一萱．银行体系失效与公司债券市场发展［R］．深圳证券交易所综合研究所报告，2003－07－09.

231. 王国刚．发展公司债券市场应解决的几个问题［J］．福建论坛（经济社会版），2003（7）：19－21.

232. 王艳丽．附担保公司债券信托之研究［D］．上海：复旦大学，2004.

233. Michael Davies and Liz Dixon Smith. Credit Quality in the Australian Non – Government

234. Bond Market[J]. Financial Stability Review,2004(3):46 – 51.

235. Myers,S. C. Determinants of corporate borrowing[J]. Journal of Financial Economics,1977(5):147 – 175.

236. Nobuhiro Kiyotaki and John Moore. Credit Chains[J]. Journal of Political Economy,1997(5):103 – 134.

237. Patrick Houweling,Albert Mentink,TonVorst. How to measure corporate bond liquidity[J]. Tinbergen Institute Discussion Paper,2003(2):30 – 32.

238. Quigley,J. M. and D. L. Rubinfeld. Private Guarantees for Municipal Bonds:Evidence From the Aftermarket[J]. National Tax Journal,1991,44(4):29 – 39.

239. Rene M. STULZ,Herb JOHNSON. An Analysis of Secured Debt[J]. Journal of Financial Economics,1985(14):501 – 521.

240. Robert L. Bland. The Interest Cost Savings from Municipal Bond Insurance:The Implications for Privatizatio[J]. Journal of Policy Analysis and Management,1987(6):207 – 219.

241. Ronald W. Spahr, Mark A. Sunderman, Chukwaka D. Amalu. Corporate Bond Insurance:Feasibility and Insurer Risk Assessment[J]. The Journal of Risk and Insurance,1991(58):418 – 437.

242. Sankarshan Acharya. Bond Rating Enhancement Using Corporate Bond Default Data:A New Methodology[J]. Financial Analysts Journal,2000(8):1 – 15.

243. Sarig Oded and Warga Arthur. Bond Price Data and Bond Market Liquidity[J]. Journal ofFinancial and Quantitative Analysis,1989(24):367 – 378.

244. Seha M. Tinic. The Economics of Liquidity Services[J]. The Quarterly Journal of Economics, 1972, 86(1):79 - 93.

245. Stulz, R. and H. Johnson. Analysis of Secured Debt[J]. Journal of Financial Economics, 1985(14):501 - 522.

246. Steven A. Lippman, John J. McCALL. An Operational Measure of Liquidity [J]. TheAmerican Economic Review, 1986, 76(1):43 - 55.

247. Stoll, Whaley, Stock Market Structure and Volatility[J]. Review of Financial Studies, 1990(3):37 - 71.

248. Tien Foo Sing, Seow Eng Ong and Gang - Zhi Fan. Pricing Credit Risk of Asset - BackedSecuritization Bonds in Singapore[J]. International Journal of Theoretical and Applied Finance, 2005, 8(3):321 - 338.

249. Thomas H. Jackson and Anthony T. Kronman. Secured Financing and Priorities Among Creditors[J]. Yale Law Journal, 1979(88):1143 - 1161.

250. Tinic S M. The Economics of Liquidity Services[J]. Journal of Economics, 1972, 86(1):79 - 93.

251. Tobin T. Liquidity perference and behavior towards risk[J]. Review of Economic Studies, 1958, 25(1):68 - 85.

252. Thakor, A. v. An Exploration of Competitive Signaling Equilibria with' thirdparty' information production: the case of debt insurance[J]. The journal of finance, 1982(37):717 - 739.

附 录

附录1 截至2013年4月30日中小企业私募债券发行统计

债券发行人	债券名称	发行日期	债券规模（亿元）	债券期限（年）	初评主体级别	初评债券级别	发行利率（%）	SHIBOR 1年期利率（%）	利差	主承销商
深圳市德福莱首饰有限公司	12德福莱	2012-06-08	2.00	3		AA-	9.30	4.87	4.43	国信证券
苏州华东镀膜玻璃有限公司	12苏镀膜	2012-06-08	0.50	2			9.50	4.87	4.63	东吴证券
深圳市嘉力达实业有限公司	12嘉力达	2012-06-08	0.50	3			9.99	4.87	5.12	国信证券
海宁森德皮革有限公司	12森德债	2012-06-11	1.50	3	BBB+	AA-	8.10	4.85	3.25	国泰君安证券
北京九恒星科技股份有限公司	12九恒星	2012-06-11	0.10	1.5			8.50	4.85	3.65	中信建投
北京航材百慕新材料技术工程股份有限公司	12百慕债	2012-06-11	0.20	1.5			8.50	4.85	3.65	中信建投
浙江南浔古镇旅游发展有限公司	12浔旅债	2012-06-11	0.50	3	BB+	AA-	8.90	4.85	4.05	国信证券
深圳市拓奇实业有限公司	12拓奇债	2012-06-11	0.28	1			9.00	4.85	4.15	平安证券

（续表）

债券发行人	债券名称	发行日期	债券规模（亿元）	债券期限（年）	初评主体级别	初评债券级别	发行利率（%）	SHIBOR 1年期利率（%）	利差	主承销商
杭州钱江四桥经营有限公司	12 钱四桥	2012 – 06 – 11	1.00	2	AA	AA	9.35	4.85	4.50	平安证券
南京江宁水务集团有限公司	12 宁水务	2012 – 06 – 11	2.00	2	AA –	AA –	9.40	4.85	4.55	平安证券
无锡高新物流中心有限公司	12 锡物流	2012 – 06 – 11	2.50	2			9.50	4.85	4.65	平安证券
浙江中欣化工股份有限公司	12 中欣 01	2012 – 06 – 11	0.20	2			10.00	4.85	5.15	浙商证券
深圳市巨龙科教高技术股份有限公司	12 巨龙债	2012 – 06 – 11	0.20	1			13.50	4.85	8.65	中银国际
天津市天房科技发展有限公司	12 天科债	2012 – 06 – 12	1.00	3			7.30	4.84	2.46	国泰君安证券
苏州新区新宁自来水发展有限公司	12 新宁债	2012 – 06 – 12	1.00	2			7.50	4.84	2.66	国泰君安证券
凡登（常州）新型金属材料技术有限公司	12 凡登债	2012 – 06 – 12	1.00	3			8.05	4.84	3.21	国泰君安证券
上海同捷科技股份有限公司	12 同捷 01	2012 – 06 – 12	1.00	3	A –		8.15	4.84	3.31	国泰君安证券
北京信威通信技术股份有限公司	12 信威债	2012 – 06 – 15	2.00	2			9.80	4.81	4.99	国开证券

（续表）

债券发行人	债券名称	发行日期	债券规模（亿元）	债券期限（年）	初评主体级别	初评债券级别	发行利率（%）	SHIBOR 1年期利率（%）	利差	主承销商
浙江中欣化工股份有限公司	12 中欣 02	2012－06－15	0. 30	2			9. 99	4. 81	5. 18	浙商证券
新丽传媒股份有限公司	12 新丽债	2012－06－18	1. 00	2	A	A	7. 00	4. 80	2. 20	中信建投
浙江太子龙实业发展有限公司	12 太子龙	2012－06－19	1. 00	3			9. 99	4. 79	5. 20	光大证券
中科恒源科技股份有限公司	12 中科债	2012－06－26	1. 00	2			9. 50	4. 80	4. 70	中信建投
浙江富立轴承钢管有限公司	12 浙富立	2012－06－26	0. 80	3			10. 50	4. 78	5. 72	国海证券
大丰市大丰港工程建设有限公司	12 大丰港	2012－06－27	1. 00	1			8. 50	4. 77	3. 73	南京证券
优必胜（上海）精密轴承制造有限公司	12 优必胜	2012－06－29	0. 25	2			9. 70	4. 75	4. 95	国泰君安证券
湖州金泰科技股份有限公司	12 金泰 01	2012－07－10	0. 15	3			9. 00	4. 64	4. 36	浙商证券
湖州金泰科技股份有限公司	12 金泰 02	2012－07－10	0. 15	3			11. 00	4. 64	6. 36	浙商证券
杭州西子孚信科技有限公司	12 孚信债	2012－07－13	1. 00	2			7. 00	4. 57	2. 43	浙商证券
北京鸿仪四方辐射技术股份有限公司	12 鸿仪债	2012－07－16	0. 20	2			8. 00	4. 56	3. 44	中信建投

（续表）

债券发行人	债券名称	发行日期	债券规模（亿元）	债券期限（年）	初评主体级别	初评债券级别	发行利率（%）	SHIBOR 1 年期利率（%）	利差	主承销商
湖州天外绿色包装印刷有限公司	12 天外债	2012 – 07 – 18	2.00	3		AA	9.90	4.54	5.36	财通证券
江南阀门有限公司	12 江阀债	2012 – 07 – 20	0.50	2			9.20	4.54	4.66	浙商证券
武汉四方交通物流有限责任公司	12 四方债	2012 – 07 – 23	2.00	3			8.50	4.52	3.98	长江证券
上海中锐教育投资有限公司	12 中锐债	2012 – 08 – 01	0.50	2			8.65	4.49	4.16	东吴证券
保定天威集团（江苏）五洲变压器有限公司	12 五洲债	2012 – 08 – 02	0.80	3			8.68	4.48	4.20	国泰君安证券
苏州同里国际旅游开发有限公司	12 同里债	2012 – 08 – 06	1.00	2			8.60	4.46	4.14	东吴证券
宁波枫林绿色能源开发有限公司	12 甬绿能	2012 – 08 – 10	2.00	2			7.28	4.45	2.83	平安证券
常州市武进广播电视投资发展有限公司	12 武广债	2012 – 08 – 15	2.00	3	A +		8.20	4.44	3.76	长城证券
大丰市大丰港农业发展有限公司	12 大丰债	2012 – 08 – 15	1.00	1			8.50	4.46	4.04	南京证券
重庆市涪陵区民爆器材专营公司	12 民爆债	2012 – 08 – 24	1.40	1			7.80	4.44	3.36	平安证券
上海雅润文化传播有限公司	12 雅润债	2012 – 08 – 28	0.30	2			8.50	4.43	4.07	招商证券

（续表）

债券发行人	债券名称	发行日期	债券规模（亿元）	债券期限（年）	初评主体级别	初评债券级别	发行利率（%）	SHIBOR 1年期利率（%）	利差	主承销商
北京回龙观星美国际影城管理有限公司	12 星美债	2012－08－28	2.00	3			9.50	4.43	5.07	首创证券
苏州漕湖科技发展股份有限公司	12 漕湖债	2012－08－29	1.50	2			9.50	4.43	5.07	东吴证券
苏州漕湖科技发展股份有限公司	12 漕湖 02	2012－08－29	0.50	2			9.50	4.43	5.07	东吴证券
申环电缆科技有限公司	12 申环 01	2012－08－29	0.80	3			10.00	4.43	5.57	大通证券
北京金豪制药股份有限公司	12 金豪债	2012－09－14	0.20	2			7.90	4.40	3.50	申银万国证券
常州市春秋淹城建设投资有限公司	12 淹城债	2012－09－21	2.00	3	AA－		8.00	4.40	3.60	长城证券
中兴能源有限公司	12 中能 01	2012－09－25	1.00	3			9.30	4.40	4.90	国信证券
重庆永鹏网络科技股份有限公司	12 永鹏债	2012－09－25	0.30	2.5			10.00	4.40	5.60	宏源证券
江苏天楹环保能源股份有限公司	12 天楹 01	2012－09－27	1.40	3			9.00	4.40	4.60	国泰君安证券
广州南菱汽车股份有限公司	12 南菱 01	2012－10－11	0.50	2			9.50	4.40	5.10	广发证券

（续表）

债券发行人	债券名称	发行日期	债券规模（亿元）	债券期限（年）	初评主体级别	初评债券级别	发行利率（%）	SHIBOR 1年期利率（%）	利差	主承销商
杭州益维汽车工业有限公司	12 杭益汽	2012 - 10 - 15	2.00	2	BB -	AA	11.20	4.40	6.80	浙商证券
上海金丰建设发展有限公司	12 金建设	2012 - 10 - 16	2.00	3	A -	AA	8.00	4.40	3.60	华西证券
湖州上跃龟鳖特种养殖有限公司	12 湖上跃	2012 - 10 - 18	0.70	3			9.70	4.40	5.30	财通证券
上海三航奔腾建设工程有限公司	12 沪奔腾	2012 - 10 - 19	2.50	3	BBB		11.00	4.40	6.60	中信建投证券
湖北黄山头酒业有限公司	12 黄山头	2012 - 10 - 22	1.90	3			9.00	4.40	4.60	长江证券
常州科研试制中心有限公司	12 常科试	2012 - 10 - 22	3.00	3			9.20	4.40	4.80	东吴证券
浙江大东吴集团钢构有限公司	12 东钢构	2012 - 10 - 22	2.00	2	A -	AA -	9.30	4.40	4.90	国信证券
南京远古水业股份有限公司	12 远古债	2012 - 10 - 30	2.00	2			9.00	4.40	4.60	南京证券
北京精英伟业影视文化有限责任公司	12 京精英	2012 - 10 - 31	1.00	3	A	A +	9.00	4.40	4.60	中信建投证券
北京中实混凝土有限责任公司	12 中实债	2012 - 10 - 31	0.80	3	BBB	AA -	10.30	4.40	5.90	中国民族证券

（续表）

债券发行人	债券名称	发行日期	债券规模（亿元）	债券期限（年）	初评主体级别	初评债券级别	发行利率（%）	SHIBOR 1年期利率（%）	利差	主承销商
长兴县公路工程有限责任公司	12 长公债	2012－11－02	2.00	3			8.35	4.40	3.95	光大证券
北京中关村四环医药开发有限责任公司	12 四环 01	2012－11－02	1.10	3		AA－	9.50	4.40	5.10	平安证券
北京派特罗尔油田服务股份公司	12 派特 01	2012－11－05	1.00	3			8.00	4.40	3.60	中信建投证券
青岛澳洋塑料制品有限公司	12 澳洋 01	2012－11－05	1.00	1			8.50	4.40	4.10	国信证券
武汉天捷重型装备股份有限公司	12 天捷 01	2012－11－05	0.30	1			8.50	4.40	4.10	中信建投证券
武汉天捷重型装备股份有限公司	12 天捷 02	2012－11－05	0.50	2			9.00	4.40	4.60	中信建投证券
江苏东升水务建设工程有限公司	12 苏东升	2012－11－06	0.60	2			7.35	4.40	2.95	中信建投证券
如皋市顾庄生态园开发建设有限公司	12 如顾庄	2012－11－06	1.00	3			9.80	4.40	5.40	天风证券
浙江西塘旅游文化发展有限公司	12 西游发	2012－11－08	1.00	3			8.50	4.40	4.10	东吴证券
内蒙古奈伦农业科技股份有限公司	12 蒙农科	2012－11－09	2.50	2			9.95	4.40	5.55	国信证券

（续表）

债券发行人	债券名称	发行日期	债券规模（亿元）	债券期限（年）	初评主体级别	初评债券级别	发行利率（%）	SHIBOR 1年期利率（%）	利差	主承销商
安徽华安达集团工艺品有限公司	12 华安达	2012－11－09	0.20	2			10.00	4.40	5.60	国元证券
武汉医药（集团）股份有限公司	12 武医债	2012－11－14	0.80	2			9.80	4.40	5.40	东兴证券
湖北华丽食品有限公司	12 鄂华食	2012－11－14	0.50	3			9.98	4.40	5.58	天风证券
深圳市新达通科技股份有限公司	12 新达通	2012－11－14	0.23	1.5			10.00	4.40	5.60	宏源证券
重庆天彩铝业有限公司	12 天彩债	2012－11－16	0.60	1			9.00	4.40	4.60	平安证券
湖北福星生物科技有限公司	12 福星债	2012－11－16	3.00	3	BBB	AA	10.50	4.40	6.10	国信证券
浩蓝环保股份有限公司	12 浩蓝债	2012－11－23	0.50	3			8.80	4.40	4.40	广发证券
广东瑞昌食品进出口有限公司	12 瑞昌 01	2012－11－23	0.30	3			9.50	4.40	5.10	广发证券
江苏飞达钻头股份有限公司	12 苏飞钻	2012－11－26	1.00	2			5.50	4.40	1.10	光大证券
常熟市虞山尚湖旅游发展有限责任公司	12 虞尚湖	2012－11－26	2.00	3			9.00	4.40	4.60	东吴证券
苏州沙家浜旅游发展有限公司	12 沙旅游	2012－11－29	0.50	2			8.80	4.40	4.40	东吴证券
青岛澳洋塑料制品有限公司	12 澳羊 02	2012－11－30	1.00	1			8.50	4.40	4.10	国信证券

（续表）

债券发行人	债券名称	发行日期	债券规模（亿元）	债券期限（年）	初评主体级别	初评债券级别	发行利率（%）	SHIBOR 1年期利率（%）	利差	主承销商
重庆市福星门业（集团）有限公司	12 福星门	2012－11－30	2.50	3			10.00	4.40	5.60	东北证券
佛山市建通混凝土制品有限公司	12 建通债	2012－12－03	1.50	3		AA－	7.40	4.40	3.00	国信证券
南京宁西道路桥梁工程有限公司	12 宁西债	2012－12－03	2.50	3			8.80	4.40	4.40	国信证券
安徽宣酒集团股份有限公司	12 宣酒债	2012－12－03	1.00	3			9.00	4.40	4.60	国元证券
广东新大禹环境工程有限公司	12 新大禹	2012－12－03	0.50	2			10.00	4.40	5.60	广发证券
天津市凯泰建材经营有限公司	12 津凯泰	2012－12－10	2.50	3			7.80	4.40	3.40	国信证券
北京联飞翔科技股份有限公司	12 联飞翔	2012－12－10	0.20	2.5			8.00	4.40	3.60	中信建投证券
上海香榭丽广告有限公司	12 香榭丽	2012－12－10	0.50	3			8.00	4.40	3.60	中信建投证券
徐州新源水务有限公司	12 徐水务	2012－12－11	1.00	1			8.00	4.40	3.60	东吴证券
龙岩北山煤矿有限责任公司	12 北矿债	2012－12－14	1.00	3			8.50	4.40	4.10	兴业证券
山东锦纺棉业科技有限公司	12 锦纺债	2012－12－17	2.00	3			10.00	4.40	5.60	齐鲁证券

（续表）

债券发行人	债券名称	发行日期	债券规模（亿元）	债券期限（年）	初评主体级别	初评债券级别	发行利率（%）	SHIBOR 1 年期利率（%）	利差	主承销商
芜湖金牛电气股份有限公司	12 金电气	2012－12－25	0.20	1			10.00	4.40	5.60	国元证券
黑乳（北京）商贸有限公司	12 黑乳债	2012－12－26	1.50	3			9.00	4.40	4.60	兴业证券
浙江绩丰岩土技术股份有限公司	12 绩丰债	2012－12－27	1.00	2		AAA	5.60	4.40	1.20	光大证券
北京新华空港航空食品有限公司	12 航食 01	2012－12－27	0.60	3			10.50	4.40	6.10	光大证券
广东乐陶陶药业股份有限公司	12 乐陶 01	2012－12－27	0.40	3			11.00	4.40	6.60	东北证券
鄂尔多斯市通惠燃气供热集团有限公司	12 通惠债	2012－12－27	2.00	2						南京证券
浙江康迪车业有限公司	12 康迪债	2012－12－28	0.80	3						光大证券
佛山市富士宝电器科技股份有限公司	12 富士宝	2013－01－07	0.50	2			7.50	4.40	3.10	中信建投证券
长青交通科技股份有限公司	12 长青债	2013－01－08	0.75	3			8.80	4.40	4.40	东吴证券
浙江森禾园艺有限公司	12 森园 01	2013－01－08	1.00	3		A＋	9.98	4.40	5.58	国信证券
北京海吉星医疗科技有限公司	12 海吉星	2013－01－15	2.00	3	A＋		8.50	4.40	4.10	长城证券
江苏扬安集团有限公司	12 扬安债	2013－01－15	2.00	2		AA	8.70	4.40	4.30	新时代证券

（续表）

债券发行人	债券名称	发行日期	债券规模（亿元）	债券期限（年）	初评主体级别	初评债券级别	发行利率（%）	SHIBOR 1年期利率（%）	利差	主承销商
漳州发展水务集团有限公司	12漳水债	2013-01-16	1.50	3	A	AA	8.20	4.40	3.80	国海证券
广州南菱汽车股份有限公司	12南菱02	2013-01-16	0.37	2			9.50	4.40	5.10	广发证券
诸城威仕达机械有限公司	12威仕达	2013-01-18	1.20	3	BBB+	BBB+	9.50	4.40	5.10	齐鲁证券
重庆华联商厦鸿瑞百货有限公司	12鸿瑞债	2013-01-21	0.80	3			8.90	4.40	4.50	国信证券
中昌恒远控股有限公司	12中昌债	2013-01-22	1.50	3			8.10	4.40	3.70	恒泰证券
浙江大东吴集团建材构配件有限公司	12东配件	2013-01-22	2.00	3			9.15	4.40	4.75	国信证券
湖北世纪新峰雷山水泥有限公司	12雷山债	2013-01-23	1.50	2			8.00	4.40	3.60	国信证券
江苏恒星钨钼有限公司	12恒星债	2013-01-23	1.00	3			9.35	4.40	4.95	国信证券
南京江宁滨江物流有限公司	13宁物流	2013-01-23	2.00	3	BBB-	AA-	9.55	4.40	5.15	东莞证券
内蒙古奶联科技有限公司	12蒙奶联	2013-01-24	2.50	3			8.98	4.40	4.58	国信证券
北京思倍驰科技股份有限公司	12思倍驰	2013-01-24	0.15	2			9.00	4.40	4.60	国都证券

（续表）

债券发行人	债券名称	发行日期	债券规模（亿元）	债券期限（年）	初评主体级别	初评债券级别	发行利率（%）	SHIBOR 1 年期利率（%）	利差	主承销商
润百计算机（上海）有限公司	12 润百债	2013－01－24	0.50	3			9.50	4.40	5.10	东吴证券
广州市中小企业私募	12 冠耀集	2013－01－24	0.55	2			9.80	4.40	5.40	东吴证券
东阳青雨影视文化股份有限公司	12 青雨 01	2013－01－25	0.30	3			8.50	4.40	4.10	中信建投证券
东飞马佐里纺机有限公司	12 东飞 01	2013－01－25	1.10	2			9.50	4.40	5.10	长城证券
南京西部路桥集团有限公司	12 西路债	2013－01－28	1.00	1			8.52	4.40	4.12	南京证券
天津天地伟业科技有限公司	12 天地债	2013－01－28	0.30	3			9.00	4.40	4.60	华创证券
山东博润实业有限公司	13 博润 01	2013－01－29	3.50	3	AA－	AA	9.30	4.40	4.90	金元证券
瑞安市水务集团有限公司	13 瑞安水务 01	2013－01－30	1.50	3						中银国际
山东博特精工股份有限公司	13 鲁博特	2013－01－31	0.30	3	BBB＋		8.50	4.40	4.10	湘财证券
湖州珍贝羊绒制品有限公司	12 湖珍绒	2013－01－31	2.00	3			9.60	4.40	5.20	财通证券
南京汤山旅游有限公司	13 汤山债	2013－02－04	3.00	2			9.00	4.40	4.60	南京证券
安徽蓝博旺机械集团	12 蓝博 01	2013－02－04	0.60	3			9.80	4.40	5.40	首创证券

（续表）

债券发行人	债券名称	发行日期	债券规模（亿元）	债券期限（年）	初评主体级别	初评债券级别	发行利率（%）	SHIBOR 1 年期利率（%）	利差	主承销商
宿迁市致富皮业有限公司	12 致富债	2013－02－05	1.50	3			9.50	4.40	5.10	中信证券
吴江市盛泽水处理发展有限公司	12 盛水债	2013－02－21	1.00	2			8.60	4.40	4.20	东吴证券
嵊州宾馆有限公司	13 嵊宾馆	2013－02－26	1.20	3			9.20	4.40	4.80	国信证券
浙江浦江百炼化工有限公司	12 浙浦江	2013－02－26	0.80	3			14.00	4.40	9.60	浙商证券
伊金霍洛旗九泰热力有限责任公司	12 九泰债	2013－02－27	2.00	2			9.20	4.40	4.80	平安证券
广东瑞昌食品进出口有限公司	12 瑞昌 02	2013－03－01	0.16	3			8.50	4.40	4.10	广发证券
浙江安吉修竹绿化工程有限公司	12 安吉修	2013－03－07	2.50	3	A	AA＋	9.50	4.40	5.10	浙商证券
杭州建工混凝土有限公司	12 杭建工	2013－03－11	0.30	3			9.50	4.40	5.10	东方花旗证券
杭州市设备安装有限公司	12 杭设备	2013－03－11	0.70	3			9.50	4.40	5.10	东方花旗证券
中兴能源有限公司	12 中能 02	2013－03－13	1.00	3			9.30	4.40	4.90	国信证券
天津市松江生态产业有限公司	12 松江债	2013－03－13	3.00	3			9.50	4.40	5.10	浙商证券

附录 2 国际三大评级机构的评级符号及含义

国际三大评级机构的评级符号及含义

<table>
<tr><td rowspan="20">投资级</td><td colspan="3">最高级/质量最好</td></tr>
<tr><td>穆迪</td><td>Aaa</td><td>此债项的质量最高，信用风险最小。</td></tr>
<tr><td>标准普尔</td><td>AAA</td><td>发行人履行偿债义务的财务能力极强。</td></tr>
<tr><td>惠誉</td><td>AAA</td><td>信用质量最高；代表期望信用风险最低。履行偿债义务的能力格外强。</td></tr>
<tr><td colspan="3">高级/质量高</td></tr>
<tr><td>穆迪</td><td>Aa1
Aa2
Aa3</td><td>此债项的质量高，信用风险非常低。</td></tr>
<tr><td>标准普尔</td><td>AA +
AA
AA −</td><td>发行人履行偿债义务的财务能力非常强，与最高等级的债项有一点差距。</td></tr>
<tr><td>惠誉</td><td>AA +
AA
AA −</td><td>信用质量非常高；代表期望信用风险非常低。履行偿债义务的能力非常强。</td></tr>
<tr><td colspan="3">中高级</td></tr>
<tr><td>穆迪</td><td>A1
A2
A3</td><td>此债项的等级为中高级，信用风险低。</td></tr>
<tr><td>标准普尔</td><td>A +
A
A −</td><td>发行人履行偿债义务的财务能力强。然而，与高等级的债务人相比，发行人更容易受到环境和经济状况不利变化的影响。</td></tr>
<tr><td>惠誉</td><td>A +
A
A −</td><td>信用质量高；代表期望信用风险低。履行偿债义务的能力强。</td></tr>
<tr><td colspan="3">中级</td></tr>
<tr><td>穆迪</td><td>Baa1
Baa2
Baa3</td><td>此债项承受中度信用风险。等级为中级，拥有某些投机特征。</td></tr>
<tr><td>标准普尔</td><td>BBB +
BBB
BBB −</td><td>展现充分的保护要素。不利的经济状况或环境变化更可能导致发行人履行偿债义务的能力弱化。</td></tr>
<tr><td>惠誉</td><td>BBB +
BBB
BBB −</td><td>信用质量好；代表当前期望的信用风险低。履行偿债义务的能力充分，但是环境和经济状况的不利变化更容易削弱该能力。</td></tr>
</table>

（续表）

<table>
<tr><td rowspan="22">低于投资级</td><td colspan="3">投机级</td></tr>
<tr><td rowspan="2">穆迪</td><td>Ba1
Ba2
Ba3</td><td>此债项具有投机因素，大量信用风险。</td></tr>
<tr><td>B1
B2
B3</td><td>此债项是投机性质的，信用风险高。</td></tr>
<tr><td rowspan="2">标准普尔</td><td>BB +
BB
BB −</td><td>与其他投机性发行相比，支付的可能性高一些，然而发行人面临着重大的持续不确定性，或者经营状况、财务状况或经济状况不良，可能导致履行偿债义务的能力不足。</td></tr>
<tr><td>B +
B
B −</td><td>这些债券比 BB 级债券更脆弱，但是债务人目前具备履行偿债义务的能力。不利的经营状况、财务状况或经济状况可能会削弱该能力。</td></tr>
<tr><td rowspan="2">惠誉</td><td>BB +
BB
BB −</td><td>投机性。信用风险可能正在扩大，特别是在不利的经济或市场变化之后。</td></tr>
<tr><td>B +
B
B −</td><td>高度投机性。目前存在显著的信用风险。</td></tr>
<tr><td colspan="3">高度投机级</td></tr>
<tr><td rowspan="2">穆迪</td><td>Caa1
Caa2
Caa3</td><td>此债项的处境很差，信用风险非常高。</td></tr>
<tr><td>Ca</td><td>此债项是高度投机级，很可能在不久的将来违约，有期望收回本金或利息。</td></tr>
<tr><td rowspan="3">标准普尔</td><td>CCC +
CCC
CCC −</td><td>此债项容易受到拒付，发行人履行偿债义务依赖于良好的经营状况、财务状况或经济状况。</td></tr>
<tr><td>CC</td><td>此债项非常容易受到拒付。</td></tr>
<tr><td>C</td><td>此债券当前非常容易受到拒付。可能用于破产申请之时。</td></tr>
<tr><td rowspan="3">惠誉</td><td>CCC</td><td>违约的可能性真实存在。履行偿债义务的能力依赖于持续良好的经营或经济状况。</td></tr>
<tr><td>CC</td><td>很可能出现某种方式的违约。</td></tr>
<tr><td>C</td><td>违约即将发生。</td></tr>
<tr><td colspan="3">违约</td></tr>
<tr><td>穆迪</td><td>C</td><td>这些债券通常出现支付违约，收回本金或利息的希望很小。</td></tr>
<tr><td rowspan="2">标准普尔</td><td>SD</td><td>发行人选择性地对某次发行违约。</td></tr>
<tr><td>D</td><td>普遍性违约。</td></tr>
<tr><td>惠誉</td><td>D</td><td>此债项出现支付违约。</td></tr>
</table>

资料来源：www. moodys. com，www. standardandpoors. com，www. fitchratings. com

附录3　美国高收益债和10年期国债的年度到期收益率对比

年份	高收益债	10年期国债	收益率价差
1978	10.92%	8.11%	2.81%
1979	12.07%	9.13%	2.94%
1980	13.46%	10.23%	3.23%
1981	15.97%	12.08%	3.89%
1982	17.84%	13.86%	3.98%
1983	15.74%	10.70%	5.04%
1984	14.97%	11.87%	3.10%
1985	13.50%	8.99%	4.51%
1986	12.67%	7.21%	5.46%
1987	13.89%	8.83%	5.06%
1988	13.70%	9.15%	4.55%
1989	15.17%	7.93%	7.24%
1990	18.57%	8.07%	10.50%
1991	12.56%	6.70%	5.86%
1992	10.44%	6.69%	3.75%
1993	9.08%	5.80%	3.28%
1994	11.50%	7.83%	3.67%
1995	9.76%	5.58%	4.18%
1996	9.58%	6.42%	3.16%
1997	9.20%	5.75%	3.45%
1998	10.04%	4.65%	5.39%
1999	11.41%	6.44%	4.97%
2000	14.56%	5.12%	9.44%
2001	12.31%	5.04%	7.27%
2002	12.38%	3.82%	8.56%
2003	8.00%	4.26%	3.71%
2004	7.35%	4.21%	3.14%
2005	8.44%	4.39%	4.05%
2006	7.82%	4.70%	3.12%
2007	9.69%	4.03%	5.66%
2008	19.53%	2.22%	17.31%
2009	8.97%	3.84%	5.13%

资料来源：Special report on defaults and returns in the high－yield bond and distressed debt market：the year 2009 in review and outlook（by Edward Altman and Brenda Karlin），February 2010

附录4 关于发布实施《上海证券交易所中小企业私募债券业务试点办法》有关事项的通知

上证债字〔2012〕176号

各市场参与人：

为规范中小企业私募债券业务，拓宽中小微型企业融资渠道，服务实体经济发展，保护投资者合法权益，上海证券交易所（以下简称“本所”）制定了《上海证券交易所中小企业私募债券业务试点办法》，经中国证监会批准，现予发布实施。

试点期间，中小企业私募债券发行人限于符合《关于印发中小企业划型标准规定的通知》（工信部联企业〔2011〕300号）规定、且未在本所和深圳证券交易所上市的中小微型企业，暂不包括房地产企业和金融企业。

特此通知。

上海证券交易所

二〇一二年五月二十二日

上海证券交易所中小企业私募债券业务试点办法

第一章 总则

第一条 为规范中小企业私募债券业务，拓宽中小微型企业融资渠道，服务实体经济发展，保护投资者合法权益，根据《公司法》、《证券法》等法律、行政法规以及上海证券交易所（以下简称“本所”）相关业务规则，制定本办法。

第二条 本办法所称中小企业私募债券（以下简称“私募债券”），是指中小微型企业在中国境内以非公开方式发行和转让，约定在一定期限还本付息的公司债券。

第三条 发行人应当以非公开方式向具备相应风险识别和承担能力的合格投资者发行私募债券，不得采用广告、公开劝诱和变相公开方式。每期私募债券的投资者合计不得超过200人。

第四条 发行人应向投资者充分揭示风险，制定偿债保障等投资者保护措施，加强投资者权益保护。发行人应当保证发行文件及信息披露内容真实、准确、完整，不得有虚假记载、误导性陈述或重大遗漏。

第五条 私募债券应当由证券公司承销。证券公司和相关中介机构为私募债券相关业务提供服务，应当遵循平等、自愿、诚实守信的原则，严格遵守执业规范和职业道德，按规定和约定履行义务。

第六条 私募债券在本所进行转让的，在发行前应当向本所备案。本所接受备案并不对发行人的经营风险、偿债风险、诉讼风险以及私募债券的投资风险或收益等做出判断或保证。私募债券的投资风险由投资者自行承担。

第七条 本所为私募债券的信息披露和转让提供服务，并实施自律管理。

第八条 私募债券的登记和结算，由中国证券登记结算有限责任公司按其业务规则办理。

第二章 备案及发行

第九条 在本所备案的私募债券，应当符合下列条件：

（一）发行人是中国境内注册的有限责任公司或者股份有限公司。

（二）发行利率不得超过同期银行贷款基准利率的 3 倍。

（三）期限在一年（含）以上。

（四）本所规定的其他条件。

第十条 证券公司开展承销业务，应当符合法律、行政法规、中国证监会有关监管规定和中国证券业协会的相关规定。

第十一条 私募债券发行前，承销商应当将发行材料报送本所备案。备案材料应当包含以下内容：

（一）备案登记表。

（二）发行人公司章程及营业执照（副本）复印件。

（三）发行人内设有权机构关于本期私募债券发行事项的决议。

（四）私募债券承销协议。

（五）私募债券募集说明书。

（六）承销商的尽职调查报告。

（七）私募债券受托管理协议及私募债券持有人会议规则。

（八）发行人经具有执行证券、期货相关业务资格的会计师事务所审计的最近两个完整会计年度的财务报告。

（九）律师事务所出具的关于本期私募债券发行的法律意见书。

（十）发行人全体董事、监事和高级管理人员对发行申请文件真实性、准确性和完整性的承诺书。

（十一）本所规定的其他文件。

第十二条 私募债券募集说明书应当至少包含以下内容：

（一）发行人基本情况。

（二）发行人财务状况。

（三）本期私募债券发行基本情况及发行条款，包括私募债券名称、本期发行总额、期限、票面金额、发行价格或利率确定方式、还本付息的期限和方式等。

（四）承销机构及承销安排。

（五）募集资金用途及私募债券存续期间变更资金用途程序。

（六）私募债券转让范围及约束条件。

（七）信息披露的具体内容和方式。

（八）偿债保障机制、股息分配政策、私募债券受托管理及私募债券持有人会议等投资者保护机制安排。

（九）私募债券担保情况（若有）。

（十）私募债券信用评级和跟踪评级的具体安排（若有）。

（十一）本期私募债券风险因素及免责提示。

（十二）仲裁或其他争议解决机制。

（十三）发行人对本期私募债券募集资金用途合法合规、发行程序合规性的声明。

（十四）发行人全体董事、监事和高级管理人员对发行文件真实性、准确性和完整性的承诺。

（十五）其他重要事项。

第十三条 本所对备案材料进行完备性核对。备案材料完备的，本所自接受材料之日起10个工作日内出具《接受备案通知书》。发行人取得《接受备案通知书》后，应当在6个月内完成发行。逾期未发行的，应当重新备案。

第十四条 两个或两个以上的发行人可以采取集合方式发行私募债券。

第十五条 发行人可为私募债券设置附认股权或可转股条款，但是应当符合法律法规以及中国证监会有关非上市公众公司管理的规定。

第十六条 合格投资者认购私募债券应当签署认购协议。认购协议应当包含本期债券认购价格、认购数量、认购人的权利义务及其他声明或承诺等内容。

第十七条 私募债券发行后，发行人应当在中国证券登记结算有限责任公司办理登记。

第三章 投资者适当性管理

第十八条 参与私募债券认购和转让的合格机构投资者，应当符合下列条件：

（一）经有关金融监管部门批准设立的金融机构，包括商业银行、证券公司、基金管理公司、信托公司和保险公司等。

（二）上述金融机构面向投资者发行的理财产品，包括但不限于银行理财产品、信托产品、投连险产品、基金产品、证券公司资产管理产品等。

（三）注册资本不低于人民币 1 000 万元的企业法人。

（四）合伙人认缴出资总额不低于人民币 5 000 万元，实缴出资总额不低于人民币 1 000 万元的合伙企业。

（五）经本所认可的其他合格投资者。

有关法律法规或监管部门对上述投资主体投资私募债券有限制性规定的，遵照其规定。

第十九条 合格个人投资者应当至少符合下列条件：

（一）个人名下的各类证券账户、资金账户、资产管理账户的资产总额不低于人民币 500 万元。

（二）具有两年以上的证券投资经验。

（三）理解并接受私募债券风险。

第二十条 发行人的董事、监事、高级管理人员及持股比例超过 5% 的股东，可参与本公司发行私募债券的认购与转让。

承销商可参与其承销私募债券的发行认购与转让。

第二十一条 证券公司应当建立完备的投资者适当性制度，确认参与私募债券认购和转让的投资者为具备风险识别与承担能力的合格投资者。证券公司应当了解和评估投资者对私募债券的风险识别和承担能力，充分揭示风险。

证券公司应当要求合格投资者在首次认购或受让私募债券前，签署风险认知书，承诺具备合格投资者资格，知悉私募债券风险，将依据发行人信息披露文件进行独立的投资判断，并自行承担投资风险。

第四章 转让服务

第二十二条 私募债券以现货及本所认可的其他方式转让。采取其他方式转让的，需报经中国证监会批准。

第二十三条 发行人申请私募债券在本所转让的，应当提交以下材料，并在转让前与本所签订《私募债券转让服务协议》：

（一）转让服务申请书。

（二）私募债券登记证明文件。

（三）本所要求的其他材料。

第二十四条 合格投资者可通过本所固定收益证券综合电子平台或证券公司进行私募债券转让。

通过固定收益证券综合电子平台进行转让的，参照本所现有规则办理。通过证券公司转让的，转让达成后，证券公司须向本所申报，并经本所确认后生效。证券公司应当建立健全风险控制制度，遵循诚实信用原则，不得进行虚假申报，不得误导投资者。

第二十五条 本所按照申报时间先后顺序对私募债券转让进行确认，对导致私募债券投资者超过200人的转让不予确认。

第二十六条 中国证券登记结算有限责任公司根据本所发送的私募债券转让数据进行清算交收。

第二十七条 私募债券转让信息在固定收益证券综合电子平台或本所网站专区进行披露。

第五章 信息披露

第二十八条 发行人、承销商及其他信息披露义务人，应当按照本办法及募集说明书的约定履行信息披露义务。发行人应当指定专人负责信息披露事务。承销商应当指定专人辅导、督促和检查发行人的信息披露义务。

信息披露应当在本所网站专区或以本所认可的其他方式向合格投资者披露。

第二十九条 发行人应当在完成私募债券登记后3个工作日内，披露当期私募债券的实际发行规模、利率、期限以及募集说明书等文件。

第三十条 发行人应当及时披露其在私募债券存续期内可能发生的影响其偿债能力的重大事项。

前款所称重大事项包括但不限于：

（一）发行人发生未能清偿到期债务的违约情况。

（二）发行人新增借款或对外提供担保超过上年末净资产20%。

（三）发行人放弃债权或财产超过上年末净资产10%。

（四）发行人发生超过上年末净资产10%的重大损失。

（五）发行人做出减资、合并、分立、解散及申请破产的决定。

（六）发行人涉及重大诉讼、仲裁事项或受到重大行政处罚。

（七）发行人高级管理人员涉及重大民事或刑事诉讼，或已就重大经济事件接受有关部门调查。

第三十一条 在私募债券存续期内，发行人应当按照本所规定披露本金兑付、付息事项。

第三十二条 发行人的董事、监事、高级管理人员及持股比例超过5%的股东转让私募债券的，应当及时通报发行人，并通过发行人在转让达成后3个工作日内进行披露。

第六章 投资者权益保护

第三十三条 发行人应当为私募债券持有人聘请私募债券受托管理人。私募债券受托管理人可由该次发行的承销商或其他机构担任。

为私募债券发行提供担保的机构不得担任该私募债券的受托管理人。

第三十四条　在私募债券存续期限内，由私募债券受托管理人依照约定维护私募债券持有人的利益。私募债券受托管理人应当为私募债券持有人的最大利益行事，不得与私募债券持有人存在利益冲突。

第三十五条　私募债券受托管理人应当履行下列职责：

（一）持续关注发行人和保证人的资信状况，出现可能影响私募债券持有人重大权益的事项时，召集私募债券持有人会议。

（二）发行人为私募债券设定抵押或质押担保的，私募债券受托管理人应当在私募债券发行前取得担保的权利证明或其他有关文件，并在担保期间妥善保管。

（三）在私募债券存续期内勤勉处理私募债券持有人与发行人之间的谈判或者诉讼事务。

（四）监督发行人对募集说明书约定的应当履行义务（包括募集资金用途、提取偿债保障金等）的执行情况，并出具受托管理人事务报告。

（五）预计发行人不能偿还债务时，要求发行人追加担保，或者依法申请法定机关采取财产保全措施。

（六）发行人不能偿还债务时，受托参与整顿、和解、重组或者破产的法律程序。

（七）私募债券受托管理协议约定的其他重要义务。

第三十六条　发行人应当与私募债券受托管理人制定私募债券持有人会议规则，约定私募债券持有人通过私募债券持有人会议行使权利的范围、程序和其他重要事项。

存在下列情况的，应当召开私募债券持有人会议：

（一）拟变更私募债券募集说明书的约定。

（二）拟变更私募债券受托管理人。

（三）发行人不能按期支付本息。

（四）发行人减资、合并、分立、解散或者申请破产。

（五）保证人或者担保物发生重大变化。

（六）发生对私募债券持有人权益有重大影响的事项。

第三十七条　发行人应当设立偿债保障金专户，用于兑息、兑付资金的归集和管理。

发行人应当在募集说明书中承诺，在私募债券付息日的10个工作日前，将应付利息全额存入偿债保障金专户。在本金到期日的30日前累计提取的偿债保障金余额不低于私募债券余额的20%。

第三十八条　发行人应当在募集说明书中约定采取限制股息分配措施，以保障私募债券本息按时兑付，并承诺若未能足额提取偿债保障金，不以现金方式进行利润分配。

第三十九条 发行人可采取其他内外部增信措施，提高偿债能力，控制私募债券风险。增信措施包括但不限于下列方式：

（一）限制发行人将资产抵押给其他债权人。

（二）第三方担保和资产抵押、质押。

（三）商业保险。

第七章 自律监管和纪律处分措施

第四十条 发行人及其董事、监事和高级管理人员，违反本办法、募集说明书约定、本所其他相关规定或者其所做出的承诺的，本所可以采取约见谈话、通报批评、公开谴责、暂停或终止为其债券提供转让服务等措施。

第四十一条 证券公司、中介机构及相关人员违反本办法规定，未履行信息披露义务或所出具的文件含有虚假记载、误导性陈述、重大遗漏的，本所可以采取约见谈话、通报批评、公开谴责等措施；情节严重的，可上报相关主管机关查处。

第四十二条 证券公司未按照投资者适当性管理的要求遴选确定具有风险识别和风险承受能力的合格投资者的，本所可以责令其改正，并视情节轻重采取相应的自律监管或纪律处分等措施。

第四十三条 私募债券转让双方转让行为违反本办法、本所其他相关规定的，本所可以责令其改正，并视情节轻重采取相应的监管措施。

第四十四条 本所对前述主体采取纪律处分措施的，将记入诚信档案。

第八章 附则

第四十五条 本办法经中国证监会批准后生效，修改时亦同。

第四十六条 本办法由本所负责解释。

第四十七条 本办法自发布之日起施行。

附录5 关于发布实施《深圳证券交易所中小企业私募债券业务试点办法》有关事项的通知

各相关单位：

为规范中小企业私募债券业务，拓宽中小微型企业融资渠道，服务实体经济发展，保护投资者合法权益，本所制定了《深圳证券交易所中小企业私募债券业务试点办法》，现予以发布，请遵照执行。

试点期间，中小企业私募债券发行人限于符合《关于印发中小企业划型标准规定的通知》（工信部联企业〔2011〕300号）规定的、未在上海证券交易所和深圳证券交易所上市的中小微型企业，暂不包括房地产企业和金融企业。

特此通知

深圳证券交易所

二〇一二年五月二十二日

深圳证券交易所中小企业私募债券业务试点办法

第一章 总则

第一条 为了规范中小企业私募债券业务，拓宽中小微型企业融资渠道，服务实体经济发展，保护投资者合法权益，根据《公司法》、《证券法》等法律、行政法规以及深圳证券交易所（以下简称“本所”）相关业务规则，制定本办法。

第二条 本办法所称中小企业私募债券（以下简称“私募债券”），是指中小微型企业在中国境内以非公开方式发行和转让，约定在一定期限还本付息的公司债券。

第三条 发行人应当以非公开方式向具备相应风险识别和承担能力的合格投资者发行私募债券，不得采用广告、公开劝诱和变相公开方式。

每期私募债券的投资者合计不得超过200人。

第四条 发行人应向投资者充分揭示风险，并制定偿债保障等投资者保护措施，加强投资者权益保护。

发行人应当保证发行文件及信息披露内容真实、准确、完整，不得有虚假记载、误导性陈述或重大遗漏。

第五条 私募债券应由证券公司承销。证券公司和相关中介机构为私募债券相关业务提供服务，应当遵循平等、自愿、诚实守信的原则，严格遵守执业规范和职业道德，按规定和约定履行义务。

第六条 私募债券在本所进行转让的，在发行前应当向本所备案。本所接受备案并不表明对发行人的经营风险、偿债风险、诉讼风险以及私募债券的投资风险或收益等做出判断或保证。私募债券的投资风险由投资者自行承担。

第七条 本所为私募债券的信息披露和转让提供服务，并实施自律管理。

第八条 私募债券的登记和结算，由中国证券登记结算有限责任公司按其业务规则办理。

第二章 备案及发行

第九条 在本所备案的私募债券，应当符合下列条件：

（一）发行人是中国境内注册的有限责任公司或股份有限公司。

（二）发行利率不得超过同期银行贷款基准利率的 3 倍。

（三）期限在 1 年（含）以上。

（四）本所规定的其他条件。

第十条 证券公司开展承销业务，应当符合法律、行政法规、中国证监会有关监管规定和中国证券业协会的相关规定。

第十一条 私募债券发行前，承销商应将私募债券发行材料报送本所备案。备案材料包含以下内容：

（一）备案登记表。

（二）发行人公司章程及营业执照（副本）复印件。

（三）发行人内设有权机构关于本期私募债券发行事项的决议。

（四）私募债券承销协议。

（五）私募债券募集说明书。

（六）承销商的尽职调查报告。

（七）私募债券受托管理协议及私募债券持有人会议规则。

（八）发行人经具有从事证券、期货相关业务资格的会计师事务所审计的最近两个完整会计年度的财务报告。

（九）律师事务所出具的关于本期私募债券发行的法律意见书。

（十）发行人全体董事、监事和高级管理人员对发行申请文件真实性、准确性和完整性的承诺书。

（十一）本所规定的其他文件。

第十二条　私募债券募集说明书应至少包括以下内容：

（一）发行人基本情况。

（二）发行人财务状况。

（三）本期私募债券发行基本情况及发行条款，包括私募债券名称、本期发行总额、期限、票面金额、发行价格或利率确定方式、还本付息的期限和方式等。

（四）承销机构及承销安排。

（五）募集资金用途及私募债券存续期间变更资金用途程序。

（六）私募债券转让范围及约束条件。

（七）信息披露的具体内容和方式。

（八）偿债保障机制、股息分配政策、私募债券受托管理及私募债券持有人会议等投资者保护机制安排。

（九）私募债券担保情况（若有）。

（十）私募债券信用评级和跟踪评级的具体安排（若有）。

（十一）本期私募债券风险因素及免责提示。

（十二）仲裁或其他争议解决机制。

（十三）发行人对本期私募债券募集资金用途合法合规、发行程序合规性的声明。

（十四）发行人全体董事、监事和高级管理人员对发行文件真实性、准确性和完整性的承诺。

（十五）其他重要事项。

第十三条　本所对备案材料进行完备性核对。备案材料完备的，本所自接受材料之日起10个工作日内出具《接受备案通知书》。

发行人取得《接受备案通知书》后，应在6个月内完成发行。逾期未发行的，应当重新备案。

第十四条　两个或两个以上的发行人可以采取集合方式发行私募债券。

第十五条　发行人可为私募债券设置附认股权或可转股条款，但应符合法律法规以及中国证监会有关非上市公众公司管理的规定。

第十六条　合格投资者认购私募债券应签署认购协议。认购协议应包括本期债券认购价格、认购数量、认购人的权利义务及其他声明或承诺等内容。

第十七条　私募债券发行后，发行人应在中国证券登记结算有限责任公司办理登记。

第三章　投资者适当性管理

第十八条　参与私募债券认购和转让的合格投资者，应符合下列条件：

（一）经有关金融监管部门批准设立的金融机构，包括商业银行、证券公司、基金管理公司、信托公司和保险公司等。

（二）上述金融机构面向投资者发行的理财产品，包括但不限于银行理财产品、信托产品、投连险产品、基金产品、证券公司资产管理产品等。

（三）注册资本不低于人民币 1 000 万元的企业法人。

（四）合伙人认缴出资总额不低于人民币 5 000 万元，实缴出资总额不低于人民币 1 000 万元的合伙企业。

（五）经本所认可的其他合格投资者。

有关法律法规或监管部门对上述投资主体投资私募债券有限制性规定的，遵照其规定。

第十九条　发行人的董事、监事、高级管理人员及持股比例超过 5% 的股东，可参与本公司发行私募债券的认购与转让。

承销商可参与其承销私募债券的发行认购与转让。

第二十条　证券公司应当建立完备的投资者适当性制度，确认参与私募债券认购和转让的投资者为具备风险识别与承担能力的合格投资者。证券公司应当了解和评估投资者对私募债券的风险识别和承担能力，充分揭示风险。

证券公司应要求合格投资者在首次认购或受让私募债券前，签署风险认知书，承诺具备合格投资者资格，知悉私募债券风险，将依据发行人信息披露文件进行独立的投资判断，并自行承担投资风险。

第四章　转让服务

第二十一条　私募债券以现货及本所认可的其他方式转让。采取其他方式转让的，须报经中国证监会批准。

第二十二条　发行人申请私募债券在本所转让的，应当提交以下材料，并在转让前与本所签订《私募债券转让服务协议》：

（一）转让服务申请书。

（二）私募债券登记证明文件。

（三）本所要求的其他材料。

第二十三条　合格投资者可通过本所综合协议交易平台或通过证券公司进行私募债券转让。

通过综合协议交易平台进行转让的，参照本所现有规则办理；通过证券公司转让的，转让达成后，证券公司须向本所申报，并经本所确认后生效。证券公司应当建立健全风险控制制度，遵循诚实信用原则，不得进行虚假申报，不得误导投资者。

第二十四条　本所按照申报时间先后顺序对私募债券转让进行确认，对导致私募债券投资者超过 200 人的转让不予确认。

第二十五条　中国证券登记结算有限责任公司根据本所发送的私募债券转让数据

进行清算交收。

第二十六条 私募债券转让信息在综合协议交易平台或本所网站专区进行披露。

第五章 信息披露

第二十七条 发行人、承销商及其他信息披露义务人，应当按照本办法及募集说明书的约定履行信息披露义务。发行人应当指定专人负责信息披露事务。承销商应当指定专人辅导、督促和检查发行人的信息披露义务。

信息披露应在本所网站专区或以本所认可的其他方式向合格投资者披露。

第二十八条 发行人应在完成私募债券登记后 3 个工作日内，披露当期私募债券的实际发行规模、利率、期限以及募集说明书等文件。

第二十九条 发行人应及时披露其在私募债券存续期内可能发生的影响其偿债能力的重大事项。

前款所称重大事项包括但不限于：

（一）发行人发生未能清偿到期债务的违约情况。

（二）发行人新增借款或对外提供担保超过上年末净资产 20%。

（三）发行人放弃债权或财产超过上年末净资产 10%。

（四）发行人发生超过上年末净资产 10% 的重大损失。

（五）发行人做出减资、合并、分立、解散及申请破产的决定。

（六）发行人涉及重大诉讼、仲裁事项或受到重大行政处罚。

（七）发行人高级管理人员涉及重大民事或刑事诉讼，或已就重大经济事件接受有关部门调查。

第三十条 在私募债券存续期内，发行人应按照本所规定披露本金兑付、付息事项。

第三十一条 发行人的董事、监事、高级管理人员及持股比例超过 5% 的股东转让私募债券的，应当及时通报发行人，并通过发行人在转让达成后 3 个工作日内进行披露。

第六章 投资者权益保护

第三十二条 发行人应当为私募债券持有人聘请私募债券受托管理人。私募债券受托管理人可由本次发行的承销商或其他机构担任。

为私募债券发行提供担保的机构不得担任该私募债券的受托管理人。

第三十三条 在私募债券存续期限内，由私募债券受托管理人依照约定维护私募债券持有人的利益。私募债券受托管理人应当为私募债券持有人的最大利益行事，不得与私募债券持有人存在利益冲突。

第三十四条 私募债券受托管理人应当履行下列职责：

（一）持续关注发行人和保证人的资信状况，出现可能影响私募债券持有人重大权益的事项时，召集私募债券持有人会议。

（二）发行人为私募债券设定抵押或质押担保的，私募债券受托管理人应在私募债券发行前取得担保的权利证明或其他有关文件，并在担保期间妥善保管。

（三）在私募债券存续期内勤勉处理私募债券持有人与发行人之间的谈判或者诉讼事务。

（四）监督发行人对募集说明书约定的应履行义务（包括募集资金用途、提取偿债保障金）的执行情况，并出具受托管理人事务报告。

（五）预计发行人不能偿还债务时，要求发行人追加担保，或者依法申请法定机关采取财产保全措施。

（六）发行人不能偿还债务时，受托参与整顿、和解、重组或者破产的法律程序。

（七）私募债券受托管理协议约定的其他重要义务。

第三十五条 发行人应当与私募债券受托管理人制定私募债券持有人会议规则，约定私募债券持有人通过私募债券持有人会议行使权利的范围、程序和其他重要事项。

存在下列情形之一的，应当召开私募债券持有人会议：

（一）拟变更私募债券募集说明书的约定。

（二）拟变更私募债券受托管理人。

（三）发行人不能按期支付本息。

（四）发行人减资、合并、分立、解散或者申请破产。

（五）保证人或者担保物发生重大变化。

（六）发生对私募债券持有人权益有重大影响的其他事项。

第三十六条 发行人应当设立偿债保障金专户，用于兑息、兑付资金的归集和管理。

发行人应在募集说明书中承诺，在私募债券付息日的10个工作日前，将应付利息全额存入偿债保障金专户；在本金到期日30个自然日前累计提取的偿债保障金余额不低于私募债券余额的20%。

第三十七条 发行人应在募集说明书中约定采取限制股息分配措施，以保障私募债券本息按时兑付，并承诺若未能足额提取偿债保障金，不以现金方式进行利润分配。

第三十八条 发行人可采取其他内外部增信措施，提高偿债能力，控制私募债券风险。增信措施包括但不限于下列方式：

（一）限制发行人将资产抵押给其他债权人。

（二）第三方担保和资产抵押、质押。

（三）商业保险。

第七章 自律监管和纪律处分措施

第三十九条 发行人及其董事、监事和高级管理人员，违反本办法、募集说明书约定、本所其他相关规定或者其所做出的承诺的，本所可采取约见谈话、通报批评、公开谴责、暂停或终止为其债券提供转让服务等措施。

第四十条　证券公司、中介机构及相关人员违反本办法规定，未履行信息披露义务或所出具的文件含有虚假记载、误导性陈述、重大遗漏的，本所可采取约见谈话、通报批评、公开谴责等措施；情节严重的，可上报相关主管机关查处。

第四十一条　证券公司未按照投资者适当性管理的要求遴选确定具有风险识别和风险承受能力的合格投资者的，本所可责令其改正，并视情节轻重采取相应的自律监管或纪律处分等措施。

第四十二条　私募债券转让双方转让行为违反本办法、本所其他相关规定的，本所可责令其改正，并视情节轻重采取相应的监管措施或者纪律处分措施。

第四十三条　前述主体被本所采取纪律处分措施的，本所将其记入诚信档案。

第八章　附则

第四十四条　本办法经中国证监会批准后生效，修改时亦同。

第四十五条　本办法由本所负责解释。

第四十六条　本办法自发布之日起施行。

附录6　关于发布实施《上海证券交易所中小企业私募债券业务指引（试行）》有关事项的通知

上证债字〔2012〕177号

各市场参与人：

为了保障中小企业私募债券业务规范、有序运行，依据《上海证券交易所中小企业私募债券业务试点办法》，上海证券交易所制定了《上海证券交易所中小企业私募债券业务指引（试行）》，现予发布实施。

特此通知。

上海证券交易所

二〇一二年五月二十三日

上海证券交易所中小企业私募债券业务指引（试行）

第一章　总则

第一条　为了规范中小企业私募债券（以下简称"私募债券"）的业务运行，根据《上海证券交易所中小企业私募债券业务试点办法》（以下简称"《试点办法》"）及相关法律法规、行政规章和本所业务规则，制定本指引。

第二条　私募债券在上海证券交易所（以下简称"本所"）的备案、信息披露、转让以及投资者适当性管理适用本指引，本指引未作规定的适用本所其他业务规则。

第三条　私募债券在本所的备案、信息披露、转让，不表明本所对发行人的经营风险、偿债风险、诉讼风险以及私募债券的投资风险或收益等做出判断或保证。

私募债券的投资风险由投资者自行承担。

第四条　私募债券的登记、清算、交收，按照中国证券登记结算有限责任公司（以下简称"中登公司"）相关业务规则办理。

中登公司根据本所发送的私募债券转让数据进行清算、交收。

第二章 备案及发行

第五条 私募债券备案实行备案会议制度，由本所私募债券备案小组（以下简称“备案小组”）通过备案会议对备案材料进行完备性核对，并决定是否接受备案。

本所债券业务部门负责备案小组的日常管理工作。

第六条 试点期间，在本所备案的私募债券除符合《试点办法》规定的条件外，还应当符合下列条件：

（一）发行人不属于房地产企业和金融企业。

（二）发行人所在地省级人民政府或省级政府有关部门已与本所签订合作备忘录。

（三）期限在 3 年以下。

（四）发行人对还本付息的资金安排有明确方案。

试点期间，鼓励发行人为私募债券提供适当比例的内外部增信措施。本所可根据试点业务的开展情况调整私募债券的备案条件。

第七条 私募债券发行前，承销商应当将发行材料报送本所备案。备案材料应当符合《上海证券交易所中小企业私募债券备案材料内容与格式》（附件 1）的要求，并至少包含以下内容：

（一）私募债券备案申请函及备案登记表。

（二）发行人公司章程及营业执照（副本）复印件。

（三）发行人内设有权机构关于本期私募债券发行事项的决议。

（四）私募债券承销协议。

（五）私募债券募集说明书。

（六）承销商的尽职调查报告。

（七）本期私募债券意向发售对象的情况。

（八）私募债券受托管理协议及私募债券持有人会议规则。

（九）发行人经具有执行证券、期货相关业务资格的会计师事务所审计的最近两个完整会计年度的财务报告。

（十）律师事务所出具的关于本期私募债券发行的法律意见书。

（十一）发行人全体董事、监事和高级管理人员保证发行申请文件真实、准确、完整及接受本所自律监管的承诺书。

（十二）本所规定的其他文件。

第八条 私募债券募集说明书应当符合《上海证券交易所中小企业私募债券募集说明书格式与内容》（附件 2）的要求。

第九条 本所接到备案材料后，对备案材料进行初步核对。无异议的，本所在 3 个工作日内出具《备案受理回执》，并将备案材料提交备案会议；不符合备案条件的，退回备案材料。

本所可以要求发行人、承销商补正材料。

第十条 备案小组成员应符合以下条件:

(一)坚持原则，公正廉洁，责任心强。

(二)熟悉相关法律法规与经济金融专业知识。

(三)有2年以上相关工作经验。

(四)本所要求的其他条件。

备案小组成员名单由本所总经理办公会议审定。

第十一条 出具《备案受理回执》后，本所从备案小组成员中选定5人参加备案会议，并指定一名召集人。

备案小组成员有下列任一情形的，不得参加备案会议:

(一)本人或近亲属担任相关企业及其关联方的董事、监事、高级管理人员的。

(二)本人或近亲属曾经为发行人提供主承销、评级、审计、法律等服务的。

(三)本人申请回避的。

(四)因其他原因不能正常履行职责或可能影响公正履职的。

第十二条 备案小组成员应当切实履行职责，认真审阅备案材料，正确行使职权，独立发表备案意见，不得干扰备案小组其他成员发表相关意见，遵守本所其他各项规章制度和内部纪律。

第十三条 备案核对过程中，本所可根据需要调阅发行人和相关中介机构的工作报告、工作底稿或其他备查资料。

本所认为必要时，可要求发行人和承销商等中介机构，到场回答和陈述有关问题。

第十四条 备案小组成员应当填写《备案意见表》，独立发表意见。

第十五条 备案意见分为“接受备案”、“有条件接受备案”、“推迟接受备案”三种:

(一)备案材料完备性核对通过的，发表“接受备案”意见。

(二)备案材料需要补充的，发表“有条件接受备案”意见，并书面说明需要补充的具体材料内容。

(三)备案材料不完备且不能提供补充材料的，发表“推迟接受备案”意见，并书面说明理由。

第十六条 本所根据备案小组意见，分别做出以下处理:

(一)备案小组成员一致发表“接受备案”意见的，本所接受备案，本所向承销商或发行人发送《接受备案通知书》。

(二)2名以上备案小组成员发表“推迟接受备案”意见的，本所推迟接受发行备案，在3个工作日内将备案小组意见汇总后反馈给承销商或发行人，退回备案材料。

(三)不属于以上两种情况的，本所有条件接受备案，在3个工作日内将备案小组成员意见汇总后反馈给发行人。发行人或相关中介机构20个工作日内提交补充材料，经提出意见的备案小组成员书面同意的，本所接受备案，向发行人出具《接受备案通知书》；20个工作日内未提交补充材料的，本所停止受理并退回备案材料。

第十七条 本所通过固定收益平台或本所网站专区向合格投资者发布《接受备案通知书》，并按相关《合作备忘录》的约定抄送发行人所在省级政府有关部门。

第十八条 私募债券备案过程中，发行人发生重大突发事项的，应当修改有关备案材料并及时通报本所。

第十九条 备案会议决定后至《接受备案通知书》发出前，发行人发生重大事项需要补充披露相关信息的，应当及时将修改完毕的备案材料提交本所。备案小组将根据修改后的备案材料决定是否需要重新提交备案会议进行完备性核对。

第二十条 《接受备案通知书》发出后至私募债券发行完毕前，发行人发生重大事项的，应当暂停发行并及时通报本所。备案小组认为有必要的，发行人应当将修改完毕的备案材料重新提交备案会议评议。发行人已向投资人提供发行材料的，应当及时向相关投资人披露有关信息。

第二十一条 发行人取得《接受备案通知书》后，应当在6个月内完成发行。逾期未发行的，应当重新备案。

发行人可一次发行或分两期发行。

第二十二条 发行人应当以非公开方式向具备相应风险识别和承担能力的合格投资者发行私募债券，不得采用广告、公开劝诱和变相公开方式。

第二十三条 发行人在完成发行之后，可以通过承销商向本所提交新的备案申请。

第三章 投资者适当性管理

第二十四条 证券公司应当按照中国证监会和本所有关规定，建立并严格执行私募债券投资者适当性管理制度。

第二十五条 机构投资者申请成为私募债券合格投资者，应符合以下条件：

（一）经有关金融监管部门批准设立的金融机构，包括商业银行、证券公司、基金管理公司、信托公司和保险公司等。

（二）上述金融机构面向投资者发行的理财产品，包括但不限于银行理财产品、信托产品、投连险产品、基金产品、证券公司资产管理产品等。

（三）注册资本不低于人民币1 000万元的企业法人。

（四）合伙人认缴出资总额不低于人民币5 000万元，实缴出资总额不低于人民币1 000万元的合伙企业。

（五）经本所认可的其他合格投资者。

第二十六条 个人投资者申请成为私募债券合格投资者，应符合以下条件：

（一）该投资者个人名下的各类证券账户、资金账户、资产管理账户等金融资产总计不低于人民币 500 万元。

（二）具有最近 2 年以上的证券交易成交记录。

（三）理解并接受私募债券风险，通过私募债券投资基础知识测试。

第二十七条 证券公司应当要求投资者提供相关证明材料，并对投资者的申请材料是否满足合格投资者要求进行审核。未能提供证明材料的不能确认为私募债券合格投资者。

第二十八条 证券公司应当根据本所提供的题库编制试卷，组织个人投资者参加。投资者测试得分高于 80 分的，证券公司方可确认其通过基础知识测试。题库及答案可从本所网站债券专区获取。

参加测试的投资者和证券公司工作人员应当在试卷上签字确认。

证券公司在试点期间可以适当推迟实施相关知识测试，但最迟在 2012 年 9 月底前完成。

第二十九条 证券公司应当加强对投资者的培训和指导。对于未能通过测试的投资者，经继续培训后，证券公司可以再次组织其参加测试。

第三十条 存在下列情形之一的，证券公司不得接受私募债券合格投资者资格申请：

（一）被中国证监会采取证券市场禁入措施的。

（二）有关法律法规或监管部门禁止投资私募债券的。

（三）近 3 年存在严重违法违规或其他严重不良诚信记录的。

（四）其他不宜接受的情形。

第三十一条 对符合私募债券合格投资者条件的，证券公司应当与其签署《上海证券交易所中小企业私募债券合格投资者风险认知书》（附件 3），并填写《上海证券交易所中小企业私募债券合格投资者资格确认表》（附件 4）。

第三十二条 证券公司应当通过本所网站债券专区在线提交私募债券合格投资者账户名单，具体填报要求见《上海证券交易所中小企业私募债券合格投资者证券账户填报要求》（附件 5）。

第三十三条 证券公司应当妥善保存投资者提供的证明文件及相关材料的原件或者复印件、测试试卷、《上海证券交易所中小企业私募债券合格投资者风险认知书》、《上海证券交易所中小企业私募债券合格投资者资格确认表》等资料。

第三十四条 证券公司应当加强投资者教育工作，充分提示参与私募债券可能面临的风险。

第三十五条 本所对证券公司落实私募债券投资者适当性管理情况进行现场或非现场检查，证券公司应予配合并提供相关资料。

第三十六条 本所定期对证券公司提交的私募债券合格投资者账户名单进行检查。

第三十七条 投资者应当配合证券公司落实投资者适当性管理，不得采用提供虚假信息等手段规避投资者适当性管理要求。

第四章 转让服务

第三十八条 私募债券全额或部分发行后，可以在本所转让。

第三十九条 私募债券转让双方应当满足《试点办法》规定的合格投资者条件，全面了解私募债券发行、转让等规则，事先通过本所网站专区或其他方式获得私募债券的募集说明书及其他法律文件，知晓相应的私募债券发行转让等条款及相关权利、义务，自行承担投资风险。

第四十条 私募债券转让双方应当持有足额的私募债券和资金，及时进行结算。

第四十一条 发行人申请私募债券在本所转让的，应当与本所签订《私募债券转让服务协议》，明确双方的权利义务，并提交以下材料：

（一）服务申请书。

（二）私募债券登记托管证明文件。

（三）本所要求的其他材料。

发行人须保证文件内容真实、准确、完整，不存在虚假记载、误导性陈述或重大遗漏。

第四十二条 证券公司应当要求合格投资者在首次受让私募债券前，签署《风险认知书》，承诺具备合格投资者资格，并通过严格的业务管理规范以及柜台前端控制等手段，保障参与私募债券转让的投资者符合合格投资者适当性管理要求。

第四十三条 证券公司应当通过本所网站专区向本所报备合格投资者账户。本所对参与私募债券转让的合格投资者账户进行实时监控。

私募债券可通过本所固定收益证券综合电子平台（以下简称“固定收益平台”）或证券公司进行转让。

通过证券公司达成转让的，证券公司应当向固定收益平台申报，经本所确认后生效。

第四十四条 单只私募债券的发行和转让中，持有账户数合计不得超过200户。本所按照申报时间先后顺序对私募债券转让进行确认，对导致私募债券持有账户数超过200户的转让不予确认。

第四十五条 证券公司应当遵循诚实信用原则，如实向本所申报投资者已经达成的交易意向，不得进行虚假申报，不得误导投资者。

证券公司进行虚假申报，应当承担全部法律责任，并赔偿由此造成的损失。

第四十六条 固定收益平台每个交易日9:30~11:30、13:00~15:00接受指定对手方报价、协议转让和意向报价。

指定对手方报价的要素包括约定号、证券代码、证券账号、买卖方向、转让价格、转让数量等。固定收益平台按照双方的约定号对申报的证券代码、转让价格和转让数量进行匹配。

第四十七条 私募债券现券转让申报数量应当不低于面值5万元。私募债券持有余额小于5万元面值的应一次性转让。

本所可根据市场情况调整私募债券转让的最低限额。

第四十八条 私募债券转让价格为净价（不含应计利息，结算价格应为转让价格和应计利息之和），转让价格由转让双方自行协商确定。

第四十九条 私募债券兑付前5个工作日，固定收益平台停止转让服务。

第五十条 私募债券转让行情仅在固定收益平台和本所网站向合格投资者进行披露。

第五十一条 发行人出现重大违法行为，财务状况恶化，或其他可能对投资者造成重大影响的事件的，本所可视情况暂时停止或终止提供私募债券转让服务。

第五章 信息披露

第五十二条 发行人及其全体董事、监事及高级管理人员以及其他信息披露义务人，应当按照《试点办法》及募集说明书的约定，履行信息披露义务。

承销商应当指定专人督促、辅导、协助信息披露义务人进行信息披露相关事务。

第五十三条 发行人应当指定专人负责信息披露相关事务。

第五十四条 信息披露义务人应当保证所披露的信息真实、准确、完整、及时，不得虚假记载、误导性陈述或重大遗漏。

董事、监事、高级管理人员等信息披露义务人对所披露信息的真实性、准确性、完整性、及时性存在异议的，应当单独发表意见并陈述理由。

第五十五条 承销商在私募债券存续期间应当对发行人资金使用情况进行检查。

承销商发现发行人存在对私募债券偿债能力有重大影响的情况的，应当及时督促发行人履行信息披露义务。发行人不履行信息披露义务的，承销商应当及时向本所报告。

第五十六条 信息披露义务人通过本所披露的文件应当以不可修改的电子文档格式送达本所。

第五十七条 私募债券发行人应当向其债券持有人披露至少包括私募债券名称、代码、期限、发行金额、利率、发行人及承销商的联系方式、募集说明书、付息及本金兑付事宜、存续期间可能影响其偿债能力的重大事项等内容。

私募债券发行人应当向所有合格投资者披露包括但不限于私募债券名称、代码、期限、发行金额、利率、发行人及承销商的联系方式等内容。私募债券募集说明书对披露内容有特别约定的，从其约定。

第五十八条 发行人应当在所有信息披露文件的显著位置载明包括但不限于以下内容的本所免责提示：本公司发行的私募债券已在上海证券交易所备案，上海证券交易所不对本公司的经营风险、偿债风险、诉讼风险以及私募债券的投资风险或收益等做出判断或保证。投资者购买本公司私募债券，应当认真阅读募集说明书及有关的信息披露文件，对本公司信息披露的真实性、准确性、完整性和及时性进行独立分析，并据以独立判断投资价值，自行承担投资风险。

第五十九条 发行人应当在完成债券登记后 3 个工作日内，披露当期私募债券的实际发行规模、利率、期限以及募集说明书等文件。

第六十条 在债券存续期间，发行人应当在私募债券本息兑付日前 5 个工作日，披露付息及本金兑付事宜。

第六十一条 发行人应当及时披露可能发生的影响其偿债能力的重大事项。

前款所称重大事项包括但不限于：

（一）发行人发生未能清偿到期债务的违约情况。

（二）发行人新增借款或对外提供担保超过上年末净资产 20%。

（三）发行人发生超过上年末净资产 10% 以上的重大损失。

（四）发行人占同类资产总额 20% 以上资产的抵押、质押、出售、转让或报废。

（五）发行人做出减资、合并、分立、解散及申请破产的决定。

（六）发行人涉及重大诉讼、仲裁事项或受到重大行政处罚。

（七）发行人高级管理人员涉及重大民事或刑事诉讼，或已就重大经济事件接受有关部门调查。

（八）发行人涉及需要澄清的市场传闻。

（九）发行人经营方针、经营范围或经营外部条件发生重大变化。

（十）发行人涉及可能对其资产、负债、权益和经营成果产生重要影响的重大合同。

（十一）其他对投资者做出投资决策有重大影响的事项。

第六十二条 发行人的董事、监事、高级管理人员及持股比例超过 5% 的股东转让私募债券的，应当及时通报发行人及承销商，并通过发行人在转让达成后 3 个工作日内进行披露。

第六十三条 发行人可以在募集说明书中约定是否披露定期报告。如约定披露定期报告的，发行人应当按以下要求进行信息披露：

（一）每年 4 月 30 日以前，披露上一年度年度报告。

（二）每年 8 月 31 日以前，披露本年度中期报告。

第六章 纪律与处罚

第六十四条 备案小组成员、本所相关工作人员应当遵守下列工作纪律：

（一）坚持原则、公正廉洁、勤勉尽责。

（二）保守企业及相关机构的商业秘密。

（三）不得泄露备案初核工作和备案会议信息。

（四）不得利用工作便利，为本人或者他人谋取不正当利益。

（五）与发行人等相关机构或个人存在利害关系的，应当回避。

第六十五条 发行人及其董事、监事和高级管理人员，违反本指引、募集说明书约定、本所其他相关规定或者其所做出的承诺的，本所可以采取约见谈话、通报批评、公开谴责、暂停或终止为其债券提供转让服务等措施。

第六十六条 发行人、承销商、相关中介机构及相关人员违反法律、法规、规章和本指引规定，未履行信息披露义务或所出具的文件含有虚假记载、误导性陈述、重大遗漏，或在发行环节违法违规的，本所可以采取约见谈话、通报批评、公开谴责等措施；情节严重的，可上报相关主管机关查处，追究相关当事人的法律责任。

第六十七条 证券公司未按照投资者适当性管理的要求遴选确定具有风险识别和风险承受能力的合格投资者的，本所将依据相关规定采取书面警示、要求整改、约见谈话、通报批评、公开谴责、暂停或者限制交易等监管措施或纪律处分，并向中国证监会报告。

第六十八条 私募债券转让双方转让行为违反本指引、本所其他相关规定的，本所可以责令其改正，并视情节轻重采取相应的监管措施。发行人、证券公司、转让双方及相关人员涉嫌操纵市场、内幕交易等违法犯罪行为的，本所上报相关主管机关查处，追究相关当事人的法律责任。

第六十九条 发行人、承销商及相关中介机构所提交的备案材料不能做到真实、准确、完整、专业，本所可暂停接受相关备案材料6个月；情节严重的，暂停接受相关备案材料1年；情节特别严重的，暂停接受相关备案材料3年。

第七十条 本所对前述主体采取纪律处分措施的，将记入诚信档案。

第七章 附则

第七十一条 本指引由本所负责解释。

第七十二条 本指引自发布之日起施行。

附件：

1. 上海证券交易所中小企业私募债券备案材料内容与格式
2. 上海证券交易所中小企业私募债券募集说明书的格式与内容
3. 上海证券交易所中小企业私募债券合格投资者风险认知书
4. 上海证券交易所中小企业私募债券合格投资者资格确认表
5. 上海证券交易所中小企业私募债券合格投资者证券账户填报要求

附录7 关于发布《深圳证券交易所中小企业私募债券试点业务指南》的通知

各会员单位：

为推动中小企业私募债券试点业务顺利开展，本所制定了《深圳证券交易所中小企业私募债券试点业务指南》，现予以发布。

试点初期，本所以书面形式接受备案申请，各会员单位可将相关书面材料递交至以下联系人：

谭媛 电话：（0755）22388829 邮箱：ytan@ szse. cn

杨帆 电话：（0755）25918582 邮箱：fyang@ szse. cn

待本所会员业务专区网站技术改造和相关准备工作完成后，各会员单位可通过会员业务专区私募债券业务申请栏目在线提交备案申请材料。私募债券业务申请栏目具体开通时间，由本所另行通知。

特此通知

深圳证券交易所

二〇一二年五月二十三日

深圳证券交易所中小企业私募债券试点业务指南

第一章 概述

第二章 备案与发行

第三章 产品设计与投资者权益保护 第四章 投资者适当性管理

第五章 转让服务

第六章 信息披露

第七章 自律监管和纪律处分措施

第八章 其他事项

附件1：中小企业私募债券备案登记表

附件2：中小企业私募债券备案工作表

附件3：中小企业私募债券募集说明书内容与格式要求

附件4：董事、监事、高级管理人员及持股5%以上股东名册报送 格式

附件5：中小企业私募债券合格投资者风险认知书模板

附件6：××证券公司中小企业私募债券合格投资者名单报送格式

附件7：深圳证券交易所中小企业私募债券转让服务协议

附件8：中小企业私募债券发行结果公告内容与格式要求

附件9：关于××在深圳证券交易所综合协议交易平台进行转让公告书的内容与格式要求

附件10：关于印发中小企业划型标准规定的通知

为推动中小企业私募债券试点业务顺利开展，根据《深圳证券交易所交易规则（2011年修订）》、《深圳证券交易所综合协议交易平台业务实施细则》和《深圳证券交易所中小企业私募债券业务试点办法》（以下简称"《试点办法》"）等有关规定，制定本指南。

第一章　概述

本指南所称中小企业私募债券（以下简称"私募债券"），是指中小微型企业在中国境内以非公开方式发行和转让，约定在一定期限还本付息的公司债券。

试点期间，私募债券发行人范围仅限符合《关于印发中小企业划型标准规定的通知》【工信部联企业〔2011〕300号】（详见附件10）规定的，未在上海、深圳证券交易所上市的中小微型企业，但暂不包括房地产企业和金融企业。

私募债券应当由具有承销业务资格的证券公司（以下简称"会员"）承销。证券公司开展中小企业私募债券试点业务，应当严格执行中国证券业协会《证券公司开展中小企业私募债券承销业务试点办法》的规定，承销发行私募债券。

私募债券发行后，发行人应当按照中国证券登记结算有限责任公司《中小企业私募债券试点登记结算业务实施细则》，在中国证券登记结算有限责任公司深圳分公司（以下简称"中国结算深圳分公司"）办理私募债券的集中登记。

中国结算深圳分公司联系人：丁志勇，联系电话：（0755）25941405

在本所进行的中小企业私募债券业务，适用本指南。本指南未做规定的，适用《试点办法》和本所其他有关规定。

第二章　备案与发行

私募债券在本所进行转让的，在发行前应当在本所备案。本所接受备案并不对私募债券的投资价值、风险或者收益做出判断。发行人发生经营风险、偿债风险及诉讼等重大问题，由发行人自行处理。私募债券投资风险由投资者自行承担，本所不承担

责任。

一、备案条件

在本所备案的私募债券应当符合以下条件：

（一）发行人是中国境内注册的有限责任公司或者股份有限公司。

（二）发行利率不得超过同期银行贷款基准利率的3倍。

（三）期限在1年（含）以上。

（四）本所规定的其他条件。

二、备案申请私募债券的备案申请，应当通过本所会员业务专区办理

私募债券承销商登录本所会员业务专区，通过“公文及报表上传—中小企业私募债试点业务—备案材料提交”栏目提交备案材料，备案材料应当包括下列文件：

（一）备案登记表和备案工作表（内容与格式见附件1、附件2）。

（二）发行人公司章程及营业执照（副本）复印件。

（三）发行人内设有权机构关于本期私募债券发行事项的决议。

（四）私募债券承销协议。

（五）私募债券募集说明书（内容与格式见附件3）。

（六）承销商的尽职调查报告。

（七）私募债券受托管理协议及私募债券持有人会议规则。

（八）发行人经具有从事证券、期货相关业务资格的会计师事务所审计的最近两个完整会计年度的财务报告。

（九）律师事务所出具的关于本期私募债券发行的法律意见书。

（十）发行人全体董事、监事和高级管理人员对备案申请文件真实性、准确性和完整性的承诺书。

（十一）承销商通过中国证券业协会备案的文件。

（十二）发行人董事、监事、高级管理人员及持股5%以上股东名册（内容与格式见附件4）。

（十三）本所规定的其他文件，包括发行人与承销商保证私募债券备案材料电子文档与原件完全一致的承诺函等文件。

三、备案流程

本所对备案材料的完备性进行核对，备案材料不齐全的，将要求承销商重新提交；备案材料齐全的，本所确认接受材料。承销商应当于本所确认接受材料后3个工作日内报送备案材料原件。

本所自接受材料之日起10个工作日内决定接受备案或者要求重新补充材料，并出

具《接受备案通知书》或者《补充材料通知书》。承销商可以通过本所会员业务专区查询备案核对过程的各项工作进度。

私募债券发行人取得《接受备案通知书》后，应当在6个月内完成发行。《接受备案通知书》自出具之日起6个月后自动失效，对于失效后发行的私募债券，中国结算深圳分公司将不予办理登记。

四、发行认购

合格投资者认购私募债券时，应当签署认购协议。认购协议应当至少包括本期债券认购价格、认购数量、认购人的权利义务及其他声明或者承诺等内容。

私募债发行结束后，承销商应向债券工作小组提交认购人名单，认购人名单应包括债券名称、发行人名称、发行利率、认购人名称、股东代码、认购份额等内容。

第三章　产品设计与投资者权益保护

一、产品设计

私募债券可以采用非标准化的产品设计。

（一）私募债券可以由发行人单独发行，或者由两个及以上发行人集合发行。

（二）私募债券的计息方式可以选择采用贴现式或者附息式固定利率、附息式浮动利率等方式。

（三）私募债券可以设置附认股权或者可转股条款，但是应当符合法律法规以及中国证监会有关非上市公众公司管理的规定。

（四）私募债券可以设置附发行人赎回、上调票面利率选择权或者投资者回售选择权。

试点期间，私募债券的转股、回售、赎回业务暂不通过本所交易系统提供服务，由承销商通过场外方式自行处理，并向中国结算深圳分公司办理变更登记。私募债券在转股、回售、赎回业务完成后，发行人可申请终止转让服务。

二、投资者权益保护

（一）受托管理人

发行人应当为私募债券持有人聘请私募债券受托管理人。私募债券受托管理人可由本期发行的承销商或者商业银行等其他机构担任。

为私募债券发行提供担保的机构不得担任本期私募债券的受托管理人。

在私募债券存续期限内，由私募债券受托管理人依照约定维护私募债券持有人的利益。私募债券受托管理人应当为私募债券持有人的最大利益行事，不得与私募债券持有人存在利益冲突。

私募债券受托管理人应当履行下列职责：

1. 持续关注发行人和保证人的资信状况，出现可能影响私募债券持有人重大权益的事项时，召集私募债券持有人会议。

2. 发行人为私募债券设定抵押或者质押担保的，私募债券受托管理人应当在私募债券发行前取得担保的权利证明或者其他有关文件，并在担保期间妥善保管。

3. 在私募债券存续期内勤勉处理私募债券持有人与发行人之间的谈判或者诉讼事务。

4. 监督发行人对募集说明书约定的应履行义务（包括募集资金用途、提取偿债保障金）的执行情况，并出具受托管理人事务报告。

5. 预计发行人不能偿还债务时，要求发行人追加担保，或者依法申请法定机关采取财产保全措施。

6. 发行人不能偿还债务时，受托参与整顿、和解、重组或者破产的法律程序。

7. 私募债券受托管理协议约定的其他重要义务。

（二）债券持有人会议

发行人应当与私募债券受托管理人制定私募债券持有人会议规则，约定私募债券持有人通过私募债券持有人会议行使权利的范围、程序和其他重要事项。

存在下列情况的，应当召开私募债券持有人会议：

1. 拟变更私募债券募集说明书的约定。

2. 拟变更私募债券受托管理人。

3. 发行人不能按期支付本息。

4. 发行人减资、合并、分立、解散或者申请破产。

5. 保证人或者担保物发生重大变化。

6. 发生对私募债券持有人权益有重大影响的事项。

（三）偿债保障金

发行人应当设立偿债保障金专户，用于兑息、兑付资金的归集和管理。在私募债券付息日 10 个工作日前，发行人应当将应付利息全额存入偿债保障金专户；在本金到期日 30 日前累计提取的偿债保障金余额不低于私募债券余额的 20%。

偿债保障金自存入偿债保障金专户之日起，仅能用于兑付私募债券本金及利息。私募债券受托管理人应当监督发行人偿债保障金专户的设立和资金使用情况。

（四）限制股息分配措施

发行人应当采取限制股息分配措施，以保障私募债券本息按时兑付，并承诺若未能足额提取偿债保障金，不以现金方式进行利润分配。

（五）增信措施

私募债券增信措施以及信用评级安排由买卖双方自主协商确定。发行人可采取其他内外部增信措施，提高偿债能力，控制私募债券风险。增信措施包括但不限于下列方式：

1. 限制发行人将资产抵押给其他债权人。

2. 第三方担保和资产抵押、质押。

3. 商业保险。

第四章　投资者适当性管理

一、合格投资者

参与私募债券认购和转让的合格投资者，应当符合下列条件：

（一）经有关金融监管部门批准设立的金融机构，包括商业银行、证券公司、基金管理公司、信托公司和保险公司等。

（二）上述金融机构面向投资者发行的理财产品，包括但不限于银行理财产品、信托产品、投连险产品、基金产品、证券公司资产管理产品等。

（三）注册资本不低于人民币1000万元的企业法人。

（四）合伙人认缴出资总额不低于人民币5000万元，实缴出资总额不低于人民币1000万元的合伙企业。

（五）经本所认可的其他合格投资者。

发行人的董事、监事、高级管理人员及持股比例超过5%的股东，可以参与本公司发行私募债券的认购，但仅允许通过承销商交易单元进行转让。

承销商可参与其承销私募债券的认购与转让。

有关法律法规或者监管部门对上述投资主体投资私募债券有限制性规定的，遵照其规定。

二、投资者适当性管理

会员应当建立完备的投资者适当性管理制度，确认参与私募债券认购和转让的投资者为具备风险识别与承担能力的合格投资者。会员应当了解和评估投资者对私募债券的风险识别和承担能力，充分揭示风险。

投资者适当性管理具体流程和要求如下：

（一）会员在接收投资者申请开通私募债券认购与转让权限时，应当通过现场询问、提交证明文件等方式，收集投资者相关信息，甄别其是否具备一定的风险识别和承担能力。

（二）若符合合格投资者条件，会员应当要求合格投资者在首次认购或者受让私募债券前，签署《风险认知书》（详见附件5），承诺具备合格投资者资格，知悉并自行承担私募债券风险。

（三）会员可以在合格投资者签署《风险认知书》的下一工作日，为其开通私募债券认购与转让权限。合格投资者于开通权限之日起可参与私募债券的认购和转让。

直接持有或租用本所交易单元的合格投资者，可以不签署《风险认知书》，直接参与私募债券的认购和转让。

（四）会员在合格投资者开通权限的当日，向本所上报已开通权限的所有合格投资者情况。会员登录本所会员业务专区，通过“公文及报表上传—中小企业私募债试点业务—合格投资者适当性管理”栏目，上传Excel格式的《××证券公司中小企业私募债券合格投资者名单》（内容与格式见附件6）进行报备。对于新增开通权限的合格投资者，会员应当及时更新上述名单，以全量形式覆盖原同名文件上传。

（五）对于跨会员转托管的，投资者在向甲公司提出申请但未开通权限期间发生的转托管，该投资者须到乙公司重新提出申请办理开通权限；对于已经开通权限后的转托管，投资者可向乙公司出具在甲公司签署的风险认知书复本，乙公司在复核签署时间等内容后，可以为其开通转让权限。

（六）会员不得接受合格投资者名单之外的投资者认购或转让私募债券。

（七）会员应当以电子或者书面的方式，妥善保存投资者相关证明文件和已签署的《风险认知书》等资料。

第五章 转让服务

私募债券以现货及本所认可的其他方式转让。采取其他方式转让的，须报经中国证监会批准。

一、转让服务准备流程

发行人完成私募债券的集中登记后，应当委托转让服务推荐人向本所提出私募债券转让服务申请。

（一）转让服务推荐人

发行人申请私募债券在本所转让前，须委托承销商作为其转让服务推荐人，并出具转让服务推荐书。

转让服务推荐人应当保证发行人向本所提交的转让服务申请材料、转让服务公告书等没有虚假记载、误导性陈述或者重大遗漏，并保证对其承担连带责任。转让服务推荐人不得利用其在推荐过程中获得的内幕信息进行内幕交易，为自己或者他人牟取利益。

（二）提交申请材料与签订协议发行人申请私募债券在本所转让的，应当通过本所会员业务专区办理。

私募债券承销商登录本所会员业务专区，通过“公文及报表上传—中小企业私募债试点业务—转让服务申请”栏目提交转让服务申请材料。申请材料应当包括以下内容：

1. 转让服务申请书。

2. 私募债券登记证明文件。

3. 转让服务推荐书。

4. 本所要求的其他材料，包括发行人信息披露事务专员、主承销指定督导员联系信息以及私募债券认购人名单等。

私募债券转让前，承销商应当向本所报送上述申请材料原件。同时，发行人应当与本所签订《深圳证券交易所中小企业私募债券转让服务协议》（内容与格式见附件7）。

二、转让服务平台与相关规定

私募债券投资者通过本所综合协议交易平台（以下简称“协议平台”）进行私募债券转让。

在协议平台进行私募债券转让的，应当遵循以下规定：

1. 转让私募债券投资者，应当持有中国结算深圳分公司人民币普通股票账户（A股证券账户）。

2. 本所私募债券代码区间为“118001～118999”，私募债券代码按顺序编制。

3. 协议平台接受私募债券投资者申报的时间为每个交易日9:15～11:30、13:00～15:30，申报当日有效。

4. 私募债券面值为人民币100元，价格最小变动单位为人民币0.001元。私募债券成交价格由买卖双方在前收盘价的上下30%之间自行协商确定。私募债券当日收盘价为债券当日所有转让成交的成交量加权平均价；当日无成交的，以前收盘价为当日收盘价。

5. 私募债券单笔现货交易数量不得低于5 000张或者交易金额不得低于人民币50万元。

6. 试点初期，协议平台仅接受私募债券投资者“成交申报”指令，不接受“意向申报”和“定价申报”指令。“成交申报”指令包括证券账号、证券代码、买卖方向、交易价格、交易数量和对手方交易单元代码等内容。“成交申报”指令在协议平台确认成交前可以撤销。

7. 私募债券按全价方式进行转让。私募债券转让可以当日回转。

8. 本所按照申报时间先后顺序对私募债券转让进行确认，对导致私募债券持有账户数超过200人的转让不予确认。

9. 承销商可以通过协议平台对私募债券转让进行做市。

三、转让成交信息披露

私募债券转让成交信息在协议平台即时披露，并于每日收市后通过本所网站中的综合协议平台栏目（http：//www. szse. cn/main/ints/）向市场披露。成交信息内容包括：证券名称、证券代码、成交价格、成交数量、买卖双方交易单元名称和代码等。

四、暂停、恢复及终止提供转让服务

（一）暂停、恢复提供转让服务

本所会员专区以外的公共媒体中出现发行人发布的尚未披露的私募债券相关信息，可能或者已经对私募债券及其衍生品种交易价格产生重大影响的，发行人应当向本所申请暂停提供转让服务，直至按规定在会员专区发布相关公告后予以恢复转让服务。

本所可根据市场需要对私募债券及其衍生品种采取临时停止提供转让服务的措施，相关情形消除后予以恢复。

发行人有下列情形之一的，本所对私募债券临时停止提供转让服务，并在15个工作日内决定是否暂停提供转让服务：

1. 发行人有重大违法行为。

2. 未按照私募债券募集说明书要求履行义务。

3. 本所规定的其他情形。

本所暂停提供私募债券转让服务后，上述所列情形消除的，发行人可向本所提出恢复提供转让服务的申请，本所在收到申请后15个工作日内决定是否恢复提供转让服务。

（二）终止提供转让服务私募债券出现下列情况之一的，本所终止提供转让服务：

1. 发行人有上述暂停提供转让服务中第1、2项所列情形之一经查实后果严重的。

2. 发行人解散或者被宣告破产的。

3. 债券到期的。

属于终止提供转让服务第1、2项所列情形之一的，由本所做出是否终止提供转让服务的决定。

属于终止提供转让服务第3项情形的，本所于私募债券到期前5个工作日终止提供转让服务。

第六章　信息披露

一、信息披露义务

私募债券发行人应当指定专人负责信息披露事务。私募债券承销商应当指定专人辅导、督促和检查发行人的信息披露义务。发行人董事、监事和高级管理人员应当保证信息披露内容真实、准确、完整，没有虚假记载、误导性陈述或者重大遗漏，并就其保证承担个别和连带的责任。

在私募债券存续期间，发行人应当履行以下信息披露义务：

1. 发行人应当在私募债券发行认购结束后，披露《中小企业私募债券备案登记表》、《私募债券发行结果公告》（内容与格式见附件8）与私募债券募集说明书。

2. 本所对私募债券提供转让服务前5个工作日内，发行人应当披露《关于××在深圳证券交易所综合协议交易平台进行转让的公告书》（内容与格式见附件9）。

3. 私募债券付息两个工作日前，发行人应当披露《私募债券付息公告》。

《私募债券付息公告》应当至少包括发行人名称、私募债券简称和代码、债券发行总额、债券存续期间、票面利率、债权登记日、除息日、派息日、派息金额以及税务处理等内容。

4. 私募债券兑付5个工作日前，发行人应当披露《私募债券兑付公告》。

《私募债券兑付公告》应当至少包括发行人名称、私募债券简称和代码、债券发行总额、债券存续期间、票面利率、债权登记日、摘牌日、到期兑付日以及兑付金额等内容。

5. 私募债券转股、回售或者赎回业务申报起始日前，发行人应当至少披露3次《私募债券转股/回售/赎回业务提示性公告》；私募债券转股、回售或者赎回业务实施完成后，发行人应当披露《私募债券转股/回售/赎回结果公告》。

《私募债券转股/回售/赎回业务提示性公告》应当至少包括发行人名称、私募债券简称和代码、转股/回售/赎回申报期间、申报方式、转股/回售/赎回价格、股权分配日或者回售/赎回资金到账日等内容。

《私募债券转股/回售/赎回结果公告》应当至少包括发行人名称、私募债券简称和代码、转股/回售/赎回业务发生前后对债券托管额的影响以及新增转股数量等内容。

6. 发行人可以根据私募债券募集说明书的规定，选择是否披露定期报告。

7. 发行人的董事、监事、高级管理人员及持股比例超过5%的股东转让私募债券的，当事人与承销商应当及时通报发行人。发行人应当在转让达成后3个工作日内，披露董事、监事、高级管理人员及持股比例超过5%的股东转让私募债券相关情况。

8. 发行人应当及时披露其在私募债券存续期内可能发生的影响其偿债能力的重大事项。

重大事项包括但不限于以下内容：

（1）发行人发生未能清偿到期债务的违约情况。

（2）发行人新增借款或者对外提供担保超过上年末净资产20%。

（3）发行人放弃债权或者财产超过上年末净资产10%。

（4）发行人发生超过上年末净资产10%的重大损失。

（5）发行人作出减资、合并、分立、解散及申请破产的决定。

（6）发行人涉及重大诉讼、仲裁事项或者受到重大行政处罚。

（7）发行人高级管理人员涉及重大民事或者刑事诉讼，或者已就重大经济事件接受有关部门调查。

三、信息披露方式与流程

上述发行人应当履行的信息披露义务中，除私募债券募集说明书和定期报告可以通过本所会员业务专区向合格投资者披露或者由承销商向指定合格投资者披露外，其他信息披露均应当在本所会员业务专区向私募债券持有人等合格投资者披露。

在本所会员业务专区的信息披露具体流程如下：

（一）承销商登录本所会员业务专区，通过“公文及报表上传—中小企业私募债试点业务—信息披露申请”栏目进入信息披露页面。

（二）承销商在线选择信息披露类别后，提交信息披露文件。

第七章　自律监管和纪律处分措施

发行人及其董事、监事和高级管理人员，违反《试点办法》、募集说明书约定、本所其他相关规定或者其所做出的承诺的，本所可采取约见谈话、通报批评、公开谴责、暂停或者终止为其债券提供转让服务等措施。

会员、中介机构及相关人员违反《试点办法》规定，未履行信息披露义务或者所出具的文件含有虚假记载、误导性陈述、重大遗漏的，本所可采取约见谈话、通报批评、公开谴责等措施；情节严重的，可上报相关主管机关查处。

会员未按照投资者适当性管理的要求遴选确定具有风险识别和风险承受能力的合格投资者的，本所可责令其改正，并视情节轻重采取相应的自律监管或者纪律处分等措施。

私募债券转让双方转让行为违反《试点办法》、本所其他相关规定的，本所可责令其改正，并视情节轻重采取相应的监管措施。

前述主体被本所采取纪律处分措施的，本所将其记入诚信档案。

第八章　其他事项

试点期间，本所暂免向发行人收取转让服务费用；私募债券转让经手费等，参照公司债券标准执行。本指南并非本所业务规则或对规则的解释，本所将根据需要随时进行修订，恕不另行通知本所保留对本指南的最终解释权。

附录8 关于印发中小企业划型标准规定的通知

中国人民银行公告〔2011〕第1号

工信部联企业〔2011〕300号

各省、自治区、直辖市人民政府，国务院各部委、各直属机构及有关单位：

为贯彻落实《中华人民共和国中小企业促进法》和《国务院关于进一步促进中小企业发展的若干意见》（国发〔2009〕36号），工业和信息化部、国家统计局、发展改革委、财政部研究制定了《中小企业划型标准规定》。经国务院同意，现印发给你们，请遵照执行。

工业和信息化部　国家统计局

国家发展和改革委员会　财政部

二〇一一年六月十八日

中小企业划型标准规定

一、根据《中华人民共和国中小企业促进法》和《国务院关于进一步促进中小企业发展的若干意见》（国发〔2009〕36号），制定本规定。

二、中小企业划分为中型、小型、微型三种类型，具体标准根据企业从业人员、营业收入、资产总额等指标，结合行业特点制定。

三、本规定适用的行业包括：农、林、牧、渔业，工业（包括采矿业，制造业，电力、热力、燃气及水生产和供应业），建筑业，批发业，零售业，交通运输业（不含铁路运输业），仓储业，邮政业，住宿业，餐饮业，信息传输业（包括电信、互联网和相关服务），软件和信息技术服务业，房地产开发经营，物业管理，租赁和商务服务业，其他未列明行业（包括科学研究和技术服务业，水利、环境和公共设施管理业，居民服务、修理和其他服务业，社会工作，文化、体育和娱乐业等）。

四、各行业划型标准为：

（一）农、林、牧、渔业。营业收入20 000万元以下的为中小微型企业。其中，营业收入500万元及以上的为中型企业，营业收入50万元及以上的为小型企业，营业收入50万元以下的为微型企业。

（二）工业。从业人员1 000人以下或营业收入40 000万元以下的为中小微型企业。其中，从业人员300人及以上，且营业收入2 000万元及以上的为中型企业；从业人员20人及以上，且营业收入300万元及以上的为小型企业；从业人员20人以下或营业收入300万元以下的为微型企业。

（三）建筑业。营业收入80 000万元以下或资产总额80 000万元以下的为中小微型企业。其中，营业收入6 000万元及以上，且资产总额5 000万元及以上的为中型企业；营业收入300万元及以上，且资产总额300万元及以上的为小型企业；营业收入300万元以下或资产总额300万元以下的为微型企业。

（四）批发业。从业人员200人以下或营业收入40 000万元以下的为中小微型企业。其中，从业人员20人及以上，且营业收入5 000万元及以上的为中型企业；从业人员5人及以上，且营业收入1 000万元及以上的为小型企业；从业人员5人以下或营业收入1 000万元以下的为微型企业。

（五）零售业。从业人员300人以下或营业收入20 000万元以下的为中小微型企业。其中，从业人员50人及以上，且营业收入500万元及以上的为中型企业；从业人员10人及以上，且营业收入100万元及以上的为小型企业；从业人员10人以下或营业收入100万元以下的为微型企业。

（六）交通运输业。从业人员1 000人以下或营业收入30 000万元以下的为中小微型企业。其中，从业人员300人及以上，且营业收入3 000万元及以上的为中型企业；从业人员20人及以上，且营业收入200万元及以上的为小型企业；从业人员20人以下或营业收入200万元以下的为微型企业。

（七）仓储业。从业人员200人以下或营业收入30 000万元以下的为中小微型企业。其中，从业人员100人及以上，且营业收入1 000万元及以上的为中型企业；从业人员20人及以上，且营业收入100万元及以上的为小型企业；从业人员20人以下或营业收入100万元以下的为微型企业。

（八）邮政业。从业人员1 000人以下或营业收入30 000万元以下的为中小微型企业。其中，从业人员300人及以上，且营业收入2 000万元及以上的为中型企业；从业人员20人及以上，且营业收入100万元及以上的为小型企业；从业人员20人以下或营业收入100万元以下的为微型企业。

（九）住宿业。从业人员300人以下或营业收入10 000万元以下的为中小微型企业。其中，从业人员100人及以上，且营业收入2 000万元及以上的为中型企业；从业人员10人及以上，且营业收入100万元及以上的为小型企业；从业人员10人以下或营业收入100万元以下的为微型企业。

（十）餐饮业。从业人员300人以下或营业收入10 000万元以下的为中小微型企业。其中，从业人员100人及以上，且营业收入2 000万元及以上的为中型企业；从业人员10人及以上，且营业收入100万元及以上的为小型企业；从业人员10人以下或营业收入100万元以下的为微型企业。

（十一）信息传输业。从业人员2 000人以下或营业收入100 000万元以下的为中小微型企业。其中，从业人员100人及以上，且营业收入1 000万元及以上的为中型企业；从业人员10人及以上，且营业收入100万元及以上的为小型企业；从业人员10人以下或营业收入100万元以下的为微型企业。

（十二）软件和信息技术服务业。从业人员300人以下或营业收入10 000万元以下的为中小微型企业。其中，从业人员100人及以上，且营业收入1 000万元及以上的为中型企业；从业人员10人及以上，且营业收入50万元及以上的为小型企业；从业人员10人以下或营业收入50万元以下的为微型企业。

（十三）房地产开发经营。营业收入200 000万元以下或资产总额10 000万元以下的为中小微型企业。其中，营业收入1 000万元及以上，且资产总额5 000万元及以上的为中型企业；营业收入100万元及以上，且资产总额2 000万元及以上的为小型企业；营业收入100万元以下或资产总额2 000万元以下的为微型企业。

（十四）物业管理。从业人员1 000人以下或营业收入5 000万元以下的为中小微型企业。其中，从业人员300人及以上，且营业收入1 000万元及以上的为中型企业；从业人员100人及以上，且营业收入500万元及以上的为小型企业；从业人员100人以下或营业收入500万元以下的为微型企业。

（十五）租赁和商务服务业。从业人员300人以下或资产总额120 000万元以下的为中小微型企业。其中，从业人员100人及以上，且资产总额8 000万元及以上的为中型企业；从业人员10人及以上，且资产总额100万元及以上的为小型企业；从业人员10人以下或资产总额100万元以下的为微型企业。

（十六）其他未列明行业。从业人员300人以下的为中小微型企业。其中，从业人员100人及以上的为中型企业；从业人员10人及以上的为小型企业；从业人员10人以下的为微型企业。

五、企业类型的划分以统计部门的统计数据为依据。

六、本规定适用于在中华人民共和国境内依法设立的各类所有制和各种组织形式的企业。个体工商户和本规定以外的行业，参照本规定进行划型。

七、本规定的中型企业标准上限即为大型企业标准的下限，国家统计部门据此制定大中小微型企业的统计分类。国务院有关部门据此进行相关数据分析，不得制定与本规定不一致的企业划型标准。

八、本规定由工业和信息化部、国家统计局会同有关部门根据《国民经济行业分类》修订情况和企业发展变化情况适时修订。

九、本规定由工业和信息化部、国家统计局会同有关部门负责解释。

十、本规定自发布之日起执行，原国家经贸委、原国家计委、财政部和国家统计局2003年颁布的《中小企业标准暂行规定》同时废止。

附录9 关于发布《中小企业私募债券试点登记结算业务实施细则》的通知

各市场参与主体：

为规范中小企业私募债券试点的登记结算业务运作，保护投资者合法权益，本公司制定了《中小企业私募债券试点登记结算业务实施细则》，现予以发布，并自发布之日起实施。

附件：中小企业私募债券试点登记结算业务实施细则

中国证券登记结算有限责任公司

二○一二年五月二十二日

附件：

中小企业私募债券试点登记结算业务实施细则

第一条 为规范中小企业私募债券（以下简称私募债券）试点的登记结算业务运作，保护投资者合法权益，根据《公司法》、《证券法》、《证券登记结算管理办法》等法律法规、部门规章的规定，以及中国证券登记结算有限责任公司（以下简称本公司）相关业务规则，制定本细则。

第二条 本细则适用于上海证券交易所、深圳证券交易所（以下简称证券交易所）《中小企业私募债券业务试点办法》规定的私募债券的登记、结算。

第三条 私募债券发行人（以下简称发行人）在向证券交易所备案并取得其出具的《接受备案通知书》后，应向本公司申请办理私募债券的集中登记。

第四条 本公司通过电子化证券登记簿记系统办理私募债券的集中登记。

本公司根据投资者证券账户的记录办理私募债券持有人名册登记。

第五条 投资者认购、登记、托管及转让私募债券的，应当通过其A股证券账户进行。

第六条 发行人向本公司申请办理私募债券初始登记前，应当与本公司签订证券登记及服务协议，明确双方的权利义务关系。

发行人也可以委托承销商向本公司申请办理私募债券初始登记。

第七条 发行人或其委托的承销商申请办理初始登记时，应当提交以下申请材料：

（一）私募债券初始登记申请。

（二）证券交易所出具的私募债券发行《接受备案通知书》。

（三）承销协议。

（四）具有从事证券业务资格的会计师事务所出具的关于私募债券发行人全部募集资金到位的验资报告。

（五）私募债券担保协议（如有）。

（六）已完成发行的私募债券持有人名册。

（七）发行人最近年检后的法人营业执照副本原件及复印件、法定代表人对指定联络人的授权委托书。

（八）指定联络人有效身份证明文件原件及复印件。

（九）发行人委托承销商办理初始登记的，还应提交授权委托书。

（十）本公司要求提供的其他材料。

本公司对发行人提交的申请材料是否完整、齐全、符合法定形式等进行形式审核。审核通过后，根据发行人提交的发行数据，办理私募债券持有人名册的初始登记，并向发行人出具证券登记证明文件。

由于发行人或其委托的承销商提交的申请材料不真实、不准确、不完整或其他因发行人原因导致登记不实所产生的一切法律责任由发行人承担。

第八条 私募债券通过上海证券交易所固定收益证券综合电子平台、深圳证券交易所综合协议交易平台转让的，或通过证券公司转让的，本公司依据私募债券转让的交收结果，办理私募债券的变更登记。

第九条 本公司根据投资者及其他相关当事人的申请办理以下变更登记：

（一）继承、捐赠、依法进行的财产分割引起的过户登记。

（二）法人合并、分立，或因解散、破产、被依法责令关闭等原因丧失法人资格引起的过户登记。

（三）司法冻结与扣划。

（四）质押登记。

（五）相关法律、行政法规、中国证监会规章及本公司业务规则规定的其他情形。

第十条 本公司向发行人提供以下私募债券持有人名册服务：

（一）按照双方约定，定期向发行人发送持有人名册。

（二）因召开私募债券持有人会议、派发本息等原因，发行人申领持有人名册。

（三）本公司认可的其他情形。

发行人取得持有人名册后，应当妥善保管，并在法律、行政法规和部门规章许可的范围内使用持有人名册。因发行人不当使用持有人名册所产生的一切法律责任由发行人承担。

第十一条 发行人委托本公司派发私募债券本息的，应当在本公司规定时间内将用于派发私募债券本息的资金划转至本公司指定的银行账户。

本公司确认发行人的相应款项到账后，根据本公司有关业务规定办理私募债券本息派发手续。

发行人委托本公司派发私募债券本息，不能在本公司规定期限内划入相关款项的，发行人应当及时通知本公司，并按有权机构规定方式进行披露，说明原因。

发行人不能在本公司规定期限内划入相关款项、未履行及时通知及披露义务以及其他因发行人原因，导致投资者未按时取得私募债券本息所产生的一切法律责任由发行人承担。

第十二条 发行人、投资者可以通过本公司提供的电子网络服务系统、现场办理等方式向本公司申请查询与自己相关的私募债券登记信息。

对通过网络查询服务系统等非现场办理方式获得的查询结果有异议的，应以本公司确认的查询结果为准。

第十三条 对于通过上海证券交易所固定收益证券综合电子平台、深圳证券交易所综合协议交易平台达成的私募债券转让，本公司根据证券交易所发送的转让成交结果办理清算交收。

对于通过证券公司转让的私募债券，本公司根据经证券交易所确认的私募债券转让成交结果办理清算交收。

第十四条 对于私募债券转让，本公司依据结算参与人的委托，办理结算参与人之间的债券和资金的结算。结算参与人与其客户之间的债券划付，应当委托本公司代为办理。

第十五条 对于私募债券转让，本公司可提供逐笔全额、纯券过户等结算服务，以及代收代付等服务。

逐笔全额结算是指本公司作为结算组织者，对每笔私募债券转让，在规定的交收时点，将买方结算参与人应付资金足额划付给卖方结算参与人的同时，将卖方结算参与人应付债券足额划付给买方结算参与人。在逐笔全额结算过程中，本公司不作为共同对手方，不提供交收担保。

纯券过户是指私募债券转让达成后，本公司根据交易所确认的转让成交结果，在规定的交收时点，将卖方结算参与人应付债券足额划付给买方结算参与人，买卖双方结算参与人之间的资金结算自行完成。

代收代付是指买卖双方结算参与人可选择通过本公司资金划付平台完成应收应付资金的划转。

第十六条 对于私募债券转让，本公司可按照与结算参与人的约定提供不同的清算交收周期安排。

第十七条 结算参与人通过其在本公司开立的资金交收账户（结算备付金账户，上海市场为专用资金交收账户）和证券交收账户分别完成资金与债券的交收。

第十八条 对于采用逐笔全额结算方式的私募债券转让，本公司根据证券交易所发送的私募债券转让成交数据进行逐笔清算，计算出结算参与人每笔转让的应收（应付）资金（债券）数量，并按本细则第十九条、第二十条的规定办理债券与资金的交收。

第十九条 在规定的交收时点，本公司根据私募债券逐笔全额清算结果，按转让成交顺序逐笔检查应付资金结算参与人资金交收账户中资金是否足额，同时检查应付债券结算参与人卖出证券账户中债券是否足额，检查的最小单位是单笔转让数量，不办理部分交收。如单笔债券转让的应付资金或债券不足，本公司继续按转让成交顺序进行下一笔债券转让的资金、债券检查和办理交收。

第二十条 结算参与人应付资金、债券均足额的，本公司将相应资金从应付资金结算参与人资金交收账户划转至应收资金结算参与人资金交收账户；同时将相应债券从卖出客户的证券账户代为划付至应付债券结算参与人证券交收账户，再划转至应收债券结算参与人证券交收账户，再代为划拨至其买入客户的证券账户。

买方结算参与人应付资金不足，或者卖方结算参与人应付债券不足的，则本公司做交收失败处理。由于结算参与人应付债券或资金不足导致交收失败的，由违约方结算参与人向对手方结算参与人承担全部责任。本公司将把结算参与人交收违约情况报告中国证监会。

第二十一条 对于采用纯券过户结算方式的私募债券转让，本公司根据证券交易所发送的私募债券转让成交数据，检查应付债券结算参与人相关卖出证券账户中债券是否足额，检查的最小单位是单笔转让数量，不办理部分交收。应付债券足额的，本公司将相应债券从卖出客户的证券账户代为划付至应付债券结算参与人证券交收账户，再划转至应收债券结算参与人证券交收账户，再代为划拨至其买入客户的证券账户。

第二十二条 结算参与人私募债券采用纯券过户结算方式的，相关结算资金的划付可选择本公司代收代付方式完成。本公司可根据结算参与人的资金划付指令，通过结算参与人的相关资金交收账户办理资金的代收代付。因资金不足导致的资金划付失败，由相关责任方协商解决后续处理事宜。

第二十三条 私募债券涉及的登记、结算业务，除本细则有特别规定外，适用本公司《证券账户管理规则》、《证券登记规则》、《债券登记、托管与结算业务细则》以及其他登记结算相关业务规则办理。

第二十四条 本细则由本公司负责解释。

第二十五条 本细则自发布之日起实施。

附录10　关于发布《证券公司开展中小企业私募债券承销业务试点办法》的通知

中证协发〔2012〕120号

各证券公司：

为规范证券公司开展中小企业私募债券承销业务，服务实体经济，促进中小微企业发展，中国证券业协会（以下简称协会）根据《中华人民共和国公司法》、《中华人民共和国证券法》等法律、法规，制定了《证券公司开展中小企业私募债券承销业务试点办法》（见附件），现予发布实施。

附件：证券公司开展中小企业私募债券承销业务试点办法

二〇一二年五月二十三日

证券公司开展中小企业私募债券承销业务试点办法

第一章　总则

第一条　为规范证券公司开展中小企业私募债券承销业务，服务实体经济，促进中小微企业发展，根据《中华人民共和国公司法》、《中华人民共和国证券法》等法律、法规，制定本办法。

第二条　证券公司接受非上市中小微企业委托，承销该企业以非公开方式发行公司债券（以下简称私募债券），适用本办法。

第三条　证券公司开展私募债券承销业务，应当遵循平等、自愿、诚实信用原则。

担任私募债券承销商的证券公司及其业务人员应勤勉尽责，严格遵守执业规范和职业道德，按规定和约定履行义务。

第四条　担任私募债券承销商的证券公司应按照本办法和相关约定督促发行人履行信息披露义务，协助发行人制定偿债保障措施和投资者保护机制，保护投资者的合法权益。

第五条 证券公司开展私募债券承销业务，应当建立完备的投资者适当性制度。参与私募债券认购和转让的投资者应为具备相应风险识别和承担能力的合格投资者，证券公司应当了解和评估投资者对私募债券的风险识别和承担能力，充分揭示风险。

第六条 证券公司应要求投资者在首次认购私募债券前签署风险认知书，承诺具备合格投资者资格，知悉债券风险，进行独立的投资判断，并自行承担投资风险。

第七条 中国证券业协会（以下简称“证券业协会”）依据本办法对证券公司开展私募债券承销业务实施自律管理。

第二章 试点方案备案

第八条 证券公司开展私募债券承销业务试点，应符合下列条件：

（一）经中国证券监督管理委员会（以下简称“中国证监会”）批准可以从事证券承销业务，并已开展债券承销业务。

（二）最近一年证券公司分类评价 B 类（含）以上。

（三）净资本不低于 10 亿元人民币。

（四）各项风险控制指标符合中国证监会的有关规定。

（五）最近一年没有重大违法违规行为，未被中国证监会立案稽查，未受到中国证监会行政处罚。

（六）已制定开展私募债券承销业务试点实施方案和健全的业务规则，具备开展试点所需的专业人员和技术设施。

（七）证券业协会规定的其他条件。

第九条 证券公司开展私募债券承销业务试点，应当将下列材料报证券业协会备案：

（一）公司关于开展私募债券承销业务试点的说明。

（二）开展私募债券承销业务试点实施方案及相关业务规则。

（三）公司董事会关于开展私募债券承销业务的决议。

（四）证券业协会要求的其他文件。

第十条 证券业协会负责组织对证券公司试点实施方案进行专业评价。通过专业评价后，证券公司方可开展私募债券承销业务。

第三章 尽职调查

第十一条 证券公司担任私募债券的承销商，应对发行人及其担保人的情况进行尽职调查，形成尽职调查报告。

尽职调查包括但不限于以下内容：

（一）发行人的基本情况和实际控制人情况。

（二）经营范围和主营业务情况。

（三）公司治理和内部控制情况。

（四）财务状况及偿债能力。

（五）信用记录调查。

（六）所募资金用途。

（七）增信措施安排和提供信用增进服务的机构资信状况（若有）。

（八）或有事项及其他重大事项情况。

第十二条 证券公司承销私募债券，应遵循审慎原则，履行必要的立项、内部审核程序。

证券公司在内部审核中应重点关注以下事项：

（一）发行人公司治理和内部控制制度是否存在重大缺陷。

（二）发行人提供的财务会计文件有无虚假记载。

（三）发行人对已发行的债券或者其他债务是否有违约或者迟延支付本息的事实，且仍处于继续状态。

（四）发行人是否存在重大违法行为或严重损害投资者合法权益和社会公共利益的其他情形。

第十三条 证券公司应建立尽职调查工作底稿制度，尽职调查工作底稿应归入公司私募债券承销业务档案予以妥善保存。

第四章 债券承销

第十四条 证券公司应与发行人签订《私募债券承销协议》（以下简称“承销协议”），明确双方的权利和义务。

承销协议的内容包括但不限于：

（一）发行人、证券公司的基本情况。

（二）承销方式和承销费用。

（三）发行人对其所提供资料的真实性、准确性和完整性的声明。

（四）发行对象的范围和条件。

（五）私募债券名称、发行金额、期限、发行价格或利率确定方式。

（六）募集资金的用途。

（七）信息披露的范围、方式和具体标准。

（八）私募债券的转让场所、转让方式、转让范围及约束条件。

（九）私募债券增信措施情况（若有）。

（十）信用评级和跟踪评级的具体安排（若有）。

（十一）保密条款。

（十二）证券业协会规定的其他内容。

第十五条 证券公司应协助发行人制作债券募集说明书及相关附属文件。

第十六条 证券公司不得采用广告等公开以及变相公开方式承销私募债券。每期私募债券的投资者合计不得超过 200 人。

第十七条 证券公司在承销过程中，不得以提供透支、回扣等不正当手段诱使投资者认购私募债券。

第十八条 证券公司对在承销活动中获得的内幕信息和商业秘密应当予以保密，不得利用内幕信息和商业秘密获取不当利益。

第十九条 私募债券存续期间，证券公司应持续关注发行人和提供增信服务的机构的情况，及时掌握其风险状况及偿债能力，督促发行人按有关约定履行还本付息义务。

证券公司应按照本办法和相关约定协助、指导和督促发行人履行信息披露义务。

第五章 风险控制与合规管理

第二十条 证券公司应建立健全开展私募债券承销业务的管理制度、业务流程和操作规范，明确内部职责分工，规范开展私募债券承销业务。

第二十一条 证券公司应建立健全私募债券承销业务的风险管理制度，加强业务开展过程中的风险识别、评价和管理；建立相应的风险控制指标体系和动态监控机制。

第二十二条 证券公司应采取有效措施，对私募债券承销业务的相关管理制度、重大决策和业务方案进行合规审查，对业务开展情况进行合规监督，并按本办法规定和公司内部规章制度，进行定期或不定期的合规检查。

证券公司应建立健全必要的隔离墙制度，防范私募债券承销业务过程中可能存在的内幕交易，管理利益冲突。

第二十三条 证券公司应建立健全私募债券承销业务档案管理制度，加强对尽职调查工作底稿、尽职调查报告、承销协议等业务档案的管理。私募债券承销业务档案保存期限在私募债券到期后不少于 5 年。

第六章 自律管理

第二十四条 证券业协会对证券公司的私募债券承销业务进行定期或不定期检查。证券公司及其相关业务人员违反本办法规定，证券业协会视情节轻重采取相关自律惩戒措施，并记入证券公司诚信信息管理系统或证券从业人员诚信信息管理系统。

第二十五条 证券公司及其相关业务人员开展业务，存在违反法律、法规行为的，证券业协会将移交中国证监会或其他有权机关依法查处。

第七章 附则

第二十六条 本办法由证券业协会负责解释。

第二十七条 本办法经中国证监会批准后生效，自发布之日起施行。

附录11 关于中小企业私募债券在固定收益证券综合电子平台转让的通知

上证债字〔2012〕210号

各固定收益平台交易商：

为保障中小企业私募债券业务规范、有序运行，依据《上海证券交易所中小企业私募债券业务试点办法》、《上海证券交易所中小企业私募债券业务指引（试行）》、《上海证券交易所固定收益证券综合电子平台交易暂行规定》和上海证券交易所（以下简称“本所”）有关规定，现将中小企业私募债券在固定收益证券综合电子平台（以下简称“固定收益平台”）转让的有关事项通知如下：

一、中小企业私募债券将在固定收益平台进行非公开转让，固定收益平台将在原有国债现券、公司债现券类型的基础上，增加中小企业私募债券现券产品。

二、固定收益平台接受中小企业私募债券指定对手方报价、协议转让和意向报价。指定对手方报价是指合格投资者采用场外方式谈妥要素后，由证券公司通过固定收益平台指定对手方申报界面进行申报。指定对手方报价的要素包括约定号、证券代码、证券账号、买卖方向、转让价格、转让数量等。固定收益平台按照双方的约定号对申报的证券代码、转让价格和转让数量进行匹配。协议转让是指具有自营和经纪业务资格的交易商与其客户在场外谈妥要素后，由证券公司通过固定收益平台协议转让界面进行申报。协议转让的要素包括约定号、证券代码、证券账号、买卖方向、转让价格、转让数量等，协议转让采用纯券过户的结算方式。意向申报是指交易商通过固定收益平台发布意向转让信息。意向申报的要素包括证券账号、证券代码、买卖方向等。

三、交易员在进行指定对手方申报时自行输入账户与交易单元，通过账户与交易单元之间的指定关系检查账户的有效性。交易员在申报账户时需要确保账户投资债券的合规性。

四、固定收益平台交易时间调整为上午9:30~11:30，下午13:00~15:00；申报账户包括A、B、D、F类账户；单只私募债券转让中，持有账户数合计不得超过200户。本所按照申报时间先后顺序对私募债券转让进行确认，对导致私募债券持有账户数超过200户的转让不予确认。私募债合格投资者通过固定收益平台交易员进行交易。

五、中国证券登记结算有限责任公司上海分公司按照《中小企业私募债券试点登记结算业务实施细则》，对中小企业私募债券提供结算服务。

六、中小企业私募债券在固定收益平台转让方式为现券转让，现券转让代码为“125××××”，收费标准同公司债券。

本所将于近期组织固定收益平台相关测试工作，请各固定收益平台交易商做好技术和业务准备，具体测试方案将另行通知。

上海证券交易所

二〇一二年六月八日

附录12　关于发布《证券公司中小企业私募债券承销业务尽职调查指引》的通知

各证券公司：

为规范证券公司开展中小企业私募债券承销业务，促进证券公司做好尽职调查工作，中国证券业协会制定了《证券公司中小企业私募债券承销业务尽职调查指引》（以下简称《指引》），经协会常务理事会审议通过，现予发布。

本指引自发布之日起实施，各证券公司要认真组织学习《指引》，切实按照《指引》要求规范开展中小企业私募债券承销业务的尽职调查工作。

中国证券业协会

二〇一三年一月十六日

证券公司中小企业私募债券承销业务尽职调查指引

第一章　总则

第一条　为规范证券公司开展中小企业私募债券承销业务，促进证券公司做好尽职调查工作，制定本指引。

第二条　尽职调查是指证券公司通过访谈、查阅、实地考察等方法，勤勉尽责地对申请以非公开方式发行债券的中小微企业（以下简称“企业”）进行调查，以充分了解企业经营情况、财务状况和偿债能力的过程。

第三条　本指引是对证券公司尽职调查工作的一般要求。证券公司应按照本指引的要求，认真履行尽职调查义务。除对本指引已列示的内容进行调查外，证券公司还应对承销业务中涉及的、可能影响企业偿债能力的其他重大事项进行调查，核实相关发行文件的真实性、准确性和完整性。必要时，证券公司可采取本指引以外的其他方法对相关事项进行调查。

第四条　证券公司应建立健全内部控制制度，确保参与尽职调查工作的相关人员能够恪守独立、客观、公正的原则，具备良好的职业道德和专业胜任能力。

第五条 尽职调查过程中，证券公司可合理利用会计师事务所、律师事务所等其他中介机构出具的专业意见。对专业意见有异议的，应主动与其他中介机构进行沟通，并可要求其做出解释或出具依据；发现专业意见与尽职调查过程中获得的信息存在重大差异的，应对有关事项进行调查、复核。

第六条 尽职调查工作完成后，证券公司应出具尽职调查报告，并履行内核程序。

第二章 尽职调查内容和方法

第七条 尽职调查内容包括但不限于：

（一）企业基本情况、历史沿革情况和实际控制人情况。

（二）经营范围和主营业务情况。

（三）公司治理和内部控制情况。

（四）财务状况及偿债能力。

（五）信用记录。

（六）募集资金用途。

（七）增信措施安排和提供信用增进服务的机构资信状况（如有）。

（八）或有事项及其他重大事项情况。

第八条 调查控股股东及实际控制人情况。

查阅工商登记文件、股权结构图、股东名册、重要会议记录及会议决议，询问管理层，了解企业的股权结构和股东情况，调查企业的控股股东及实际控制人情况。

第九条 调查主营业务情况。

查阅营业执照、财务报告，询问管理层（指对企业决策、经营、管理负有领导职责的人员，包括董事、监事、总经理、副总经理、财务负责人等，后三者为高级管理人员，下同），了解企业的经营范围、主营业务和提供的主要产品（或服务），判断企业的主营业务是否符合国家产业政策。

第十条 调查所属行业状况、经营模式、主要供应商和客户情况。

访谈管理层、比较分析行业及市场数据，了解企业所处行业的基本情况，关注企业面临的主要竞争状况，企业在行业中的竞争地位、竞争优势及劣势，以及采取的竞争策略等。

询问管理层，结合行业属性和企业规模等，了解企业的经营模式，调查企业的采购模式、生产或服务模式和销售模式。

查阅账簿，访谈管理层及采购部门和销售部门负责人，计算从前五名供应商的采购额及其占当期采购总额的比例、对前五名客户的销售额及其占当期主营业务收入的比例，关注企业对供应商和客户的依赖程度，以及供应商和客户的稳定性。

第十一条 调查公司治理情况。

查阅公司章程、会议记录、会议决议等，咨询律师或法律顾问，了解企业的组织结构；查阅公司治理有关文件，了解企业的董事、监事、高级管理人员的构成情况和职责，公司章程和股东（大）会（如有）、董事会（如有）、监事会（如有）的议事规则。关注公司制度的执行情况，并取得企业出具的关于公司治理情况的自我评价。

第十二条 调查内部控制情况。

查阅会议记录、规章制度等，访谈管理层及员工，咨询注册会计师，了解企业的内部控制制度及其执行情况，重点关注内部控制制度能否合理保证财务报告的可靠性。取得企业出具的关于内部控制情况的自我评价，包括内部控制制度是否健全、执行是否有效等。

第十三条 调查主要财务指标。

根据经审计的财务报告，计算、比较报告期毛利率、净资产收益率、资产负债率、流动比率、速动比率、利息保障倍数、应收账款周转率、存货周转率等主要财务指标，分析企业的盈利能力、长短期偿债能力和营运能力。比较分析经营活动产生的现金流量净额变动情况等，调查企业的获取现金能力。各项财务指标及相关会计项目有较大变动或异常的，应分析原因。

第十四条 调查主要资产状况。

查阅有关明细资料，咨询注册会计师，调查企业的应收款项形成原因、收回可能性等。

查阅房屋建筑物与生产经营设备的权属证明、相关合同等，咨询律师或法律顾问，必要时进行实地察看，调查企业是否具备完整、合法的财产权属证明，固定资产是否存在抵押、质押情形以及是否存在法律纠纷或潜在纠纷。

查阅土地使用权、商标、专利、著作权、特许经营权等无形资产的权属证明、相关合同等，咨询律师或法律顾问，了解企业的土地使用权、商标权、专利权、著作权、特许经营权等的权利期限情况等，调查无形资产是否存在质押情形以及是否存在法律纠纷或潜在纠纷。

第十五条 调查主要债务情况。

查阅银行借款合同，了解企业银行借款的金额、期限、利率、担保措施、付息情况、还款计划等。查阅企业与银行授信相关的合同、协议，询问管理层、财务人员等，了解企业全部银行的综合授信额度、已使用授信情况、近期授信安排等。

查阅有关明细资料，咨询注册会计师，调查企业的应付款项形成原因，关注是否存在长期延迟支付款项的情形。对于资金拆借款项，重点关注拆借期限、利率、偿还情况等。

第十六条 调查或有负债情况。

查阅担保合同或协议，询问管理层，咨询注册会计师和律师或法律顾问，调查企业的对外担保情况，包括但不限于被担保方名称、担保金额、担保期限，被担保方经营情况和财务状况，是否具备履约能力，是否提供必要的反担保。

询问管理层，咨询注册会计师和律师或法律顾问，调查企业的其他或有负债情况。

第十七条 调查企业及其管理层、实际控制人的信用记录。

查阅纳税凭证、借款合同与还款凭证等，咨询律师或法律顾问，必要时查询中国人民银行征信系统、工商行政管理部门的企业信用信息系统、地方政府的中小企业综合信息系统等公共诚信系统，调查企业是否存在逾期借款、未偿还已到期债券等不良信用记录，了解企业的诚信状况。

访谈管理层和实际控制人，必要时查询中国人民银行征信系统，咨询律师或法律顾问，调查企业的管理层和实际控制人是否存在不良信用记录，了解管理层和实际控制人的诚信状况。

取得企业出具的关于诚信状况的书面声明和管理层、实际控制人出具的关于诚信状况的书面声明。

第十八条 调查募集资金用途。

如募集资金用于项目投资，查阅有关资料，了解企业拟投资项目的基本情况，包括但不限于项目简介、建设内容、投资总额、项目进展、有关批文（如有）、项目经济效益测算等，调查募集资金用途是否符合相关产业政策、是否与企业的生产经营状况以及未来发展规划相吻合，分析募集资金运用对企业财务状况及经营成果的影响。

如募集资金用于股权投资或收购资产，了解企业的股权投资情况、拟收购资产基本情况等，分析股权投资或收购资产对本期债券偿付的影响。

如募集资金用于补充流动资金，了解其必要性。

第十九条 调查债券担保情况（如有）。

如提供保证担保，查阅保证人有关资料，访谈保证人或其法定代表人，调查保证人情况，包括但不限于：

（1）基本情况。

（2）最近一年的净资产、资产负债率、净资产收益率、流动比率、速动比率等主要财务指标，并注明是否经审计。

（3）资信状况。

（4）累计对外担保金额、累计担保余额及其占净资产比例。

（5）或有负债情况。

（6）偿债能力分析。

如提供抵押或质押担保，查阅、比较分析有关资料，询问管理层，了解担保物情况，包括但不限于担保物名称、金额（账面价值和评估值），担保范围，担保物金额与所发行债券面值总额和本息总额之间的比例，变现能力，担保物发生重大变化时的安排，担保物的评估、登记、保管和相关法律手续的办理情况。

第三章　尽职调查工作底稿

第二十条　尽职调查工作底稿应真实、准确、完整地反映所实施的尽职调查工作。工作底稿应内容完整、格式规范、记录清晰、结论明确。工作底稿应有调查人员及与调查相关人员的签字。

第二十一条　尽职调查工作底稿应有索引编号。相互引用时，应交叉注明索引编号。

第二十二条　尽职调查工作底稿应存入证券公司私募债券承销业务档案，保存期限在私募债券到期后不少于5年。

第四章　尽职调查报告

第二十三条　尽职调查报告应说明尽职调查涵盖的期间、调查内容、调查程序和方法、调查结论等。

第二十四条　尽职调查报告应对企业是否符合中小企业私募债券发行相关条件、是否建议承销该项目等发表明确结论。

第二十五条　尽职调查人员应在尽职调查报告上签字，并加盖证券公司公章和注明报告日期。

第二十六条　尽职调查报告应存入证券公司私募债券承销业务档案，保存期限在私募债券到期后不少于5年。

第五章　附则

第二十七条　本指引由中国证券业协会负责解释。

第二十八条　本指引自发布之日起实施。